アメリカ憲法と公教育

The U.S. Constitution and Public Education

［アメリカ憲法叢書 2］

【編者】
大沢 秀介
大林 啓吾

成文堂

Preface

　本書は，アメリカ憲法叢書の2冊目である。前作の『アメリカ憲法判例の物語』と同様，本書も1つの判決を基点に，社会的・政治的背景や先例の流れを踏まえつつ，当該判決の意義や射程を分析し，その後の動向を考察しながら，個々の論点を解きほぐすというストーリー仕立てのものとなっている。

　本書が対象とするのは，公教育である。公教育の在り方をめぐる問題は日米問わず揺れ動いている状況にある。日本では，グローバル化の時代を迎え，変化の激しい21世紀を乗り切るためにはプレゼンやディベートなどを取り入れて創造力や応用力を身に着けさせるべきとの進言がなされている。従来の暗記中心の学習では創造力や応用力に欠けることから，プレゼンやディベートなど実践的能力の涵養が重視されるようになっているのである。こうした手法はまさにアメリカの学校で教育されてきたものであり，参考になる余地がある。
　一方，公教育の在り方が揺れているのはアメリカも同様である。近時の動きでいえば，G・W・ブッシュ政権の頃に学力の差を解消するための方策として落ちこぼれゼロ法（No Child Left Behind Act）が有名である。一定の科目について学力テストを行い，その結果が学校助成の額などに影響する仕組みになっている。また，民間が州政府と契約を交わして独自に学校を運営するチャータースクールや授業料に充当できるクーポン券を配布して私立学校も選べるようにするバウチャー制が採用されており，学校選択の幅が広がっている。これらの動きはより良い公教育を目指す試みであると同時に，公立学校を競争原理にさらす結果となっているため，学校関係者や保護者の間で大いに物議をかもした。日本でもこれらの施策を導入しようとする動きがあるが，これについては批判もかなり強い。
　これらは公教育の在り方をめぐる問題の一断面を切り取ったにすぎず，それ以外にも様々な問題が蓄積している。たとえば，古くから議論されてきた

論点の1つに教育権の所在の問題があり，国，学校，親のいずれがそれを担うか，あるいはそれぞれどのような役割を分担すべきかについて議論が分かれてきた。それは政策問題だけで解決することができるわけではなく，憲法問題を検討しなければならない。また，抽象的次元で議論するだけでなく，具体的なケースを素材にして考えなければ，妥当な結論が見つからないだろう。たとえば，校長が生徒の書いた学校新聞の記事の内容に問題があるとしてそれを削除してしまったケースを考えてみる。ここでは，生徒の表現の自由と学校の裁量が問題となっているのであり，憲法問題として考える必要がある。具体的には，どのような内容の記事なのか，学校新聞の記事を書くことが授業科目の一環として行われているのか，削除した理由は適切か，どのような基準で判断すべきかなどが主な争点となるが，これらの争点を見つけ出したりその判断方法を考えたりするためには，実際の判例がなければ難しい。しかし，日本ではそうした判例が少ないのが現状である。

この点，アメリカでは公教育に関する問題がしばしば裁判になってきた。たとえば，公立学校で進化論を教えることを禁止することが許されるか，生徒が反戦の意を込めて腕章をつけることを規制することが許されるか，公立学校に十戒を置くことが許されるか，宗教を理由に義務教育を受けさせなかったことに対して罰則を適用することが許されるか，女子のみに入学を認める看護大学は許されるか等々，様々な問題が裁判になっている。

これらの事件は1つ1つ興味深いが，それ以上にどの事件においても憲法問題が生じている点が見逃せない。信教の自由，表現の自由，平等など，いずれの事件においても憲法上の権利が問題となり，裁判所も憲法を活用して解決しているのである。したがって，公教育判例を基にしながら憲法問題を考えようとする本書の目的にとって，アメリカは格好の素材を提供している。

本書は，教育内容と憲法，教育と政教分離，学校における表現の自由，学校と子供の権利の4部からなる。各々の部では，憲法上のテーマごとに章が設けられており，各章において1つの判例を素材にしながらその論点を検討

している。

　もとより，本書は公教育に関する憲法問題を網羅的に考察するものではなく，すべての公教育判例を取り上げたわけでもない。そのため，先行研究の蓄積がある場合や本書以外の書籍で取り上げた方が適切だと思われる場合には，重要なテーマであっても本書の研究対象からは外してある。他方で，本書では大学における教育関連の問題も一部取り上げており，その意味では公教育の射程をかなり広くとっている。なお，テーマや判例の選択については，Symposium: Education and the Constitution: Shaping Each Other & the Next Century, 34 AKRON L. REV. 1 (2000) をはじめとする公教育と憲法関連の論文やリーディングケースが引用している先例を参考にした。

　本書を編むにあたり，2014年から2016年にかけてアメリカ憲法判例研究会（第二期）を開催し，報告と質疑を重ねて内容をブラッシュアップしていった。研究会には遠方から足を運んでくれた先生方もおられ，執筆者の皆様にはあらためて感謝申し上げる次第である。

　本シリーズを快く引き受けてくださった成文堂の阿部成一社長には厚く御礼申し上げたい。そして飯村晃弘氏の存在なくして本書は成り立たなかった。今回も企画から編集までお世話になり，厚く感謝申し上げる。また，校正の段階で飯村氏をサポートしてくださった松田智香子氏にも御礼を申し上げたい。

　奇しくもこのprefaceを書いているとき，アメリカではトランプ大統領の就任式があった。今後，アメリカでは大きな変化が起きると予想されており，それはまた新たな憲法問題を予感させる。引き続き，アメリカの動向を注視し，次回作につなげていきたい。

　　　　　　　　　　　　　　　　　2017年1月　　大沢秀介　大林啓吾

『アメリカ憲法と公教育』
目　次

Preface

第 1 部　教育内容と憲法
Chapter 1　最高裁は創造説を排除できるのか？ ………………………… 3
Chapter 2　公教育における男女別学の可能性 ………………………… 41

第 2 部　教育と政教分離
Chapter 3　公立学校と十戒 ………………………………………………… 79
Chapter 4　教材貸与と政教分離 ………………………………………… 117
Chapter 5　リベラルで民主的な社会に対するアーミッシュの問いかけ … 147
Chapter 6　スクール・バウチャー制と政教分離原則 ………………… 183

第 3 部　学校における表現の自由
Chapter 7　学校図書館の本の除籍と表現の自由 ……………………… 223
Chapter 8　州立大学教員の忠誠心調査と修正 1 条 …………………… 265
Chapter 9　公立学校教員の表現の自由 ………………………………… 301
Chapter 10　公立学校と「黒い腕章」 …………………………………… 339
Chapter 11　違法薬物使用の唱道と生徒の表現の自由 ………………… 373
Chapter 12　公立学校での生徒の言論 …………………………………… 403

第 4 部　学校と子供の権利
Chapter 13　公立学校における身体検査等 ……………………………… 431
Chapter 14　親の子どもの教育方法と子どもの保護 …………………… 463
Chapter 15　正式な入国書類を持たない子どもと無償公教育 ………… 491
Chapter 16　公教育の助成と教育を受ける権利 ………………………… 533

『アメリカ憲法と公教育』
細　目　次

Preface ·· i

第1部　教育内容と憲法

Chapter 1　最高裁は創造説を排除できるのか？──The Story of Edwards v. Aguillard, 482 U.S. 578（1987）
·· ［勝田卓也］···· 3

はじめに ··· 4
Ⅰ　背景事情 ·· 6
　1　スコープス裁判 ··· 6
　2　Epperson v. Arkansas事件 ·· 8
Ⅱ　Edwards v. Aguillard判決 ··· 11
　1　背景 ·· 11
　2　最高裁判決 ··· 12
　3　検討──立法の目的について ·· 27
Ⅲ　進化論教育の現状 ··· 29
　1　インテリジェント・デザイン ·· 30
　2　ローカルな教育制度 ·· 31
　3　進化論教育と信仰に関わる背景事情 ······························· 32
Ⅳ　アクターとしての最高裁 ·· 34
おわりに ·· 38

Chapter 2　公教育における男女別学の可能性──The Story of Mississippi University for Women v. Hogan, 458 U.S. 718（1982）·· ［福井康佐］···· 41

はじめに──男女別学・共学論争における理念上の対立 ················ 42
Ⅰ　アメリカにおける男女共学・別学教育の沿革 ························· 42
　1　別学の伝統から今日までの沿革 ······································ 42
　2　教育修正法以降 ·· 43
　3　別学教育の新しい流れ ··· 44
　4　第9編に係る解釈の変更に伴う教育省規則の改正 ················ 45

Ⅱ　事件の背景 …………………………………………………………… 48
Ⅲ　判旨 …………………………………………………………………… 49
　1　法廷意見 …………………………………………………………… 50
　2　バーガー長官反対意見 …………………………………………… 54
　3　ブラックマン裁判官反対意見 …………………………………… 54
　4　パウエル裁判官（レーンキスト裁判官同調）反対意見 ……… 55
Ⅳ　関連する二つの判例 ………………………………………………… 60
　1　Vorchheimer判決（Vorchheimer v. School District of Philadelphia
　　 532 F.2d 880（3d Cir. 1976）） ………………………………… 60
　2　Virginia判決（United States v. Virginia, 518 U.S. 515（1996））……… 62
Ⅴ　別学の正当化事由の検討 …………………………………………… 66
　1　生徒の学力向上 …………………………………………………… 66
　2　多様性の維持（教育における選択の自由の保障）…………… 67
　3　差別に対する補償または救済 …………………………………… 69
　4　小括──正当化事由からみた別学の可能性 ………………… 70
Ⅵ　多様性と平等 ………………………………………………………… 71
Ⅶ　違憲審査基準からみた別学の可能性 ……………………………… 73
むすび──自由と平等の対立としての共学・別学論争 ……………… 74

第2部　教育と政教分離

Chapter 3　公立学校と十戒──The Story of Stone v. Graham, 449 U.S. 39（1980） ……………………………… ［大林文敏］…… 79

はじめに ……………………………………………………………………… 80
Ⅰ　十戒論争の政治的・社会的背景 …………………………………… 81
Ⅱ　Stone事件について ………………………………………………… 84
　1　州段階における審級の状況 ……………………………………… 84
　2　Stone連邦最高裁の判決内容 …………………………………… 88
　3　Stone判決の位置づけ …………………………………………… 92
Ⅲ　教室内における十戒問題 …………………………………………… 94
　1　Doe v. Harlan County School District連邦地裁の違憲判決 …… 94
　2　Stone判決とDoe判決の比較 …………………………………… 97
Ⅳ　その他の公共空間おける十戒問題 ………………………………… 98
　1　State v. Freedom From Religion Foundation事件の合憲判決 ……… 98
　2　Books v. City of Elkhart事件の違憲判決 ……………………… 101
　3　2005年の2判決 ………………………………………………… 105

viii

結びにかえて ………………………………………………………………… 115

Chapter 4　教材貸与と政教分離──The Story of Meek v. Pittenger, 421 U.S. 349（1975） …………………… ［築山欣央］…… 117

はじめに ……………………………………………………………………… 118
Ⅰ　教区学校における援助と政教分離 …………………………………… 120
　1　教区学校への援助という争点 ……………………………………… 120
　2　Meek判決につながる教区学校への物質的援助に関する判例 … 122
Ⅱ　Meek判決 ………………………………………………………………… 126
　1　事実の概要 …………………………………………………………… 127
　2　法廷意見 ……………………………………………………………… 129
　3　その他の裁判官の意見 ……………………………………………… 133
Ⅲ　検討 ……………………………………………………………………… 138
　1　政教分離と中立性と分離 …………………………………………… 138
　2　Meek判決に至るまでの連邦最高裁判所 ………………………… 140
　3　Meek判決後の変化 ………………………………………………… 141
おわりに ……………………………………………………………………… 144

Chapter 5　リベラルで民主的な社会に対するアーミッシュの問いかけ──The Story of Wisconsin v. Yoder, 409 U.S. 205（1972） ……………………………… ［松尾　陽］…… 147

はじめに ……………………………………………………………………… 148
Ⅰ　Yoder判決前史 ………………………………………………………… 150
　1　アーミッシュとは？ ………………………………………………… 150
　2　アーミッシュの教育闘争 …………………………………………… 151
Ⅱ　Yoder判決 ……………………………………………………………… 153
　1　バーガー長官法廷意見 ……………………………………………… 153
　2　スチュワート裁判官同意意見（ブレナン裁判官はここにも加わる）…… 163
　3　ホワイト裁判官同意意見（ブレナン裁判官とスチュワート裁判官）…… 164
　4　ダグラス裁判官反対意見 …………………………………………… 164
Ⅲ　Yoder判決の先例的意義──特異なアーミッシュ ……………… 167
　1　信教の自由に基づく免除と厳格審査 ……………………………… 167
　2　子供たちの信教の自由？ …………………………………………… 168
　3　公教育の役割 ………………………………………………………… 170
　4　本判決の限界──Mozert判決との比較 ………………………… 172
Ⅳ　多文化社会と公教育の役割 …………………………………………… 174

1　多文化社会と公教育の役割 ･･･ 174
　　2　自律――選択肢の多様性と批判的理性 ･････････････････････････ 175
　　3　寛容原理 ･･ 178
　　4　本判決で残された課題――代替的措置，寛容の限界 ････････ 180
　結びに代えて ･･ 181

Chapter 6　スクール・バウチャー制と政教分離原則――The Story of Zelman v. Simmons-Harris, 536 U.S. 639 (2002) ･････････････････････････････････････［溜箭将之］････ 183

　I　クリーブランドとバウチャー制度 ････････････････････････････････ 184
　II　判決前史 ･･ 185
　　1　レモン・テスト前 ･･･ 185
　　2　レモン・テスト ･･ 186
　　3　レモン・テストの遍歴 ･･･ 188
　　4　保守化 ･･･ 189
　III　事実の概要 ･･ 190
　IV　判決 ･･ 191
　　1　法廷意見・同意意見・反対意見の構成 ･･････････････････････ 191
　　2　レンキスト法廷意見 ･･ 192
　　3　オコナー同意意見 ･･ 193
　　4　トーマス同意意見 ･･ 195
　　5　スーター反対意見 ･･ 196
　　6　ブライヤー反対意見 ･･ 200
　　7　スティーブンス反対意見 ･･ 202
　V　判決の検討 ･･ 202
　　1　判決の分析 ･･･ 202
　　2　バウチャー制度の政治学 ･･ 204
　　3　バウチャー制度の宗教学 ･･ 206
　　4　Zelman以降の各州の動向 ･･････････････････････････････････････ 208
　　5　政府サービスと民営化の現代政治 ･･･････････････････････････ 213
　　6　政教分離と連邦最高裁 ･･･ 218
　おわりに ･･･ 219

第3部　学校における表現の自由

Chapter 7　学校図書館の本の除籍と表現の自由──The Story of Board of Education, Island Trees Union Free School District No. 26 v. Pico, 457 U.S. 853 (1982) ［大林啓吾］ …… 223

序 …… 224
- Ⅰ　学校図書館の本のチェック──Pico判決以前の状況 …… 225
  1. 子供の本のチェックの歴史的経緯 …… 225
  2. 学校図書館の存在意義 …… 227
  3. Pico判決以前の学校図書館の本の除籍が問題となった事例 …… 228
- Ⅱ　Pico判決 …… 232
  1. 事実の概要 …… 232
  2. 下級審の判断 …… 235
  3. 連邦最高裁の判断 …… 236
- Ⅲ　考察 …… 248
  1. 生徒の情報受領権 …… 248
  2. 「教育者としての政府」と公教育 …… 250
  3. 学校図書館の本の除籍の妥当性 …… 252
  4. 司法判断の方法 …… 253
- Ⅳ　Pico判決後の展開 …… 257
  1. 下級審の展開 …… 257
  2. 残された課題 …… 261

後序 …… 262

Chapter 8　州立大学教員の忠誠心調査と修正1条──The Story of Keyishian v. Board of Regents, 385 U.S. 589 (1967) ［小谷順子］ …… 265

はじめに …… 266
- Ⅰ　アメリカ憲法と「学問の自由」 …… 268
  1. 「学問の自由」の発展の歴史 …… 268
  2. 連邦最高裁と「学問の自由」 …… 270
- Ⅱ　Keyishian事件の事実関係 …… 272
  1. Keyishian事件の背景 …… 272
  2. ニューヨーク州の公務員忠誠確認制度〈NYプラン〉 …… 273

3　NYプランに関する連邦最高裁の先例〈Adler判決〉……………… 277
Ⅲ　ニューヨーク州立大学バッファロー校とKeyishianらの対立 ……… 278
　1　州立大学への統合に伴う教職員への要求 ………………………… 278
　2　連邦地裁判決（1964年9月2日）………………………………… 279
　3　連邦控訴裁判決（1965年5月3日）……………………………… 279
　4　連邦地裁の三名合議法廷判決（差戻審判決）（1966年1月5日）……… 279
　5　連邦最高裁への飛躍上訴 …………………………………………… 281
Ⅳ　Keyishian事件の連邦最高裁判決（1967年1月23日）……………… 281
　1　連邦最高裁判決の概要 ……………………………………………… 281
　2　ブレナン裁判官の法廷意見 ………………………………………… 282
　3　クラーク裁判官の反対意見（ハーラン，ステュワート，ホワイト裁判官参加）………………………………………………………………… 289
Ⅴ　Keyishian判決をふまえて ……………………………………………… 292
　1　連邦最高裁の先例とKeyishian判決 ……………………………… 292
　2　Keyishian判決と大学教員の表現の自由 ………………………… 293
　3　州立大学教員の学外における結社の自由 ………………………… 294
おわりに …………………………………………………………………… 299

Chapter 9　公立学校教員の表現の自由——The Story of Pickering v. Board of Education, 391 U.S. 563（1968）……………［小林祐紀］…… 301

序 …………………………………………………………………………… 302
Ⅰ　Pickering事件までの公務員の表現規制，先例，社会状況 ………… 303
Ⅱ　Pickering事件——事実の概要と下級審の判断 ……………………… 307
　1　事実の概要 …………………………………………………………… 307
　2　下級審の判断 ………………………………………………………… 308
Ⅲ　Pickering事件——連邦最高裁判決 …………………………………… 309
　1　法廷意見 ……………………………………………………………… 309
　2　同意意見（ダグラス裁判官執筆，ブラック裁判官が同調）……… 312
　3　一部同意・一部反対意見（ホワイト裁判官執筆）………………… 312
　4　本判決の意義と課題 ………………………………………………… 313
Ⅳ　Pickering事件後の判例の展開 ………………………………………… 315
　1　Connick事件以前の2つの事件 …………………………………… 315
　2　Connick v. Myers連邦最高裁判決（1983年）…………………… 318
　3　Rankin v. McPherson連邦最高裁判決（1987年）……………… 320
　4　小括 …………………………………………………………………… 322

Ⅴ　Pickering / Connick基準の転換——Garcetti事件 …………………… 322
　　1　Garcetti v. Ceballos連邦最高裁判決（2006年）……………………… 322
　　2　本件の分析と評価 …………………………………………………… 325
　Ⅵ　Garcetti事件後の裁判所や議会の動向——「公的関心事」の行方 … 327
　　1　Garcetti事件の立法府への影響——公務員による公益通報の保護の強
　　　　化 ……………………………………………………………………… 328
　　2　Garcetti事件後の下級審の展開 ……………………………………… 329
　　3　「公的関心事」の判断基準 …………………………………………… 331
　結 ……………………………………………………………………………… 333

Chapter 10　公立学校と「黒い腕章」——The Story of Tinker v. Des Moines Independent Community School District, 393 U.S. 503（1969）……………………［紙谷雅子］…… 339

　はじめに ……………………………………………………………………… 340
　Ⅰ　1965年12月 ……………………………………………………………… 341
　　1　ベトナムでの戦闘状況と「黒い腕章」……………………………… 341
　　2　デモイン独立学校区委員会 ………………………………………… 343
　Ⅱ　次の一歩——連邦地方裁判所 ………………………………………… 345
　　1　提訴 …………………………………………………………………… 345
　　2　答弁書 ………………………………………………………………… 346
　　3　審理前手続 …………………………………………………………… 347
　　4　事実審理——原告たちの証言 ……………………………………… 348
　　5　事実審理——デモイン独立学校区の証言 ………………………… 351
　　6　最終弁論 ……………………………………………………………… 355
　　7　判決 …………………………………………………………………… 355
　　8　判決への反応 ………………………………………………………… 357
　Ⅲ　連邦高裁へ ……………………………………………………………… 358
　　1　上訴 …………………………………………………………………… 358
　　2　上訴書面 ……………………………………………………………… 359
　　3　連邦高裁は全員法廷で ……………………………………………… 361
　　4　「裁判所による」判決 ………………………………………………… 362
　Ⅳ　連邦最高裁へ …………………………………………………………… 362
　　1　裁量上訴の申立 ……………………………………………………… 362
　　2　口頭弁論 ……………………………………………………………… 364
　　3　執筆者はフォータス裁判官 ………………………………………… 365
　　5　その後 ………………………………………………………………… 368

Ⅴ　判例法理として………………………………………………………… 369
　　1　Tinker判決それ自体 ………………………………………………… 369
　　2　その後の判例法理の展開 …………………………………………… 370
　最後に――メリィ・ベスは今…… …………………………………………… 371

Chapter 11　違法薬物使用の唱道と生徒の表現の自由
　　　　　　――The Story of Morse v. Frederick, 551
　　　　　　U.S. 393（2007） ……………………………………［青野　篤］…… 373

　はじめに …………………………………………………………………………… 374
　Ⅰ　生徒の表現の自由に関する先例 …………………………………………… 375
　Ⅱ　Morse判決 …………………………………………………………………… 377
　　1　事実の概要 …………………………………………………………… 377
　　2　下級審の判断 ………………………………………………………… 379
　　3　連邦最高裁の判断 …………………………………………………… 380
　Ⅲ　考察 …………………………………………………………………………… 387
　　1　「学校言論」（School Speech）か …………………………………… 387
　　2　先例との関係 ………………………………………………………… 388
　　3　Morse判決の特徴と問題点 ………………………………………… 389
　　4　Morse判決の意義と射程 …………………………………………… 395
　　5　Morse判決の下級審への影響 ……………………………………… 398
　おわりに …………………………………………………………………………… 399

Chapter 12　公立学校での生徒の言論――The Story of
　　　　　　Bethel School District No. 403 v. Fraser, 478
　　　　　　U.S. 675（1986） ……………………………………［藤井樹也］…… 403

　Ⅰ　背景 …………………………………………………………………………… 404
　　1　1980年代半ばという時代 …………………………………………… 404
　　2　ポスト・ウォーレンコート期の生徒の言論の自由 ……………… 405
　　3　ポスト「性革命」期の性表現の自由 ……………………………… 406
　Ⅱ　Fraser判決 …………………………………………………………………… 408
　　1　事実の概要 …………………………………………………………… 408
　　2　下級審の判断 ………………………………………………………… 411
　　3　連邦最高裁判決 ……………………………………………………… 412
　Ⅲ　検討 …………………………………………………………………………… 417

1　先例との関係 ··· 417
  2　Fraser判決の意味 ··· 420
  3　後続事例との関係 ··· 424
  4　現代的課題 ··· 425

第4部　学校と子供の権利

Chapter 13　公立学校における身体検査等——The Story of Vernonia School District 47J v. Acton, 515 U.S. 646（1995）·· ［津村政孝］···· 431

はじめに ··· 432
Ⅰ　前提問題とVernonia判決の背景 ··· 433
  1　前提問題 ··· 433
  2　Vernonia判決の背景 ··· 436
Ⅱ　Vernonia判決 ··· 440
  1　事実の概要 ··· 440
  2　下級審の判断と連邦最高裁における口頭弁論 ····················· 443
  3　連邦最高裁の判断 ··· 445
Ⅲ　考察 ··· 453
  1　学校における薬物検査や捜索に関するその後の判例 ············ 453
  2　判例の検討 ··· 455
終わりに——学校の安全をめぐる状況 ······································· 459

Chapter 14　親の子どもの教育方法と子どもの保護——The Story of Prince v. Massachusetts, 321 U.S. 158（1944）·· ［君塚正臣］···· 463

はじめに ··· 464
Ⅰ　Prince v. Massachusettsに至る事情 ································· 464
Ⅱ　Prince v. Massachusetts, 321 U.S. 158（1944）················ 472
  1　事案 ··· 472
  2　ラトリッジ裁判官法廷意見 ··· 474
  3　ジャクソン裁判官結果同意意見 ······································· 476
  4　マーフィ裁判官反対意見 ··· 477
Ⅲ　Prince v. Massachusettsの影響 ······································· 479

1　Prince v. Massachusetts判決以降の連邦最高裁の動向 …………… 479
　　2　親の教育の自由 ………………………………………………………… 482
　おわりに ……………………………………………………………………… 487

Chapter 15　正式な入国書類を持たない子どもと無償公教育
　　──The Story of Plyler v. Doe, 457 U.S. 202 (1982) ……………………………………［大沢秀介］…… 491

　はじめに ……………………………………………………………………… 492
　Ⅰ　アメリカにおける公教育の展開 ……………………………………… 493
　　1　公教育の展開 ………………………………………………………… 493
　　2　NAACPと公立学校における人種差別 …………………………… 495
　　3　MALDEFの活動 …………………………………………………… 496
　　4　ロドリゲス連邦最高裁判決 ………………………………………… 496
　Ⅱ　Plyler事件に至る経緯 ………………………………………………… 498
　　1　テキサス州教育法21.031条の制定と訴訟 ………………………… 498
　　2　MALDEFの対応 …………………………………………………… 501
　　3　外国人子弟教育訴訟事件 …………………………………………… 503
　Ⅲ　Plyler判決 ……………………………………………………………… 504
　　1　平等保護条項とデュープロセス条項の保障の範囲 ……………… 505
　　2　平等保護と審査基準 ………………………………………………… 506
　　3　教育の重要性 ………………………………………………………… 507
　　4　適切な違憲審査基準 ………………………………………………… 508
　　5　州の権限と違憲審査基準 …………………………………………… 509
　　6　州のありうべき立法目的 …………………………………………… 511
　　7　その他の意見 ………………………………………………………… 512
　Ⅳ　Plyler判決の位置付けとその後 ……………………………………… 515
　　1　先例との関係 ………………………………………………………… 515
　　2　違憲審査基準との関係 ……………………………………………… 523
　Ⅴ　Plyler判決の影響と政治的意味 ……………………………………… 525
　　1　学校区内の居住要件 ………………………………………………… 525
　　2　カリフォルニア州提案187 ………………………………………… 526
　　3　連邦議会への働きかけ ……………………………………………… 527
　　4　最近の反プライラー判決の動き …………………………………… 528
　結びに代えて ………………………………………………………………… 529

Chapter 16　公教育の助成と教育を受ける権利──The Story of San Antonio Independent School District v. Rodriguez, 411 U.S. 1（1973）……………［尾形　健］…533

- Ⅰ　In the beginning... ──物語の始まり ………………………………534
  - 1　アメリカ公教育の展開 …………………………………………534
  - 2　テキサス州での展開 ……………………………………………534
  - 3　エッジウッドのロドリゲス ……………………………………535
- Ⅱ　Rodriguez 判決──事案の概要と判旨 ………………………………537
  - 1　事案 ………………………………………………………………537
  - 2　テキサス州教育財政の経緯 ……………………………………539
  - 3　原審の判断 ………………………………………………………540
  - 4　連邦最高裁の判断 ………………………………………………541
- Ⅲ　教育への公的助成と平等保護 …………………………………………556
  - 1　教育財政制度と憲法 ……………………………………………557
  - 2　教育の基本的権利性 ……………………………………………557
- Ⅳ　Afterwards... ──物語のあと …………………………………………561

第1部　教育内容と憲法

Chapter 1 最高裁は創造説を排除できるのか？
——The Story of Edwards v. Aguillard, 482 U.S. 578 (1987)

勝田 卓也

ミケランジェロ『アダムの創造』(1511年頃)

　21世紀の現在も，驚くほど多くのアメリカ人が聖書の創造物語を信じている。創造説によれば神が人類を造ったのであって，別の種が進化して人類になったのではない。19世紀にダーウィンが『種の起源』を公表すると，20世紀初めまでには科学者の間では進化論はおおむね受け入れられた。にもかかわらず進化論を学校教育で教えることへの反対論は強く，南部を中心とした教育程度の低い原理主義的なキリスト教信者と，科学的な思考方法を重視する者とが対立する構図は基本的には現在も維持されている。合衆国憲法修正１条の文言とそれを最終的に有権的に解釈する権限を有する最高裁裁判官の教育水準の高さは創造説教育を排除する方向で機能するはずであるが，科学の外形を用いた創造説教育が完全に排除されることはない。その原因は，南部という地域性と分権的な教育制度のあり方にある。公教育における進化論教育という，国論を二分するような政治的な争点について，最高裁はせいぜいのところ微妙な舵取りしかできないように思われる。

はじめに

　テクノロジーの発達した21世紀においてもアメリカ人の宗教的情熱には目を見張るべきものがある。本稿で主として扱うEdwards v. Aguillard連邦最高裁判決（1987年）では，公立学校における科学の授業で進化論を扱う場合には創造科学も扱うことを義務付けるルイジアナ州法の合憲性が争われた。20世紀後半に進化論教育が争点となったこと自体に多くの日本人は違和感を覚えるであろうが，こうした傾向は，植民地時代に宗教的迫害を免れるために移民してきた人々がアメリカ文化の形成において相当大きな役割を果たしたといった歴史的事情に鑑みれば決して異常なことではない。特定の宗教（宗派）の信者にとっては，宗教活動の自由が保障されていることが重要である。裏を返せば国家が特定の宗派を優遇しないことも重要である。宗教意識の高い国であるにもかかわらず，あるいは，だからこそ国と宗教との関わり合いを法的に規制する必要が生じる。こうして合衆国憲法修正１条は，宗教活動の自由を保障すると同時に国教（公定宗教）の樹立を禁止する。

　創造説教育――創造説を教えるだけではなく，創造説に基礎を有する考えを科学の形で授業に持ち込むことも含む――をめぐる憲法問題は，国教樹立禁止条項の下で重要な争点となる。文字通り国教を樹立することは当然許されないが，特定の宗教（宗派）を優遇ないし援助することも国教樹立禁止条項の下で憲法問題として争われる。政府行為の中には，目的と効果において宗教性だけを有するか，世俗性だけを有するか，いずれかに分類することができるものもあるかもしれない。しかし，多くの政府行為，たとえば貧困者への援助のような行為は，その目的についても効果についても，宗教的な動機と世俗的な動機の双方によって説明することができる。こうした微妙なケースを線引きするための憲法上のルールとして援用されるのがLemonテストなりエンドースメントテストである。後述の通り，前者は目的と効果についての３つの要件をすべて充たすことができなければ憲法違反と判断するものであり，後者は政府行為が「支援」となるかどうかによって合憲性を判断する。両者の関係が必ずしもはっきりしないため，あるいはいずれにせよ微妙で複雑な問題を伴うために，国教禁止条項の判例法は非常に理解しにくい

ものとなっているが，Aguillard判決ではLemonテストの第1要件である世俗的な立法目的の有無が主たる争点となった。特定の政府行為に世俗的な目的があるかどうかという問題は，一見簡単に判断できそうに思われるかもしれないが，同判決はその判断について意見が分かれた事例である。同判決の判例法理論上の意味は，Lemonテストの第1要件の判断をめぐる議論にある。

Aguillard判決はまた，アメリカ社会と最高裁の憲法判断とのニュアンスにとんだ関係を示す格好の材料でもある。アメリカは元来多様性を是とする国であるが，その教育制度の多様性の高さは，中央官庁によって相当程度に一元的に規律されている日本のような国からは想像できないほどである。合衆国憲法上，教育制度について第1次的な責任を担うのは州政府である。しかし，州ごとに日本のような一元的な教育制度が存在するわけではなく，州法が規律する部分と教育委員会や学務区のレベルで独自に制度設計する部分とがある。こうした複雑な教育制度において，創造説と進化論のいずれを教えるのかという問題は，州法の問題として扱われる場合もあれば，下位の自治体が決定する場合もある。さらには，個々の教員が自らの信念や職場環境における自身の立ち位置によって異なる行動をとることもある。アメリカは国としては宗教意識が高いと言えるが，地域による温度差がそれぞれの地域の教育内容に反映されやすい仕組みがある。州や地域によっては，進化論教育に非常に敵対的な世論が存在する。こうした状況において，極めて高い教育を受けた——教育レベルの高さは進化論の受容と親和的である——最高裁の裁判官たちが，進化論に敵対的な一部地域の法や教育制度に対峙して，憲法判断によってアメリカ社会の要請に応答し，何らかのインパクトを与えるのである。創造説と進化論のいずれを教えるべきなのであろうか。公立学校で何を教えるのかを決定するべきは誰なのだろうか。最高裁はこうした問題にどのように関わるべきなのだろうか。Aguillard判決は一般的な知名度はそれほど高くないと思われるが，最高裁と社会の関わりを理解するための一助となりうる素材である。

I 背景事情

　聖書によれば，神が天地，動植物，そして人間を創造した。この考え方に従えば，生物の進化，とりわけ下等動物から人類への進化はありえない。しかし，19世紀の自然科学の発展は，地球上の生物の種が時間の経過によって変容してきたことを明らかにした。本稿は生物学，とりわけいわゆる進化論そのものを扱うわけではないので，有名なダーウィン（Charles Darwin）の『種の起源（On the Origin of Species）』が1859年に刊行されたことを確認するだけで十分であろう。進化論はすぐに受け入れられたわけではないが，その後数十年のうちに様々な証拠が提示され，1920年代までには，そうした証拠が現存する生物——たとえば人類と猿——が共通の祖先を有することを示唆することについて，科学者のサークルでは疑問の余地がほとんどないところまで進んだ[1]。他方において，創造説の立場からの反動が活発化する。1920年代には進化論教育禁止立法を20州が審議して，5州がこれを可決した。なかでも，テネシー州，オクラホマ州，アーカンソー州では罰則付きの法律が施行された。進化論と創造説の対立はこの頃に始まり，およそ1世紀を経た現在も，公立学校におけるその対立の構造には基本的な変化はない。Aguillard判決に先立つ2つの著名な事件の背景と内容を確認しておこう。

1　スコープス裁判

　前述の通りテネシー州では進化論教育を禁止する法律が制定された。提案者である下院議員の名前から一般にバトラー法（Butler Act）と呼ばれるこの法律は，聖書における人類創造を否定する理論を教えること，そして人間が下級動物に起源を有すると教えることを禁止し（第1条），そうすることが犯罪であり，罰金刑（100ドルから500ドル）の対象となること（第2条）を規定する[2]。同法は1925年3月13日に可決，即日施行されたが，同年には進化

---

[1] MICHAEL BERKMAN & ERIC PLUTZER, EVOLUTION, CREATIONISM, AND THE BATTLE TO CONTROL AMERICA'S CLASSROOMS 2 (2010).

[2] Tenn. Acts 1925, ch. 27, *enacted as* TENN. CODE ANN. §49-1922, *repealed by* H.R. 237-48, 85th Gen. Assemb., Reg. Sess. (1967). バトラー法とその廃止法は，本稿執筆時点においてウェッブ上で閲覧できる。Tennessee Evolution Statutes, http://law2.umkc.edu/faculty/projects/ftrials/

論を教えたとしてハイスクールの生物学教師スコープス（John Scopes）がテネシー州デイトン（Dayton）の裁判所で刑事裁判にかけられた。アメリカ自由人権協会（ACLU）がこうした法律の合憲性を試すためにテネシー州を選択したのである。スコープスは当時テネシー州で一般的に用いられていた教科書を使って進化論を教えたとして逮捕，起訴された。

この裁判は，進化論教育の是非というセンセーショナルな問題を扱っただけではなく，民主党の大統領候補に3度も名前のあがったブライアン（William Jennings Bryan）とACLUの指導的メンバーであったダロウ（Clarence Darrow）といった著名な人物が，検察側，弁護側の中心人物として裁判に関わったことからも全国的な関心を集めた。異例なことにブライアンが証言台に立ち，進化論そのものについてのダロウの質問に4時間にもわたって答えた。こうしたやりとりが全米に報道され，モンキー裁判として注目を集めたのである。

事実審ではスコープスは有罪とされ，100ドルの罰金を支払うよう命じられた。スコープスは州最高裁に上訴し，進化論教育を犯罪として処罰するバトラー法がテネシー州憲法および合衆国憲法を侵害すると主張した[3]。州最高裁は1927年に，バトラー法が州憲法も合衆国憲法も侵害しないと判断した。人類が下等動物から進化したと教えることを禁止することがいかなる宗派を促進することにもならないというのである[4]。こうして州最高裁では，進化論教育禁止の合憲性という実体的な問題については州側が勝利した。しかし州最高裁は事実審で罰金額を陪審が判断しなかったことを問題とした。テネシー州憲法は50ドル以上の罰金刑の判断には陪審が関与する必要があると規定するが，バトラー法の定める最低金額は100ドルであり，スコープスの事実審では陪審が有罪を認定したが，100ドルという罰金額の決定は裁判官自身が行ったので，事実審判決は破棄されなければならないというのである[5]。州最高裁は州の平穏と尊厳のために公訴を取り下げるよう指示した。スコープスはテクニカルな争点によって有罪を免れたが，州法の合憲性は基本的には

---

scopes/tennstat.htm（last visited June 27, 2016）.
3 Scopes v. State, 154 Tenn. 105, 111（1927）.
4 154 Tenn. at 118.
5 154 Tenn. at 120-21.

確認された。実質的には進化論教育反対派の勝利であった。

この結果，アメリカの生物学の教科書からは進化論が消滅した。当時もっとも広く用いられていたハイスクールの生物学の教科書A Civic Biologyは創造論者からの抗議に応えて，1927年までに新版の教科書から進化という言葉を削除した。もちろんすべての地域で進化論教育が禁止されていたわけではなかったが，販売を重視する出版社には，進化論教育を禁止する地域でそもそも販売を望めないような教科書を制作する誘因は乏しかった。ほとんどすべての教科書がキリスト教原理主義者の要請に応える形で改訂されたのである[6]。

スコープス裁判以降およそ30年間，進化論は公立学校の教科書から姿を消した。科学者の主張が容れられなかったのである。この後，科学教育全般の質の向上が全国的に求められるようになり，進化論教育の是非の問題が新たな転機を迎えることになる。刺激を与えたのは意外にも冷戦という国際的なファクターであった。スコープス裁判は全国的な関心を集めはしたが，法的にはテネシー州内の問題として決着した。冷戦期に端を発する進化論教育をめぐる議論は，連邦最高裁までたどり着く。

2　Epperson v. Arkansas事件

冷戦のさなかの1957年にソ連が人工衛星の打ち上げに成功した。宇宙開発でソ連に先行されたことはアメリカ人に大きな衝撃を与え，スプートニク・ショックとして記憶されることになった。このように政治的，軍事的対立の厳しい状況において，国益の観点から科学研究と教育の重要性が再認識される。1958年にはアメリカ国立科学財団（National Science Foundation）が生物学のカリキュラムの見直しを行い，1961年にはBiological Sciences Curriculum Studyの援助の下で指導的な科学者が執筆した新しい教科書が出版された。これら3冊の教科書は広く採用され，すぐに教科書市場の半分を占めるに至った[7]。

---

[6]　BERKMAN & PLUTZER, *supra* note 1, at 16-17.
[7]　*Id.* at 17.

進化論を記載した新しい教科書の出版は反進化論者の反発を招いたが，新しい教科書は進化と自然淘汰を教えるための理由と材料を与えた。全米の多くの教員がこうした新しい教科書を歓迎したのである。そうした教員の中に，アーカンソー州リトルロックの生物学の教員も含まれていた。リトルロック・セントラル・ハイスクールは，1965-1966年度の教科書として，BSCSの教科書を用いることを決定した。1964年の秋に雇用された原告エパーソン（Susan Epperson）は，1965-1966年度にこの教科書を用いて授業を行うことになった。ところが，アーカンソー州では制定法によって進化論教育を禁止していたので，原告は進化論の記載された教科書を用いて授業することを求められる一方で，そうすることが州法上犯罪とされるというジレンマに陥ったのである[8]。

問題とされた州法は，1920年代の反進化論の高揚期に成立したものである。法案は1927年に州議会下院を通過したが上院では可決されなかった。そのため下院議員を中心とした運動によって1928年にイニシアチブが行われ，108,991対63,406という票差で成立した。この州法は公立学校における進化論教育を犯罪として，教えた者を解雇するというものであった[9]。実際にこの法律が執行されたことはなかったが，州議会において廃止運動が3度見られたにもかかわらず，廃止には至らず，30年以上にわたって執行されざる法律として残されていたのである[10]。

原告は州法が無効であるとの宣言と，州法違反での解雇の差止めを求めて州裁判所に提訴した。第1審では原告が勝訴した。州法が学ぶ自由と教える自由を侵害するものであり，合衆国憲法修正1条違反であるとされたのである[11]。この判決は，学問の自由が多数者による決定に優越することを示した点で意味があるが，州最高裁によって覆される。州最高裁は，州法が州の権限を適切に行使したものであるとする，ごく短い意見を述べて下級審判決を

---

8 Epperson v. Arkansas, 393 U.S. 97, 100 (1968).
9 Initiated Act No. 1, Ark. Acts 1929; Ark. Stat. Ann. §§ 80-1627, 80-1628 (1960).
10 The Encyclopedia of Arkansas History and Culture, Epperson v. Arkansas, http://www.encyclopediaofarkansas.net/encyclopedia/entry-detail.aspx?entryID=2528 (last visited June 27, 2016).
11 Epperson v. Arkansas, 393 U.S. 97, 100 (1968).

破棄した[12]。ほとんど議論らしい議論をしてはいないが，州民投票の結果を優先したものである。

　連邦最高裁は結論としては9対0で州最高裁判決を破棄した[13]。法廷意見を執筆したフォータス（Abe Fortas）裁判官は争点を学問の自由よりも狭く，国教樹立条項または信教自由条項に限定した上で，州は公立学校においていかなる宗教であってもこれを促進し，または反対するプログラムを採用することが禁止されること，この禁止によって，ある教義を優遇し，または特定の教義に敵対すると見なされる理論を禁止することもできないと述べる。このため，州は公立学校におけるカリキュラムを定める権限を有するが，にもかかわらず，修正1条を侵害する理由に基づいてある科学的な理論を教えることを，違反すれば刑事罰を与えるとして禁止することは許されない[14]。最高裁はこのように述べて，宗教的な目的で公立学校における特定の科学理論の教育を禁止することが修正1条を侵害すると結論する。

　この上でフォータス裁判官は州法の存在理由が原理主義的な確信にあることは明白であると述べる。スコープス裁判において問題となったテネシー州法は聖書の創造物語を否定する理論を教えることを違法にすると明示したが，アーカンソー州法は宗教的な目的を明示していない。この点についてフォータス裁判官は，スコープス裁判の引き起こしたセンセーションのためにアーカンソー州ではこうした明示的な文言を用いなかったのかもしれないと推測する。しかし，聖書の創造物語を否定する理論の教育を禁止することが目的であったことに疑問の余地はないとした[15]。

　こうして最高裁は進化論教育を禁止するアーカンソー州法に違憲判断を下した。最高裁が舞台となった進化論教育の是非をめぐる法廷闘争の第2ラウンドは，進化論教育禁止派の完敗に終わった。しかし，最高裁判決によって

12　State v. Epperson, 242 Ark. 922 (1967).
13　ブラック（Hugo Lafayette Black）裁判官，ハーラン（John Marshall Harlan）裁判官，スチュワート（Potter Stewart）裁判官が，制定法が曖昧であることを理由に違憲と判断するべきかどうか，そもそも曖昧さについての議論をするべきかどうかといった問題について補足意見を執筆している。
14　Epperson v. Arkansas, 393 U.S. 97, 105-7 (1968).
15　Id. 107-9 (1968).

この問題自体が消滅することはなかった。それどころか，進化論教育をめぐる問題はいっそう複雑な様相を帯びることになる。いくつもの州や地方自治体では，科学の外観をまとった創造説を教えることを目的とした法律や条例を制定したり，決議を採択したりした。こうした動向のために，進化論教育をめぐる対立はEpperson判決後も裁判所に持ち込まれることになった。

II　Edwards v. Aguillard判決

1　背景

　Epperson判決によって進化論教育自体を禁止することが修正1条を侵害することが明らかとなった。このため進化論教育反対派は同判決を回避しつつ創造説を教育現場に持ち込もうとする。たとえば，カリフォルニア州は生命の起源を説明する「いくつかの理論」に言及するようカリキュラムの基準を改訂し，テキサス州は同州で用いられるすべての教科書は進化論が「理論でしかない」ことを明示しなければならないと規定した。しかし，議論の中心となったのは，「同じ時間」を割くことを求める提案であった。こうした措置は，州法として採択されることもあれば教育委員会によって採用されることもあったが，教員が進化生物学を教える場合には，別の理論も教えなければならないとするものであった。創造説を直接持ち込むことは許されないことがわかっていたので，州法の条文の中に宗教的な視点を排除する規定が置かれる場合もあった[16]。

　アーカンソー州では1981年に，「創造科学と進化論のバランスのとれた取り扱いに関する法律」（Balanced Treatment for Creation-Science and Evolution-Science Act）[17]が成立した。この法律は，そのタイトルが示すとおり，州内の公立学校に創造科学と進化論をバランス良く扱うことを要求するものであった。ここで注意するべきなのは，創造科学（creation science）という言

16　BERKMAN & PLUTZER, *supra* note 1, at 19.
17　Ark. Stat. Ann. §80-1663, et seq.（1981 Supp.）．この法律の条文はウェッブ上で確認することができる。McLean v. Arkansas Documentation Project, Act 590 of 1981, http://www.antievolution.org/projects/mclean/new_site/legal/act_590.htm（last visited June 27, 2016）.

葉が用いられている点である。あからさまに宗教的な教育が許されないことが明らかであったので，宗教的な教えを禁止し（第2条），「創造科学」を科学的な用語で定義している（第4条）。創造説に科学の外観をまとわせて進化論と対等な扱いを求める州法は連邦地方裁判所で違憲判断を受けることになる。アーカンソー州東地区連邦地方裁判所は，法律が世俗的な目的を明示しているにもかかわらず，立法者は実際には宗教的な目的のためにこの法律を制定したと断定して，違憲判断を下した[18]。

アーカンソー州の事件は最高裁まで到達しなかったので，進化論と創造科学とを対等に扱うことを義務付ける新しい政策の合憲性の問題は全国的な決着を見なかった。最高裁がこの問題を扱ったのがAguillard判決である。

2 最高裁判決

ルイジアナ州でも進化論教育に反対する世論が強く，創造科学と進化論を対等に扱うことを義務付ける法律が1981年に成立した。ルイジアナ州の創造科学法（Creationism Act（Balanced Treatment for Creation-Science and Evolution-Science in Public School Instruction Act））[19]は，公立学校において創造科学を教えることなしに進化論を教えることを禁止する。いずれかの説を教える際には他方を教えなければならない。進化論と創造科学は「[創造または進化の]科学的証拠であり，それら科学的証拠からの推論」であると定義される。公立学校に通う生徒の親，教員，宗教的指導者らからなる被上訴人（原告）は創造科学法の合憲性を争い，ルイジアナ州東地区連邦地方裁判所に提訴した。同法を実施する責任を負う州公務員（上訴人）は，同法の目的は正当な世俗的利益，すなわち学問的自由を保護することであると主張したが，原告は同法が国教禁止条項（Establishment Clause）に違反しているので文言上無効であるとして，サマリジャッジメントの申立てをなし，地裁はこれを認めた。地裁は同法が，特定の宗教的原理を促進するために進化論の教育を禁止するか創造科学の教育を要求するので国教禁止条項を侵害すると判示し

18　McLean v. Arkansas Bd. of Education, 529 F. Supp. 1255 (E.D. Ark. 1982), *aff'd*, 723 F.2d 45 (8th Cir. 1983).
19　La. Rev. Stat. Ann. §§ 17:286.1-17:286.7 (West 1982).

た[20]。第5巡回区控訴裁判所は地裁判決を維持した[21]。控訴裁判所は，州議会の真の意図は宗教的信念である創造科学を教えることによって進化論を弱めることにあると判断した。創造科学法が特定の宗教的信念を促進することを理由として，控訴裁は同法が国教禁止条項を侵害すると判示した。全員法廷での再審理の申立ては退けられ，最高裁に上訴がなされた。以下において，法廷意見と個別意見を要約する。

ブレナン（William J. Brennan, Jr.）裁判官の法廷意見（マーシャル（Thurgood Marshall），ブラックマン（Harry A. Blackmun），パウエル（Lewis F. Powell, Jr.），スティーヴンズ（John Paul Stevens）が同調，オコナー（Sandra Day O'Connor）が一部同調）

　最高裁は立法が国教禁止条項に整合するかどうかを判断するために，3要件からなるテストを適用してきた。第1に，立法は世俗的な目的を持って採用されたものでなければならない。第2に，立法の主たる効果が宗教を促進したり妨げたりするものであってはならない。第3に，宗教への政府の過剰な関与を生じさせるものであってはならない。Lemon v. Kurtzman, 403 U.S. 602 (1971). 3要件の1つでも充たさないのであれば，国教禁止条項違反となる。

　本件では，公的な初等・中等教育という具体的な文脈において国教禁止条項が侵害されたかどうかを判断しなければならない。州と学務区には公教育の運営において相当な裁量権が認められるが，この裁量権は，修正1条の要請に整合した形で行使されなければならない。家族が公立学校に寄せる信頼は，生徒自身または家族の私的な信仰と衝突するような宗教的見解を促進するために教室が意図的に利用されないであろうという理解を条件としている。生徒は外部からの影響を受けやすく，通学は任意ではない。さらに，公教育はアメリカ民主制の象徴であり，連帯感を促進するもっとも一般的な手段である。それゆえ最高裁はしばしば，公教育における宗教を促進する立法を無効とすることを余儀なくされた。

20　Aguillard v. Treen, 634 F. Supp. 426 (E.D. La. 1985).
21　Aguillard v. Edwards, 765 F.2d 1251 (5th Cir. 1985).

Lemon判決の第1要件は立法の目的に注目する。立法が宗教を支持するために制定されたのであれば，第2・第3要件の検討は不要である。本件において上訴人は当該州法について明白な世俗的目的を特定していない。確かに，州法の表向きの目的は学問の自由を保護することである。しかし控訴裁判所が正しくも結論したように，州法がそうした目的を促進することは意図されていなかった。

　最高裁は通常，世俗的目的についての州政府の説明を尊重するが，そうした説明はごまかしであってはならない。立法経過から，提案者であるキース（Bill Keith）州議会上院議員の目的が科学カリキュラムを限定しようとするものであったことは明白である。「[創造科学と進化論の] いずれも教えられないことが望ましい。」そのようなことになれば，包括的な科学教育の提供は促進されない。進化論と同時に創造科学を教えるよう義務付けることが学問の自由を促進しないことも明白である。創造科学法は，生命の起源についての進化論以外の理論の提示によって既存のカリキュラムを補足するための柔軟性を新たに教員に付与するものではない。同法は教員に何ら新しい権限を付与するものではない。それゆえに，同法の目的は同法によって促進されない。

　Wallace v. Jaffree連邦最高裁判決[22]において違憲と判示されたアラバマ州法が本件に類似している。アラバマ州は州法を，黙想のために1分間与えることを意図していたものであると主張した。最高裁はそれ以前に成立した州法がすでに同様に1分を提供していたので，そのような目的の説明は不十分であると判断した。本件ではWallace判決と同様に，上訴人が[既存の州法]によって十分に達成されていない世俗的目的を何ら特定していないのである。

　さらに，基本的な「公正さ」という目的は，同法の創造科学教育への差別的な優遇によってほとんど達成されない。同法は創造科学のためのカリキュラム・ガイドを作成するよう要求しているが，進化論についてはガイドの作成を求めてない。同法は教育委員会が創造科学を教える者を差別することを禁止するが，進化論とその他の科学理論を教えるか，創造科学を教えることを拒否する者を差別することは禁止していない。

22　472 U.S. 38 (1985).

ルイジアナ州議会の目的が科学の授業の包括性と有効性を最大化することにあるのなら，人類の起源についてのすべての科学理論の教育を奨励したであろう。しかし創造科学法の要件の下では，それまではこの問題についていかなる側面であっても教えることのできた教員は，そうすることができない。さらに，同法は創造科学が必ず教えられることを求めず，進化論が教えられる場合のみ創造科学が教えられることを要求する。同法が学問の自由を保護するものではなく，創造科学を教えることによって進化論の信頼性を低下させるという独自の目的を有するものであるという控訴裁の結論に同意する。

　特定の宗派の教えと進化論教育との間には，歴史的，現代的なつながりがある。このつながりこそが，進化論教育を規制する制定法への文言上無効の申立てを扱ったEpperson v. Arkansas連邦最高裁判決[23]において最高裁を懸念させたものなのである。アーカンソー州法は，進化論を教えるか進化論に言及する教材を用いることを違法としていた。この州法は宗教的な目的を明示していないが，進化論が聖書の文字通りの解釈に矛盾するものだと考えてきた原理主義的な宗教的情熱が高揚した所産であることを最高裁は無視できなかった。最高裁は反進化論法の歴史を検討した上で，州法制定の動機が，神による人類創造を否定する理論の教育を抑圧することにあったと判断した。最高裁は特定の宗教を，その宗教が嫌悪する科学的見解から保護することには州の正当な利益はありえないと判断し，州が教育を宗派と教義の原理や禁止に対して調整するよう要求することを修正1条が許していないと結論した。

　特定の宗派の教えと進化論教育との間の歴史的，現代的な対立は本件にも存在する。ルイジアナ州法の目的は明白に，超自然的な存在が人類を創造したという宗教的な視点を促進することであった。立法過程においては創造科学理論が超自然的な創造主の存在への信仰を伴うという証言がなされており，それゆえ立法経過は，問題の州法を採択した議会が考えていた「創造科学」という言葉が，超自然的な創造主が人類創造を成し遂げたという宗教的信念を体現するものであることを明らかにする。

23　393 U.S. 97 (1968).

さらに，この宗教的見解に符合する理論の教育を議会が要求したのは偶然ではない。立法経過から，州法の主たる目的が，進化論の事実的な基礎を根底から退ける特定の宗教的理論に説得上の利点を提供するために，公立学校における科学カリキュラムを変更することであったことは明らかである。創造科学法の提案者であるキース上院議員は，彼の進化論への侮蔑が自身の信仰と矛盾する見解に進化論が提供した支援に起因すると述べている。創造科学法は，進化論に敵対する宗教的見解が正しいという裏付けを反映するために科学カリキュラムを変更しようとするものであった。

　本件において創造科学法の目的は，特定の宗教的見解に合致するように科学カリキュラムを再構成することであった。公立学校で教えられる可能性のある多くの科学の科目の中から，議会は，特定の宗派が歴史的に対立してきた科学理論の教育に影響を及ぼすことを選択した。国教禁止条項は，宗教上の教義を優先することも，特定の教義に対立すると考えられる理論を禁止することも，同じように禁止する。創造科学法の主たる目的が特定の信仰を促進することなので，同法は修正1条を侵害する。

　われわれは，支配的な科学理論への科学的な批判を教えることを議会が要求してはならないと示唆しているのではない。科学の授業の有効性を高めるという明白に世俗的な目的を持って，人類の起源についての様々な科学理論を生徒に教えることは可能である。しかし創造科学法の主たる目的が特定の宗教的な教義を裏付けることにあるので，同法は国教禁止条項を侵害する。

　上訴人は重要な事実についての争点があるのだからサマリジャッジメントを認めた点で地方裁判所が誤っていたと主張する。文脈と立法経過とを踏まえた上での制定法の文言の明白な意味が立法目的の決定を支配しうる。さらに，立法目的を判断するに当たり，最高裁は当該制定法の歴史的文脈も検討した。本件の被上訴人の申立ては，創造科学法の文言，立法経過，歴史的文脈，創造科学法可決に至る一連の出来事，法案提出者と主要な証人とのやりとり等に依拠していた。上訴人は科学者や神学者の宣誓供述書が重要な事実についての真正な争点を提起しているのだからサマリジャッジメントは許されないと主張する。宣誓供述書は創造科学を，複合体における突然発生を通じての起源と定義しており，そうした観点は真の科学的理論であると主張す

る。

　われわれは，これらの宣誓供述書が真正な争点を構成していないことについて下級裁判所に同意する。「反論にさらされない宣誓供述書」の存在はサマリジャッジメントを妨げない。さらに，外部者による立法後の証言は州議会の立法目的を判断するためにはほとんど役に立たない。上訴人が提出した宣誓供述書を作成した人物はいずれも創造科学法の制定と実施に関与していない。地方裁判所は上訴人が重要な事実について真正な争点を提示していないと判断したこと，そしてサマリジャッジメントを認めたことについて誤っていなかったと結論する。

　ルイジアナ州の創造科学法は，進化論を公立学校の教室から排除するか進化論を完全に否定する宗教的見解を提示することを要求することによって宗教的な教義を促進する。創造科学法は，宗教的目的を達成するために政府の象徴的・金銭的支援を用いようとするので修正１条の国教禁止条項を侵害する。控訴裁判所の判決は維持される。

パウエル裁判官の補足意見（オコナー裁判官同調）

　法廷意見は，公立学校のカリキュラム選択について州および地域の公務員が伝統的に与えられてきた広範な裁量権を縮減するものではない。特定の科目や理論の学問的価値がいかなるものであろうとも，国教禁止条項は，特定の宗教的信仰を促進する目的でそうした科目や理論を選択する公務員の裁量権を制約する。創造科学法の文言と立法経過は，州議会が本件においてそうした目的のために裁量権を行使したことを確信させる。

　創造科学法が違憲であると認定するにせよ，州と地方の教育委員会は公立学校の教育方針を決定する責任を有するという見解に私は固執する。公立学校において教えられるべき主題についての判断は，単にそれが一部またはすべての宗教の教義に一致または調和するからといって国教禁止条項を侵害するものではない。当局の判断への介入は，その目的が明白に宗教的である場合にのみ許される。

　修正１条の意味と適用範囲は，歴史とそれが永遠に抑制しようとした害悪とに照らして解釈されなければならないが，最高裁は，アメリカの歴史は教

会と国家とが完全に分離されたものではなかったことも認めてきた。神が存在することと侵害しえない人権が神に由来することを建国の父祖たちが固く信じていたという事実は，彼等の書き残したものによって明白に証明される。最高裁はアメリカ人の生活における宗教の役割が公に承認されてきた歴史が途切れていないことに言及し，アメリカの宗教的な遺産へのこうした言及は憲法上容認されることを承認した。

　歴史的な問題として，アメリカの宗教的な遺産のすべての側面を学校の生徒に教えることはできるし，教えるべきである。建国の父祖たちの宗教的信念や，そうした宗教的信念が時代ごとの態度や統治機構にいかに影響を及ぼしたのかを生徒に教えたとしても，憲法上の問題は生じないだろう。宗教的信念の性質を知ることは，多くの歴史的・現代的出来事を理解するために必要である。国教禁止条項は公立学校教育における宗教的文書の使用自体を禁止してはいない。最高裁は聖書が宗教的な文書であることは認めたが，聖書が歴史，文明，倫理，比較宗教などの適切な学習のために憲法に違反することなく用いられることを明白にしている。実際聖書は，宗教的な内容を別にしても文学的・歴史的価値に疑問のない世界史上最高のベストセラーである。国教禁止条項が聖書およびその他宗教的な文書の使用を禁止すると適切に解釈しうるのは，その使用目的が特定の宗教的信念を促進することにある場合のみである。

　要するに，創造科学法の文言と立法経過は同法の目的が特定の宗教的信念を促進することにあることを疑問の余地なく明らかにする。公立学校のカリキュラムについての州・地方当局の裁量権は広範ではあるが，国教禁止条項は，宗派または教義の原理または禁止に教育が調整されることを州が要求することを禁止する。それゆえ，創造科学法が国教禁止条項を侵害するという法廷意見に同意する。

ホワイト（Byron Raymond White）裁判官の結果同意意見
　われわれは制定法解釈について，とりわけ地方裁判所が同じ見解を有する場合には控訴裁判所の判断を尊重する。もちろん，われわれは下級審判決を破棄する権限を有するし，下級審が特定の事件において明白に誤っているこ

とはありうる。しかし，控訴裁による州法の解釈が合理的なものであるなら，われわれは通常それを受け入れる。地方裁判所と控訴裁判所の方が，それぞれの州の制定法をより良く解釈することができると信じるからである。

スカリア（Antonin Scalia）裁判官の反対意見（レーンキスト（William H. Rehnquist）長官同調）

　州議会が世俗的な目的について誠実であったことを示す多くの証拠があるにもかかわらず，法廷意見は，とりわけ何が立法者を動機付けたのかについての直感的な知識を根拠として，ルイジアナ州議会の議員が意図的に宣誓を破り，立法目的について嘘をついたと判示する。

　本件は次のような経緯で最高裁に到達した。すなわち，ルイジアナ州最高裁が創造科学法を解釈する機会を与えられたことがなく，州公務員が同法を実施しようとしたこともない。また，同法に関わる証拠についての十分な審理が行われたこともない。われわれは同法の意味を推測することしかできない。同法が創造科学と進化論のいずれか一方を教えることなしに他方を教えることを禁止することは知られているが，創造科学が何であるのかについては当事者が鋭く対立している。

　少なくとも現段階では，制定法の意味については上訴人の見解を受け入れなければならないことは明らかであるように思われる。まず，制定法そのものが「創造科学」を，「創造の科学的証拠およびそうした科学的証拠からの推論」であると定義している。この定義が有用ではないと考えられるにせよ，州最高裁がこの文言により正確な内容を与えるであろう方法はきわめて明白であり，現段階では上訴人の見解を支持する。「創造科学」は疑問の余地なく専門用語であり，ルイジアナ州法の下ではその言葉が言及する専門家によって受け入れられた意味に従って解釈されなければならない。宣誓供述書において，創造科学について広範な知識を有すると主張する科学者，哲学者，神学者，教育者らは，創造科学が，宇宙とその中にある生命が突然出現し，出現以来実質的には変化していないことを示す科学的データの集積であると主張する。これら専門家は，創造科学が宗教への言及なしに提示されうる，厳密に科学的な概念であると主張している。それゆえ現段階では，われ

われは創造科学法が宗教的な教義の提示を必要としないものと想定しなければならない。

　制定法が何を意味し，要求しているのかに，法廷意見はほとんど関心を払わない。法廷意見は，立法者の動機さえ検討すればよいと考えている。法廷意見は制定法，その立法経過，そして歴史的・社会的文脈を検討した上で，州議会が世俗的な立法目的なしに行動し，それゆえ創造科学法はLemon判決の3要素審査の目的部分を充たさないと判示した。Lemon判決の目的要件が適切かどうかはともかくとして，この要件が本件で充たされていないという法廷意見の評価に同意できない。

　最高裁はLemon判決の目的部分についてほとんど明らかにしてこなかった。われわれはほとんど常に，国教禁止条項違反とされる手段について，その世俗的な目的を容易に見いだしてきた。実際，世俗的な目的の欠如を理由として法律を無効としたのはLemon判決以前には1回，それ以後には2回だけである。にもかかわらず最高裁判例からいくつかの原則が浮上したが，それらは不幸にも，Lemon審査の適用を適切に指導しない。第1に，「立法目的」が他の文脈において何を意味するのかにかかわらず，Lemon審査の目的のためにはそれは違憲とされる行為に責任を負う者の「実際の」動機を意味する。つまり，創造科学法を支持した議員が実際に誠実な世俗的目的を持って行動したのであれば，同法はLemon審査の最初の要素を乗り越える。

　Lemon判決の法廷意見は，制定法が完全に宗教的な考慮によって動機付けられたことに疑問の余地がない場合にそれを無効とするのが適切であると述べた。最高裁が国教禁止条項に基づいて制定法を破棄したすべての判決において，われわれは議会の動機が宗教促進以外にはなかったと判断した。ルイジアナ州議会が何らの世俗的目的を持っていなかったことを記録が示すのでなければ，創造科学法の破棄は正当化されない。Lemon判決によって禁止されるのは「宗教を促進する」目的である。国教禁止条項は立法者が宗教的な確信に基づいて行動すること自体を禁止するものではない。立法者の宗教的信念がなかったならば予算が認められなかったであろうことが証明されたとしても，ホームレスに補助金や食事を与える立法を破棄することはない。宗教的に動機付けられた政治的積極主義もアメリカの伝統である。法が

宗教団体や特定の信条の信奉者によって強く支持されているからといって法の唯一の目的が宗教を促進することだとは想定しない。そのような想定は，宗教的な人々から政治プロセスに参加する権利を奪うものである。現在の宗教的積極主義は創造科学法をもたらすが，かつては奴隷制廃止をもたらしたのであり，将来は餓死者への救済をもたらすかもしれない。同様に，ある宗教の教義にたまたま一致するからといって法の目的が宗教を促進することであるとは想定しない。たとえば，中絶のための補助金を制限したり日曜日を休日とする法律への異議申立てを，それがユダヤ＝キリスト教の教義に一致するという事実にもかかわらず，われわれは退けた。われわれは多くの事例において，創造科学法よりもずっと宗教を促進しそうな政府行為についての世俗的目的を容認してきた。創造科学が特定の宗教の信念に一致するという，多数意見が重視する事実は，創造科学法の破棄を正当化しない。

　最後に，宗教の地位を上昇させるという具体的な意図を持ってなされたある種の政府行為は，Lemon判決で用いられたような意味で「宗教を促進する」ものではないことを最高裁の先例は示す。われわれはむしろ，少なくとも2度にわたって政府が宗教を促進するために行動しなければならないと，さらに別の機会に，政府はそのようにすることができると述べた。

　第1にわれわれは，国教禁止条項は宗教を否定，妨害したり，宗教への敵意を明示することを意図した政府行為をも禁止するものであることと，宗教への政府の中立性が修正1条の特に重要な目的であることを述べてきたのであり，それらのことからして，州の公務員が宗教を妨害していることを知った州は，たとえその目的が明白に宗教を促進することであったとしても，妨害を止めさせる措置をとらなければならない。つまり，州の科学教員が宗教に敵対的であるとルイジアナ州議会が信じたのであれば，議会はLemon判決の目的テストに抵触することなく敵意を排除するために行動することができる。

　第2に，われわれは政府による意図的な宗教促進が宗教活動自由条項によって要求される場合もあると判示してきた。われわれは，ある状況においては，一般的に適用される規制を免除することによって市民の信仰を尊重しなければならないと判示してきた。Lemon判決と自由条項とを調和させると

ころまでは進んでいないが，州議会議員は，創造科学法が自由条項によって要求されると信じたのであれば，Lemonテストに抵触することなく立法の動機を持つことができる。

われわれはさらに，修正1条によって要求されていなくても，ある種の状況では政府は宗教に便宜をはかるために行動することができると判示してきた。宗教への政府からの便宜が容認される限度が，宗教活動自由条項によって要求される不干渉原則とは決して一致しないことは十分に確立されている。われわれは宗教への自発的な便宜提供が容認されるばかりか望ましことを示唆してきた。たとえば，公民権法第7編は私的な使用者による宗教差別を禁止すると同時に被用者の宗教慣行に合理的な便宜を払うことを要求するが，その目的がたとえ宗教を促進することであろうと，そしてそうすることが宗教活動自由条項によって要求されていないことがほとんど確実であろうとも，第7編が国教禁止条項を侵害すると主張する者はほとんどいないであろう。それゆえ，創造科学法に投票した者の目的が宗教を促進することだけであり，かつ創造科学法が宗教活動自由条項ないし国教禁止条項によって要求されていないにせよ，同法がLemon判決の目的テストに抵触しないことは十分にありうる。

最後に，Lemon判決の目的テストの適用について述べる。法廷意見は何ら示唆しないが，われわれは州が違憲な動機によって行動したと認めることへの躊躇を繰り返し確認してきた。州法の合憲性への判断を求められる場合にはいつでも，最高裁が第一次的な判断を行うのではなく，憲法を遵守すると宣誓し，政治を実践する責任を担う者を裁くという事実にしかるべき配慮を払わなければならない。このことは，州議会が法律の合憲性の問題を具体的に検討した場合にはとりわけ強く妥当する。

このことを念頭に置いて，創造科学法採択の背後にある目的を検討する。

創造科学法を支持した議員の動機を判断するための情報は相対的に少ないが，創造科学法に世俗的な目的がないという多数意見の結論が誤っている証拠は十分にある。

まず，創造科学法が原理主義的宗教熱によってルイジアナ州議会を通過し

たものではないことを記すことが重要である。ルイジアナ州ではキリスト教原理主義の教派は少数派でしかない。創造科学法の（いわば）起源は，1980年のキース上院議員によって提案された。州議会議員たちはキース議員の法案が特殊な主題を扱うものであることを理解しており，潜在的な憲法問題を繰り返し表明した。国教禁止条項が主たる関心ではあったが，議員たちは圧倒的多数で創造科学法を可決した（下院で71-19，上院で26-12）。議員たちは創造科学法の目的が「学問の自由」の保護であると明示している。議会に提示された証拠を法廷意見が行ったよりもずっと慎重に吟味しなければ，この目的がインチキであるかどうかを正しく判断することはできない。

　ルイジアナ州議会の大多数の議員が世俗的な目的を明示した法案に投票した。重要なのは世俗的目的が法案によって達成されると信じることが賢いかどうかではなく，そのように信じる点において誠実であるかどうかである。

　キース議員の法案を支持する証言のほとんどは議員自身と科学者や教育者によるものであり，その多くは州議会が非常に高く評価した学問的資格を有する。彼らの証言は，生物学，古生物学，遺伝学，天文学，宇宙物理学，確率論，生化学に言及した。彼らは委員会の構成員に，高く評価された国際的に著名な科学者が創造科学を信じており，彼らの証言を支持していると繰り返し断言した。

　立法経過が世俗的目的の存在について曖昧であったにせよ——本件では曖昧ではない——創造科学法はLemon判決の目的テストを充足するはずである。しかし，本件には立法経過以上のものが存在する。州議会はまさに同法において世俗的な目的を明示しているのである。われわれは議会による明示的な目的表明に繰り返し依拠ないし謙譲してきた。法廷意見は議会による目的の表明の有効性を，それを頑なに誤って解釈することによって，そして創造科学法の規定がその誤解された目的を促進しないものであり，それゆえインチキであると判断することによって，回避しようとする。

　創造科学法は学問の自由というその目的を明白に，かつ一貫して追求している。同法は進化論が証明された科学的事実ではなく理論として教えられること，そして進化論に矛盾する科学的証拠も教えられることを要求する。同法は創造科学を進化論と同様に扱う。同法は創造科学教育を強制しない。同

法は創造科学を証明された科学的事実として教えることを禁止し，進化論を教えることなく創造科学を教えることを禁止する。科学のカリキュラムを特定の宗教的観点に一致するよう再構成するという目的を法廷意見が見いだしたことは，理解を超える。

　創造科学法における「創造」への言及が宗教的目的の証拠だというのは説得力に欠ける。同法は創造科学を「科学的証拠」として定義しており，キース上院議員とその他の証人も創造科学が宗教的な内容なしに提示されうるし，提示されるべきであることを繰り返し強調した。

　法廷意見は創造科学教育が優先されることと学問の自由への無関心を示すとされる3つの規定を引き合いに出す。第1に，創造科学法は創造科学論者と創造科学を教える者への差別だけしか禁止しない。第2に，同法は科学の教員に創造科学の指導のための要綱を作成し，提供することを教育委員会に義務付ける。最後に，同法は創造科学の指導要綱作成に当たり教育委員会を補佐する7名の創造科学論者を指名することを州知事に要求する。しかし，これらの規定はいずれも「学問の自由」という明示された目的の真実性に疑問を投げかけるものではない。議員たちは創造科学論者が，進化論をほとんど宗教的に支持しているほとんどの教育者と科学者によって嘲笑されていることを繰り返し聞かされた。バランスのとれた，教義的ではないカリキュラムの作成のために，立法者が差別を被っていると考えた教師だけを差別から保護したことは驚くに値しない。（立法者はEpperson v. Arkansas判決（393 U.S. 97（1968））を知っていたので，進化論への差別がすでに禁止されていると結論するのは合理的である。）ほとんどの科学者と教育者が創造科学に対して敵意を持っているために創造科学が検閲され，ひどく誤解されたことを証人が立法者に伝えていた。授業を行うために適切な創造科学の教材が存在せず，進化論についての教材が十分に存在している以上，創造科学法に従おうとする科学の教師が創造科学についての教材を必要とし，そして指導要綱の作成者が創造科学者の助けを必要とすると結論することは合理的である。法廷意見が懸念する規定は，議会が「学問の自由」を促進するために法律を制定したという結論を支持するのである。

　学校における進化論教育に議会が注目することとなったのは，進化論と多

くの生徒の信仰との間に緊張関係があるという認識故であることに疑問はない。しかし，被上訴人でさえ，宗教的な懸念によって創造科学法が推進されたとしても本来有効な世俗的な目的が容認されないものになるわけではないことを認めている。

　要するに，州議会議員の多数派が，部分的にはキリスト教原理主義的な信仰を促進するために創造科学法に投票したとしても，正当な世俗的な目的も存在する限り，そのことだけで同法を無効とすることはできない。さらに，同法が明示する世俗的な目的を信じないための根拠はない。法廷意見がかつてないほどに安易にそうした結論に到達したことは驚くべきである。スコープス裁判の事実と伝説によって創り出された知的傾向──進化論教育に関連して政府によって課されたすべての制約がキリスト教原理主義的な抑圧であるという本能的な反応──が働いていたとしか考えられない。しかしながら本件では，法廷意見の立場が抑圧的であるように思われる。キリスト教原理主義者も含めてルイジアナ州の人々は，進化論と対立する科学的証拠を学校で提示させる権利を，世俗的な問題として，有するのである。それはまさにスコープス氏が進化論を支持する証拠を提示する権利を有していたのと同じことである。もしかすると進化論に対立する科学的証拠がないという理由で州議会の行動が違憲となるのかもしれないが，サマリジャッジメントという本件の文脈ではそうした証拠がないとは言えない。われわれは，進化論を支持する科学的証拠が決定的なので進化論に矛盾する真に科学的な証拠が存在すると信じるような愚か者は存在しないのであり，それゆえ議会が述べた目的は嘘に違いないと結論することもできない。しかしこうした偏狭な判断が，法廷意見が立法目的を安易に退けた判断の根拠にあるに違いない。

　世俗的目的の存在が完全に明白なので，州議会の目的がもっぱら宗教を促進することであったにせよ，十分に確立された，宗教的目的の禁止への例外──特定の宗教への差別の排除，そうした宗教の自由な活動の促進など──が適用可能であるという事実を争おうとは思わない。創造科学法には世俗的目的があり，Lemonテストの最初の要件を充たすので，控訴裁判書の判決を破棄・差戻しとすることとしたい。

　ここまでのところLemon判決の目的テストの有効性を前提としてきた。

しかし実際には，Lemon判決全体へのレーンキスト長官の悲観的な評価——それが解釈しようとする修正１条の歴史の中に何らの根拠もない憲法理論であり，適用困難で無節操な結論を生み出す——がその目的部分にとりわけ強く妥当すると考える。

目的テストを解釈適用した先例は，もっとも良心的な公務員でさえどのような動機が違憲と判示されるのか当て推量するしかないような国教禁止条項の迷宮を作り上げた。われわれは基本的に次のように述べてきた。政府は宗教を促進するために行動してはならないが，その例外は宗教活動自由条項がそのように強制する場合，宗教への政府の敵意を消去する場合である。さらに，禁止されない宗教的慣行に政府が便宜を払う場合でさえ例外となる（ただし，意図的な便宜提供が宗教の促進になる場合には違憲とされるが，どの程度の便宜提供が違憲とされるかは不明確である）。

しかし，容認されない目的が何なのかを知ることの難しさは，いかにしてそうした目的を知るのかの難しさに比べれば，何ほどのことはない。制定法の客観的な目的や制定法に明示された公式の動機を知ることは可能であるが，法律を制定した議員の主観的な動機を知ることは不可能である。まず，ありうる動機の数は２つではないし，有限ですらない。たとえ１人の議員についてさえ，唯一の目的を特定することはおそらく，存在しないものを探すことである。

政策決定者の主観的な意図の評価に伴う多くの困難のために，Lemon判決の目的部分は，国教禁止条項の文言が要求する限りにおいて有用であると考える。本件でこのことが妥当しないことは確実である。国教禁止条項は連邦議会が国教を定めることを禁止する。連邦議会が宗教を促進する意図を持って立法をなした場合にはいつでも国教を定める法律を制定したと論じることは可能であるが，こうした解釈は非常に不自然である。

かつてわれわれは国教禁止条項のやっかいな判例法理論を，柔軟性のために明晰さと予見可能性を犠牲にするという理由で，正当化しようとしてきた。このことはある論者によって適切にも，原理原則に基づいた正当性が欠如していることの婉曲表現であると評された。明晰さと予見可能性のために

幾分かの柔軟性を犠牲にするべき時が来ていると思う。Lemon判決の目的テスト——自由活動条項と国教禁止条項との間の緊張関係を悪化させるものであり，修正１条の文言にも歴史にもの基礎を持たない上に，本件判決が示すように，すばらしく柔軟な結果をもたらす——を廃棄することが適切な出発点であろう。

3　検討——立法の目的について

　Aguillard判決の概要は以上の通りである。冒頭で述べたとおり，創造科学と進化論とを対等に扱うことを要求する州法の目的が宗教的であり，それゆえ修正１条を侵害するという法廷意見による処理に対してスカリア裁判官が厳しい批判を寄せたところに本件の理論的な重要性がある。この点を整理してみたい。

　宗教と政府の関わり合いの合憲性を判断するための基準として現在でもしばしば援用されるのがいわゆるLemonテストである[24]。このテストはカトリック系の学校への公費の支出が問題となった1971年の最高裁判決[25]で打ち出されたものであり，その内容は３つに分けられる。第１に，法律は世俗的な目的を有していなければならず，第２に，法律の主たる効果が宗教を促進したり抑圧したりするものであってはならない。最後に，法律は政府と宗教の過度の関わり合いを促進してはならない。法律が憲法を侵害しないと言うためには，上の３つの要件をすべて充たさなければならない。逆に言えば，３つの要件のうち１つでも充たすことができなければ違憲とされるということであり，本件の法廷意見は，本件で問題とされた州法の目的がもっぱら宗教的であり，第１要件を充たさないので他の要件を検討するまでもなく当然に違憲であると結論した。この点についてはパウエル裁判官の補足意見も同意している。

---

[24] このテストと，後述するエンドースメントテストについての邦語文献として，神尾将紀「合衆国憲法修正第１条にいう『国教樹立禁止』条項に関する司法審査基準のアリーナ——Lemonテスト，Endorsementテスト，Coercionテストの位相——」早稲田法学80巻３号349頁（2005年），榎透「アメリカにおける国教分離禁止条項に関する違憲審査基準の展開」専修法学論集107号23頁（2009年），門田孝「政教分離原則の検討枠組に関する一考察——合衆国連邦最高裁判例解読の試みと併せて——」名古屋大學法政論集230号271頁（2009年）等を参照。

[25] Lemon v. Kurtzman, 403 U.S. 602 (1971).

これに対してスカリア裁判官は、州法自体がその目的が学問の自由の保護であると明示していることから、立法目的について慎重な検討が必要であるとする。これといった証拠がない限り審議過程において創造科学が宗教ではないことを多くの議員が信じていたと想定するべきであって、宗教的な動機だけに基づいて制定されたのではないのだから、第1要件を充たすというロジックである。サマリジャッジメントによって処理したことも問題視される。

このように本件ではLemonテストの第1要件の適用をめぐって対立が見られたが、おそらくその原因は、第1要件そのものが多義的に理解される余地があることと、そのこととおそらく関連しているのであるが、Lemonテストにおける第1要件の位置付けがそれほど大きくないはずだという点にある。この点をもう少し検討しよう。まず、本稿の冒頭で指摘したように、政府行為は、もっぱら宗教的であるか、あるいはもっぱら世俗的であるかという基準によって分類できるものばかりではない。多くの政府行為は宗教的な目的によっても世俗的な目的によっても説明することができる。第1要件を厳格に適用するならば、世俗的な目的が多少なりとも存在すれば第1要件を充たすことができるはずである。第1要件は、特定の立法を成立させた背景にある宗教的な目的と世俗的な目的を比較して、前者が後者を上回るかどうかを問題としているのではない。第1要件を充たすことは、本件の反対意見においてスカリアが示唆しているように、本来は容易なはずである。なぜ第1要件を容易に充たすことができるのかというと、おそらくはLemonテスト全体の中で第1要件がそれほど重要ではないということなのだろう。このことは、裁判所が立法の目的が違憲であると想定することが、本来は困難なはずであるという趣旨のスカリアの指摘にも整合する。ただ、本件の多数意見はまさに目的の不当性を認定するという異例の判断を行ったのである。

このように、本件ではLemonテストの適用をめぐって対立が見られるが、実はLemonテストは宗教と政府の関わり合いを判断するための唯一の基準ではない。政府と宗教との関わり合いの合憲性を判断するためには、1984年のLynch v. Donnelly連邦最高裁判決[26]においてオコナー裁判官が提示した、

26　465 U.S. 668 (1984).

いわゆるエンドースメントテストが用いられることがある。この事件では自治体によるクリスマスの飾り付けが問題とされたのだが，最高裁は飾り付けには世俗的な目的があるなどとして，Lemonテストを適用して合憲性を確認した。これに対してオコナー裁判官の補足意見は，Lemonテストが必ずしも明瞭ではないことを指摘した上で，政府の行為が宗教を援助するか承認しないかという基準がLemonテストの助けとなるとしてエンドースメントテストを提唱した[27]。オコナーはLemonテストの目的部分と効果部分のいずれも援助ないし不承認という基準で分析しうるとして，政府の行為の目的と効果のいずれかについて援助ないし不承認が見いだせるのであれば違憲となると説明している[28]。

その後の判例においてこれら2つのテストが十分に整理されて適用されているかどうかには疑問があるが，本稿の関心から重要なことは，Lemonテストについてスカリアが本件で指摘したように，また，エンドースメントテストを提唱したオコナーが当該事件で合憲という結論を導いたことからも示唆されるように，宗教的な性格を帯びるとされる政府行為の目的を審査するに当たって，裁判所が政府の目的を正面切って否定することがそもそも難しいという事情があるのだろう。このことは法理論的には，世俗的目的がありさえすれば良いという，政府にとってゆるやかな基準が採用されていることによって説明できるし，また，裁判所が正面から政府の行為の目的を否定することによって招来が予想される政治的反動によって説明することもできよう。では，なぜ本件の法廷意見は州法には何らの世俗的目的がないと言い切ったのであろうか。本件における最高裁の行動は，この意味で異例と言える。この問題はⅣにおいて検討しよう。

Ⅲ 進化論教育の現状

最高裁はAguillard判決において，進化論反対派が隠していた宗教的動機を暴き出して州法に違憲判断を下した。これで進化論教育の問題が解消され

---

27 465 U.S. at 690 (O'Connor, J., concurring).
28 Id.

たかというと，実はそうではない。21世紀に入ってからも，アメリカのすべての公立学校で，進化論が疑いのない事実として教えられているわけではないのである。進化論教育にはっきりと親和的に見える最高裁判決が下されたにもかかわらず，なぜ公立学校から創造説的な説明が駆逐されないのであろうか。いくつかの事情を検討しよう。

1 インテリジェント・デザイン

第1に，敵対的な最高裁判決を受けて，反対派が創造説や創造科学をいっそう強化・洗練させたことが指摘できる。公教育以外の場面については，たとえば，創造説側は博物館やメディアを使った運動を展開した[29]。公教育については，最高裁は州法が掲げる目的が虚偽であると断定したが，創造科学を教えること自体が憲法上禁止されるとは言っていない。もちろん，だからといって創造説をそのまま教えることは許されないし，創造科学をそのままの形で維持することも難しい。そこで，進化論教育反対派はインテリジェント・デザインという新しい理論を提唱して，科学の外観を強化したのである。インテリジェント・デザインとは創造科学をいっそう洗練させたものであり，神が宇宙や生命を創造したとは言わずに，何らかの偉大な知性がそれらを創造したと説明する。インテリジェント・デザインは進化論に対して，進化途中の生物の化石が発見されていないといった問題点を指摘するなどして，キリスト教原理主義の外観を回避しようとしている。Aguillard判決後は，創造科学に代わってインテリジェント・デザインが，公立学校における進化論のライバルとなった観がある。

公立学校におけるインテリジェント・デザイン教育についてはいくつかの裁判例があるが，ペンシルベニア州で起きたケースがよく知られている。ドーバー地区教育委員会は2004年に，進化論とインテリジェント・デザインを含む他の理論との間にギャップがあることを生徒は認識するべきである旨の決議を可決し，同学務区は第9学年の生徒に次の事柄を告げるよう教師に義務付けた。すなわち，州の学習基準が進化論の学習を要求しており，進化論を含む統一テストの受験を義務付けていること，進化論が事実ではなく理論

---

29 BERKMAN & PLUTZER, *supra* note 1, at 14.

であること，インテリジェント・デザインが進化論とは異なる生命の起源についての説明であること，生徒は理論については心を開くべきことなどである。州レベルでは進化論の学習を求めていたのであるが，おそらくは突出してキリスト教原理主義的な考え方の強い地域において，修正1条を侵害しないように配慮しつつ創造説の考え方を教育の現場に持ち込もうとしたものである。連邦地方裁判所は，Lemonテストとエンドースメントテストの双方を適用した上で，インテリジェント・デザインへの配慮を求める教育委員会と学務区の措置が違憲であると結論した[30]。

この判決は1つの事例に過ぎないが，教育現場に創造説の立場から介入しようとする教育委員会等の行為が裁判になった場合には，修正1条の壁を突破することは困難な状況にあることを示すものである。にもかかわらず，少なくない教師が生物学の授業において創造説的な考えを教えているのである。なぜこのようなことになるのであろうか。アメリカにおける教育内容の規制手段が限定されているという制度的な事情を確認した上で，生物の進化について実際にどのような指導が行われているのかについての世論調査の結果を紹介したい。

2　ローカルな教育制度

アメリカの教育制度は州によって，あるいは自治体によって多様であり，文科省によってかなりの程度一元化された日本の教育制度のイメージを前提とすると非常に理解しにくい。初等教育から高等教育まで，連邦政府が国家として教育制度の基本的な枠組みを構築するなどということはそもそも考えられていないのである。アメリカにおいて教育は本来的にローカルな制度であることが，進化論教育問題の混迷を理解するための前提である。

連邦政府が教育内容について基本的なイニシアチブをとらないのであれば州政府がそうするであろうと想像されるかもしれないが，そうした想定は妥当しない。最近でこそ教育水準の向上が州レベル・連邦レベルでの政治的争点に浮上してきたが，元来は州レベルの政治的争点としても，教育内容はそれほど重要な問題ではなかった。教育内容について州レベルでの基準を設定

30　Kitzmiller v. Dover Area Sch. Dist., 400 F. Supp. 2d 707（M.D. Pa. 2005）.

することが全国的な動向になったのは1990年代以降のことである。州レベルの動向に注目すると，最近は進化論教育に親和的であると言えそうである。2008年段階で，州統一基準によって創造説を促進する州はない。教育委員会は州当局によって監視されているので，Dover事件で採用されたような手法に訴えることは難しいという事情がある。フロリダ州は2008年に州として初めて進化論教育を義務付けた。カンザス州は2013年に進化論を重視する基準を採択し，テキサス州も同年に進化論が生命の発達についての唯一の説明であるとする基準を採択した[31]。ただし，州レベルでの統一的な基準を採択しても，創造説的な立場からの説明を必ずしも排除しないことに留意しなければならない。

連邦政府が公立学校における教育内容についての直接的な決定権を持たないにせよ，間接的な手段によって進化論教育を促すことができる。その方法は主として2つある。第1に，すでに言及したように，連邦政府は進化論を扱う教科書の出版を促すことができる。連邦政府が特定の教科書，あるいは進化論を扱う教科書を使用することを義務付けることはできないが，冷戦後に行ったように，優れた科学者に教科書の執筆を委ねることによって科学教育の観点から望ましい教科書の普及を促すことは可能である。第2に，2001年のNo Child Left Behind Act[32]で行ったように，州全体での共通テストの実施を州に求めることによって，間接的に進化論教育の推進をはかることができる。

3 進化論教育と信仰に関わる背景事情

このように，現在では連邦政府と州政府が進化論教育の推進に向けてかつてない程度の熱意——もちろんそれは，科学の本質を突き詰めるべきであるという立場からは不十分なものでしかないかもしれないが——を持って取組

---

31 *Fighting Over Darwin, State by State*, PewResearch Center: Religion and Public Life, http://www.pewforum.org/2009/02/04/fighting-over-darwin-state-by-state/ (last visited June 27, 2016).
32 107 Pub. L. No. 110, 115 Stat. 1425 (2002). この法律についての邦語文献として，たとえば，古橋昌尚（他）「アメリカ合衆国教育改革における伸るか反るかの試験制度——No Child Left Behind法 (2001) の概要と研究の根拠——」清泉女学院大学人間学部研究紀要9号39頁 (2012年) を参照。

みを行っている。それでもなお，教育の現場では進化論が創造説を圧倒する状況にはない。第9-10学年を担当する教員900名以上を対象とした2007年の調査によれば，進化論を科学的な事実として教える教員は28％，何らかの形で創造説を教える教員は13％である。残りの約60％は進化論を教えるものの，創造説と正面から対決しないようなテクニックを用いているということであり，このような教育態度は，科学教育の本質を損なうものであるという批判の対象となる。また，進化論をまったく教えない者は2％で，人類の進化を教えない者は17％にも上る[33]。

　なぜ60％もの教員が自信を持って進化論を教えることができないのであろうか。この問題は日本人には理解しにくいものであるが，次の3つの事情があると思われる。第1に，公立学校で生物学を教える教員の能力が十分ではない。教育水準が高いほど進化論を信じる傾向があることは一般的に指摘されているのだが，この傾向は公立学校で生物学を教える教員にも当てはまる。学部レベルで科学を履修したことのある教員は進化論を支持するが，履修経験のない教員が進化論教育の実施率を低下させているのである。第2に，公立学校の教員の待遇が必ずしも良くないことが指摘できる。州によって，あるいはコミュニティによって，進化論教育への反対が非常に強い場合があり，こうしたコミュニティの公立学校の授業の中で進化論が事実であるとして教えることは決して容易ではない。最後に，より一般的な問題として，全米レベルで見ても，創造説を信じている国民が，他の先進国との比較においてはかなり多いことが指摘できる。ある調査によれば，人類が動物から進化したという命題が正しいと答えたアメリカ人は約40％であり，これはアイスランド，デンマーク，スウェーデン，フランス，日本，イギリス（いずれも約80％），スペイン，ドイツ，イタリア（いずれも70％強）といったいわゆる先進国よりもかなり低い。アメリカよりも低い国としては，トルコ（30％弱）があげられる[34]。つまり，アメリカにおいては進化論が正しいと信じる者が先進国の中では異例なほどに少ないのである。こうした一般的な背

33　Michael Berkman & Eric Plutzer, *An Evolving Controversy: The Struggle to Teach Science in Science Classes*, AMERICAN EDUCATOR, Summer 2012, at 12.

34　Jon D. Miller et al., *Public Acceptance of Education*, 313 SCIENCE 765 (2006).

景事情があるために，裁判所が進化論教育に親和的な判決を下しても，現場レベルでは創造説的な教育が排除されないと推測される。

Ⅳ　アクターとしての最高裁

最後に，創造説を信じる者が先進国の中では例外的に多いアメリカ社会において最高裁が果たしてきた役割について検討したい。2014年のギャラップ世論調査によれば，人類の進化に神は介在していないと信じる者は19％，神が人類を創造したと信じる者が42％，神の導きによって人類が進化したと信じる者が31％である。1982年にはこれらの数字はそれぞれ9％，44％，38％であった[35]。過去30年間を通じて，神が人類を創造したと信じる者が半数近くを占め続けていることが最大の特徴であるが，神の導きによって人類が進化したと信じる者が減少した分，人類の進化に神が介在していないと信じる者が増加したことにも注目するべきであろう。つまり，創造説を強く信じる者が非常に多いし，その割合に有意な変化はないが，進化論を信じる者は少数派ながらも数を増やしつつあるのである。

創造説を信じる国民が非常に多いという現状を踏まえると，創造説に依拠した州法を違憲としたEpperson判決やAguillard判決は，一見すると相当に異例で革新的なものであるように思われるかもしれない。しかし，こうした印象は事実とは異なる。いくつかのファクターに注目することによって，最高裁が国民世論から大きく乖離して，非常に大きな反動を招来するような行動をとることはきわめて稀であるという一般的な命題の中で，これらの判決における裁判官の行動を説明することが可能である。

まず，地域性に注目してみよう。諸外国との比較ではアメリカ人が創造説を信じる傾向が強いことは前述の通りであるが，創造説と進化論についてどのような態度をとるかについては，地域や年齢など様々なファクターによって大きな違いがあることが知られている。概して言えば，南部の教育程度の低いキリスト教原理主義者が純粋な創造説をそのまま信じる傾向にある。信

---

[35] *Evolution, Creationism, Intelligent Design*, Gallup, http://www.gallup.com/poll/21814/evolution-creationism-intelligent-design.aspx (last visited June 27, 2016).

仰と教育程度との間に相当程度の相関性があることは自明であろうから，南部という地域性に着目するべきであろう。南部は敬虔なキリスト教徒が多いことで知られているが，州別の信仰についての調査によれば，非常に宗教的な市民が多い州の上位はほとんどすべて南部の州である[36]。このことは，進化論教育の問題が，おおむね南部の問題であることを意味する。最高裁は進化論教育反対派に不利な判断を下したが，こうした行動は，人種別学やソドミー，死刑に代表される刑事法の分野における最高裁の判決にも共通していると言えよう[37]。南部というアメリカ国内における独自の文化圏に国益を擁護する立場から対峙したという意味において，進化論教育における最高裁の判断は決して異常なものではない。最高裁はおおむね全国的な多数派の立場を代弁する。本来はこうした役割は連邦議会や大統領といった全国的な視座を持つ政治家が行うべきである。しかし，アメリカにおいて教育問題は基本的に地域の問題であり，彼らは少数派を排除するインセンティブを持たない。こうした問題について国益——Brown判決において別学解消が国益に資する行動であったのと同じように，公立学校からの創造説教育の排除は科学教育の観点から国益に資する——を確保する役割を最高裁が担ったのである。

　次に，進化論教育問題に見られる最高裁の行動の背景には，リベラルな価値判断があるように思われる。最高裁裁判官に何らのバイアスも存在しないとは考えられない。最高裁の裁判官はアメリカ国民の中でも最も高い水準の教育を受けた，いわば教育エリートである。彼らが政策的な問題について，

---

[36] 2011年の調査によれば上位10州は，①ミシシッピ，②ユタ，③アラバマ，④ルイジアナ，⑤アーカンソー，⑥サウスカロライナ，⑦テネシー，⑧ノースカロライナ，⑨ジョージア，⑩オクラホマとなっている。Frank Newport, *Mississippi Is Most Religious U.S. State*, Gallup, http://www.gallup.com/poll/153479/Mississippi-Religious-State.aspx?utm_source=alert&utm_medium=email&utm_campaign=syndication&utm_content=morelink&utm_term=Politics%20-%20Religion%20-%20Religion%20and%20Social%20Trends%20-%20USA#1（last visited June 27, 2016）.

[37] 有名なBrown v. Board of Education of Topeka, 347 U.S. 483（1954）は当時南部を中心に強制ないし容認されていた人種別学を違憲と判断した。ソドミー行為を犯罪とする州法を違憲としたLawrence v. Texas, 539 U.S. 558（2003）はテキサス州のものであった。死刑の他，刑事法の分野での著名な最高裁判決には南部の州で起きた事件に起因するものが多い。死刑と人種別学とをつなぐ文化的な伝統については，勝田卓也『アメリカ南部の法と連邦最高裁』（有斐閣，2011年）を参照。

とりわけ教育政策について一般的にリベラルな立場を好む傾向があることは想像に難くない。とりわけ進化論教育の問題については，教育レベルと創造説・進化論の受容レベルとの間に相関関係が存在することは上述の通りである。この意味で，本稿で取り上げたEpperson判決やAguillard判決は，やはり人種別学やソドミー，刑事法の分野における諸判決と親和性を有するだけではなく，妊娠中絶とプライバシーの権利を関連付ける視点とも共通する部分があるように思われる。

しかしながら，Epperson判決やAguillard判決が突出してリベラルな考え方を具象化したわけではないことにも留意しなければならない。1958年以降科学教育が国策として重視されていたのであり，連邦政府が進化論教育の拡充を指導していた。つまり，最高裁が他のアクターの支持が存在しない状況において，孤立したアクターとして進化論教育を支持する判断を下したわけではない。この意味で，進化論教育についての最高裁判決は一般的な傾向にかなうものであり，Brown判決のようなかなり強い反発を招いたものとは一線を画するものと言えるかもしれない。

最後に，エンフォースメントの問題を回避した点を検討しよう。Aguillard判決における最高裁の行動は，エンフォースメントの観点からは，強力な最高裁がアメリカという国を指導するというイメージから一定の距離を置く。というのも，判決は創造科学教育そのものを禁止したわけではなく，創造科学的な教育は現在でも相当程度に行われている。実はこの裁判は進化論教育をめぐる全面的な対立を回避することが必要であるという前提の下に遂行されたものなのである。原告は創造科学法が実施される前の段階で提訴しており，これに対して被告は裁判が終わるまでは同法を実施しないことに同意していた。

こうした状況において最高裁は，州法の条文にもかかわらず創造科学法の目的が宗教的なものであると断定したけれども，被告が無視しうる具体的な命令は何ら出していない。Aguillard判決は州法自体が違憲であると宣言したが，具体的な紛争への法の適用をめぐる適用違憲の判断ではない。一見すると適用違憲よりも文面違憲の方が大胆な判断であるように思われるかもしれないが，この判決の具体的な文脈においては，そもそも適用違憲の可能性

は，当初から被告によって排除されていたのである。つまり，人種別学が平等保護条項を侵害すると判断したBrown v. Board of Education連邦最高裁判決[38]や死刑量刑手続が恣意的に過ぎることを問題としたFurman v. Georgia判連邦最高裁決[39]のような画期的な——画期的であるだけに違憲判断の妥当性が判決後も疑問視される——違憲判断とは異なり，最高裁が違憲判断を下したとしてもその判断が当事者によって尊重されることが確実な状況での違憲判断だったのである。

　エンフォースメントの問題に関連して，最高裁の長い歴史の中でも非常によく知られた2つの判決を比較対象として検討してみよう。違憲立法審査権を確立したと一般的に評価されているMarbury v. Madison連邦最高裁判決[40]は，実は何らの命令も出していない。職務執行令状に関する事件について最高裁に第1審管轄権を付与したとされる1789年の連邦裁判所法が違憲であると宣言しただけで[41]，被告であるマディソン国務長官に対しては何ら具体的な命令を出していないのである。これではマディソンも，その背後にいたジェファソン大統領も最高裁に対して何ら具体的な行動を起こすことはできない。Marbury判決は実際には，政権に対立して司法権の優位を確立したというその神話的なイメージとは異なり，無視されうる命令を回避することによって司法権の体面を保とうとしたという程度のものでしかない。

　最高裁が社会の反動を招いた例として最も適切なのは人種別学を違憲としたBrown判決であろう。1954年のBrown判決において人種別学が修正14条の平等保護条項を侵害することを明らかにした1年後，最高裁はいわゆるBrown IIにおいて救済の問題を扱った[42]。別学が違憲であるとして，即時の全面的な人種統合が命じられるべきなのか，期限付きの統合命令とするべきなのか，といった困難な問題に直面した最高裁は結局with all deliberate

---

[38] 347 U.S. 483（1954）.
[39] 408 U.S. 238（1972）.
[40] 5 U.S. 137（1803）.
[41] 実際には最高裁はそもそも違憲であるという判断すらしていないと考えるべきだという学説もある。Marbury判決が下された当時にはそれが画期的な判決であるとは考えられていなかったことと，後の世代の法律家によって同判決が人為的に神話的地位を付与されたことについて，勝田卓也「マーベリ判決の神話」法学新報119巻9・10号149-199頁（2013年）を参照。
[42] 349 U.S. 294（1955）.

speedという言葉を使って南部に譲歩した。無視されうる命令を出さずに，連邦地方裁判所が個別の事件において適切に処理するべきであるとしたのである。にもかかわらず南部では大規模な反動が発生し，判決から10年たっても別学はほとんどまったく解消されなかった[43]。最高裁の面目丸つぶれというところであろう。

　Marbury判決とBrown判決への他の政治的アクターの行動から明らかになるのは，最高裁が有力な政治的アクターと正面から対立することは非常にリスキーであるということであろう。Marbury判決は政治部門との直接対決を避けた。Brown判決は南部に配慮したつもりであったが，南部の白人の反発の強さを予想することに失敗した。最高裁が自らの判決だけで，社会の支配的な動向に，あるいはある地域において非常に大切にされている理念と慣行に大きな変化を与えられると考えるのは非現実的である。

　Aguillard判決における最高裁は，科学教育推進という連邦政府の基本的な政策を後ろ盾として，南部という全国的には異質な文化圏に立ち向かった。さらに，その南部においても創造説を公教育の場で実施しようという考えは必ずしも全面的に受容されていたわけではなかった。だからこそ，法律の条文に書かれた立法目的が虚偽であるという強気な断定が可能であったのである。最高裁の裁判官たちは，このように断定しても，最高裁の命令を無視するような反動が生じないことも十分に予想していたに違いない。にもかかわらず，創造説的な教育を現場から駆逐することはできないのである。

おわりに

　合衆国憲法修正1条は国教の樹立を禁止する。冷戦期以降，科学教育の向上は国策の一部となった。創造説の受容は科学水準の停滞を招き，国益を損なう原因となりうる。国民全体と比べれば非常に高い教育を受けてきた最高裁の裁判官は，どちらかといえば進化論教育を促進する方向でバイアスを与

43　南北境界州は別として，かつて南部連合に属していた州においては，判決から10年後の段階で人種統合校に通っていた黒人生徒の割合はせいぜい1％程度でしかなかった。GERALD N. ROSENBERG, THE HOLLOW HOPE: CAN COURT BRING ABOUT SOCIAL CHANGE? 52 (2d ed. 2008).

えられていると考えるべき存在である。全国レベルでは創造説を公教育から排除することを促進するべき要因がいくつもあるにもかかわらず，最高裁は創造説を公教育から排除することはできない。その理由として，相当数のアメリカ人が神による世界の創造を信じていることが指摘されるべきである。ただ，制度の問題として，アメリカの公教育の教育内容と方法が日本と比べればいまだに非常に分散主義的に決定されていることがむしろ重要であろう。コミュニティが公教育のあり方に主体的に関与するという制度的な枠組みにおいては，最高裁判決がそれだけで全国の公教育から創造論的な教育を駆逐することは不可能である。創造説を排除するためには，国民の意識の大幅な変化と，それを基礎とした全国レベルの政治的なアクターの行動が必要であろう。

Chapter 2　公教育における男女別学の可能性
——The Story of Mississippi University for Women v. Hogan, 458 U.S. 718（1982）

福井　康佐

Virginia Military Instituteの校章（なお，大学のhpには，多くの女子学生が写っている）

　1982年に，男子学生の入学を拒否していたミシシッピ州立女子大学のアドミッションポリシーが違憲と判断された。同大学の看護学部には，男子の聴講生も多数存在することなどから，男子を入学させないことには正当な理由がないとされたのである。さらに，14年後には，バージニア州立の男子「軍人養成」学部も，平等保護条項に反すると判断された。この時点では，女子大学を含め，公教育で男女別学の教育を実施することは困難であると思われていたが，2000年以降，連邦政府は男女別学が一部可能であるように教育省規則を改正したのであった。その背景には，1990年代から男女共学が女子やマイノリティーの男子にとって不利益を与えているのではないか，という批判が教育界で強く主張されるようになったという事情がある。本章では，上記二つの判決が男女別学を許容しているのか，その場合，どのような条件によるのかを考察する。

はじめに──男女別学・共学論争における理念上の対立

　青少年の教育において，男女別学[1]という選択肢を許容すべきなのであろうか，それとも共学で行うべきであろうか。男性と女性には多くの身体的な差異が存在し，それに伴う感受性の違い等があり，その差異を認識し別学にすることによってこそ，10代から20代初めの頃の精神的に未成熟な年齢の青少年を効率的に教育することができる，という見解または信念を有する者が多数存在する。一方，平等保護条項の理念からすると，男女の教育は同一の場所で行うのが当然であり，男女を教育において区別すべきではないという，見解も広く支持されている。男性と女性の間に様々な差異があることは事実であるが，社会は両性によって構成されている以上，思春期・青年期において，男子または女子のみで教育すべきでなく，別学は男女の交流を妨げる原因となること等の理由から，男女別学に反対する者も多い。アメリカにおいては，このような男女の共学と別学を巡る見解は激しく対立し，収束する気配がない。この対立を背景として別学教育に対する実証研究も行われているが，共学・別学論争の当否に決着がついたとは言えない状態にある[2]。

　本章では，Mississippi University for Women v. Hogan[3]を取り上げた後に，男女別学問題に関連する主要な2つの判決である，Vorchheimer v. School District of Philadelphia[4]とUnited States v. Virginia[5]を分析して，判例の理論を前提とした上で，公立学校における別学教育の可能性を論じる。

I　アメリカにおける男女共学・別学教育の沿革

1　別学の伝統から今日までの沿革

　アメリカは，世界で最も早く共学を実現し，現在は公立学校において共学

1　英語では，女子校と男子校を総称して，single-sex schoolまたはsame-sex schoolといい，本章では，これを別学校とする。男女別に行う授業は，same-sex classといい，別学授業とする。
2　尾崎博美「男女共学・男女別学をめぐる議論の課題と展望」東北大学グローバルCOE「グローバル時代の男女共同参画と多文化共生」1巻42頁（2009年）。
3　458 U.S. 718（1982）.
4　532 F. 2d 880（3d Cir. 1976）, affd, 430 U.S. 703（1977）.
5　518 U.S. 515（1996）.

が一般化されているとしても，その歴史は比較的短い[6]。本格的な女子の教育は，1830年代から1850年代にかけて行われた，私的教育機関としての女子セミナリーから始まる。女子セミナリーは，読み書きと基本科目の習得を3年の修業年限で行うものであった。公立のハイスクールは，男子校が1821年，女子校が1824年に設立されたが，私教育の伝統のために，公立のハイスクール自体の設置が進まず，共学の公立ハイスクールが設置されたのは，1847年であった。その後，ハイスクールの増加に伴い，共学も増えているが，その理由は，主として経済的なものであった。共学校を設置する方がコストがかからないというのである。州立大学は当初から共学がほとんどを占めているが，これも同様にコスト削減を理由としている。このように，19世紀末には，公立のカレッジもハイスクールも共学校が一般的になったのであるが，それは，男女平等という理念的な理由よりも，コストを理由としている[7]。

コストでなく，理念として男女共学の必要性とその内容が問われるようになったのは，1960年代である。1960年代の公民権運動と連動する形で，女性解放運動が行われ，性別による役割分業（男女の人格は平等であるが，その役割は異なっている）が批判された。その根底にある，男女には生まれつき異なった特性があるという「性別特性論」も批判された。そこでは，学校における男女共学が平等実現の一つの方法であるとらえられるようになった。ここに，理念としての平等が，共学を支える柱として登場する。また，実際の学校教育の内容も，男女平等の理念を実現するものになるべきことが要請される。

2　教育修正法以降

このような動向を受けて，1972年に教育修正法（Education Amendment Act）が成立した。教育修正法第9編は，「アメリカ合衆国においては何人も，性別によって，連邦政府から財政的補助を受けるいかなる教育プログラムないし活動から参加を排除されたり，その恩恵を拒否されたり，そのもと

6　大島佳代子「教育における性差別」北大法学論集38巻4号687頁（1988年）以下参照。
7　1860年代において，共学を支える根拠の一つには，「資源の経済性」が挙げられていた。坂本辰朗「アメリカ教育における男女共学制の発展：19世紀を中心に」慶應義塾大学院社会科学研究科紀要17巻59頁（1977年）。

で差別されてはならない。」と規定している[8]。この法は，学校における性差別の解消を理念として掲げていることから，男女別のカリキュラム（男子は技術科・女子は家庭科，男女別の体育）が男女の差に応じた合理的な区別であるという認識が改善されていく契機となった。また，1974年に女性教育衡平法（Women's Educational Equity Act）が制定され，これは，教育修正法第9編が掲げる理念の実現を財政的に支えるために，制定されたものであった[9]。

このような法的・財政的な整備は，学校教育における性差別の解消に一定の成果を挙げた。友野によると，公立学校の女性校長・女性教育監督官が増加したこと，医学部・ロースクールなどで性別の入学枠が撤廃されて女子の進出が促進されたこと，教育活動における男女の分離（男女別の科目の禁止など），体育・課外活動・スポーツを性別に編成することの禁止などが成果として挙げられる[10]。また，連邦政府も，「第9編—25年の進歩」という報告書の中で，大学入学者と卒業者の増加，女子の理数系科目の成績向上，理数系学部への進学率の向上，学位取得者の増加等の成果があるとしている。このような動向の結果として，1980年代の後半には，公立学校のほとんどすべてが共学になっていった[11]。

3 別学教育の新しい流れ

ところが，1970年代の後半になると，いくつかの調査によって初等・中等教育（K-12）の共学で生じる，性差別あるいは性に係るバイアス（gender bias）が問題となる[12]。男女で得意とする科目が異なること（女性は語学が得意，男子生徒は数学と理科が得意），女性が学校内でリーダーシップを取れないこと，教師の指導や注目が男子に集まること等が指摘される。このような共学におけるバイアスが，女子学生の自己評価を下げ，大学進学，卒業後の

---

[8] 20 U.S.C. §1681 (a).
[9] RE: GENDER http://regender.org/content/womens-educational-equity-act-weea (last visiteed July.7.2016).
[10] 友野清文『ジェンダーから教育を考える』76-81頁（丸善プラネット，2013年）参照。
[11] U.S. SECRETARY OF EDUCATION, TITLE IX: 25 YEARS OF PROGRESS (1997), http://www2.ed.gov/pubs/TitleIX/index.html (last visited July. 7. 2016).
[12] Kimberly J.Jenkins, *Constitutional Lessons for the Next Generation of Public Single-Sex Elementary and Secondary Schools*, 47 WM.& MARY L. REV. 1953, 1963-1971 (2006).

進路，専門職への志望等に強い影響を与えていると，教育関係者や研究者と結論付けるようになった[13]。一方，共学では男子学生こそ，不利益を被っているという主張もある。特に，都市部のアフリカ系男子学生が，犯罪・薬物・アルコールの濫用の危険にさらされ，成績も低く，退学率が高いという調査も示されている[14]。このように，人種だけではなく，性と収入を加味した対策が求められるようになった[15]。

　1990年代になると，このような男女がそれぞれ，学校教育において被っている不利益を解消する一つの方法として，男女別学が提唱されるようになった。また，アメリカ全体として，学習成果を向上させようという目的の教育改革がなされるようになったことも大きな要因である。2001年に，No Child Behind Act[16]が成立し，同法の下では，連邦の予算を革新的な教育プログラムを実施する地方教育機関に配分することが可能になった。これらのプログラムには，別学校や別学授業を実施することが含まれていた[17]。また，教育省には当該規定に係るガイドラインの策定が求められていた[18]。2004年に教育省の人権擁護局（Office for Civil Rights）は，従来の「公立学校で別学教育を実施する地区は，入学できないもう一方の性に対して，それに比肩する（comparable）内容の別学校を提供しなければならない」としていた，教育修正法第9編の解釈を変更し，それに伴って，2006年には，新しい教育省規則を制定した[19]。

4　第9編に係る解釈の変更に伴う教育省規則の改正

　2006年に，改正された教育省規則は，「授業及び学校へのアクセス」とい

13　ROSEMARY C. SALMONE, SAME, DIFFERENT, EQUAL: RETHINKING SINGLE-SEX SCHOOLING 118-120 (2003).
14　Jenkins, *supra* note12, at 1966.
15　Andrew J.Mccreary, *Public Single-Sex K-12 Education:The Renewal of Sex-Based Policy by Post-Race Politics,* 1986-2006, 40 J. L. & EDUC. 461 (2011).
16　20 U.S.C. §7215 (a) (23).
17　20 U.S.C §7215 (a) (2006).
18　20 U.S.C §7215 (c) (2006).
19　この間の経緯については，David S.Cohen, *No Boy Left Behind? Single-Sex Education and the Myth of Masculinity,* 84 IND. L.J. 135, 145-151 (2009).

う表題の下で，公立学校で別学を可能にする条件を規定する[20]。当該規定は，共学における別学授業と，別学校に分けられている。

第一に，共学における別学授業及び課外活動については，共学の小中学校を運営する州及びその機関は，以下の4要件を満たす場合に，別学授業及び課外活動を提供することができる。

①別学の授業と課外活動は，（A）学校区が多様な教育機会を提供するために確立した政策を通じて，生徒の学力を向上させること，（B）学生に対する特定の，確認された教育上のニーズに合わせること，という二つの重要な目的を有し，当該別学教育は，目的達成に実質的に関連しなければならない。

②州およびその機関は，公平な方法で，当該目的を遂行しなければならない。

③別学授業及び課外活動への出席は，完全に任意でなければならない。

④州およびその機関は，除外された性の学生を含むすべての学生に対して，同じ科目または活動について，実質的に平等な共学の授業または活動を提供しなければならない。

また，除外された性の学生に対する別学の授業または課外活動については，公平な方法で，除外された性に対して，実質的に等しい別学授業または課外活動を提供しなければならない。

さらに重要な点は，教育省がその実質的平等性を判定するに際して，考慮要素による総合的な判定を行うことである。すなわち，同規則は，授業または課外活動が実質的に平等かどうかを決定する際に，次のような多くの考慮要素を挙げて，総合的に判断する，とする。それは，①アドミッションポリシーとその基準，提供される教育上の利益（②カリキュラム等の質・範囲・内容，③図書の質と利便性，④教育に用いる機材と技術，⑤課外活動の質と範囲，⑥教員と事務員の能力，⑦地理的アクセス，⑧設備と資源の質，利用可能性，⑨教員の評判のような無形の特徴を含む）である。この点から，教育省は，Virginia判決を意識し，その枠組みの範囲内で別学教育を実施しようとする姿勢が理解される。

20　34 C.F.R. §106.34 (b).

なお，各学校区は，2年ごとに，自己点検をすることが求められている。自己点検の項目は，別学授業が，真の正当化事由に基づいて行われているか，それぞれの性の才能，能力，選好についての過度の一般化に依拠していないか，別学授業及び別学の課外活動が，重要な目的と実質的に関連しているか，という3点である。この性に係る過度の一般化を評価項目とすることには，性に係る固定観念を排除する機能を営むことが期待されていると思われる。

　第二に，別学の学校については，別学の公立の小中学校を運営する学校区は，除外された性の学生について，実質的に平等な別学または共学校を提供しなければならない，と規定する[21]。そして，この実質的な平等の判定は，別学の授業及び課外活動で用いた，上記の9個の考慮要素を用いて総合的に判断すると規定する。

　別学教育を推進するNPOである，NASSPE（National Association For Single Sex Public Education 現在は，National Association For Choice In Education と改称）は，当該規則によって，州およびその機関は，共学校における別学授業の設置よりも，別学校を設置しやすくなったとする[22]。その理由は，別学校には，「重要な目的の設定」が求められていないこと，及び2年ごとに求められる自己点検の義務がないことにある。州およびその機関は，男子校または女子校を設置する場合，同一の学校区に，授業のコース・教育サービス・設備の点（上記の9要素）について，実質的に等しいものを提供することのみを義務付けられたことになり，女子校を設置しても，この要件を満たせば，男子校を設置する必要がなくなる。

　なお，NASSPEによれば，2011年〜2012年の学年度において，別学教育を実施する公立学校は，全米で506校あり，そのうち，別学校は116校，共学校は390校にわたる。

21　ただし，チャータースクールは除く。
22　NATIONAL ASSOCIAION FOR SINGLE PUBLIC EDUCATION, http://www.singlesexschools.org/home-introduction.html (last visited Jul 7 2016).

Ⅱ 事件の背景

ミシシッピ女子大学（Mississippi University for Women 以下「MUW」という。）は，1884年に創設された「ミシシッピ州白人女性教育のためのミシシッピ工科・単科大学」を前身とする，州立の女子大学である。同大学は，開学以来，女性にしか入学を許可してこなかった。MUWは，1971年に2年コース（准学士号取得）の看護学校（以下「本件看護学校」という。）を設立し，3年後に4年生の学士コースを設置し，その後，大学院も設置した。本件看護学校には専任の教官と運営スタッフが存在し，同校は独自の基準で入試を行っていた。

原告（被上告人）ホーガン（Joe Hogan）は，登録看護師（registered nurse 州の看護師名簿に登録された有資格看護師）であったが，看護学士号は取得していなかった。原告は1974年以来，コロンバス（MUWのある町）の医療センターで，看護監督者（nursing supervisor）として勤務していた。原告が本件看護学校の学士課程の入試に出願したところ，他の点では出願資格を満たしているにもかかわらず，ただ男性であるという理由から，受験を拒否された。本件看護学校の事務局は，本人が興味のある科目は聴講可能であるが，単位取得のための入学はできないと原告に説明した。なお，原告は学士号を取得すると，現状より高給を取得することが可能であり，看護麻酔師になるための訓練を受ける資格を得ることも可能になったという。

ミシシッピ州には，他にミシシッピ大学（所在地はジャクソンで，コロンバスから147マイルの距離にある）と，サウスミシシッピ大学（所在地はハッティスバーグで，コロンバスから178マイルの距離にある）に，共学の州立看護学校が存在し，原告はこれらの看護学校に入学することは可能であったが，通学には不便であったことから，本件看護学校への入学を志願したのであった。

原告は，ミシシッピ州北部地区連邦裁判所に，本件看護学校のアドミッションポリシーは，修正14条の平等保護条項に違反すると主張して，当該アドミッションポリシーに対する差止めの救済と宣言的判決及び金銭賠償を求めて提訴した。連邦地裁は，「合理性の基準」を採用して，予備的差止め命令を斥け，MUWを男女別学制の大学として維持することは，「女子学生に非

常に幅広い教育上の機会を提供する」という，州の正当な利益と合理的な関連性があると判示して原告の請求を棄却した。連邦地裁は，さらに，男女別学の学校を設置することは，「男女別学教育は学生に対して十分なメリットがある」という，決して普遍的に受け入れられてはいないとしても，尊重されている教育理論と調和するとも指摘した。

原告が連邦第5巡回裁判所に控訴したところ，同裁判所は，連邦地裁が，当該アドミッションポリシーは性による差別であるのに，合理性の基準を用いたことは不適切であるとし，それに代わる基準として，「性による分類は，重要な政府目的に実質的な関連性を有していなければならない」とする中間審査基準を用いて，本件を違憲と判示した。同裁判所は，州にはあらゆる州民に教育の機会を与えるという，重要な利益があることを認めながらも，教育の機会を女性にだけ与えて男性に与えないということは，当該利益の間に実質的な関連性がないことを，州は立証していない，と判断した。同裁判所は，この判断に沿った宣言的判決とそれに係る手続を求めて，審理を差し戻した。

なお，州は，差し戻し審において，追加的に次の主張を行っていた。連邦議会は，1972年の教育修正法第9編の§901(a)(5)を制定する際に，明確に，伝統的に男女別学をアドミッションポリシーとしている公立大学を，第9編の性による差別の禁止から除外すると規定していることから，MUWが男女別を継続することを承認している。当該規定の存在がある以上，修正14条第5編の下で認められた権限を行使することによって，連邦議会は修正14条の射程範囲を制限している，とする。これに対して，連邦高裁は，修正14条第5編は，連邦議会に対して，当該条項に違反する行為・措置を維持する権限を与えないと説示して，州の主張を斥けた。

Ⅲ　判旨

　結論は，5対4で原判決を確定した。法廷意見はオコナー裁判官が執筆した[23]。

23　Hogan判決を評釈する邦語文献として，前掲大島注（6）698-701頁，青柳幸一「州立女子大学

1 法廷意見

(1) 違憲審査基準

　我々は、確立された諸原理を手掛かりとして分析を始める。問題となったアドミッションポリシーは、明らかに、志願者を性に基づいて差別していることから、修正14条の平等保護条項の下で審査される。当該アドミッションポリシーにおいて、男性が女性と比較して差別的に取り扱われているからといって、審査基準の適用を免除したり、より緩やか審査基準を適用することはない。個人を性に基づいて分類する法を合憲であると主張する者は、非常に説得力のある正当化事由（exceedingly persuasive justification）を立証する責任がある。その立証責任とは、①当該分類が重要な政府目的に資するものであること、②差別に係る手段が①の目的達成に実質的に関連していることを立証することである。

　なお、本件に係る原告の不利益な点としては、ミシシッピ州立の共学の看護学校に通うことは可能であったが、遠隔地にあることから車で通わざるをえない点を指摘できる。また、女性の同僚はフルタイムで勤務しながら追加の訓練で学位取得のための単位を取得できるが、遠隔地の看護学校に通う場合、原告にはそのような機会は与えられていない。

　性に基づく分類が合憲かどうかを決定するテストが明白なものであるとしても、男女の能力や役割に係る固定観念にとらわれずに適用されなければならない。法の目的が古風でステレオタイプ的な観念を反映しているかどうかを認定する際には、注意が必要である。もし法が、一方の性を、生まれつき劣っていると推定されるという理由から、排除したり保護したりすることを目的とするなら、その目的自体に正当性がないことになる。

　仮に法の目的が正当かつ重要である場合、目的と手段の間の実質的関連性が問題となる。このような緊密な関連性を要求する目的は、分類の合憲性を、男女の適切な役割についての、伝統的でしばしば不正確な仮定を機械的に適用して決定するのではなく、合理的な根拠に基づく分析によって決定することを保障することにある。そのことの必要性は、当法廷が無効としてきた広範囲の法に言及することによって、十分に示されている。

の違憲性」芦部信喜編『アメリカ憲法判例』205頁（有斐閣、1998年）所収がある。

(2) 正当化事由としてのアファーマティブアクション

　州がMUWにおける男女別学のアドミッションポリシーを維持することの，主たる正当化事由は，当該アドミッションポリシーが，女性に対する差別を補償する，アファーマティブアクションである，というものである。しかし，本件看護学校に適用するに限り，その主張は説得力をもたない。

　限られた状況では，性に基づく分類によって一方の性を優遇することは，もしそれが，過度な負担を強いられた性を，意図的かつ直接的に支援するのであれば，正当化されることもありうる。しかしながら，我々は，恩恵的な(benign)補償の目的を単に掲げたからといって，立法の基礎にある実際の目的を探求することが自動的に妨げられるわけではない，ということを強調したい。

　恩恵を受けているとされている性が，実際は分類によって不利益を被っている場合にのみ，州は，差別的な分類を正当化する「補償的な目的」を持ち出すことができることができる。その例としては，Califono v. Webster[24]（老齢年金額の基礎となる平均収入額の計算について，男性よりも女性を優遇する連邦法は合憲とする。労働条件について長い間の女性差別の影響を減少させるという政府の掲げる目的は重要であるとする。）Schlesinger v. Ballard[25]（海軍の将官の昇進時期の決定について女性を優遇するルールを合憲とする。）を挙げることができる。

　これとは対照的に，ミシシッピ州は，本件看護学校開校時に，女性には看護の職業訓練の機会や看護の職場におけるリーダーシップを養成する機会が欠けていること，あるいは，現在このような機会が奪われていることを立証していない。実際，本件看護学校開校前の1970年以降の数字を見る限り，看護労働の場面では，圧倒的に女性の割合が高い。

　本件看護学校から男性を排除するというアドミッションポリシーは，女性が直面する差別的な障壁からの保障を目的とするというよりも，「看護の仕事は女性に限る。」という固定観念に資するものである。州立の看護学校が，男性よりも女性に多くの門戸を開放するとすれば，男性ではなく女性が

24　430 U.S. 313 (1977).
25　419 U.S. 498 (1975).

看護師になるべきであるという，古い見解にお墨付きを与えることになるし，看護は女性の職場であるという仮定を自己達成的予言（self-fulfilling prophecy）にしてしまう。

たとえ，女性に対する差別が，教育を受ける機会，リーダーシップの役割を担う機会に影響を与えると仮定するとしても，問題となっているアドミッションポリシーは無効であろう。というのは，州は，州議会が何らかの差別を認識して，それを補償するために男女別学を意図したという点も，立証していないからである。また，州は，州議会が看護教育を求める男女に対して，異なる取り扱いをしてきたことを正当化した，という証拠も全く示すことができない。実際，議会が当該目的について言及しているのは，MUWの設立趣旨であり，それは，性に基づく分類を正当化するには，不十分な，古風で過度に広汎な一般化である。

MUWの看護学校のアドミッションポリシーは，性に基づく分類が，補償的な目的に実質的かつ直接的に関連するということも，立証することができないという点からも，無効である。逆に，男性に聴講を認めているということは，少なくとも看護学校の女性は，男性の存在によって，マイナスの影響を受けるという主張の説得力を致命的に弱くしている。

MUWは，聴講する男性が授業に完全に参加することを認めているし，それに加えて，男性も女性も，看護学校が提供する社会人向けのコース（continuing education course）に参加し，当該コースには正規の看護学校の生徒も入学することができる。争いのない記録によれば，男性が看護学校に入学しても，教育スタイルに影響を与えないし，教室において男性が存在しても，女子学生の成績に影響を与えないであろう。共学の看護学校において，男性が教室を支配するということもない。結局，こうした記録は，看護学校から男性を排除することは，MUWの教育目標を達成するために必要である，という主張とは全く相容れない。

以上の通り，主張された利益と，当該利益とそれを達成するための手段との関係を考慮すると，州は，性に基づく分類を維持するために必要な，「非常に説得力のある正当化事由」の存在を立証できていない。それ故に，MUWの看護学校に係るアドミッションポリシーは，修正14条に違反する。

パウエル裁判官の反対意見は，ミシシッピ州が，女性にいくつかの教育機会に係る選択肢を与えている以上，性に基づく分離は，多様性に役立つものであると主張する。しかしながら，いかなる性に基づく分類であっても，一方の性に対して，他方の性が利用できない利益や選択肢を提供している以上，その主張は論点のすり替えである。問題は，優遇されている性が，当該分類から利益を受けているかどうかではなく，差別的分類という手段によって，一方の性に利益を与えるという州の決定が，正当な目的を達成することに実質的に関連しているかどうかである。

（3） 教育修正法第9編§901（a）

男性を看護学校から排除することを正当化するために，州が持ち出した追加的な理由は，1972年の教育修正法第9編§901（a）に依拠して，MUWは創立時と同じ体制で存在することが認められている，ということである。§901（a）は，連邦による財政上の支援を受けている教育プログラムは，性による差別をしてはならない旨規定しているが，同5項は，創立以来伝統的かつ統一的に一方の性のみの入学をアドミッションポリシーとしている学部機関は，一般的な禁止から免除される，としている。州は，連邦議会は修正14条第5節によって付与されたところの，同条を執行する権限を促進するために，教育修正法第9編を制定したと主張して，§901（a）は，修正14条の平等保護における広範な禁止に対して，議会が制限を加えたものにすぎない，とする。

連邦議会が§901（a）を通して，MUWを憲法上の義務から免除することは考えられない。むしろ，連邦議会は，MUWを教育修正法の第9編の規定の適用を免除しようと意図したことは，明らかである。

仮に，連邦議会が憲法上の義務からの免除を想定しているとしても，州の主張は破綻している。修正14条第5節は，連邦議会に，同条の命令を執行し，あらゆる市民に公民権を完全に保障し，平等の保障が州によって蹂躙されないようにする広範な権限を付与している。同条第5節で付与された権限は，同条の保障を執行する際にどのような手段を採用するか，という点に限定されているのであり，これらの保障を制限し，廃止し，弱める権限を付与

していない。連邦議会も州議会も，修正14条で保障された権利をはく奪する法を制定することはできない。

本件看護学校から男性を排除するという州の方針は，修正14条の平等保護条項に違反することから，連邦高裁の判決を支持する。

2 バーガー長官反対意見

一般的には，パウエル裁判官の反対意見に同意する。しかしながら，私は，それとは別に，本日の判決は，職業的看護学校に限定されることを強調したい。法廷意見は，女性が伝統的に，看護師の職場の多数を占めているという事実に過度に依拠しているので，本判決の下でも，州が女子だけのビジネススクールやリベラルアーツの課程を設置することを計画することが，正当化される可能性もある。

3 ブラックマン裁判官反対意見

ミシシッピ州は，原告のような男性に，看護師の学士課程の門戸を閉ざしているわけではない。私見では二つの懸念がある。一つは，本件のような領域に厳格な審査をすることになるという点であり，もう一つは，本件のように，ある人に選択肢を与える際して他者の選択肢は奪わないようにするという州の方針（女性には女子看護学校という選択肢を与えつつ，男性には共学の選択肢を与える。）を禁止することは，当人にとっての重要な価値を喪失させるという懸念である。

法廷意見は，狭く解釈していると主張し，「分離すれども平等な」公立の下級教育機関及び，看護学校以外のMUWの学部等に係る同種の争点については決定していないとするが，今日では，法廷意見には必然的な波及効果が存在する。法廷意見は，州が，一方の性のみに入学を認めつつも他方の性に対してそれに比肩するプログラムを提供することをも，違憲とするように思われる。

我々は，誰かが重視する（ただし，人種や宗教の違いに基づくものではない）あらゆる価値を失いたくないし，自らを画一化（conformity）に追い込みたくない。修正14条の平等保護条項の明らかな文言―パウエル裁判官が「権利

保障の精神（liberating spirit）」と呼ぶものであるが――は，そのような代償を要求しない。

4　パウエル裁判官（レーンキスト裁判官同調）反対意見
（1）　公教育における多様性

　法廷意見は，画一化に深く傾斜している。法廷意見は，アメリカの教育を特徴づけ，アメリカの生活を芳醇なものにしている多様性（diversity）に対して敬意を払っていない。法廷意見の下では，今やいかなる州も，女性のみに門戸を開く高等教育機関を設置することができなくなる。若い男女が共学の教育機関に入学できるように，豊富な機会を提供している点及び，これまで州内の4万人以上の若い女性が，共学ではなくMUWを選択することで女子大という存在を承認してきた点を全く無視している。また，修正14条の下では，女性に対して，伝統的に人気があり尊重されている教育上の選択肢を提供することが違法であると判示した。しかも，それは，特定の階層を代表するわけでもなく，主として個人の通学上の都合から提起した訴訟において判示されたものである。

　ミシシッピ州では，女性が公的教育機関について完全な平等を享受していることは争いがない。8つの大学と16の短大が共学であり，MUWを除けばすべて共学である。少なくとも，2つの大学が原告に看護のカリキュラムを提供することができたであろう。また，原告の訴えに参加する者はいない。

　原告は，MUWの有する女子大としての伝統から，深刻な不利益を被っているわけではない。原告の憲法上の主張は，たった一つの不利益に基づいている。それは，「彼が，州立の看護学校に通学するには遠隔地に行かなければならない。」というものである。法廷意見はこのような不利益を，不便（inconvenience）と呼んでいる。この記述は，公正かつ正確であるとしても，「居住する町に存在する大学に入学する」という憲法上の権利があるわけでもない。法廷意見は，原告の不便を解消するために，性的固定観念という理由付けを持ち出してMUWの女子教育プログラムを無効と判断した。この理由付けは，原告自身に対しても，原告が主張する「違法性」についても適用されてこなかったものである。このような誤りは，法的な誤謬を導く。すな

わち，法廷意見は，「真の」性的固定観念に基づいて判例で発展してきた厳格な平等保護に係る違憲審査基準を，女性に「追加的な」選択肢を与えるすぎない州の分類に適用する，という誤謬を犯している。さらに言えば，ミシシッピ州の教育システムは，このような不適切な分析手段を用いたとしても，合憲とすべきである。

（2） 別学教育の歴史と効用

　男女共学は，歴史的にみると新しい教育理論である。小学校から，大学，大学院，専門学校に至るまで，これまで多くの人が別学教育を受けてきた。大学レベルでは，有名大学が，最近まで長い別学教育の歴史を持っていた。ハーバード，イェール，プリンストンも今世紀半ばまで男子大学であったし，いわゆるセブンシスターズは，優秀な女子大学の位置を確立していた。

　別学教育は，学生の選好を反映したものであって，強制したものではない。有名女子大学に入学した学生は，別学の特別の利益を求めて自発的に選択したのである。例えば，ウエルズリー大学が，1973年に女子大として存続することを決定する際に，同学長は，「我々が行った調査によれば，女子大学は，数多くの女性リーダーと，社会的地位のある女性を輩出してきた。教員における女性の数が多いほど，女子学生の学習意欲が高まることも示されている。」と述べている。

　別学教育のメリットは，高等教育機関に在籍する学生からも認識され続けているし，多くの調査も女子大学の効用を報告しているように，女子大学の学生は，自己評価が高く，自己満足度も高い。MUWの現役の学生と卒業生の証言によれば，女子大は，恋愛・求愛といったことから解放され，勉学に専念できる環境にあり，芸術，専門職，ビジネスの場で，女性が活躍するのに貢献する，としている。

　別学の教育機関が学生に対して独自の利点を提供しているという点が，継続的に示されているにもかかわらず，共学の方が数的には圧倒している。しかしながら，裁判所が適切に認識できるいかなる意味においても，共学が数的に支配しているからといって，個人の別学教育への志向が誤っているわけでも，正当性を欠くわけでもないし，州が市民に別学教育を提供できないわ

けでもない。

(3) 違憲審査基準

本件の争点は，公教育がキャンパス・カリキュラム・教育上の選択肢等において多様性を提供している時，州が女子教育の利点を求める者の，正当な個人的選好に応えようとすることが，憲法に違反するのか，というものである。本件に性差別一般に適用される違憲審査基準を用いるのは誤っている。当該基準は，女性を古風で過度に広汎な（archaic and overbroad）一般化から解放することを目的とするものであるところ，先例において，女性の選択肢を拡大する州の努力を違憲・無効とするために，当該基準を適用したことはない。

法廷意見が引用した先例は，本件争点を解決するものではない。それらのほとんどは，男性と同じ利益を得る機会が女性に与えられていない例である。また，原告が男性であるところのCraig v. Boren[26]（アルコール度数の少ないビールの販売で，21歳未満の男性が禁止されながら，18歳以上の女性に許可されていた州法が違憲とされる例），Orr v. Orr[27]（離婚の扶養料の支払い義務を元夫だけ認め元妻に認めない州法が違憲とされた例）は，同じようには，本件に適用することができない。

法廷意見は，本件により厳格な審査基準を当てはめることによって，平等保護条項が示す権利保障の精神を動揺させる。そのために州は，女性に対して，自分の好みの大学を選択する機会を提供できなくなった。法廷意見は，女性を，我々の社会における，違法な性的な固定観念の犠牲者であるとみなしているが，本件を訴えているのは女性ではなく男性であり，その男性も，教育機会が実質的に奪われているとか，男子校や共学に入学する権利が奪われていると主張しているのではなく，「自分に入学可能な大学は不便な場所にある。」というものである。

教育における男女別学は，Plessy v. Furguson[28]で示された，人種差別に

---

26 429. U.S. 190 (1976).
27 440. U.S. 268 (1979).
28 163 U.S. 537 (1896).

おける「分離すれども平等」の状況とは異なる。人種差別の場合は，分離された施設が利用される選択肢として提供されたのであるが，MUWは，州立の8つの大学と16の短大の中で，唯一性別を入学の基準としているのであって，女性は共学を自由に選択できるのであり，強制されていない。

法廷意見は，「いかなる性に基づく分類であっても，一方の性に対して，他方の性が利用できない利益や選択肢を提供している以上，その主張は論点のすり替えである」と説示するが，原告は女性が享受している利益に対して不満を申し立てているわけでもなければ，州が男子校を提供しないことに不満があるわけでもない。MUWに入学することのみを求めている。このように，あくまでも個人的便宜から主張しているのである。

また，原告と同じ立場の学生，すなわち，自分の住む町の州立大学に入学する権利を否定されている学生は，州立大学から遠く離れた町に住む学生と何ら変わることはない。教育機関は，どこに設置しようともその位置によって利益を得る者もいれば，不利益を被る者もいるのである。

(4) 審査基準のあてはめ

ミシシッピ州が，MUWを存続させる権利は，合理性をベースとする分析に依拠しても支持することができる。しかし，このような緩い基準ではなく，法廷意見と同じ審査基準を採用しても，その合憲性を導くことはできる。本件の記録によれば，MUWは，1884年以来の州の教育制度に歴史的な地位を有し，現在でも2000人以上が入学することから，女性のMUWへの選好を証明することができる。そのような選好を維持する目的は，正当かつ実質的なものである。教育者であろうと学生であろうと，心ある者が数代にわたって，男女別学が卓越したメリットを提供すると信じてきた。もちろん，意見の異なる者も多数存在するであろう。しかし，そうした見解の違いがあるからというだけで，女子大を設置するという選択肢が，州の実質的な利益に資すると結論づけることを否定することはできない。

法廷意見は，MUWが，看護の仕事は女性がするものである，という固定観念を永続化するように運営されていると示唆しているが，本件看護学校は，大学が創立して90年経過した1971年に開校している。このことは，女性

の職業としての看護とMUWのアドミッションポリシーの間には，ほとんど関係がないことを示している。実際，本件看護学校は，ジャクソンにある共学のミシシッピ大学に，別学の看護学校が設立してから10年以上経ってから設立されている。本件看護学校は，MUWの多様なキャンパスとカリキュラムの中の一部を構成するに過ぎない。MUWの他の学部は，多様な学位と科目を提供している。女性が，MUWのアドミッションポリシーのために，他のミシシッピの州立大学で，男性よりも教育の機会が少なくなったということを，示す証拠はない。

　まとめると，自発的に選択された男女別学教育は，州立大学ではまれにしか存在しないとしても，我が国の伝統である。このような学生の選択に配慮することは，社会の合意に基づく以上正当であり，それによって学生が自分で最適と思われる大学教育を決定できる以上，重要である。ミシシッピ州のアドミッションポリシーは，長期にわたって尊重されてきた目的と実質的に関連する。

　なお，法廷意見は，男性も聴講できることから，目的との間に実質的な関連性がないと述べるが，実際，男性が聴講したものは，聴講可能な913のコース（年度内）のうち，10年間の平均で14コースしかない。ここから，MUWが，教育環境に影響を与えない程度において，男性に聴講させていることがわかる。また，授業料は徴収するが，単位は付与しないことから，このような事情の下では，聴講をする男性がほとんどいないと州が認識していることは明らかである。このような事情をみれば，目的と手段の間に実質的関連性がないと言えない。

（5）　民主主義の伝統しての多様性

　アメリカの伝統の明確な特徴の一つとして，多様性への尊重を挙げることができる。このことは，我が国に住む者が，多くの国から移住してきているということを示しているし，我々の民主主義制度の本質でもある。本件で問題となったのは，この多様性の小さな一側面であるが，高等教育において別学と共学を選択できるという伝統に照らしてみると，決して，重要性の低い問題とは言えない。法廷意見は，差別だと述べるが，その犠牲者を確認する

ことは困難である。原告は，自分の居住する地域の大学に出席する権利があると主張するが，これは，差別の問題ではないし，修正14条の平等保護条項は，この種の主張に適用することはできない。

　法廷意見は，職業的な看護学校の入学に係る争点について判示しているのであって，MUWのアドミッションポリシーによって，男性が他の学部への入学から排除されているという点が，修正14条に違反するかどうかについては，判断していない。このことは，本件看護学校以外の学部と大学院を含むMUW全体が，女子大であることを許容するということであれば，歓迎すべきことである。しかしながら，法廷意見は，MUWが全体が女子大として存続すべきどうかについては，回答していない。法廷意見の論理は，MUWの全教育課程について適用されることは，明らかであるのにもかかわらず，本件看護学校に限定して「狭く」判断していることは，本判決の射程範囲を不確かなものにしている。

IV　関連する二つの判例

1　Vorchheimer判決（Vorchheimer v. School District of Philadelphia 532 F.2d 880（3d Cir. 1976））

　女子中学生が，フィラデルフィアにあるセントラル・ハイスクールという，学校区内でレベルの高い男子校への入学を拒否され，当該ハイスクールのアドミッションポリシーは，平等保護条項に違反するとして，連邦地裁にクラスアクションを提起した。フィラデルフィア学校区は，アカデミック，コンプリヘンシブ，テクニカル，マグネットという4つのタイプのハイスクールを設置していた。このうち，アカデミックは，男子校のセントラル・ハイスクールと女子高のガールズ・ハイスクールの二つがあり，これらは大学進学のコースのみを設置し，その入学に係る成績の基準は高いものであった。セントラル・ハイスクールは，高いレベルの教育をするという評判があり，実際，社会的に地位の高い職種，官界，ビジネス界，学界に多くの人材を輩出していた。一方，ガールズ・ハイスクールも，教育レベルが高く，その卒業生は各界で活躍していた。しかし，大学進学を希望する者は，男子は

セントラルへ，女子はガールズへの選択肢に限定されていた。

原告は，学校の評判・設備・運営資金の点で，二つの学校は同等ではないと主張した。また，学業の点で優れた共学に入学できないということに焦点を当てるのではなく，男女別学自体が違憲という主張をした。すなわち，ブラウン判決で，分離すれども平等（separate but equal）という主張が否定されたように，男女別学自体が否定されるべきものであると主張した。原告によれば，あらゆるタイプの公立学校における別学のために，学生は，その後，男女が混じって生活するという環境に適合できなくなるし，後の職業訓練の準備に支障を来す，という[29]。

連邦地裁は，アカデミック・ハイスクールにおいて，別学を実施することは，教育委員会が主張する教育目標との間に，公正かつ実質的な関連性がないとして，違憲と判断し，原告の入学を命じた。連邦高裁は，連邦地裁の判決を覆し，教育委員会が採用する男女別学は，平等保護条項にも改正教育法第9編にも違反しないと判示した。

当該判決には，上記の通り，原告が「男女別学は違憲」と主張したことが影響を与えている[30]。後述のように，この点はHogan判決とVirginia判決では主張されていない。同判決は，憲法も連邦法も共学を求めているものではないとし，続いて，教育システムを共学中心としながら，一部に，志願制の別学を設置し，しかもその別学の提供する教育機会が同等のものであることも禁止されていない，とした。そして，男子校に入学したいという，原告の選択の自由も理解できるが，そのコストは看過できない。もし原告の主張が通るとすれば，国内の全ての共学を廃止しなければならなくなるし，地方の教育委員会の独自性が損なわれる。しかも，公教育において別学を希望する親と子から，選択の自由を奪うことになるとして，コストを強調した。

同判決のその他と特徴として留意すべき点は，科学の授業の設備を除けば，セントラルとガールズは，コースも設備も同等であり，卒業生が多くの大学に受け入れられているとして，有形・無形の意味で両校が機能的に同等

---

29 Vorchheimer判決を評釈する邦語文献として，前掲大島注（6）686-688頁。
30 Tara Boland, *Single-Sex Public Education:Equality versus Choice*, 1 J.CONST. L 154, 156-160 (1998).

であるとしていることである。また，質の高い教育を維持するという目的と，青少年は別学の方が効率的に学習できるという，異論はあるとしても，尊重されている理論を考慮すれば，教育委員会の方針と目的の間には，実質的な関連性があるとしながら，合理性の基準を採用するか，厳格な合理性の基準を採用するかを示す必要がないとする。

連邦最高裁は，4対4（レーンキスト裁判官は不参加）に分かれ，控訴審の合憲判断が維持された。

2 Virginia判決（United States v. Virginia, 518 U.S. 515（1996））
(1) 事実関係

ヴァージニア州立のヴァージニア・ミリタリー・インスティテュート（Virginia Military Institute 以下「VMI」という。）は，同州の唯一の男子大学で，市民生活と軍役の両方でリーダーとして活躍する人材を養成するために，肉体的負荷，精神的ストレスを伴う厳しい訓練とプライバシーのない集団生活を実施していた。VMIに入学を希望する女子高生が，女子であることだけを理由として拒否されたことから，当該学生の申し立てを受けて，連邦政府が，VMIとヴァージニア州を平等保護条項違反を理由として，訴えを提起した。連邦地裁は，VMIの主張を認めたが，連邦高裁は，原判決を破棄し，同州に平等保護条項違反の是正を命じた。これを受けて，同州は，私立大学の女子大学に，ヴァージニア女性リーダーシップ学校（Virginia Women's institute for Leadership 以下「VWIL」という。）を設立して，その承認を求めたところ，連邦地裁も連邦控訴裁判所も，VMIにおける男子とVWILにおける女子は，十分に比肩できる利益（substantially comparable benefits）を享受しているとして，これを是認した[31]。

連邦政府のサーシオレイライの申し立てが受理され，7対1（スカリア裁判官のみ反対）で，原判決のうち，論点①「VMIの入学政策は違憲である」は支持し，論点②の「VWILの設置は適切な救済方法である」は破棄した[32]。

---

31 Katharine T. Barrett, *Unconstitutionally Male?: The Story of United States v. Virginia*, (2010). Duke Law Working Paper12. http://scholarship.law.duke.edu/working_paper/12.
32 Virginia判決を論じている邦語文献として，岡田信弘「州立男子「軍人養成大学」の違憲性」憲法訴訟研究会・戸松秀典編『続・アメリカ憲法判例』（有斐閣，2014年）所収，大沢秀介「性

（2） 法廷意見（ギンズバーグ裁判官執筆）

　最初に，個人を性に基づいて分類する法を合憲であると主張する者は，非常に説得力のある正当化事由を立証する責任があるとして，先例としてのHogan判決に依拠することを確認した。そして，性に基づいて，権利や機会を否定する政府の行為に対しては，懐疑的な審査を行うことを説示し，それは女性差別の歴史に対応するとする。審査する裁判所は，救済が求められている差別的な取り扱い及び平等な機会の保障の否定に焦点を当てて，主張された正当化事由が，非常に説得力があるかどうかを決定しなければならない。その立証責任は重く，州がその責を負うものである。州は，性に基づく分類が，少なくとも，重要な政府の目的に資するものであり，当該差別的手段がそれらの目的と実質的な関連性を有することを立証しなければならない。当該正当化事由は，真正なものであり，仮定的なものであったり，訴訟に対応して後付けされたものであってはならない。

　そして，異なる才能，能力，あるいは，男女の選好の違いを過度に一般化したものに依拠してはならない。また，この高められた審査基準は，性を禁止された分類に該当するものではない。男女間の肉体的相違は，固有のものであるし，性による区別が，女性の経済的な劣位を補償したり，平等な雇用を補償したりするために，用いられることもあるからである。一方，これらの分類は，女性の法的，社会的，経済的な立場の弱さを創出し，永続化するために用いられてはならない。

　論点①「VMIの入学政策は違憲である」については，州が重要な目的であると主張する二つの目的を検討する。一つは，別学教育は重要な利益をもたらすというものである。男女別学の教育上の利益を享受する学生が存在することを認め，公教育における多様性が，公共善に資することがありうることも認めた上で，この領域では，分類によって特定の集団を排除するためになされる，「良性の」正当化が自動的に受け入れられるわけではない。主張できる正当化事由は，実際の州の目的であるべきであり，実際は他の理由であるものを合理化した内容であってはならない。この点では，Hogan判決が

差別とアファーマティブ・アクション」法学教室198号53頁（1997年），根本猛「男女別学の合憲性」静岡大学法政研究3巻2号21頁（1998年）がある。

本件で妥当し，同判決では，州が主張した「女性の差別を補償するための教育的アファーマティブアクション」は，差別的分類の根底にある実際の目的との間に，近接した類似性がないと，された。同様に，ヴァージニア州の主張する，教育の多様性という目的は，VMIの一貫した，歴史的な教育方針（男性にだけ独自の教育的な利益を与えるというもの）によって実現されないとして，多様性が真の目的であることを否定された。

　また，州は二つ目の目的として，現在のVMIの敵対的教育手段の利益は，女性が享受できないし，女性が利用できるように変更することもできないとして，「現在の教育方法の維持」を挙げる。専門家が指摘するように，女性の中には，VMIのすべての活動が可能である者も存在している。Hogan判決で説示されたように，学生に入学の機会を与えるかどうかを決定する者は，男性と女性の役割と能力に係る固定観念に依拠して，能力のある者を排除することはできない。男性も女性も多くの者が，このような敵対的な教育プログラムに参加したいとは思わないであろう。問題は，「男性または女性が，VMIに入学を強制されるべきかどうか」ではなく，「その意思と能力のある女性に，VMIが独自に提供する訓練と機会を与えないことが合憲かどうか」である。また，女性のVMIへの入学が，同大学の価値を下げ，敵対的教育プログラムを破壊するという州の主張は，証明されていないし，女性が連邦の軍の学校に入学し，軍隊に入隊していることからみても，根拠がないことがわかる。以上のことから，州は，「非常に説得力のある正当化事由」を確立していない。

　論点②「VWILの設置は適切な救済方法である」については，法廷意見は，まず，救済手段は，憲法違反に密接に適合（closely fit）しなければならない，と説示する。すなち，救済手段は，機会または利益を奪われた者に，差別が存在しなければ占めていたであろう地位を与えるように，形成されなければならない。州は，VMIの入学ポリシーを変更せずに，女性のためだけに，別学のプログラムとしてVWILを設置したが，それは，VMIとは質的に異なるものであり，有形・無形の意味で平等なものではない。軍事訓練以外の多くの点（学生，教員，コース，施設など）で，VMIとは異なるものであり，VWILの卒業生は，VMIの卒業生が享受するところの，大学の歴史，学

校の名声,影響力のある卒業生のネットワークなどを期待することができない。したがって,州は,男性にはVMIへの入学を許可しながら,それに比肩する,別学の女性のための制度を提供していない。「黒人用のロースクールは州立大学のロースクールとは,同等の施設とはいえない」と判示したスウェット判決[33]は,教授陣,図書館などの有形の要素だけではなく,客観的な基準では評価できないが,学校の価値を決める要因(無形の要素)として,教授陣の評判,学校運営の経験,卒業生の地位と影響力,地域社会における立ち位置,伝統,権威などを総合的考慮することが,実質的な平等を決定する,と説示した。当該判決の論旨に従うと,州は,VMIとVWILという,性別で分離した教育機会において,実質的に平等であることを示していない。

(3) レーンキスト裁判官結果同意意見

レーンキスト裁判官は,論点①と②の双方の結論に賛成するが,違憲審査基準については法廷意見と一致しない。性差別の基準は,Craig判決が示したように,「立法目的が重要であり,その目的の達成に実質的に関連しなければならない,とするものである。「非常に説得力のある正当化事由」という基準は,当該領域の基準にあいまいさを残すものとなっている。

(4) スカリア裁判官反対意見

スカリア裁判官は,法廷意見の懐疑的な審査が,実際は厳格審査として機能していると批判し,従来この領域で用いられてきた中間審査基準が,「非常に説得力のある正当化事由」という基準に置き換えられていると指摘している。そして,これは従来の先例とは矛盾するものであり,中間審査基準を採用する限り,VMIの設置と運営は,教育の多様性に資するものであり重要な目的があるということができるし,VMIとVWILの二つが存在することは,教育の多様性という目的を達成することに実質的に関連している。

法廷意見に従えば,一方の性に限定して独自の教育プログラムを提供するのであれば,もう一方の性の中に,当該プログラムに参加する意思と能力が

---

33 Sweatt v. Painter, 339 U.S. 629 (1950).

ある限り，それらの者に対し開かれていなければならない，ということになる。「非常に説得力のある正当化事由」という基準の下では，公教育における男女別学は，訴訟のコストと敗訴のリスクがあることから，「機能的に死亡」しているということができる。

V　別学の正当化事由の検討

本章の目的である，アメリカの公立学校における別学の可能性を論じるにあたって，まず，公立学校における別学は，通常，生徒の学力向上，多様性の維持，差別に対する補償または救済という，3つの正当化事由が示されていることから以下，検討する[34]。

1　生徒の学力向上

第一に，別学にすることによって，生徒の学力が向上するという点が正当化事由として主張される。女子校の場合，前述のように，80年代に主張された共学校の性的バイアスから解放され，学力が向上するという主張も多い。ニューヨーク市の市街地に設置された女子校である，ヤング・ウーマンズ・リーダーシップ・スクール（YWLS）が，当初，抜群の進学実績を示すなど[35]，いくつかの公立別学校の成功が，それを証明しているとしている。また，公立学校では，低所得者層のアフリカ系男子学生が，最も成績が劣っていることに焦点を当てて，男子校の設置を正当化する見解もある[36]。

しかし，別学による生徒の学力向上には，批判が多い。共学を推進する全国共学協会（American Council for CoEducational School）は，「別学教育の疑似科学」という題名のインパクトのある論文を2011年に科学雑誌サイエンスに掲載した[37]。同論文は，別学教育で学業成績が向上するという点には科学

---

[34]　ジェンキンスは，4つ目の正当化事由として，「教育上の実験」を挙げる。Jenkins, *supra* note12, at 1966. また，正当化事由の詳細な分析として，大島前掲注（6）714-724頁を参照されたい。」

[35]　SALMONE, *supra* note, 13 at 203-205.

[36]　Dawinder S. Shidhu, *Are Blue And Pink the New Brown? The Possibility of Sex-Segregated Education As Affirmative Action*, 17 CORNELL J.L. & PUB POLY 579（2008）.

[37]　Diane F. Halpern, Lise Eliot, Rebecca S. Bigler, Richard A. Fabes, Laura D. Hanish, Janet

的根拠がなく，脳科学の研究によれば子供の脳に性差があることは否定される，などと指摘している。当該論文には，反論が多数寄せられているとしても，公平に言って別学教育が学力向上に十分に有効であるという，証明はなされていないと思われる。また，教育上の効果の測定には，方法論上の難しさが存在することも事実である[38]。

しかし，一部の学校あるいは一部の授業の成功に見られるように，少なくとも，「ある種の生徒の学力向上には一定の効果がある」と[39]みることが可能であろう。また，このような一定の効果を見る限り，マイノリティーの親と子の，YWLSのような公立女子校あるいは男子校に入学したいという選好に配慮することは，むしろ必要な場合があるであろう。Virginia判決も，共学が一定の者にとって有効であること，州には別学を設置する権限があること自体を認めている。逆に，共学が別学との比較において，明らかにかつ著しく学力向上に有効であるという証明もなされていない以上，共学を選ぶか，別学を選ぶかという選好は，教育に係る選択の自由として，保障されるべきことになる。この選択の自由がどの程度保障されるかは，対立する概念である，教育における平等の理念との関係から論じる必要がある。

2 多様性の維持（教育における選択の自由の保障）

別学の正当化事由の第二は，多様性の維持である。教育における多様性には，①「学校間の多様性」（別学・共学の併存），②学校内の多様性（異なる性または人種が同一の教育を受けること）という，二つの意味がある[40]。

教育における多様性を考察するためには，教育が有する私的側面と公的側面という二つの側面を考察する必要がある。第一の私的側面は，個人を自律

Hyde, Lynn S. Liben & Carol L Martin, *The Pseudoscience of Single-Sex Schooling,* 333 SCI 1706, 1706-1707（2011）.
38 アメリカの男女別学・共学に係る主要な実証研究を対象として，別学と共学の比較研究における方法論上の問題点を指摘する文献として，友野清文「米国における男女共学・別学論の動向」（昭和女子大学総合教育センターNo. 871. 32-50頁（2013年）がある。
39 Jenkins, *supra* note12, at 1971-1974.
40 植木淳「教育における多様性―アメリカにおける男女別学論争を素材に―」比較憲法研究26号30頁（2014年）。Nancy Levit, *Embracing Segregation:the Jurisprudence For Choice and Diversity in Race and Sex Sepratism in Schools,* 2005 U, ILL. L. REV, 455, 495-496.

的な人間にするための基礎を作るという側面である。ここでは，個人が人格を形成し自己実現できるように，教育に係る選択をするという個人的な側面であり，私教育の伝統に支えられている。第二に，教育には，民主主義の担い手を作り出すという，公的・社会的側面もある。この意味では，国家は，一定の教養（読み書き等）と，民主主義の運営に必要な基礎知識（政治経済の知識等）を教育によって付与する必要がある。

　一方，現代社会では，教育に大規模な設備とスタッフが必要となり，前者の教育の個人的側面であっても，私教育によって実現される部分を含め，国家の一定の関与が要請される。そして，国の関与の必要性をみとめながら，教育の私的・個人的側面を保障するためには，社会内部の様々な価値観，職業等を考慮して，できる限り，教育における多様性が求められる。つまり，政府が関与する範囲内で，選択の自由を行使するという点に，公立学校の多様性の保障の本質があり，その保障には，アメリカの別学・共学教育の沿革で見たように，またVorchheimer判決でも指摘されたように，財政上の制約が常に存在する。

　そうすると，この二つの多様性の当否と実現可能性を考察する要素として，(a)「教育内容」，(b)「地理的利便性」，(c)「財政上の制約」を措定する必要がある。(a)「教育内容」は，教育カリキュラム，図書，機材，教員，学校の評判，進学実績というような学校が提供する，有形無形の要因を含む。この中には，女子または男子に特化した教育も含まれる。また，(b)「地理的利便性」は，この教育内容を実際に学生の居住地で利用できるかどうか，という考慮要素である。さらに，上述のとおり，政府によって教育内容が実現されることから，(c)「財政上の制約」も考慮する必要がある。

　別学を許容すべきであると主張する者は，多様性は①の学校間の多様性を指すとする。Vorchheimer判決では，①の保障を重視したために，(a) 教育内容と (b) 地理的利便性の保障が後退したと評価することができる。おそらく，(c) 財政上の制約がある以上，(a) と (b) を男女に同程度に認めることを厳格に審査すると，別学教育自体が崩壊するという，配慮に基づくものと思われる[41]。

41　Boland, *supra* note 23, at 159.

公立学校の共学を支持する者は，Ⅳでみる平等観から，②の学校内の多様性を指すとする。Hogan判決では，本人の自己実現のために必要な（a）教育内容と良好な（b）地理的利便性を保障することが優先され，仮に別学を実施するためには，真正の正当化事由が必要であるとして，厳しい審査を行い，州の持ち出す正当化事由を否定した。Vorchheimer判決とは逆に，（c）財政上の制約のために，別学教育を同程度に，しかも近い所に実現することはできない，という考慮が働いていると思われる。

このように，①学校間の多様性を保障すると，②学校内の多様性は否定され，財政上の制約から，同等の教育内容を通える範囲内では保障されない場合が出てくる（Vorchheimer判決）。②学校内の多様性を重視すると，①学校間の多様性は否定され，希望する教育内容（特に男子または女子に特化した教育）を通える範囲で利用することが保障されない場合が生じる（Hogan判決）。

それでは，上記の①と②の多様性を融和することは，困難なのであろうか。Virginia判決は，「同種の教育内容が近くに存在しない（女子はハードな軍事訓練をして，かつ名声のある大学に入れない。）」ことから，つまり，教育内容と地理的利便性を重視しつつ，一方で，「男女別学の教育上の利益を享受する学生が存在することを認め，公教育における多様性が，公共善に資することがありうる」ことも認めている。このように，②を原則としながらも，①も容認している。ここに，2つの異なる多様性の融和，併存の可能性を見ることができる。

3 差別に対する補償または救済

第三に，別学教育が，過去に行われた差別を補償し，あるいは現在，特定の性が被っている不利益を解消する，という正当化事由が主張されることがある。Hogan判決は，「MUWへの別学は女性差別に対するアファーマティブアクション」という正当化事由を否定する際に，恩恵を受けているとされている性が，実際は分類によって不利益を被っている場合にのみ，州は，差別的な分類を正当化する「補償的な目的」を持ち出すことができることができる，と述べている。Virginia判決も，男女間の肉体的相違は，固有のものであるし，性による区別が，女性の経済的な劣位を補償したり，平等な雇用

を補償したりするために，用いられることもあるからであるとしていることから，教育において，差別の救済がなされる可能性自体を否定するものではない。

YWLSの設置と一定の成功に見られるように，別学校の設置によって，アフリカ系・ラテン系の女子の進学実績の向上，専門職への就業が増加すること等は，アファーマティブアクションのとしての別学の成功例である。それが，「真の目的」であれば，アファーマティブアクションとしての別学は，マイノリティーの権利救済に資するものとなり，多様性とは異なり，平等保護条項の理念に適うものであると思われる。

4　小括——正当化事由からみた別学の可能性

正当化事由1の，別学における「学力向上」は十分に証明できないとしても，一定の成果を挙げている以上，学力向上を理由とする親と子の「別学への選好」も存在し，それ以外の理由（多様な価値観）から「男子校・女子校に行きたい」「男子・女子に特化した授業を受けたい」という選好は存在する。この選好は，親と子の教育に係る価値観に基づくものである。これが否定されるとするならば，その根拠は，第一に，平等保護条項の理念が別学自体を否定していると解されることに求められる。この点については，次項で論じる。

第二に，別学が他者の教育の機会（他者の選択の自由）を侵害する場合は，特に，比肩する（comparable）共学の学校が存在しない場合は，公立の女子校・男子校は維持できなくなる。Vorchheimer判決の事案は，比肩するものが事実上ない場合である（判決自体は，比肩性を認めている）。Hogan判決の事例は，比肩するものが存在するが，地理的便宜から入学が困難な場合である。Virginia判決の事例は，比肩するものが存在しない場合である。比肩性の保障を前提とすると，Vorchheimer判決の事例とVirginia判決の事例では，男子校に女子を，女子校に男子を受け入れざるを得ないことになる。

問題は，Hogan判決のように，比肩するものがあるが通学しにくい場合である。正当化事由2の「多様性」で論じたように，入学者が希望する教育内容と地理的便宜を同時に満たすべく，つまり，全ての人が利用可能であるよ

うな多様な教育メニューを政府が提供することは，財政上の問題から限界がある。特に大規模な設備が必要となる大学では，別学校と同等のものをあらゆる者に対して，同等に提供するのは現実には不可能であろう。

したがって，このHogan判決の事例では，別学に対して積極，消極の2つの方向が考えられる。一つは，別学を維持する方向で，「地理的便宜性」を放棄するか，あるいは，低く評価するという方向である。これは，パウエル裁判官反対意見のように，不利益と不便は異なるとし，本件は不便のレベルであり，「居住する町に存在する大学に入学する」という憲法上の権利があるわけでもない，という見解につながる。これは，学校間の多様性を重視する方向である。

もう一つは，別学に対して消極的な方向であり，比肩する共学校に通学が困難であることは，他の性と比べて明らかに不利益を受けているものであることから，平等保護条項の理念（同じ状況の者は同じように扱うべし）に反するとして，アファーマティブアクションというような平等保護条項から要請される場合を除いて，この場合に，別学を維持することは，憲法上，許容されないとするのである。

この二つの方向の妥当性についても，多様性と平等の関係についての理解が決め手となる。

VI 多様性と平等

共学を支持する者の基本的な論理は，多様性は②学校内の多様性を指すものであり，その根拠は，第一に，平等の観念は，男女の差異を捨象して同等に扱うこと求めている，というものである。この平等の意味は，形式的・機会の平等ということができる。教育を同じ学校かつ同じ教室で実施することでこそ，教育機会の平等が維持できる，という。これは，共学が当初はコスト削減から実施されたもののやがて，平等の理念から普及していったという沿革に，忠実な主張である[42]。

第二に，平等の観念は，女性または男性の社会内部における，低い地位と

---

42 Jenkins, *supra* note 12, at 2001-2004.

待遇を改善するための，動的な原則として機能し，その観念の下では，差別は是正され，差別の原因となる固定観念が除去され，必要であればアファーマティブアクションを実施することも可能となる[43]。この平等の意味は，実質的平等ということになる。この平等観の下では，別学という存在自体が，性の役割に係る固定観念を強化し，差別を助長する教育と位置付けられる。この平等観を前提とすると，共学はぜひとも実施すべき教育であり，学校内の多様性を維持することにより，性に係る固定観念が除去されることになる。別学教育は，異性と交流することによって得られる協力的な態度や寛容の精神の発達を抑制し，知見を狭める原因となり，かえって差別を助長することにつながることから，否定されるべきものとなる。そして，学校内の多様性を支持する理由として，ロースクールのアファーマティブアクションに係る判例であるGrutter判決を挙げて，同判決が，学生集団の多様性をやむにやまれぬ利益と認めたことは，異性間の多様性にも当てはまるとしている。異性間の多様性は，ますます多様になっていく職場と社会に適合し，専門職として活動することに役立つとする。

　現在の判例理論は，確かにこのような二つの平等観を前提としているように思われる。しかし，機会の平等の保障は，必ずしも，男子校・女子校に入学したいという選択の自由を排除するものではない。機会の平等が実質的に保障され，すなわち，比肩性を満たす限り，別学教育を排除するものではない。また，90年代に共学への懐疑が見られたように，共学が固定観念を助長し，学力を低下させる可能性がある以上，実質的平等という観念が，全く別学を排除すると理解することも困難である。Grutter判決は，将来のエリートで，弁護士を目指す学生は異なる集団に触れて，知見と経験を増加させるべきであることから，人種の多様性の保障という意味で，「ロースクール内の多様性」の維持を，やむにやまれぬ利益として是認したのであって，女性・低所得層出身のアフリカ系またはラテン系の生徒とは，多様性の維持，必要性を論じる前提が異なるというべきである。以上より，現在の判例理論の平等観を前提としたとしても，別学教育，すなわち学校間の多様性自体は，それらと完全に矛盾するというものではなく，条件によっては，許容す

43　Shidhu, *supra* note 34, at 600.

る余地があると思われる。

　また，地理的利便性は教育を奪う可能性を全く奪ってしまうことから，機会の平等，実質的平等のどちらの観点からしても，十分尊重されるべき考慮要素である。そうするとこの補償が後退しても，別学を維持すべき場合とはどのようなもので，それをどのように正当化できるのであろうか。試論として，別学を実施する目的が，アファーマティブアクションであり，現在または過去の差別の是正と救済のために実施される場合は，一部の学生にとって地理的利便性が欠けても，是認されると構成することが考えられる。

　そうすると，最後に，現行の判例理論を前提として，別学教育を行う条件を論じる必要がある。

Ⅶ　違憲審査基準からみた別学の可能性

　現在の公立学校の別学に係る違憲審査基準は，上述の通りの平等観を採用し，中間審査基準を採用しながらも，高められた基準として位置づけられる。Hogan判決は，性に基づく差別には，非常に説得力のある正当化事由を立証する責任があり，①当該分類が重要な政府目的に資するものであること，②差別に係る手段が①の目的達成に実質的に関連していることを立証しなければならないとする。Virginia判決は，これに加えて，この正当化事由は，真正なものであり，仮定的なものであったり，訴訟に対応して，後付けされたものであってはならない，と付け加えたことから，一段「高められた」審査基準とみなされている。一方では，救済策の比肩性を判断する要素として，スウェット判決（Sweatt v. Painter, 339 U.S. 629, 94L. Ed. 114）を引用し，教授陣，図書館などの有形の要素だけではなく，客観的な基準では評価できないが，学校の価値を決める要因（無形の要素）として，教授陣の評判，学校運営の経験，卒業生の地位と影響力，地域社会における立ち位置，伝統，権威などを総合的考慮することを説示している。

　そうすると，現行の違憲審査基準の下では，公教育において別学教育を実施するためには，一般論としては，次の条件が求められることになる。

①別学教育には重要な政府目的と，それに実質的に関連する手段が存在しなければならない。
②別学教育の目的は真正なものでなければならない。
③別学教育の内容に比肩する共学教育が存在しなければならない。
④比肩性は，教育省規則が列挙する9要素のように，教育内容を構成する有形・無形の考慮要素で判断されなければならない。
⑤この比肩性の考慮要素の中では，地理的利便性が重要な要素となる。重要な要素であることの意味は，地理的利便性の欠如が不可分性を構成する，という意味である。
⑥他の要素が満たされていても，学校区内の地理的利便性が一部の学生にとって充足されない場合は，比肩性が否定される。
⑦ただし，別学の目的が，アファーマティブアクションで，その真正な目的が是認される場合は，地理的利便性が一部の生徒にとって低いものであっても，比肩性は認められる。
⑧大学については，通常，設備・スタッフが大規模であることから，比肩性の要件を満たすことは，公立の小中高（K-12）の教育よりも，比較的難しくなる。

むすび——自由と平等の対立としての共学・別学論争

　現在の判例理論を前提とする限り，公立学校において別学教育を実施することは，困難なものとなっている。しかし，スカリア裁判官が述べるように，「機能的死亡」というレベルになっているかどうかは，疑問を感じるところである。2012年の段階で500校以上の別学校があることは，その発展の可能性を示唆するものであるということもできるし，逆に例外的に一部が認めているに過ぎないという評価も可能である。
　男女平等の理念という旗印の下に，学校内の多様性を重視すれば，親の教育の自由と生徒の学校選択という自己決定は，後退することは明らかである。一方，歴史的なまたは，現在の差別を是正するプログラムとして，別学教育を実施することであっても，男女平等の理念に反するという批判は生じ

るし，異性との交流による成長が妨げられるというデメリットも確かに存在する。しかし，この男女別学論争は，自由と平等の対立が教育という場面に表れたものであり，他の領域における自由と平等の対立（例えば，政治資金規制の問題）と同様に，「後味よくすっきり」とした解決が，もともと可能であるわけではない。Hogan判決とVirginia判決も，公平に言って，別学自体を全く否定しているわけではなく，別学の可能性に大きな枠をはめたというのが，正確な理解であると思われる。

　別学に対する否定論が，「男女の教育は平等に行うべし」という理念をその根本を置いていることは十分に理解できるが，私立の別学校が存在している以上，経済的に余裕の少ない家庭への一つの選択肢として公教育に別学校を設置することは，比肩性等の一定の条件を満たす場合は許容されるのではないだろうか。

第 2 部　教育と政教分離

Chapter 3　公立学校と十戒
——The Story of Stone v. Graham, 449 U.S. 39 (1980)

大林　文敏

本件で十戒を配布したヘリテージ財団のマーク

　スカリア裁判官がこの世を去ったのは，2016年2月13日であった。かれの法廷での意見・見解に賛同するか否かはさておき，アメリカ連邦最高裁判所の歴史においてきわめて大きな足跡を残した。そのスカリア裁判官は，十戒の展示をめぐる2005年のMcCreary County v. ACLU of Kentucky連邦最高裁判決のなかで，十戒の宗教的性格を認めながらも，大統領就任の宣誓，議会や裁判所の開会式，アメリカの通貨，忠誠の誓いなどにみられるように，神に言及している事実に着目する。そして，スカリア裁判官は，「このような歴史的な実践が示すところによれば，唯一神（single Creator）に対する認識と国教樹立禁止との間には隔たりがある」，と指摘する。十戒は，3つの宗派（キリスト教，ユダヤ教およびイスラム教）にとって，「神がモーゼに与えたものであり，有徳な生活にとって神聖な道徳律である。」という。
　本章では，この十戒の掲示に関する問題を中心にして検討してみたい。アメリカには，アメリカ人の大多数が共有する宗教的志向性，あるいは独特の宗教観が存在していることから，この十戒の問題はアメリカ社会の一部を如実に反映しているように感じられる。

はじめに

アメリカ連邦憲法修正第1条は，「連邦議会は，国教を樹立し，あるいは宗教上の自由な行為を禁止する法律……を制定してはならない」と規定している。この規定が，宗教の自由条項と並んで，いわゆる国教樹立禁止条項を定めた規定といわれている[1]。その制定の経過は本稿の範囲外であるために割愛するが[2]，この国教樹立禁止条項をめぐって実に多くの判例がだされている。そのような判例のなかで，「教育と宗教」に関するケースが多いのも，わが国の場合と異なり，アメリカの判例の1つの特徴なのであろう[3]。本書においても，教育と宗教の判例をいくつか取り上げられているのは，かかる特徴に由来するものとみられる。

さて，アメリカの政教分離の諸判例について，あるケースブックを参考にすると，①教区学校への公的支援，②公立学校の祈祷，③カリキュラムとの関係，④公共の場所における宗教物の展示，という分類方法が提示されている[4]。なるほど，この分類方法はアメリカの判例分布を知るうえで，1つの有益な示唆をあたえているようにおもわれる。もし，この分類に従うならば，今回わたくしに与えられたStone v. Graham, 449 U.S. 39 連邦最高裁判決（以下「Stone判決」という。）は，④の「公共の場所における宗教物の展示」に位置づけられる。仮に，問題関心をこの④の領域に限定するとしても，宗教

---

1 アメリカの政教関係については多くの邦文の文献がある。手に取った数点のみをあげておく。熊本信夫『アメリカにおける政教分離の原則』（北大図書刊行会，1972年），蓮見博昭『宗教に揺れるアメリカ』（日本評論社，2002年），藤本龍児『アメリカの公共宗教』（NTT出版，2009年），佐藤圭一『米国政教関係の諸相［改訂版］』（成文堂，2007年），マーサ・ヌスバウム（木原弘行ほか訳）『良心の自由——アメリカの宗教的平等の伝統』（慶応大学出版会，2011年）など。

2 制定の歴史をめぐっては，さしあたりVan Orden v. Perry, 545 U.S. 677（2005）でのスカリア裁判官とスティーブンス裁判官の論争が興味深い。

3 アメリカの独特の宗教観については，島薗進ほか編『宗教と公共空間』（東大出版会，2014年）55頁。ベラはこれを「市民宗教」と名づけ，この市民宗教は，ひと組の信念・シンボル・それに儀式から成り立っているという。また，「市民宗教」はアメリカの多様性ある宗教状況の中にあって，アメリカ人全体が共有するいわば「見えざる国教」なのであり，しかも歴史によって育まれたものであり，最大公約数的に認め合うことのできる基本的理念であるといわれている。岩野一郎「合衆国憲法第1条と『信教の自由』の意義——アメリカにおける政教分離の解釈をめぐる一試論——」アカデミア人文・社会科学編（南山大学）90号（2010-01年）1, 18-19頁参照。

4 ARTHUR D. HELLMAN et al., FIRST AMENDMENT LAW: FREEDOM OF EXPRESSION AND FREEDOM OF RELIGION [3 rd ed.]（2014）883.

物の展示にはさまざまなものがあり（十戒，キリストの生誕図，燭台，十字架など），どの場所（教室，公園，裁判所の建物，庁舎など）にどのように展示するかよって随分と判断が異なりうるであろう。

本稿で取りあげるStone判決では，「公共の場所」，すなわち「公立学校の教室」において十戒の掲示が争われた事案であって，連邦最高裁がこの領域において初めての判断をした点においてとくに注目に値する[5]。

本稿は，以下のような構成をとった。まずは，十戒がそもそも全米に展示されるようになった経緯および2000年前後の十戒論争の政治的背景を探ってみたいとおもう（Ⅰ）。そうすることによって，十戒のもつ事件の背景，あるいは予備的知識をえることができる。つぎに，本論として，Stone事件の事実関係をはじめ，州段階における審級の状況を取り上げる。とりわけ，ケンタッキー州最高裁の合憲論・違憲論を紹介したい。というのは，いわば連邦最高裁の前哨戦として，合憲・違憲のそれぞれの見解が端的に表明されており，連邦最高裁の違憲判断の理解に資するからである。そして，本稿の中心的な判例である，Stone事件に対する連邦最高裁の判決内容を紹介する（Ⅱ）。その上で，対象範囲をさらに広げて，教室以外の公共空間において十戒の問題がどのように検討されているかにつき，関連判例を中心に検討してみたいとおもう。Stone判決以降，2005年に2つの連邦最高裁判決がだされるまでには，州段階および連邦下級審において，いくつかの判例が存する。そこには合憲判断と違憲判断が入り混じっており，2005年の2判決によって十戒問題は1つの頂点に達する（Ⅲ）。そして最後に，本稿を通じてどのような結論が導きだせるのかについてふれてみたい。

Ⅰ　十戒論争の政治的・社会的背景

本稿の主要なテーマは，Stone事件を中心にして，十戒に関する主要な判例動向を探るところにある。しかしながら，十戒をめぐる政治的・社会的な背景について一応の知識を得ておくことが必要不可欠であろう。とりわけ，1990年代の末頃から2000年代において，十戒をめぐる政治運動が展開したこ

---

[5] Kerry Emlich, *Thou shalt not post the Ten Commandments: The Constitution and Religious Symbolism*, 8 OHAIO N.U.L. Rev. 201（1981）.

とから，こうした政治的・社会的動向を紹介することによって，判例の背景を知えることができるとおもわれるからである。

1 まず，アメリカにおいて，十戒が公共空間に展示されるようになったのには，1943年，ミネソタ州の少年裁判所の判事，E. J. Ruegemerが青少年に必要な行動規範として，十戒を思いついたところから始まる[6]。かれは，少年犯罪の増加を憂い，十戒のコピーを州の少年裁判所に掲示することにより，少年の犯罪が減少するのではないかと考えた。かれはイーグルス友愛組合（Fraternal Order of Eagles，以下「イーグルス」という。）の青年部の支部長であったことから，イーグルスに資金援助を求めたところ，イーグルスは十戒が強制的で，宗教的であるとおもわれることから，スポンサーになることを拒否した。そこで，ユダヤ教，プロテスタント教，カソリック教の三者が協議して，特定の宗派に偏らない十戒の翻訳版（version）を作り出した。それを受けて，イーグルスは，Ruegemer判事の提唱する全国青少年行動指針プログラムに賛同し，資金を援助することになったのである。

時あたかも，映画のプロデューサーのCecil B. DeMilleが十戒の映画を撮影しており，かれは映画のリリースに併せて十戒を広めることを判事に提案した。その際，十戒を設置する際の材料が議論となり，協議の結果，石か御影石（granite）にすることになった。その後，十戒の石像が多くの州や郡に寄贈されることになったのである。その正確な数は不明であるが，全米で約4,000個にわたるといわれている。十戒が裁判上問題となったのは，多くはこのイーグルス寄贈の十戒であった。

2 アメリカの社会において，十戒の問題が大きな論争となって展開したのは1990年代末頃であった。そのきっかけとなったのは，1999年4月20日，コロラド州でColumbine High School銃乱射事件である。同校の生徒2人が銃を乱射し，死者15名，負傷者24名を出した悲惨な事件である。その前後に，類似する事件が重なったために，青少年の倫理上・道徳上の指針が欠如していることが事件の直接の原因ではないか，との意見が強く叫ばれた。たとえば，キリスト教の保守団体であるFamily Research Council（以下「FRC」という。）は，公共の場所や学校に十戒を掲示する，全国規模の「十戒掲示」

---

[6] この点について，State v. Freedom From Religion Found, 898 P. 2d 1013, 1017-1018.を参照。

運動（"Hang Ten" Movement）[7]を提唱しはじめた。こうした宗教団体のみならず，個人，諸団体，ロビー団体，政治家などがこれに加わった。当時（1999年6月）のギャラップ世論調査によれば，このFRCの主張に対して，アメリカ人の75%が十戒の掲示に賛成の意を表したといわれている[8]。

ところで，連邦レベル・州レベルでは，こうした世論の動向に対してどのような反応・対応を示したのであろうか。まず，連邦下院は，銃乱射事件をきっかけにして，青少年の犯罪を減らすために1999年に少年審判法を修正して，十戒擁護法（Ten Commandments Defense Act）を通過させようとする試みがなされた。その狙いは，①性と暴力に関するディア規制，②銃規制，③公立学校での十戒の掲示，を求めるものであった。前二者については，採択されなかったものの，十戒擁護法については超党派で下院を通過した。しかし，上院はこの法案を審議せずに終わってしまった。法律が制定されたとしても，おそらく，司法審査に耐えられなかったであろうとおもわれた[9]。

州レベルにおいても，またさまざまな政治的動きがあった[10]。2001年には，十戒を掲示することを許容する法案を検討する州が，10州以上に及んだ。そのうちの4州，すなわちインデアナ州，サウスダコタ州，ノースカロライナ州およびノースダコタ州は，十戒の掲示を許容する（permit）州法を成立させている[11]。これらの州法に共通する特徴として，①掲示の対象は十戒とすること，②展示する場所を明示すること，③掲示方法を規定すること，であった。そのうち，ノースカロライナ州，ノースダコタ州，サウスダコタ州の3州は，「公立学校」における十戒の掲示を認めるものであり，インデアナ州は全州の公共財産に掲示することを認めるものであった。

---

7 Tarik Abdel Monem, Note, *Posting the Commandment as a Historical Document in Public Schools*, 87 IOWA L. REV. 1023, 1043 (2002).
8 このような政治的動向については，Robert G. Hensley, Jr., Comment, *Written in Stone: Why Renewed Attempts to Post the Ten Commandments in Pubic Schools Will Likely Fall*, 81 N. C. L. REV. 801, 802 (2003). ただし，この論文が公表された2003年1月現在の状況が説明されているところに留意したい。
9 *Id.,* at 813-814.
10 この時期に，アラバマ州でのRoy S. Moore裁判官の騒動があったことが，十戒問題を一層注目させた。Glassroth v. Moore, 229 F. Supp. 2d 1290 (M.D. Ala. 2002).
11 Monem, *supra* note 7. at 1047.この論文では，十戒の展示を定めた州として，インデアナ州，ケンタッキー州およびサウスダコダ州をあげている。ケンタッキー州では，州議会の共同決議によって，2000年に公立学校を含む公共の場所に十戒を掲示することを許容している。

こうした動きに対して，American Civil Liberties Union[12]などの非営利団体は，裁判所への提訴も念頭に置きながら，反対運動を展開している。裁判になった際には，当然ながら，後述のStone事件を始めとした先例との整合性が問われることになろう。

こうした州の措置をめぐっては，管見の限りでしかないが，その合憲性を疑う研究者の論評が多いようにおもわれる[13]。しかしながら，合憲・違憲の判断は，それ程，たやすい作業ではないとおもわれる。というのは，実際の裁判においては，州法の立法目的の問題をはじめ，十戒の内容，歴史，状況，場所など，後述するような複数の考慮要素が複雑にからんでくるからである。そのためにも，まずは，十戒にまつわる諸判例の法理を解明するところからスタートしなければならない。

II Stone事件について

1 州段階における審級の状況

今回，取り上げることになったStone事件について，まずは事実関係を概略した上で，これに対するケンタッキー州の事実審，控訴審，最高裁などの州段階における審級の状況を，以下において明らかにしておきたい。

(1) 事実関係について

本件で問題となったのは，後述するように，1978年のケンタッキー州法であって，州内の公立学校の教室の壁に個人の寄付による十戒の複製を掲示することを校長に義務づけていた。この法案の制定過程は必ずしも明らかでは

---

[12] 一般に，「アメリカ自由人権協会」と訳されている。詳細は，https://www.aclu.org/（2016-6-1）を参照。アメリカで最も影響力のあるNGO団体の一つである。1920年設立され，2005年度の会員数は約500,000人といわれている。政府などにより言論の自由が侵害されている個人や団体に弁護士や法律の専門家によるサポートを提供している。政治的には，どの政党にも属していない。この他に，宗教分離を希求する団体として，Freedom from Religious Foundationという非営利団体も存する。

[13] たとえば，Monem, supra note 7, 1054-1057., Hensley, supra note 8, at 833-834., Gregory M. Bartlett, *Displaying the Ten Commandments on Public Property: The Kentucky Experience: Wasn't It Written in Stone?*, 30 N. KY. L. REV. 163 (2003).

ないが，法案提出者はLouisville地区選出の民主党議員，Mrs. Claudia Riner[14]といわれている。かれの夫はLogos Baptist教会の牧師であり，ケンタッキー州のヘリテージ財団（Heritage Foundation）[15]で活躍していた。

　上記の州法施行後，2年足らずの間に，1万5千の十戒のコピーをケンタッキー州の55郡のすべての教室に，そして48郡の一部の教室に掲示した。それを資金面で支えたのは保守的な団体であるヘリテージ財団であって，約15万ドルの寄付を集め，十戒の複製のための費用にあてたといわれている[16]。

　これに対して，諸宗派からなる原告8人[17]は，州法が連邦憲法修正1条およびケンタッキー州憲法権利章典5節の宗教の自由条項に違反するとして提訴した。原告らは，違憲を理由に州法の施行につき暫定的および本案的差止命令を請求した。

（2）　州裁判所の判断

　①事実審では差止めをしつつ，仮執行を認めた[18]。本案審理の後，事実審は，当該州法は合憲と判断し，州に対する差止めを正式に取り消した。その理由として，「十戒が宗教に起源を持つという事実があるからといって，永久に世俗的目的の使用と絶縁するわけではない。バイブルのすべてあるいは一部は，宗教的目的以外の利用，世俗的目的，歴史的・文学的目的に用いることができないという理由はないとおもう。」と判示した。

　そのために，原告側は上訴した。州控訴審は職権で州最高裁に移送し，州

14　East Central Louisville の民主党員である。Paul Grimley Kuntz, *The Ten Commandments on School Wall? Why Did the Supreme Court Reject the 1978 Kentucky Statute (Stone v. Graham)? Could Such a Law Succeed?*, 9 U. FLA. J.L. & PUB. POL'Y 1, 4（1997）.

15　http://www.heritage.org/about（2016-1-8）。この財団は，1973年に設立されたワシントンDCに本部を置く教育のシンクタンクで，自由企業，小さな政府，個人の自由，伝統的なアメリカ的価値，強い国防を信条とする保守的な政策を推し進めようとしている。

16　詳しい事実関係については，Stone v. Graham, 599 S.W. 2d 157, 159 (Ky.1980) を参照。他の文献では，ライナーは20万ドルを集めて，州内の3万の教室のうち，約2万の十戒の額縁を送付したといわれている。Kuntz, *supra* note 14, at 4-5（1997）.

17　その内訳は，Quaker 1名，Unitarian 1名，無神論者1名，母親1名と公立学校の教師1名，義務教育を受けている生徒2名およびrabbiの1名である。原告の1人，William C. Stoneは，ケンタッキー州の自由人権協会（Civil Liberties Union）のメンバーであった。本件は，納税者訴訟の形式をとった。

18　本件の事実審は，Franklin Circuit Courtであった。

最高裁はこれを認めた。

②州最高裁は，3対3に判断がわかれたため[19]，結局事実審の判断が維持されることになった。この州最高裁の判決は，ごく簡単な形式論で結論のみを示す匿名意見（Per Curiam）という形式をとった[20]。しかしながら，同時に，合憲・違憲に至った各判事の個別意見がかなり詳細に付されており，むしろこれらの個別意見の方が注目に値する。そうした個別意見の中で，合憲の判断をしたClayton裁判官と，違憲の判断をしたLukowsky裁判官の個別意見のみを，それぞれ紹介しておきたい。なお，これらの合意論・違憲論は，後述の連邦最高裁の憲法判断を理解するうえで示唆深い内容を含んでいる[21]。

（i）　Clayton裁判官の合憲論

十戒は，基本的には，ユダヤ・キリスト教の歴史に，偶然その起源を持つに過ぎない行動規範のひとつである。州がこれらの特定の「ルール」を用いるのは青少年の道徳的・法的行動を促進することであり，それはわたくしにとって全く好ましいこととおもわれる。十戒が西洋思想の基本的原則に注意を向けるという事実以外に，この州法が宗教を推進するということを理解できない。また，この法律によって，政府が過度に——この「過度に "excessive"」を強調する——宗教にかかわることを促進するものではない。……生徒が，哲学的，倫理的な思想を認識し理解すること，並びに人間の遺産の一部である種々の政治的，道徳的および宗教的ドクトリンに接することは，青少年を教育し，成熟した教養のある大人になるために望ましく，かつ必要なことである。この十戒の法律は，権利を侵害するものではない。これは，教育委員会，教師および父兄がケンタッキー州の青少年の知的基盤を確立す

19　Aker，ClaytonおよびStephensonの3人の裁判官が合憲の判断を示し，Lukowsky, Sternberg, Palmoreの3人の裁判官が違憲の判断を示した。なお，Stephens裁判官は，州司法長官として事件にかかわったことから，回避した。

20　ケンタッキー州最高裁は，以下のように判示している。「上告の審理に携わった当裁判所の裁判官は，同数に分かれたために，正式の意見を付することなく，事実審の判断を維持しなければならない。」と判示したうえで，Stephens裁判官は審理を回避し，各裁判官の個別意見が付されている。

21　事実，Lukowsky裁判官の反対意見はかなりの長文である。ここでは，その反対意見の重要な個所のみを摘示しておく。

るために始めた知識の土台（cornerstone）である，という[22]。

（ⅱ）Lukowsky裁判官の違憲論

これに対して，Lukowsky裁判官はケンタッキー州の権利章典がこのような強制的な展示を許さないとして，以下のような違憲論を展開する。

州法の起草者は，教会と州の利害の間に潜在的な対立があることを認識しており，すべての十戒のコピーに「十戒の世俗性は，西洋文明の基本的な法典であり，合衆国のコモンローとして受け入れられているところに明確にみられる。」という注意書きを貼付することによって宗教的動機をだまそうとくわだてていた。

本件の本質的な論争点は，宗教的な伝道目的を推進するために州の力を借用する宗教的試みか，あるいは宗教的事項か，に関する固有の問題である。良心の自由および礼拝の自由は，わが国の基礎の土台である。この国には，「公認の（official）」宗教は，存在しない。われわれの祖先の多くは，国教や宗教的弾圧から逃れるためにアメリカに渡ったのは，まぎれもない事実である。かれらは自分達の宗教的自由を獲得するやいなや，ある種の宗教団体は異なった宗教上の教えを有する者に対して極端に不寛容になり，さらに宗教上の教義を促進するために州の力を借りようとすることも，また真実である。ケンタッキー州および連邦憲法上の宗教の自由の保護が想定したのは，このような理解しがたい事柄（enigma）である。

十戒に関する最初の3つの戒律（あるいは訳によるけれども，第4の戒律）は，紛れもない宗教上の禁止，すなわち主なる神の至高性を唱えること，他の神や偶像を禁ずること，神の名をむやみに唱えないこと，安息日を神聖なものとして守ること，である。残りの戒律は，ある程度，より世俗的な目標を掲げている。しかしながら，十の戒律を別々に分離することはできない。「6つの戒律」は非宗教的な目的に使用することができると主張すれば，それはばかげたことであろう。十戒は，翻訳書であるけれども，単一で，かつ

22　Clayton裁判官の他に，Stephenson裁判官の意見が付されている。かれによれば，「教会と国家を分離する壁につき，この州法158条178項の実施になんの危険もないと考える。ここに税金が含まれているのではない。生徒や教師に対してなんらかの行為を求めるものでもなく，しかも十戒は宗教的意義と同じく歴史的意義を有するものである。わたくしの意見では，これらの諸ファクターは修正第1条の挑戦に耐えうるであろう。」，と。

分解できないものであり，全体として一つの宗教上の信条（creed）である。したがって，法がそれらに特恵をあたえてはならない。

（3） 小括

以上のような州最高裁の合憲論・違憲論の対立・論争は，十戒をめぐる問題点を明確に浮き彫りにしているように感じられる。連邦最高裁は，裁量上訴を受理したのは，かかる問題点を解明する必要性があったからであろう。

2 Stone連邦最高裁の判決内容

連邦最高裁は5対4の僅少差で[23]，以下のように破棄の判断をくだした。この法廷意見は，Per Curiam Opinion（匿名意見）であった点が注目される。なお，判決文そのものは，それほど長くはないため，ここではできるだけ多くを紹介すようにつとめた。

1 まず，多数意見は，つぎのように判示している。

（1）ケンタッキー州法は，州内の公立学校の教室の壁に，個人の寄付による十戒のコピーを掲示することを義務づけている[24]。上訴人は，当該州法が修正第1条の国教禁止条項と信教の自由条項に違反するとして，その施行の差止めを求めた。州の事実審は，この州法を合憲と認め，州法の「公言された目的」("avowed purpose") は「世俗的であって宗教的ではない」こと，さらに州法は「いかなる宗教や宗教団体を推進し，禁止するものではなく」，州を宗教的事柄に過度にかかわらせるものではないと認定した。ケンタッキー州最高裁は意見が分かれ，同数であったために事実審の判断を維持するこ

---

23 多数意見を構成したのは，ブレナン，ホワイト，マーシャル，ポーウェルおよびスティーブンスの5名の裁判官である。これに対して，バーガー，ブラックマン，ステユワートおよびレーンキストの4名が反対にまわった。
24 ケンタッキー州法は，以下のように定めている。
　1項：十分な資金が本条3項の定めるように確保できるならば，永続的・耐久的な十戒のコピーを州の公立小中学校の教室の壁に掲示するべきことは，公立の学校長の義務である。このコピーは，横16インチ，縦20インチとするものとする。2項：十戒の最後の教えの下部に小さな活字で，つぎのような展示目的をメモしなければならない。すなわち，「十戒の世俗的利用は，西洋文明および合衆国のコモンローの根本的法典として受け入れられているところに明確にみられる。」3項：1項の定めるコピーは，本項の目的に適合するように自主的な寄付により，かつ州の会計担当者によってなされなければならない。

とになった。われわれは、これを破棄する。

　(2)　この連邦最高裁は、問題となった州法が連邦憲法の国教禁止規定条項の下に許容されるか否かを決定する際に、3要素（分岐）テストをおおやけにしてきた。すなわち、「第1に、州法が世俗的立法目的を有すること、第2に、その主たる効果が宗教を促進し禁止するものではないこと、最後に、州法が宗教に過度の政府との関わりを促すものではないこと」、である。もし、州法がこれらの3つの原則のいずれかに違反するならば、州法は国教禁止条項により無効となる。公立学校の教室に十戒を掲示することを義務づけるケンタッキー州法は世俗的目的を有せず、それゆえに違憲であるという結論にわれわれは達した。

　ケンタッキー州側は、州議会が十戒の掲示物の最下部につぎのような小さなメモ書き、すなわち「十戒の世俗性は、西洋文明の基本的な法典であり、合衆国のコモンローとして受け入れられているところに明確にみられる。」というメモ書きを義務づけているゆえに、問題の州法が世俗的な立法目的であると主張している。

　事実審では、たとえ州法上の公表が「利己的な」("self-serving")ものであったとしても、その州法の「公言された」目的を世俗的であると認定した。しかしながら、これまでの連邦最高裁のルールによれば、このような「公言された」世俗的目的は、修正第1条の抵触を回避するためには十分ではない。Abington School District v. Schempp連邦最高裁判決において、学校側が「道徳的な価値の促進、現代の物質主義的傾向に対する否定、われわれの社会制度の維持および文学の教育」というような世俗的目的であると主張しても、連邦最高裁は公立学校の毎日の聖書朗読や主の祈りを違憲であると判示した。

　(3)　教室の壁に十戒を掲示する顕著な目的（pre-eminent purpose）は、明らかに宗教的なものである（plainly religious in nature）。十戒は、疑いなくユダヤ教およびキリスト教の教義の聖句であり、州が世俗的目的を何度もくりかえしてもその事実に拘束されない。十戒は、両親への尊重、殺人、姦通、偽証および貧欲のような、ほぼ世俗的事項といってよいものに限定されていない。むしろ、十戒の最初の部分は、信者に対する宗教的義務にかかわるも

ので，神のみを崇拝すること，偶像崇拝を禁じること，神の名前を無益に使用しないこと，休息日を守ることが書かれている。

（4）本件では，バイブルが歴史，文明，倫理，比較宗教などの学習にふさわしいかたちで合憲的に用いられるような，学校カリキュラムの中に組み込まれた事案ではない。教室の壁に宗教的聖句を掲示することは，そのような教育的機能をはたさない。もし，十戒を掲示したコピーがなんらかの効果があるとするならば，生徒たちに十戒を読み，瞑想し，ひょっとすると十戒に敬意を払わせ，従うようにさせるところにあるのであろう。このことが私事的な信仰としていかに望ましい事柄であったとしても，それは国教禁止条項の下では許さざる州の目的である。

本件の十戒の掲示は，個人の任意の寄付によってまかなわれていることは，重要なことではない。というのは，州議会の援助のもとでコピーを掲示するだけでも，それは国教禁止条項の禁止する「州，政府の公式なサポート」になりえるからである。Schempp判決やEngel判決のように聖書を大声で朗読するのではなく，バイブルの一節が単に壁に掲示されているに過ぎないということは，重要なことではない。というのは，「ここでの宗教活動は，修正第１条に対する比較的軽微な侵害になりえるという主張は，抗弁にならない」からである。われわれの結論では，ケンタッキー州法158節178項はレモンテストの第１要素に違反しており，したがって連邦憲法の国教禁止条項に違反する[25]。

（5）したがって，サーシオレイライの請求を認め，下記［ケンタッキー州最高裁］の判断を破棄する[26]。

25　ここで法廷意見は，注で以下の点を指摘している。本件の反対意見が相いれないものとして引用する連邦最高裁の判例（Committee for Public Education v. Nyquist連邦最高裁判決, Sloan v. Lemon連邦最高裁判決, Lemon v. Kurzman連邦最高裁判決, Board of Education v. Allen連邦最高裁判決）は，容易に区別することができる。これらはすべて，私立学校に対する州の援助を含む事件である。このような援助は，教育機会を促進するという，明らかに正統な世俗的目的である。教室の壁に十戒を掲示することは，そのような世俗的目的を有しないという。

26　この法廷意見に対して，バーガー裁判官およびブラックマン裁判官が反対している。かれらは，サーシオレイライを認めた上で，本件に対して本式（plenary）の審理を要求している。同じ反対意見でも，スチュワート裁判官は，ケンタッキー州の裁判所をみる限り，判決に至る憲法上の基準を全体として正しく適用しており，そのような裁判所の判断を即決で破棄していることに反対している。

2　この多数意見に対して，レーンキスト裁判官は，以下のような理由で反対意見を表明している。

（1）本件の連邦最高裁は，その独断的な主張（ipse dixit）によって，本件のケンタッキー州法が「世俗的な立法目的ではない」こと，そして「教室の壁に十戒を掲示する顕著な目的は，明らかに宗教的なものである」と結論づけている。本件の事実審が認定したように，たとえそうであったとしても，「州議会は，当該州法が世俗的な立法目的と考えて，そのようにはっきりと宣言した。」本件の連邦最高裁は州議会により明確にされ，州裁判所によって確認された世俗的目的を略式でもって却下しているが，国教禁止条項の法理にはこのような先例は存在しない。連邦最高裁は，国教禁止条項の諸事件において，州法の目的につき立法上の明文にきちんと注意を払い，適切な敬譲を表明している[27]。[規定上に] 現れている世俗的目的と，ある者にとっては宗教的目的と見られるかもしれないものとがオーバーラップするという事実から，それが違憲ということにはならない。McGowan v. Maryland連邦最高裁判決において，日曜休業法を判断する際に，連邦最高裁が判示したように，「これらの州法の大部分の目的・効果はすべての市民にとって統一的な休養日を提供することにある。当日が日曜日で，主なキリスト教徒にとって特別に意味がある一日であるという事実から，州がその世俗的目標を達成することを妨げることはできない。」，と。

（2）本件の連邦最高裁は，十戒が「疑いもなく聖句」であるから，州による明示の世俗的目的を認めなった。しかしながら，ケンタッキー州の選挙された代表者が判断したように，十戒は西洋世界の世俗的な法典の発展に重大な影響を及ぼしていることは，同じく疑いないところである。事実審は，提示された証拠からこの事実が実証されていると結論づけている。（Anderson v. Salt Lake City Corp.事件[28]を参照。十戒は「実質的に世俗的属性」を有しているので，公共の土地に十戒を刻んだモニュメントを設置することを支持した事

27　レーンキスト裁判官は，ここでその具体例として，5件の判決を引用している。Committee for Public Education v. Nyquist事件，Lemon v. Kurtzman事件，Sloan v. Lemon事件，Board of Education v. Allen事件および連邦控訴のFlorey v. Sioux Falls School District事件が，それらである。
28　475 F. 2d 29 (CA10 1973).

件。）[ケンタッキー]州では，このような世俗的意味を持つ文書——文書の世俗的意味を適切に伝える言葉を伴うもの——が生徒の前に掲示されるべきであるという結論は，きっと許された。(「強制力を伴わない，受動的なモニュメントを撤去することは，合理的ではないとおもわれる。というのは，法の基礎として受容された規範は，古代の宗教的性格を反映しているからである。」[29])

（3）国教禁止条項は，宗教的意味や起源を有するすべてのものを公共部門から隔離することを要求していない。連邦最高裁は，「宗教がわれわれの歴史や政治と密接に結びついてきた」ことを認識してきた。さらに，「人間の歴史は，宗教の歴史と切り離すことができない」ことも認識してきた。ケンタッキー州は，十戒の世俗的インパクトを明示することによってこの事実を生徒に気づかせようと決したのであった。McCollum v. Board of Education連邦最高裁判決で同意意見をあらわしたジャクソン裁判官の言葉を，長く引用するに値する。

3 Stone判決の位置づけ

以上のように，Stone判決についての法廷意見と反対意見をみてきた。それでは，このStone判決は，どのように位置づけられるのであろうか。

まず，十戒をめぐる諸判例のなかで，このStone判決は最初の事件であった。しかも違憲の判断を明確に判示したことは，その後の類似判例に大きな影響を与えたと考えられる。この影響力については，以下の諸判例のなかで適宜言及するつもりでいるが，とりわけ2005年の連邦最高裁判決において直接的な影響を与えていることは，特に注目に値する。

もう1つ，注目しておきたいことは，合憲性審査基準の問題である。アメリカにおける政教分離に関する審査基準の歴史をみると，かつてはレモンテストが中心的な役割を果たしてきた[30]。丁度，その最中にあったのがStone判

---

29 *Id*., 34. レーンキスト裁判官は，注で以下の点を指摘している。本件の多数意見が十戒の最初の部分の宗教的性格を強調していることは，論点がはずれている。全体としての十戒が，重要な世俗的インパクトを有しているのである。そして，ケンタッキー州の生徒に対して直接的に世俗的効果を伴った部分のみを含むように，[十戒を]削除し改定した訳文のみを見ることを，憲法は要求していない。

30 現在では，エンドースメントテストや強制テストなど，別の基準が用いられており，混沌とした状況にあることが指摘されている。詳しくは，政教分離に関する審査基準については，本書の

決である。すなわち，Stone判決がだされた1980年といえば，Lemon v. Kurtzman（1971）連邦最高裁判決によりレモンテストの３要件テストが完成したけれども，そのつぎのエンドースメントテスト[31]が展開しはじめる前の，ちょうど狭間の時期にあたる。そのために，Stone判決では，レモンテストを援用して，その第１要件の違反を理由に違憲の判断を導き出している。

それでは，この点を，どのように評価するべきであろうか。Stone判決当時のロー・レビューをみると，総じてレモンテストの第１要件のみを理由にして違憲の判断をくだし点に批判的であった[32]。というのは，そもそも議会（立法部）の動機や目的を客観的に確定することには困難が伴い，さらに裁判所としては議会の意思を尊重しなければならないことから，国教樹立禁止条項のなかで，この要件はあまり決め手とはならないと考えられていたからであった。

本件の場合，レーンキスト裁判官が反対意見のなかで，「本件の連邦最高裁は州議会により〔立法目的が〕明確にされ，州裁判所によって確認された世俗的目的を略式裁判でもって却下している。国教禁止条項の法理にはこのような先例は存在しない。」と指摘する。この指摘は，当時では正鵠ををえたものであった[33]。たしかに，十戒のように世俗的・宗教的両効果（聖俗両側面）を含む場合には，裁判所は立法目的の「主要な効果」を確定する作業が

　Chapter4の神尾報告を参照。他に，門田孝「政教分離原則の検討枠組に関する一考察──合衆国連邦最高裁判例解読の試みと併せて──」法政論集230号271頁（2009年）では「混乱に満ちた」「絶望的な無秩序」などと指摘している。神尾将紀「合衆国憲法第１条にいう『国教樹立禁止』条項に関する司法審査基準のアリーナ──Lemonテスト，Endorsementテスト，Coercionテストの位相──」早稲田法学80巻３号349頁（2005年）では，３つのテストが併存し，重層的に適用することを指摘している。最近の論文として，根田恵多「合衆国最高裁の政教分離判例における『レモン・テスト』の形成と混乱」社会研論集24号76頁以下（2014年）を参照。
31　エンドースメントテストは，Lynch v. Donnelly（1984）連邦最高裁判決のなかで，オコナー裁判官がその同意意見のなかで提唱し，それが正式に採用されたのは，County of Allegheny v. ACLU（1989）連邦最高裁判決であった。
32　たとえば，J. David Smith, Jr., Comments: *Stone v. Graham: A Fragile Defense of Individual Religious Autonomy*, 69 KY. L. REV. 392（1980-81）がある。その他に，Emlich, *supra* note 5. at 209, Michele Tobias, *The Establishment Clause and Public Education: Cultivating Wholesome Neutrality by Rooting out the Ten Commandments*, 11 STETSON L. REV. 107（1981）を参照。
33　審査基準としてレモンテストの第１要件のみが用いられただけでなく，口頭弁論や上訴趣意書もなく，略式で下級審の認定を覆した点においても，これまでの判例法理とはかけ離れている。

必要であると考えられていた。たとえば，当時の論者も指摘するように，「Stone判決に主要な効果要件を適用すれば，宗教の言葉の意味をめぐってより徹底的かつ適切な議論がなされたであろうし，また連邦最高裁は，国教樹立禁止条項の裁判の重要な局面，すなわちカリキュラムへの統合の問題につき，より明確な輪郭を描くことができたであろう。[34]」とおもわれる[35]。しかしながら，こうした批判は，2005年のMcCreary連邦最高裁判決などが，Stone判決と同じく，立法目的を決め手として違憲判断を導いていることを勘案すると，このような当時の批判はそれほど説得力のあるものとは考えられない。

Ⅲ 教室内における十戒問題

Stone判決は，前述したように公立学校での十戒をめぐる政教分離問題である。連邦最高裁レベルに限定すれば，「公立学校」での十戒掲示問題は，Stone判決によって一応終息をみたといってもよい[36]。しかしながら，連邦下級審段階においては，「公立学校」の十戒をめぐる問題はすべて姿を消したとはいえない。そのような一例として，Stone判決後，公立学校において，十戒が問題になった事案を検討してみたい。

1 Doe v. Harlan County School District連邦地裁の違憲判決[37]

公立学校での十戒問題が再度問題になったのは，Doe v. Harlan County School District（2000）連邦地裁判決（以下「Doe」判決という。）である。ケンタッキー州は，当時，十戒を教室に掲示することを許容する（permit）ように州法[38]を改正したことから，Harlan郡学校区において十戒を教室に掲示

---

34 Smith, *supra* note 32. at 410.この判例批評は，過度のかかわりのテストも適用すべきであるという。
35 Tobias, *supra* note 32, at 125.ここでは，3要素の徹底的な評価を求めている。
36 Stone判決後，宗教的な急進派は学校をボイコットしたりした。判決の賛否について，Kuntz, *supra* note 14, at 27-32（1997）．
37 96 F. Supp. 2d 667（2000）．なお，本件の原告は匿名を希望しているため，原告名はSarah Doeとなっている。
38 K.R.S. 158.195.これに加えて，Harlan郡学校区は十戒の掲示を容認する決議をした。Monem,

Chapter 3　公立学校と十戒　95

したのがことの始まりであった。

　Stone判決がなされてからほぼ20年後において，もはや終息したとおもわれた公立学校における十戒問題が，再燃したのであった。連邦地方裁判所が，ここでどのような判決を下したのかが注目された[39]。

　まず，事実関係をみると，提訴時点では，額に入った十戒の複製だけが掲げられており，それは教育的，歴史的展示物ではなかった。提訴後において，被告であるHarlan学校区はその他の文献を付け加えることによって展示物の形式を変更した[40]。被告側がそのようにしたのは，修正第１条に抵触しないようにして提訴を免れようと考えたからであった。そこで，原告は，十戒の掲示が修正第１条に違反するとして，差止めと宣言的救済を求めた。

　（１）連邦地裁は，つぎのように判断した。修正第１条に違反するかどうかの審査については，従来，レモンテストを用いてきた。連邦最高裁は，過去10年間，レモンテストを再構成して，目的要件または効果要件のいずれかが政府の行為によって宗教を是認する（endorse）かどうかに注目してきた。この巡回区の連邦裁判所は，レモンテストを改良しあるいは明確化するものとしてこのエンドースメントテストを用いている。そして，当裁判所は，十戒の掲示──それが最初の形式と修正した形式の双方とも──が憲法に適合するかどうかを決定するためにこのテストを用いることとする。エンドースメントテストは，「合理的な観察者の想定する政府行為が政府によって宗教を是認すること」を明らかにするものである。オコナー裁判官が，このエンドーステストを定型化した。レモンテストの目的要件は，政府の実際の目的が宗教を是認するか，あるいは否認するかを問題にする。効果要件は，政府の実際の目的に関係なく，問われている行為が事実上是認するかまたは否認するかのメッセージを伝達しているかどうかを問題にする。いいかえれば，問題となっている行為が実際の世俗的目的と，宗教を促進せずまたは妨げた

---

supra note 7, at 1047.
39　別の連邦下級審では，この事件と相前後して，郡庁舎の十戒掲示が問題となった事案がある。ACLU of Ky. v. McCreary County, 145 F. Supp. 2d 845.が，これである。この事件は，裁量上訴が認められた結果，後述のMcCreary v. ACLA, 545 U.S. 844（2005）になった。
40　独立宣言，ケンタッキー州憲法前文，「我々は神を信じる」という国家のモットー，メイフラワー誓約，十戒の掲示を容認する（permit）ケンタッキー州法，十戒の掲示を容認するHarlan郡学校区の決議など，合計10個の掲示物からなりたっている。

りしない効果の両方を満たさなければならない。

ここでは，当裁判所は，教育委員会の決議にある学校区の掲示目的，十戒の掲示の簡単な状況，および十戒の提示が実際上世俗的目的にかなっているかどうかを決定するための展示そのもの，にそれぞれ注意を払うことにしよう。最初の展示形式，すなわちその他の展示物を含んでいない十戒だけの展示物は，世俗的目的を欠いている。十戒は明らかな宗教的文書であって，多くのキリスト教徒やユダヤ教徒にとって神に関する直接的・啓示的言葉と信じられており，その本質から一般的な世俗的目的を認定することはできない。事実，「十戒の掲示する顕著な目的は，明らかに宗教的に他ならない」(Stone v. Graham,449 U.S. 39, 41（1980））からである。

さて，被告側が主張するように，問題となっている展示物は世俗的目的が明らかな展示物――アメリカの宗教史に関する，Harlan郡の生徒達の教育目的――を含んでいる。連邦最高裁は，エンドースメントテストを明確化にするにあたって何度も明らかにしたように，裁判所は宗教物の実際上の利用目的を吟味し，事件の事実に反する世俗的目的を無盲目的に受け入れるべきではない。さらに，世俗的目的に要求されるものは，「どんなに宗教的目的が支配していても，単に世俗的目的があるからといって満たされるものではない。」政府の明言する目的に敬意を表しなければならないが，ここでの掲示の状況と郡の主張とは矛盾する。要するに，事件の事実関係および展示物そのものから，展示物――最初の形式と変更後の形式の双方とも――は，なんの世俗的目的に供しないし，かれらにはそのような意図を有していない。掲示物は明確に世俗的目的を欠くことから，修正第１条に違反する。

つぎに効果を検討するにあたって，裁判所は，展示物に精通している客観的観察者によって，展示物が政府による宗教への是認となるであろうかどうかを問わなければならない。客観的な観察者の基準とは，不法行為法上の通常人（reasonable-person）の基準に相当する。問題は，ある特定の，主観的な，無知の観察者が展示物を考察するのではなく，客観的な，合理的な，知性のある観察者が考察することである。本件の展示において，個々の展示物および全体としての展示物の支配的なテーマは宗教の１つであり，より明確

にいえばキリスト教である[41]。これらの展示物に対する合理的な観察者は、これ以外の結論をすることができないであろう。しかも、展示物には、宗教に言及した理由づけや歴史的意義の説明を欠いている。歴史的文脈がなく、その上唯一の共通項が宗教である文書を展示するならば、当該文書は宗教を是認する、紛れもない効果をもたらす。

かくして、展示物はキリスト教を肩入れする政府目的と効果が証拠により明らかであり、したがって修正第1条に違反する[42]。

2　Stone判決とDoe判決の比較

さて、Stone判決の違憲判断がくだされたのは、1980年であった。このDoe判決がだされたのは2000年であり、この20年間に審査基準が変化したことに注意しなければならない。すなわち、エンドースメントテストがオコナー裁判官によって提唱され、さらに洗練化し、そしてCounty of Allegheny (1989) 連邦最高裁判決において正式に採用されるにいたったことである。そして、エンドースメントテストが国教樹立禁止条項の法理において主流をしめるようになってきた。Stone判決とは異なり、こうした判例動向を踏まえた上で、このDoe判決がなされたことに留意しなければならない。したがって、ここでは、合理的観察者にとって、問題となっている十戒の内容、歴史およびその状況（context）がとりわけ重要な考慮要素となっている。

つぎに、両者の事実関係の差異に注目すると、Stone判決では十戒を強制的に掲示する州法の規定が存在したのに対して、Harlan学校区では十戒の掲示を「許容」した点をどのように考えるかである。「許容」であっても、上述したような理由で違憲とされた。公立学校は、その他の公共空間と比べて、やはり特別の空間であるとおもわれる。後述するように、出席が強制されていること、未成熟な生徒はともすると影響を受けやすいこと、教室はい

41　判決においては、十戒以外の展示物についても個別具体的な検討がなされており、「これらの文書のいくつかの展示物は、他の文脈では宗教を肩入れする効果を持たないが、これらをまとめると、これらの展示物の状況下では、宗教を肩入れする圧倒的な効果を有する。」と結論づけている。
42　連邦高等裁判所でも上告が破棄されている。裁量上告の申立てをしたが裁量上告は認められなかった。Harlan County v. ACLU., 545 U.S. 1152 (2005).

わば囚われの聴衆のような状況下にあることなどが勘案されているのであろう。

Ⅳ　その他の公共空間おける十戒問題

　十戒の問題は，公立学校の教室だけにとどまらない。他の公共空間——たとえば公園，庁舎，裁判所など——に十戒を展示することが裁判上の新たに争点となってきた。具体的には，2000年前後から数年の間に，この種の事件が多発しており，この時期に「公共の場所における十戒の展示事件が劇的に急増[43]」したとの指摘がなされている。これらの判例の動向を一言で要約すれば，合憲判決と違憲判決が入り乱れている[44]。ここでは，そのような事案の全てを取り上げるのではなく，紙幅の関係上特徴的な判例のみを取り上げてみたい。その際，Stone判決との関係で，当該事件はどのような意味を持ったのであろうかという点に着目する。

1　State v. Freedom From Religion Foundation事件の合憲判決[45]

　この State v. Freedom From Religion Foundation 州最高裁判決（以下「Freedom From Religion Foundation判決」という。）は，十戒が頻繁に問題になった2000年前後よりも，いくぶんか早い時期に十戒の展示が争われた事案である。ここでも，上述したエンドースメントテストが用いられている。

　事実関係をごく簡単に摘示すれば，コロラド州議会議事堂に通じるLincoln公園（州の所有）に，多くの記念碑と並んで十戒が展示されていた。この十戒はイーグルスが寄贈したものであって，州の管理費用は，過去35年の間，清掃など最低限のものにとどまった。非営利団体と市民が，1989年3月に州知事に対して十戒の撤去をもとめた。それが認められなかったために，

43　Julie Van Groningen, Note, *Thou Shall Reasonably Focus on its Context: Analyzing Public Displays of the Ten Commandments*, 39 VAL. U. L. REV. 199, 245（2004）．1990年代にはわずか1件であったが，2000年代には17件の事件があったことが指摘されている。
44　山口智「公共施設における十戒の展示」宗教法学25号（2006年）41頁，とりわけ47-54頁に下級審の判例動向をうまく整理してあるから，参照にされたい。
45　898 P. 2d 1013（1995）．

訴訟に至った事件である。州事実審では特定の宗派を促進する意図や効果はないとして合憲と判断したが，州控訴審では，記念碑の存在が宗教的な内容を是認するものであり，したがって違憲と判断した。そして，州最高裁に持ち上がったのが本件である。

（1）法廷意見は，憲法が教会と州との完全な分離を要求するものではないこと，審査基準がエンドースメントテストに発展・変化したことを指摘した後に，政府の行為の効果を決するには当該展示物の内容と状況に焦点をあてるべきことを説示している。

ここで先例の1つとして，Stone事件に言及している。すなわち，裁判所が宗教的な見解を，不適切に生徒に信じさせたり，強制したりする可能性に対してより警戒的であったのは，十戒が公立学校——未熟で，感受性の強い精神には，より保護の必要性がある——という場所であったからである。たとえば，Stone判決では，生徒への強制を回避し，生徒を保護しなければならないという警戒感の方が，十戒を禁止することによって宗教に敵対的になるかもしれないという恐れを上回っている。Stone判決においては，連邦最高裁は公立学校の教室の壁に十戒を掲示することを要請する州法を無効とした。公言された目的があるにもかかわらず，連邦最高裁は，当該州法は世俗的な立法目的に供するものではなく，したがって違憲であると結論づけた。連邦最高裁は，「教室の壁に十戒を掲示する顕著な目的は，明らかに宗教的なものである。」と認定した。学校の宗教事件は，影響の受けやすい年齢であること，生徒は囚われの聴衆（captive audience）であることから，影響に対して特別に敏感でなければならない，という。

法廷意見は，その他の判例を踏まえながら[46]，十戒には明らかな宗教的性質があるにもかかわらず，もし，十戒の内容のなかに宗教性を弱めるような世俗的な出来事があり，また展示物の状況により宗教的メッセージが弱められれば，連邦裁判所は当該展示物を合憲となるであろうと結論づけている。

（2）そして，法廷意見は，本件の十戒の展示について，以下のように判示している。本件における十戒の記念碑の合憲性は，展示物が宗教を是認

46　ここで法廷意見が引用するのは，Anderson v. Salt Lake City Corp., 475 F.2d 29（5th Cir.1973）およびRing v. Grand Forks Pub. Sch. Dist. No.1（483 F. Supp. 272）である。

し，否認する目的，効果を有するかどうかによる。記念碑自体の内容について考えてみると，宗教を是認する目的のために十戒を建立したものではないと結論づける。ここで問題となっている十戒は，特定の宗派によって受け入れられた十戒を再現したものではない。しかも，十戒の内容は寄贈者の世俗的目的と一致している。この記念碑は，全国青少年指導プログラムの一貫として寄贈されたもので，その目的は世俗的なものに他ならない。このような寄贈者の世俗的意図は，十戒が時間と共にわれわれの自然法の根拠として扱ってきたという歴史的事実の観点からみて論理的である。事実審で証言したすべての専門家は，十戒が，少なくとも倫理的，道徳的原則を打ち立てたという限りにおいて，すべての西洋社会にとって共通の行動規範の現れであった点で一致している。そして最後に，この公園にいくつかの記念碑を受け入れた州の目的は，種々の記念碑が表現するメッセージを是認するのではなく，州の土地を有効に利用することに興味のある，すべての異なったタイプのグループに対して，公共の公園を開放することである。

　ある状況下で目的が伝達するメッセージは，展示物が宗教を是認する効果を有するかどうかを決する際にも，重要なことである。というのは，どのような状況にあるかは，合理的な観察者がその設置から見いだすメッセージに影響を与えるからである。事実審で認定したように，本件の十戒の記念碑は単独で立っていたものではなく，Lincoln公園のなかで目立った特徴はない。公共の財産上に展示されているけれども，学校の場面とは異なり，この展示物は強制的効果を持つように設置されていない。さらに，Lincoln公園の記念碑の展示によって，豊かな文化の多様性の歴史を教えられる。

　したがって，このような記念碑の内容および状況をみれば，政府が宗教を是認するという考え方は否定できることがわかる。

　（3）以上が，本件の法廷意見の内容である[47]。この法廷意見には，最後に，このような国教樹立禁止条項に関する判例では，「高度に具体的な事実の吟味を要し，その吟味には個々の事例に応じて（case-by-case basis）接近

47　この法廷意見に対して，Erickson，LohrおよびKirshbaumの各裁判官は反対意見を表明している。

しなければならない[48]」という指摘が，なされていた。

本件では，十戒の記念碑の主要な目的は宗教的でないこと，展示物の内容と状況からみて，宗教的な信念に基づいた政治的共同社会から他人を排除するものはないこと，十戒は宗教を是認する目的，効果を持たないことから，州控訴審の判断を破棄して合憲と判断した[49]。しかしながら，事案が異なれば，ケースバイケースによって違憲の判断がありえることを同時に示唆している。この点，違憲の判断を示した，つぎの事件を見ると，このケースバイケースによる判断方法がより具体的な姿をあらわす。

2 Books v. City of Elkhart事件[50]の違憲判決

このBooks v. City of Elkhart事件（以下「Books判決」という。）は，先述のDoe判決の直後に問題になった事例である。エルクハート市庁舎の前庭に，1958年にイーグルスから寄贈された十戒が，他の展示物と並べて展示されていた。このことについて，同市の住民であるBooksらが修正第1条の国教樹立禁止条項に違反するとして訴えた事件である。連邦地裁では，レモンテストを適用して国教樹立禁止条項に違反しないとしてエルクハート市を支持した[51]。これに対して連邦控訴裁判所は，以下のように，レモンテストを用いながら展示物の歴史，展示物の特徴・管理，周囲の状況などにつき詳細な具体的検討がなされた。

（1）連邦最高裁の何人かの裁判官によってレモンテストは批判されてきたけれども，連邦最高裁がLemon v. Kurtzman連邦最高裁判決において最初に宣明したテストは，国教樹立禁止条項の裁判の分析枠組みとして広く用いられている。本件においては，原告は展示物が宗教と過度に関与している点を争っていない。したがって，われわれはこのレモンテストの最初の2要件（政府の目的および効果）に議論を限定することとする。

---

48 898 P.2d 1026.
49 裁量上告がされたが，連邦最高裁はこれを受理しなかった。
50 532 U.S. 1058 (2001).
51 レモンテストの適用について，まず展示物は世俗目的であると認定し，つぎに展示物が宗教をエンドースする効果を有するかについて，十戒は歴史的・文化的効果を有するものであって，特定の宗教をエンドースするものではないとした。第3要素については，原告側が主張しなかったことから，判断されていない。

本件の事案にとりかかる際に，われわれもまた，連邦最高裁が最近の判例のなかで，レモンテストの最初の2つの要件を「エンドースメント」テストによって明確化していることを理解している。

（2）問題の最初の要件は，エルクハート市の展示物が「宗教を促進したり妨げたりする」主要な目的を持っているかどうかを決定しなければならない。十戒という特定の展示物が有効に世俗的目的を持つといえるかどうかを決める際に，われわれは展示物の置かれている場所の周辺の環境や展示物の管理の全体を評価しなければならない。

まずスタートするにあたって，十戒それ自体は宗教的意義を有することを免れ，また道徳的または倫理的な文書として特徴づけられるということはできない。事実，連邦最高裁はStone判決でこの点を明確にした。それゆえに，十戒を刻んだ展示物は宗教的性格を有することは，疑問の余地はない。連邦最高裁は，宗教的シンボルの展示物の目的が宗教的か世俗的かを判断する際に，宗教的シンボルの背景の重要性を重視してきた。また，宗教的シンボルを抽象的に捉えるべきではないことも，重視してきた。レモンテストの第1要件を適用するにあたって，十戒の本質的な性格は展示物を取り巻く環境により，強化されている。われわれは，本件の展示物の目的が宗教的観念を促進するものであるという結論に達せざるをえない[52]。

仮に，十戒の展示物にこのような主たる目的がないとしても，今回の展示には宗教を促進させる主要な効果があったと結論づけなければならないであろう。この分析方法をとる場合，合理的な観察者が当該展示物により宗教を是認することになることを信ずるかどうかにつき，われわれは，展示物の周辺の環境の全体を評価する責任をはたさなければならない。本件の事案を判断する際，十戒の展示物の場所と歴史に通じた客観的観察者からみて，州による宗教の是認が認められるか否かを検討しなければならない。まず，当該展示物が政府の所有地にあることに気づく。すでに説明したように，政府の所有地は「政府の所有と管理下にあることが明らかである」ために，その敷

---

[52] 法廷意見では，さらに1998年4月4日にエルクハート市議会（Common Council）は十戒が歴史的・文化的意義を有することを決議している点にふれている。Stone判決での「公言された」立法目的と比べたら，本件の市決議に重要性を与えられるべきでないこという。

地にある展示物は暗黙裡に政府の承認を示している。本件では，市の政府機関の建物の前に，宗教的なメッセージが置かれている。

この展示物によって，その共同体のなかに「内部者」と「外部者」が存することを許容できないほどに示している。したがって，エルクハート市の敷地にある十戒の展示物の主たる効果は宗教を促進しあるいは妨げるものであると判示する。結論として，本件の展示物はレモンテストの第2要件に違反し，国教樹立禁止条項に反する。

（3）これに対して，Manion裁判官は一部賛成・一部反対意見を表明した。そのなかで，かれは40年以上前の十戒の設置目的を探るのではなく，現代における十戒の意義に着目すべきであり，十戒には歴史的・異文化的意義，西洋文明の基本的な法原理への影響，歴史的・文化的意義があることを指摘している。それゆえに，本件の場合は，許されるべき世俗的目的であるという。また，法廷意見がStone判決に依拠している点について，Stone事件では学校という状況が決定的であって，このことが結論を左右している。本件はStone事件と区別されるべきであるという[53]。

（4）Books事件の意義

①この事件は，ほどなく連邦最高裁に裁量上訴がなされた。裁量上訴を受理するか否かの判断は連邦最高裁の裁量とされており，受理しない理由は一般的に公表されない。しかし，今回の連邦最高裁は，裁量上告の受理を認めなかったものの，受理をめぐって裁判官の間に意見の対立があったことが示されている[54]。

多数意見は控訴裁判所の理由を明確に支持して裁量上告の受理を拒否した。これに対して，裁量上告の受理を認めるべきであるとしたレーンキスト長官は，市庁舎の外に設置している展示物と教室内での展示物とは異なることから，Stone事件とBooks事件との区別を指摘した。そして，レーンキス

---

53 かれは，さらに以下のように指摘する。学校では生徒は強制的な出席義務があり，生徒はとくに影響されやすいという学校環境下にあるが，他方，本件では市民が目をそらすことができるオープンな中庭である点において異なることを指摘している。むしろ，creche（キリスト生誕の図）の展示が問題になったLynch事件やmenorah（燭台）の展示が問題となったAllegheny事件と類似するという。
54 532 U.S. 1058 (2001). 裁量上告が受理されるためには，4人の裁判官の同意が必要となるが，今回は3人が受理を認めるように主張した。

ト長官はつぎのような言葉を残している。Stone判決は許されざる目的を認定しているが，ここではほとんどコントロールを受けない。Stone判決においては，十戒を掲示することによって，生徒達が登校日に十戒を黙想させ，実効をあげていた。われわれは，ある状況——州が強制的出席義務を通じて「大きな権力と強制力」を生徒達に行使するような場面——においては，国教樹立禁止条項を「とりわけ用心深く」遵守し，監視してきた。Books事件で問題となった展示物は，学校での掲示物とは同じ結果を生じない。それゆえ，Stone判決はここでは関係ない，という。

特に，ここでのレーンキスト長官の意見が注目される。というのは，Stone判決では，かれは，既述したように強固な反対意見を表明していた。ところが，本件では，学校での十戒掲示問題に対して，むしろその正当性を強く支持していると解することができる。そうであれば，今後，連邦最高裁が教室での十戒掲示が問題となった場合には，違憲となる可能性が一層高まったといえようか[55]。

②上記のBooks事件判決のすぐ後に，類似事件としてIndiana Civil Liberties Union v. O'Bannon 事件[56]が提起された。イーグルスが1950年代に十戒を全国各地に寄贈した1つが，今回問題になった十戒であった。インデアナ州の州議会議事堂の庭に設置されていた十戒は，1991年，ある破壊者によって壊されるまではそこに設置されていた。州議会の代議員であるBrent Steeleは同じ場所に再建を計画したところ，ある石材業者が建立のための寄付を申し出た。Steele氏は弁護士でもあったことから，慎重に考慮した結果，新しい石造には十戒以外に，歴史的な文書として連邦憲法の権利章典とインデアナ州憲法の前文を付け加えようと考えた。その州議会議事堂の敷地は，公園のように広く，かつ複数の記念碑があった場所であった。

連邦地裁は，レモンテストの第1要件について，記念碑の展示は宗教を促進するものであり，さらに第2要件について，合理的観察者ならば，内容，大きさ，デザイン，耐久性および場所からして，十戒は政府の賛意という刻

---

55 Robert G. Hensley, Jr., Comments, *Written in Stone : Why Renewed Attempts to Post the Ten Commandments in Public Schools will Likely Fail*, 81 N.C.L. Rev. 801,809-810. (2003). ここでのレーンキスト裁判官の反対意見は，後述するVan Orden判決の相対多数意見に類似する。
56 259 F. 3d 766 (2001).

印をうけたと信ずるであろうと判示した。連邦控訴裁判所も，テストレモンテストの最初の2要件——精錬化されて「エンドースメントテスト」と呼ばれるようになったテスト——のみを引き合いにだして，その展示物の耐久性，内容，デザインおよび状況からみて，州政府が宗教を是認していることから，違憲の判断をした[57]。なお，Books判決もO'Bannonも全員一致ではなく，いずれも反対意見が付されていることに留意する必要がある。

以上を小括すると，少なくとも連邦下級審レベルあるいは州レベルにおいては，その合憲性をめぐって裁判所の間，さらには裁判官の間で対立があることは明らかである。こうした状況の下，連邦最高裁は十戒に関する裁量上告に対して，いずれも申立てを拒んできた。しかしながら，ついに，最高裁がこの問題に正面から立ち向かわざるをえない状況が，2005年に生じるにいたったのである[58]。

3 2005年の2判決

公共空間における十戒の展示をめぐる問題は，これから紹介する2005年の2判決によって最高潮に達したといっても過言ではない[59]。その2判決とは，Van Orden v. Perry連邦最高裁判決（以下「Van Orden判決」という。）およびMcCreary v. ACLA連邦最高裁判決（以下「McCreary判決」という。）をいう。これらの判決が特に注目されるのは，いずれも僅少差で，Van Oreden判決では合憲，他方のMcCreary判決では違憲という，全く逆の結論がくだされたことである。同じように十戒の展示が問題となったにもかかわらず，連邦最高裁がこのような対照的な判決をしたこと自体，おおいに興味をそそる事柄である[60]。

---

[57] 反対意見を表明してCoffey裁判官は，世俗目的を認定しており，またその他の世俗的記念碑により宗教に対する肩入れは和らげており，したがって合憲判断を示した。なお，裁量上告は受理されなかった。

[58] 類似の事件において，連邦控訴裁判所の間で判断が分裂する場合に，連邦最高裁は判断を統一するために裁量上訴を受理する場合がある。Van Orden事件とMcCreary事件では，このような要請がみられた。

[59] Douglas G. Smith, *The Constitutionality of Religious Symbolism After McCreary and Van Orden*, 12 TEX. REV. L. & POL. 93,94（2007）.

[60] とりわけ，Van Orden判決でのブライア裁判官の同意意見が重要である。かれは，Van Orden判決では合憲と判断し，McCreary判決では違憲と判断した。Van Orden事件において，ブライ

なお、この2判決についてはすでにいくつかの邦文の紹介[61]がなされていることから、ここでは重複を避けて、主にStone判決がこの2判決においてどのような役割を果たしたかに焦点を絞ってみたい。

(1) Van Orden判決について

ごく簡単に、事実関係をみてみよう。1961年、テキサスのイーグルスによって寄贈された十戒が、テキサス州議会議事堂の敷地に設置されていた。その議事堂の周辺22エイカーには、十戒を含め17個の記念碑と21個の歴史的標識があった。この場所を訪れる原告は、十戒の設置が国教樹立禁止条項に違反するとして、その除去の差止命令を求めた事件であった。判決は僅少差で合憲と判断した。レーンキスト長官が相対多数意見を執筆し、スカリア、ケネディ、トーマスの各裁判官が同調した。ブライヤー裁判官は結果同意意見であった。結局、この判決には、3つの同意意見と2つの反対意見がふされたことになった。

本件の相対多数意見は、以下のような判断をした。

①最近の多くの判例をみると、単純にレモンテストを適用していない。われわれは、テキサス州が議事堂の敷地に設置した消極的記念碑（passive monument）については、レモンテストを用いることは有益ではないと考えている。レモンテストの代りに、記念碑の性質および国家の歴史の両面から分析せざるをえない。

まず、歴史についてみると、3つの統治機関が、少なくとも1789年以降、アメリカ人の生活のなかで宗教的役割を果たしていることにつき、公式に承認されているという歴史を持っている。本件においては、われわれは、テキ

ア 裁判官は、記念碑の設置から40年間が経過していること、社会的分裂を避けることを指摘している。

61 これらの判決に関する邦文文献として、差しあたり、会沢恒「Van Orden v. Perry, 545 U.S. 677, 125 S. Ct. 2854 (2005); McCreary County, Ky. V. ACLU of Ky., 545 U.S. 844, 125 S. Ct. 2722 (2005)——十戒二題」[2007-2] アメリカ法289頁、山崎英壽「歴史主義と分離主義の対立？——アメリカ政教分離の新機軸」都留文科大学研究紀要65集143頁（2007年）、栗田佳泰「裁判所内における『十戒』の展示とアメリカ合衆国憲法修正第一条」法政研究75巻1号（2008年）133頁、榎透「アメリカにおける国教禁止条項に関する違憲審査基準の展開」専修法学論集107号（2009年）23頁などがある。詳細な事実関係および判旨については、これらの文献を参照にしてほしい。

サス州議事堂の外側の公有地にある十戒の展示物に直面している。わが国の伝統のなかで十戒が果たす役割に対する認識は，アメリカの至る所で一般的なものである。われわれは，連邦最高裁の法廷の内部に目を向けさえすればよい。1935年以来，モーゼは，連邦最高裁の南側横壁に，その他の法典制定者（lawgivers）と並んでヘブライ語で書かれた十戒を示す2つのタブレットを持って立っている。われわれの見解では，連邦最高裁の建物のように，アメリカの伝統のなかに十戒の果たす役割をずっと認識してきた。これらの［宗教的な］展示物や十戒に対する容認は，宗教的認識に対する豊富なアメリカの伝統を示している。

　確かに，十戒は宗教的である。十戒は，初めはそのようにみられ，そのまま残っている。したがって，記念碑は宗教的意義を有している。しかし，モーゼは宗教的リーダーだけでなく，法典制定者でもあった。そして，十戒は，これまでの例から窺われるように，歴史的意義を有することは明白である。ただ単に，宗教的内容を有すること，あるいは宗教的教義を伴うメッセージを促進することは，国教樹立禁止条項に違反するものではない。

　当然ながら，宗教的メッセージやシンボルを展示することには限界が存する。たとえば，公立学校の教室に十戒を掲示するケンタッキー州法を，われわれは違憲と判断した（Stone v. Graham）。教室という状況下では，われわれはケンタッキー州法が不適切かつ明白な宗教的目的を有していると認定した。Stone判決自体も，その後の裁判所の意見も，Stone判決が議会の議場や議事堂の敷地まで及ばないであろうことを示してきた。

　本件の場合，テキサス州の議事堂の敷地内にある十戒の記念碑の場所は，Stone事件の場面——小学生の生徒が，毎日十戒の文言に直面していたこと——よりもはるかに消極的な利用方法である。事実，上訴人であるVan Ordenは，提訴前に，長年当該記念碑の前を歩いたようであった。したがって，本件の記念碑は，Schempp事件やLee v. Weisman事件での祈祷とも大きく異なっている。テキサス州は，州の政治的・法的歴史を示すものとして議事堂の敷地内の記念碑を扱っている。十戒をこの政治的・歴史的なグループに含めていることには，2つの意味，すなわち宗教と統治の両方を共にするという意味を有する。われわれは，テキサス州の記念碑の展示が修正第1

条の国教樹立禁止条項に違反するということはできない。

②Stone判決との関係でいえば，とりわけスータ裁判官の反対意見が注目される[62]。以下，その反対意見の関連個所を掻い摘んで示しておこう。

十戒の掲示の合憲性について，今日まで，ただ1つの判例，すなわちStone v. Graham事件のみがこの判断をくだした。当該事件では，ケンタッキー州法が公立学校の教室の壁に十戒を掲示するように求めたが，連邦最高裁は，州の目的が宗教的中立性に違反すると判示した。Stone判決の法廷意見が強調するのは，十戒が宗教的な言葉であること，そのメッセージは本来宗教的であること，1つの展示物を選んだ目的は明らかに宗教的であること，という単純な事実である。

本件の相対多数意見は，判決の終わり近くになって初めて，十戒の展示を現実に扱った事件，Stone事件という先例に言及した。相対多数意見がようやくStone事件に向かい合うことになったとき，教室という状況に判決を限定し，本事件への明白な適用を回避しようと試みている。本件の相対多数意見は，Stone判決が2つの学校祈祷事件を引用していることから，Stone判決の射程距離を限定する根拠をそこに見つけだそうとした。しかし，Stone判決は学校という特定の観念のためにあるのではなく，広く適用可能な観念としてこれらの2つの事件に依拠したのであった。かくして，学校の教室は，引用した判例とは関係がない。さらに，学校という場所に意味がある時には，判例はそれに言及したが，Stone判決は教育上の状況を議論しなかったのは，おそらくかかる理由による。たとえば，Stone判決は，教室内において子ども達の感受性やとらわれの身の聴衆について言及していない。実際に，Stone判決の理由のなかには，州が「学校のカリキュラムの中に十戒を組み込む」ために学校に十戒を持ち込んだという主張に対して，その証拠がないことに着目し，Stone判決は単に教室に言い及んだにすぎない。したがって，Stone事件での多くの重要な議論は，教室に限定するものとしてその判決を限定してはならない。

また，本件のテキサス州の十戒の記念碑は，小学校の生徒が毎日十戒に直面するStone事件と比べて，はるかに消極的な用い方であるという理由によ

---

[62] 反対したのは，オコナー，スータ，スティーブンスおよびギンズバークの各裁判官である。

って，本件の相対多数意見はStone事件から離脱することはできないでいる。両方とも十戒を見る者によって読まれるのは同じ文言を含んでいるのであって，議事堂の敷地に十戒を設置することは，壁に一枚のペーパーを掲げる以上により「消極的」ではない。Stone事件の問題は，州が十戒を見える所[教室]においたことであって，それと同じく十戒の近くを通行する人にとって，十戒の碑文がそこにあるのである。

　確かに，ケンタッキー州の義務教育法は，生徒たちが毎日展示物をみることを強制されるのに対し，他方[テキサス州の場合]多くの州民は自分の選択により十戒を見ることができ，さらに議事堂の敷地を慣習的に歩く者がそのように選べば，おそらく十戒を避けることができる。しかし，私の判断では，この区別には差異がない。本件における記念碑は，テキサス州の州議会議事堂の敷地にある。州の議事堂の建物を言い表す「州議会議事堂」（state-house）という共通の言葉には，意義深いものがある。すなわち，それは州の市民のすべての者にとって市民のホーム（civic home）である。仮に，宗教における中立性がなんらかの意味を有するとすれば，どのような市民であれ，自分自身の宗教と調和することができない，公認の宗教的見解を伝える宗教的表現[十戒]に直面することなく，市民のホームに訪れることができるべきである。

（2）　McCreary判決について

　Van Orden判決と同日に，McCreary判決があった。McCreary判決では，Van Orden判決とは逆の違憲の判断をした。法廷意見を執筆したのはスータ裁判官であり，これにスティーブンス，オコナー，ギンズバーグおよびブライヤーの各裁判官が同調した。

　ここでも，ごく簡単に事実関係を指摘しておきたい。1999年の夏に，ケンタッキー州の郡庁舎に十戒を単独で展示したこと（以下「第1展示方法」という。）が事の始まりであった。1999年11月，ケンタッキー州アメリカ自由人権協会が修正1条違反を理由に提訴した。連邦地裁の判決前に，郡側は他の展示物を加えることによって展示方法を変えた（以下「第2展示方法」という。）が，連邦地裁はレモンテストを用いて宗教的目的と効果を認定して，

暫定的差止めを認めた。さらに修正を加えた（以下「第3展示方法」という。）ものの，連邦地裁は修正第1条の国教樹立禁止条項に違反すると判断した。連邦控訴裁判所は地裁の判断を容認したために，連邦最高裁に裁量上告された事件であった。

連邦最高裁の法廷意見は，以下のように，まずはStone判決を引用するところからスタートする。その上で，立法目的に基づく審査の是非を論じている。

①25年前，ケンタッキー州の公立学校で十戒を掲示することから生じた事件において，連邦最高裁は，十戒が「ユダヤ教とキリスト教の信念である聖句であることは疑いない」と認めた。そして，これらの公立学校の教室での展示は，公定宗教を禁止する修正第1条に違反すると判示した（Stone, 449 U.S. at 41.）。Stone判決では，政府による十戒の掲示には宗教的目的が顕著であり，「宗教上の文書」（an instrument of religion）として顕著であると認定した。これに対して，郡側は，十戒展示の公式の目的は知ることができず，それを探し求めることはもともと無駄なことであると主張することによって，異なるアプローチをとろうとしている。

Lemon v. Kurtzman連邦最高裁判決が国教樹立禁止条項の問題を判断するために3つの考慮要素を整理して以来，政府行為が「世俗的な立法目的」を有するか否かを検討することは，ほとんどそれが決め手とはならないにもかかわらず，わが判例にとって共通の要素となってきた。Lemon判決後4件[63]において，政府行為が違法な目的に動機づけられたものと認定し，「世俗目的要件のみが決定的となるのはまれであったけれども，それは重要な要素となってきた。」われわれの分析の基準は，「修正第1条は，宗教と宗教との間，そして宗教と非宗教との間における政府の中立性を要請している。」

わが国の上訴裁判所においては，立法目的を探ることは日常的な仕事であり，法解釈の基本であり，しかも，政府目的は多くの憲法上の法理のなかで重要な要素である。国教樹立禁止条項の分析にみられるように，目的を詮索

---

63 Stone v. Graham, 449 U.S. 39 (1980), Wallace v. Jaffree, 472 U.S. 38 (1985), Edwards v. Aguillard, 482 U.S. 578 (1987), Santa Fe Independent School Dist. v. Doe, 530 U.S. 290 (2000) が，その4件である。

することは実務的なセンスがいるのであって，そこでは裁判官が法律の起草者の心底を精神分析することなく，公的な法目的は容易に発見できる事実から明らかになる。目的を見いだす目は「客観的観察者」のそれであり，客観的観察者とは「文脈，立法の歴史，および法律の執行」やそれに類似する公の行為のなかに，はっきりと見える伝統的な外部的な兆候に気づく人である。したがって，ある要求が国教樹立禁止条項の下で提起されて，裁判所がその目的を問う場合，予測不可能な，隠された行為を手掛かりにすることはできない。［たとえば］Stone判決では，最高裁は「壁に宗教的な聖句を掲示することは……教育的機能に資するのではない」と判示し，もし十戒の複製の掲示に何らかの効果があるとするならば，それは生徒に対して十戒を読ませ，黙想し，おそらく十戒を崇拝し，服従させることであろう。これらのケースでは，政府の行為を違憲と判示したが，公にされた入手可能なデータによって，宗教的な目的が政府の行為に浸透しているという常識的な結論を支えたからであった。

②つぎに，Stone判決との関連に直接触れている。われわれは，十戒の展示の合憲性を取り扱った唯一の判例，Stone事件を最初の法的基準としている。Stone判決は，十戒が「宗教の道具」(instrument of religion)であると認定し，そして聖句の展示は，少なくても事実に基づけば，宗教を推進する手段として理解されることが推定できると認定した。しかしながら，Stone判決は，政府の始めた十戒の掲示方法につき，あらゆる方法の合憲性を判断したものではなかった。したがって，われわれは，第3番目の十戒に至るまでの各証拠記録に注目する。

Stone判決で排除された展示と，今回の最初の展示との間には，明らかな2つの類似性があった。両者とも，他の伝統的なシンボルの表示とは区別して十戒が飾られており，しかもどうみても世俗的な展示物の一部ではなく，十戒だけが単独で掲示されていた。Stone判決は，明白な宗教的メッセージを広めないようにするために，十戒を世俗的なものに融合することの意味，さらには十戒がユダヤ教・キリスト教の宗教的・道徳的歴史の中で中心的な文献であることを，それぞれ力説した。Stone事件における展示物は，その文脈から宗教的性質を有するものであり，郡の展示物もStone事件での掲示

物以上に世俗的意味を持つものではない。事実，郡による展示物は，十戒が市民法の効果を示すために飾られているという，Stone事件のような怪しげな注意書きすらもない。それに加えて，Pulaski郡の十戒を掲示する儀式は，神の存在を確信させる牧師を伴って，執り行われた。合理的観察者であるならば，郡が十戒の宗教的メッセージを強調し，祝福していることを意味していると考えるであろう。

なお，本件の法廷意見は，第2展示方法および第3展示方法についても違憲であるとの判断をしているが，そこでは状況が異なることからStone判決を全くふれていない[64]。

(3) 小括

①さて，ここで2判決を整理してみよう。上述したように同じ十戒の掲示をめぐる事案において，Van Orden判決では合憲判決，McCreary判決では違憲判決というように，僅少差でもって対照的な判断をした[65]。その理由をいろいろと詮索することは，既述したように，極めて興味深いテーマである。たとえば，Van Orden判決ではレモンテストの3要件を適用せず，他方McCreary判決ではこれを用いて判断しているように，審査基準を異にしている。さらには，裁判官の司法哲学（歴史主義と分離主義）に着目して各裁判官の意見を分析することも，きわめて有益であろう[66]。とりわけブライヤー裁判官は，swing voteの役割を担って混乱を引き起こしたけれども，事案

---

64 スータ裁判官は，さらに中立性の原則に触れながら，反対意見の主張する歴史主義に強く反論しているが，ここでは省略した。スカリア裁判官の反対意見は，アメリカ史に言及しながら，政教分離を狭く理解しようとしている。憲法解釈からも興味深い論争ではある。この点について，2つの判決において裁判官の間で理解が異なることから，便宜供与派と分離主義派という理解ではなく，歴史主義と分離主義という立場の違いを説くものとして，山崎・前掲注 (61) を参照にしてほしい。歴史的議論については，Lael Daniel Weinberger, Comment: *The Monument and the Message: Pragmatism and Principle in Establishment Clause Ten Commandments Litigation*, 14 TEX. WESLEYAN L. REV. 393 (2008).
65 なお，2005年の2判決以後に，連邦最高裁の裁判官の交代があった。レーンキスト裁判官に代わってローバーツ裁判官が長官に，さらにオコナー裁判官に代わってアリート裁判官が着任した。
66 たとえば，Sue Ann Mota, *Competing Judicial Philosophies and Differing Outcomes: The U.S. Supreme Court Allows and Disallows the Posting of the Commandments of Public Property in Van Orden v. Perry and McCreary County v. ACLU*, 42 WILLAMETTE L. REV. 99 (2006).

によって結論を異にした理由を考察することも面白い[67]。

しかしながら，ここでは，Stone判決の射程距離の問題に着目したい[68]。まず，Van Orden判決のレーンキスト長官の相対多数意見は，「教室という状況下では，われわれはケンタッキー州法が不適切かつ明白な宗教的目的を有していると認定した」のであって，「Stone判決自体も，その後の裁判所の意見も，Stone判決が議会の議場や議事堂の敷地まで及ばないであろう」と判示して，Stone判決の射程距離を教室という状況に狭く限定している。他方，McCreary判決の違憲判決はStone事件との類似性に着目することによって，Stone判決の法理を郡庁舎の十戒まで拡大している。このように，Stone判決の法理を教室に限定するのか，それともその他の公共空間までに拡大するかによって，判断が異なったのである。

②また，この２判決の内容からみても，最高裁の亀裂の深さが深刻であることを物語っているといわざるをえないとおもわれる。おそらく，多くの市民達は，連邦最高裁に，十戒にまつわる問題のファイナルアンサーを求めたのであろう。それどころか，むしろ多くの疑問を残したともいえよう。

ある論者によると，ブライヤー裁判官のVan Orden判決における同意意見が混乱を導き出し，今後の下級審の裁判官に対して困難で，しかも「事実集中的」("fact-intensive") な問題に直面せざるをえなくなったことを指摘している[69]。すなわち，本件がMcCreary事件に類似するか，それともVan Orden事件に類似するのかを決しなければならない。そのためには，多くの派生的な質問──展示物の設置場所が公共の建物の内か・外か・公園か，展示物は単独か複数か，展示物は古いものか新しいものか，公的機関の提案か市民の

---

[67] ブライヤー裁判官は，Van Orden判決では合憲と判断し，McCreary判決では違憲と判断した。Van Orden事件において，ブライヤー裁判官は，記念碑の設置から40年間が経過していること，社会的分裂を避けるべきことを指摘している。Richard H. Fallon, Jr., *A Salute to Justice Breyer's Concurring Opinion in Van Orden v. Perry*, 128 HARV. L. REV. 429 (2014). Michael J. Klarman, *Judicial Statesmanship: Justice Breyer's Concurring Opinion in Van Orden v. Perry*, 128 HARV. L. REV. 452 (2014). Richard H. Fallon, Jr., *A Salute to Justice Breyer's Concurring Opinion in Van Orden v. Perry*, 128 HARV. L. REV. 429 (2014) を参照。

[68] 榎透「アメリカにおける国教樹立禁止条項に関する違憲審査基準の展開」専修法学論集107号（2009年）23頁，52頁参照。榎は，合憲と違憲の分岐点として，「Stone判決の射程」の問題以外に，「十戒の展示と歴史」と「ブライヤー裁判官の判断」を指摘している。

[69] Peter Irons, Essay: *Curing a Monumental Error: The Presumptive Unconstitutionality of Ten Commandments Displays*, 63 OKLA. L. REV. 1, 27 (2010).

提案か，管理費は公的資金か私的資金か，設立にあたって聖職者のコメントを伴ったかどうか，設立と提訴までどのくらい時間が経過したかなど，を検討することが求められている[70]。これらの質問に答えるためには，裁判官はどのファクターを重視するのかを決定しなければならない，という。もし，この論者の指摘に従うならば，紛争解決のために多数の考慮要素を勘案することが要請され，その手法は必然的にケースバイケースによるアプローチとなろう。

③事実，この手法は，2005年以後の連邦下級審の判例動向に如実にあらわれている。連邦下級審は，十戒の問題を解決する際に，当該事件がMcCreary事件に類似する事案か，それともVan Orden事件に類似する事案かを個別的に検討することによって，合憲・違憲の結論を導きだそうとしている[71]。ここでは，もはやStone判決の出番はなく，2005年の2判決の判断枠組みがもっとも重要視されている。

もっとも，この手法をとる場合，2005年の2判決自体，十戒をめぐり裁判官の間に大きな見解の対立があり，しかもその判決の内容が合憲・違憲，同意意見，反対意見が複雑に入り混じっている状況であるために，ケースバイケースのなかでどの要素を重視するべきかは，到底明確とはいいがたい。そのために，連邦下級審の間で異なった結論が導き出され，さらなる混乱が生じている[72]。そうしてみると，2005年の2判決はいくつかの質問に答えたものの[73]，他方で，上記のような疑問と混乱をもたらしたといえまいか。

---

70 *Id.* at 27-28.
71 そのような具体例をいちいちあげないが，Adam Silberlight, *Thou Shall Not Overlook Context: A Look at the Ten Commandments under the Establishment Clause*, 18 WIDENER L. REV. 113, 133-140 (2008). を，ぜひ参照にしてほしい。
72 Irons, *supra* note 69, at 28-29. ワシントン州とネブラスカ州で問題となった十戒の事件では，プライヤーテストともいうべき基準で判断していることを指摘している。また，McCreary事件に類似する事件にもかかわらず，合憲とする連邦下級審の判断が散見される。この点についての詳細は，Silberlight, *supra* note 71, at 138-139.を参照してほしい。
73 Silberlight, *supra* note 71, at 133を参照。少なくとも明確になった点として，展示目的が世俗的であり，当該展示物が宗教を推進し是認する主要な目的を有しなければ，十戒を掲載しても許される，と指摘している。

結びにかえて

本稿では,「公立学校の教室」において十戒の掲示が争われたStone判決からスタートにして,その後の十戒の掲示問題に焦点をあてて政教分離の問題を検討してみた。公的空間における宗教的シンボルの問題は,なにも十戒だけにかぎらない。その意味では,本稿はかなり限定的な考察にとどまったといえよう。しかしながら,この十戒の掲示問題は,Stone判決以来,アメリカの政教分離に関する訴訟において常に「試金石」(touchstones) であり続けたように感じられる[74]。かかる観点からすれば,十戒の問題を切口に政教分離の法理を分析することは,それなりの意義を有するとおもわれる。

本稿を通じて,以下のような一応の結論と新しい課題を指摘できるようにおもわれる。

第1に,2005年の2判決が出現したことにより,Stone判決の存在意義は2005年の2判決によって取って代わられたようにおもわれる。そして,十戒に対する審査基準についていえば,多くはレモンテストあるいはエンドースメントテストが用いられてきたことは事実であろう。しかし,Van Orden判決から明らかであるように,常にそうとはいえず,この分野において特定の審査基準が確立したとはいいがたい。

第2に,この十戒の掲示・展示問題は,複雑であって,たやすく紛争が解決できる問題ではないようにおもわれる。確かに,教室における十戒の問題をみるかぎりは,違憲の判断が定着したようである。しかしながら,それ以外の公共空間においては,2005年の2判決およびその後の判例動向をみると,終息する方向がみえてこない。裁判官間の対立をはじめ,アメリカ人の十戒に対する価値観,独特の宗教観・道徳観,歴史観,宗教の多様性,世俗主義などがかかわり[75],今後も同様な模索が続くのではないだろうか。

最後に,十戒にまつわる最近の事件に一言ふれておきたい。ある宗教団体が公立の公園に十戒を設置しようとして,市側に申請したところ,市側はこ

---

74 Weinberger, *supra* note 64. at 393.
75 藤本龍児「アメリカにおける国家と宗教——リベラル・デモクラシーと政教分離——」宗教研究89巻2号(2015年)133頁参照。

れを拒否したために裁判沙汰になった事件である。連邦最高裁は，Pleasant Grove City v. Summum連邦最高裁判決[76]において，原告側の主張をしりぞけた[77]。本件では，原告側が言論の自由を主張したこともあって，政教分離の問題としてではなく，政府言論の問題が主たる争点となった。今後は，このような十戒にまつわる新しい課題が生じるかもしれない。

76　555 U.S. 460 (2009).
77　詳しくは，大林文敏「政府言論の法理」大沢秀介ほか編『アメリカ憲法判例の物語』（成文堂，2014年）353頁以下参照。

Chapter 4　教材貸与と政教分離
——The Story of Meek v. Pittenger, 421 U.S. 349 (1975)

築山　欣央

アメリカの標準的な教科書

　合衆国憲法修正1条において，連邦議会は国教を定める法律を制定してはならないとされ，この国教樹立禁止条項はアメリカにおける政教分離を示したものと捉えられている。そしてこれは修正14条により州も同様とされる。この国教樹立禁止は，自由な宗教活動を禁止する法律の禁止とあわせて，人々の信教の自由に対する国家のあり方を示す柱である。この憲法上の責任は，税金によりまかなわれる公立学校の運営につき存在することは言うまでもないが，私立学校においても，公的な援助がそこに投入される場面で多々問題とされうる。これまで連邦最高裁判所はそのような訴訟に様々に携わってきた。公的な援助といってもその仕方は一定でなく複数の類型があり，それぞれの関係性も考慮しつつ合意の困難にも直面しながら裁判所は判決を示してきた。アメリカでは宗教が生活に密接に浸透しているため，国教樹立禁止に関して，国家がいかなる姿勢であるべきか裁判所の内部でも議論が揺れ動いてきた。ここでは，宗教系の学校に対する教材貸与等の公的援助が国教分離条項に反するか問題となったケースを取り上げ，連邦最高裁判所の状況につき検討し，憲法上の意味を考察する。

はじめに

　合衆国憲法修正1条では「連邦議会は，国教の樹立を規定し，または自由な宗教活動を禁止する法律……を禁止する法律を制定してはならない」と規定されている。この国教樹立（establishment of state religion）の禁止は，アメリカにおける政教分離を述べたものとされる。なお，建国時当初，政教分離に関して連邦レベルで，州政府はその州教を定めることが可能であると解されていた。しかし，1940年代以降，南北戦争後に置かれた修正14条のデュープロセス条項を介して修正1条は州に対しても保障されるものと連邦最高裁により解釈されるようになった[1]。

　こうした修正1条のような規定がおかれた背景につき，植民地時代のアメリカにおける宗教を巡る状況と宗教に対する人々の考え方といった2点を挙げることができる[2]。

　まず宗教状況につき，17世紀初期の移住者はピューリタンを中心とする非国教徒であったが，その前半のイギリス植民地[3]では宗教的な運営が見られ，例えばメリーランドは英国国教会の影響から逃れるためカトリックの人々が建設したものであった[4]。これらの体制を批判し，そのためマサチューセッツを追われたロジャー・ウィリアムズ（Roger Williams）[5]はロードアイランドに逃れ，宗教的寛容の精神に基づく共同社会をそこで建設した。これはアメリカにおける信教の自由，政教分離の最初の実践であったと捉えられている[6]。

　ここで，宗教に対する人々の考え方という点につき触れておくと，アメリ

1　Everson v. Board of Education, 330 U.S. 1 (1947).
2　移民と宗教に関わる背景につき，西山隆行『アメリカ政治―制度・文化・歴史』190頁以下（三修社，2014年），阿部齋ほか『北アメリカ』92頁以下（自由国民社，1999年）『ディスター・ヴェーク 英米制度・習慣辞典（第2版，秀文インターナショナル）』525頁以下（1988年，）参照。
3　北米大陸へのイギリス人の移住は，まず1612年にジェームズタウン，そして1620年にプリマスへの上陸があり，そこで植民地経営が開始された。
4　西山・前掲注(2)アメリカ政治191頁。また，ヴァージニアでは英国国教会が公定宗教とされ，マサチューセッツではピューリタンの思想に基づく植民地運営がなされていた。
5　ロジャー・ウィリアムズはバプティスト派であった。
6　ウィリアムズの思想及び態度を分析したものとして，大西直樹「ロジャー・ウィリアムズ＝ジョン・コトン論争再再考」社会科学ジャーナル29号(3)29頁以下（1991年）参照。

カにおいては，政教分離は単に国教会制度への反対という意味以上の内容をもつとされる。上に見たような宗教の状況を異にする複数の植民地が1つの国家として独立するのに国教を定めることはできない。そして，アメリカにおける宗教は多様であり，国教会が無いというだけでなく，歴史的・数字的に優位な宗派や教会があったとして，それに服従することが誰も強制されないということも非常に重要なことである。一方，人々は宗教に関心をもたない訳でなく，多くの人々が信仰を有し，様々な宗派や教会が見られ併存している[7]。

　宗教状況という点に再び目を戻して，アメリカでは1760年あたりにかけて多様な移民が流入するにつれ宗教活動の多様性が生じ，信仰復興運動（大覚醒）を招き，信教の自由と政教分離に関する意識，宗教的寛容の意識が植民地において浸透していった。そして建国の時代となり，1787年に合衆国憲法，1791年にその修正1条が制定された。19世紀前半には再び信仰復興運動がプロテスタントを中心に起こったが，この時点から20世紀上旬にかけてアメリカの産業化も進み労働者の移動による宗教活動の多様化も進行していった[8]。ここにおいて，宗教活動の多様化の前提にある価値の多元化により，宗教に対する国家の干渉の排除から，その保護の導入の積極的要請がもたらされることとなったとされる[9]。

　アメリカの政教分離で問題となる場面として，宗教系の学校に対する公的な支援を挙げることができる。アメリカでは多くの教派でそれぞれ教区学校を運営し独自の教育を行っている。このような私立学校に対して国家や州が支援を行うことが政教分離を規定した修正1条に反するのではないか，多くの裁判で争われてきた。このような場面はいくつかの類型で捉えることが可能であり，その場面ごとに裁判所により可否の線引きがなされうる。例えば，州政府の教育プログラムにより教区学校に対する支援のため税金が投じ

---

[7] 前掲注(2)英米制度・習慣辞典526頁。阿部・前掲注(2)北アメリカ95頁。その宗教を含む人々の生活の多様性はアメリカ的生活様式に通ずるものと考えられている。
[8] 熊本信夫『米国における政教分離の原則』11頁以下（増補版，北海道大学図書刊行会，1989年）。
[9] 熊本・前掲注(8)米国における政教分離12頁，28頁。1920年以降，富の著しい不均衡が表面化するようになり，それは1929年の大恐慌で明確に意識されるところとなった。ここで政府の社会福祉政策の導入が進められていった。このような背景が，さらに政教分離原則の具体化を要請した。

られてよいのか，この物的支援につきこれまで合衆国裁判所において大きな争点となってきた。

　Meek v. Pittenger連邦最高裁判決[10]は，教区学校への教科書の貸与を含む幅広い公的支援が問題とされた事例である。本判決の前後の時期において教区学校への物質的支援が問題とされた事件が存在し，その数も多く類型化して捉えるのにも幾らか複雑な状況となっている。その時期は宗教系学校への公的支援に関する不安定期もしくは混乱期といえるかもしれない。本章では，この時期のあり様を理解する手がかりとしてMeek判決を分析することとしたい。

I　教区学校における援助と政教分離

1　教区学校への援助という争点

　Meek判決は，宗教と公的支援との関係で政教分離が問題とされた事例である。この宗教に対する公的支援がいかなるものか，ここで幾らかの整理をしてみたい。

　まず，公的支援を受ける宗教の場面という点で，本件Meek判決のような助成をめぐる問題群と，例えば本書第2部Chapter 3のStone v. Graham連邦最高裁判決[11]のような宗教題材の公的展示や学校での祈りといった問題群とには構造的相違が存在していると指摘されている[12]。そして，宗教題材の展示や祈りといった場面でもたらされる争点は国教樹立から個人の良心を保護するというテーマに関わり，そのような政府による支援は多数派の宗教の是認と捉えられ，宗教的リベラルは少数派への保護に関心を払うとされる。これに対して，教区学校に対する助成の争点は，宗教的リベラルからするとカトリック教会といったグローバルな巨大官僚機構を助成することを意味し，この機構に疑惑の眼を向けるリベラル派はそのような場面で極端に懲罰

10　Meek v. Pittenger, 421 U.S. 349 (1975).
11　Stone v. Graham, 449 U.S. 39 (1980).
12　この構造的相違が，両問題群に関する政治的相違に関わるものとされている。ここで政治的相違とは，すなわち宗教的リベラルからの態度の相違である。マーサ・ヌスバウム（河野哲也監訳）『良心の自由 アメリカの宗教的平等の伝統』414頁（慶應義塾大学出版会，2011年）。

的な態度に出てしまうとされる。ヌスバウム（Martha Craven Nussbaum）によれば，このような宗教的リベラルからの教区学校への反対運動は第二次世界大戦後の移民排斥運動の再興の時期と連動し，強力に「教会と政府の分離」という言葉を繰り返したとされる[13]。

次に，教区学校等の宗教団体に対する公的支援の分類について考えてみたい[14]。まず大きく宗教に対する援助として，精神的援助と物質的援助とに分けられる。精神的援助については，例えば公立学校の内外での宗教教育，公立学校での聖書朗読や主の祈りといった場面でみられる援助である。これらの場面における無形の協力や，教育制度においての宗教上の対応や配慮といったものが精神的援助といえよう[15]。これに対して物質的援助は経済的援助であり，現代の福祉国家活動において宗教団体に対する公的支援の中心的位置を占めるものである。この経済的援助はさらに，例えば宗教団体により運営される病院や学校等に対する公金支出といった積極的な援助と，礼拝堂等の租税免除といった消極的な援助に分けることができる[16]。

前述のように，20世紀に入りアメリカでは社会の変化に伴い社会福祉政策の導入が進められ，宗教団体に対する公的支援，特に物質的援助がなされる場面が増加していった。この時期以降，宗教団体に対する公的な物質的援助につき問題とされた場面として簡単に整理すると，まず1つめに教区学校の子どもに対する教科書や教材等に関する援助が挙げられる。これはさらに，教科書の無料付与すなわち供給に関する場面，教科書の貸与に関する場面に分けることができる。2つめとして，教区学校の子どもに対する無料バス輸送の実施が挙げられる。3つめとして，宗教団体に関係した教育機関への援助がある[17]。以上が物質的援助における積極的援助の場面に当たるが，消極

13　ヌスバウム・前掲注(12)良心の自由423頁。
14　熊本・前掲注(8)米国における政教分離223頁以下。この分類を検討する際，本書は大いに参考となる。
15　熊本・前掲注(8)米国における政教分離333頁以下。
16　熊本・前掲注(8)米国における政教分離223頁。
17　例えばBoard of Public Works v. Horace Mann League, 385 U.S. 97 (1966)．これは教育施設，具体的には大学の建設及び整備についての費用を州が援助することに関して争われた事例であった。4つの大学に対する援助が争われ，州最高裁は3つの大学につき違憲，1つの大学につき合憲とした。なお，これを争うためのサーシオレイライは，連邦最高裁により拒否された。

的援助の場面としては，教育，慈善団体，そして宗教を含む団体の所有する施設に関する免税を挙げることができる[18]。

20世紀も1970年頃からは，問題とされる物質的援助に関する場面として，教材及び教育上の設備の貸与，校内でのカウンセリング等といった教育上の補助的サービス等が現れるようになった。ここではアメリカの福祉国家の方向性が関わっており，それらの他にも問題を含むと指摘される場面が多く現れてきている。

本章で取り上げるMeek判決も，上記のような物質的援助の内容が多様化していく時期に現れた事例の1つである。Meek判決は，物質的援助のうち教科書貸与や教材及び教育上の設備の貸与，教育上の補助的サービスに関わる事例であり，後ほど詳しく検討を試みたいが，まずその前にMeek判決の判例としての位置を探るため，関連しうる他の事例を幾つか取り上げみていくこととしたい。

2 Meek判決につながる教区学校への物質的援助に関する判例

（1）　Everson v. Board of Education[19]

第二次世界大戦後，アメリカの政教分離にとって非常に重要と位置づけられている判例が1947年のEverson判決である[20]。本件は，宗教団体に対する物質的援助のうち，無料バス輸送に関わる。

まず事実については以下のとおりである。1941年のニュージャージー州法では，通学用バスが運営されない地区では児童が公共機関・公衆バスを利用することができ，その場合州は児童の親又は保護者に対して償還できる旨を定めていた。この措置は児童が通う学校が公立，私立を問わないものであった。当時，ニュージャージー州のユーイング町ではスクールバスが充分でなく，地域の児童が公共機関を使ってそれぞれの学校へ通学した際，ユーイン

18　Walz v. Tax Comm'n of City of New York, 397 U.S. 664 (1970). ここでは多数意見により免税措置の合憲性が支持された。
19　330 U.S. 1 (1947).
20　本判決の背景を含む解説等につき，熊本・前掲注(8)米国における政教分離295頁以下，エドウィン・S・ガウスタッド（大西直樹訳）『アメリカの政教分離』97頁以下（みすず書房，2007年），ヌスバウム・前掲注(12)良心の自由427頁以下。

グ町教育委員会は同法にもとづいてその通学費用をその親らに対して払い戻していた。ここではかなりの数のカトリックの私立学校の児童の親も含まれていた。これに対して，納税者であるエヴァーソン（Arch R. Everson）が差止請求訴訟を提起した。

連邦最高裁では，意見が厳しく対立し5対4の僅差で本法は合憲とされた[21]。ブラック裁判官によって法廷意見が執筆され，そこでは，ジェファーソン（Thomas Jefferson）の言葉を借りて「教会と国家の間の分離の壁」（a wall of separation between church and state）を打ち立てることが修正1条の法意であると示された[22]。そして「その壁は高く，堅固でなければならない」（That wall must be kept high and impregnable）と続ける[23]。このように示されたことは，広くEverson判決が分離主義を明確に示したものと捉えられている。その上で法廷意見は，本件で問題とされる州法が定めているのは，宗教とは無関係なところで児童の安全かつ迅速な通学が行われるよう一般的な福祉を促進する措置を行っているに過ぎず，違憲の理由はないと判示した。これと同時に法廷意見は，分離の壁を侵犯するものではない，と述べた[24,25]。

(2) Board of Education v. Allen[26]

宗教団体に対する物質的援助として，教科書の供給に関する場面が挙げられるが，これが争われた事件に関する判決として1930年のCochran v. Loui-

---

21 最初に訴えが提起された州第一審裁判所では原告の請求を認容した。そこで教育委員会は州中間上訴裁判所へ控訴し，ここでは教育委員会の立場が受け入れられた。これにつきエヴァーソンが，連邦最高裁へサーシオレイライを求め認められた。熊本・前掲注(8)米国における政教分離 295頁。
22 330 U.S. at 16.
23 Id. at 18.
24 Everson判決は，このように国家の宗教的中立性を強調した後，国が宗教をいかに扱うかにつき，「無援助」（no aid）の原則と「一般的恩恵」（general benefit）の原則を憲法が要請するとし，この2つの原則を適用し合憲と判示したものとされる。芦部信喜『宗教・人権・憲法学』32頁（有斐閣，1999年）。
25 上記のように分離主義を示したこのEverson判決は，それ以降の，宗教団体に対する援助を扱う判決に対していかに効力を有してきたのか。この点，それぞれの事例の差異や裁判官の構成，さらにはアメリカ社会の変化も含め，連邦最高裁という存在自体が分離主義と便宜供与との間を揺れ動いてきたという指摘がある。山崎英壽「分離主義から便宜供与へ－アメリカ合衆国政教分離の行方－」都留文科大学研究紀要61集147頁以下（2005年）。
26 392 U.S. 236 (1968).

siana State Board of Education連邦最高裁判決[27]がある。ここで連邦最高裁は，税金からの支出において教区学校へ通う児童に対し教科書を無料で供給することは，公立学校と同様の内容であり，教科書の供給は私立学校に対するというより児童の使用のためだけに向けられたものであり，合衆国憲法に違反するものではないとした[28]。Cochran判決ではこのような児童福祉論によって，問題とされた教区学校の児童への教科書の供給が許されるものであると全員一致で確認された。

　1947年のEverson判決は，無料バス輸送という宗教団体に対する物質的援助についての事例ではあったが，問題とされた州法をここでは一般的な福祉を増進するものとして許容し，Cochran判決で示されたのと同様の児童福祉論に依拠しつつその合憲性が確認されたものであった。

　宗教系の学校に対する物質的援助につき，そのような流れの中で，教科書の貸与に関する場面が扱われたのが，1968年のAllen判決である。これは，1965年のニューヨーク州法により州内の公立及び私立の児童に対し教科書が無料で貸与されることとなったことが争われた。ホワイト裁判官は法廷意見において，州法の目的が，教育の機会を増進させることであり，この規定はただ単に全ての子ども達に学校の書籍を無料で貸し出すことを可能とするだけのものであり，金銭的利益は親と子どもに認められるもので，学校に対してではない，と示した。その上で，本法律においては，州の関与が違憲とまでなっておらず，国教樹立禁止条項に反するものではなく，また宗教上の行為における強制がこの法律にあるとも立証されておらず，宗教の自由条項にも反するものではないとした。

　このようにAllen判決においては，Everson判決で確認された児童福祉論に沿って，宗教団体を含んだ学校の児童に対する教科書の無料貸与が合憲とされた。

　なお，これに対しては，ブラック裁判官から反対意見が示され，修正1条での国教樹立禁止は，市民から徴収された公金が，宗教関連の学校により用

27　Cochran v. Louisiana State Board of Education, 281 U.S. 370 (1930).
28　なお，ここでは修正14条を通じて政教分離に関する判断をし，実質的に修正1条の国教分離条項の適用を認めたものと捉えられる。熊本・前掲注（8）米国における政教分離261頁。

いられる書籍を購入することを排除するものであるとされた[29]。

(3) Lemon v. Kurtzman[30]

Lemon判決[31]は，私立初等中等学校への公費助成を規定する州法が合衆国憲法修正1条に反するとして争われたもので，ペンシルベニア州の「私立初等中等教育法」（Pennsylvania Nonpublic Elementary and Secondary Education Act）とロードアイランド州の「サラリー補充法」（Salary Supplement Act）の2つが問題とされた。前者の法律は，世俗的科目に関する教師の給与，教科書のための費用，教材のための費用を私立学校に対して償還することを認めるものであった[32]。後者の法律は，私立小学校の世俗的科目を担当する教師に対して，直接その年収の一部を支払うことでその教師の給与を補充することを認めるものであった[33,34]。

Lemon判決は，国教樹立禁止条項に関して問題とされる行為を判断する際の合憲性判断基準を初めて定式化したものであるとされる。この基準は3要件からなるもので，判決において以下のように示された。まず1つめに，当該法律が世俗的な立法目的を有するものでなければならない。2つめに，当該法律の主要な効果が，宗教を促進または抑圧するものであってはならない。3つめに，当該法律は宗教と過度のかかわり合いを生じさせるものであってはならない。

判決では，立法目的の点では，これら2つの州法は全学校で世俗教育の質を高めるといった世俗目的を示すものであり容認できるとした。そして主要な効果という点では，州法が3つめの過度のかかわり合いを生ぜしめている

---

29 ブラック裁判官はこれに続けて，いくら「世俗的だ」とされても，現実的にはそのよって立つ宗教的観点を何らかの形で伝播することは避けられないであろう，と述べている。
30 403 U.S. 602 (1971).
31 Lemon判決の評釈として，神尾将紀「別冊ジュリスト アメリカ法判例百選」56頁（2012年），金原恭子「別冊ジュリスト 英米判例百選（第三版）」40頁（1996年），熊本信夫「別冊ジュリスト英米判例百選Ⅰ公法」106頁（1978年）を参照。
32 地方裁判所では，この州法の目的と効果は世俗的であるとし，国教樹立禁止条項に反しないとした。310 F. Supp. 35 (1969).
33 教師の年収の15パーセントまでの金額とされていた。
34 地方裁判所では，目的は世俗的であると認められるが，効果の点で宗教的事業の支援や政府と宗教の過度のかかわり合いを生じせしめるとして，違憲と判断した。

ことから，判断するまでもないとした。そして，過度のかかわり合いという点で，さらに3点からなる内容で判断を進めていった。これはまず，助成を受ける当該団体の性格と目的という点につき，判決は助成を受ける学校の大部分を占めるカトリック系の学校が，教会の宗教的使命で不可欠の存在となっており，性格と目的において極めて宗教的と認められるとした。そして，問題となる助成の性質という点につき，教科書の補助とは違い，教師に対する給与の補助はその世俗性，中立性，非イデオロギー性が事前に確保することができないとした。最後に，助成の結果生ずる政府と宗教団体との関係という点につき，助成をするにあたりその効果の世俗性を確保するため，州は継続的に学校に対し制約を加え監視を行っていく必要が生ずるとし，実際州法においてもこのような過度のかかわり合いを生じせしめる内容が規定されているとした。以上のように示し，Lemon判決はこれら州法を違憲とした。

　この1971年のLemon判決は，問題とされる宗教関連学校を含む私立学校への援助として，物質的援助に関わるものであった。その中でも，教師の給与，教科書や教材のための費用につき当該私立学校へ償還する場面を扱うものであった。本章の主な題材として扱うMeek判決は，教区学校の児童，生徒に対しての，教科書の無料貸与，教材及び教育上の設備の貸与，教育上の補助的サービスに関する援助に関わる事例である。教区学校に対するこれら物質的援助が合衆国憲法修正1条に反するとして訴えられた事件について，連邦最高裁判所がいかに対応したのか，次にMeek判決を詳しくみていくこととしたい。

II　Meek判決

　教区学校に対する公的支援が問題とされた場面について，直接的に宗教活動を支援するもの（精神的支援）と，例えば施設の運営に関わる公金支出や物品等の購入や貸出しといった経済的側面に関わるもの（物質的支援）がある。本章では後者につき，特に教区学校の児童，生徒に対する教科書の貸与等が修正1条違反として争われたMeek判決を取り上げる。前述のように20世紀以降のアメリカでは，産業社会化の状況で，価値の多元化により宗教活

動の多様性が現れ，社会立法の要請とそこでの国家機関による保護が要請されることとなった。すなわち，社会福祉の推進が求められると同時に，そこに政教分離の厳格な適用も求められ，両者の衝突を調整するため政教分離の原則の具体化が裁判所に要請された。例えばⅡ2（2）でみたように，教区学校へ通う児童に対して州が無料で教科書を供給することが争われた事件であるCochran判決は，税金からの支出において教区学校へ通う児童に対し教科書を無料で供給することは，区別なく児童の使用一般に向けられたものであり，合衆国憲法に違反するものではないとした。Cochran判決は，上記のように関連する法令が児童の利益に向けられたものであると捉え児童福祉論の立場からこれを合憲としたが，その立場は後の1947年のEverson判決でも確認されることとなる[35]。その後，このような立場は1968年のAllen判決でも確認されたが，それからの1970年代以降の関連する諸判決において，特に物質的支援に関する判決では議論に現れないとされる[36]。

以下では，1975年のMeek判決につき事実の概要を示し，判決の内容を確認していくこととしたい。

1 事実の概要

本件は，ペンシルベニア州での教育プログラムが問題となった事件である。ペンシルベニア州議会は1972年7月12日，1949年ペンシルベニア公立学校法[37]に法194及び法195[38]を追加した。これら規定の目的は，州内の全ての学校の子どもが，公立学校で無料で提供されている補助的サービス，教科書，教材について，その利益を公平に共有することを保障することであった。

これら法194と法195は，様々な教育サービスに関する内容を含むものであり，法194は，ペンシルベニア州の就学義務要件を満たす私立の初等中等学校へ入学した全ての子ども達へ「補助的サービス」（auxiliary services）を提供する権限を州に認めていた。この補助的サービスは，指導的，実験的，心

35　330 U.S. 17 (1947).
36　熊本・前掲注(8)米国における政教分離584頁。
37　Pennsylvania Public School Code of 1949, PA. STAT. ANN., tit. 24, §§ 1-101 to 27-2702.
38　PA. STAT. ANN., tit. 24, § 9-972.

理的なサービスや，また言語聴覚療法を含み，そして，特殊教育や補強教育に関連する生徒や，教育的に不利な立場にある生徒に関連するサービスを含むものであった[39]。法195は，州教育長に，直接又は仲介部門を通じて，州の就学義務要件を満たす私立の初等中等学校へ通学する子ども達に無料で教科書[40]を貸し出す権限を与えていた。また，同法では，州教育長に，私立学校の適切な学校関係者からの要請に従って，私立学校の子ども達の「教育に有用な，教材や設備」をその私立学校へ直接に貸し出す権限を与えていた[41]。

このように，これら法194及び法195の規定は，様々な教育上の支援をその内容に含み，教区学校の児童，生徒が受ける教育へ州の関与が合衆国憲法修正1条に反するか問題とされた。1973年2月7日，ペンシルベニア州の住民納税者であるシルビア・ミーク（Sylvia Meek）をはじめとする3名の個人と4つの組織[42]（原告，上訴人）がペンシルベニア東部地区地方裁判所に，法194及び法195の合憲性に異議を唱える訴状を提出し，あわせて，それら法律のもとで公金が支出されることへの差止命令も要求を行った[43]。なお，被告は，州教育長と州会計官であった。

原告らは，法194及び法195が合衆国憲法修正1条の国教樹立にあたるものとし憲法違反であると主張した。すなわち，これらの法律は，書籍や教材，そして設備に対する支払いや，それらの使用につき権限を与え命じているが，そのような場面で関係する学校が，1つめに教会又は宗教組織によって管理されていること，2つめに特定の宗教的信条の教育，伝道，促進を目的としていること，3つめにその目的達成のため事業，カリキュラム，プログ

---

[39] 補助的サービスは「私立学校へ通う子ども達の利益となるような習俗的，中立的，非イデオロギー的なサービスであって，そして，現在又は今後 州の公立学校で提供されるサービスである」とされていた。また，法194は，このような教育やサービスは，その私立学校の中において，適切な「仲介部門」（intermediate unit）から，すなわち地域の学区へ特別なサービスを提供するため設置された州の公教育機構から選ばれた人員によって，提供されるべきであると規定していた。
[40] ここでは，州内の公立小学校又は中学校で使用が許容されているものに限られていた。
[41] ここでの「教材」は，定期刊行物，写真，地図，図表，録音，映画，「また同様の性質を有するその他印刷出版物」を含むかたちで定義され，「教育上の設備」は，投影設備，記録設備，実験設備を定義に含むものであった。
[42] これら組織には，アメリカ自由人権協会（American Civil Liberties Union），全米黒人地位向上協会（National Association for the Advancement of Colored People）等が含まれていた。
[43] 374 F. Supp. 639 (ED Pa. 1974).

ラムを遂行していること，4つめに入学に際して宗教的な制約を課しており，5つめに神学体系や宗教上の教義の教育に出席することを求めており，6つめに宗教礼拝への出席や参加を求めており，7つめに支援教会における宗教的使命の不可欠の部分をなすものであり，8つめに宗教的価値を教え込むことを実質的又は主要な目的としており，9つめに教員の任命に際し宗教的な制約を課しており，10点めとして教員のする教育内容に宗教的な制約を課していることから，合衆国憲法修正1条に反するとした。

連邦地裁は，法194の補助的サービスプログラム，法195による教科書貸付プログラム，そして教材に関するプログラム，それぞれを合憲とした。このうち，法195による教科書貸付プログラムの合憲性は全会一致で支持された。私立初等中等学校での子ども達への補助的サービスについての法194の規定の合憲性，そして私立初等中等学校への直接の教材貸付についての法195での権限付与の合憲性についても，判断は分かれたが裁判所は支持した。ただ，私立学校へ教育上の設備を貸付けるために購入に関わる州に金銭支出の権限を与える法195の部分については，「その性質上宗教的目的のため転用可能である」設備の貸出をその規定が許容していた範囲において，全会一致で無効とした。裁判所は例として投影設備や録音設備を挙げた。ここでは，2対1と判断が分かれたが，それが宗教的使用へ容易に転用できない教育上の設備の貸出の権限を与えている場合に限り，法195に裁判所は支持を与えるとした。

転用可能な教育上の設備の貸付を認める法195の規定の点を除き，仮差止命令及び差止命令による救済に関する原告らの請求は却下された。そこで，原告らは連邦最高裁へ権利による直接上訴[44]をおこなった。

2　法廷意見

Meek判決の法廷意見はステュワート裁判官により以下のように執筆され[45]，教区学校の児童及び生徒に対する教科書の無料貸与については合憲と

44　28 U.S.C. 1253.
45　ステュワート裁判官によるⅢの個別意見にブラックマン，パウエル裁判官が参加。本章では，Ⅲ2（2）教科書貸与プログラムの部分に当たる。

し，それ以外の内容，すなわち教材や教育上の設備の教区学校への貸与，補助的サービスの提供については違憲であると示した。

(1) Lemon v. Kurtzmanのテスト

まず法廷意見は，本件の法194及び法195により認められた様々な援助の形式の合憲性判断について，連邦地裁がLemon判決へ依拠したことにつき指摘する。そして，第1にその法令の立法目的が世俗的であること，第2にその主要な効果として宗教を促進又は抑制する効果を持っていないこと，第3に法令とその適用は，教と政府との過度のかかわり合いを避けなければならないこと，これらのテストが国教を樹立するような法律に対して憲法上の禁止違反として訴えられた広範な政府の行為を評価するのに，本裁判所が過去数十年重ねてきた労作の便利で正確な「蒸留物」(distillation)を構成しており，それゆえ，我々の面前の事件に見られる争点を分析するための適切な枠組みを提供しているとも述べる。

その一方，法廷意見はLemon判決へ依拠する際の注意点についても提示した。すなわち「ここで大いに強調したほうがよいのは，これらテストは，必要な憲法上の精査への正確な制限を設けていると捉えられてはならず，国教樹立禁止条項の目的が弱められる事例を特定するガイドラインとして働くもの」であるという。

また，法廷意見は，国教樹立禁止条項が保護するものへの害悪につき，その最たるものは，「後援，経済的支援，宗教的活動への統治者の積極的関与」であったとする。そして，法廷意見はEverson判決に触れ，連邦最高裁は「多少にかかわらず，いかなる量の税金であっても，それがいかなる名目であっても，また宗教教育若しくは実践の仕方をどのようにでも採用できたとしても，宗教的活動又は設備を支援するために課されてはならない」と広範に示してきたとする[46]。しかし，ここにおいて法廷意見は，宗教施設に間接的又は付随的な利益を提供する全ての立法プログラムが連邦憲法上禁じられてはいないことは明らかであるとも述べた[47]。そして，「憲法における多くの

---

46 330 U.S. at 16.
47 ここでは学校生徒が宗教教育を受けるため学校の授業から退出することを許可した州法が争わ

Chapter 4 教材貸与と政教分離 131

問題と同様，ここでの問題は程度の問題である」とした[48]。

（2） 教科書貸与プログラム

次に法廷意見は，ペンシルベニア州の法195の教科書貸与プログラムが1968年のAllen判決と憲法的に区別できないと連邦地裁で判示されたことを指摘し，これに自身も同意するとした。

この点につきまず法廷意見は，Allen判決におけるニューヨーク州の教科書貸付プログラムの承認が，Everson判決に主にもとづいているとした。すなわち，Everson判決では，国教を樹立する法律の憲法的禁止という点では，「ニュージャージー州が税金による金銭を教区立学校の小学生のバス運賃の支払いに充てることは，公立及びその他の学校に通学する小学生の運賃を支払う一般的なプログラムの一部であって，妨げられない」と判示されていたとする。

そしてAllen判決でも同様に，ニューヨーク州教科書法が，単に，無料で学校に書籍を貸与する一般的なプログラムの利益を，すべての子ども達に得られるようにしただけと捉えられていたとする[49]。そして，経済的利益は親及び子どもに対するもので学校に対するものではないと判示し，無料教科書の規定はEverson判決での州によるバス運賃の支払いと同様，ただそれだけで宗教的施設に対する援助が違憲の程度に至っていると明示するものではないと，Meek判決の法廷意見は捉えた。

上記のように示した上で法廷意見は，Allen判決では教科書が教育委員会や学校関係者等により承認されたものに限定されていたこと，もっぱら世俗的な教科書が対象となっていたこと，世俗的な目的以外に教科書が使用される様子がなかったこと，といった点を挙げ，法195の教科書貸与の規定は全ての点でAllen判決と一致しており，憲法上の国教樹立の禁止に反するもの

れたZorach v. Clauson, 343 U.S. 306（1952）にも言及されている。343 U.S. at 312. Lemon v. Kurtzman, 403 U.S. at 614.
48 343 U.S. at 314.
49 また，Allen判決は，小学生の求めに応じて書籍は与えられるが，少なくとも法律上は，その所有権は州に残っており，従って，金銭又は書籍は教区立小学校に与えられていない，と捉えていた。

ではないとした。

(3) 教材と教育上の設備の貸与

一方,法195における教材と教育上の設備の貸与に関する部分について,法廷意見は州内の私立初等中等学校に直接援助を認めるものとして許されないとした。ここでまず,法195の目的として,州内の全ての子ども達への教育的援助による福祉の増進という点を法廷意見は認めている。しかしながら,ここでの主要な受益者が宗派的特徴の強い私立学校であること,教材や教育上の設備の貸与が相当の額による直接的援助といえること[50],たとえ世俗的目的に向けられた援助であっても,宗教が浸透し,その機能の実体部分が宗教的使命に組み込まれている施設に流れ込んだ時,州の援助は宗教を促進する許容できない主要効果を持つといえること,それらを考えると全体として宗教系学校施設への援助となると法廷意見は示し,許されない国教樹立に当たるとした。

(4) 補助的サービス

法194の補助的サービスについて,地裁判決が,子ども達に直接提供されており,世俗的,中立的,非イデオロギー的なものに明白に限定されているとしたことに,法廷意見は疑念を示した。地裁判決は,世俗的制限が遵守されていることの確認のため,また,補助的サービスに関わる職員が彼又は彼女の専門的職業が宗派主義に屈してしまうことのないよう確実にするために,補助的サービスを提供する側の職員による継続的な監督を行うことは必要ないとしていた[51]。このような信頼を法廷意見は誤りであるとし,非イデオロギー的役割を教員が行っていることを確実とするため要求される予防的連絡は,必然的に,教会と州との関り合いが憲法的に耐えられない程度に至るとした[52]。

すなわち,科目が「読書力補強指導」(remedial reading),「読書力向上指

---

50 1972年から1973年の学年において,法195に従ったこれらの貸付を通じて,ペンシルベニア州は州内の教会関連の私立学校に対して1200万ドル弱の直接的援助を認めた。
51 374 F. Supp., at 657.
52 ここでLemon判決に言及している。403 U.S. at 618-619.

導」(advanced reading) であれ単なる「講読」であれ，教員は教員であり，宗教の教義世俗的な指導に対して結びつく危険性は存続する。ここで，公的仲介部門の被用者であるといった事実は，継続的監視の必要性を実質的に終了させるものではない。許容されない宗教の育成の可能性は，いくらか減じられていたとしても，それでも存在する。憲法の求めに応じ，補助的教員が宗教的に中立的のままであることを確実とするため，国家は補助的職員の行動へ制限を課さなければならず，また，それゆえ，それら制約が守られていることを確実とするため何らかの継続的な監視に従事する必要があった。

　ここでさらに法廷意見は，法194の補助的サービスに関する支出過程の周期性がその審議の毎年の再現をもたらし支持者と反対者の間での度々の衝突をもたらすという。そして，宗教を巡る政治的な分裂や対立の機会の連続をもたらすのであり，これは，国教樹立禁止条項の保護が対抗する主要な害悪の1つであるともいう。法廷意見は，この政治的関り合いの可能性は，上述した行政上の関り合いと併せて，法194の補助的サービスが国教樹立を禁ずる憲法に違反する結論を招くとした。

（5）　結論

　法廷意見は以上のように示し，法194の補助的サービスに関する連邦地裁の判決を破棄した。そして，法195の教科書貸与につき，これは国教樹立に当らないとし連邦地裁のその判決部分は維持した。ただし，教材と教育上の設備の貸与に関する法195のその他の部分につき，連邦地裁の判決は破棄されるとした。

3　その他の裁判官の意見

　本判決における，法廷意見以外のその他の裁判官による意見としては，ブレナン裁判官，バーガー長官，レーンキスト裁判官によるものがある。以下3裁判官の意見をそれぞれをみていく。

(1) ブレナン裁判官の一部同意,一部反対意見[53]

ブレナン裁判官は,法195の教科書貸与に関する規定を合憲とする判断について,意見を異にしている。ブレナン裁判官は,多数派が法195の合憲性を検討するに際して,教科書プログラムを支持する意見において政治対立に関して触れられていないことをまず指摘する。そして,法195のもとで,外見上生徒に対するこの貸与が,実際には学校に対してのものであることであり,憲法上の判断を回避する試みが,洗練されていたとしても単純な回避と同様に全くの無効であると主張する。そして,上記のような政治的対立の文脈において,貸付が子どもであるか学校であるかは全く無関係であるとし,法195のように,援助プログラムは毎年の継続的な支出に依存するもので,また,たとえそれを生徒への貸付の一形式として我々が認めたとしても,法195の教科書貸与プログラムは毎年500万ドルに今や達するほど益々膨大な総計を伴うものであって,それゆえ対立的政治の恐れが存在すると捉えた。

(2) バーガー長官の一部同意,一部反対意見

バーガー長官は,法廷意見において連邦地方裁判所の判決を維持する部分,すなわち法195の教科書貸与の支持についてだけ同意するとする。その他についてバーガー長官は反対するが,その中でも特に法194の補助的サービスプログラムにつき本裁判所が関り合いの可能性を見出し,その可能性につき過剰な提案をしていることは受け入れがたいと述べる。

ここで,教育過程での一般的世俗的な道具を私立学校の生徒に対し提供することにつき,危険が存在するといった想像と懸念は全く裏付けがなく,通常人の経験からも考えられないとする。そして,バーガー長官は,このような扱いづらく繊細な法分野につき,これまでの判決に見られる基本原則は,論理よりも経験及び歴史につきより重く前提を置いているとする。その上で,教育的補助が必要な全ての子ども達に,そのような補助を提供する州の試み,ここでは州により選定された専門家のサービスを通じたもの,がLemon判決で連邦最高裁が懸念した不要な行政上の関り合いまたは政治的論争と同様の恐れをもたらすと法廷意見が結論づけたことに,経験及び歴史

---

53 ここでは,ダグラス裁判官,マーシャル裁判官が同調している。

からの根拠は存在しないとバーガー長官は述べた。

また，バーガー長官は，本裁判所の判示が，宗教的組織との関係を有する施設にただペナルティーを課すだけの働きしかないのであれば，その結果は十分に深刻であるともいう。修正１条の宗教条項では，宗教又は宗教活動に対して差別を行う又は積極的に抑圧する政府の権限を許していないが，本判示は子ども達にペナルティーを課すといった，それ以上のことをしていると非難した。

そして，社会での生産的なメンバーとなるため必要とされる教育から，本人のハンディキャップによって通常期待される利益を得ることが出来ない子ども達に国家が特別な補助を与えると同時に，ルター派，カトリック，その他の教会から支援されている学校に通学しているという理由で，その子ども達への利益を国家が否定することが憲法上許されると法廷意見が判断することは，単純に憲法を宗教に対して不利にすることではなく，文字通り，宗教条項を完全にひっくり返すことである，とバーガー長官は述べる[54]。

（3） レーンキスト裁判官の一部補足，一部反対意見[55]

レーンキスト裁判官はその立場として，地方裁判所の判決を支持するとした。

まずレーンキスト裁判官は，教材及び教育上の設備に関する法195上の規定を，法廷意見が「本法により利益を受ける学校の顕著な宗教的特徴のため，宗教を促進する憲法に反した主要な効果をそれらが有する」もので無効としたことにつき，その判断手法につき批判をする。すなわち，私立学校において教会関連又は宗教組織の支部の学校が高い割合を示すことから，法廷意見がそう判断したことが明白であるとする。そこで，法廷意見が，利益を受ける「宗派学校の割合により法律の『効果』を測定するといった支持でき

---

[54] これに続けて，バーガー長官は，以下のように締めくくった。ただ望むことができるのは，将来いつの日にか，修正１条での自由な宗教活動の保障についてより見識があり寛容な考えに本裁判所がたどり着き，そこで教会から支援をうけている学校の子ども達への平等保護の否定が排除され，また，子ども達への慎重に限定された援助は国教を樹立する一手段とはならない，とより現実的な考えをとることである。

[55] ここでは，ホワイト裁判官が同調している。

ない手法」をたどるようにみられるとレーンキスト裁判官はいう。

また，法195におけるプログラムの合憲性を判定する際の多数派の手法について，レーンキスト裁判官は強い論調でもって批判した。すなわち，州の初等中等学校の生徒達へ無料で教科書を貸し出す，定着した政策といった文脈で，多数派は教科書貸与プログラムを審査している。しかし，同法の教材及び教育上の設備プログラムを検討するところでは，公立学校で提供されない教材や設備を私立学校に入手させる疑念もないのに，多数意見は本プログラムを無効とし，その理由を，私立学校の75％を越えた割合が教会に関連するか宗教的系列下であるためとする。これにつきレーンキスト裁判官は「主要な効果への割合アプローチの独断性の表明」と表現している。レーンキスト裁判官は以下のように続けた。すなわち，仮に宗派学校の数が，全ての学校，公立も私学も，それら全てにおいて割合で測られるとすれば，そこで多数派は，教材及び教育上の設備プログラムの主要な効果が宗教を促進することはないと結論することになろう。とにかく，その教材及び教育上の設備に関する計算を私立学校の数を分母に選ぶ多数派の説明は，期待するだけ無駄である，と。

さらに，例えば地図，図表，実験用道具一式といった，貸与の対象となる教材及び教育上の設備は「自己管理」(self-policing)であり，その開始時において，世俗的，非イデオロギー的，中立的であり，その使用において変化することはないと多数派が認めているところ，これが教科書貸与と区別された重要な点をレーンキスト裁判官は理解できないとし[56]，多数派がこの２つの間でアプローチを区別することに失敗しているのではないかと主張する。

そして，法194により設置された補助的サービスプログラムについて，レーンキスト裁判官は，法廷意見がこれを無効とするにあたってその主要な効果に関する分析を避けており，その代わり，本法が教会と州との関り合いが憲法上耐えられない程度にまで達しているという主張に依拠しているとする。そして本件をLemon判決と区別できない，同様の事例と法廷意見が判

---

56 レーンキスト裁判官は，双方のプログラムにおいて，少なくとも法律上はそこでの所有権は州に残っていて，転用の危険が存在しないことが一旦認められれば，法195の２つのプログラムを区別するため依拠する原則を明確に述べることは難しい，とも述べている。

断していることについて，手続につき不備があり，正当と認められないという。立証責任が通常原告に存在するところ，本裁判所が結論にて，州の補助を受けた指導相談員により示される危険と州の補助を受けた化学の教員による危険が同一であるとするのは，ただの本裁判所の側での権威ある声明にすぎない。まさに反対の事実を連邦地裁では見ていたわけであるが，国教禁止条項に関する訴訟で地方裁判所の事実認定を軽視する傾向は，連邦制度における事実審裁判所と上訴裁判所の間での確立した責任分配と矛盾している，とする。

さらに，レーンキスト裁判官は，法194により設定された補助的サービスプログラムは，Lemon判決で無効とされたプログラムと2つの点で異なるとする。レーンキスト裁判官は，第1に，補助的サービスプログラムを通じて宗教的指導の機会は，本法の相当に限定的な範囲のため大いに減少している。Lemon事件のプログラムで提供されていたコアカリキュラムの指導とは異なり，補助的サービスは，法194において，より狭い範囲のサービスを含むよう定義されている[57]ことを挙げる。そして，仮に，これらサービスとコアカリキュラムとの区別が程度の問題と考えられるとしても，第2に，Lemon判決において明示された関り合いの危険は，宗派学校の教員の「宗教的な統制及び規律」（religious control and discipline）への感受性から生じるものであることを挙げる。このような憲法上の害悪の除去という点で，本件は異なる憲法上の結果に行き着くであろうとレーンキスト裁判官は述べる。ここで，補助的サービスを運営する公立学校での被用者は「宗教的な統制および規律」に従うと法廷意見は主張してはいないともいう。以上のことから，レーンキスト裁判官は，法194が違憲であるといった本裁判所の判決は，究極的には「幾らか減じられているが，それでも許容されえない宗教の促進の可能性が存在する」といった支持され得ない事実命題に基いていると

---

[57] 「『補助的サービス』は，訓練，指導相談及び検査実施サービス・心理的サービス・言語聴覚療法サービス・教育的に不利な立場にある生徒（例えば，これに限定されないが，英語を第2言語とする教育）の改善に関連するサービス・またその他世俗的，中立的，非イデオロギー的サービスであって，私立学校の子ども達の利益となり，現在又は今後 州の公立学校で提供されるサービスを意味する。」Act 194, §1 (b).

する[58]。

　最後に、レーンキスト裁判官は、本裁判所の実際の判示と同様に法廷意見の含みについても非常に動揺していると述べ、国教樹立禁止条項と宗教の自由条項との関係性に触れ、連邦最高裁判所の本件のようなアプローチの仕方につき強く非難している。すなわち、以下のとおりである。修正1条の国教樹立禁止条項が政府の部分へ宗教的中立性を命じているだけでなく、裁判所がさらに進んで、我々の社会全体が純粋に世俗的であると信じる人々の肩をもつため権威をふるうことまで命じていると、本裁判所が信じていることは明白である。修正1条やこれを解釈する訴訟において、困難な問題へのこのような極端なアプローチは求められておらず、また国教樹立禁止条項の解釈や、それが憲法に仕える価値の解釈は、宗教の自由条項やそれが仕える価値をも考慮しなくてはならない。

Ⅲ　検討

1　政教分離と中立性と分離[59]

　教区学校の児童のバス輸送に関するEverson判決において、ブラック裁判官はその法廷意見で「分離の壁」（a wall of separation）という言葉を用い分離原則を示し、それと同時に中立性原則を求めていたとされる。ここで、ブラック裁判官の考えた「分離」がいかなるものか、また分離原則との関係で中立性原則がいかに働くかブラック裁判官が想定したところについて、検討が必要であると思われる。そうすることで、以降の関連判例における中立性

58　これに続けて、レーンキスト裁判官は、Committee for Public Education v. Nyquist連邦最高裁判決のホワイト裁判官による反対意見を以下のように引用する。
　「州におけるその子どもへの教育の義務、それはどの州も認めるが、を仮定におけば、宗派学校へ通学する子ども達への世俗的教育に州が貢献することは全面的に受け入れられるであろう。上記のことは、以下のことを主張するよりもむしろ一層受け入れられるものであろう。もし親が子どもに世俗的教育と同様に宗教教育も提供することを求めるのであれば、州はそこで世俗的訓練の全てに貢献することを拒否することになる。」Committee for Public Education v. Nyquist 413 U.S. 756 (1973).

59　神尾将紀「アメリカにおける宗教学校に対する政府援助に関する判例法理の新展開——スクール・ヴァウチャ合憲判決をめぐって」『宗教法』24号68頁（2005年）。ここでは宗教系の学校に対する公的援助に関する判例の整理がなされている。

や分離に関する考え方を整理するのに，また具体的な裁判官の判断について比較するのに有効となるようにも思われる。

このブラック裁判官の態度について，分離主義から完全に距離をおいたものといった指摘がある。すなわち，「彼によれば，修正第１条は『州政府が信仰集団および無神論者との関係において中立的であることを要請しているのであって，州政府が宗教団体に対して敵対することを要請するものではない。州権力が宗教にハンディキャップを与えるように悪用されてはならないということは，州権力が宗教を贔屓するように悪用されてはならないのと同様である』。」[60]

ヌスバウムによれば，ブラック裁判官自身の中立性は，中立性・公平原理といえるものである。この立場からは，宗教系の学校に通う児童を輸送するために州が財源より助成を行うことは，宗教に対する援助ではなく，一般的に公共財サービスを州が提供するのと同様であるとする。前提として，宗教の如何にかかわらず全ての市民に子ども達の通学補助をここでは行っている。また，ここでの助成金は，州政府が差別なく全ての児童の親に手渡すのであり，宗教系の学校へ直接支払ってはいない。そこでは，親は自身の子ども達をどの学校へ通わせるか選ぶことも可能な状態となっている。したがって，これらの前提からすると，このような助成は許容される[61]。

このようなブラック裁判官の考え方の背景には，２つの補助的な原理をみることができるとヌスバウムはいう[62]。１つめは，「間接的援助原理」（the principle of indirect aid）というもので，州の助成金は学校にではなく個人に支払われるべきであることを求める。もう１つは，「選択原理」（the principle of choice）で，これによれば，親は自分の子どもをどの学校に入れるのかを選択でき，助成金は彼らの選択の自由を可能にするためだけに支出されなければならない。さらに，ヌスバウムは，Everson事件を検討する上で，ブラック裁判官は中立性・公平原理をこれら補助原理とともに用いることが最善の解釈を用いると考えていたとする。一方，ブラック裁判官の「分離」

60　ヌスバウム・前掲注(12)良心の自由429頁。
61　ヌスバウム・前掲注(12)良心の自由429頁。
62　ヌスバウム・前掲注(12)良心の自由430頁。

は，なんら分析的枠組みと呼びうるような代物ではないとする。ただその言葉の使用は，あくまで推測のようであるが，分離という言葉に惹かれる者へ自身の言葉を受け入れられやすくするために用いたとされている[63]。そして，このことが以降の解釈に悪影響を与えたとは言えるかもしれない，と考察している。Everson判決では，ブラック裁判官の「分離」は結局飾りにすぎなかったとして，反対派のラトリッジ裁判官が「分離」に本気で依拠していたためである。この悪影響とは，強く印象付けられた「分離」という言葉が，ラトリッジ裁判官の立論でもって法廷での主導権を握ることである[64]。

　Everson判決における，政教分離と中立性と分離に関する上記のようなヌスバウムの指摘を参考として，次にMeek判決に至るまでの連邦最高裁判所の判決，具体的にはAllen判決とLemon判決を，Meek判決も含め考察してみたい。

2　Meek判決に至るまでの連邦最高裁判所

　Everson判決の中立性と分離が，それ以降の判決でどう捉えられたのか。その翌年1968年の学校児童への教科書貸与に関するAllen判決に目を向けると，まず，Everson判決で確認された児童福祉論に沿って，宗教団体を含んだ学校の児童に対する教科書の無料貸与が合憲とされた。一方，これに対してEverson判決で合憲とする法廷意見を執筆したブラック裁判官から修正1条に反するとして反対意見が示された。ここでは，中立性の補助的原理である間接的援助原理の点から，貸し出される書籍が学校に属するものとして問題とされているように見られる。ブラック裁判官は，「書籍は教育の過程で開発される知識の源であって，そのため書籍は教育上最も重要なツールであ」るとして[65]，書籍と公共交通機関は区別されるとしている。

　1971年のLemon判決において，ヌスバウムは3要件テストのうち過度のかかわり合いについて，その問題点を指摘する。まさにこの点が，Everson判決において避けた「分離」に関わる要請であるとする。「関与」(entangle-

---

63　「呪文（マントラ）程度にしか言及されてはいない」という。
64　ヌスバウム・前掲注(12)良心の自由434頁。
65　392 U.S. at 252.

ment）という基準は，「政府の役割が多様な領域にわたる現代社会においては，非常に曖昧な基準とならざるをえない。それが満たされるのは，唯一，あらゆる公的便益の受け取りから宗教制度を徹底的に排除するという厳しい要請を満たす場合のみである」ともいう。そして，このように関与テストに一方的に寄りかかったため，「中立性の問題，直接性，選択の自由といったそれに関連するさらに深い論点に議論が掘り下げられることはなかった」とLemon判決の構造的問題について言及している[66]。

1975年のMeek判決では，法195の無料貸与の部分を除いて他はすべて無効とされた。ここで法廷意見は，Lemon判決について「面前の事件に見られる争点を分析するための適切な枠組みを提供している」としつつ，「宗教施設に間接的又は付随的な利益を提供する全ての立法プログラムが連邦憲法上禁じられてはいないことは明らかである」とも述べた。そして，「憲法における多くの問題と同様，ここでの問題は程度の問題である」とした。

法廷意見は，無効とした援助につき，その支給が膨大な援助につながり支持者と反対者の間での度々の衝突をもたらし，これが宗教を巡る政治的な分裂や対立の機会の連続をももたらすとする。これは，国教樹立禁止条項の保護が対抗する主要な害悪の1つであるともいう。法廷意見は，この「政治的関り合いの可能性」（potential for political entanglement）は，上述した行政上の関り合いと併せて，国教樹立を禁ずる憲法に違反する結論を招くとした。本件法廷意見においてもこのように「関与」についての言及が見られ，上記のように「程度の問題」と言いながら，強い分離主義への志向が見られる。

3 Meek判決後の変化

2000年のMitchell v. Helms連邦最高裁判決[67]において，Meek判決は1977年のWolman v. Walter連邦最高裁判決[68]とあわせて覆されることとなった。

66　ヌスバウム・前掲注(12)良心の自由436頁。
67　Mitchell v. Helms, 530 U.S. 793 (2000). 本判決の評釈として，齋藤小百合「教区学校に対する教材・教育機器の貸与と政教分離」ジュリスト1225号80頁以下（2002年）参照。また，Mitchell判決の意味に触れる概説書につき，GEOFFREY R. STONE ET AL., THE FIRST AMENDMENT (4th ed. 2012), DANIEL A. FARBER, THE FIRST AMENDMENT (4th ed. 2014), ERWIN CHEMERINSKY, CONSTITUTIONAL LAW (5th ed. 2015) 参照。
68　Wolman v. Walter 433 U.S. 229 (1977). Wolman判決につき，熊本・前掲注(8)米国における政

ここで，Wolman判決について若干触れておきたい。本件はオハイオ州の教育推進計画において，その援助を規定した法律[69]が教区学校に対して援助を行っていることにつきその合憲性が問題とされた。この援助の内容としては，例えば，野外研修旅行のバスの提供，問診による精神衛生上の診断，教科書の貸与，一般教科用教材の購入・貸与等が含まれていた。最高裁はそれぞれ個別に判断し，上の例に関しては，野外研修旅行のバスの提供は違憲，問診による精神衛生上の診断は合憲，教科書の貸与は合憲，一般教科用教材の購入・貸与については違憲と判断した。

　Mitchell判決で問題とされたのは，図書，視聴覚機器，地図，コンピュータ，ソフトウェアといった教育機器や教材の貸与のため，公的資金を用いることができるかという点であった。上記貸与は，「連邦教育強化改善法」(Education Consolidation and Improvement Act of 1981) の「第2章」(Chapter 2) により規定され，世俗的，中立的，非イデオロギー的な性質の教育プログラムを公立・私立を問わず初等中等学校に対して行われることとされていた。そして，同法には，このため州教育局を経て地方教育局に対して連邦政府の資金を用いることができるとも規定されていた。

　連邦最高裁判所において[70]，トーマス裁判官による相対多数意見は[71]，宗教系の学校かそうでないかに関係なく，全ての学校に対し平等に援助は行われるべきであり，本件の援助は許容されるとした。そして，政府が「宗教的教化」(religious indoctrination) に関与しているかが重要な論点となると述べ，政府による教化であるかないか区別するのに，最高裁は絶えず中立性の原理に依拠してきており，そこでは，いかなる宗教を持つかに関係なく幅広い集団や個人へ提供される援助は支持されるとした[72]。そして，宗教信者，無宗教者，そして無信心者において，全て同様に政府の援助を受けることができるのであれば，誰しも何らかの教化が政府の命によりなされたなどとは言わ

　　教分離557頁。
69　OHIO REV. CODE ANN. § 3317.06 (Supp. 1976).
70　控訴裁判所にてChapter 2に基く資金援助が違憲とされ，ミッチェル (Guy Mitchell) ら訴訟参加人が上訴した。
71　レーンキスト裁判官，スカリア裁判官，ケネディ裁判官が同調。
72　530 U.S. at 809.

ないであろう，と示した。また，何らかの宗教的な使用に転用されるから，何らかの援助が宗教上の目的に使える資金の余地を設けるからなどという理由によって，援助は容認しがたいとする主張につき拒否するとした。

このようにMitchell判決の相対多数意見では，政府による援助における宗教的教化の有無を判断するのに中立性の原理が示されたが，この原理の内容については，さらにそこで「独立した個人の私的選択」を経由するのであれば[73]，政府による宗教の教化はないと判断されるとした。前にみたEverson判決でブラック裁判官が示した中立性は，そこに助成金は学校でなく個人に支払われるべきであるという間接的援助原理と，親は自分の子どもをどの学校に入れるか選択でき助成金はその選択の自由を可能にするためだけにあるという選択原理といった2つの補助的な原理を背景に有する中立性・公平原理であるが，Mitchell判決においても同様の中立性の原理が用いられているように捉えられる。ただし，間接的援助原理に関しては，Mitchell判決において「直接的で付随的ではない援助であったとしても私人の選択を経て宗教学校へ到達するのであれば，政府が宗教へ支持を示したことにはならない」[74]として個人の私的選択により問題状況が解消されうるとしている。

ただし，オコナー裁判官の同意意見[75]では，相対多数意見の中立性の基準について，援助といった文脈においてその基準のみで憲法上許容されるのではない，と示された[76]。ここでは，いかなる場合に国教樹立禁止条項の違反がみられるのかにつき，現実として援助が宗教教育に使用されるかどうか，といった転用可能性の点が重要とされた。そして，相対多数意見が，本件のような教育プログラムでは在学者に応じて援助内容が決定されるため中立性に従い，受益者らはその選択した学校でプログラムによる援助を受けているのだから，学校に対する直接的な援助が「転用」(diversion) の可能性を有していたとしても問題はみられないとすることに対して，「是認」(endorsement) の点から問題が生じうるとする。すなわち，本件のような学校に対する「頭数に応じての援助」(per capita school aid) と「純粋な私的選択への

73　Id. at 810.
74　Id. at 814.
75　ブライヤー裁判官が同調。
76　530 U.S. at 840-841.

援助」(true private-choice aid) とでは,是認の点で異なってくるという[77]。そのように示した上で,オコナー裁判官は,本件援助は世俗的であるとし,現実的な転用のおそれはないとした[78]。

スーター裁判官による反対意見[79]では,修正1条の国教樹立禁止条項は,国教を樹立するような法律はいかなるものであっても議会が制定することを禁じているとする。そして,公定の教会制度のみならず,宗教を支持し,ある特定の宗教を支持し,またさらには無宗教を支持するといったことも,禁じられているとする。それゆえ,宗教への援助に公的資金を用いることもそこでは禁じているという。

ここで相対多数意見に目を戻すと,Everson判決において示された中立性原則と分離原則が,その後に厳格な分離に重心が移り,「関与」(entanglement) という基準でもって政府の支援の受け手から宗教に関わるものを徹底的に排除するところまで来ていた状況が,Mitchell判決において許容範囲が大幅に広がり便宜供与に重心が映ったようにみられる。

このMitchell判決以降においてアメリカの政教分離がどのように推移していくのか,本稿で扱う紙幅はないが,その点においてもEverson判決のブラック裁判官の中立性・公平原理は重要な存在となりうるであろう。上記の様に,反対意見では,便宜供与に対する強い警戒が存在する。この点について,例えば本書第2部 Chapter 6 の Zelman v. Simmons-Harris 連邦最高裁判決[80]が関わるところでもある。

おわりに

以上,Meek判決を手がかりとして,教区学校に対する公的支援と政教分離との関係をめぐる,連邦最高裁判所の対応について考察した。アメリカは

77　*Id.* at 842.
78　*Id.* at 867.中立的,世俗的な基準に従い分配されていたこと,補助的であり,非連邦的資金を押しのけるものともなりえないこと,宗教系の学校の金庫へ第2章の資金は届いてはいないことから,本件援助は世俗的であるとし,現実的な転用の根拠とされるものは「些細なこと」(de minimis) でしかないとした。
79　スティーブンス裁判官,ギンズバーグ裁判官が同調。
80　Zelman v. Simmons-Harris, 536 U.S. 639 (2002).

移民の国であり，建国当時の事情もあって，多数の国民に宗教への強い意識・関心があると同時に，その人々における多様性の尊重も見られる。そして，国家が倫理的な問題を取り扱う場面では，同時に宗教的な問題に関わることも多く，その賛否をめぐって激しく議論が交わされる様子もしばしばである。現代の多くの国で福祉国家化がみられ，アメリカでもその国家の役割に関して議論が大きく別れるところ，さらにここで宗教に関わる対立軸が持ち込まれた場合，その決着に相当の困難を伴うことは容易に想像できる。

このような合衆国憲法修正1条での問題解決の要請に対して，アメリカの連邦最高裁判所がその中でも分裂しながら決着点を求めてきたが，そこでは今もまだ安定とまで至らない状況で何らかの解答を得ようと努力を続けているところである。ただ，社会の情勢に合わせて，それぞれの裁判官がそれぞれの良心に応じてその時点で最善と考えられる答を形作っているように解される。Meek判決の後，2000年のMitchell判決がこれを覆すこととなったが，ここでは，当時連邦最高裁判所のその傾向として，分離主義よりも便宜供与へ重点を移しつつある状況と捉えることができよう[81]。

日本においては，日本国憲法20条と89条に政教分離に関する規定が存在しており，宗教系の学校への国家による援助の文脈では，問題状況を指摘する議論は見られるが，事例としてアメリカの諸判決ほど規模や量にまで及ぶものではない。この違いの背景は，アメリカでは建国からの歴史や社会問題に関連し様々な議論がなされてきており，その強力な意識及び関心に由来すると思われる。日本においても，これまでの歴史を振り返りつつその政教分離について検討することが，最近盛んに論じられている多文化社会や社会の多様性といった観点からは必要ではないだろうか。

81　トーマス裁判官は，Mitchell判決のその相対多数違憲において，もっぱら宗教的な施設に対する政府の援助を抑止する敵意は恥ずべき系譜を有し，躊躇せず我々はこれを否認すると述べている。530 U.S. at 828.

Chapter 5　リベラルで民主的な社会に対するアーミッシュの問いかけ
―――The Story of Wisconsin v. Yoder, 409 U.S. 205 (1972)

松尾　陽

アーミッシュが用いる馬車（彼らは文明を（一部）拒否しているため，自動車を用いない）

> アーミッシュは，信仰上の理由から，自動車や携帯電話などの電気製品といった文明の利器を使用しない，市場における競争や権力を行使する政治参加を回避するなど，現代社会の多くの文化・技術環境から孤立しようとするコミュニティである。コミュニティはアメリカ合衆国に散在し，外界との一定の交流を保ちつつも，しかし，農業活動を通じて自分たちの子供に自分たちの教義を教えてきた。しかし，このような教育実践が20世紀に普及しはじめる公教育と衝突することになった。教育内容以外でも，コミュニティ内部における教育実践と学校への通学義務が衝突することになったのである。このような衝突の一つの頂点に本事件が位置する。信仰上の理由から義務教育の一部を免除できるかが中心的な争点であるが，政治哲学上は，必ずしもリベラルで民主的ではないコミュニティに対してリベラルな社会はどのように対応するべきなのかという問題を提起した事件として受け止められ，この事件については現在に至るまで多くの議論が繰り広げられている。

「人間というものは、ただ一度の人生を送るもので、それ以前のいくつもの人生と比べることはできなければ、それ以後の人生を訂正するわけにもいかないから、何を望んだらいいのかけっして知りえないのである。」(ミラン・クンデラ(千野栄一訳)『存在の耐えられない軽さ』13頁(集英社文庫, 1998年))。

はじめに

　リベラルで民主的な社会は、その社会の中にいる、政治社会には全く参画しない、また、義務教育からの一部免除を求める特異な少数集団の要求に、どのような応答するべきか。

　そのような問題を念頭に置きつつ、政治哲学者ギャルストンは、自律をベースとするリベラリズムと寛容をベースとするリベラリズムの二つの伝統に分けている[1]。

　一方で、自律とは自己・他者・社会慣行を理性的に捉えなおしていくことである[2]。ギャルストンは、このような自律をベースとするリベラリズムを、理性による解放を目指した啓蒙主義のプロジェクトに居続けている。かつて、宗教や伝統は不合理な思考の産物で理性に対置するものと捉えられることもあった。たとえば、啓蒙思想の強いフランスの公教育制度では、教会から子供たちを引き離し、宗教にとらわれない公教育を受けさせることが、自律につながるとされた。アメリカ社会においても、自律というのは一つの伝統となっている[3]。宗教社会学者ベラーは、「個人は社会に先行する。社会は諸個人が自らの利益を最大化すべく自発的服従を結ぶところに出現する」と

1　William Galston, LIBERALISM PLURALISM: THE IMPLICATIONS OF VALUE PLURALISM FOR POLITICAL THEORY AND PRACTICE, CH. 2 (2002).
2　Galston, *supra* note 1, at 21.
3　リースマンは、周知のとおり、時代ごと、社会ごとに共通してみられる性格を「社会的性格」と呼び、伝統指向・内部指向・他人指向の三つに分けている。ここで自律というのは、「内部指向」に対応しており、「内部指向」とは「幼児期に親や教師によって植えつけられた目標に向かって針路を大きく外れることなく一歩一歩近づいていくこと」と定義できる。もちろん、この内部指向型の性格がアメリカの中核にあったのだが、第三次産業に従事する人口の比率が著しく伸び、他者の期待と好みに同調的な「他人指向」型人間が中核になりつつあるというのが、リースマンの力点ではある、参照デイヴィッド・リースマン(加藤秀俊訳)『孤独な群衆』(みすず書房、1964年)。

いう立場こそが,「アメリカの功利主義的個人主義」の源泉であると述べている[4]。もっとも,近時,宗教や伝統が個人の思考を鍛え自律の基盤になりうるという見解も登場するようになっている[5]。

他方で,寛容とは相互尊重のことである。宗教改革・宗教戦争は,自己の信仰を絶対視し,異なる宗教を斥ける結果,虐殺が繰り広げられる凄惨な結果が生み出された。そこで,信仰の違いが生み出す,虐殺という政治的帰結を如何に回避するのかが一つの課題になった。その課題に応答するさまざまな戦略はあるものの,寛容に基づく多様性を受け入れることが一つの戦略となり,思想として練り上げられていった。この寛容思想がリベラリズムの源流の一つにあると,ギャルストンは述べている[6]。この寛容思想は,一定の条件のもとでは,自律に否定的な非リベラルな文化集団への寛容も要請しているのだと説く論者も登場する[7]。

リベラリズムという大河に流れ込む,自律と寛容という二つの流れは,より大きな流れを形成することもあるが,しかし,衝突し合い,その大河の中にうねりを引き起こし,さらにいえば,リベラリズムの枠をはみ出して洪水を引き起こすことさえある。自律に高い価値を付与しない文化集団が存在し,その集団がその内部にいる個人の自律を抑圧する場合にも,そのようなうねりが生じうる。うねりをどのように評価すべきか,すなわち,そのような集団への寛容が,自律原理をどのように毀損し,その毀損は看過しがたいものなのかという問いが立ち現れる。

こうしたうねりを見定める一つの試金石として採りあげられるのが,本章で扱うWisconsin v. Yoder事件とその連邦最高裁判決[8]である。

4　ロバート・N・ベラーほか著(島薗進ほか訳)『心の習慣』175頁(みすず書房,1991年)。
5　Will Kymlicka, MULTICULTURAL CITIZENSHIP: A LIBERAL THEORY OF MINORITY RIGHTS (1996).
6　Galston, *supra* note 1, at 23.
7　既に引用したギャルストンに加えて,クカサスもこの立場に属する,see Chandran Kukathas, THE LIBERAL ARCHIPELAGO: A THEORY OF DIVERSITY AND FREEDOM (2007).
8　Wisconsin v. Yoder, 409 U.S. 205 (1972).

I　Yoder判決前史

1　アーミッシュとは？[9]

　アーミッシュは，スイス・アルザス地方でキリスト教の一派である再洗礼派から派生した宗教集団である。アメリカの植民地時代に移住してそのまま定住している。ドイツ語を話し続け，また，都市部から離れたところで，携帯や自動車などを使用しないなど，文明から隔絶した形で農耕を営む生活を300年以上続けている集団である。しかし，アーミッシュという一つの集団が同じ場所に集まっているわけではなく，多くの小さなコミュニティに分散した形で存在し，また，コミュニティごとに教義や慣行も少し異なる。教義や慣行を共有している集団は，アーミッシュ研究者の間では，「友好関係（affiliation）」と呼ばれるが，本稿では，コミュニティと呼んでおこう。

　基本的にはキリスト教を信仰しているけれども，アーミッシュの信仰の軸には，「規律」と「服従」というものがある[10]。神に仕えるべく自分勝手な欲望を捨てることが献身的なキリスト教徒に求められると考え，日常生活上において規律を守る実践を営むことが重視される。洗礼のときには，「己の血と肉を放棄する」と宣誓する。他方で，徹底した「服従」が重要であり，不服従は自分の意志を示し，神との永遠の別れを示すものだと考えられている。コミュニティの調和を維持することがきわめて重視される。何を信じるかよりも，どのように生きるのかという実践に重きが置かれている。アーミッシュが生活をしていくうえでの行動の指針は，「オルドゥヌンク（Ordnung）」と呼ばれ，実践の中で口伝の形で後の世代へと受け継がれてゆく。

　彼らは，政府を敵対視することはなく，むしろ，悪を処罰し善を守り正義を実行する役割を担っている正統な存在として認めている[11]。政府が制定する法律に服従することも重視される。しかし，政府はあくまでも良心や信仰

9　アーミッシュについての記述は，次の文献を主に参照している，John A. Hostetler, AMISH SOCIETY *fourth edition* (1993); Donald B. Kraybill, Karen M. Johnson-Weiner, and Steven M. Nolt, THE AMISH (2013); 大河内眞美『法廷の中のアーミッシュ—国家は法で闘い，アーミッシュは聖書で闘う』（明石書店，2014年）。

10　Kraybill et al., *supra* note 9, at 64-5.

11　アーミッシュと政府との関係については，Hostetler, *supra* note 9, at 255-6.

の領域を担うべきではないとされる。また，キリスト教の愛の原理を守るため，公職に就任することはなく，強制力を行使する政治活動を回避する[12]。

現代のアメリカ社会からすれば，非常に特異な性質をそのコミュニティが有しているといえよう。もっとも，後に引用する法廷意見にみられるように，建国期前のアメリカの風景を思い起こさせ，かつ，宗教者の在り方からすれば一つの模範ともいえる性質を備えている。このように，特異であるが，しかし，畏敬を集めさえするアーミッシュ，これがYoder判決を理解する一つの鍵となる。

2 アーミッシュの教育闘争

Yoder判決は，アーミッシュの教育闘争の到達点であった。Yoder判決の文脈を明らかにするためにも，その教育の在り方を素描しつつ，それがどのようにアメリカ社会の発展とともに衝突を引き起こしたのかを確認しておこう[13]。

アーミッシュが公立学校に対する反対を広範囲に展開し，自分たちの学校を設立するようになったのは，20世紀に入ってからである。通学が第4学年を超えて要請されるようになったとき，アーミッシュの親の数人が従うことを拒否したために裁判所に出頭を命じられた。アーミッシュは，しぶしぶ徐々に第8学年までの通学要求に従うようになった。学校の統合が進められ，初等学年を超えて通学義務が拡大される中で衝突が生じる。

もともと，彼らは，学校教育に完全に反対しているわけではないし，自分たちの教義に反する学校設備（電気，セントラル・ヒーティング，写真）も許容している。学校こそが子供たちにとって「世俗」と接触するはじめての経験の場となる。彼らは，子供たちが「英語を話す」子供たちと一定の接触があることも必要であると考える。外界との接触が少しある方がより望ましく安定したアーミッシュになれると信じられているからである。そして，学校がこぢんまりとした施設に過ぎず，その地理的な位置がコミュニティと「世

---

12 自分たちの仲間が殺されたとしても，犯人を裁くことさえ，回避する，参照ドナルド・B・クレイビルほか著（青木玲訳）『アーミッシュの赦し』（亜紀書房，2008年）。
13 Hostetler, *supra* note 9, at 257-68.

俗」との中間に位置している限り，彼らは許容していた。

　しかし，学校の大規模な統合により，コミュニティから地理的に遠く離れた場所に学校が作られ，また，よく知らない人物が教員となり，さらに，学校に多くの子供たちの時間が割かれるようになる。アーミッシュは，農作業の場から子供たちが離れてしまうことに憤った。教義を伝達する場が蔑ろにされてしまうからである。

　アーミッシュは，デラウェアでは，1925年に私立学校を設立し，ペンシルヴァニアでは，1938年に設立した。こぢんまりとした一部屋の学校を残すように尽力したが，しかし，統合の過程で多くは閉鎖される。また，統合を目標として，公立学校を推進する側は，アーミッシュが多く住む地域を問題視し，統合がその家族やコミュニティの破壊をもたらすとは考えなかった。

　こうしてアーミッシュと公立学校との闘争が生じた。その対立点は，主として，（1）学校の位置，（2）教員の訓練と資格，（3）学校教育の年数，（4）カリキュラムの内容をめぐるものであった。彼らが高等教育に反対する真の理由は，子供が精神的に独立していく年齢に達しつつあるからである。このときが，まさに，家族以外の同輩の集団との関係が密になっていき，両親やコミュニティのルールに対する自分の力を審査していく時期なのである。そして，農作業などの実践的活動を通じて自らを反省する時期なのである。

　このような教育闘争は，いくつかの州で繰り広げられ，それぞれの州で異なる決着がつけられていく。

　ペンシルヴァニア州では，1937年に学校の大規模な統合が計画された。アーミッシュは，3000人の署名を集めて，さまざまな要求をしたが，受け入れられず，すぐに学校は建設されてしまう。子供たちを通学させなかった親たちが裁判所に出頭を命じられ罰金を科せられ，何度も逮捕されることもある。ジョージ・リーダー州知事が，妥協案を合法化するように規則を再解釈した。親の指導のもとで農業や家事の義務を遂行する生徒は，週あたり3時間の授業に出席していることになるという案である。オハイオ州やインディアナ州も，ペンシルヴァニア州の妥協案に追随する。

　アイオワ州では，1960年代に闘争が繰り広げられた。この闘争の中で，シ

Chapter 5 リベラルで民主的な社会に対するアーミッシュの問いかけ 153

カゴ大学の教育学者エリクソン（Donald Erickson）は，アーミッシュの教育が，失業，犯罪，少年非行をほとんど産みだしていないことを高く評価した。ヒューズ州知事も，「私は人間を曲げるならば法律や論理を曲げたい。アイオワ州や合衆国は，人種や信条に関係なく，善きすべての人びとのための寛大さを提供するための空間と精神を十分に持ち合わせている」と述べ，彼らへの寛容な態度を表明した。結果，1967年，アイオワ州では，教育標準法への服従義務からの免除を認める法改正が行われた。

各州で以上のような闘争や決着が見られる中，ウィスコンシン州で，1968年秋に，アーミッシュの3人の生徒の父親が州の義務教育法に違反したということで逮捕される。これが，Yoder事件の始まりである。州のカウンティ裁判所は，16歳まで子供たちを学校に通学させなかったとして，3人の父親を有罪と判断し，巡回裁判所もこの判断を維持した。しかし，州の最高裁判所は，信教の自由を規定した修正1条に基づく父親たちの主張を認め，有罪判断を覆した。

Ⅱ Yoder判決[14]

1 バーガー長官法廷意見

本法廷意見はバーガー長官によって執筆された。この法廷意見には，ブレナン裁判官，スチュワート裁判官，ホワイト裁判官，マーシャル裁判官，ブラックマン裁判官が加わった。なお，パウエル裁判官とレーンキスト裁判官は本判決に参加していない。

（1） アーミッシュとは

ウィスコンシン州の教育省が連邦最高裁判所に上告をし，連邦最高裁判所

---

14 本節は基本的には判決文の抜粋からなる。（1）（2）（3）以下は筆者による小見出しである。［ ］内は筆者による補足である。なお，以下の本判決の訳で「高等教育」という表現が出てくるが，それは「中等」（secondary）レベル以上の教育のことであり，大学レベルの高等教育のみを指すわけではない。判決文では，中等教育と高等教育という表現が混在するが，高等という表現で統一した。単なる読み書きレベルを超えた人格的な教育の萌芽が見られ始める段階の教育のことである。

がサーシオレイライを付与したことにより，連邦最高裁判所はこの事件をとりあげた。

被上訴人のヨナス・ヨーダー（Jonas Yodar）とウォレス・ミラー（Wallace Miller）は，オールド・オーダー・アーミッシュの宗教の構成員である。被上訴人アディン・ユッツィー（Adin Yutzy）は，コンサーヴァティヴ・アーミッシュ・メノナイト教会の構成員である。彼らは，州のグリーン・カウンティの住人である。州の義務教育法は，州民に対して，彼らの子供が16歳に達するまでに，公立学校ないし私立学校に通学させることを求めてきた。ところが，被上訴人は，14歳と15歳の自分たちの子供が，第8学年を終えたあとは，公立学校に通学させることはしなかった。子供たちは，いかなる私立学校にも，入学せず，また，義務教育法上の例外にも該当せず，さらには，州の法律に従うものとされている。

公立学校の学区長の告訴に基づいて，被上訴人は，カウンティの裁判所で，訴えられ，審理され，義務教育法違反で有罪とされ，各々に計5ドルの罰金が科せられた。被上訴人は，当該義務教育法の適用に対して，修正1条と14条で認められた自分たちの権利を侵害することを理由として抗弁した。事実審の証言によれば，自分たちの子供が，高等学校へ通学することが，アーミッシュの宗教や生活様式に反すると，コミュニティの教義一般に則って，被上訴人らは考えているとされた。自分たちの子供を高等学校へ通学させるならば，自分たち自身が教会コミュニティから非難されるという危険が生じるのみならず，自分たちの救済と子供たちの救済が危くなる。被上訴人たちの宗教的信念は，心からのものである。

学識者の証言によれば，アーミッシュの歴史は，教会の制度化を拒否した16世紀のスイスの再洗礼派教徒に始まり，彼らは，初期の単純なキリスト教の生活へと回帰し，物質的な成功を重視せず，競争的な精神を拒絶し，現代の世界から自分たちを遮断することを求めた。今日のアーミッシュ・コミュニティは，救済のためには，世間や世俗の影響から分かれて離れた教会コミュニティにおける生活が必要であると深く信仰している。世俗や世俗の価値から離れた生活という考えは，彼らの信仰において核心部分に位置する。

また，そのコミュニティには，自然や田園と調和した生活への献身があ

る。その構成員は，耕作活動やそれに密接に関連する活動によって糧を得ていくことが求められ，宗教が，その信者の生活様式の全体に浸透し，その様式を枠づけている。その振る舞いはオルドゥヌンクによって規律される。大人の洗礼は，青年期の終わりごろに施され，アーミッシュの若者がコミュニティの重い義務を自発的に引き受ける瞬間である[15]。

　第8学年を超えた公式の教育に対するアーミッシュの反対は，彼らの宗教的信念の中心に深く根差している。アーミッシュらが，高等学校，ひいては高等教育一般に反対している理由は，それらが教える価値が，アーミッシュの価値や生活様式と著しく異なっているからである。アーミッシュは，高等学校の教育を，自分たちの子供に，許容できないくらいに，自分たちの信念と衝突する「世俗の」影響を与えてしまうものとしてみなしている。高等学校は，知的で科学的な教養，自己の確立，競争性，世俗的な成功，他の生徒との社会生活を重視しがちである。アーミッシュの社会は，公式化されない活動を通じた学習，知的な生活よりも「善行」のある生活，競争よりもコミュニティの福祉，現代の世俗社会への統合よりもそこからの隔離を重視している。

　第8学年を超えた公式の教育がアーミッシュの信念と衝突する理由は，公式の教育が，クラス活動やスポーツにおいては徐々に競争を重視し，また，同級生の仲間たちのスタイル・マナー・生き方と合致するように強いられる教育によって，子供たちがアーミッシュの信念と敵対する環境に置かれてしまうことにあるのみならず，彼らのコミュニティから人格を形成する重要な青年期にある子供たちを身体の面でも情緒の面でも引き離してしまうことにもある。この時期に，子供たちは，規則的な活動や自己信頼を好むアーミッシュの態度と，アーミッシュの農業従事者や主婦の役目を勤めるために必要な特別の技能とを身につけなければならない。彼らが座学ではなくむしろ例や「活動」を通じてこれらの特徴・技能・態度を最も首尾よく学習していくことは確かだろう。要約すれば，アーミッシュの信仰心を持たず，時にはそれを敵対視している先生たちがいる高等学校へ通学すれば，アーミッシュの

15　ここで描かれるアーミッシュの特徴につき，連邦最高裁判所は，ホステトラーの文献（Hostetler *supra* note 9の初版（1968年出版））を主に参照している。

子供たちがアーミッシュの宗教的コミュニティへと溶け込んでいくことには，深刻な障害が生じる可能性さえある。

アーミッシュは，一般的には，最初の8学年の初等教育に反対していない。その理由は，聖書を読み，善き農業者と市民になり，日常生活で必要があればアーミッシュではない人々と取引していくためには，「読み・書き・算術」の基本的な技能を習得しなければならないことにアーミッシュが合意しているからである。基礎的な教育は，受容可能なものとされる。

そのような考慮を基礎として，ホステトラー博士は，高等教育への通学義務が子供たちに深刻な精神的な損害をもたらしうるのみならず，現存するアーミッシュのコミュニティを破壊することにも究極的にはなるだろうと証言した。エリクソン博士の証言もまた，アーミッシュは，高等学校に年齢にある子供たちが，そのコミュニティの活力ある構成員を育成することに成功していると示した。エリクソン博士は，活動を通じて技能を学習するというアーミッシュのシステムは，「理想的で」あり，通常の高等学校の教育よりも優れていると記した。アーミッシュは，遵法的で，一般的に自給自足をする社会構成員であるという記録もある。

事実審裁判所は，詳細な事実認定を行い，州の義務教育法は，「被告人が真摯な宗教的信念に従って行為する自由」に介入すると判断したけれども，16歳まで高等学校へ通学する義務は「合理的で合憲的な」政府権限の行使であるとした。州の巡回裁判所も有罪と判断した。しかし，州の最高裁判所は，修正1条の信教の自由に照らし，被告の主張を認め，有罪を覆した。州最高裁の多数は，州は，「彼らの宗教を自由に行使する被告の権利を上回る，教育システムの構築と維持の上での」州の利益を十分に立証できていないという意見であった。

（2） 州の教育権限

州は市民の教育について高度な責任を負い，基礎教育を継続的に管理していくために合理的な規律を設ける州の権限が存在する（Pierce v. Society of Sisters, 268 U.S. 510, 534 (1925)）。公立学校を設置することは，州の最も重要な任務に位置づけられる。だが，Pierce判決において，その広大な責任とい

えども，私営のシステムにおいて同等の教育を与える親の権利に従うものとされる。普通教育を行なう州の利益は，きわめて重要なものだと評価されるとしても，基本的な権利や利益と衝突する場合には，衡量過程から完全に免れることはない。基本的な権利や利益は，たとえば，修正1条の信仰の自由によって特別に保護されるものであり，自分たちの子供を宗教的にしつける親の伝統的な利益がそうである。

したがって，第8学年を超えて通学を強制するためには，州は通学の要請によって宗教的な信念の自由な行使を否定しているわけではないこと，あるいは，宗教の自由条項のもとでの保護を求める利益を上回る十分に大きな，州の利益があることが示されなければならない。公立の普通教育の必要性が認められるずっと前から，宗教の条項は，宗教的な信念を自由に行使する権利を具体的にしっかりと据えてきた。

最高次に位置する利益や，それがなければみたされないような利益のみが，信教の自由への正当な要求を上回るものとなりうる。

(3) **アーミッシュの信仰は義務教育で危険にさらされる**

次に，通学義務に関する州の法律が信教の自由に対する被上訴人やその子供たちの権利を侵害しているとする，被上訴人の主張の内容を検討しよう。生活様式が，どんなに徳があり，賞賛されるものであるとしても，純粋に世俗的な考慮に基づくものであるとすれば，教育についての州の合理的な規制を邪魔するものであってはならない。宗教条項により保障されるためには，その主張が宗教上の信念に基づくものでなければならない。たとえば，ソロー（Henry Thoreau）が同時代の社会的価値を拒否し，ウォールデン池で孤独な生活を送ったのとほとんど同様に，アーミッシュが，多数派によって受容されている同時代の世俗的な価値を主観的に評価し，拒否しているゆえに，彼らの主張を維持しているとすれば，その主張は，宗教上の信念に依拠していないことになる。ソローの選択が宗教的なものではなく哲学的で個人的なものであったのであり，宗教条項の適用の問題は生じない。

しかし，アーミッシュの生活様式は，明白に，単なる個人的な好みの問題ではなく，深い宗教的確信に基づく。

生活，家族，ホームに対する被上訴人の宗教的信条や態度は，人間の知識一般が比類なきまでに進歩し，教育が大きく変わる時代においても，変ることなく続いている。アーミッシュが，電話，自動車，ラジオ，テレビを拒否し，服装や語り方の様式，手仕事の習慣を守っていることにより，同時代の社会の大部分から身を引き離している。その習慣は，象徴的であると同時に，実践的である。

特に今世紀，アーミッシュ周辺の社会において，人口が増え，社会が都市化し，産業化し，複雑化していけばいくほど，人間に関わる問題への政府規制は詳細になっていき，広く浸透していくようになった。義務教育法が初等教育の第8学年に限定される限りでは，子供たちが通学により彼らが拒否する世俗の影響にさらされてしまっても，アーミッシュが危惧すること根拠はほとんどないだろう。しかし，地方の近代的な高等レベルの義務教育が現在維持されているのは，統合された学校においてであり，その学校は，大体において，生徒たちの家から遠く離れ，日々の家庭生活には異質なのである。

義務教育法が信仰上での被上訴人の実践に対して与える影響は，深刻であるのみならず，避けることもできない。というのも，州の法律は，刑事罰による威嚇のもと，被上訴人の信仰の基本的教義と間違いなく衝突する活動を実行するように公平に強制しているからである。義務教育法は，修正第1条がその目的上防止しようとしている，信教の自由に対する客観的な危険をもたらす。アーミッシュの子供たちにとっての16歳までの通学義務は，今日存在しているアーミッシュのコミュニティや宗教的実践を根底から掘り崩すほどの実際の脅威を与える。彼らは信仰を放棄するか，全体社会へと同化されるかしなければならない。

（4）　州の主張とその問題点

アーミッシュの信仰の性質についての事実審裁判所の事実認定もアーミッシュの主張も州によって本法廷で争われていない。州の立場は，高等レベルにおける義務的な普通教育への州の利益がきわめて大きく，被上訴人の主張に優るものであるというものである。

州は，宗教条項では，宗教的信条は，州のコントロールから完全に自由で

あることを認めるが,しかし,「行為」は,宗教的なものであるとしても,修正第1条の保護の範囲外にあると主張する。しかし,これまでの連邦最高裁の判例は,宗教的に動機づけられた行為が,常に,信教の自由条項の範囲外にあるという考えを拒否してきた。

16歳の者に対する州の通学要求が州のすべての市民に画一的に適用され,文言上は,宗教や特定の宗教を差別するものではない,あるいは,正統な世俗的な関心に依拠するものであるということを根拠にして,本件の決着をつけるわけにはいかない。裁判所は,宗教的な根拠に基づいて,市民の一般的義務から免除することは,国教樹立禁止条項と衝突するという危険を無視することはできないが,しかし,その危険を考慮して信教の自由の権利によって促進される価値の保障がどんなに重要であるとしても,いかなる免除も防止するということになってはならない。

次に,義務教育への利益がやむにやまれるものであり,アーミッシュの宗教的実践が道を譲らなければならないほどのものであるという州のより広い主張を検討しよう。州の主張が一般的に妥当することが認められるとしても,我々が厳格に審査しなければならないのは,16歳にまで義務教育を及ぼすことを要求することによって州が促進しようとする利益であり,アーミッシュの免除主張を承認することによってその目標がどれほど傷つけられるのかである (Sherbert v. Verner, 374 U.S. 398 (1963))。

だが,［義務教育の根拠には,一方で,政治システムへと参画する市民を育成すること,他方で,独立した個人を育成することにあるという州の主張を裁判所は受け入れられるが］アーミッシュが長く確立してきた非公式の職業教育プログラムに代えて,第8学年を超えて1年2年の公式の高等学校を追加することが,そのような利益を促進することはほとんどない。

州は,アーミッシュの立場が「無知」を促進するものであると攻撃する。しかし,通常の「主流」とは離れているとしても,アーミッシュのコミュニティは,我々の社会の内部で非常に成功した社会単位である。その構成員は,生産的であり,きわめて遵法的な社会構成員なのである。また,いかなる通常の現代形態の公共の福祉を拒否している。議会自体も,社会保障税の支払義務からアーミッシュのような集団の免除を認め,彼らの自給自足を承

認している[16]。

アーミッシュが第8学年を超えた教育に反対していると主張することは、公正でもないし正確でもない。アーミッシュは、宗教的な成長にとって重要な子供の思春期に施されるゆえに、認証された高等学校によって提供される類の、通常の公式教育に反対している。たとえば、エリクソン博士は、活動を通じた学習というアーミッシュの教育システムは、コミュニティにおける成人としての生活へと子供を育てあげる観点からして「理想的なシステム」であると証言した。

我々は、中世の時代において、西洋世界の文明化という重要な価値が、すべての世俗的な世界から孤立している宗教集団の構成員によって多大な妨害から守られていたということを忘れてはならない。今日の多数派が「正しく」、アーミッシュや類似の人びとが「間違っている」と考えることはまったくできない。

[だが、州は、アーミッシュの子供がコミュニティから退出する可能性を指摘して、第8学年を超えた教育の必要性を主張する]。しかし、その議論は、相当に憶測に基づいたものである。アーミッシュが漸減していることの特別な証拠はないし、実用的な農業訓練を施され、勤勉と独立独行の習慣を有するその子供たちが、退出したのち、教育の欠如ゆえに社会の負担になっていることを示す証拠もない。

[追加的な教育が民主的なプロセスへの参加にとって必要であるとする州の主張に対して、] ジェファーソン (Thomas Jefferson) は、専制に対する自由な人びとの防波堤として教育が必要であると強調したとき、彼が念頭にあったのが、基礎教育を超えた特定の年代までの義務教育であったと示唆するものはない。実際、アーミッシュのコミュニティは、ジェファーソンが民主的な社会の理想と考えたモノの基礎を構成する「健全な自作農」という理想が有する徳の多くに特異なまでに対応し、反映している。彼らの特異な分離こそがまさに、我々が賞賛し、奨励すると公言する多様性を例証している。

第8学年を超えて義務教育を要求することは、合衆国の歴史上、相対的に最近の展開なのである。ほとんどすべての州の教育条件が初等学年の修了に

---

16 ここで判例は、26 U.S.C. §1402 (h) を引用しているが、現在は、26 U.S.C. §1402 (g)。

よって満たされてから，60年も経ておらず，少なくともそこでは，子供は，きちんと，また，合法的に，雇用されていた。この国において，ほとんど300年にも達し，200年を超える期間，アーミッシュのコミュニティは独立し，社会として首尾よく機能してきたということが，市民の義務を満たすという観点から追加的な１，２年の公式の義務教育が有益であることはせいぜい憶測に過ぎないことを示す強力な証拠となる。より個別的な立証が州には求められる。

また，義務教育と児童労働法双方の歴史的起源が共通の人道主義的な直観に基づくということ，また，双方の法律の年齢制限が相互に関連する目標を達成するために調整されてきたということも注目されるべきである。本件のような文脈において，そのような考慮をするとすれば，被上訴人の立場は損なわれるよりも，強化される。

というのも，農作業が児童労働法の正当な関心事の外側に完全にあるとはいえないけれども，親の指導のもと，家族が運営する農場に14歳から16歳まで子供たちが働くことは，そのような法律の目標とほとんど関係なく存在する古くからの伝統であろうからである。

（5） 州のパレンス・パトリエ[17]――ダグラス裁判官の反対意見への反論――

最後に，州は，Prince v. Massachusetts連邦最高裁判決[18]に基づいて，アーミッシュの子供を州の要請から免除すれば，高等教育に対するアーミッシュの子供の実体的な権利を認めることができなくなり，親の願望とは関わりなくパレンス・パトリエとしての州の権限に適切な考慮ができなくなると主張する。だが，Prince事件において，裁判所が直面していた状況は，本件で明らかにされているようなアーミッシュの状況と同じではない。このことは，Prince事件の法廷が深刻に捉えた悪が，立法機関が正当に児童労働と結

---

17 パレンス・パトリエについては，山口亮子「アメリカ」床谷文雄・本山敦編著『親権法の比較研究』37頁以下（日本評論社，2014）。
18 エホバの商人を信仰する親が自分の９歳の子供に宗教的パンフレットの配布を手伝わせた事件で，マサチューセッツ州の児童労働法はこのような行為を禁止していた。連邦最高裁判所は，５対４の僅差であるが，親の権利は絶対ではないとし，子の福祉の観点から当該法律による禁止は許容されるとした。マーフィ裁判官は，反対意見で，宗教的自由はきわめて神聖なものであり，州の正当な利益がきわめて重要であると証明されない限り，制約できないとした。

び付けることができたと当該法廷が考えたことによって示される。後に，当裁判所は，Sherbert判決でPrince判決の射程をきわめて注意深く狭い範囲に限定した。

本件は，もちろん，子供の肉体的精神的な健康に対する，あるいは，公共の安全，平和，秩序，福祉に対する危害が示される，あるいは，適切に推測される事件ではない。

ダグラス裁判官の反対意見の主張と異なり，本日の判決は，決して，親の権利と対立するものとしての子供の宗教的利益の主張に依拠するものではない。本件で刑事訴追されているのは親なのであって，また，親に刑罰を科す州の権限の範囲を確定しなければならないのは，親の信教の自由の権利であって，子供たちのそれではない。子供たちは本件訴訟の当事者ではない。州は，被上訴人が子供たちの明示的な希望に反して通学することを妨げているという理由で上訴していない。

実際，仮に州が，パレンス・パトリエとして追加的な2年の公式教育の義務を課すことによって，アーミッシュの親からその子供たちを守る権限があるとすれば，州が，子供たちの宗教の未来を決定づけるとまでいえないとしても，相当程度に影響を与えてしまうだろうことは明らかである。西洋の文明化の歴史と文化は，伝統的に，子供たちの養育としつけへの親の関心を強く反映している。子供の育成における，このような親の第一次的役割は，議論の余地なく，アメリカの継続的な伝統として，今でも確立されている。この領域におけるおそらく最も重要な言明は，Pierce判決の中に存する。

「この合衆国におけるすべての政府が依拠する，自由の基本的な理論は，公立の先生のみからの指導を受け入れることを子供たちに強制することによって，子供たちを標準化する州のいかなる一般的権限も排除する」(268 U.S., at 534-535)

どのように解釈されようとも，Pierce判決の判示内容は，子供たちの宗教的な教育を方向づける，親の権利章典として存在する[19]。

---

19 この解釈への疑問については，see Stephen T. Knudsen, *The Education of the Amish Child* 62 Cal. L. Rev. 1506, 1510 (1974).

（6）結論

　以上で述べた理由によって，州最高裁判所と共に，本法廷は，修正第1条と修正第14条により，州は，被上訴人が自分たちの子供を公式の高等学校に16歳まで通学させることを強いることは許されないと判示する。本判決は，裁判所が教育委員会でも立法機関でもなく，州の義務教育プログラムの個別的な側面の「必要性」を確定するのに十分な制度ではないという明白な事実だという認識を変更するものではない。

　同じ宗教セクトとして3世紀続いたという歴史と，アメリカ社会の中での，長く成功し自足してきた一部分としてあるという歴史によって，アーミッシュは，本件において，自分たちの宗教的信仰，信仰と生活様式との結びつき，信仰と日々の振る舞いがそのコミュニティや彼らの宗教組織の継続的な存続において果たしてきた重要な役割，他の者にも一般的に妥当する制定法を州が執行することによって生じる危険を説得的に示してきた。

　我々は，州の義務教育法が一般的に適用されることをさまたげるべく，判示したのではない。

2　スチュワート裁判官同意意見（ブレナン裁判官はここにも加わる）

　ウィスコンシン州は，アーミッシュの親たちが，彼らの宗教上の信仰に従ったことを理由として犯罪者の烙印を押したのであり，本法廷意見は，正しくも，憲法上そんなことは許されていないと判示した。

　[スチュワート裁判官は，子供たちの権利は問題になっていないとして，次の証言を引用する]

　Q．じゃあ，フリーダ，君が学校に通わない，そして，昨年の12月から通わなくなった唯一の理由は，君の宗教上の理由なんだね？

　A．そうよ。

　Q．それだけが理由？

　A．そうよ。

　それゆえ，ダグラス裁判官の反対意見の第二部［4（2）の部分］で議論されている問題は，本件では，登場していないことは，私には明らかなように思われる。

3　ホワイト裁判官同意意見（ブレナン裁判官とスチュワート裁判官）

本件のような事件では，重要であるが対立する諸利益を詳細に衡量することが求められる。法廷意見の意見と判断に加わる理由は，第9学年と第10学年という義務教育の2年の追加を要請する州の利益が明白に真摯なものだとされている，存続に向けたアーミッシュの宗教実践の重要性を上回るとは言えないからである。

仮に被上訴人が，自分たちの宗教が，いかなる学年でもいかなる学校にも子供たちの通学を禁じ，州が設定する教育標準ともいかなる方法でも従うことを禁じると主張すれば，本件は全く異なる事件となっただろう。ほとんどの子供たちが自分たちの親の農村の生活を続けることを望むのかもしれない。その場合には，自宅での訓練が子供たちの将来の役割にとって十分なものを子供たちに授けるだろう。しかし，核物理学者，バレエ・ダンサー，コンピュータ・プログラマー，歴史家になりたい者もいるかもしれず，それらの職業にとって，公式の教育が必要不可欠だろう。多くの子供たちが十分発達すればアーミッシュの信仰を捨てるという記録もある。州は，子供の潜在的な才能を育成しようとするのみならず，子供たちが後に選ぶかもしれない生活スタイルにとっての準備をさせようとするうえでも，正当な利益を有する。本件のような状況では，第8学年で学校を出ていく子供たちが知的に無能になる，あるいは，後に新しい学術的素養を習得することができなくなると，州が示してきたとはいえない。

［アーミッシュの宗教実践の真摯な性格を精査することになるが，そのような関わりが国境樹立禁止条項違反の可能性を生ぜしめる。しかし］その宗教方針の真摯性は争われていない。

4　ダグラス裁判官反対意見

（1）　概要

アーミッシュが，宗教的な良心の咎めにより，小学校を超えた自分たちの子供の教育に反対しているという法廷意見には同意する。しかし，私が反対するのは，当該問題を親のみの適用免除の中に位置づける法廷意見に対してである。法廷意見の分析においては，本判決において問題になっている利益

は，一方で，親の利益，他方で，州の利益だけであると想定されている。このようなアプローチの難点は，法廷意見にも関わらず，親は自分たちの信教の自由の行使のみならず，子供たちの信教の自由をも，主張している点にある。

　第一に，事実審裁判所における被上訴人の免除の申立ては，刑事訴追に対する抗弁として，大人の宗教的自由のみならず，子供たちの宗教的自由をも明示的に主張している。

　第二に，子供には他の効果的なフォーラムがないので，彼の権利が考慮されるのは，本訴訟においてである。

　宗教は，個人の経験である。アーミッシュの子供全員が，一人の大人の刑事訴追において，当該主題についての自己の見解を表明する必要はないし，適切でさえない。しかし，重要なことは，親が訴追されている子供の見解である。フリーダ・ヨーダーは，彼女自身の宗教的な見解が高等学校に反対していると実際に証言した。それゆえ，被上訴人ヨナス・ヨーダーに対する法廷意見には加わる。しかし，フリーダ・ヨーダーの見解は，ヴァーモン・ユッツィーやバーバラ・ミラーの宗教的見解と異なるかもしれない。それゆえ，被上訴人アディン・ユッツィーとウォレス・ミラーについては，反対意見を述べなければならない。というのも，彼らの免除申立ては，自分たちの子供の宗教的自由の問題を提起しているからだ。

（2）　子供は憲法上の「人」である。

　この問題は，今日の法廷意見で公正に決して扱われていない。法廷意見は，子供の教育についての親の権限をもっぱら語っている。だが，最近の判例は，子供たち自身が，憲法上保障される利益を有していると明白に判断してきた。

　これらの子供たちは，権利章典が目的としているところの「人」である。

　「学校の外のみならず中でも生徒は，合衆国憲法上の『人』である。彼らは，州が尊重しなければならない基本的権利を保持しているのであり，それは，彼ら自身が，州に対する義務を尊重しなければならないのと同様である」(Tinker v. Des Moines School District, 393 U.S. at 511.)。

教育という本件の重要で決定的な問題について，子供たちは自分たちの意見が聴取される権利があると考える。子供は，ピアニストや宇宙飛行士や海洋学者になりたいかもしれない。そうなるためには，アーミッシュの伝統を打ち破る必要がある［ここでダグラス裁判官は注を入れている「多くのアーミッシュの子供がアーミッシュを出ていくのである。あるペンシルヴェニアの教会では，離脱率は30パーセントであるとホフステトラー教授は観察した。他の報告によれば，50パーセントにまでなるとされている」］。

本法廷意見によって危険にさらされるのは，子供たちの未来であって，親の未来ではない。もし親が小学校を過ぎれば自分の子供を学校の外に置くならば，子供は，永遠に，我々が今日暮らしているような新しくわくわくさせてくれる，多様性のある世界へと入る道は閉ざされてしまうだろう。

［フリーダ・ヨーダー以外の］二人の子供の見解につき，ウィスコンシン州の裁判所は調査していない。その問題は，本件を差し戻し新しい審理を行なうために，明白に取り消されるべきである。

（3） 修正第1条が意味するところの宗教とは？

本件のアーミッシュの集団についての「法と秩序」記録を法廷意見が強調することは，全く無関係なことだと考える。宗教は宗教であって，その構成員がどんな軽犯罪や重大犯罪の記録があろうが，関係ない。私は，カトリックの人たち，英国国教会派の人たち，再洗礼派の人たち，エホバの商人の人たち，ユニテリアン派の人たち，そして，私自身が属する長老教会派の人たちが，そのような審査をされれば，どのようになるのかについてはわからない。

法廷意見は，正しくも，行為が，宗教的な信念に基づくものであるとしても，常に，修正第1条の信教の自由の範囲外にあるという考えを拒否している。

しかし，法廷意見が別の点で後退しているおり，つまり，ソローの「選択は，宗教的というよりも，哲学的で個人的なものであると述べる」点においてである。

Welsh v. United States連邦最高裁判決では，次のように述べられている。

「本件では,ウェルシュの良心的な兵役拒否は,世俗的政治についての彼の考え方に部分的には依拠している。」

ウェルシュの哲学の本質を根拠として,我々は,彼が免除の資格があると判断した。

我々は人類の多様性すべてを代表する多くの宗教やセクトを抱える一つのネイションなのであるから,私は,以上の高貴な「宗教」観を支持するのであり,それらに代わる見解が受容可能だとは考えない。

Ⅲ　Yoder判決の先例的意義——特異なアーミッシュ

本法廷意見に対しては,一方で,アメリカ社会の多様性を象徴するものとして称賛する者もいるが,他方で,さまざまな批判が寄せられている。まずは本判決の先例的意義が乏しいとする理由につき検討していこう。

1　信教の自由に基づく免除と厳格審査

法廷意見は,アーミッシュは世俗から分離し離れた生活こそが救済につながるという信仰をもったコミュニティと認定したうえで,親の信仰の利益と第9学年以降の教育への州の利益を比較衡量し,州の利益は「やむにやまれない」利益とはいえないと判断した。その結果,第9学年以降の学齢に達するアーミッシュの子供たちを通学させないことは,その親たちの信教の自由に属し,その限りで州の義務教育法上の義務を免れ,当該親たちは教育義務の違反で処罰されることはないと判断したのである。

まず,制約理由として「やむにやまれない利益」を論証することを州に求める厳格審査の枠組みを採用した点は,Sherbert判決の厳格審査を継承している。しかし,厳格審査の枠組みが現在も維持されているとは言い難い。Employment Division, Department of Human Resources of Oregon v. Smith 連邦最高裁判決[20]において,法律上の義務につき信教の自由に基づいて免除されるためには,当該義務負担が特定の宗教集団に特別に課せられるように意図されたものでなければならないと判示され,また,州が「やむにやまれ

20　494 U.S. 872 (1990).

ぬ利益」を示さなければならないという考えが拒否された。これに対抗して，連邦議会が，信教の自由回復法を1993年に制定し，裁判所の判断を枠付けようとした。当時，クリントン大統領は，本法律に署名しつつ，アメリカは地球上で最も真に多民族社会の社会であり，本法律がそのような多様性を守っていく助けとなると述べている[21]。しかし，1997年に連邦最高裁はこの法律が違憲であると判示している[22]。

少なくともこの点では，Yoder判決（が前提とするSherbert判決）が現在でも先例的な意義があるかといえばきわめて怪しい。

2　子供たちの信教の自由？
（1）　判決の位置

次に，子供たちの信教の自由を独自に取り上げなかった点についてである。この点で，本判決の先例的な意義を否定する見解も少なからず存在する[23]。この見解は，ダグラス裁判官が，そもそも本件を親の信教の自由の問題と位置づけるべきではないという反対意見に呼応している。

法廷意見は，本件で訴追されているのは親であるから，本件の問題の実質を親の信教の自由の問題と位置づけた。これに対して，ダグラス裁判官は，問題の形式ではなく実質が重要であるとし，その実質は普通教育を子供たちが受けられるかどうかであるから，子供たちの信教の自由を問題にすべきとした。そして，本件の当事者の子供の一人であるフリーダは，自己の信仰を理由として通学しなくなったと述べたのだから問題がないとしても，しかし，ほかの二人に関しての意見も調査するべく，州裁判所に差し戻し，新しい審理を行なうべきだと判断した。ダグラス裁判官は，ここで，Tinker判決などに依拠して，子供の見解を確認することなく宗教上の義務に関する親の考えを子供に押し付けることは，子供の権利を侵害するというのであ

21　Stephen Macedo, DIVERSITY AND DISTRUST: CIVIC EDUCATION IN A MULTICULTURAL DEMOCRACTY, 156 (2003).
22　City of Boerne v. Flores, 521 U.S. 507 (1997).
23　Knudsen, *supra* note 19; Gage Raley, *Why the Landmark Amish Schooling Case Could be Overturned*, 97 Va. L. Rev. 681 (2011).

る[24]。

（2） 子供の意見を聴取することの意味

クヌーセンは，問題の実質は子供の利益をどのように保護するのかという点にあり，技術的な当事者適格のルールのみで子供の主張を審査する必要性を否定することはできないとして，ダグラス裁判官の反対意見の方に分があると述べている[25]。そして，親権やネグレクトの事案では，裁判所は子供の選好を一つの考慮要素としてきたとし，本法廷意見が子供の選好を全く考慮要素としていない点を批判する。

子供の選好を考慮要素とするとして，それをどのように位置づけることができるだろうか。たとえば，子供に決定権を委ねる趣旨か，また，参考意見に過ぎないのか。決定権を委ねる趣旨だとしても子供の意思表明がどのような効果をもたらすのだろうかという問題もある。子供が学校に行きたいと意志表明すれば，親は本判決が与えるような免責を受けるはできず，義務教育法違反として処罰されることになるのか（その場合には，子供の意志が親に対する刑罰権の発動の引き金になるわけである）。あるいは，あくまで親の信教の自由に基づく不作為だから親の免責を認めるのか。その場合，子供はどうしたらよいのか。この問題は，本件の形式的な争点からは大きくずれた問題になっていき，結局，刑事事件である本訴訟では如何ともしがたい事態になりそうである。とりわけ，親は処罰されたくないが，しかし，学校には行きたいと子供が望んでいる場合，どのような形でそのような希望を表明することが可能なのかは検討する必要がある。

（3） アーミッシュの教育と義務教育との比較

ところで，親の教育方針と子供の希望が異なる場合というのは，よくあることである。たとえば，親は医者に育てたいと考え，美術系の学校に行くための学費は出さないという話などである。その場合，政府が介入するということは基本的にはない。もちろん，本件は，義務教育の問題であるので，そ

24　Knudsen, *supra* note 19, at 1505-6.
25　*Id.*

のようなケースとは異なるのだといわれるかもしれない。しかし、本法廷意見によれば、第9学年以上の義務教育がアーミッシュの教育よりも良いという証拠はないと認定された。かかる認定を前提にすれば、比較の上で同程度の選択肢に関して、子供の意見を裁判所が聴取する必要があるといえるのか。同程度の選択肢からの選択ならば、親の裁量の範囲内といえ、そこに踏み込むことは公権力の不当な介入にならないのだろうか。

ダグラス裁判官の反対意見の根本には、法廷意見と異なる事実認識と評価があるといってよいだろう。すなわち、第9学年以上の普通教育よりも、アーミッシュの教育は子供たちの将来の選択の可能性を大きく狭め、その点で望ましくない教育だというのがダグラス裁判官の認識だろう。また、法廷意見が、アーミッシュのコミュニティからメンバーが離脱した場合に社会的負担をもたらしていないとするのに対して、ダグラス裁判官の反対意見はここを問題視している[26]。

3　公教育の役割[27]

この対立の根本には、事実認識の違い以外にも、リベラルな社会における公教育の在り方の理解の相違が横たわっている。そこで、公教育観の観点から本判決を分析していこう。まず、ダグラス裁判官は、アーミッシュにとどまることは、可能性の世界、彼が例を挙げるところでいえば、宇宙飛行士になる道が閉ざされることになると認識している。これに対して、バーガー長官の法廷意見は、主流のコミュニティとアーミッシュのコミュニティは共に成功した社会単位であると位置づけている。たとえ宇宙飛行士にならなくとも、アーミッシュの人びとは「生産的で、また、きわめて遵法的な」人びとである。

（1）　州が提示する公教育の理想、高等教育の実情

本件で問題になっているのは、教育一般のあり方ではなく、普通教育のあ

---

[26] ゲイジも、離脱後経済的な自立がままならない例を複数挙げて、法廷意見の事実認識は、少なくとも2011年の時点では維持できないと批判している、see Gage, *supra* note 23, 720-2.

[27] 公教育の基本的な考え方については、岸野薫「教育を受ける権利」曽我部真裕ほか編著『古典で読む憲法』第19章（有斐閣、2016年）参照。

り方である。つまり，すべての子供が等しく受けるべき教育内容が問題になっている。そして，本件でウィスコンシン州が義務教育の根拠として挙げているのは，（ⅰ）政治システムへと参画する市民を育成すること，（ⅱ）独立した個人を育成することの二つである。法廷意見も，少なくとも表面上は，これら二つの論拠を受け入れている。

とはいえ，法廷意見は，高等教育の実情を問題視している。本件で問題になっている第9学年以降の内容の実情は，法廷意見の認定によると，「知的で科学的な教養，自己の確立，競争性，世俗的な成功，他の生徒との社会生活を重視」しているというものである。これは，（ⅰ）文明社会で生きるための最低限の「科学的教養」を身に着け，また，（ⅱ）「自己の確立」によって個人主義的な生き方を推奨し，さらに，（ⅲ）資本主義的な世界で成功していくための「競争性」を獲得させていくものと評価できよう。これらを通じて，子供たちを現代社会における主流の人びとの生き方へと同化させるものである。そして，これらの要素すべてが，アーミッシュの生き方と対立することは明らかであろう。

（2）ダグラス裁判官反対意見

ダグラス裁判官が，公教育の役割につき，「我々が今日暮らしているような新しくわくわくさせてくれる，多様性のある世界」への可能性を切り開いてくれるものであるとは考えているだろうが，しかし，「科学的教養」「自己の確立」「競争性」のすべてを要求しているかは定かではない。もっとも，少なくとも，「自己の確立」が重要視されていることは確かだろう。個の自律を求める点で，これは，自律ベースのリベラリズム的な立場に基づいた公教育観だといえる。

（3）法廷意見──多様な要素を含んだ公教育観

バーガー長官の法廷意見で示される公教育観は，3つの要素に分けられる[28]。第一に，ジェファーソンが掲げた民主的な社会を支える「健全な自作

---

28 マシードは，以下で触れる前二者の要素を保守主義と評価し，三つ目の要素を多文化主義と評価している，Macedo, *supra* note 21, 154.

農」にアーミッシュをなぞらえているところからすれば，民主的な社会を支えることに公教育の役割はあると考えているのだろう。これは，共和主義的な教育観といえる。第二に，アーミッシュの人びとの遵法状況を賞賛していることからすれば，公教育の役割の一つに，他者を傷つけない遵法的な市民を育成することにあると考えられている。これは，遵法重視の教育観といえよう。第三に，最終的には，主流派が正しくアーミッシュが間違っているということはできないとし，多様性が大切だと述べていることからして，公教育もアーミッシュの教育もどちらもよいのであって，教育の在り方が全体として多様であることが重要なのだと考えられている。さまざまなコミュニティにおける教育のあり方に対する寛容を認める，多様性・寛容ベースのリベラリズム的な要素といえよう。

これらの要素をどのように整合的に理解してよいのかは相当難しい問題であるが，しかし，公教育の役割と限界をどのように見定めるかにおいては重要な要素群である。Ⅳ節で改めて検討していこう。

4　本判決の限界——Mozert判決との比較

Yoder判決はきわめて有名な判決であり，憲法学者のみならず，政治哲学者の多くにも知られている事件であるが，しかし，本判決は，後の判決において，それなりの重要な意味合いを持って，引用されることは少ない。その意味でも，本判決は，先例としての意義はきわめて小さいと評価できるかもしれない。その可能性を確認する意味でも，Mozert v. Hawkins連邦第6巡回控訴審裁判所判決[29]をみてみよう。

本件では，1983年，テネシー州のホーキンス・カウンティ―の教育委員会に対して，原理主義的なキリスト教を信仰する家族が提起した要求が問題になっている。親たちは，公立学校の読書の時間に用いられている一部の書物を用いるなと要求した。というのも，それらの書物は，価値相対主義的な主張を含んでいて，親を尊重しない態度を育成してしまうし，また，進化論の教説をも含んでしまっているなど，彼らの信仰と対立するからである。この

---

[29] 827 F. 2d 1058 (1987). なお，連邦最高裁は，サーシオレイライを否定した，484 U.S. 1066 (1988)。

Chapter 5　リベラルで民主的な社会に対するアーミッシュの問いかけ　173

要求に対して，一部の学校は代替措置を講じたのだが，教育委員会は代替措置を止めて，元のテキストを用いるように命令した。そこで，裁判になったわけだが，地方裁判所は，親たちの主張を認め，教育委員会の命令を止めさせた。しかし，Mozert判決は，親たちの主張を退けた。その中で，Yoder事件と本件を以下のように区別した。

「Yoder事件における親たちは，外部の世俗における生活に順応させるための学校へと子供たちを通学させることを求められ，あるいは，そうしない場合には，公的な制裁を迫られた。本件における親たちは，自分たちの子供が現代社会において生活していくために求められる技能すべてを身につけることを望んでいる。また，彼らは，自分たちが［自分たちの信仰に対して］攻撃的だと考えるいくつかの考えに自分たちの子供たちが触れてしまうことから，子供たちを免除させてあげたいと考えている。」[30]

アーミッシュの親たちは，一定学年以上からの完全な離脱を求めた。これに対して，本件の親たちは，公立学校の教育プログラムを利用しつつも，その変革を求めている。その違いから，Yoder判決の理屈を用いることはできないというのである。

そして，ライヴリ主席裁判官は，Yoderの法廷意見それ自体が，自らの判例の射程が狭いことを示すために，アーミッシュの特異性を強調していたのだと述べる。

本判決に批判的なストルツェンバーグは，本判決の前提には，アーミッシュのように既に実質的に一般社会に統合されていない限り，同化から守られる権利を有するという判断があることが示唆されているのだと述べ，批判している[31]。

しかし，この評価は行き過ぎのように思われる。ライヴリ主席裁判官は，本件における親たちには，教会ないし私立学校に通わせることもできるし，自宅で教育することもできるのだと述べているからだ[32]。つまり，自分たちがコストを負担すれば，自分たちの信仰に沿った教育を受けさせる権利があ

30　827 F. 2d 1058, 1067.
31　Nomi Maya Stolzenberg, *He Drew A Circle That Shut Me Out: Assimilation, Indoctrination, and the Paradox of A Liberal Education* 106 Harv. L. Rev. 581, 637 (1993).
32　827 F. 2d 1058, 1067.

るのであって,「一般社会に統合されていない限り」という条件でなくとも,少なくとも自分たちの宗教的信念を受けさせることができるという意味での,同化から守られる権利を親は有している。もっとも,その場合,私立学校に行かせるという高いコストを負担するのは親である。多様な教育プログラムを用意する公立学校の義務はないということにはなろう[33]。

IV 多文化社会と公教育の役割

1 多文化社会と公教育の役割

(1) 多文化社会と正義論

異なる文化・宗教集団に対してリベラルな社会はどのような態度を採るべきなのか。50年代のアメリカでは,リベラルなコンセンサスが出来上がっていたとされる。しかし,60年代のさまざまな運動を経て,70年代以後,急進リベラルと宗教右派が台頭し,社会の分裂が深まっていった。宗教右派は,自分たちの宗教上の主張を政治的な要求へとつなげていった。また,急進リベラルも,マイノリティの文化や宗教が政治社会における公的な承認を求めていった。文化に対する中立性を標榜していたリベラリズムへの多文化主義の挑戦が台頭した。これを受けて,一部のリベラリズムは,伝統的な宗教集団の主張も取り込める形で,中立性の裏側に隠された世俗主義へのコミットメント,すなわち,宗教に対する批判的な態度を棄てたとされる[34]。

このような議論の展開が生じるより前に,本判決をめぐる紛争状況は生じている。興味深いのは,保守的なバーガー長官がアーミッシュに寛容な法廷意見を執筆し,リベラルなダグラス裁判官が反対意見を執筆している点である。現代の政治付置からすれば,全く逆のように思われる。

---

33 この立場を採用する場合,公立学校の公費維持を正当化する議論をする必要が生じるだろう,参照宮寺晃夫『教育の正義論:平等・公共性・統合』(勁草書房,2014年) 126頁。
34 Cf. Richard Arneson & Ian Shapiro, *Democratic Autonomy and Religious Freedom: A Critique of Wisconsin v. Yoder* in POLITICAL ORDER, 388 (Ian Shapiro eds., 1993). アーネソンとシャピロは,そのようなリベラリストとしてギャルストンと80年代以降のロールズを挙げている。

(2) 公教育とアーミッシュ

本件で問題になっているアーミッシュは、はるか昔から孤立主義的な立場を堅持し、また、政治社会へと積極的な要求をしない点で、文化戦争の渦中にいる宗教右派とは性質上大きく異なる。

本件で問題になったのは、最も繊細な問題といえる公教育の内容や在り方である。私立学校を基本とし、すべての子供に同額の教育バウチャーを分配するにとどまる場合には、リベラリズムの中立性原理を維持することが可能かもしれない。しかし、公教育を制度化し、また、その内容の策定に何らかの形で公権力が関わる場合、公教育が多様な善の構想に対して中立的な態度を採ることはほとんど不可能に近い。公教育が基本的な読み書きや算数にとどまる場合には中立的といえるかもしれないが、それ以上の内容を含む場合は特にそうである。教育は主体を作り上げていくプロセスであるが、そこに価値選択が伴うことは不可避であり、なおかつ、主体を形成するわけであるから、価値選択の基本部分に関与するといってよい。しかし、法廷意見も反対意見も第9学年以上の教育内容が中立的であることを論証しようとしていたわけではない。むしろ高等教育の内容が特定の方向性(たとえば、競争性の育成)を帯びていることは、双方とも認めている。

どちらも第9学年以上の子供たちにどのような価値を植え付けてよいのか、また、どのような条件のもとでそこからの免除を認めるのかを問題にしていた。そこで、本章の冒頭において触れた自律と寛容という二つの原理から考察を加えていこう。

2　自律──選択肢の多様性と批判的理性

ダグラス裁判官の反対意見に好意的で、法廷意見を厳しく批判する政治哲学者シャピロとアーネソンは、自律を育成する教育の要件として、(ⅰ)選択肢の最大化と(ⅱ)批判的理性の育成という二つを挙げている[35]。まずは、この二つの観点から検討していこう。

35　Arneson & Shapiro, *supra* note 35, at 388.

（1） 選択肢の最大化

まず，選択肢の最大化についてであるが，法廷意見は，選択肢の最大化を重視しているように読める部分はほとんどないのに対して，反対意見は，宇宙飛行士などのさまざまな可能性が閉ざされてしまう可能性を問題視し，この要件を重視している。

子供の頃の教育こそが当該子供にとっての選択肢の数を最大化するためには重要であることは確かである。大人になってから別の選択肢に方向転換しても，取り戻せないことはある。だからこそ，選択肢の多様性を創出するためには，子供の頃の教育は重要なのである。とはいえ，シャピロやアーネソンがいうように，子供にとっての選択肢の多様性をどこまでも強調するわけにはいかない。というのも，たとえば，子供がオリンピック選手になるという目標を持っている場合，その目標の実現のためには多大な努力と時間が必要とされるのが一般的であり，その結果，他の選択肢が犠牲になることはしばしばあるからである[36]。選択肢の最大化を至上命題とするわけにはいかない。

（2） 批判的理性の育成

次に，批判的理性の育成についてであるが，法廷意見の中に批判的理性を養うことを重視している部分はない。興味深いのは，ダグラス裁判官の反対意見でも，世界を批判的に観る視線を重視しているところはなく，むしろ将来の職業の選択肢が多様であることが強調されている点である。子供たちが既に憲法上の「人」であり，彼らの意見聴取を求めている反対意見の立場からすれば，既に彼らが批判的理性を備えているということが前提とされているからかもしれない。

アーネソンとシャピロは，この批判的理性こそが自律にとって最も重要な要件であるとし，そのうえで，アーミッシュ内部の教育の問題は，この批判的理性を育成しない点にあると述べる[37]。これに対して，ギャルストンは，

---

[36] *Id.*, at 393.
[37] *Id.*

次のような例を挙げて反論している[38]。コソボの衝突に関する国連の行動についてカトリックの神学者がカトリックの原理である「正戦論」の観点からコメントを加えている例である。この神学者は，カトリックの伝統についての批判的な態度は採らない。しかし，その伝統内部で，あるいは，伝統を出発点として，批判的な理性を行使しているのだ，と。アーミッシュもこのような意味での批判的理性を行使している。そして，生活していく基盤となっている信念を一端全部脇において，批判的理性の行使を求めることは，リベラルな民主政からして，不合理であると反論している。

確かに，全くのゼロベースからの批判的な理性の行使は困難だろう。これまでの経験——そこには偏見が混じっているかもしれない——を一切捨象して，（数学や論理学の分野は措くとして）反省的な考察を繰り広げていくことはほとんど不可能であろうし，また，望ましい反省のあり方といえるかも怪しい。批判的理性の多くは，さまざまな経験の葛藤の中から生まれてくる。

もっとも，義務教育とアーミッシュの教育を比較すれば，前者の方がさまざまな経験に開かれている分，批判的理性が養われやすいのだという反論は当然ありえよう。確かに，第9学年以降の教育を受けた方がさまざまな知識に触れることになる。しかし，それだけで批判的理性が養われるとするのは，いささか皮相的な見解に過ぎる。たとえば，インターネットの登場でそのような機会は格段に増えたのだろうが，インターネットがない時代の人びとに比べて現代人の批判的理性が養われたといえるのか。また，カリキュラムを整備し，そのプログラムに則った座学の教育によって，批判的理性が養われるのか。むしろアーミッシュという特異な集団の中で生きる方が，完全に隔離した生活を送っていない限りは，アメリカの主流派の生活との違いにしばしば直面する（させられる）ことになり，自分たちのあり方を反省することになるということは十分にある。

つまるところ，教育は知識の伝達の中にだけ存するものではなく，葛藤状況こそが批判的精神を養うのではないか。ここでの議論のポイントは，アーミッシュの方が批判的理性を養うことに成功しているということではなく，教育と批判的理性との結びつきは，一筋縄ではいかず，批判的な理性という

---

38 Galston, *supra* note 1, at 107.

意味での自律の観点から見ても公教育の優位性があるとは必ずしもいえないという点である。

そういう意味では，第9学年以降の義務教育の有益さの立証が足りないとする法廷意見の事実認定には，一定の賢慮が働いていると評価できる。とりわけ，その判断の帰趨が親に対する処罰権の発動に関わっている場合には，そのような賢慮を働かせてしかるべきだろう。

(3) 経済的・社会的自立

しかし，ダグラス裁判官の反対意見の中には，シャピロやアーネソンがいうような選択肢の多様性でも批判的理性でもなく，アーミッシュの人びとが，そのコミュニティから離脱したときに，コミュニティ外で生きていくことができるのかという懸念もある。すなわち，一般社会で経済的にも社会的にも自立していくことができるのかという懸念である。反対意見の中で，アーミッシュのコミュニティからの離脱率の高さに触れているのは，まさにそのような懸念からであろう（法廷意見は低いと見積もっているので，重視していない）。

もっとも，どのような教育が上手く経済的・社会的な自立を促進するのかを考えれば，確率の問題としていえば，主流派の生活様式がその自立を促進するものとなるだろう。仮にこの点を正当な考慮要素とするならば，個人主義ではなく，特定の生き方を称揚し，押し付ける同化主義に近づいていく危険が生じる。ここで自律原理がリベラリズムの枠外へとはみ出す可能性が生じる。

3 寛容原理

(1) 寛容と自律との関係

次に寛容の観点から検討を加えていこう。寛容とは相互尊重のことである。自律の理念を徹底することは，一方への押しつけになり，相互尊重の原理とは対立しうる。その点で，自律と寛容は緊張関係を孕んでいる。

しかし，寛容原理は，自律原理と必然的に矛盾するわけではない。むしろ

自律を尊重することこそが寛容原理を要請することもある。子供が成長し自律を獲得する過程では、親が手取り足取り教えない方がよい場合もある。また、寛容原理によってさまざまな文化を認めていく方が、自律が育まれる多様性の環境も形成されるともいえるだろう。この場合には、自律と寛容は相互に補完し合う関係にある。

　バーガー長官の法廷意見についても自律と寛容の（部分的な）相互補完の関係として解釈できるところがある。既に触れたように、法廷意見の中には共和主義的要素がある。民主的な社会を支える健全な自作農というジェファーソンの理想にアーミッシュのコミュニティが特異な形で対応しているというところである。しかし、Ｉで説明したように、アーミッシュたちは信仰を理由として政治活動を回避するのであり、少なくとも彼ら自身が民主的な社会を積極的な形で支えることはない。健全な自作農ではあるが、積極的な意味での共和主義者とは言い難い。法廷意見の説明からして、バーガー長官もこのことを認識していた。しかし、彼らに政治参加を促すわけではない。ならば、なぜバーガー長官がアーミッシュの信仰に基づいた義務教育の免除という寛容を与えるかといえば、アーミッシュの存在が主流派の人びとが忘れているものを思い起こさせてくれるという点にあるからではないだろうか[39]。法廷意見の随所にみられるのは、アーミッシュに対する畏敬の念である。さらに付け加えれば、中世の専制から西洋文明の価値を守った宗教集団を挙げているところからすれば、そのような現代社会の主流のありかたを相対化し、反省する契機がアーミッシュの生活様式の中にあると考えているのかもしれない。専制の防波堤となりうると考えれば、消極的な意味での共和主義とさえ評価できる。このような枠組みで法廷意見を理解すれば、アーミッシュがいい意味での反省的契機となる点で、アーミッシュの社会を許容することがアメリカ社会全体の批判的理性を育成するものだと考えられ、この場合には、自律と寛容は部分的には相互補完の関係に立つ。

39　信仰を理由とした政治参加の拒否を認めるのだという形で、法廷意見は単純に民主政よりもリベラルを優先したのだという解釈もありうる。

（2） 寛容の根拠： 強制の不可能性，心からの納得，多様性

寛容の根拠に立ち返って考え直しておくことも重要である。ロック（John Locke）は，「寛容についての書簡」で，説得と命令を区別し，何が正しいのかという問題については，説得することはできても，刑罰によって強制することはできないと述べている[40]。これは，思想・心情の問題に関する強制不可能論といえよう。

また，ロックは，「真の宗教の生命と力のすべては，心のうちに完全に納得するという点にある」と述べている。これは，強制が望ましくないという議論である。

このような寛容の根拠に照らせば，義務教育として制度化し，刑罰という脅しを用いて多数派の教育の中に組み込むことは問題を多く孕んでいる。

もちろん，子供たちの問題は別であるという意見もあるだろう。確かに，子供たちは信念の形成過程にあり，そもそも尊重するべき主体的能力に乏しく[41]，説得か刑罰かという次元よりも，洗脳という次元を考える必要はある。そうはいっても，教育にはすべからく洗脳の面があり，とりたててアーミッシュの人びとにだけ向けてよい批判なのかは問題となる。

4 本判決で残された課題——代替的措置，寛容の限界

本判決では残された課題も多くある。瞥見していこう。

（1） 代替的措置

まず，寛容原理がどこまでのことを要求するかという問題である。すなわち，Yoder判決では，アーミッシュの義務教育からの部分的離脱が認められたが，Mozert事件におけるような状況でもキリスト教原理主義者に配慮した教育措置をとることを要求するだろうか。Mozert判決でライヴリ裁判官は，本件とYoder事件とを区別したが，それは正当なのだろうか。自分たちの宗教的信条を子供たちに伝えるために，公立学校で一定の代替的措置を求めることが妥当なのか。日本でいえば，信教の自由をもとに高等専門学校に

---

40 ジョン・ロック『ロック，ヒューム（第3版）』355-6頁（大槻春彦責任編集）。
41 この判断は，子供の主体性を前提にするダグラス裁判官の反対意見とは対立する。

おける剣道実技を拒否した事件で提起された問題と深く関係するだろう[42]。もっとも，法廷意見が描くアーミッシュの特異性からすれば，少なくともYoderの法廷意見が積極的な代替的措置を要求する論理を内包しているとまでは言い難い。

（2）寛容の限界

次に，どこまで寛容であってよいのかという寛容の限界問題がある。法廷意見では，アーミッシュのコミュニティがきわめて遵法的な集団であることが強調されるばかりで，寛容の限界の問題は取り上げられていない。たとえば，男性と女性との性別役割分業を維持している点，コミュニティ内部で非公式なシャニング（制裁の一種）がある点，コミュニティから脱出した後にこれまでのコミュニティへの貢献に基づいた脱出者の財産が保障されていない点などである。もちろん，本件では，直接に問題になっていないので，取り上げる必要はないといってしまえばそれまでだが，しかし，これらの問題が浮上した場合，本判決の論理でどのように応えられるのかは明らかではない。

結びに代えて

「Einmal ist keinmal. 人がただ一つの人生を生きうるとすれば，それはまったく生きなかったようなものである。」（ミラン・クンデラ前掲13頁）。

アーミッシュが提起した根本的な問題は，リベラルな社会が，非リベラルな共同体に対してどこまで寛容でありうるだろうかという点であろう。論者のリベラル観に応じて寛容の度合いは異なってくるし，また，アーミッシュが実際どのような集団であるかについても論者の認識はかなり異なる。

法廷意見に批判的な立場をとる論者の多くは，アーミッシュの教育が普通の公教育に比べて劣っているという前提を採用している。これに対して，法廷意見は，あくまで第9学年以降の公教育との比較に限定したうえで，その

42　最高裁平成8年3月8日第二小法廷判決（民集50巻3号469頁）

公教育の優位性を州が実証できていないと述べるにとどまる。個人の善き生に大きく影響を与える教育の場面でそうした優劣の認定に対して慎重な態度を採るのは一つの賢慮であるように思われる。個人の人生の比較は容易ではない。

Chapter 6　スクール・バウチャー制と政教分離原則
——The Story of Zelman v. Simmons-Harris, 536 U.S. 639（2002）

溜箭　将之

クリーブランド学校区のHP

　スクール・バウチャー制度とは，州が，学校に通う生徒の親に対し，学校の授業料に充てることのできる引換券（バウチャー）を給付する制度である。バウチャーは，公立学校でも私立学校でも使え，公立・私立の学校間の競争を促す効果を期待された。オハイオ州クリーブランドは，バウチャーが導入された初期の例であるが，結果として，バウチャーの96％が宗教系の私立学校で使われた。バウチャー反対派は，これは連邦憲法修正１条の国教樹立禁止条項に反するとして訴えを提起した。修正１条への違反はないとする連邦最高裁の合憲判断は，保守５対リベラル４の判決だったが，その背後にはアメリカ社会におけるいくつかの重大な価値観の対立があった。

I　クリーブランドとバウチャー制度

　クリーブランドはかつて鉄鋼業で栄えた街である[1]。南北戦争前は人種的な関係も良かったものの，南北戦争後の南部からの移住により，黒人の人口が増加するとともに，黒人の居住区域が形成され，人種差別が徐々に深刻化していった。1870年代から1930年代にかけ，クリーブランドの鉄鋼業が発展していったが，雇用者と労働組合による人種差別のため，黒人は製鉄工場や鋳造所での働き口をほとんど得られなかった。1920年代から30年代にかけ，公立学校における黒人の生徒数の増加に対し，十分な教育が提供されてないことに，黒人社会からの批判の声が上がりつつあった。さらに大恐慌の影響から，失業率の高まりとして特に黒人に重くのしかかるとともに，税収の低迷から教育予算も縮小を余儀なくされた。

　第二次世界大戦後，鉄鋼業も一時は盛り返し，労働組合の人種平等的な政策もあり，黒人の雇用状況も改善した。しかし，これが南部からの大量の人口を招き，黒人が集中して居住する地域はスラム化していった。白人が郊外へ住居を移すいわゆるホワイト・フライトも加速し，学校の人種隔離も進んだ。こうした劣悪な教育や住宅の状況，さらに1950年代以降クリーブランドの産業の衰退とともに高まった失業率は，人種間の緊張の高まりを生み，1950年から60年にかけて大規模な人種暴動も発生した。

　1970年代から80年代以降，南部からの人口流入は収まり，人口も安定してくるとともに，郊外に黒人と白人の中流階層の居住区もできるようになってきた。しかし，クリーブランドの中心街の失業率と犯罪率は依然として高く，産業の衰退とともに市の税収は低迷したままだった。こうして市内の公立学校の予算はごく限られ，アフリカ系アメリカ人の受けられる教育の水準も低迷したままだった。

　グリーブランドの教育制度は，1973年に連邦地裁によって黒人生徒に対して差別的な状況であると認定され，教育委員会は生徒の修正14条上の権利を

---

[1] ケース・ウェスタン・リザーブ大学とウェスタン・リザーブ歴史協会が共同で維持しているEncyclopedia of Cleveland Historyの諸記事が参考になる。http://ech.cwru.edu/ 以下の記述は，African Americans, Public Schools, Parochial Educationなどの項目を参考とした。

侵害しているとの判断が下された[2]。連邦地裁はこれ以降管轄を維持し，さまざまな差別解消策を命じてきたが，1994年に当事者間の和解を承認し，事件の終結に向けた動きが進められた。しかし教育委員会の財政状況は悪化を続け，連邦裁判所は1995年に州政府に対して学校の運営を教育委員会から引き継ぐことを命ずる判断を下した。他方で連邦地裁は，過去の人種差別と隔離の痕跡は，実際上可能な限り除去されたとして，長年の裁判所の監督を実質的に終了させる判断を下した[3]。

これが，本件で連邦裁判所が危機的とした教育状況であり，これに対処するためオハイオ州が導入した施策の一つが，本件で合憲性の争われたスクール・バウチャー制度だった。このバウチャー制度は，1990年にウィスコンシン州ミルウォーキーで初めて導入されており，オハイオ州クリーブランドは全米二番目の試みだった。

II 判決前史

Zelman判決を読み始める前に，前提となる判例の変遷を押さえておくことにする。政教分離原則，とりわけレモン・テストの変遷に関わる判例は，本書II2で扱われているので，そちらを参照されたい。ここでは，Zelman判決の理解に関わる限りでざっと扱うことにする。

1 レモン・テスト前

連邦憲法修正1条の国教樹立禁止条項を，修正14条のデュー・プロセス条項に編入し，初めて州に適用した判決が，1947年のEverson v. Board of Education連邦最高裁判決[4]である。これは，宗教学校へのバス通学の費用に対する州の補助が問題となった事件で，連邦最高裁は5対4で合憲判決を下した。

法廷意見を著したブラック（Hugo Black）裁判官は，政府と宗教との間に

---

2 Reed v. Rhodes, 455 F. Supp. 546 (N.D. Ohio, 1978) (Battisti, J).
3 Reed v. Rhodes, 1 F. Supp. 2d 705 (N.D. Ohio, 1995).
4 330 U.S. 1 (1947).

は厳格な「壁」があることを強調し,「いかなる税も,いかなる額であっても,宗教的な活動や機関を支援するために課されてはならない」と判示した。しかし,一般論としては厳格な判示をしたにもかかわらず,法廷意見の結論は合憲判断であった。これに納得しなかったラトリッジ（Wiley Blount Rutledge）裁判官ら4人は反対意見に回った。ジャクソン（Robert H. Jackson）裁判官も少数意見を著し,その中で「法廷意見の趣旨は,教会と州とを完璧かつ妥協の余地なく分離することを高らかに宣言するものであるが,教育に関する事柄について教会と州との混合に支持を与える結論と,全く一貫しないように思われる」と法廷意見を批判している。

　こうして国教樹立禁止条項は,連邦最高裁による州への適用の出発点から,矛盾を抱えることになった。この点は本Zelman判決にも尾を引いている。バウチャー制を合憲とした法廷意見に対して,反対意見を著したスーター（David Souter）裁判官は,法廷意見の結論はEverson判決と両立しないと批判したのに対し,オコナー（Sandra Day O'Connor）裁判官は同意意見の中で,Everson判決でも公立学校と私立宗教学校との別を問わずバス通学費用の補助が合憲になったのであり,本件も同様に政教分離には反しない,と反論することになる。

2　レモン・テスト

　アメリカにおける政教分離問題に関するリーディング・ケースとして知られるのが,1971年のLemon v. Kurtzman連邦最高裁判決[5]である。この事件では,私立学校の世俗教科担当教員への給与補助が問題になったが,連邦最高裁は8対1で違憲判決を下した。

　この判決で示されたのが,いわゆるレモン・テストである。「第一に,制定法は世俗的な立法目的を有していなければならない。第二に,その主要ないし第一の影響が,宗教を促進するものであってはならないし,宗教を禁ずるものであってもいけない。最後に,制定法は『政府による宗教への過度な関与』をもたらすものであってもいけない。」[6]

---

[5]　403 U.S. 602 (1971).
[6]　Id. at 612-13 (quoting from Board of Education v. Allen, 392 U.S. 236, 243 (1968); Walz v. Tax

レモン・テストの法理論的な分析は他の章に譲るが，ここでは2点を指摘しておこう。第1点が，バーガー（Warren Earl Burger）長官によるこの判示の妥協的性格である。法廷意見は，この3つ要素からなる判断基準を，それまでの判例の中から引き出している。その際にバーガー長官は，「政教分離の境界線は，とうてい『壁』などといえるものではなく，曖昧かつ不鮮明で，個々の事案における関係によって変化しうるような柵である」と述べ，政府と宗教は厳格な壁によって隔てられるとした，Everson判決のブラック法廷意見を早々と打ち消してしまった。しかしこうした弱気な判示にもかかわらず，Lemon判決では結論として宗教学校への補助は違憲とされた。一般論として厳格な分離を唱えつつ宗教学校への補助を合憲としたEverson判決との対照性は，皮肉だといわざるを得ない。

　第2点が，宗教的背景の異なるわが国ではあまりピンとこないが，この判決から伝わってくるカトリックに対する厳しい視線である。バーガー長官は，公立学校による教育にも一定の欠点があるとしつつ，私立学校による教育も大きな欠陥を抱えるとして，次のように述べている。「宗派による教育は，もっぱら宗教ないし教理関係の事柄に関わる。これは，教会に対し，独自の教義を意図的であれ間接的であれ教え込むか，教理に関する授業でこれを大々的に行う機会を与えることになる。」私立学校での教育が，特定の教会・宗派による教化活動だと決めつけるかのような判示である。

　こうした態度の背景には，アメリカのほとんどの私立学校が宗教学校，それも多くがカトリック系だという宗教事情がある。アメリカの公教育は，オハイオ州やクリーブランドも含め19世紀半ばに拡充されていった。そこでは，公教育が特定の宗派に偏らないことが強調されたものの，実際には教員のほとんどがプロテスタントだった。教室でも教育の過程でプロテスタントの聖書が用いられ，カトリックの生徒にとってはしばしば威圧的な雰囲気と感じられた。こうした傾向は，19世紀後半にカトリック系移民の増加する中で強まり，アメリカのカトリック教会は，司教管区のイニシアティブで私立学校を設立し，プロテスタントの威圧を受けない形での教育を信者に提供していった。クリーブランドでも1850年代からカトリックの学校設立が進めら

Commission, 397 U.S. 664, 674 (1970)).

れた。

3　レモン・テストの遍歴

　Lemon判決後の1970年代後半から1980年代，連邦最高裁による政教分離判例は，大きな振幅を示す。私立学校への補助は，特にそうした傾向が強い分野だった。

　一方では，政教分離原則を厳格に捉え，私立宗教学校への補助を違憲とした一連の判例がある。州による宗教系学校への教材（地図・雑誌・録音機）の貸出を違憲とした，1977年のWolman v. Walter連邦最高裁判決[7]，州が私立学校の生徒に教材を貸与すること自体は違憲ではないが，そこに宗教性がある場合には違憲となるとした，1975年のMeek v. Pittenger連邦最高裁判決[8]（本書II③），公立学校の教師が公費で私立学校の補習授業を行うことを違憲とした1985年のAguilar v. Felton連邦最高裁判決[9]とSchool Dist. of Grand Rapids v. Ball連邦最高裁判決[10]である。

　他方で，より緩やかなラインをとり，州が宗教学校に通う生徒ないし親に対する援助を合憲とした判例もある。具体的には，州法において教育費に対する所得税控除を認めたが，実際の受益者の96％は宗教系学校に通わせる親だった事案において合憲判決を下した1983年のMueller v. Allen連邦最高裁判決[11]，宗教学校で学ぶ目の不自由な学生への州の援助を合憲とした1986年のWitters v. Washington Dept. of Servs. for Blind連邦最高裁判決[12]がある。

　これらの判例は，一貫性があるとは到底言えないと評され，判例も学界もここからいかなる一貫した理論を導けるか苦心してきた[13]。

7　433 U.S. 229 (1977).
8　421 U.S. 349 (1975).
9　473 U.S. 402 (1985).
10　473 U.S. 373 (1985).
11　463 U.S. 388 (1983).
12　474 U.S. 481 (1986).
13　KATHLEEN M. SULLIVAN & GERALD GUNTHER, CONSTITUTIONAL LAW, 1369 (17th ed. 2010) citing LAURENCE TRIBE, AMERICAN CONSTITUTIONAL LAW, 1219-21 (2nd ed. 1988).

4 保守化

　1990年代以降は，連邦最高裁が顕著な保守化傾向を示すようになった。それとともに，学校教育と政教分離の分野の判例は，私立学校への補助を合憲と認める余地を徐々に広げてきた。1993年のZobrest v. Catalina Foothills School District連邦最高裁判決[14]は，州が公費により手話通訳機を私立学校の耳の不自由な生徒に給付した事案だったが，連邦最高裁はこれを合憲と判示した。

　さらに連邦最高裁は，州が公費による世俗授業の補習プログラムを私立宗教系学校にも認めた1997年のAgostini v. Felton連邦最高裁判決[15]（本書Ⅱ2）において，合憲判決を下した。この中で，School Dist. of Grand Rapids判決とAguilar判決を明示的に判例変更している。2000年のMitchell v. Helms連邦最高裁判決[16]では，小・中学校に公立・私立を問わず公費でコンピューターなどが支給されたが，連邦最高裁はこれを合憲と判示した。その際に連邦最高裁は，Meek判決とWolman判決を明示的に判例変更した。

　本Zelman判決には，連邦最高裁の保守化傾向とともに，アメリカの政治部門，さらに社会全体の保守化傾向が反映されている。以下でみる通り，スクール・バウチャー制度に伴う私立学校への公費支出の規模は，従来の判例で認められたものよりはるかに大きい。その背景には，教育の分野でも市場の拡大と小さな政府を目指すネオリベラリズムの動きと，これまで政府活動とされてきた領域において信仰のもつ役割を拡充してゆこうという宗教的な保守派の流れとがともに見受けられる。本判決は，保守5対リベラル4でオコナーがキャスティングを握る，レンキストコートの典型的な対立を示している。その対立は，連邦最高裁を取り巻くアメリカ社会におけるイデオロギー的な対立，それも宗教と教育というアメリカ社会の根本にかかわる対立とも重なる。

14　509 U.S. 1 (1993).
15　521 U.S. 203 (1997).
16　521 U.S. 203 (1997).

Ⅲ 事実の概要

　1995年，クリーブランドを管轄する連邦地裁が，クリーブランドの学区が「深刻な危機」にあると宣言し，学区をオハイオ州政府直轄とする命令を下した。これを受けて州政府は様々な施策を講じたが，そのうちの一つが，本件で問題となったパイロット・プロジェクト奨学金制度である。

　このプログラムは，対象学区の生徒の親に対して2つの支援を行っている。ひとつが，プログラムに参加する公立・私立学校で，生徒の親が選択した学校に支払われる授業料の補助である。生徒の親に選択の機会を提供する，いわゆるバウチャー制度にあたる。もう一つが，公立学校に残る生徒への個別指導の費用に対する補助である。

　プログラムは1996年度から開始され，1999年度には56の私立学校がバウチャー制度に参加し，うち46校（82％）が宗教学校だった。公立学校からは1校も参加していない。3700人余りの生徒がバウチャーを利用し，うち96％が宗教学校に入学した。これらの生徒の60％が，貧困所得レベル以下の家庭の子供だった。

　バウチャー制度は，クリーブランドにおける教育の選択肢を広げる施策の一環である。バウチャー制度のほかにも，教育委員会でなく地域で自律的に運営されるが，予算は州から支払われるコミュニティ・スクール，教育委員会によって運営されるが，特定の科目や教育方法，サービスを強調するマグネット・スクールなどが，州によって導入された。

　本件の原告は，1996年に州裁判所に納税者訴訟を提起し，州法と連邦法に基づく主張を展開した。州最高裁は，連邦法上の請求は退け，州法に基づく手続要件について州憲法違反を認めた。これをうけて州議会は違憲状態を修正する立法を行った。

　1999年，原告は改めてオハイオ北部地区連邦地裁に納税者訴訟を提起し，連邦憲法修正1条の国教樹立禁止条項違反を主張した。連邦地裁は同年，本件プログラムの暫定的差止を命じたが，この命令は連邦最高裁によって停止された。連邦地裁は，同じ年の内に原告勝訴のサマリー・ジャッジメントを下した。被告が上訴し，第6巡回区連邦高裁は2000年，連邦地裁の判決を維

持し，上訴を棄却した。翌年，連邦最高裁がサーシオレイライを下し，2002年，連邦高裁の判決を破棄し上訴を認容する判決が下されたのである。

Ⅳ 判決

1 法廷意見・同意意見・反対意見の構成

この事件で判決が下された2002年は，レンキストコートの末期にあたる。判決では，保守派5人とリベラル派の4人が結論を分け，オコナー裁判官がキャスティング・ボートを握った。ただし，オコナー裁判官が同意意見を書きつつ，法廷意見の理由づけに賛成したため，レンキストコートの政教分離にかかわる判決でしばしば問題となる，多数が形成できない事態は回避された。

法廷意見を書いたのはレンキスト（William Rehnquist）長官で，これにオコナー，スカリア（Antonin Scalia），ケネディ（Anthony Kennedy），トーマス（Clarence Thomas）各裁判官が加わった。形式的な判断基準を提示する形の判示である。これにオコナー裁判官が単独で同意意見を付し，より詳細な事実の検討を伴う判断を示した。レンキスト長官の形式主義的な判示では満足いかなかったのかもしれないが，スーター裁判官の反対意見に反論する意味合いも強い。さらにトーマス裁判官が単独で同意意見を書き，レモン・テストの根本的な再検討を求める独自説を展開した。

反対意見の中心となる意見を執筆したのがスーター裁判官で，これにスティーブンス（John Paul Stevens），ギンズバーグ（Ruth Bader Ginsburg），ブライヤー（Stephen Breyer）各裁判官が加わった。事案の具体的事実に基づく反対意見となっており，レンキスト長官の法廷意見が合衆国判例集で20頁の長さだったのに対し，31頁をかけて反論を展開している。その一部の論点につき詳細な議論を展開したのが，ブライヤー反対意見で，これにスティーブンスとブライヤー両裁判官が同意した。しかしアメリカにおける宗教対立を予言する内容で，ギンズバーグ裁判官はこれに加わっていない。スティーブンス裁判官も短い反対意見を単独で付しているが，独白的な内容のものである。

2 レンキスト法廷意見

レンキスト長官は，本件で問題となるのは，Agostini判決の変形レモン・テストの目的・効果基準のうち，効果要件だとして以下のように論じ，バウチャー制度は合憲だとした。

本裁判所の判例は，宗教学校に直接援助を行うプログラム（Mitchell 判決とAgostini 判決）と，純粋な私人の選択を認めるプログラムで，政府の援助が私人による純粋かつ独自の選択の結果としてのみ宗教学校に届くもの（Mueller 判決，Witters 判決，Zobrest判決）との間に，一貫して区別を認めてきた。本裁判所の直接援助の合憲性に関する法理は過去20年の間に大きく変容を遂げてきたが，純粋な私人の選択プログラムに関する法理は一貫しており，例外はない。本裁判所は，これまで三度にわたり，政府が広範な個人の集団に直接援助を支給し，その個人が自ら選択した宗教学校ないし宗教施設に援助を振り向ける中立的な政府プログラムに対する違憲の主張を審査してきた。そして三度とも違憲の主張を退けてきた。

Mueller, Witters, Zobrest の三判決をみれば，政府の援助プログラムが中立的であって，広範な市民の集団に直接援助を支給し，市民が政府援助を自らの純粋かつ独自の私的選択のみにより宗教学校に振り向ける場合には，プログラムが容易に政教分離禁止条項により違憲とはされないことが明らかである。学校の宗教的な活動が促進される付随的な効果や，宗教的なメッセージが是認されるとみられることは，合理的に見て，受給者個人に帰せられるものであって，政府に帰せられるものではない。政府の役割は補助金を支出した時点で終わっているのである。

本件のオハイオ州によるプログラムは，困難に陥った学区の生徒に教育の機会を与えるための，総合的な施策の一貫であり，中立で純粋な私的選択に基づくプログラムといえる。宗教と関係なく定義された多数の私人が対象とされ，すべての学校が参加できる。宗教学校にお金が流れる不自然なインセンティブも設けられていない。宗教系私立のほか，世俗系私立・公立・マグネット・コミュニティなど選択肢も多い。私立学校のうち82％が宗教系だが，これはもともとの私立学校の比率を反映したものである。奨学金を受けた生徒のうち96％が宗教学校に行ったというが，マグネット・コミュニティ

なども含めて割合を取れば20％未満まで下がる。

以上のレンキスト長官による法廷意見は、内容的にあっさりとした判示であり、長さとしても短い。保守派のミニマリズムの特徴をもった形式主義的な判示ということができる。あるいは、オコナーが加わって法廷意見を形成できるようにするために、保守的なトーンを抑える必要があったのかもしれない。いずれにせよ、明快で簡明だが、規範的な正当化になっていないと評された判決文である[17]。

3　オコナー同意意見

オコナー裁判官は単独で同意意見を著した。オコナー裁判官はレンキスト法廷意見にも加わっているから、本件では5対4という形の多数が形成された。これまでの政教分離の事件でしばしば見られた、相対多数で意見が分かれて法廷意見が形成されない事態は避けられたことになる。オコナー裁判官の意見も、大まかには法廷意見の論理に沿っており、内容的にもスーター反対意見に反論するものになっている。しかし、詳細に検討すると、オコナー裁判官の判示は、法廷意見による形式的な判断基準の提示とあてはめよりも、宗教団体の得る利益の規模やバウチャーを受け取った親の選択の内容など、より実質的な事実関係に踏み込むものである。とりわけ、親の選択が純粋な選択といえるかを丹念に分析するところに、オコナー裁判官の信念が表れている。オコナー裁判官の判示は大要次の通りである。

（1）　過去の判例における事案と比べて大きな違いはない

本件は、従来の間接的援助の事件とは異なる。その理由の一つは、バウチャー・プログラムに割当てられた資金の大部分が、用途の制限なく宗教学校に届くことである。しかし、宗教学校に届く公的資金の割合は、被上訴人〔原告〕が主張するほど大きくない。1999年度のデータによると、バウチャー・プログラムに参加した学校の82％は宗教系で、参加した生徒の96％は宗教学校に入学しているが、このデータは不完全である。こうした統計は、ク

17　Ira C. Lupu and Robert W. Tuttle, *Zelman's Future: Vouchers, Sectarian Providers, and the Next Round of Constitutional Battles*, 78 NOTRE DAME L. REV. 917, 935 (2003).

リーブランドの公立学校の生徒に開かれた合理的な教育上の選択をすべて考慮に入れているわけではない。コミュニティ・スクールに入学する選択肢を考慮に入れれば，宗教学校に入る生徒の割合は62.1％に下がる。マグネット・スクールも加えれば，この割合は16.5％まで低下する。

また最大で820万ドルが宗教学校に渡るとはいうものの，これもコミュニティ・スクールに940万ドル，マグネット・スクールに1億1480万ドルの予算が支出されているのと比べれば，大きな額とはいえない。

ほかにも，連邦，州，地方自治体から既に支払われている金銭と比べると，本件プログラムの支出は特に大きくない。既に宗教団体に対しては，連邦や州の法人税が減免され，また宗教チャリティへの寄付に対しては控除が認められている。また宗教系病院に対しては，メディケア・メディケイドといった連邦のプログラムを通じて，医療サービスへの対価が支払われている。これらと比べれば，本件クリーブランドのバウチャー・プログラムは，額の面でも特殊性の面でも特別なものではない。

（2）　レモン・テストとEverson判決

本件が，従来の政教分離に関する判例法理から大きく逸脱するわけではない。本件では，レモン・テストの効果要件が問題になったに過ぎない。公金がサービス提供者に直接支出されずに，サービス受益者に渡されることが，宗教を促進または抑圧する効果があるかを明確にするに留まる。

スーター反対意見は，本件がEverson判決からの逸脱だと批判する。同判決でブラック裁判官は，「修正１条の下で，州は宗教の信者集団との関係で中立であることを求められるが，彼らと対立的であることまでは求められない」と判示した。だからこそ，当該事件では，公立・私立を問わずバス通学費用の補助を行ったことが合憲とされたのである。本件は，最終的に宗教団体に渡る補助が，サービス受益者の指示によってなされる必要があることを明らかにしたのであって，Everson判決との関係で矛盾はない。

（3）　レモン・テストと過度の関わり

本件クリーブランドのバウチャー・プログラムが，宗教学校と世俗学校の

間で中立的であることについて，疑いの余地はない。世俗学校より宗教学校に資金が流れやすくはなっていないし，世俗学校は十分に宗教学校に対抗し得るだけの選択肢となっている

　コミュニティ・スクールとマグネット・スクールも考慮にいれれば，クリーブランドの生徒の親には多様な世俗の選択肢があったといえる。スーター反対意見は，コミュニティ・スクールなどが，試験の成績が低いので選択肢にはなってないとしているが，これらコミュニティ・スクールの親の満足度が高いことなども併せて評価すれば，十分な選択肢になっているといえる。

　このように，オコナー同意意見は法廷意見よりも詳細な事実に立入った検討している。プログラムに参加した学校の実績や親の満足度まで考慮した上で，生徒の親に対し真に宗教と無関係の選択肢が提供されている判断し，反対意見に反論するとともに，法廷意見の結論を支持したのである。

4　トーマス同意意見

　法廷意見に全面的に賛成した上で，これまでの政教分離に関する判例法理は再検討すべきだとするのが，トーマス裁判官である。

（1）　目的・効果テストの再検討

　修正1条は，連邦議会は国教の樹立に関わる立法をしてはならないと規定するが，州に対して宗教に関する制約を課していない。修正14条は州が市民の自由を侵害しないことを保障した。連邦憲法上の権利が修正14条に組み込まれるにあたっては，そうした自由が拡充されるべきで，自由が制約されるべきでない。したがって，政教分離条項との関係では，州の行為は連邦政府の行為と異なる評価を受けてもよいと考えられる。すなわち州は，宗教に対する中立な関与について，連邦政府に比べて自由に実験してよい。

（2）　選択

　オハイオ州のプログラムは，親の選択の幅と多様性を広げるものである。伝統的な公立学校やマグネット・スクール，さらに私立のコミュニティ・スクールに対して，奨学金プログラムがあり，これに宗教学校が加えられるこ

とになる。教育の成果向上と機会保障という州の目的に照らすと，宗教学校を加えることには意味がある。宗教系私立学校が一定の成功を収めているのは事実であるが，それよりもオハイオ州のプログラムが，都市の恵まれない生徒により良い教育を提供することが大事であり，州は教育の成果を向上させる様々な実験をする憲法上の権利を有する。

　統一的な公立学校を通じた教育で民主主義と平等を促進することは，理想ではあるが，公教育の失敗は，現実として黒人らマイノリティに大きな不利益となっている。南北戦争後間もない時期の黒人は，公教育は自らを自由にするものだとして支持したが，今日は学校の選択肢を増やすプログラムを，教育の機会を拡充するものとして支持している。こうしたプログラムに反対する論者は，政教分離の形式論を持ち出すが，彼らは修正14条のもつ中核的な目的を見落としている。

　アメリカ社会は，恵まれないマイノリティに教育を提供する手段として，アファーマティブ・アクションを用いてきた。しかしこれは修正14条の人種差別の禁止に反する。これに対し，宗教学校を含めた学校の選択肢を拡充するプログラムは，修正14条を曲解する形で国教樹立禁止条項を取り込まない限り，違憲とはいえない。修正14条を，教育の機会の保障から教育改革に対する障害に変えてしまうことは，我々の憲法上の価値を歪め，支援を必要とする者に不利益をもたらすことになる。

5　スーター反対意見

　リベラル派4人を代表する反対意見を著したのが，スーター裁判官である。スーター裁判官は，政教分離に関する連邦最高裁の指導的判例であるEverson判決を出発点とする。この事件でブラック裁判官は「いかなる税も，それがいかなる額で，いかなる名称で，いかなる形式での宗教の布教ないし実践であっても，宗教的な活動や機関を支援するために課されてはならない」と判示したが，本件はこの判示と両立するものではない，というのである。

(1) 判例の検討

多数意見の政教分離法理の理解は破綻をきたしており，このことは，判例の推移を3つの時期に分けて検討すれば明らかである。

第一が，Everson判決から1968年のBoard of Education v. Allen連邦最高裁判決[18]までの時期である。この時期は，政府から宗教学校への援助は許されないというEverson判決の原則を前提としつつ，事案へのあてはめについて裁判官の間で見解が分かれた。とりわけ，問題となった立法の真の意図は何か，宗教教育と世俗教育をいかに区別するか，生徒への補助と学校への補助をいかに区別できるかを巡って，見解が対立した。

第二が，1971年のLemon判決や1973年のCommittee for Public Education & Religious Liberty v. Nyquist連邦最高裁判決[19]など，1970年代のプラグマティズムの時代である。この時期の裁判所は，個々の事件の具体的事案に照らし，プラグマティックに政府援助の可否を判断しようとした。特に重視されたのが，世俗的な政府援助が宗教目的に流用される危険性があるか否かと，レモン・テストの「過度の関わり合い」の要素のように，宗教目的で流用されないよう監督することで政府による宗教への介入が強まることの危険性である。そうした流用や関わり合いの危険性が大きい場合には，政府による公金支出は許されないとされた。

しかし第三期，すなわち1983年のMueller判決以降，判例の態度はプラグマティズムから形式主義へと退行した。Mueller判決では，州の補助が宗教教育と世俗教育に平等に充当され，補助の受給にあたって私人が選択を行っていることを理由に，1970年代は違憲とされたプログラムが合憲とされた。平等な充当と私人の選択は1986年のWitters判決など，その後の判決でも強調される。

それでも当初の判例は，1985年のBall判決のように，宗教学校に直接補助に対して厳格だった。しかし，1993年のZobrest判決，1995年のRosenberger v. Rector and Visitors of the University of Virginia連邦最高裁判決[20]を経

---

18 392 U.S. 236 (1968).
19 413 U.S. 756 (1973).
20 515 U.S. 819 (1995).

て，1997年のAgostini判決までに，連邦最高裁は，学校への直接の補助であっても，平等な充当と私人の選択であれば合憲だとした。流用の危険性に対する警戒は薄れていったのである。2000年のMitchell判決では，私人の手を通じてであれば，補助が実質的に宗教学校に渡ってもよいとされた。ただし，Zobrest判決とRosenberger判決では，州から宗教学校に渡った補助の規模は，実質としてみると大きくなかった。Mitchell判決は相対多数に留まった。その意味で本件は，法廷意見が補助金の実質的規模を無視した初の判決である。

(2) 中立性と私人の選択という法廷意見の判断基準は機能しない

本件バウチャー・プログラムに参加した56の私立学校（うち53校がバウチャーをもつ生徒を受け入れた）のうち，46校が宗教系だった。バウチャーを受け取った者の96.6％が宗教学校に通い，わずか3.4％が世俗学校に通っている。これが，バウチャーを申請する家族の自由かつ純粋な選択を反映したものだとは，解釈できない。むしろ，96.6％という数字に反映されているのは，世俗学校の座席数があまりに少なく，他方で宗教学校に少なからぬバウチャー生徒を受け入れる余裕があるという事実である。そして，多数意見の断定とは反対に，隣接学区の公立学校には，オハイオ州のバウチャー・プログラムに参加する経済的動機はなく，実際に参加した公立学校は皆無である。バウチャー・プログラムの対象となる大多数の子供たちにとって，宗教系学校が公立学校に代わる唯一の選択肢となっている。また法廷意見は，プログラムは，公立学校も私立学校もすべて参加しているので中立だというが，実際には，私立学校が授業料として1人当たり2,250ドル受け取るのに対し，公立学校はバウチャー資金を受け取らないので，プログラムは私立学校を利するものである。

バウチャー受給者が公立学校も私立学校も選べるという法廷意見の論理も，問いの立て方がおかしい。真の選択と言えるか，と問うときには，どの学校に行くかの選択ではなく，お金をどこに支払うか，を問う必要がある。バウチャー資金がどのように使われているかを見るときに，宗教系私立の生徒が3,637人（A），世俗系私立の生徒が129人（B）であり，バウチャー受給

者の選択という観点からは，96%（A／(A＋B)＝3637/3766）が宗教系私立に通っていると計算すべきである。法廷意見は，公立で奨学金を受ける生徒1,400人（C），マグネット・スクールの生徒13,000人（D），コミュニティ・スクールの生徒1,900人（E）を分母に加え，宗教系学校を選ぶ生徒の割合を18%（A／(A＋B＋C＋D＋E)＝3637/20066）だという。しかしこの議論は，資金の支払われ方が問題だという，物事の本質を見失っている。オコナー同意意見も，宗教学校に支払われた資金が多くて820万ドル，コミュニティ・スクールに940万ドル，マグネット・スクール1億1480万ドルだとして，宗教系学校への支払いの割合が小さいというが，裁判官が分母を自由に選ぶことができれば，私人の選択という法廷意見の判断基準も機能しない。

　現実には，バウチャー受給者を受け入れた56校のうち，46校が宗教学校（82%）で，バウチャー受給者のうち96.6%が宗教学校に通っている。こうした現実を前に，生徒の親に真の選択があったとは言えない。当該学校の宗教を望んだからではなく，教育の機会のために選ばざるを得なかったのである。実質的にバウチャー受給者の大多数は，宗教学校を選ばざるを得なかったのである。

（3）　法廷意見の結論の不当性

　補助の規模は，金額自体としても，学校予算に占める割合としても，未曾有の大きさである。宗教的な私立学校の世俗教育と宗教教育が，ともに巨額の州の税金で賄われている。

　こうした事態は，国教樹立禁止条項の目的を損なうことになっている。すなわち，国教樹立条項は，いかなる者もいかなる宗教を支援することを強制されないという良心の自由を保護し，政府による施しに伴って政府の規制が宗教に及び宗教の腐敗を防ぐことを目的としている。しかし，本プログラムでは，参加する宗教学校は，宗教を理由に差別してはならないとされており，これは宗教学校が学生・教員の選抜において，自らの教義を信ずる者を優遇できないことを意味する。また，宗教学校がより大規模なビジネスとして，政府の補助金をあてにした運用を始めるようになる。州レベルの政治にも敏感になるだろう。宗教学校が政治的テコを用いるようになり，オハイオ

州の政治家も宗教の影響力を感じるようになるだろう。さらに、州の予算をめぐる宗派同士の争いも生じかねない。宗教・宗派によっては、他の宗教・宗派からは許されない教えをもつものもあり、これは政教が分離されているからこそ可能であった。しかし、こうした危険を避ける手段をとることができるのは、もはや政治部門か将来の最高裁になる。

　こうしてスーター裁判官は、法廷意見の形式主義を批判し、プラグマティズムに徹し、より実質的な資金の流れを考慮に入れるべきだと主張する。しかしその意見は、決して読みやすいものではなく、データの選択も必ずしも説得的とはいえない。とりわけ、プログラムの下で生徒の親が実質的選択をできたかを詳細に検討した、その意味でプラグマティズムに徹したオコナー裁判官に対して、十分な応答ができているとは言い難いように見受けられる。

6　ブライヤー反対意見

　スーター裁判官の反対意見の後半部分で触れられる、国家の補助が宗教対立を生じさせる危険性について、より詳細に論ずるのがブライヤー反対意見である。

（1）　国教樹立禁止条項と宗教対立

　修正1条の国教樹立禁止は、17世紀以前のヨーロッパにおける宗教戦争の経験から、自由と社会の安定を守るには、宗教的寛容が必要だという考えから起草された。初期のアメリカの学校はプロテスタント的な性格を帯びていたが、これは人口のほとんどがプロテスタントだったためである。19世紀半ばから20世紀初頭のアメリカでは、カトリックとユダヤ教の人口が増加し、これに伴う宗教的な対立も生じた。カトリックは政府に対し、平等な補助を求めたのに対し、プロテスタントからは非宗派に徹することを求めた。そうした中で、国教樹立禁止条項解釈は「機会の平等」を追求するか「分離」の徹底かで見解が分かれたが、最終的に裁判所は、公立学校における宗教活動と私立学校に対する政府援助の二つの分野で、「分離」を選択した。これは「機会の平等」アプローチではうまくいかないことが明らかになったことに

よる。

(2) 現代アメリカの宗教的多様性

現代アメリカは，55の宗教・宗派の存在する多様な社会である。そこでは「機会の平等」アプローチは機能しない。スクール・バウチャーでも，一部の宗派が自らに有利に資金を誘導しようとして，他宗派と対立する恐れも生じる。そうした場合に，政府が依怙贔屓の批判なしに対立を解消できるかは疑問である。本件プログラムでは，これに参加する要件として，いかなる宗派の生徒も受け入れ，人種・民族・出自・宗教による差別をしないことが求められる。これに違反した場合には，プログラムへの登録が抹消されるが，こうした手続は地域社会を分断することになる。また遵守を監督するにあたっては，政府と宗教の関わり合いも生じざるを得ない。

(3) 従来の判例で認められた事例との違い

これまで政府の援助が宗教学校に到達した事例では，特に大きな混乱が生じてこなかった。しかしバウチャー・プログラムは，種類と程度の点で，これまで判例で認められた事例とは異なる。すなわち，同プログラムは，宗教上の真実を子供に教えるという教会の核心的機能への財政援助であり，かつ公立の世俗学校から私立の宗教学校への大規模な税金の移動である。これは，従来の事例よりはるかに社会的分断を生じさせる恐れが大きい。

ブライヤー裁判官は以上のように述べ，法廷意見が政府補助の「中立性」という観念を持ち込むことで，半世紀も前の判例で否定された国教樹立禁止条項解釈に逆戻りしたと批判する。「機会の平等」の考えは機能せず，厳格な政教分離が，少なくとも教育に関しては必要だとして，法廷意見がこうした考え方から離反することは，アメリカの社会構造を破壊するような宗教対立を生じさせる恐れがあると警告したのである。

しかし，宗教対立の恐れを強調する意見には，反カトリック的な響きがあり，これに対してはこうした言辞がかえって宗派間の対立をあおることになるという厳しい批判が寄せられている[21]。ギンスバーグ裁判官は，この反対

21　Lupu, *supra* note 16, at 954-55.

意見には同調していない。

7 スティーブンス反対意見

政教分離原則に関する議論の中で,教育改革という背景を考慮に入れるべきではないとして,法廷意見と反対意見との間の議論から距離を取るのが,スティーブンス裁判官である。単独の反対意見の中でスティーブンスは,他の反対意見に同意するとした上で,次のように述べている。

本件の問題は,何千人もの小学生を特定の宗教に教化するために,公費を支出するのを認める立法が,国教樹立禁止条項の許容範囲内といえるか,である。この問題に答えるにあたっては,クリーブランドの深刻な教育危機,公立学校制度の中での選択の幅,公教育ではなく宗教教育を選択するのが自発的に行われていること,といった事実は,関係があるとはいえず,考慮に入れるべきではない。

V 判決の検討

1 判決の分析

本件は,5対4という保守リベラルが厳しく対立する中で下された判決であるが,政教分離の文脈においても,より具体的なスクール・バウチャー制度の争点についても,決定的な判断を下した[22]。すなわち,政教分離法理との関係では,政治と宗教の境界を緩やかに解する立場を明らかにし,レモン・テストを変容させてきたレンキストコートの一定の到達点を示している。またバウチャー制度についても,レンキスト法廷意見は,結果として宗教系私立学校に大規模な公金が流れ込むプログラムであっても,「純粋な私人の選択を認めるプログラムで,政府の援助が私人による純粋かつ独自の選択の結果としてのみ宗教学校に届くもの」としてこれを明確に肯定した。

保守派の立場を確立した判決に,オコナー裁判官は重要な役割を果たしている。それは,オコナー裁判官が保守派4人に加わったことで,5対4の法廷意見が形成されたことに留まらない。オコナー裁判官は,「純粋な私人の

---

22 Lupu, *supra* note 16, at 919.

選択」について詳細な事実に立入った検討を行い，法廷意見の定式化に沿う形で，反対意見のプラグマティズムに対する強力な反論を提示した。これにより，政教分離法理の効果要件について，政府規制の中立性についての判断手法が明確に示されたといえる。

これに対し，反対意見は苦しい防戦を強いられた[23]。すでに述べたように，クリーブランドの教育状況の危機は，人種社会的格差と教育と深く絡む深刻な問題だった。スーター裁判官は政教分離の判断において，プラグマティックなアプローチの重要性を説く。その反対意見による議論の焦点は，最終的に公金のどの程度の割合が宗教学校に支払われるかにあり，統計データの扱いにこだわった意見となっている。しかしそこでは，クリーブランドの深刻な教育危機について立入った検討はされず，この面で政策的背景も含めたプラグマティックな検討はなされていない。スティーブンス裁判官は，本件でクリーブランドの教育危機は考慮すべきでないと単独意見で述べているが，この姿勢は反対に回った裁判官の中で共有されている。

この点では，むしろトーマス裁判官の同意意見が雄弁である。トーマス裁判官は，19世紀後半に活躍した黒人社会改革者ダグラス（Frederick Douglass）と人種別学を違憲としたBrown v. Board of Education連邦最高裁判決[24]から引用しつつ，子供にとっての教育の意義を説きつつ，教育が特に黒人の子供にとって，自由に対する制約から開放する契機であることを強調する。そして，反対意見による国教樹立禁止条項の解釈に対し，クリーブランドの教育危機を克服する試みを阻むものだ，と厳しい批判を浴びせたのである。

もし反対意見が，クリーブランドの教育危機を正面から考慮したプラグマティズムを採用していれば，あるいはいずれかの裁判官がそのような少数意見を書いていれば，本件の今後の位置づけも変わり得たのではないだろうか。クリーブランドの初中等教育は，全米でも特に深刻な危機に見舞われていた。これに対応するため，教育委員会としては可能な限りの手段を尽くす

---

23 Comment: *Five to Four: Reflections on the School Voucher Case*, 116 HARV. L. REV. 163,（2002）.
24 347 U.S. 483（1954）.

必要があった。このことは，特定の宗教ないし宗教一般を優遇しようという動機ではなかったことを示唆し，また結果的に宗教系学校に多額の公金が流れ，政教分離原則と緊張関係を生ずることを正当化する事情にもなり得る。こうした事情から目を背けない反対意見があれば，将来の下級裁判所または連邦最高裁で再びバウチャー制度が争われた時に，本件を区別できた可能性がある。

　反対意見が，教育危機を度外視してまでこだわった政教分離の論点も，上滑りの感を否めない。スーター反対意見は，本バウチャー制度を契機に，宗教学校がビジネス化し，政治に介入する恐れ，さらに宗派間の争いに発展する可能性を指摘する。ブライヤー反対意見も，アンチ・カトリック的とさえ評される筆致で，宗教対立の危険性を説く。こうした危険性が現実化すれば，確かに深刻な事態になるかもしれないが，抽象的に危険性を強調しても，ともすると宗教対立を煽るように映り，必ずしも広く共感を得られない。しかし，バウチャー制を導入した教育現場では，公的資金を受領した宗教学校について，教育の質を維持・管理するため政府としてどう関与すべきかなど，具体的な場面で世俗と宗教の交錯する事態が生じつつある。こうした具体的な問題について，反対意見の議論は必ずしも十分に掘り下げられていない。

　Zelman判決における保守5対リベラル4の対立の背後には，バウチャー制度を取り巻く政治的な対立，宗教対立の危険性，そして教育を巡る財政危機と地域・人種間の格差問題が控えている。以下では，こうしたZelman判決を取り巻く錯綜した対抗軸を検討するとともに，バウチャー制度の全国的な展開と，それが現場でどのような問題を提起してきたかをみることにする。

2　バウチャー制度の政治学

　バウチャー制度の発想は，新古典派経済学的な保守派の提案にさかのぼる。これを提案したものとしてしばしば引用されるのが，フリードマン (Milton Friedman) が1955年に発表した「教育における政府の役割」[25]という

25　Milton Friedman, *The Role of Government in Education* (1955).

論文である。政府が無償の公教育を独占的に供給することに対して再検討を迫ったこの論文は，教育サービスを受ける生徒の親にサービス引換券（バウチャー）を配布することで，民間の教育サービス提供者の参入を促し，競争原理を導入し，サービスの向上を図ることを提案した。生徒の親がより良い学校を選んでバウチャーによる支払いを行えるようにすれば，学校にはより良い教育を提供するインセンティブが生じ，質の悪い学校はバウチャー資金を得られず淘汰されることになる。

こうした提案は，教育環境の荒廃に悩む都市部のニーズとマッチした。スラム化が進行する都市部では，地価が下がり，公立学校における教育の質を維持する予算を賄うだけの税収が確保できずにいる。そこから教育の質の低下，スラム化，地価の下落という悪循環が生ずる。そうした都市部の，特にアフリカ系アメリカ人たちの間から，バウチャー制度による選択肢の拡充を求める動きが生じたのである。

こうした流れを受け，1990年にウィスコンシン州ミルウォーキーでバウチャー制度が施行されたのを皮切りに，1995年に本件のオハイオ州クリーブランドのパイロットプログラム，さらに1999年にフロリダ州全体でバウチャー制度が導入された。

リベラル派の陣営，とりわけ教員組合はバウチャー制度に強く反対してきた[26]。彼らの主張によれば，アメリカのアイデンティティ・公共性は無償の公教育によって培われるが，バウチャー制度は公立学校から資源を奪い，弱体化させ，公教育の伝統を損なうことになる。また，州は二つの教育体制をサポートせざるを得なくなり，税金の無駄が生ずることになる。また，宗教，言語，民族ごとに私立学校が分立することになれば，アメリカの分裂を深刻化させることになる，というのである。

もっとも教職員らは，この論点につき直接の利害を有している。バウチャー制度が導入されると，公立学校の教育予算が私立学校に振り向けられるからである。教職員の利害からすれば，むしろ州の予算で，コミュニティ・ス

---

26 MICHAEL A. RESNICK, WHY VOUCHERS WON'T WORK (National School Boards Association 1998); National Education Association, *The Case Against Vouchers*, 〈http://www.nea.org/home/19133.htm〉

クールやマグネット・スクールを通じた教育を拡充する方が望ましい。

バウチャー制に対しては，競争原理の論理が現実に機能するかという批判もある。学校における教育の質を正確かつ公平に評価するのは難しい。学力テストによる評価も行われているが，初中等教育の価値には，学力だけでは測れない面もある。仮にそうした評価が可能だったとしても，生徒の親が皆そうした評価に応じて学校を選択するとは限らないし，評価が低い学校がスムーズに退出するとも限らない[27]。

バウチャー制度については，組織的に民主主義的な責任を負わないことが問題とされることもある。この背景として，アメリカの教育委員会は，一般に地域の財産税で財政を支えられ，構成員も地域で選ばれている。市場原理に従うバウチャー制度の導入は，教育制度を地域的民主主義から遊離させてしまう危険性をはらむ。ただし教育委員会単位の民主主義には，裏の面もある。特段の政策が講じられない限り，裕福な郊外の教育委員会から，貧しい都市中心部の教育委員会に税収が移転することはないため，都市―郊外の貧富の格差は固定化してしまうのである。

このように，保守とリベラル，また貧富の格差の政治学の力学において，国教樹立禁止条項を巡る論争は，政治的決着を憲法訴訟で覆そうとするいわば代理戦争のような様相を呈する[28]。しかし同時に，アメリカの教育制度はキリスト教と複雑な関係をもってきたのも事実である。

3　バウチャー制度の宗教学

判決の事実関係でも明らかにされているように，クリーブランドの私立学校の多くは宗教系の学校であり，またそのほとんどがカトリック系の学校である。逆に公立学校は，一般に宗教的要素を排除することを標榜しながら，実際にはプロテスタントの生徒が多い。朝礼や行事も，伝統的にはプロテスタントの方式に従って行われ，歴史教育もプロテスタントの視点から行われることが多かった。

27　Martha Minow, *Public and Private Partnerships: Accounting for the New Religion*, 116 HARV. L. REV. 1229, 1249-51 (2003).
28　Comment, *supra* note 19, at 172-174.

こうした事情は，アメリカにおける公教育の成立と発展の経緯に根差している[29]。アメリカで誰もが公費で教育を受けられる制度が各州で広がっていったのは，1830年代からのことである。当時はアメリカ全体的にプロテスタントが圧倒的に多かった。ところが，南北戦争後のアメリカの経済発展とともに，アイルランドや南欧，そして東欧から流入する移民が急増した。移民に対する反感は，カトリック排斥の形を取り，これが公立学校ではプロテスタンティズム強化につながった。カトリック教徒は，これを避けるために，自ら私立のカトリック学校を設立していったのである。

こうした事情は，アメリカの政教分離判例にも影を投げかけている。Ⅱ2でみたように，レモン・テストの背景には，カトリック系を中心とする私立学校に対する不信感があった。私立学校では，宗派による教育が行われ，これは当該宗派の教義に基づく教化にほかならないという認識である。この認識を前提とすれば，私立学校への公的資金の支出は，特定宗派による教化活動に対する政府の財政支援にほかならない。

こうした前提に対して，偏見偏狭（bigotry）であると強く異議を唱えたのが，1990年代以降の連邦最高裁の保守派裁判官だった。レモン・テストの見直しを決定づけたMitchell判決で，トーマス裁判官は相対多数意見の中で，「国教樹立禁止条項は，宗派によって設立された学校を，そうでない学校であれば受領できる補助プログラムの受給から排除するものではない。同時に，本裁判所の諸法理は，これを禁ずる。こうした法理は，偏見偏狭から生じたものであって，葬るべきものである」と述べている[30]。カトリックの裁判官が，レモン・テストの反カトリシズムに敏感なのは理解できる。トーマス裁判官はカトリックであり，相対多数意見に加わった他の裁判官も，レンキスト長官がルター派であるほかは，ケネディ，トーマスともカトリックであった。同意意見に回ったオコナーは英国国教会派，ブライヤーがユダヤ

---

[29] EDWIN S. GAUSTAD, PROCLAIM LIBERTY THROUGHOUT ALL THE LAND: A HISTORY OF CHURCH AND STATE IN AMERICA, 73-112 (2nd ed. 2003).

[30] *Mitchell*, 530 U.S., at 829. スティーブンスは反対意見でこれに強く反発した。学校の宗教的使命に対し政府は補助を行うべきでないとする立場を，反カトリックの偏見偏狭とみなすことは，政府が宗教とのかかわりにおいて中立に運営され得るという国教樹立条項の基本前提に対する攻撃だと述べている。*Id.* at 913 (Stevens, J., dissenting).

教，反対意見では，スーターが英国国教会派，スティーブンスがプロテスタント，ギンズバーグがユダヤ教だった。

本Zellman判決における裁判官構成は，Mitchell判決からほぼ変わっていない。ルター派のレンキストによる法廷意見には，カトリックのスカリア，ケネディ，トーマスの3裁判官が加わり，スウィングのオコナーは英国国教会派だった。これに対し反対意見を構成したのは，ユダヤ教のギンズバーグとブライヤーとプロテスタントのスティーブンスとスーターである。ブライヤー裁判官の反対意見に，アンチ・カトリックの表現が目立ったことは，1で確認した通りである。

なお，レンキスト長官の死去に伴いロバーツが長官に任命されて以降，連邦最高裁裁判官が立て続けに交代した。プロテスタントのレンキスト，スティーブンス，オコナー，スーターに代わって任命されたのは，カトリックのロバーツ，アリト，ソトマイヨールとユダヤ教のケーガンである。その結果，2015年末の段階で，連邦最高裁の構成は，プロテスタントの裁判官はおらず，カトリック6人（スカリア，ケネディ，トーマス，ロバーツ，アリト，ソトマイヨール）とユダヤ教3人（ギンズバーグ，ブライヤー，ケイガン）となった。裁判官の任命過程で宗教の重みが小さくなったことの表れかもしれないが，他方でこうした裁判官構成が政教分離に関わる事案に影響を与えないと言い切ることもできない。

とはいえ，アメリカ社会全体としては世俗化の傾向とともに，あからさまなカトリック蔑視の風潮は弱まっているようにも見受けられる。他方で，世俗化の流れは，宗教系私立学校の存立基盤を弱める方向でも作用する。カトリック系の学校にとって，宗教的使命から低い給料でも初中等教育に尽力する人を確保することは難しくなってきている。宗教系学校が政府への補助金を期待せざるを得ない状況があることも，現実である[31]。

4　Zelman以降の各州の動向

（1）各州のバウチャー制度

以上のような複雑な政治・宗教力学の中で，バウチャー立法は本稿執筆時

31　Comment, *supra* note 22, at 166-67.

点（2016年7月）で、13州とワシントンDCで成立している[32]。

具体的なバウチャー制度は多様である。初期のバウチャー制度は、ウィスコンシン州のミルウォーキーやオハイオ州のクリーブランドなど、特定の地域を対象としたものだった。それが、フロリダ州で州全体を対象としたバウチャー制度が導入されて以降、より広範なバウチャー制度も導入されるようになっている。ただし、フロリダ州では、後述の通りバウチャー制度に対する違憲判決が下され、対象を障害をもつ生徒に縮減した制度を維持している。

オハイオ州は、判決の後にクリーブランドのプログラムに加え、州全体のバウチャー制度を開始した。州全体で低所得者層を対象としたプログラムを有するのは、オハイオ州を含めた5州とワシントンDCである[33]。他方で、障害を有する生徒を対象とした制度を有するのが、アリゾナ、ジョージアなど5州である[34]。メイン州とバーモント州は、公立学校のない地区を対象とした制度をもっているが、19世紀半ばに導入されたもので、歴史的経緯も異なる。

バウチャー制度についてこれまで具体的に問題となってきたのは、私立学校のバウチャー受領要件である[35]。こうした要件は、宗教的観点と教育的観点に分けることができる。教育的観点からは、バウチャー制度に参加する私立学校の教育水準を維持することが求められる。具体的には、州の認証機関の認証を受けること、バウチャー受給者に州の認めるテストを実施すること、教員の業績評価を行うことなどの要件が州によって課されている。宗教的観点は、入学や履修にあたって宗派等を理由として差別をしないこと、また希望者ないしバウチャー受給者が宗教教育からオプト・アウトできるようにすることを、参加私立学校に義務付けるものである。

この中で、憲法上の観点から問題をはらむのが、教育内容の規制である。

---

32 National Conference of State Legislature, *School Voucher Laws: State-by-State Comparison*, http://www.ncsl.org/research/education/voucher-law-comparison.aspx
33 インディアナ、ルイジアナ、ノースカロライナ、オハイオ、オクラホマ、ワシントンDC。
34 アリゾナ、フロリダ、ジョージア、ミシシッピ、ユタ。
35 Stephen Macedo, *Constituting Civil Society: School Vouchers, Religious Nonprofit Organizations, and Liberal Public Values*, 75 CHI.-KENT L. REV. 417, 430-32（2000）．

クリーブランドのバウチャー制度では，参加私立学校に対し，宗教的非寛容を助長する内容の教育を禁ずる規制がかけられていた。Zelman判決では直接の争点とはならなかったが，こうした教育内容の規制が，政府による宗教団体に対する過度の関与につながることへの危惧は，ブライヤー少数意見で示されていた。これが過度の政府関与ないし信教の自由の制約として許されないか，あるいは公金の支出との引き換えの規制または私立学校を通じた政府表現として正当化されるかは，問題となり得る。

こうした懸念から，バウチャー制度を採用した州では，私立学校における教育内容について一切規制しないことが多い。例えばインディアナ州最高裁で合憲とされたバウチャー立法では，プログラムに参加する学校に対して，カリキュラムの内容，宗教上の指導または活動，教育内容，教職員の採用要件に対し規制を行うものではない，と明記されていた[36]。しかし，規制をしないことに対しては，教育環境の劣悪な学校や，宗教上の教義を名目に人種や性別について差別的な教育を行う学校が放置されるとして，批判も強い[37]。他方で，一定の規制がかけられている州でも，実効性がどこまで担保されているかは，必ずしも明らかではない。私立学校における教育の自律性と，教育の質確保の必要性とのバランスは，バウチャー制度に必然的に伴う難しい課題ではあるが，この点はZelman判決では争われることがなかった[38]。

バウチャー制度が広がりを見せるかについては，制度の実効性の検討とともに，今後を見守る必要がある[39]。より最近になって試みられているのが，2011年にアリゾナで導入された，「教育用普通預金口座」(educational saving account) と呼ばれる制度である[40]。これは，バウチャー制度と同様に，生徒

---

36 Meredith v. Pence, 984 N.E. 2d 1213, 1219 (2013), quoting Indiana Code §20-51-4-1 (a)(1).

37 James G. Dwyer, *Privatizing the Public Good: Emerging Trends in K-16 Education: No Accounting for School Vouchers*, 48 WAKE FOREST L. REV. 361, 383-94 (2013).

38 Kathleen M. Sullivan, *The New Religion and the Constitution*, 116 HARV. L. REV. 1397, 1399 (2003).

39 *See e.g.*, Catherine Candisky, *Ohio's voucher students fare worse than public-school peers, study finds*, THE COLUMBUS DISPATCH (July 7, 2016), available at 〈 http://www.dispatch.com/content/stories/local/2016/07/07/study-voucher-students-dont-fare-as-well-as-public-school-peers.html〉.

40 Josh Cunningham, *The Next Generation of School Vouchers: Education Saving Accounts,*

を私立学校に通わせる親に公的な財政支援がなされる制度だが，その使途は私立学校の授業料だけでなく，オンライン教育サービスやテキスト，個人指導など，より広い教材や関係サービスについて認められている。アリゾナに続き，フロリダ，ネバダ，テネシー，ミシシッピの4州で導入されている。この制度についても，生徒の親にとっての選択肢の幅を広げ，教育サービス間の競争を通じた質の向上が期待される一方，バウチャー利用先の教育の質をいかに確保するかが課題となり，また公教育のための予算が分散してしまうことに批判も強い。

(2) バウチャー制度と州憲法

　Zelman判決が連邦憲法との関係でバウチャー立法の合憲性を肯定して以降，こうした法廷闘争は州に主戦場を移している。そもそもアメリカの連邦制の下で，教育に関する立法権限は州に委ねられている。また州によっては，教育に関して宗教宗派に公金を支出することを，明示的に禁じた憲法条項が存在する。

　そうした州憲法の定めも，上記1870年代の反カトリックの動きと深くかかわっている。1875年，グラント（Ulysses S. Grant）大統領が演説のなかで，宗教宗派学校への政府の補助を批判し，宗教的教義から自由な公教育を護るべきだと主張した。これを受けて，共和党のブレイン（James G. Blaine）上院議員は，次のような連邦憲法修正を提案した。

> いかなる州も，州の宗教樹立または信仰の自由の禁止に関わるいかなる立法を行ってはならない。またいかなる州においても，公教育を維持するために徴税されたかまたは同目的のために公的基金から得られた公金，また同目的に供された公用地も，いかなる宗教宗派の支配下に置かれてはならない。そのように徴税された金銭または供された公用地は，宗教上の宗派または教派の間で分配されてはならない。

　この連邦憲法修正案は，下院を圧倒的多数で通過したが，上院では必要な

---

available at 〈http://www.ncsl.org/research/education/the-next-generation-of-school-vouchers-education-savings-accounts.aspx〉

2/3の賛成を得られず失敗に終わった。しかし，これは州に広く影響を与え，今日では38州がこれに対応する憲法修正条項を有しており，一般にブレイン修正条項と呼ばれる。

連邦最高裁が州憲法のブレイン修正条項を扱った判決として，2004年のLocke v. Davey連邦最高裁判決[41]がある。この事件は，ワシントン州憲法のブレイン修正条項により，神学を専攻する学生が奨学金の受給を拒まれた事案であり，第9巡回区連邦高裁は信仰の自由を侵害するものとして違憲判決を下していた。しかし連邦最高裁は7対2の判決でこれを覆し，合憲判決を下した。レンキスト長官による法廷意見は，この条項が，いわば信仰の自由と政教分離との間の蝶番の遊びとして許容されると判示した。これに対し，スカリア，トーマス両裁判官が反対意見を付している。

バウチャー制度が州憲法に反し違憲とされたのがフロリダ州である[42]。フロリダでは，J・ブッシュ（Jeb Bush）州知事の主導で，州全体の学校を対象としたバウチャー制度が導入された。そして子供の通う学校が4年のうち2年にわたり一定水準に達しなかった場合には，その親は州の奨学金により，子供をより良い公立学校に送るか，州の認定を受けた私立学校に送ることができるとされた。しかし，これに対し，フロリダ州憲法違反を主張する訴えが提起されたのである。下級審は，プログラムが，宗教学校に対し公金が支出されることを禁ずる州憲法のブレイン修正条項に反するとして違憲判決を下した。上訴をうけた州最高裁は下級審の違憲判断を支持したが，そこで依拠したのは，「生徒が高い質の教育を得られるような，統一的，効果的，安全で，安定し，かつ質の高い，無料の公立学校」を保障したフロリダ州憲法9編1条a項だった。州最高裁は，「統一的」な公立学校の保障の下では，無料の公立学校による教育しか許されず，公立学校の規律に全面的に服しない私立学校を含むバウチャー制度は，この要件に反すると判示したのである。

これに対しノースカロライナ州とインディアナ州では，州最高裁が州内の低所得家庭の生徒を対象としたバウチャー制度を合憲とする判決を下してい

---

41 540 U.S. 712 (2004).
42 Bush v. Holmes, 919 So. 2d 392 (Fla. S. Ct. 2006).

る[43]。ノースカロライナ州には，宗教学校への公金支出を直截に禁じた憲法条項はなく，主な争点は，州政府に対し，税収を「統一的で無料の公立学校」の設置・維持のために用いることを義務付けた州憲法9編6条だった。州最高裁は，フロリダ州最高裁とは異なり，この条項は，州議会が公立学校制度を維持していれば，それ以外の教育政策のために支出を行うのを禁ずる趣旨ではない，としてバウチャー制度を合憲とする判断を下した。

このノースカロライナ州の判決は，バウチャー制度を違憲として差止を命じた下級審判決を覆したもので，最高裁でも4対3と僅差の判決だった。反対意見は，本プログラムは，教育の質が何ら担保されない学校に公金を支出するもので，これは政府の支出を公的目的であることを義務付けた州憲法5編2条1項に反すると論じた。上でみた，教育の質のコントロールを問題とした反対意見ではあるが，法廷意見は，何が公的目的であるかについて，裁判所は議会の判断を尊重とするとして，この見解を退けた。

バウチャー制度の是非は，州議会や裁判所だけでなく，レファレンダムでも争われている。コロラド，カリフォルニア，オレゴン，ワシントンの4州では，レファレンダムによってバウチャー制度が否決された[44]。

5 政府サービスと民営化の現代政治

教育の場面におけるバウチャー制度の導入は，民間サービスにより政府サービスを代替することの是非という，1980年代前後からのアメリカ政治における議論の文脈に位置づけることができる[45]。政府サービスの民営化や市場経済原理の導入は，レーガノミクスやサッチャリズムといった，営利企業の参入を認める政策がよく知られている。しかし1990年代以降のアメリカで注目されるようになったのは，政府サービスの非営利団体を通じた提供，とりわけ宗教団体の有する資源の活用である[46]。

---

43 Hart v. State, 368 N.C. 122; 774 S.E. 2d 281 (2015); Meredith v. Pence, 984 N.E. 2d 1213 (2013).
44 GUSTAD, *supra* note 20, at 108.
45 Minow, *supra* note 21, at 1229-30; Sullivan, *supra* note 35, at 1397.
46 Edward L. Queen II, *Religion and the Emerging Context of Service Delivery, in* SERVING THOSE IN NEED: A HANDBOOK FOR MANAGING FAITH-BASED HUMAN SERVICE ORGANIZATIONS 278 (Edward L. Queen II ed., 2000).

（1）連邦の「信仰ベースのイニシアティブ」

1990年代，民主党クリントン政権と共和党議会は，社会福祉を含む様々な政策分野で厳しく対立したが，そうした中で1996年，包括的な社会福祉改革立法が成立した[47]。この立法には，連邦政府の補助金に基づくサービスを，宗教団体を通じて提供することを促進する規定が含まれていた。具体的には，宗教団体は，他の私的団体と差別されることなく，連邦政府や州政府とサービス提供に向けた契約を結んだり，資金を受給したりできるとされた。また政府プログラムによりサービスを提供する宗教団体について，連邦・州政府や地方公共団体からの独立性が明記されるとともに，内部ガバナンスの変更を求められないことが定められている。

テキサス州知事時代から信仰ベースのイニシアティブ（faith-based initiative）を積極的に導入していたG・W・ブッシュ（George W. Bush）は，共感に満ちた保守主義（compassionate conservatism）を掲げ，2001年に大統領となった。そして，大統領令によりホワイトハウスに信仰ベース・近隣パートナーシップ局（Office of Faith-Based and Neighborhood Partnerships）を創設し，救貧活動・医療活動・刑務所の更生プログラムなど，連邦のプログラムへの宗教団体の参加促進を図った。これを受けて，司法省，労働省，保健福祉省，住宅都市開発省など連邦政府の省庁や機関にもセンターが設置され，宗教系の地域社会団体も一般の民間団体と同様，連邦補助金に基づくサービス提供契約を受注する競争に参画できる環境整備が進められた。

こうした宗教保守的な政策に対しては，信仰ベースのイニシアティブは，税金による宗教団体に対する支援にほかならないとして，反発も強い。連邦政府の資金を受けた宗教団体は，布教のために資金を利用したり，宗教上の理由でサービス受益者を差別したりしてはならないとされているが，違反に対する防止策や監視は十分でないとされる。リベラル派の団体は，パートナーシップ局の局長らを相手取り，政教分離条項違反の訴えを提起したが，最終的に連邦最高裁は，納税者訴訟の原告適格を否定する形で，訴えを退けた[48]。

---

47 Personal Responsibility and Work Opportunity Act §104; 42 U.S.C. §604.
48 Hein v. Freedom From Religion Foundation, 551 U.S. 587 (2007).

信仰ベースのイニシアティブは，2009年に発足したオバマ（Barack Obama）政権でも継続された。ホワイトハウスでは信仰ベース・地域社会イニシアティブ局（Office of Faith-Based and Community Initiatives）と改名された組織が，引き続きイニシアティブの推進を担っている。住宅都市開発省のホームページを訪れても，「信仰ベース・地域社会団体への実践ガイド」が掲載され，非営利法人の設立，免税資格の取得や資金調達に伴う具体的な考慮事項や，政府機関その他助言を得られる団体などが詳細に解説されている[49]。

(2) 州の財政難と信仰ベースのプログラム

教育以外の分野で宗教団体の資源を活用する動きは，州レベルでも見られる。ここで州レベルの信仰ベース・プログラムの展開を体系的に紹介することはできないが，アイオワ州の刑務所における宗教団体の被収監者更生プログラム提供を，連邦憲法の国教樹立禁止条項に違反するとしたAmericans United for Separation of Church & State v. Prison Fellowship Ministries連邦高裁判決[50]を紹介する。事案をやや紹介に紹介するが，そこからは，宗教系学校による教育サービスに関するZelman判決と同様の問題状況が浮き彫りになってくる。

問題の出発点は，アイオワ州ニュートン刑務所の財政難と過密状態である。州刑務省は，刑務所内の保安と安全を確保するため，当時テキサス州でキリスト教系の団体InnerChange提供していた更生プログラムに着目した。検討の結果，刑務所内で長期にわたって結果ベースのサービスを提供し，釈放後の対応も行うサービスは他にないとの結論に達した。

アイオワ州は1998年に更生プログラムの入札を受け付けたが，応札したのはInnerChangeだけだった。州刑務省はInnerChangeと1999年から毎年契約を更新し，2000年から訴えが提起される2007年まで，運営費約50〜70万ドルのうち20万ドル前後を負担した。この間，2002年に改めて入札を行ったが応

---

49 HUD Center for Faith-Based and Neighborhood Partnerships, *Practical Guide for Faith-Based and Community Organizations* (2014), available at ⟨http://portal.hud.gov/hudportal/documents/huddoc?id=cfbnppracgde2014.pdf⟩.
50 509 F.3d 406 (8th Cir. 2007).

札は1つに留まり，2005年の入札では，もう一つ世俗系の会社から応札があったものの，価格はInnerChangeの1.8倍だった。

州によるInnterChangeの運営費の支払いは，契約上「宗教以外の側面」「宗派外の部分」とされたが，これらの用語は定義されず，明確な了解も存在しなかった。刑務省は明確な区分を求めたが，プログラム側は詳細な説明をしなかった。実際には，アイオワ担当ディレクターの給与の82％，プログラム・マネージャーの給与の9％，アフターケア・マネージャーの給与の93％，4人の聖書カウンセラーの給与の16％などを，州が負担した。その他，プログラムのパンフレットやプログラム参加記念品，文具，プリンターやトナーなどの費用は，州に請求された。ただ刑務所関係者は，同プログラムのもたらす便益は，支払額をはるかに上回ると評価していた。

被収監者がプログラムに参加するか否かは自由とされ，参加しても刑期は短縮されない。受講者は，プログラムがキリスト教の価値観に基づいており，宗教的内容が含まれていることに同意するが，キリスト教信者であることは求められない。州はInnerChangeのカリキュラムや担当者の選定や教え方について一切コントロールをしない。

プログラムは4週間のオリエンテーションを経て，第1～4段階と進んでゆく。オリエンテーションからキリスト教の聖書が用いられ，聖書の挿話により人としての価値観が説明される。判決が引用するオリエンテーション教材の一節が，プログラムの雰囲気を伝えている。

　　　〔InnerChangeとは，〕キリスト教のプログラムで，キリストと聖書を非常に重視します。プログラムは全面的に聖書の世界観に基づいています。あなたは，宗教的礼拝を含め，すべての[InnerChange]プログラムに参加することが期待されます。

　　　私たちは，我々の変化の根本は霊的な変化だと信じています。[Inner-Change]は，あなたの中で宗教的変化を起こし，それを育むのを助けることを意図して設計されています。我々は，神との関係に焦点を当て，それがほかの関係にいかに広がるかに注意を集中します。私たちは，聖書をたくさん勉強します。聖書は，神が我々に示した真実です。イエスは言いました。「あなたが私の教えに従え

ば，あなたは私の弟子である。そうすれば，あなたは真実を知り，真実はあなたを自由にするであろう！」(ヨハネ書 8:31-32) これが，私たちの語る変化なのです。

最終的に連邦高裁は，プログラム全体の内容を踏まえて，国教樹立条項違反を認めた。本プログラムの目的が宗教的ではないことを認めつつ，その効果は特定の宗教を促進するものだとしたのである。具体的には，本プログラムでは，被収監者が聖書勉強会，キリスト教の授業，キリスト教の信仰復興，礼拝などに参加させられ，宗教的な教化が行われる一方，被収監者の信仰によってはプログラムの恩恵を受けられないので，州によるInnerChangeプログラムへの補助は，宗教の促進または是認にあたり，許されないとされた。他方で連邦高裁は，刑務省がプログラムを監督していないことから，過度の関わり合いはないことを認めた。

本件で州政府は，政教分離の問題を意識し，費用の支払いを一括払いから日割りの支払いに変更していた。これには，サービスに対する支払いを被収監者の選択に応じて行う形式を整える意図があった。しかし連邦高裁は，連邦最高裁のZelman判決を引用しつつ，本件では実質的かつ独立の選択肢がなかったとして，州側の抗弁を退けた。本件の被収監者には，キリスト教的色彩の強いInnerChangeを受講するか，更生プログラムを受講しないかの選択しかなかったのであり，Zelman判決を穏当に適用した結論といえる。

本件とZelman判決との間には，刑務所の更生サービスと学校教育，受益者の選択肢の多寡，問題となる宗教宗派といった違いがいくつかある。しかし，州の財政難という現実にあって，宗教団体が安価で効率的なサービスを提供できるという事情，宗教団体のサービスにおける宗教的要素と世俗的要素とを峻別することの難しさ，宗教団体の提供するサービスをコントロールしないとその質や世俗性を確保できないが，コントロールすると過度の関わり合いが問題となる，といったZelman判決では結論の出ていないジレンマが，本件でも浮き彫りになっている。

なお，ここで問題となったInnerChangeのプログラムは，ブッシュ大統領がテキサス州知事だった1997年にテキサスで設立された。このプログラムは，アイオワ州では違憲判決を受けて取りやめられたが，テキサス州とミネ

ソタ州では今日でも実施されている[51]。

6 政教分離と連邦最高裁

レンキストコートによる政教分離の判例法理の見直しは，本Zelman判決を巡る展開に象徴されるように，大きな議論を巻き起こした。しかし，2006年にロバーツ（John Roberts）が長官に就任して以降，連邦最高裁では政教分離に関する判決の数は目立って減少した。私立学校への助成に関する判決も下されていない[52]。

むしろロバーツコートは，政教分離を争う憲法訴訟を回避する傾向を強めている。それが，1968年のFlast v. Cohen連邦最高裁判決[53]以来の納税者訴訟の原告適格を制限的に解釈する一連の判決である。ホワイトハウスの信仰ベースのイニシアティブへの支出の合憲性が争われた，2007年のHein v. Freedom From Religion Foundation連邦最高裁判決[54]において，ロバーツコートは，納税者訴訟の対象は法律に基づく支出に限定されるとして，行政機関の宗教的支出に対する納税者の原告適格を否定した。

2011年のArizona Christian School Tuition Organization v. Winn連邦最高裁判決[55]は，私立学校通学促進団体への寄付分の税額控除を認めたアリゾナ州法の合憲性を争った納税者訴訟だったが，やはり原告適格が否定された。ケネディ裁判官は5対4の法廷意見の中で，問題のプログラムでは，寄付を行った納税者も，配分先を決めた私立大学通学促進団体も私人であり，州政府が介在していないことを指摘している。Zelman判決を引用こそしないものの，この判示には，私人の役割を強調する共通点を見出すことができる。

レンキストコート以来の保守派が，政教分離の判例見直しが行き着くところまで行ったと考えているのか，あるいはリベラル派がさらなるレモン・テストの変質を回避しようとしているのか，あるいはロバーツのような裁判所

---

51 Prison Fellowship, *InnerChange Freedom Initiative*, available at 〈https://www.prisonfellowship.org/about/reentry-support/innerchange-freedom-initiative/〉
52 Marc O. DeGirolami, *Constitutional Contraction: Religion and the Roberts Court*, 26 STAN. L. & POL'Y REV. 385 (2013).
53 392 U.S. 83 (1968).
54 551 U.S. 587 (2007).
55 563 U.S. 125 (2011).

の役割を謙抑的にとらえる立場が支配しているのか，連邦最高裁の態度には様々な要因が作用しているのだろう。いずれにせよ，こうしたスタンディング法理の展開は，立法により宗教団体へ公費を支出するような，あからさまな政教分離違反でない限り，納税者訴訟を提起できないことを意味する[56]。

おわりに

　教育分野への公金支出について，これまでの連邦・州レベルでの諸施策への評価は，現時点ではまだ固まっていないように見受けられる。そうした中で，連邦，州，さらに地方自治体レベルでどのような政治や政策の変化が起こるかは，今後も予断を許さない。

　本稿を執筆した2016年は，大統領選挙の年だった。政治的アウトサイダーであるトランプ（Donald Trump）や社会民主主義者サンダース（Bernie Sanders）が注目を浴び，共和党の宗教的保守派の候補者が早々に大統領選から撤退したこともあり，政府サービスと宗教団体の関係はそれほど大きな争点にはならなかった。

　他方で2016年には，スカリアが亡くなった。スカリアはカトリック系保守派裁判官として，政教分離の分野でも重要な位置を占めてきた。これまでの政教分離の判例は，特に法理の変遷が著しく，一貫した理解の難しいがゆえに，裁判官の政治的信条が結果に影響を与えやすいとされてきた[57]。大統領選挙を経て連邦最高裁の陣容が変われば，これまでの判例の流れに変化が生ずる可能性がある。

　Zelman判決は，アメリカにおける教育問題が，政治，宗教，人種，社会的格差，政府によるサービスの提供のあり方，といった重要な論点が錯綜する中で展開していることを明らかにした。いずれの論点も，政治の場であ

56　*The Supreme Court 2010 Term: Leading Cases--Taxpayer Standing: Arizona Christian School Tuition Organization v. Winn*, 125 HARV. L. REV. 172 (2011).

57　Michael Heise and Gregory C. Sisk, *Understanding Education in the United States: Religion, Schools, and Judicial Decision Making: An Empirical Perspective*, 79 U. CHI. L. REV. 185, 211-12 (2012).

れ，裁判の場であれ，十分に論じ尽くされておらず，相互にどのように折り合いをつけるか明らかではない。こうした点を注意しつつ，今後も政治的な展開と判例法理の行方を見守ってゆく必要がある。

第 3 部　学校における表現の自由

Chapter 7 学校図書館の本の除籍と表現の自由
―― The Story of Board of Education, Island Trees Union Free School District No. 26 v. Pico, 457 U.S. 853 (1982)

大林　啓吾

Pico判決で問題となった書籍

　公共図書館は書籍や資料を収集・管理・整理して，市民が原典に直接触れたり，教養を高めたり，知りたいことを調べたりできるようにしている。そこで配架する書籍や資料の取捨選択は重要であり，公共図書館は，できる限り多くのものを偏りなく配架しなければならない。ただし，公共図書館の中でも学校図書館の場合は，書籍の取捨選択が子供の教育に関わるため，一般の公共図書館とは異なる観点から判断することが要請される。このとき，純粋に教育的観点から取捨選択が行われればよいが，そこに政治的イデオロギーや偏見が混在していると表現の自由の問題が生じる。もともと書籍の取捨選択は表現内容に立ち入る行為であり，表現の自由に対して大きな影響を与えるものである。他方で，不適切な取捨選択がなされた場合に，誰の表現の自由が，いかなる意味で侵害されたと考えればよいかについては検討が必要である。また，裁判所が取捨選択の妥当性をどのように判断すればよいのかも考えなければならない。ここでは，学校図書館の本の除籍が表現の自由との関係で問題となったケースを取り上げ，その憲法問題を考察する。

「憲法と教育の相互作用について考えることはそれらが互いに密接に関わり，深いレベルで相互依存および交錯していることを明らかにすることになる」(Elizabeth Reilly, *Symposium: Education and the Constitution: Shaping Each Other and the Next Century*, AKRON L. REV. 1 (2000))

序

 アメリカでは，子供の権利をめぐる議論が活発であり，さらに議論だけでなく裁判で争われることがある[1]。もっとも，子供の権利をめぐる裁判は一筋縄ではいかないケースが多い。子供の権利を語るとき，一方では子供を保護する利益が提唱される場合があり，他方では子供の自律や選択の尊重が語られる場合があるからである[2]。そのため，裁判では，政府側が前者，子供側が後者を主張し，両者がしばしば緊張関係に立つことがある。しかし，元をただせば，両方とも子供の利益を念頭に置いたものであり，政府対子供という対立構図は必ずしも正確ではない可能性もある。

 公教育の場面になると，権利の内実は一層複雑になる。そこでは，教育委員会，学校，教師，親，生徒など様々なアクターの役割を踏まえなければならないからである。このとき，見すごされがちであるが，忘れてはならない存在がある。学校図書館 (school library) である。学校図書館は，生徒が徳を備えた市民として社会に参画できるようにするのに必要な知識や探究心を身につける場である。ただし，学校図書館は教育委員会や学校と同じ「教育者としての政府」(government as educator)[3]の一員であっても，それらとはやや異なる側面を有する。なぜなら，学校図書館はカリキュラムに直接関係する本を扱うこともあればそれとは関係のない本を扱うこともあるからである。また，学校図書館は生徒に教育上必要な情報を提供すると同時に生徒が

---

1 樋口範雄「子どもの権利のとらえ方——アメリカ法からの示唆」法律時報755号19頁（1989年）。
2 片山等「アメリカ連邦最高裁判例における子どもの人権の概況」自由と正義38巻6号69-70頁（1987年）。
3 Justin R. Chapa, *Stripped of Meaning: The Supreme Court and the Government as Educator*, 2011 BYU EDUC. & L.J. 127.

自ら知識を探求する場でもあることから，ここでも生徒の利益と生徒の自律の両方が存在し，そのバランスをとることが要請される。このように，学校図書館は教育委員会や学校とは異なる観点から教育的配慮を行い，かつ子供の自律を促進させるという任務を担う機関なのである。

とりわけ，本の配架や除籍を決めるとき，学校図書館はやっかいなジレンマに直面する。学校図書館は，より多くの情報に触れて知識を探求できるように多くの本を配架することを目指しながらも，教育上ふさわしくない本を配架しないようにするというジレンマにおそわれるからである[4]。このとき，生徒が情報に触れる権利（表現の自由）と配架・除籍する本を決める教育委員会の権限とが衝突することになり，裁判所がそれをどのように調整するかが問題となる。本章では，このうち，学校図書館における本の除籍を中心に検討する。

I　学校図書館の本のチェック——Pico判決以前の状況

1　子供の本のチェックの歴史的経緯

学校図書館の本はいつ頃からどのようにしてチェックされるようになったのだろうか。まずは，子供向けの本がどのように扱われていたのかを知る必要がある[5]。かつて中世ヨーロッパでは，子供は7歳くらいになると働くようになり，大人と同じように低俗な言葉にもさらされていた。そのため，身分，家庭，地域によって異なるものの，一般社会は子供をそうした言葉から遠ざけていたわけではなかった。

アメリカでは，イギリスから独立後中産階級が増えていき，大人と子供の教育的区分がなされるようになった。子供は教育を受けて成熟するまで大人と分けられるようになり，大人が子供に道徳などを教える責任があると認識されるようになったのである。19世紀以降になると，子供向け文学のジャン

4　Martin D. Munic, *Education or Introduction——Removal of Books from Public School Libraries: Board of Education, Island Trees Union Free School District No. 26 v. Pico*, 68 MINN. L. REV. 213 (1983).

5　Kristin Huston, *"Silent Censorship": The School Library and the Insidious Book Selection Censor*, 72 UMKC L. REV. 241 (2003).　以下の歴史的経緯についてはこの論文に基づいている。

ルが発展し，昔話などよりも道徳的内容のものが重視されるようになった。

このように，子供向けジャンルが登場した結果，逆に子供は大人向けの本を読むべきではないという考えが生まれることになった。もっとも，当初，子供向けの本はそれほど多くなかったので，本のチェックはあまり問題にならなかった。

しかし，第二次世界大戦が終わると，様々な情報が流通するようになり，多様な内容の本が出版されるようになった。朝鮮戦争や冷戦の影響で共産主義的思想が取り締まられることもあったが，第二次世界大戦中と比べると，はるかに多くの情報が巷にあふれるようになった。そうした流れに乗り，1950年代以降，子供向けの本も内容が多様化していき，様々なテーマが子供の目にさらされるようになった。1970年代に入るとフェミニズム運動の影響もあり，わいせつ表現の規制や児童ポルノの規制の問題が物議をかもすようになった。政府はポルノがもたらす社会的害悪を疑問視し，成人に対するポルノ規制の緩和を提言する報告書を1970年に出したが[6]，しかし，ニクソン（Richard M. Nixon）政権が掲げた法と秩序の回復というスローガンの下，規制が進められるようになった。同時に連邦最高裁も同規制の合憲性に関する重要な判断を下していった[7]。

こうした状況の下，わいせつ表現や児童ポルノを規制すべきと考える者らは学校の図書館にも目を向けるようになり，学校側も対応せざるをえなくなった。その結果，1970年代以降，学校図書館の本のチェックが厳しくなった[8]。ある全国調査によれば，回答した学校の5分の1が1978〜1980年の間に学校図書館の本に対する異議があったとし，異議が出されたうちの3分の1はそのまま配架されたが，2分の1は正式な審査を経ないまま除籍されたという。このように，学校図書館において配架される本が社会問題化していったわけであるが，その是非を考えるためには学校図書館の役割を知っておかなければならない。

6　Paul Brest and Ann Vandenberg, *Politics, Feminism, and the Constitution: The Anti-Pornography Movement in Minneapolis*, 39 STAN. L. REV. 607, 610-611 (1987).

7　*See, e.g.*, Miller v. California, 413 U.S. 15 (1973); New York v. Ferber, 458 U.S. 747 (1982).

8　Helen M. Quenemoen, *Board of Education v. Pico: The Supreme Court's Answer to School Library Censorship*, 44 OHIO ST. L.J. 1103 (1983).

2 学校図書館の存在意義

図書館自体の由来は石器時代の宝石収集などにさかのぼるとされる[9]。その意味で、貴重な価値を収集・管理している施設が図書館であり、書籍も貴重な存在であったことがうかがえる。図書館の世界史はさておき、アメリカでは1638年にハーバード大学が図書館を設立し、1700年にはイェール大学が図書館を設立しており、大学が知の拠点だったことがわかる。1731年、フランクリン（Benjamin Franklin）が会員制図書館を設立し、学校図書館の提案も行った。さらに1837年、マン（Horace Mann）が学校図書館設立の必要性を提唱し、複数の州議会で予算が通り、学校が管理する公立図書館が設立された。ただし、この時代の学校図書館は生徒のための図書館ではなく、地域住民の成人のための地域図書館（district school library）であった。同時期に全米教育協会（National Education Association: NEA）が生徒のための学校図書館の設立を提唱した。

1876年、知識へのアクセスと図書館の発展等を目指してアメリカ図書館協会（American Library Association: ALA）が設立された。また、19世紀末に、デューイ（Melvil Dewey）が衰退した地域図書館の資料を大学図書館に移すことをニューヨーク州議会に提案し、了承された。また、教員と生徒のための本の入手に関する予算についても議会の了承を得た。さらに、デューイは、NEAに初等中等教育のカリキュラムで必要な本とカリキュラム外で必要な本をそろえる必要があることを提案した。こうして、学校図書館がカリキュラム上の役割とカリキュラム外の役割を担うようになっていった。

20世紀に入ると、全米に学校図書館が広がっていき、図書館はカリキュラムの実施に必要な本と、カリキュラムには関係しないが生徒が能力を発展させるために必要な本をそろえるようになった。学校図書館は、カリキュラムサポートの役割を果たすことで教育者としての一面を備えるようになり、生徒の能力を伸ばすための本を集めることで、生徒が社会に出て良い市民となるための役割を果たすようになった。

なお、学校図書館ではなく、図書館全体に関わる事柄として、1939年に、

---

9 Richard J. Peltz, *Pieces of Pico: Saving Intellectual Freedom in the Public School Library*, 2005 BYU EDUC. & L. J. 103. 学校図書館の歴史についてはこの文献に基づいている。

ALAが図書館権利章典（Library Bill of Rights）[10]を制定し，1989年には図書館権利章典解釈集において「学校図書館メディアプログラムにおける資料やサービスへのアクセス」（Access to Resources and Services in the School Library Media Program）を発表し，学校図書館が知的自由について特別な役割を担っていることを確認した。

このように，図書館全体は知識や情報の一大拠点となっているが，学校図書館はカリキュラムとの関係や良き市民を育成するという特別な役割を担っており，本の配架にも一般の図書館とは異なる特殊な考慮が要請されているといえる。

そうした経緯があるからこそ，先述したように，わいせつ表現等の規制推進者らが学校図書館における本の配架に異議を唱えたことに対し，学校図書館側も真摯に対応せざるをえなかったという側面がある。

もっとも，かかる傾向に対し，学校図書館の本はできるだけ多くの本をそろえるべきであり，特定の観点から本を除籍することは表現の自由を侵害すると考える者も出てきた。一部の生徒や保護者らは学校図書館の本の除籍処分が不当であるとして裁判を提起し始めた。

3　Pico判決以前の学校図書館の本の除籍が問題となった事例

学校図書館の本の除籍については北東部の州を中心に多くの訴訟が提起されたが，下級審ではその判断結果が異なった。当然ながら除籍対象となった本の内容次第で判断は分かれるのであるが，本の除籍が表現の自由を侵害するという判決が出る一方で，低俗な本の除籍は表現の自由を侵害するものではないとする判決もあり，本の除籍が表現の自由を侵害するか否かが重要な問題として浮上することになった。

10　概要は以下の通りである。1条　本は地域の図書館サービスを受けるすべての人々のためにある。2条　図書館はあらゆる観点からの情報を提供し，党派や主義によって制限されたり除籍されたりしてはならない。3条　図書館は検閲に異議を申し立てなければならない。4条　図書館は表現の自由の制限に対抗する人々と協力しなければならない。5条　図書館を利用する権利は出自，年齢，経歴，見解によって制限してはならない。6条　展示や会議に必要な空間のある図書館は信条等にかかわらず利用されるようにしなければならない。

(1) Presidents Council, Dist. 25 v. Community School Bd. No. 25連邦高裁判決

まずはニューヨーク州で問題となったPresidents Council, Dist. 25 v. Community School Bd. No. 25連邦高裁判決[11]が挙げられる。この事件は，教育委員会（community school board）がトーマス（Piri Thomas）の『DOWN THESE MEAN STREETS』について，暴力的かつ醜悪で気がめいる内容になっているとして，すべての中学校図書館から除籍する決定を行ったことに対し，親や教員の団体が修正1条（表現の自由）に反するとして訴訟を起こしたものである。連邦高裁は図書館の本の除籍は議論や思想を抑圧するものではなく，修正1条の問題を惹起しないとして棄却した。なお，本件の裁量上訴を認めるかどうかにつき，連邦最高裁はそれを認めなかったが，ダグラス（William O. Douglas）裁判官はこの問題が全国に関わる問題であり裁量上訴を認めるべきであるとの反対意見を執筆しており，子供は様々な情報に接して教育を受ける必要があるとしている[12]。この事件を皮切りに，次々と同種の事件について判断が下されていった。

(2) Minarcini v. Strongsville City School Dist.連邦高裁判決

オハイオ州で裁判になったのが，Minarcini v. Strongsville City School Dist.連邦高裁判決[13]である。この事件は，教科書選定専門委員会（the Faculty Textbook Selection Committee）がヘラー（Joseph Heller）の『CATCH 22』とヴォネガット（Kurt Vonnegut, Jr.）の『GOD BLESS YOU, MR. ROSEWATER』をテキストとして使用することを推奨したのに対し，教育委員会は内容が成人向けであるなどの理由でテキストとしてすることを拒否し，さらに『CATSCH 22』やヴォネガットの別著『CAT'S CRADLE』を図書館から除籍するように命令し，教員がこれらの本について授業中に議論したり補助教材として使ったりすることを禁止したため，生徒らが修正1条に反するとして訴えを起こしたものである。連邦高裁は，テキストを選ぶのは州法によって教

---

11 Presidents Council, Dist. 25 v. Community School Bd. No. 25, 457 F.2d 289 (2d Cir. 1972), cert. denied, 409 U.S. 998 (1972).

12 409 U.S. at 998-1000 (Douglas, J., dissenting).

13 Minarcini v. Strongsville City School Dist., 541 F.2d 577 (6th Cir. 1976).

育委員会に任せられているのであり，その選択が修正1条を侵害することにはならないとした。ただし，連邦高裁は，図書館の本の除籍は生徒の知る権利を侵害し，また教育委員会は教員に授業中に特定の本について話すことを禁じたとする証拠はないが，委縮効果をもたらしていることは間違いないとして救済が必要であるとした。本件により，学校図書館の本の除籍が表現の自由に反する場合があることが示され，連邦地裁の判断に影響を与えることになった。

（3） Right to Read Defense Comm. v. School Comm.連邦地裁判決

マサチューセッツ州において，生徒の親が高校図書館にある詩集『MALE AND FEMALE UNDER 18』の言葉がストリート系の言葉（street language）を用いているとして抗議したところ，教育委員会がその本を除籍した。そこで，生徒らが修正1条の権利を侵害されたとして訴えを提起したのが，Right to Read Defense Comm. v. School Comm.連邦地裁判決[14]である。連邦地裁は先のMinarcini判決を引用しながら，図書館は思想の自由市場であり，生徒はそこで知らないことを探究することができるとした上で，本件の詩は丁寧な言葉づかいではないもののわいせつ的内容があるわけではなく，その除籍は生徒の修正1条を侵害し無効であるとした。

（4） Salvail v. Nashua Bd. of Educ.連邦地裁判決

ニューハンプシャー州では，州教育省のガイドラインに従ってナシュア教育委員会（Nashua School Board）が図書館の本の選定指針を作成し，図書館内の本を再審査したことが問題となった。同委員会は，MSマガジンにレズやゲイを取り上げた広告があったことから，当該雑誌を除籍し，その購読を取りやめる決定をした。その後の会議で反対の意見もあがったが，決定は覆らなかった。そこで生徒を代表した者らが修正1条を侵害するとして訴えを提起したのが，Salvail v. Nashua Bd. of Educ.連邦地裁判決[15]である。連邦地裁は，性的内容というよりも政治的色彩を理由に本を除籍することは修正1

---

14 Right to Read Defense Comm. v. School Comm., 454 F. Supp. 703 (D. Mass. 1978).
15 Salvail v. Nashua Bd. of Educ., 469 F. Supp. 1269 (D.N.H. 1979).

条に反するとし，図書館は思想の自由市場であり，除籍が正当な利益に結びついているという理由が提示されていない以上，雑誌の除籍は違憲であり無効であるとした。

（5） Bicknell v. Vergennes Union High School Bd. of Directors連邦高裁判決

他方で，連邦高裁レベルでは必ずしも違憲判決が続いたわけではなかった。バーモント州では，高校図書館に配架してあるマン（Patrick Mann）の『DOG DAY AFTERNOON』とプライス（Richard Price）の『THE WANDERERS』につき，生徒の親から低俗で下品な言葉づかいが用いられているとの抗議があったため，教育委員会は前者を閲覧制限コーナーに移して後者を除籍した。これに対して，生徒らが修正1条に反するとして訴えを提起したのがBicknell v. Vergennes Union High School Bd. of Directors連邦高裁判決[16]である。連邦高裁は，Pico判決の控訴審を参照しながら，除籍が表現の自由の抑圧になるおそれがあるかどうかが重要であるとし，本件では教育委員会の価値観に基づいて除籍したのではなく，内容の低俗性に着目して除籍したので修正1条を侵害しないとした。なお，Pico判決の控訴審で同意意見を書いたニューマン（Jon O. Newman）裁判官の意見が多数意見となり，Pico判決の控訴審で反対意見を書いたマンスフィールド（Walter R. Mansfield）裁判官が修正1条の問題にならないとして同意意見を書き，Pico判決の控訴審で多数意見を書いたシフトン（Charles Proctor Sifton）裁判官が本件も修正1条に違反するとして反対意見を書いている[17]。

（6） Sheck v. Baileyville School Comm.連邦地裁判決

最後に，Sheck v. Baileyville School Comm.連邦地裁判決[18]がある。メーン州において，ベトナム戦争の体験を綴ったグラッサー（Ronald J. Glasser）の『365 DAYS』が高校図書館に配架されていたところ，汚い言葉が使われているとして生徒の親から抗議を受け，ベイリービル教育委員会（Baileyville

---

16 Bicknell v. Vergennes Union High School Bd. of Directors, 638 F.2d 438（2d Cir. 1980）.
17 他に，連邦高裁レベルでは，憲法上の主張が不適切であるとして差し戻されたZykan v. Warsaw Community School Corp., 631 F.2d 1300（7th Cir. 1980）がある。
18 Sheck v. Baileyville School Comm., 530 F. Supp. 679（D. Me. 1982）.

School Committee）は同書を除籍したため，生徒らが表現の自由を侵害するとして訴えを起こした。連邦地裁は，学校図書館の本に生徒がアクセスする権利が修正1条によって認められているとした上で，教育委員会は汚い言葉が使われているだけで本を除籍していることから過度に広範な基準で規制しており，修正1条に反して違憲であるとした。

　このように，連邦地裁レベルでは違憲判断が続く傾向にあり，連邦高裁では判断が分かれる状況にあった。当初，連邦最高裁はPresidents Council判決の裁量上訴を認めなかったが，その後連邦高裁の判断が割れ始めたため，この問題を取り上げざるをえなくなった。そうした状況の中で連邦最高裁が取り上げたのがPico判決であった。以下では，Pico判決を詳しく分析する。

II　Pico判決

1　事実の概要

　1975年，ニューヨーク州のアイランドツリーズ連合学区教育委員会（Board of Education of Island Trees Union Free School District: IT教育委員会）[19]の委員長らは，保守系の保護者会（Parents of New York United: PONY-U）が主催する会議に出席し，PONY-Uが分類した問題図書のリストを入手した[20]。委員長と副委員長はそれを基にアイランドツリーズ連合学区の高校の図書リスト

19　当初，植民者からはエルサレムと呼ばれていた地で，その後，木がおい茂っていることからIsle of Treesと呼ばれるようになり，現在のようにIsland Treesと呼ばれるようになった。Island Trees School Districtは1902年にコモン学区として設けられ，1945年には23人の子供がこの学区に通っていた。その後，急激な人口増加に伴い，連合学区になった。なお，中産階級以上の者が多い比較的裕福な場所で，郊外型の住宅地となっている。地理的にはマンハッタンから少し離れた郊外の住宅街という位置づけにあり，もともと白人が多いエリアである。人種別にみた2013-2014年の生徒の割合は，白人76％，ヒスパニック系15％，アジア系8％，黒人1％という割合であった。See〈Island Trees School District, http://www.islandtrees.org/〉.
20　ニューヨーク州には，様々な学区（各教育委員会が管理し，学校サービスを提供する）があり，最も一般的な「学区」（School District）の他に，中等教育が許されていない「コモン学区」（Common School District），2つ以上のコモン学区が連合してできた「連合学区」（Union Free School District）など，多様な学区がある。なお，連合学区のfreeの意味は，ハイスクールを運営できないという規制から除外されていることを意味する。本件で登場するアイランドツリーズ連合学区は，ロングアイランド地区（Long Island Region）のナソー教育サービス連携委員会（Nassau BOCES）に所属する学区である。

を調べたところ，9冊の問題図書があることが判明した[21]。そして同区の中学校校長に問題図書に該当する図書がないかどうかを調べてもらったところ，それとは別にもう1冊の問題図書があることがわかった[22]。さらに学校職員が調べたところ，12学年の文学コースのカリキュラムに問題図書がもう1冊あることが明らかになった[23]。

1976年2月，IT教育委員会はモロー（Richard Morrow）教育長（superintendent）[24]や高校・中学校の校長を交えて非公式の委員会を開催し，問題図書を学校図書館から除籍（remove）することを求める非公式の指示（unofficial direction）を各学校の校長に対して行った。この件につき，モロー教育長は，数日後に，誰が除籍リストを作成し，その際にどのような基準で選定したのかが不明確であり，我々自身でその本の内容を検討しなければ受け入れるわけにはいかないとのメモランダムをIT教育委員会に送った[25]。しかし，アーレンス（Richard Ahrens）IT教育委員会委員長からは問題図書をただちに図書館から除籍すべきとの回答が返ってきた。そのため，11冊の本は教育長に

21　9冊とは，①ヴォネガットの『SLAUGHTERHOUSE-FIVE』，②モリス（Desmond Morris）の『THE NAKED APE』，③トーマスの『DOWN THESE MEAN STREETS』，④ヒューズ編（Langston Hughes ed.）の『THE BEST SHORT STORIES BY NEGRO WRITERS』，⑤スパークス（Beatrice Sparks）の『GO ASK ALICE』，⑥ラファージ（Oliver La Farge）の『LAUGHING BOY』，⑦ライト（Richard Wright）の『BLACK BOY』，⑧チルドレス（Alice Childress）の『A HERO AIN'T NOTHIN' BUT A SANDWICH』，⑨クレーバー（Eldridge Cleaver）の『SOUL ON ICE』である。
22　アーチャー編（Jerome Archer ed.）の『A READER FOR WRITERS』である。
23　マラマッド（Bernard Malamud）の『THE FIXER』である。
24　教育長につき，ニューヨーク州教育法は以下のように定めている。N.Y. EDN. LAW 1711 (5).
「1　いずれかの連合学区の教育委員会は本条の規定に基づき教育長を任命する。2　教育長は，教育委員会の内規による特別の定めがない限り，下記の権限を有し下記の責務を負う。a　学区及び教育制度の最高責任者となり，教育委員会が担当する全ての問題について発言する権利をすること。但し，投票をすることはできない。b　教育委員会の指示に基づき学校の運営並びにその他の教育，社会及びレクリエーション活動に関する全ての法律，規則，規定を実施すること。c　教育委員会が決定した各学習コースの内容を準備すること。各学習コースの内容は承認を得るために教育委員会に提出しなければならず，承認された場合は，教育長はそうした学習コースが認められている学年，クラス及び学校で使われるようにしなければならない。d　学校で使われるのにふさわしい教科書のリストを推薦すること。e　省略。f　学習コース，生徒の試験及び進級，並びに運動場，健康診断，レクリエーション及び社会中心活動，図書館，授業に関する全ての事項，並びに他の全ての教育委員会の運営，指示及び管理に基づく教育活動の実施及び観察について監督及び指示を行うこと。」
25　モロー教育長の異議については，連邦高裁判決においてのみ，その動向が記述されている。Pico v. Board of Education, Island Trees Union Free School District, 638 F.2d 404, 408-412 (2d Cir. 1980).

よって除籍され[26]，それらの本はIT教育委員会が審査するためにIT委員会に送付された。

1976年3月19日，IT教育委員会は問題図書除籍の件について文書を告示した。それには，「会議を行った際，郡の学校に反アメリカ的図書，反キリスト的図書，反ユダヤ的図書，下品な図書があることが判明した。そのため，アーレンス委員長とマーティン（Frank Martin）副委員長は11月初めに問題図書が図書館にないかどうかを確認するために図書カードのカタログチェックをしに高校に出向いた。そこには9冊の本があることがわかった。そこで，我々はそれらの図書を除籍し，カードもカードファイルも除籍した」という文章が記載されていた。

問題図書をIT教育委員会に移送した後，IT教育委員会は会議を開き，4人の保護者と4人の学校関係者からなる図書審査委員会（Book Review Committee）[27]を設け，図書が教育的に適切かどうかをIT教育委員会に答申するようにした。図書審査委員会は，『THE FIXER』，『LAUGHING BOY』，『SLAUGHTER HOUSE FIVE』[28]，『BLACK BOY』，『GO ASK ALICE』，『BEST SHORT STORIES OF NEGRO WRITERS』の6冊を図書館に戻し，『THE NAKED APE』，『DOWN THESE MEAN STREETS』の2冊を除籍相当とし，『SOUL ON ICE A HERO』と『AIN'T NOTHIN' BUT A SANDWICH』は票が半々に分かれてどちらとも判断できず，『A READER FOR WRITERS』については委員全員が読了できていないとして判断不可，という決議を行ってIT教育委員会に答申した。

図書審査委員会の答申を受けたIT教育委員会は会議を開き，答申の一部のみを受け入れることとし，『LAUGHING BOY』を図書館に戻し，『BLACK BOY』を両親の許諾があれば閲覧を認めるという条件付で図書館に戻すべきであるとし，残りは除籍判断を相当とする決定を行った。

これに対して，ピコ（Steven A. Pico）[29]をはじめとする生徒が，ニューヨ

26　Pico v. Board of Education, Island Trees Union Free School District, 474 F. Supp. 387, 390 (E.D.N.Y. 1979). なお，連邦地裁の事実認定によれば，除籍の指示は当初各学校の校長宛に指示されていたが，その後，除籍を行ったのは教育長であったとされている。
27　委員については，教育委員会と教育長が選んだ。
28　638 F.2d at 423. なお，SLAUGHTER HOUSE FIVEは貸出条件付で戻すべきとされた。
29　原告は当時17歳であった。

ーク自由人権協会（New York Civil Liberty Union）とともに教育委員会の問題図書の除籍が修正1条の権利を侵害するとして，違憲の宣言判決等を求めて訴えを提起した[30]。

2　下級審の判断

一審において原告側は，過去に連邦裁判所が学校図書を図書館から除籍することを違憲としてきたことを引き合いに出しつつ[31]，教育委員会が問題図書を除籍することはできないと主張した。しかし，連邦地裁は本件にはそれらのケースよりも教育委員会の判断を尊重したPresidents Council判決[32]が妥当とするとし，図書の妥当性の選定は裁判所よりも学区の住民，あるいは住民が選んだ機関が判断すべきであるとして，原告の請求を退けた[33]。

原告の控訴を受けた連邦高裁は，表現の自由の問題と除籍手続の問題について判断した[34]。連邦高裁は，通常であれば学校図書館の書籍の除籍は修正1条の問題を惹起しないが，本件では学校図書館の書籍を選択するという通常業務ではなく，学校関係者が特例的に一定の書籍を除籍するというケースであり，しかもその意図や範囲が曖昧なまま行われたものであることから，修正1条が侵害されたという推定（prima facie first amendment violation）が働くとした。とりわけ，本件では，問題図書の内容を読む前に，政治的関心に基づく匿名の読者コメントを参照するだけで学校図書館からそれらを除籍しており，そのような恣意的な方法は修正1条を侵害するという推定が働くとしたのである。なお，控訴審判決には，IT教育委員会がどのような動機に基づいて判断したのかに着目するニューマン裁判官の同意意見と，IT教

30　John T. McQuiston, L.I. School Board Unsure of Next Step, June 26, 1982, *available at* http://www.nytimes.com/1982/06/26/us/li-school-board-unsure-of-next-step.html

31　Minarcini v. Strongsville City School Dist., 541 F.2d 577 (CA6 1976), Right to Read Defense Committee of Chelsea v. School Committee of the City of Chelsea, 454 F. Supp. 703 (D. Mass.1978), and Salvail v. Nashua Board of Education, (D.C.N.H.1979).

32　Presidents Council, District 25 v. Community School Board # 25, 457 F.2d 289 (CA2) Cert. denied, 409 U.S. 998, 93 S. Ct. 308, 34 L. Ed. 2d 260 (1972).

33　474 F. Supp. 387.

34　638 F.2d 404. 多数意見は，上級審の裁判長の指示によって判断に加わることになったニューヨーク州東地区連邦地裁の裁判官であるシフトンが執筆している。連邦最高裁長官や連邦高裁裁判長は法律（28 U.S.C. § 292）に基づき，しばしば連邦地裁の裁判官をvisiting judgeとして連邦高裁裁判官の任に就かせることがあり，今回のそうしたケースの1つである。

育委員会が教育的見地に基づいて行った本件除籍行為は正当であり手続的問題もないとして修正１条の権利を不当に侵害するものではないとしたマンスフィールド裁判官の反対意見がある。連邦高裁は一審に差し戻したが，原告が連邦最高裁に上告し，連邦最高裁は裁量上訴を認めた[35]。

3 連邦最高裁の判断

Board of Education, Island Trees Union Free School District No. 26 v. Pico連邦最高裁判決[36]では，法廷意見を形成することができず，ブレナン（William J. Brennan, Jr.）裁判官が相対多数意見（マーシャル（Thurgood Marshall）裁判官，スティーブンス（John Paul Stevens）裁判官が同調）[37]を執筆した他，ブラックマン（Harry Blackmun）裁判官の一部同意・結果同意意見（＊Ⅱ-A(1)を除く）[38]，ホワイト（Byron White）裁判官の結果同意意見[39]，バーガー（Warren Burger）長官の反対意見（パウエル（Lewis F. Powell, Jr.）裁判官，レーンキスト（William Rehnquist）裁判官，オコナー（Sandra Day O'Connor）裁判官が同調）[40]，パウエル裁判官の反対意見[41]，レーンキスト裁判官の反対意見（バーガー長官，オコナー裁判官が同調）[42]，オコナー裁判官の反対意見[43]があり，意見が分かれた[44]。以下，まずはブレナン裁判官の相対多数意見を概観する。

---

35 Petition for Writ of Certiorari, Board of Education, Island Trees Union Free School District No. 26 v. Pico, 454 U.S. 891 (1981) (No. 80-2043). なお，連邦最高裁が差戻審の判断を待たずに裁量上訴を認めた理由は定かではないが，学校図書館の本の除籍をめぐる事件が増加し，それに関する下級審の判断が分かれていたことから，本件を取り上げたと指摘されている。Jane L. Wexton, *Board of Education, Island Trees Union Free School District No. 26 v. Pico*, 12 HOFSTRA L. REV. 561, 569 (1984).
36 Board of Education, Island Trees Union Free School District No. 26 v. Pico, 457 U.S. 853 (1982).
37 457 U.S. at 855-875 (plurality opinion of Brennan, J.).
38 457 U.S. at 875-883 (Blackman, J., concurring in part and concurring in the judgement).
39 457 U.S. at 883-885 (White, J., concurring the judgement).
40 457 U.S. at 885-893 (Burger, J., dissenting).
41 457 U.S. at 893-904 (Powell, J., dissenting).
42 457 U.S. at 904-921 (Rehnquist, J., dissenting).
43 457 U.S. at 904 (O'Connor, J., dissenting).
44 なお，本判決については，岡田正則ほか「教育委員会の学校図書選択権と生徒の知る権利１～４」金沢大学教育学部紀要人文科学・社会科学編48号95頁（1999年），同号109頁，49号57頁（2000年），同号65頁による翻訳がある。

(1) ブレナン裁判官の相対多数意見
　① 本件の争点［Ⅱ］[45]

　本件は，生徒に読ませることが重要な教科書の問題ではなく，読むかどうかが生徒の選択に任せられている図書館の本の問題である。また，本件は，図書館の本の除籍の問題であり，本の収集は問題となっていない。そのため，本件では，修正1条がIT教育委員会の図書館の本の除籍に関する裁量に限界を設けているかどうかという問題が争点となる。

　② 教育に関する教育委員会の裁量［Ⅱ-A（1）］

　連邦最高裁はこれまで教育問題について地域の教育委員会の裁量に委ねてきた。Epperson v. Arkansas連邦最高裁判決[46]は「アメリカの公教育は州または地方の機関が管理してきたのであって，連邦裁判所は学校制度の日常的運営において生じる問題の解決について通常は介入しない」[47]と再確認している。Tinker v. Des Moines School Dist.連邦最高裁判決[48]も，「州や学校の包括的機関の職員が学校における活動を規制し管理することを繰り返し強調してきた」[49]と述べている。我々は，公立学校は「個人が市民として参画する準備」をするために重要な役割を果たし，「民主政の維持に必要な基本的価値を育む装置である」[50]と考えている。したがって，教育委員会は地域の価値を反映するような方法でカリキュラムを作成・実施することが許されているといえる。

　③ 教育委員会の裁量と修正1条

　しかし，同時に，連邦最高裁は，教育問題に関する州や教育委員会の裁量が修正1条に適合するように行使されなければならないとしてきた。West Virginia Board of Education v. Barnette連邦最高裁判決[51]は，公立学校の生徒は修正1条に基づき国旗敬礼を強制されないとした。Epperson判決も，州の反進化論法を無効とし，教育制度において修正1条の価値を適用するこ

45　以下のローマ数字は判決原文に掲載されているものと同じものである。
46　Epperson v. Arkansas, 393 U.S. 97（1968）.
47　Id. at 104.
48　Tinker v. Des Moines Independent community School Dist, 393 U.S. 503（1969）.
49　Id. at 507.
50　Ambach v. Norwick, 441 U.S. 68, 76-77（1979）.
51　West Virginia State Board of Education v. Barnette, 319 U.S. 624（1943）.

とが司法の責務であるとした。また，Tinker判決は生徒がベトナム戦争に反対する意味を込めて授業中に黒い腕章をつけたことを理由に停学にすることは表現の自由を侵害するとし，学校は憲法の基本的価値に適合していなければならないとした。つまり，生徒は校門で言論または表現の自由に関する憲法上の権利を放棄するわけではなく，教育委員会は修正1条を侵害しない限りにおいて裁量を有するのである。

　もちろん，憲法の基本的価値と直接抵触しない限り，学校運営の中で日常的に生じる問題について，裁判所は介入しない。しかし，学校図書館から本を除籍することは生徒の修正1条の権利に強い影響を与える。先例は，「修正1条は自己表現を育む役割だけでなく，議論，討論，情報や思想の流通へのパブリックアクセスを供給する役割を持つ」[52]としてきた。この権利は，2つの意味で，憲法が保障する表現の自由固有の帰結をもたらす。第一に，思想を受領する権利は送り手の修正1条の権利に続くものである。すなわち，「言論やプレスの自由の権利は……文字を流通させる権利であり，それを受領する権利を不可避的に保護する」[53]のである。第二に，より重要なこととして，思想を受領する権利は受領者の言論，プレス，政治的自由の権利行使に結びつくことが挙げられる。したがって，思想へのアクセスは，市民が言論やプレスの権利を意義のある方法で行使するのを可能にするだけでなく，生徒が将来的に成人として多元的な社会に積極的かつ効果的に参加する準備をさせることにもなる。もちろん，生徒の修正1条の権利は学校環境に照らして解釈されるが，学校図書館は特に生徒の修正1条の権利との調整を要する環境といえる。

　④　学校図書館の特徴

　学校図書館は他の公共図書館に劣らず静穏，知的，清潔な空間である。Keyishian v. Board of Regents連邦最高裁判決[54]が述べたように，「生徒はいつも探究し，学び，評価し，成長したり理解を得られたりできるように自由

52　First National Bank of Boston v. Bellotti, 435 U.S. 765, 783 (1978).
53　Martin v. Struthers, 319 U.S. 141, 143 (1943).
54　Keyishian v. Board of Regents, 385 U.S. 589, 603 (1967). 州立大学の教員に共産党に入っていないことを宣誓させることの合憲性が問われた事件であり，ブレナン裁判官による法廷意見は違憲判決を下した。本書9章参照。

でなければならない」。学校図書館はそのような自由の主要な場なのである。アイランドツリーズ連合学区の学校図書館の利用が完全に生徒の自主性に任せられていることは明らかであり，生徒は自由に図書館から本を選ぶようになっている。図書館は自主学習や自己啓発の機会を生徒に与える場なのである。

教育委員会側はコミュニティの価値を育む責務があることを根拠にカリキュラムについて絶対的な裁量があると主張するが，そのような裁量は教室環境の域を超えて図書館や自主探究にまで及ぶわけではない。

⑤ 学校図書館の本の除籍と修正1条［Ⅱ-A（2）］

もっとも，学校図書館の本を除籍することについて，教育委員会の絶対的裁量を否定するとしても，教育委員会は学校図書館の内容の選定を行う実質的に正当な役割がないわけではない。つまり，本件では，教育委員会の図書館からの本の除籍に関する裁量は修正1条との関係でどこに限界があるのかという問題を検討することになる。

Barnette判決は，「もし憲法の星座の中に恒星があるとすれば，それは政治，国家，宗教，又はその他の意見において何がオーソドックスなのかを大なり小なり公的に制限することができないことを示すものである」[55]と述べている。その後，教育に関連する判決もこの法理を認めてきた。たとえば，Keyishian判決は，「修正1条は教室にオーソドキシーの覆いをかぶせる法を黙って許すことはしない」[56]としている。

そのことは本件にも当てはまる。教育委員会は学校図書館の本の内容を決めることについて裁量を有するが，その裁量は党派的または政治的な方法で行使されてはならない。もし民主的な教育委員会が党派的な動機によって本の除籍を命令――たとえば共和党を支持するすべての本を除籍するような命令――すれば，生徒がそれらの本にアクセスする憲法上の権利を侵害することは明らかである。もし教育委員会の委員が全員白人で人種的偏見によって黒人が書いた本を除籍するような場合も同様に憲法に反することになる。憲法はそのような思想に対する抑圧を許していないのである。

55　Barnette, 319 U.S. at 642.
56　Keyishian, 385 U.S. at 603.

⑥ 違憲の動機の審査

したがって，教育委員会が学校図書館から本を除籍したことが生徒の修正１条の権利を侵害しているかどうかは教育委員会の行為の背後にある動機次第ということになる。もし教育委員会の本の除籍が賛同できない思想に生徒がアクセスすることを否定する意図をもって，かつその意図が除籍の判断において決定的な要素になっている場合，教育委員会の裁量の行使は憲法に反するものである。そのような意図をもって公権力を行使することを認めることはBarnette判決が否定したオーソドキシーを認めることになってしまう。

この点につき，もし教育委員会が低俗性を理由に問題図書を除籍したと証明するならば，違憲の動機があったとはいえないことになろう。あるいは，本の除籍の決定が教育的にふさわしくないことのみに基づいていることが証明された場合も，そのような除籍は許容されることになろう。つまり，教育委員会の行為が思想の抑圧の危険につながるものではないのであれば，それは修正１条を侵害しないのである。

以上のことをまとめると，教育委員会は単にその本に含まれている思想が気に入らないだとか，何がオーソドックスなのかを決めるという理由で，学校図書館の本を除籍することは許されないことになる。

⑦ 本件除籍の合憲性 ［Ⅱ-B］

以上のことを踏まえて，本件においてIT教育委員会が学校図書館の本を除籍したことが憲法上の限界を超えていないかを判断する。本件事実を振り返ると，教育委員会が反アメリカ的な内容の本を問題図書にしたこと，図書審査委員会は教育にふさわしくない内容の本を除籍対象の基準にして判断するように指示されていたが理由を示すこともなく２冊のみを除籍相当としたこと，IT教育委員会はわいせつ性や暴力性を含む内容の本を除籍対象にしたとするが『A READER FOR WRITERS』はそのような内容が含まれないこと，を理由に生徒側はIT教育委員会が個人的な価値観や道徳観に基づいて本を除籍したと主張している。

以上の事実だけでは，IT教育委員会の除籍決定の裏に実質的動機があったという決定的な証拠にはならない。もし，IT教育委員会が通常の，表面上偏見のない手続で審査していたならば，異なる結論になりうるだろう。し

かし，本件においてIT教育委員会が行った除籍手続は動機があったことに関連するものであった。生徒側は，IT教育委員会が図書館員や教師などの専門家の意見や教育長の意見を無視し，PONY-Uのリストに載っていたという理由だけで除籍対象を決めたと主張する。連邦地裁に提出された記録はこれを示すものであり，教育長はこの種の問題に対応する制度があることを提示したにもかかわらず，IT教育委員会はそれを無視し，図書審査委員会を設けるという異例の対応を行った。つまり，IT教育委員会がきわめて異例で，アドホックな対応を行ったことから，IT教育委員会が不当な動機を抱えていたのではないかという疑いを和らげるような手続ではなかった可能性が生じるのである。

以上のことからすると，IT教育委員会の除籍決定は除籍対象となった本の憲法上保護された思想に同意できず，生徒に政治的オーソドキシーを部分的に押し付けようとしていた可能性を捨てきれない。IT教育委員会の判断には正当な理由と考えられるものもあるが，連邦地裁に提出された証拠に基づいて事実認定を再検討する必要がある。したがって，一審に差し戻すとした原審の判断を認容する。

このように，相対多数意見は，生徒が学校図書館の本にアクセスする権利を認めた上で，反オーソドキシー原理を提示し，IT教育委員会の決定に違憲の疑いがあることを指摘して，事実認定の問題を再検討するように命じた。これに対し，ブラックマン裁判官とホワイト裁判官は結果同意意見を書き，バーガー長官，パウエル裁判官，レーンキスト裁判官，オコナー裁判官は反対意見を書いている。

（2） ブラックマン裁判官の一部同意および結論同意意見

ブラックマン裁判官は，相対多数意見が学校図書館の本へのアクセス権を認めた部分以外の点に同意している。以下はその概要である。

私は，相対多数意見に同意するところが多いが，修正1条が関わる側面については異なる見解を有している。公立学校は，生徒が市民として社会に参加することの準備を行ったり，子供に市民的徳を身につけさせたりするという重要な役割を担っている。一方，公立学校は修正1条の限界を逸脱して活

動することは許されず，政治や宗教におけるオーソドックスを強要してはならない。公立学校はイデオロギーの押し付けを行ってはならないことと修正1条の内容規制の禁止とをあわせて考えると，州はやむにやまれぬ利益なくして思想を抑圧するために思想を制限してはならないという要請が導かれる。

相対多数意見は修正1条の要請につき，情報を受領する権利があることを認めたが，私はそれよりも修正1条の原理はもっと狭く，もっと基本的なものであると考える。州は，情報を生徒に提供する義務を負っているわけではないからである。

学校という場は修正1条によって一定の制約を受けるが，他方で，学校は考え方や物事の見方を教える場でもある。そのため，本件では，修正1条が要請する反オーソドキシーと学校の教える役割の調整が要請される事案であるといえる。学校は特定の思想が気にいらないからといって図書を除籍することは許されないが，この要請はそれほど広いものではない。学校はカリキュラムに関係する本や内容が重要だと思われる本を選んだり，不快な言葉が使われている本を生徒が利用できないようにしたりすることができる。この種の教育的活動は政治的理由等によって特定の思想を排除することとは異なるのである。

もっとも，相対多数意見の判断枠組は私と似ているので，Ⅱ-A（1）を除き，相対多数意見に同意する。

（3） ホワイト裁判官の結論同意意見

ホワイト裁判官は，憲法問題を検討する必要はなく，単に事実認定をやり直せばよいとの判断を下している。以下はその概要である。

連邦地裁は，IT教育委員会が低俗性を理由に学校図書館の本を除籍したという事実認定を行い，それに対して連邦高裁がその事実認定につき差し戻すべきとの判断を行った。本件では，この事実認定の問題が未解決である。私は，差戻の判断を行った控訴審の結論を容認する。相対多数意見は，学校図書館の本の除籍が修正1条に反するかどうかを争点としたが，この問題にあえて踏み込む必要はない。連邦地裁が事実の問題を判断すれば，本件はそ

れで決着がつく問題である。

（4）バーガー長官の反対意見

　バーガー長官は，学校図書館にアクセスする権利を否定した上で，この種の問題は民主的機関たる教育委員会の決定を尊重すべきであるとしている。以下はその概要である。
　相対多数意見は伝統的に州に委ねられてきた問題に取り組もうとしている。だが，相対多数意見の判断は教育委員会の図書館の本に関する決定に対して，超検閲（super censor）[57]を行っているも同然である。本件の問題は，①学校は教育委員会，連邦の裁判官，生徒，いずれがとりしきった方がいいのか，②道徳的価値等は教育委員会が学校図書館の本の内容について決める際の正当な理由になるのか，である。
　私は，生徒が学校の門をくぐったからといって修正1条の権利がなくなるわけではないとしたTinker判決に同意する。たとえば，Barnette判決が示したように，生徒は国旗敬礼への参加を強制されない。ところが，本件では，外部的な強制があるわけではないにもかかわらず，生徒が学校図書館の特定の本にアクセスするという新たな修正1条の資格が認められた。
　しかし，修正1条に関する判例法理はそのような権利を認めていない。相対多数意見は思想を送る自由の一部として思想を受け取る自由があるとするが，送り手の権利は絶対的なものではない。これまで，送り手の思想が受け手に届くようにすることを政府に義務付けた判断は存在しない。また，相対多数意見は思想を受領する権利は自らの思想を表現する際に重要な意義を持つとするが，情報を受領する権利は特定の場所で提供された思想を受け取る権利と同一ではない。
　学校は民主政に必要な基本的価値を教える場であり，その責務を果たすための裁量を有する。そして，市民に選出された教育委員会は生徒に教える内容を明らかにする必要がある。相対多数意見は特定の政治的見解等に基づいて学校図書館の本を除籍することができないとするが，何が政治的見解に当

57　なお，Pico判決で「検閲」（censor）という言葉が登場するのはここだけであり，学校の除籍が検閲に当たるかどうかという文脈では一切登場しない。

たるのかについて指針が示されているわけではない。教育的決定には政治的要素が含まれることもあり、完全に分けることは難しい。

また、その判断は裁判所ではなく、人々が選んだ教育委員会が決定すべき事項である。教育委員会は人々の意思を反映している。もし、教育委員会の本の除籍の判断に異論があるのであれば、本屋、公共図書館、その他のソースを使って、本にアクセスすることができるはずである。

相対多数意見は教科書と図書館の本を区別しているが、なぜ図書館の本の除籍について審査密度が上がるのかは定かではない。むしろ、教科書の方がオーソドキシーを要求する側面が強いように思われる。それにもかかわらず、図書館の本の方が審査密度が高くなっているのは、「本を選択する権利」を「生徒が望む本を選択する権利」に変形させてしまっているからである。

また、相対多数意見は、新しく認めた修正1条の権利を本の除籍の場面に限定しているが、入手された特定の本を除籍されない権利があるのであれば、特定の本を入手すべきとする権利も認められるはずである。同様のことはカリキュラムにもいえることである。しかし、裁判所がそのような審査を行えるとは思えない。

(5) パウエル裁判官の反対意見

パウエル裁判官も、民主的性格を持つ教育委員会の決定を重視すべきとする反対意見を述べている。以下はその概要である。

相対多数意見は、地域住民が選んだ教育委員会が教育政策に関する決定の責任を負うという公教育の基本原則を覆すものである。教育委員会は特殊な民主的機関であり、子供の教育のみに責任を負う機関である。健康問題を除き、親が最も関心をもつのが子供の教育であり、子供の教育は伝統的に地域の教育委員会の手に委ねられてきた。しかし、相対多数意見の決定はそれを拒否するものであった。そもそも裁判官は教育に関する決定について、教育委員会と同様の能力があるわけではない。また、裁判所がそのような審査をするとしても、相対多数意見が設定した基準は、特定の党派的・政治的判断によってなされたかどうか主観的に判断するというものであり、それは基準が不明瞭な基準 (standardless standard) である。教育委員会が民主的価値に

反してまで特定の思想を促進することを認めるわけではないが，本件で問題となった本はそのような側面はない。

（6） レーンキスト裁判官の反対意見

レーンキスト裁判官は，政府が教育者として社会的価値や知識を教えることができるのであり，本件では思想等を抑圧しているわけでもないので，教育委員会の決定は妥当であるとの反対意見を書いている。以下はその概要である。

ブレナン裁判官は，修正1条の問題以上に，手続的側面に照射して判断を下した。それは憲法問題を混沌とさせるものであり，判断する必要のない憲法問題について，抽象的に判断するものである。

もし，町議会が本屋において本件で問題となった本を販売することを禁止するとしたら，それは許されない。しかし，本件はそのようなケースではない。政府は主権者としてではなく，教育者として（as an educator）役割を果たすことがある。そのとき，政府は，少なくとも初等中等教育において，社会的価値や知識を生徒に教えることができる。

教育のコース，購入する本，教員の採用について，教育委員会は，道徳的価値等に基づき，専門家として判断している。そもそも学校図書館の本について選別を行ったとしても，それは別の場所で読むことをも制限するものではなく，カリキュラムまたは学校図書館において利用できないというだけであり，そのような教育者としての活動は主権者としての活動ほどには修正1条の問題を惹起するものではない。

学校図書館で情報を受領する権利は不可解なものである。それは，学校図書館にだけ妥当し，しかもすでに所蔵してある本だけを対象とするものである。これまでの先例の中にそうした権利を認めた判決を見出すことはできない。ブレナン裁判官は，Tinker判決を引き合いに出しているが，Tinker判決は生徒が特定の思想にアクセスする権利ではなく，生徒が政治的表現を行う自由を認めた判決である。

アクセスする権利以上に，ブレナン裁判官の意見で問題があるのは，公立学校の意義を理解していないことである。「公立学校の重要性は個人が市民

として参画する準備を行い，我々の社会が依拠する価値を維持するという点において，判例によって長く認められてきた」[58]。公立学校は生徒が社会に出ていけるための必要なスキルを教えるという重要な役割を担い，民主政の維持に必要な価値を教えている。そこでの教育は，選定した思想の提示や説明である。効果的に知識を身に着けるためにはきちんとした情報を与える必要があるが，不適切な情報を与えないことも同様に重要である。このように教えることがメインであるため，学校図書館はそれを補足する存在にすぎない。大学図書館や公共図書館と異なり，学校図書館は自由な探究のために存在するのではない。そもそも生徒は学校図書館で本を見れなくても，公共図書館等で見ることができるのであり，教育者としての政府は，学校教育の限界を超えているわけではない。

　ブレナン裁判官は，本の除籍の問題と入手の問題を分けているが，入手の失敗はアクセスの失敗にもなるため，両者が分断されるわけではない。ブレナン裁判官は本の除籍が思想の抑圧につながるとしているが，本の入手の問題も思想の抑圧につながる問題である。また，ブレナン裁判官は，もし教育委員会が好ましくないと考える思想について生徒にアクセスするのを禁止するために本を除籍する場合は修正1条を侵害するとしているが，意図が何であれ本が除籍されることに変わりはない。さらにブレナン裁判官は反オーソドキシー理論を用いて動機を問題にしているが，情報を受領する権利とオーソドックスな言論を押し付けられることからの自由は異なるのであって，情報へのアクセスを否定する教育的措置がつねにオーソドックスを要請することになるわけではない。また，ブレナン裁判官のように本の除籍と入手を区別するならば，除籍が政治的動機に基づいていたとしても，入手が政治的動機に基づいているとは限らないことになる。ブレナン裁判官の意見では，そのような場合に入手については修正1条を侵害しないことになるのである。

　本件では，ある意味IT教育委員会が低俗で冒涜的な思想を抑制したといえるかもしれないが，それによって思想の抑制を試みているとはいえない。IT教育委員会は本のテーマや本自体に関する議論を排除しようと試みているわけではないからである。IT教育委員会の判断は修正1条の問題をパス

58　Ambach v. Norwick, 441 U.S. 68, 76 (1979).

するのに十分な教育的相応性を兼ね備えている。

　裁判所は政府が主権者として行動する場合には，雇用者，財産所有者，教育者として行動する場合よりも，修正1条の問題を吟味しなければならない。しかし，本件のような初等中等（高校）学校については教育者としての政府は修正1条の非難の対象になりにくい。本件においてIT教育委員会が本を除籍したことは初等中等学校を監督している通常業務と区別することが難しく，裁判所は通常業務と直接基本的な憲法的価値に関わらない問題が衝突した場合には介入することができない。本件において，生徒側は表現の自由を侵害されておらず，思想も抑圧されていない。

（7）　オコナー裁判官の反対意見

　最後に，オコナー裁判官も，教育委員会の決定に司法が介入すべきではないとの短い反対意見を書いている。オコナーは，本件におけるIT教育委員会の判断には個人的に賛同できないが，教育委員会の判断に司法が口をはさむべきではなく，教育委員会が適切であると判断した以上それを尊重すべきであると述べている。

（8）　小括

　以上のように，学校図書館の本にアクセスする自由を認めた部分について過半数の同意を得ることができなかったので，ブレナン裁判官の見解は相対多数意見にとどまった。そして反対意見との関係では，司法は教育委員会の判断を尊重すべきかどうかが主な争点であったといえよう。

　なお，学校図書館とパブリックフォーラムとの関係は，ほとんど取り上げられていない[59]。

---

[59] 口頭弁論では一度だけパブリックフォーラムという言葉が登場しており，スティーブンス裁判官がどのような基準で合憲性を判断すべきかという質問を行った際，リップ（George W. Lipp, Jr.）弁護士（被告側代理人）はパブリックフォーラムの事案ではないのでやむをえない利益を証明する必要はないと答えている。Board of Education, Island Trees Union Free School District No. 26 v. Pico by Pico, Oyez, https://www.oyez.org/cases/1981/80-2043 (last visited Jun 14, 2016). [hereinafter Oral Argument]．パブリックフォーラムではない理由が述べられているわけではないが，被告側の弁護書には本件は公共図書館でもパブリックフォーラムでもないと述べている箇所があるので，全員に開かれていない点を理由にしている可能性がある。No. 80-2043,

III　考察

1　生徒の情報受領権

　ブレナン裁判官の相対多数意見の特徴は，正面から修正1条論を展開し，生徒の情報受領権（right to receive information）を認め，さらにそれを侵害するかどうかにつき動機審査を提示した点にあるといってよい。まずは，その論理構造を確認しておこう。表現の自由が保障される以上，表現の送り手が表現を行う自由があると同時に，それを受け取る自由が保障されなければ意味がないので，表現の受け手の自由が保障される。この自由は，生徒が将来的に成人として多元的な社会に積極的かつ効果的に参加する準備をさせることにも寄与する。そのため，学校図書館の本を除籍する場合にはそれが適切に行われたかどうかを審査する必要が生じるのである。かかる修正1条論については，思想を受け取る自由がなければ思想を表現する自由の意味がなくなってしまうのだから，学校図書館の本を読む権利を認めたことは修正1条の目的に適うものである[60]と受け止められている。

　しかし，このような権利を提示したがゆえに，過半数の裁判官の同意が得られず，相対多数意見にとどまってしまったともいえる。そのため，かかる権利の是非を考えるためにも，ブレナン裁判官が導出した情報を受領する権利をもう少し詳細にみておく必要がある。ブレナン裁判官は様々な先例を引用しているが，主な根拠となっているのは以下の判例である。まず，わいせつ表現物の単純所持規制を違憲とした1969年のStanley v. Georgia連邦最高裁判決[61]が「憲法は情報及び思想を受ける権利を保護していることが現在では確立している」[62]と述べていた部分を引用し，さらに企業が署名イニシア

Supreme Court of the United States, October Term, 1981, February 23, 1982, Petitioner's Reply Brief (In Support of Writ). なお，学校図書館ではなく，公共図書館についてはUnited State v. American Library Association, inc, 539 U.S. 194 (2003) においてレーンキスト長官の相対多数意見がパブリックフォーラム性を否定しているが，批判も強いところである。松井茂記『図書館と表現の自由』23－26頁（岩波書店，2013年）。

60　Robert M. O'Neil, *Libraries, Liberties and the First Amendment*, 42 U. CIN. L. REV. 209, 222 (1973).

61　Stanley v. Georgia, 394 U.S. 557 (1969).

62　*Id.* at 564.

ティブに寄付することを制限する州法を違憲とした1978年のFirst National Bank of Boston v. Bellotti連邦最高裁判決[63]が「同様に，コミュニケーション又は娯楽事業における会社が関係する連邦最高裁の判例は個人の自己表現を育成するという修正１条の役割だけでなく議論，討論，そして情報や思想の流通への公的アクセスを供給する修正１条の役割を重視してきた」[64]という部分を引用している。このように，情報を受領する権利に言及した先例を引用することで，修正１条は情報を受領する権利を保障していることの根拠を提示しているといえる。もっとも，情報を受領する権利は元々報道メディアに関する事例で発展してきたものであり，実際ブレナン裁判官も本件において，1969年のRed Lion Broadcasting Co. v. FCC連邦最高裁判決[65]が「それは社会，政治，美意識，道徳，及び本件で問題となっているその他の思想や経験に適当なアクセスを受ける公衆の権利である」[66]と述べた部分も引用している。そのため，報道メディアの分野における情報受領権が教育分野にも当てはまるか，という疑問が思い浮かぶ[67]。

　報道メディアの情報が制限されるとその情報を得ることが困難になりやすいが，学校図書館の本の除籍は他でその情報（書籍）を入手したり読んだりすることが可能である。また，報道メディアは多様な見解を流通させる責務があるが，学校図書館は教育的観点から配架図書を選ぶ責務があるため，受領しうる情報の内容も異なってくる。そのため，報道メディアにおいて発達してきた情報受領権をそのまま学校図書館に持ち込むことはできないだろう。

　たしかに，教育分野の情報受領権については報道メディアとは異なる要請

63　First National Bank of Boston v. Bellotti, 435 U.S. 765, 783（1978）. なお，州の規制の利益を重視すべきであるというホワイト裁判官の反対意見にブレナン裁判官が同調している。
64　*Id.* at 783.
65　Red Lion Broadcasting Co. v. FCC, 395 U.S. 367（1969）. ラジオ放送局に公平原則を要求するFCCの規制の合憲性が争われた事件で，公衆には様々な見解にアクセスする権利があるとし，当該規制は合憲であるとされた事件である（ホワイト裁判官の法廷意見で，ブレナン裁判官を含む全員一致の判決であった）。
66　*Id.* at 390.
67　Lee Pray, *What Are the Limits to a School Board's Authority to Remove Books from School Library Shelves ?──Pico v. Board of Education, Island Trees Union Free School District No. 26.*, 1982 WIS. L. REV. 417, 435-436.

が働き，様々な情報に触れるという点では狭くなりうる。しかし，ブレナン裁判官は，学校図書館が生徒に自主学習や自己啓発の機会を与える場である以上，政府がオーソドックスな見解を押し付けることによって情報受領権を侵害することはできないとしたのである。

2 「教育者としての政府」と公教育

これに対し，そもそも公教育においては教える内容が重要なのであって，とりわけ初等中等教育にあっては社会的価値や知識を生徒に教えることが重要であり，生徒の自発的な知的探求は二の次であると考えるのがレーンキスト裁判官の反対意見である。レーンキスト裁判官によれば，公立学校は生徒が社会に出ていくための必要なスキルを教えるという重要な役割を担い，民主政の維持に必要な価値を教えるところであるという。そこでは，政府（教育委員会）が教育者として，生徒に適切な情報を与える必要があると同時に，不適切な情報を与えないこともできる。このようなレーンキスト裁判官の見解に対しては，「教えたり，知らせたり，導いたりする権力は教化し，判断を歪め，現行制度を永続させる権力である」[68]ことから体制従属型であると批判されている。このようにレーンキスト裁判官の反対意見はブレナン裁判官の見解と対立しているが，両者の対立は，そもそも公教育とは何かをめぐる争いといえる。

ゴールドスタイン（Stephen R. Goldstein）によれば，公教育には2つのモデルがあるという[69]。1つは，教化モデル（prescriptive／indoctrinative model）であり，子供に知識や真実を教えることを役割とするモデルである。このモデルは，自発的に考える力よりも，必要な知識を身につけさせることを重視するので，教える側の裁量が広がる。レーンキスト裁判官の見解は教化モデルに近いものといえる。

もう1つは，分析モデル（analytic model）であり，子供に必要な資料を提示して真実を探求させようとする役割とするモデルである。このモデルは，

68　Mark G. Yudof, *When Government Speak: Toward a Theory of Government Expression and the First Amendment*, 57 TEX. L. REV. 863, 865 (1979).
69　Stephen R. Goldstein, *The Asserted Constitutional Right of Public School Teachers to Determine What They Teach*, 124 U. PA. L. REV. 1293, 1297 (1976).

子供が自分で発見したり考えたりすることを重視するので，教える側の裁量はそのための材料や資料を提供するにとどまる。ブレナン裁判官の立場は分析モデルに近いといえる。

たしかに，子供は，一面においてコミュニティ（家族・学校・教会など）の影響を受けて価値観を形成していくが，他面において自由に価値を選ぶことで自律していく。そのため，コミュニティによる価値の教示（教化モデル）と自律的判断の尊重（分析モデル）は子供が社会に出る上で両方とも必要であるといえるが，どちらの理念を重視するかによって本件のように本の選択をめぐる問題が生じた際に衝突しうる[70]。

教化モデルは以下の点で公教育に馴染みやすいとされる。すなわち，①生徒の出席が義務であることから教えやすいこと，②生徒は批判能力に欠けているので教えやすいこと，③教育という崇高な目的の観点から包括的に価値を教えることができること，④教える側が豊富な知識で生徒に教えこめること，⑤教える側はアメとムチを使い分けて教え込むことができること，である。そして，教化モデルを採用した場合には，有害な本から子供を守り，子供に社会におけるロールモデルを示し，子供が社会に出るための免許を与えるというシンボリックな役割を果たすために，コミュニティの基準に照らして学校図書館の本の取捨選択が認められるという。

これに対し，分析モデルは，生徒には様々な本に触れる権利があり，自主的に本を選んで自律的思考を身につけていくので，公教育はそれを補助する役割を担う。そのため，できる限り学校図書館の本を自由に閲覧させるべきであると考える。

このように，公教育のモデル次第で教える側の裁量に違いが生じてくるが，各学区においてこのモデルを決めるのが教育委員会である。というのも，生徒が市民として地域社会に参加するためのものが公教育であるとすれば，地域社会の代表である教育委員会がその内容を決める正当性を持つことになるからである。ブレナン裁判官とレーンキスト裁判官はともにかかる教育委員会の役割を認めているが，その裁量に修正1条の観点から限界を設け

---

70 Stanley Ingber, *Socialization, Indoctrination, or the "Pall of Orthodoxy": Value Training in the Public Schools*, 1987 U. ILL. L. REV. 15.

たのがブレナン裁判官であった。

3　学校図書館の本の除籍の妥当性

　ブレナン裁判官が考えるように，教育機関の判断を尊重しながら子供の自律的選択を確保するためには，裁判所は判断代置を行うのではなく，判断過程に着目して判断することになる。そのため，そもそもどのような手順で除籍の判断がなされているのかを検討する必要がある。

　これについては，連邦最高裁の口頭弁論において以下のようなやり取りがなされている[71]。パウエル裁判官は，この学区では通常どのように図書館の本を選定しているのかという質問を行い，これに対して学校側の法定代理人であるリップ弁護士は通常専門のスタッフが出版社のリストを見て選んでいると回答した。次にパウエル裁判官がすべての本を審査するのは難しいのではないかと質問したところ，リップ弁護士はすべてを審査することはできないがテキストは審査していると回答した。続けてマーシャル裁判官がその際の基準はないのかと問いかけたところ，リップ弁護士は記録上は存在しないが，道徳，社会的価値，倫理などを用いて判断していると答えた。そこでオコナー裁判官はそれでは特定の宗教について好ましくないという理由でその本を除籍することができることにならないかという質問を投げかけ，リップ弁護士はある宗教を他の宗教に優先させるようなことがない限り，そうした除籍もできると思われると答えた。このやり取りをみると，教育委員会側は，本の選定や除籍に関する基準がなくてもかまわないと考えており，その裁量を相当広範に考えていることがうかがえる。そのため，裁判所はその裁量を尊重しつつも判断過程に不適切さをうかがわせる行為がなかったかどうかを審査することになる。換言すれば，裁判所は判断過程をみながら不当な動機が存在したかどうかを審査するのである。

　なお，口頭弁論では本の除籍だけでなく選定についても質疑がなされたが，この点についてバーガー長官の反対意見は情報受領の権利を認めると生徒が本の入手についても図書館に配架を義務付けることができる可能性が生じてしまうとしており，レーンキスト裁判官は逆に入手を別問題と解するの

71　Oral Argument, *supra* note 59.

であれば図書館に配架される本が不当な動機に基づく本であふれてしまうことを認めることになってしまうおそれがあるとしており，ブレナン裁判官のように情報受領の権利を認める場合にはあくまで学校図書館の本の除籍の問題に限定して考える必要がある。

4　司法判断の方法

(1)　動機審査の可能性

本件において，ブレナン裁判官は判断過程審査を行う際に不当な動機があったかどうかを審査した。いわゆる動機審査 (motive based test)[72]と呼ばれる手法である。表現の自由の領域における動機審査については，United States v. O'Brien連邦最高裁判決[73]がそれを否定したかのような判断を下している。この事件において原告側は立法意図に表現の抑圧があると主張したが，連邦最高裁は，個々の立法者の言動から集合体としての動機を措定することができないこと，動機次第で法律の内容がかわるわけではないこと，動機を理由に立法を違憲にしてしまうことは立法実務に支障をもたらしてしまうこと，などの理由を挙げて立法動機審査を行わなかった。しかし，脚注30や引用判例を分析すると，動機審査を完全に否定したものではないことがうかがえる[74]。さらにいえば，O'Brien判決は立法の動機を問うものであったが，本件は行政 (教育委員会) の動機を問うものであり，動機審査の可能性は残されていた。

とりわけ，教育分野においては，Tinker判決が教育上の正当な理由がなければ表現の自由を侵害することはできないことを示した点が重要であり，教育分野における表現の自由の問題について動機審査を行う基盤が整備されたといえる。なぜなら，裁判所が表現の自由の規制について教育上の正当な理由があるか否かを審査するということは，教育に関係しない不当な動機が含まれていれば違憲とする可能性が出てきたからである。

もっとも，不当な動機が見つかった場合にはそのまま違憲になるのか，そ

72　Elizabeth M. Gamsky, *Judicial Clairvoyance and the First Amendment: The Role of Motivation in Judicial Review of Book Banning in the Public Schools*, 1983 U. ILL. L. REV. 731.
73　United States v. O'Brien, 391 U.S. 367 (1968).
74　大林啓吾「表現の自由と動機審査」千葉大学法学論集30巻3号8-13頁 (2015年)。

れとも内容規制に該当することになって厳格審査に進むのかなど，その位置づけや審査手法が必ずしも定かではない。本件においても，動機審査の判断方法はブレナン裁判官の相対多数意見とブラックマン裁判官の同意意見とで異なる。

　ブレナン裁判官は，情報受領の権利を核にした上で，反オーソドキシー原理の観点から不当な動機をチェックする必要があるとし，判断過程を審査して不当な動機があるか否かを審査するという手法をとった。他方，ブラックマン裁判官は，反オーソドキシー原理に触れた上で内容規制に対してはやむにやまれぬ利益がなければならないとし，不当な動機はそうした利益に当たらないという手法を示した[75]。ブレナン裁判官の判断方法は判断過程統制によって動機の炙り出しを行い，不当な動機の疑いがあれば違憲になるという流れである。ここでは，目的手段審査のような構造はなく，不当な動機の有無が違憲か否か（または違憲の疑いが推定されるか否か）という結果につながっている。一方，ブラックマン裁判官の同意意見は，やむにやまれぬ理由の判断において動機（規制の意図）を審査していることから，目的審査において動機がチェックされているといえる。したがって，動機審査が登場するステージは異なれども，両方とも動機審査の結果がそのまま合憲性の結論に直結する構図となっている。

　これに対し，動機審査は閾値の審査であり，立証責任や審査基準に影響するものであって，合憲性の判断に直結するわけではないとの指摘がある[76]。その場合，不当な動機があったかどうかを調べるために規制者側に立証責任を課し，厳格審査を行うということになると思われる。だが，不当な動機がなかったことを立証できなければ違憲になる可能性が高いわけであって，それは結果につながるものである。また，そもそも学校図書館は一定の内容に基づいて判断することができることから，＜内容規制→厳格審査＞の枠組が適切かどうかという問題があることに加え，厳格審査では，教育的配慮であ

75　なお，本件では教育的配慮以外の観点から本の除籍が問題となっていることから内容規制の禁止からアプローチすることはあながち不自然ではないとの指摘もある。角替晃「公立学校図書館の図書排除と第1修正の権利」芦部信喜＝憲法訴訟研究会編『アメリカ憲法判例』105頁（有斐閣，1998年）。

76　Fred C. Zacharias, *Flowcharting the First Amendment*, 72 CORNELL L. REV. 936, 971 (1987).

ってもやむにやまれぬ利益として認められない可能性もある。

　それでは，動機審査では具体的に何が不当な動機になるのだろうか。Pico判決では，教育委員会が好ましくないと考えている思想について生徒のアクセスを制限する意図を持ち，その意図が除籍の決定的理由になっていた場合には違法な裁量権の行使に当たるとした。ここでは反オーソドキシー的意図があれば不当な動機になるとしているわけであるが，厳密にいえば，そうした意図がなければいいのか，それとも教育的理由など別の意図があったことを証明すればいいのかは定かではない。ただし，反オーソドキシー的意図がなかったことを証明するためには，それを示すために別の意図を提示しなければならないので，両方とも必要であるように思われる。

　このように，動機審査は反オーソドキシー原理と密接な関係にあるので，それは政府の偏見を疑う必要のある領域において重要な機能を果たすものといえる[77]。また，動機審査は行政裁量統制における司法の役割にも関連している。ブレナン裁判官の相対多数意見が教育委員会の日常の本の選定には関与しないが，修正1条の問題を惹起する場合には判断に踏み込むとしたのは司法の役割を考慮した可能性があると指摘される[78]。つまり，通常業務は教育委員会に敬譲し，憲法問題を惹起した場合のみ，憲法解釈を専門とする司法が判断に踏み込むというスタンスをとったというわけである[79]。

（2）　教育問題における動機審査のゆくえ

　Pico判決が提示した動機審査は政治的意図テスト（political intent test）[80]とも呼ばれる。つまり，教育分野における表現の自由について，政治の不当な介入を防ぐためのテストとして機能しうるということである。そもそもブレナン相対多数意見の判断手法が手続的統制に近かったことから，実際には生

77　Geoffrey R. Stone, *Content Regulation and the First Amendment*, 25 WM. & MARY L. REV. 189 (1983).
78　Mark G. Yudof, *Library Book Selection and the Public Schools: The Quest for the Archimedean Point*, 59 IND. L.J. 527 (1984).
79　関連して，本件の判断過程では，教育委員会が図書審査委員会の判断に一部しか従わなかったこともあり，教育委員会と図書審査委員会という，2つの専門機関同士の衝突といった問題も潜在している。
80　The Supreme Court-1981 Term, 96 HARV. L. REV. 62, 156 (1982).

徒の情報受領の権利を保障したわけではなく，不公正な方法でコミュニティの価値を教えることは許されないとしたにすぎないというのである[81]。

もっとも，教育分野における表現の自由の問題については，カリキュラム問題について学校側の裁量を広く認めるアプローチがある。たとえば，授業での学校新聞に対するチェックが問題となったHazelwood School District v. Kuhlmeier連邦最高裁判決[82]はまさにカリキュラムに関連する事項であったかどうかが重視され，関連する場合には裁量が認められるという判断を下した。

Pico判決もKuhlmeier判決も，教育上の理由があったかどうかを重視しているので，その意味で両者に大きな違いはないといえるかもしれない。仮にカリキュラムを軸にするかどうかが重要であると考える場合でも，Pico判決は相対多数意見にとどまることからすれば，Kuhlmeier判決に基づきカリキュラムに関係するかどうかを軸にした上で，カリキュラムに関係する場合は学校側の裁量を広く認め，カリキュラムに関係しない場合には判断過程統制もありうるという位置づけになろう。

しかし，両者を整合的にみることに対しては，教育上の合理性のみで判断することは動機審査を行わないことと同然であり不適切であるとの見解がある[83]。また，Pico判決の除籍対象にはカリキュラムに関わる本も対象となっていたが，判決ではカリキュラムに関係するかどうかにつき特に区別していないので，カリキュラムを軸に判断するアプローチとは一線を画するとみることもできる。

こうしてみると，Pico判決の動機審査は教育委員会による学校図書館の本の除籍に限定される可能性があり，それ以外の問題についてはカリキュラムを軸にするなど別の法理が妥当する余地が残されている。その意味で，Pico判決の射程は限定されているといえるが，司法による裁量統制の可能性を広

---

81 James C. O'Brien, *The Promise of Pico: A New Definition of Orthodoxy*, 97 YALE L.J. 1805 (1988).
82 Hazelwood School District v. Kuhlmeier, 484 U.S. 260 (1988).
83 Katherine Fiore, *ACLU v. Miami-Dade County School Board: Reading Pico Imprecisely, Writing Undue Restrictions on Public School Library Books, and Adding to the Collection of Students' First Amendment Right Violations*, 56 VILL. L. REV. 97 (2011).

げたという意味で各分野における訴訟の展開につながる側面がある[84]。もっとも，Pico判決が相対多数意見にとどまったことから，学校図書館の本の除籍の問題自体も実は解決されておらず，その後も下級審では訴訟が続くこととなった。

Ⅳ　Pico判決後の展開

1　下級審の展開

　Pico判決後も，下級審レベルでは学校図書館の本の除籍をめぐる裁判が続いた。Pico判決以前は，主に北東部の州において低俗な内容や性的な内容の本の除籍を中心に裁判が提起されていたが，Pico判決以後は，主に南部において，その地域固有の事情に関わる本が除籍された場合に裁判になる傾向にある。とりわけ，相対多数意見は先例拘束力に欠けるとみなされていることから，下級審がPico判決の示した判断枠組を踏襲するかどうかが1つの争点となった。

（1）　宗教関係の本が問題となった事例

　ルイジアナ州は，多くのハイチからの移民を抱えていた。そのため，ハイチで発展したブードゥー教が一部で流行していた。そのブードゥー教の本の除籍が問題となったのが，1995年のCampbell v. St. Tammany Parish Sch. Bd.連邦高裁判決[85]であった。この事件は，7年生の女子生徒が『VOODOO & HOODOO』の本のコピーを持っているのを親が見つけたことに端を発する。親は子供が超自然的な事柄に夢中になってしまうとして，本の除籍を求めた。当初，委員会は除籍を認めなかったが，親の再三にわたる要求で最終的に除籍した。そのため，別の保護者らが当該書籍の除籍は修正1条に反するとして提訴した。

　連邦地裁は，教育委員会が特定の宗教上の描写が含まれている思想に生徒がアクセスするのを禁じる意図で除籍したとして，原告の請求を認めた。一

84　Wexton, *supra* note 35, at 592. そのため，Pico判決は「羊の皮をかぶった狼」ともいわれる。
85　Campbell v. St. Tammany Parish Sch. Bd., 64 F.3d 184 (5th Cir. 1995).

方，連邦高裁は，Pico判決の相対多数意見は先例としての拘束力を持たないが，教育委員会の動機の合憲性を判断する一定の指針にはなるとした上で，本件では教育委員会の動機が違憲であったという証明が不十分であるとして原審を破棄した。

(2) 同性愛関係の本が問題となった事例

同年，カンザス州でも本の除籍が問題となり裁判になった。カンザス州は2005年に州憲法を修正して同性婚を禁止する条項を盛り込むなど，同性愛や同性婚に否定的な州である。そのため，同性愛に関する本の除籍が行われ，それが裁判になった。

同性愛者の権利を主張する団体が，生徒が多様な性的志向に関する情報を知りたがっているとしてOlathe学区に2冊の同性愛に関する本の寄付を申し出たところ，教育長はそれを拒否した。図書館司書はそのうち『ANNIE ON MY MIND』については寄付を受け入れるように助言していたが，教育長はその助言には従わなかった。それどころか，すでに学校図書館にある『ANNIE ON MY MIND』の複写を除籍するように命じた。その後開催された教育委員会の会議では，寄付の拒否と複写の除籍の決定が支持された。当該除籍の是非をめぐり裁判になったのが，Case v. Unified School Dist. No. 233連邦地裁判決[86]であった。

連邦地裁は，Pico判決の相対多数意見の判断枠組に基づき，教育委員会は反オーソドックスであるからという理由で本を除籍することはできないとした上で，本件は通常の手続とはいえない形で本を除籍していることが不適切な動機に基づいてなされたことを表しているとし，さらに本件では教育委員会が教育上の観点から本を除籍したことを明らかにしていないことから，政治的動機に基づく決定であって生徒の修正1条を侵害するとした。

(3) ハリーポッターの本が問題となった事例

また，21世紀に入ってからも本の除籍に関する裁判は続いた。アーカンソー州では日本でも有名なハリーポッター作品が除籍の対象になり裁判となっ

---

[86] Case v. Unified School Dist. No. 233, 908 F. Supp. 864 (D. Kan. 1995).

た。アーカンソー州はかつてチェロキー族などインディアンとの紛争が激しかった地であると同時に，リトルロック事件が起きた地でもあり，抵抗や反発の歴史を抱える州である。そのため，本の除籍も，抵抗や反発の芽を摘もうとする観点から行われ，裁判となった。それが，2003年のCount v. Cedarville School District連邦地裁判決[87]である。

教育委員会の委員が学校図書館に『HARRY POTTER AND THE SORCERER'S STONE』があるのを問題視し，同書の配架妥当性を審査するために図書委員会が設けられた。図書委員会は全員一致で配架を認めたが，教育委員会は同書が権威に抗う内容となっていることを問題視し，同書の閲覧につき，親の許可を条件にすることを決めた。これに対して，図書委員会の委員（生徒の父）と生徒の母が生徒の修正１条の権利を侵害しているとして一般配架に戻すように求めて訴えを提起した。

連邦地裁は，Pico判決の相対多数意見の判断枠組を踏襲し，オーソドックスでないことを理由に本の除籍をしてはならないとした上で，ハリーポッターの本を読むと生徒が非行を行うようになり無秩序になるという教育委員会の主張は推論にすぎないとし，それだけでは生徒の修正１条の権利の侵害を正当化できないとした。また，条件付閲覧は憲法上の侵害を軽減するわけではないとして修正１条の侵害を認めた。

（４） キューバ情報の本が問題となった事例

最後に，キューバに近いフロリダ州で起きた事件を取り上げる。この地でも地域固有の事情に関する本が除籍されて裁判になった。それが，2009年のACLU, Inc. v. Miami-Dade County Sch. Bd.連邦高裁判決[88]である。

マイアミデード郡学区では，33の初等中等学校の学校図書館に『!VAMOS A CUBA!』（4歳から8歳向けの本で，子供にとって人生とはどのようなものかを世界各国を素材にして紹介するシリーズで，本書はキューバ編であった）が配架してあった。それを見つけた生徒の親であるアマダー（Juan Amador）（キューバの元政治犯）がキューバの真実を伝えていないとして除籍するように求

---

87 Count v. Cedarville School District, 295 F. Supp. 2d 996 (W.D. ARK. 2003).
88 ACLU, Inc. v. Miami-Dade County Sch. Bd., 557 F.3d 1177 (11th Cir. 2009).

260

めた。それを受けて学校問題審査委員会[89]が審査を行った。委員会では，教育的意義，適切性，正確性，文学的意義，範囲，権威，特徴，翻訳のインテグリティ，配列，論じ方，技術的クオリティ，美的クオリティ，潜在的需要，耐久性，わいせつ性の欠如，の15の基準に照らして妥当かどうかを判断し，7対1の票差で図書館に配架すべきとの結論を下した。そこでアマダーは学区委員会[90]に異議を申し立て，同委員会では15の基準のうち，教育的意義，適切性，正確性の3つに絞って判断した。その結果，15対1の票差で図書館に配架すべきとの結論を下した[91]。これに対しアマダーは教育長に教育委員会で検討するように求めたため，教育委員会は会議を開き，コミュニティからゲストスピーカーを招いて検討を行い，同書を除籍する決定を行った。そのため，今度はACLUと生徒会（student government association）が同書の除籍が生徒の修正1条の権利を侵害するとして訴えを提起した。

連邦地裁は，Hazelwood判決に言及しながら，本件ではカリキュラムに関連しないことから除籍理由の妥当性を判断するとし，本書の見解に賛同できないことを理由に除籍した疑いがあるとする。そしてPico判決の相対多数意見を参照しながら，特定の思想に賛同できないことを理由に本を除籍することはできないとして，除籍決定は修正1条を侵害するとした。

一方，連邦高裁は，教育委員会の除籍決定は政治的な内容に着目したのではなく，事実の不正確性に依拠したものであるとし，Pico判決の相対多数意見を参照しながらも，生徒の修正1条の権利を侵害しないとした。また，連邦高裁は，裁判所は図書館の本の妥当性を判断するところではなく，そうした問題は教育委員会に委ねるべきであるとして，原審を破棄した[92]。

なお，ウィルソン（Charles R. Wilson）裁判官の反対意見は，事実の正確性を判断するのではなく，政治的見解などの不当な動機を審査して判断すべきであるとし，本件では特定の思想を理由に除籍していることから修正1条

---

[89] 教員，理事，カウンセラー，司書，生徒，親から成る。
[90] 学区の理事，他校の校長，他校の司書，生徒，組合員，保護者―教職員団体の者，一般人から成る17名の委員会。
[91] なお，1人は評決前に委員を辞職したため，16人での評決となった。
[92] なお，連邦最高裁は裁量上訴を認めなかった。ACLU v. Miami-Dade County Sch. Bd., 130 S. Ct. 659 (2009), cert. denied.

を侵害するとした[93]。

以上の動向を見る限り，下級審はPico判決が示した反オーソドキシー原理や動機審査などの判断手法を活用しながら判断しており[94]，Pico判決は相対多数意見でありながらも，それなりの影響力を持っているといえる。

2 残された課題

Pico判決は学校図書館の本の除籍の問題を取り上げたが，学校図書館が配架する本について反オーソドキシー原理を貫徹するのであれば，本の除籍の問題以外に本の入手の問題を考えなければならない。Pico判決は本の除籍の問題に限定して判断したので，本の入手の問題はなお残ったままである[95]。

口頭弁論において，ブラックマン裁判官は，IT教育委員会が行った対応は学校図書館の本の除籍だけなのであれば生徒は公共図書館や外で閲読できるのではないかとリップ弁護士に質問した[96]。リップ弁護士は，IT教育委員会は学校図書館とカリキュラム上の除籍をしただけなので可能であると回答している。

学校図書館の本を除籍しても他で閲読することができるのであれば，規制の効果に疑問が生じると同時に，表現の自由を抑制する程度も弱いということになる。とりわけ，印刷メディアが情報流通の主流であった時代と異なり，現代では電子メディアの勢いがすさまじい。インターネットの登場により，誰もがどこからでも情報にアクセスできるようになった。かかる状況は子供の情報へのアクセスにも大きく影響する[97]。つまり，かつて情報入手の場として重要な役割を担っていた学校図書館の相対的地位が低下し，子供はその他のメディアを使って情報や知識を入手できるようになっているからで

93　557 F.3d at 1230-1254 (Wilson, J., dissenting).
94　Abigail Adams, *A Falling Star in Our Constitutional Constellation: Why the First Circuit's Decision in Griswold v. Driscoll Undermines Fundamental First Amendment Principles*, 46 NEW ENG. L. REV. 387, 399-400 (2012).
95　Anne Klinefelter, *First Amendment Limits on Library Collection Management*, 102 LAW LIBR. J. 343, 359 (2010).
96　Oral Argument, *supra* note 59.
97　Richard J. Peltz, *Use "The Filter You Were Born With": The Unconstitutionality of Mandatory Internet Filtering for the Adult Patron of Public Libraries*, 77 WASH. L. REV. 397 (2002).

ある。

「しかし,本の検閲は過去の時代の遺物ではない。それは今日まで続く問題である」[98]と指摘される。初等中等教育においては学校図書館の本を読むことがなお重要である。インターネットは自分の興味のある情報にしかアクセスしない傾向があることに加え,その情報が必要かどうか,さらにはその情報の真偽の判断も難しい。その点,学校図書館は教育上の必要性に基づいて本が配架されており,精神の発達状況に応じて情報を入手できるようになっている。このように,現代においてもなお学校図書館は重要な役割を果たしている。だからこそ,不当な本の除籍が行われた場合には重大な表現の自由の問題が生じ,21世紀に入ってからもなお裁判になり続けているのである[99]。

後序

本章では,学校図書館の本の除籍の問題を素材にして,生徒の情報受領の権利や不当な動機の審査などを考察しながら,公教育における学校図書館の役割を検討してきた。学校図書館の本が除籍されたところで,他で入手することは可能であり,ましてや情報化社会の現代ではインターネット等で情報を入手することもできる。それでもなお,この問題が現代にまで続いているのは学校図書館という存在が特殊だからである。学校図書館の特殊性は学校図書館が公教育において果たす役割に直結している。学校図書館にはカリキュラムに関係する本もしない本も両方とも配架されており,いずれも教育にとって必要であるとの観点から配架されている。そのため,カリキュラムとの関係性だけでは学校図書館の本の除籍の是非を決めることは困難である。

---

98 Marielle Elisabeth Dirkx, *Big Brother Is Reading: An Examination of the Texas Textbook Controversy and the Legacy of Pico*, 17 UC DAVIS J. JUV. L. & POL'Y 29 (2013).
99 他方で,先のような時代状況の変化は新たな表現の自由の問題を惹起しつつある。子供がインターネット上で不適切な情報にアクセスしないように,携帯電話やスマートフォン,そしてパソコンなどにはフィルタリングがかけられることがある。公共図書館ではインターネット利用もできるところが増えているが,そこではフィルタリングをかけるようになっており,その合憲性を認める連邦最高裁判決もある。*See* United States v. American Library Association, 539 U.S. 194 (2003).

むしろ，先述したように，教育委員会が教化モデルと分析モデルのいずれを重視しているかを考慮した上で，当該除籍が他事考慮に基づいていないかどうかを審査する必要がある。このとき，たとえ教化モデルをとった場合でも政治的イデオロギーなど教育に関係しない観点から判断している場合には除籍を認めるべきではないだろう[100]。

もっとも，公教育のあり方はしばしば時の政府の政策に左右されることがある。アメリカでは，1980年代に，レーガン（Ronald Reagan）政権が学校のあり方を再考して教育改革を行った[101]。その後，21世紀に入ると，G・W・ブッシュ（George W. Bush）政権が「おちこぼれゼロ法」（No Child Left Behind Act: NCLB）[102]を制定し，安全な学校の選択，あらゆる層の子供の学習の前進，教師の質の改善，学校間の競争を推進した。この政策が学校間の競争を促すものであったことから，学校間の教育格差が激しくなり，同時に学校図書館の質もそれに比例するようになった。その結果，現在では，学校図書館の本をめぐる価値の対立よりも，学校図書館の質の問題がクローズアップされる傾向にある。とはいえ，学校図書館の質は学校図書館の本にも影響を与える可能性がある。本章で取り上げた問題は今後も注視していく必要があるといえるだろう。

---

100 なお，アメリカでは教育委員会が大きな権限を有しており，教育内容を決めるだけでなく，Pico判決のように学校図書館の本についても口を出したりすることがある。そのため，本章では学校図書館の専門的判断の重要性の問題については触れていないが，別途，それを検討する余地がある。
101 青木宏治「学校と人権——アメリカの学校改革と人権をめぐって」ジュリスト1089号297頁（1996年）。
102 20 U.S.C. §6301 esq.
＊なお，扉絵のソース＜http://www.chriscrutcher.com/teens-can-stop-censors.html＞である。

Chapter 8　州立大学教員の忠誠心調査と修正1条
——The Story of Keyishian v. Board of Regents, 385 U.S. 589 (1967)

小谷　順子

NY州立大学（SUNY）バッファロー校の校章

　高等教育研究機関である大学においては，研究や教授の自由が十分に保障されていなければならない。しかし，20世紀半ばのアメリカでは，共産主義勢力の拡大・浸透が警戒され，公立大学の教員を含むすべての公務員の政府への「忠誠心」を調査する動きが広がった。本章で取り上げるニューヨーク州でも，共産党に代表される，実力行使で政府を転覆することを唱導する組織に所属することを，州の教育職公務員の失格事由とする法制度を厳格化し，これを小・中・高校の教員だけでなく大学の教員にも適用することになった。大学教員の「忠誠心」を調査して，特定の組織に所属する教員の雇用を拒否することは，アメリカ憲法の下でどのように理解すべきなのか。学問の自由の明文規定をもたないアメリカ憲法の下で，大学教員の自由はどのように理解されているのか。大学教員といえども州の教育機関に雇用される公務員である以上は，このような自由の制約は正当化されるのか。州立大学に雇用されているかぎりは，大学外における市民としての自由が保障されないのか。ここでは，大学における学問の自由，そして大学教員の思想，表現，又は結社の自由の問題について考える。

はじめに

　高等教育研究機関である大学は，その言葉が示すとおり，高等教育と学問研究という二つの機能を有する。一つ目の教育は，既存の知識や価値観を将来の世代に伝授する機能であり，この側面からは，大学教員の教室内の言動については，一定の抑制が求められるものの，初等・中等教育の教員と比較すると，はるかに手厚い教育の自由の保障が求められる[1]。なぜならば，多元主義社会の高等教育機関である大学の教員は，初等・中等教育の教員とは異なり，学生に特定の知識や価値観を刷り込むことではなく，対立する多様な価値観を教示することが求められるからである[2]。

　二つ目の学問研究とは，既存の知識と価値観を批判的に再検証する営みである[3]。この営みにおいて，大学教員は，常に既存の知識・価値観・制度に対する疑問・懐疑心・探究心をもつとともに，権威を批判することを恐れない姿勢をもつことが求められるし，ときには合法的な手段で社会を変革することを視野に入れた研究も行なわれる[4]。大学教員は，自由に課題を探究して，自由に実験を実施することができるべきであり，この側面からは，大学教員には，手厚い自由の保障が求められる[5]。

　一方，大学の教員は，大学における教育や研究という職務から離れたとき，一人の市民という存在でもある。大学教員が一市民として学外でさまざまな活動に従事するとき，大学教員という属性から完全に切り離されて，一般市民として扱われることになるのだろうか。それとも，大学教員という属性は学外の活動にも影響を及ぼすのか。

　本稿で紹介する1967年のKeyishian v. Board of Regents判決[6]は，ニューヨ

1　Thomas I. Emerson and David Haber, *Academic Freedom of the Faculty Member as Citizen*, 28 L. & Contemp. Probs. 525, 547-48（1963）.
2　*Ibid*.
3　*Ibid*.
4　*Ibid*.
5　*Ibid*.
6　Keyishian v. Bd. of Regents, 385 U.S. 589（1967）. 本判決に関する日本語の文献として，尾吹善人「Keyishian v. Board of Regents of University of State of New York, 385 U.S. 591（1967）－破壊主義的分子を公立学校および一般の公職から排除する目的をもつニュー・ヨーク州Education Law, §§3021, 3022およびCivil Service Law, §105が定める欠格，ないし解雇事由の一部は，

ーク州立大学が同大のすべての教職員に対して政府への忠誠心を確認する調査を行ったことの合憲性が争われた事件である。アメリカでは，第二次世界大戦前後，共産主義勢力の拡大に対する警戒が強まるなかで，政府の要職に共産主義組織の活動分子が送り込まれているという不安感が広がった。そして，1947年には，トルーマン大統領が，連邦政府職員に関する「忠誠心計画」(loyalty program) と題する大統領令を発し，連邦職員全員の連邦政府への忠誠を確認するための審査を義務づけるなど[7]，暴力的な政府転覆を唱道する者や破壊活動組織に所属する者を公務から締め出す制度が全米でつくられた[8]。このような法制度に基づいて実施されたのが，本件の忠誠心の調査であり，Keyishian等は，共産党に代表される破壊活動組織に所属していないことを証明する文書への署名を求められた。しかし，Keyishian等はこれに反発し，この法制度の違憲性の確認を求めて提訴したのである。当時，全米の多くの州立大学でこうした調査が行われ，その結果，全米で100名以上の大学教員が職を失ったと言われる[9]。

　州立大学教員の忠誠心の調査は，大学教員の教育や研究活動にかかわる調査であると言えると同時に，大学教員の学外における市民としての活動に関する調査であるとも言えるし，公務員たる州立大学教員に関する教職公務員法制に基づく調査であるとも言える。大学教員の研究・教授の自由が手厚く保障されるとしても，州立大学の教員である以上は，公務員法制の規律に服すると考えるべきであるのか。また，大学教員の学外の活動に関しては，その手厚い保障は及ばないと考えるべきなのか。以下，アメリカにおける学問の自由の理論の展開を確認したうえで，Keyishian事件を通して，大学内外における教員の自由の問題について考えていきたい。

　不明確のゆえに，また一部は，不当に広すぎるために，違憲である」アメリカ法1969-1号57頁など。

7　Exec. Order No. 9835.
8　Note, *Developments in the Law ---The National Security Interest and Civil Liberties*, 85 Harv. L. Rev. 1130, 1160-65 (1972) [hereinafter *Developments in the Law*]. See also Jerold H. Israel, *Elfbrandt v. Russell: The Demise of the Oath?*, 1966 Sup. Ct. Rev. 193, 219.
9　大学における学問の自由及び反共産主義の動きについては，PHILIP LEE, ACADEMIC FREEDOM AT AMERICAN UNIVERSITIES: CONSTITUTIONAL RIGHTS, PROFESSIONAL NORMS, AND CONTRACTUAL DUTIES 51 (2015) 等を参照。

I　アメリカ憲法と「学問の自由」

1　「学問の自由」の発展の歴史
（1）　大学経営陣からの自由としての「学問の自由」

　アメリカ憲法には，学問の自由（academic freedom）を明文で保障した規定は存在しないが，大学における学問の自由は，修正1条の保護をうけると言われている。ここでいう学問の自由とは，どのような内容であるのか。

　アメリカの大学は，歴史上，政府からの圧力にさらされることは稀であり，それゆえに，アメリカの大学における学問の自由の概念は，政府の圧力からの自由として展開してきたのではないと言われる[10]。他方で，アメリカの大学は，その運営を外部の非学識者で構成される評議会に委ねてきたことから，大学の教員にとっての課題は，非学術的な志向をもった評議会による圧力から教員の地位を守ることであった[11]。こうした圧力は，とくに初期においては，主に哲学・自然科学分野の研究に対して，宗教的な観点からかけられていたと言われる[12]。その後，学問分野がそれまでの神学・法学・医学分野からはるかに多彩な分野に広がるとともに，教員の専門性も高まったが，それでもなお，大学運営は依然として非学術志向の評議会に委ねられており，教員の地位は依然として不安定であった[13]。そうしたなかで，個々の教員が自己の研究生命を非学術的な評議会の圧力から守るという文脈のなかで，学問の自由の重要性が唱えられるようになった[14]。

（2）　米国大学教授協会（AAUP）による学問の自由の推進

　学問の自由の推進の中心となったのは，米国大学教授協会（American As-

---

[10] J. Peter Byrne, *Academic Freedom: A "Special Concern of the First Amendment"*, 99 Yale L.J. 251, 273 (1989).

[11] *Id.* at 268-71.

[12] American Association of University Professors, 1915 Declaration of Principles on Academic Freedom and Academic Tenure Appendix I 296 [hereinafter *AAUP 1915 Declaration*], https://www.aaup.org/NR/rdonlyres/A6520A9D-0A9A-47B3-B550-C006B5B224E7/0/1915Declaration.pdf. なお，同協会は1915年に設立された。

[13] Byrne, *supra* note 10, at 269-73.

[14] *Id.* at 269-73.

sociation of University Professors) という組織である。20世紀に入り，大学の評議会が，とくに社会科学分野の教員の研究内容の「視点」を批判して，教員に圧力をかける事例が生じたことをうけ，このような風潮に対する懸念から，1915年に，同協会は，「学問の自由と大学のテニュアの原則に関する1915年宣言」を発表した[15]。この宣言は，学問の自由が教員と学生の両者の自由であることを確認したうえで，教員の自由に関しては，①探究及び研究の自由，②大学における教授の自由，③大学外における言動の自由の三要素が含まれることを確認した。さらに，大学の目的として，(a) 人類の知識の探究・発展の促進，(b) 学生への一般的な教養の提供，(c) 公共サービス部門の専門家の育成という3点を挙げ，これらの目的に照らすと学問の自由の重要性が強調されると述べた。

その後1940年に，同協会は，「学問の自由とテニュアの原則に関する1940年宣言」[16]を発表し，そこでは，大学は個々の教員や大学の利益のためではなく社会全体の共通善のために存在するものであることが確認されるとともに，学問の自由は真実の発展のために不可欠であることが確認されたうえで，次の三点が宣言された。第一に，教員は，研究及び研究成果発表に関する完全な自由を有するが，金銭的対価をうける研究については大学の理解を得るべきである。第二に，教員は，教室内において自己の担当科目に関する議論を行う自由を有するが，担当科目との関連性のない論争的な事項については教授しないよう注意すべきである[17]。第三に，大学教員は市民であり，博識な専門職の一員であり，教育機関の職員なのであって，市民として表現活動を行う際は，大学の検閲・懲罰権限に服するべきでないが，大学教員という特別な地位ゆえに特別な義務が課される。つまり，研究者及び教育者として，自己の言動によって大学教員という職及び大学そのものが評価される可能性があることを自覚すべきなのであって，常に正確かつ適度に抑制的で

---

15 AAUP *1915 Declaration, supra* note 12, at 292, 295.
16 American Association of University Professors, 1940 Statement of Principles on Academic Freedom and Tenure with 1970 Interpretive Comments, http://www.aaup.org/file/1940%20Statement.pdf.
17 この点について，1970年に発表されたAAUPの解釈指針において，論争的な事項を避けるべきという趣旨ではなく，授業と無関係な論争的な題材を永続的に授業で提示することを避けるべきという趣旨である旨が示された。*Ibid.*

あるべきで,他者の意見に敬意を払うとともに,自己の言動が大学を代表しているのではないことを説明する努力をすべきである。

このように,アメリカの学問の自由の保障の理論は,政府による干渉からの自由という文脈ではなく,大学経営陣による干渉からの自由という文脈のなかで展開したが,さらに,そこで生じた教員の自由の侵害については,原則的に裁判所ではなく米国大学教授協会の仲裁制度の下で解決されるという慣行も定着していった[18]。

2　連邦最高裁と「学問の自由」

（1）　連邦最高裁による「学問の自由」の承認

こうした学問の自由の展開を背景にしつつ,第二次世界大戦後の反共産主義の高まりという文脈のなかで登場したのが,本稿で扱うKeyishian判決でも引用された1957年のSweezy判決である[19]。この事件は,マルクス経済学者のSweezy博士が,ニューハンプシャー大学で行った講演を契機とする事件である。当該講演の内容について,州法の破壊活動を禁じる規定に違反する可能性があるという指摘がなされ,州政府による調査が始まり,その後の州裁判所における手続のなかで,博士が,講演時の発言内容や進歩党(注：共産党との関連があると指摘されていた社会民主主義政党)の情報について尋ねる質問への回答を拒んだことから,法廷侮辱罪に問われたのである。

連邦最高裁のウォーレン長官執筆の法廷意見は,本件の証拠に照らす限りにおいてデュープロセスの侵害が生じていると判断したが[20],注目すべきは,そこで語られた大学という学問共同体（academic community）における学問の自由である。法廷意見は,修正1条の重要性を強調し,「とくに学問共同体における表現又は出版の自由,政治的結社の自由,及び意見伝達の自由と

18　Emerson & Haber, *supra* note 1, at 534-43.
19　Sweezy v. New Hampshire, 354 U.S. 234 (1957).
20　法廷意見が本件をデュープロセス違反と位置づけた一方で,フランクファーター（Felix Frankfurter）裁判官の結果同意意見は,本件を修正1条違反であると断定したが（Sweezy v. New Hampshire, 354 at 256-67 (Frankfurter, J., concurring)),両意見とも,学問の自由を修正1条の自由として位置づけている点では一致している（*See, e.g.*, Keyishian v. Bd. of Regents, 385 U.S. 589, 268 (1967) (Clark, J., dissenting).)。

いう高度に繊細な領域を侵害する傾向にある調査の手続については[21]」慎重な規定を設ける必要があると述べたうえで，本件では「政府が極めて抑制的に対処しなければならない領域である学問の自由と政治的表現の領域における上訴人の自由に対する侵害が間違いなく存在した[22]」と述べた（傍点はいずれも筆者）。

（2）　修正1条と「学問の自由」

このように，Sweezy判決は，学問共同体としての大学における学問の自由を修正1条の下の自由として認識した初めての判決であると言いうるのだが，他方で，この判決文中で学問の自由という文言が登場したのは上記の一か所だけであり，その概念が定義されているわけではない。さらに，後述のKeyishian判決でも，「我が国は学問の自由を守ることに深く専心している[23]」という一文に学問の自由という文言が登場するだけであり，ここでも概念の定義はなされていない。

これらの判決において連邦最高裁によって認識された学問の自由とは，あくまでも修正1条の表現の自由の一環としての自由であるにすぎないというのが有力な理解である[24]。たとえば，スモラ教授は，学問の自由には，大学の自治及び大学の構成員の自由という側面と，表現の自由の一環としての学問の自由という二つの側面が存在しうると述べたうえで，連邦最高裁の先例は，いずれも後者の側面を肯定しているにすぎないと述べる[25]。さらに，同教授によると，連邦最高裁はしばしば学問の自由という文言を用いるものの，これは表現及び結社の自由の解釈や適用に際して学問の場という特殊な要素を考慮しているにすぎないのであって，学問（academic）分野における個人又は組織の自由について，修正1条の表現の自由や結社の自由の保障の下では認定され得ない強固かつ固有で裁判規範性をもつ憲法上の権利を認定

21　Sweezy v. New Hampshire, 354 U.S. at 245.
22　*Id*. at 250.
23　Keyishian v. Bd. of Regents, 385 U.S. at 603.
24　RODNEY A. SMOLLA, SMOLLA AND NIMMER ON FREEDOM OF SPEECH, § 17.31.50; *see also* Byrne, *supra* note 10, at 256.
25　SMOLLA, *supra* note 24, at § 17.31.50.

しているものではないという[26]。つまり、大学という学問の場であることを考慮することによって、表現・結社の自由の保障が強化されているにすぎないということである。

このような学問の自由に関する学説と判例の展開を念頭におき、以下、Keyishian事件を紹介していく。

II Keyishian事件の事実関係

1 Keyishian事件の背景

1846年に創立された私立大学バッファロー大学（University of Buffalo）は、1962年にニューヨーク州立大学（The State University of New York（SUNY））に統合され、ニューヨーク州立大学バッファロー校（SUNY at Buffalo）となった。州立大学システムの傘下に入ることに伴い、旧バッファロー大学の教職員は、州の法制度で定められた条件を満たさなければ雇用を継続されないこととなった[27]。

ニューヨーク州は、実力行使による政府転覆をめざす破壊活動組織の構成員が州の機関等で雇用されることを防止するための法制度を設けている[28]。この法制度（以下、「NYプラン」と記す）は、複数の法令によって構成されているが、その中核に位置づけられるのが、1949年に制定されたファインバーグ法[29]（州教育法3022条に編入）である。前述のとおり、この法律が制定された頃のアメリカは、共産主義勢力への警戒が強まり、暴力的な政府転覆を唱道する者や破壊活動組織に属する者を公務から締め出す制度がつくられた時期である[30]。このような時代背景のなかで制定されたファインバーグ法は、既存の州法で規定されていた破壊活動分子の雇用防止の諸規定をより積極的に執行するために制定されたものであり、その第1項では、次の主旨の宣言

26　*Ibid.*
27　Keyishian v. Bd. of Regents, 385 U.S. at 591-92.
28　本稿で紹介する教育法2021条・2022条及び公務員法105条の規定は、改正を経ているものの、現在も公教育制度から破壊活動従事者を排除する法制度として維持されている。
29　The Feinberg Law, N. Y. Laws 1949, c. 360.
30　*Developments in the Law, supra* note 8, *at* 1160-65. *See also* Israel, *supra* note 8, at 219.

がなされた[31]。

　制定法上，共産党のような破壊活動組織の構成員を公立学校の公務員に就任させることを防止しているにもかかわらず，実際には，その構成員が公立学校で採用されて，公務員となっている結果，子どもに対して，政府の転覆を唱道するプロパガンダが伝播される可能性がある。こうした組織の構成員は，自己の地位を利用して，子どもに対して，党のプロパガンダを唱導しているが，あからさまなプロパガンダの唱導は避けているため，教室内でそれがプロパガンダとして認定されることは，困難となっている。子どもたちをこのような影響から守るため，共産党に代表される破壊活動組織の構成員が公立学校の公務に就くことを禁止する法を厳然と執行するべきである。

　バッファロー大学の英語の講師であったKeyishianは，州立大学への統合に伴ってファインバーグ法を中心とするNYプランの適用をうけることとなり，共産党に所属していないことなどを宣誓する書類への署名を求められた。しかし，このような宣誓に反発したKeyishianら数名は，この指示に従わず，そのために不服従を理由に職を失うおそれが生じたことから，NYプランの違憲性を主張して訴訟を提起した。

2　ニューヨーク州の公務員忠誠確認制度〈NYプラン〉

　Keyishian事件で合憲性が争われたのは，NYプランのうち，実力行使による政府転覆を説く理論を唱導することに関与した者について，州の公務員又は教育制度の被雇用者としての資格を喪失させるという仕組みである。NYプランは，州法と規則等によって構成される複雑な制度であるが，その複雑さも連邦最高裁で批判対象となったことから，以下，制度内容を丁寧に説明する。なお，後述のとおり，NYプランの一部については，1952年のAdler v. Board of Education連邦最高裁判決[32]で合憲と判断されたが，その後，制

31　The Feinberg Law, N. Y. Laws 1949, c. 360, § 1.
32　Adler v. Bd. of Educ., 342 U.S. 485 (1952).

定法の文言や制度運営の方針が改正された結果，1966年のKeyishian判決の時点では，NYプランの内容はやや変化していた。この変化こそが，Keyishian判決の法廷意見がAdler判決との差別化を図った理由の一つとなったことから，以下のNYプランの説明においても，1952年判決と1966年判決とのあいだに生じた変化について，とくに言及しておく。

(1) 州公務員法105条[33]――破壊活動者の雇用の禁止（1939年導入）

　州公務員法105条1項は，実力又は違法な手段で政府を転覆することを唱道する者は教育職を含む公務員として雇用される資格を喪失する旨を定める。具体的には，(a) 合衆国又は州の政府が実力，暴力，又は違法手段によって転覆されるべきであるとする原理を意図的かつ計画的に唱道，助言，又は教示する者，(b) 合衆国又は州の政府が実力，暴力，又は違法手段によって転覆されるべきであるという原理を唱導等する内容の文書や書籍等を印刷，刊行，又は編集し，その原理を採用する義務，必要性，又は適切性を唱導，助言，又は教示等する者，(c) 合衆国若しくは州の政府が実力，暴力，若しくは違法な手段によって転覆されるべきであるという原理を教示若しくは唱道する団体若しくは集団を組織化する者，組織化を手伝う者，又はその一員となる者については，州の役職者又は公務員に任命されたり，公立学校及び州立大学の長又は教員として雇用されたりしてはならない旨を定める。

　Adler判決後の1958年の法改正によって，同項には，合衆国共産党又はNY州共産党の一員であるという事実が州の公務員の資格喪失の「一応の証拠」(*prima facie* evidence) となるとする文言が挿入された[34]。また，同時に，第3項も挿入され，公務員による反逆的又は煽動的な行為又は発言が解雇事由となることが定められたうえ，「反逆的な言葉又は行為」が刑法上の「反逆」を意味すること，そして，「煽動的な言葉又は行為」が刑法上の「犯罪的無政府主義」(criminal anarchy) を意味することが規定された。

33　N.Y. Civ. Serv. Law § 105. なお，本条は，Adler判決当時は12-a条として編纂されていたが，本稿では，便宜上，統一して105条と表記する。

34　Comment, *An Appraisal of Security Legislation in Education in Light of Keyishian: A Proposed Solution*, 16 Buffalo L. Rev. 781, 786 (1966-67).

(2) 州教育法3021条[35]——反逆的又は煽動的な行為又は発話に基づく校長・教員・職員の排除（1917年導入）

　州教育法3021条は，州内の公立学校に雇用されている教職員につき，反逆的（treasonable）若しくは煽動的（seditious）な言論を発した場合又は反逆的若しくは煽動的な行為を遂行した場合にその職から解かれる旨を規定する[36]。なお，同条の「反逆的又は煽動的」について，詳しい定義はなされていない。

(3) 州教育法3022条（「ファインバーグ法[37]」）——公立学校制度から破壊活動者を排除する規定（1949年導入）

　州教育法3022条は，公立学校制度から破壊活動者を排除するための規定であり，州の教育局及び教育研究機関を統括する機関であるBOR（Board of Regents[38]）に対し，排除のための各種手続きの制定を命じる。当時の3022条は，BORに対し，公務員法105条及び教育法3021条に基づく教職員の失格及び解雇のための規則を定めること（第1項），破壊活動組織のリストを作成したうえで，当該組織の一員であることが被雇用資格喪失の「一応の証拠」となる旨を規定すること（第2項），などを命じていた。

　本条は，Adler判決当時は，初等・中等学校の教職員のみに適用される規定だったが，1953年の法改正により，大学をはじめとする高等教育機関の教職員にも適用されることになった[39]。

35　N.Y. Educ. Law § 3021.
36　正確な文言は，「反逆的若しくは煽動的な言葉若しくは言葉群（word or words）を発すること又は反逆的若しくは煽動的な行為若しくは行為群（act or acts）をなすこと」である。
37　Feinberg Law, 1949 N.Y. Laws 360; N.Y. Educ. Law § 3022.
38　BORは，ニューヨーク州内の公立・私立の初等・中等・高等教育機関，図書館，博物館・美術館，公共放送機関，及び資格職等に従事する教職員及び専門職者すべてを統括する機関であるところのニューヨーク州ユニバーシティ（The University of the State of New Yorkであり，NY州立大学（The State University of New York）とは異なることに注意）及び州教育局を統括する機関である（https://www.regents.nysed.gov/）。
39　Comment, *supra* note 34, at 785.

(4) BOR規則18条244項[40]──NYプランの運用方法についての規定

NYプランの運用手順については，BOR規則18条244項で定めていた。それによると，まず，学校当局は，教育法3021条又は公務員法105条に違反する被雇用者の資格喪失又は解雇のための手続を設定したうえで，個々の採用候補者について，過去の雇用主等に問い合わせるなどの調査を行い，規則違反の事実が認められるかどうかを確認し，違反が認められた場合は雇用することができないとされた。また，個々の被雇用者について，規則違反の証拠の有無を確認した報告書を毎年作成しなければならないとされ，その証拠には，BORのリストに掲載された破壊活動組織の一員であることも含まれるとされた。

BORは，Adler判決後の1953年に，合衆国共産党及びニューヨーク州共産党を破壊活動組織リストに搭載した。さらに，1956年以降は，州立大学への就職を希望するすべての教員に対して「ファインバーグ証明書」への署名を義務づけた。「ファインバーグ証明書」とは，(a) BOR規則を読んだこと，(b) BOR規則及び関連法令が自己の雇用条件であること，(c) 共産党の現在又は過去の党員ではないこと，(d) 過去に共産党党員であった場合には学長に対して当該事実を伝達したこと，を宣言する文書である。一方，職員については，「これまでに合衆国政府若しくはその行政機関が実力，暴力，若しくは何らかの違法手段によって転覆されるべきであるという理論の助言若しくは教示を行ったこと，又はそれを教示若しくは唱道する組織若しくは人間の集合体の一員であったことがあるか」という質問に対して，宣誓下で文書で回答しなければならないものとされた。

なお，教員向けの「ファインバーグ証明書」への署名が義務化されたのは，Adler判決後の1956年であるが，Keyishian事件の提訴後の1965年6月10日，すなわち連邦高裁が連邦地裁に差し戻した後のタイミングで廃止されており，Keyishian事件の連邦最高裁判決の時点では署名義務は課せられていなかった。

40　Rule of Board of Regents of July 15, 1949.

3 NYプランに関する連邦最高裁の先例〈Adler判決〉

NYプランの一部については，前述のとおり，1952年の連邦最高裁のAdler判決において，合憲性が認められていた[41]。同事件のミントン（Sherman Minton）裁判官の法廷意見は，まず，州の公立学校で雇用されることを希望する者は，州当局の設定する合理的な雇用条件に服すると述べたうえで，州の雇用条件に不満がある者は，当該雇用を避けることによって表現及び結社の自由を享受できると述べた。そして，学校当局の認定した破壊活動組織の一員であることが雇用の拒否事由となることについて，法廷意見は，学校の教室という繊細な空間の高潔性を維持することは州の重要な利益であると述べたうえで，州は教員の適性及び忠誠心を確認するために教員の現在及び過去の親交関係を調査することを通して，学校を汚染から防御して州の存続を防御する権限を有すると述べた。

さらに，BOR作成のリストに掲載された組織の一員であることが公立学校における雇用の失格の「一応の証拠」となることについて，法廷意見は，あくまでも「一応の証拠」にすぎず反駁の機会が認められているがゆえに，デュープロセスの権利を侵害するものではないと述べた。さらに，ファインバーグ法1条（注：同条は教育法3022条に組み込まれていない）の「破壊活動」という文言の明確性について，法廷意見は，実力又は暴力によって政府を転覆させることを唱道する組織であるという明確な解釈が教育法3022条2項において規定されているので曖昧ではないと述べた。一方，法廷意見は，教育法3021条の合憲性については，下級審で提起されていなかったことから，連邦最高裁では判断しないと述べた。

このように，Adler判決の法廷意見は，公務員の雇用関係においては広汎な人権制約も可能であるという前提にたち，学校の教室の高潔性を維持することが州の重要な利益であると述べ，教員の親交関係を調査する州の権限を肯定したうえで，公務員法及びファインバーグ法の文言上の違憲性を否定し，原告等の訴えを退けた。なお，Adler判決とKeyishian判決を比較するた

---

[41] Adler v. Bd. of Educ., 342 U.S. 485, 486-96 (1952). 同事件は，ファインバーグ法の制定をうけて，教職員組合やPTAを含む数多くの団体等が原告となって公務員法105条及びBOR規則等の違憲性を確認する宣言判決を求めた事件である。

め，次の点に留意したい。第一に，Adler判決が初等・中等学校の教員を想定した判決であったのに対し，同判決以降，NYプランが高等教育機関にも適用されるようになったこと。第二に，同判決以降にファインバーグ証明書への署名義務が創設されたこと（但し，Keyishian事件の連邦最高裁判決時には廃止）。第三に，Adler判決が教育法3021条の合憲性の判断を明示的に避けたことなどである。これらの点に注目しつつ，以下，Keyishian判決を詳しく見ていく。

III　ニューヨーク州立大学バッファロー校とKeyishianらの対立

1　州立大学への統合に伴う教職員への要求

1962年に州立大学システム傘下に入ったバッファロー校は，前述のBOR規則に従うべく，全教員に対してBOR規則の明記された冊子を配布したうえで，ファインバーグ証明書に署名をすることを要求したが，Keyishianを含む5名の者（本件の上訴人）は，これを拒否した[42]。5名のうちのKeyishianは年次契約の英語の講師（instructor），Hochfieldは有期契約の英語の助教授，Garverは有期契約の哲学の講師（lecturer），Maudは英語の助教授であり，いずれも教員用のNYプランの適用をうける地位にあり，ファインバーグ証明書の提出を求められた。一方，Starbuckは，英語の授業も担当していたものの，教員職ではなく，年次契約の図書館の蔵書管理専門職であり，職員用のNYプランの適用をうける地位にあったため，ファインバーグ証明書の提出は不要であったが，破壊活動への参加経験の有無の申告を求められた。

Keyishianを含む5名は，大学側から，ファインバーグ証明書の署名又は申告がなされない場合には不服従を理由に契約更新を行わない旨を告げられたことから，本件の法制度に基づく手続等の違憲無効の確認を求め，以下のとおり，連邦地裁への申立てを行った[43]。

42　Keyishian v. Bd. of Regents, 385 U.S. 589, 591-95 (1967).
43　Maudは自主退職をしたために連邦最高裁の審理の時点では当事者適格を喪失していたが，その他の4名については，契約終了又は解雇のおそれがあるために当事者適格を有していた。

2 連邦地裁判決(1964年9月2日)

まず,Keyishianを含む5名は,連邦地裁に対し,州教育法3021条,同3022条,州公務員法105条,州BOR規則18章244条,及びこれらの法令の下で公布されたその他の制度が違憲無効であることの確認を求め,連邦地裁の三名合議法廷(three-judge court)の招集の申立てを行った[44]。これに対し,連邦地裁は,原告の提起する争点の大部分は連邦最高裁のAdler判決で決着しており,連邦法上の新たな問題が提示されていない,と簡潔に述べて棄却したため,Keyishian等は控訴した。

3 連邦控訴裁判決(1965年5月3日)

連邦控訴裁は,まず,連邦最高裁のAdler判決の射程の確認を行い,Adler判決では教育法3022条の公立学校教員への適用は合憲であると判断されたものの,3021条の合憲性の判断は明示的に回避されており,3022条の大学教員への適用の可能性についても判断されておらず,さらに,Adler判決以降にファインバーグ証明書導入等の法令改正が実施されたと述べた[45]。そして,公立学校教員が自己の設定した条件の下で働く権利を有していないことは明らかであるとする州の主張については,連邦控訴裁はこれを否定し,Adler判決以降の連邦最高裁判決によって,公務員関係においてはいかなる不合理な条件でも従わなければならないという理論は一律に否定されていると述べた。そして,Adler判決で本件の争点についての判断がなされたのかどうかは明らかでないと述べ,原審を破棄し,三名合議法廷を開くべきとする指示とともに,差し戻した[46]。

4 連邦地裁の三名合議法廷判決(差戻審判決)(1966年1月5日)

連邦地裁の差戻審の三名合議法廷は,次のとおり,本件制度については規制目的と目的達成手段の双方とも合憲であると判断した[47]。

まず,合憲的な規制目的が存在しないとする原告の主張に対して,合議法

---

44 Keyishian v. Bd. of Regents, 233 F. Supp. 752 (W.D.N.Y. 1964).
45 Keyishian v. Bd. of Regents, 345 F.2d 236 (2d Cir. 1965).
46 Id. at 237-39.
47 Keyishian v. Bd. of Regents, 255 F. Supp. 981, 983-93 (W.D.N.Y. 1966).

廷は，連邦最高裁の1952年のAdler判決において，本件制度の前身の合憲性の審査が行われており，そこでは教育制度を利用した生徒への破壊活動の推進を防止するという政府利益の重要性が認められているし，より最近の連邦最高裁の事件においても，当該政府利益の重要性は一貫して認められていると述べた。さらに，Adler判決で合法とされた政府利益は大学教員を原告とする本件には該当しないとする原告の主張に対し，合議法廷は，学問の自由は無条件で主張されてはならないのであって，学問の自由の体現する社会的利益は国家の自己保存という利益との対比で考慮されなければならないと述べた。そして，大学で共産党の思想を教えることを禁じることは憲法に反するが，他方で，暴力による政府転覆の唱道を禁じることについては，全米の他のすべての場面において禁じているにもかかわらず大学という国家の将来の指導者の養成所において禁じないというのは，危険なほどに異常であると述べた。そして，国家の自己保存の利益は，「あらゆる社会の究極の価値」なのであって，この利益は大学キャンパスにも及ぶと述べ，州の規制目的を肯定した。

　一方，目的達成手段については，原告が，本件対応は事後立法であると主張したのに対し，合議法廷は，原告らは質問に回答しなければ不利益を受けるということを事前に繰り返し告げられたと述べ，事後立法ではないと判断した。また，合議法廷は，共産党員たる事実が一応の証拠と位置づけられたとしても，反駁可能なのであって，最終的には司法審査も受けられるとも述べた。さらに，原告が，本制度の文言は過度に広汎・曖昧であって，不利益を受けうる者が自己の行動を正当化しなければならない立場に置かれるという意味で不当な負担を課している点において，暴力的な政府転覆の防止のために必要な程度を超えて表現及び思想の自由を制約すると主張したのに対し，合議法廷は，ファインバーグ証明書の制度が不当な負担を課していた可能性があったことを認めつつも，同証明書制度がすでに廃止されていることを指摘し，現行制度の下では，自己の立場を説明する機会を与えられており，廃止以前に雇用された者についても証明書に署名をしなかったことだけで資格喪失になるわけではなくなったと指摘した。さらに，本制度は合法的な言動とそれ以外のものを区別して規定しており，曖昧性はないとも述べ

た。

5 連邦最高裁への飛躍上訴

差戻審である連邦地裁三名合議法廷の判決をうけ，Keyishian等は，NYプランは連邦憲法の様々な側面に違反すると主張し，宣言的及び暫定的救済を求めて，連邦最高裁に飛躍上訴した[48]。これに対し，1966年6月20日，連邦最高裁は，連邦地裁合議体法廷からの本件飛躍上訴の管轄を認めた[49]。

Ⅳ Keyishian事件の連邦最高裁判決（1967年1月23日）

1 連邦最高裁判決の概要

1967年の連邦最高裁判決は，5対4の構成であった[50]。法廷意見を執筆したのはブレナン（William Brennan）裁判官であり，これにウォーレン（Earl Warren）長官，ブラック（Hugo Black）裁判官，ダグラス（William Douglas）裁判官，及びフォータス（Abe Fortas）裁判官が参加した。一方，クラーク（Tom Clark）裁判官が反対意見を執筆し，これにハーラン（John Harlan）裁判官，ステュウート（Potter Stewart）裁判官，及びホワイト（Byron White）裁判官が参加した。

連邦最高裁では，前提問題として，本件の争点の審査に際してAdler判決が先例としてどのように位置づけられるのかが問われたほか，ファインバーグ証明書の提出制度が廃止されたことに伴って本件が争訟性を喪失したのかどうかも問われたが，法廷意見は，本件の争点に関するAdler判決の先例性を否定したうえで，本件の争訟性の喪失も否定した。そのうえで，法廷意見は，NYプランを構成する諸法令の合憲性について，以下で紹介するとおり，規制目的の正当性を認めつつも，曖昧性及び過度の広汎性ゆえに違憲であると判断して，原審を破棄した。

なお，すでに述べたとおり，NYプランについては，Adler判決以降に法

---

48 当該飛躍上訴は，連邦地裁の合議体法廷によって決せられた民事の暫定的差止め命令に関して連邦最高裁に飛躍上訴することを認める連邦法規定28 USCS §1253に基づく。
49 Keyishian v. Bd. of Regents, 384 U.S. 998 (1966).
50 Keyishian v. Bd. of Regents, 385 U.S. 589 (1967).

改正及び実務変更が断続的に行われているため、法廷意見が審査の対象とした具体的な制度内容を明らかに必要がある。そこで、これまでの説明と重複するが、法廷意見が自ら行ったNYプランの制度内容の説明を、以下の法廷意見の紹介の中にも記載する。

2　ブレナン裁判官の法廷意見
（1）　1952年のAdler判決の先例性

法廷意見は、まず、15年前のAdler事件ではNYプランの一部の側面の合憲性について検討を行ったにすぎないと述べたうえで、ファインバーグ法を中心とするNYプランの制度内容を次のように説明した[51]。

ファインバーグ法は、教育法3021条と公務員法105条の実施法であり、BORに対し、両条該当者の資格失効及び解雇のための手続を定める規則を制定する権限を付与するとともに、政府転覆の原理を唱道する破壊活動組織のリストを告知聴聞を経て作成すること、及び一覧に掲載された組織のメンバーであるという事実が州の公立学校の職の失格の「一応の証拠」となる旨を規定することを命じる。これをうけ、BORは、公務員法又は教育法違反で採用又は地位保全の資格を有しない者を発見するために採用担当者が従うべき手続等を定めた規則等を制定するとともに、破壊活動組織のリストを作成する意思を表明した。これらの規則の下では、採用担当者は、候補者の過去の雇用主やその他の者に問い合わせをして採用失格事由に該当しないことを確認してからでないと採用することができないし、採用済みの者については、資格を失ったか否かを毎年確認して報告書を作成しなければならない。

法廷意見は、NYプランの制度内容をこのように説明したうえで、Adler判決と本件の差別化を図り、Adler判決では、公務員法105条及びファインバーグ法（教育法3022条）の文面上の違憲性が否定されて合憲的な適用が可能であると宣言されたものの、本件の争点である教育法3021条と公務員法105条の曖昧性については判断されておらず、また、Adler判決では、破壊

51　*Id.* at 593-94.

活動組織のメンバーであるという事実が失格事由となることが認められたが，その前提となる理論はその後の憲法理論において覆されており，Adler判決は本件で判断すべき憲法上の争点に関する決定的な先例とはならないと述べた[52]。

（２）　Adler判決後の制度改変の本件審理への影響

さらに，Adler判決後の法改正及び実務上の取扱いの変更について，法廷意見は次のように説明した[53]。

Adler判決後の1953年の法改正によって，ファインバーグ法は州の初等・中等学校のみならず大学及び高等教育機関の人員にも適用されることになった。また，同年，BORは，告知聴聞を経て，合衆国共産党及びニューヨーク州共産党を破壊活動組織としてリストに掲載した。その後，1956年には，新規又は継続採用の候補者は，すべてファインバーグ証明書に署名することを求められるようになり，Keyishian等もその署名を求められた。

ファインバーグ証明書は，本件の審理の少し前である1965年６月に廃止され，既存の被雇用者については，証明書の署名拒否だけを理由に継続雇用の資格を喪失することはないことが通知された。証明書制度の代用として，採用候補者は，教育法3021条，3022条，及び公務員法105条が雇用契約の一部を構成することを告知されるとともに，リストに掲載された破壊活動組織の一員である場合は資格喪失となることについても告知されなければならない旨も通知された。さらに，調査に関して質問のある候補者は個人面談を要求できること，また，調査に関連する質問への回答を拒否することは採用拒否の事由となりうることも通知された。新規採用候補者にはパンフレットも配布され，パンフレットでは，失格の可能性についての質問がある候補者は面談を要求することが推奨された。

法廷意見は，このような手続の変更があったとしても，既に廃止されたフ

52　Id. at 594-95.
53　Id. at 595-96.

ファインバーグ証明書への署名を拒否したことをめぐる上訴人の憲法上の争点はムートにはならないと述べ，さらに，本件制度による上訴人の法益侵害については，制度が変更されても問題の本質は依然として存在していると述べた[54]。

（3）　教育法3021条及び公務員法105条の合憲性——曖昧性と過度の広汎性

　法廷意見は，次に，ファインバーグ法（教育法3022条）によって息を吹き込まれた教育法3021条及び公務員法105条の文言の合憲性についての検討を行い，次のように述べて，規制目的の正当性は認めつつも，曖昧性及び過度の広汎性ゆえに違憲と判断した[55]。

　　教育法3021条が「反逆的又は煽動的」な発言又は行為を解雇事由としているのに対し，1958年に改正された公務員法105条3項も，同じく「反逆的又は煽動的」な発言又は行為が公務員法上の解雇事由となる旨を規定しているが，両法律には重大な差異がある。つまり，教育法3021条が同条における「反逆的又は煽動的」の意味を定義していないのに対し，公務員法105条3項においては，「反逆的な言葉又は行為」は刑法で定義される「反逆」を意味し，「煽動的な言葉又は行為」は刑法で定義される「犯罪的無政府主義」（criminal anarchy）を意味することを規定している。はたして教育法2021条についても，公務員法105条3項の定義が準用されるのかどうかは不明である。

　　この点につき，「煽動的」という文言については，1798年煽動法に規定された当該文言が表現活動への致命的な脅威となったし，「反逆的」という文言についても，定義されないままであれば脅威となる。教育法3021条の両用語が刑法上の両用語を意味すると明記されていない状況下で，より詳しく定義した公務員法105条3項と同じ定義であると解釈することができるのか，又はより広い意味をもつことになるのか，不明である。さらに，仮に教育法3021条と公務員法105条1項の両用語が同じ意味を持つとしても，その不確

---

[54] *Id.* at 596.
[55] *Id.* at 597-604.

かさは拭い去れない。とくに、「煽動的」という文言については、公務員法105条3項において「煽動的」は刑法上の「犯罪的無政府主義」と同義であると規定しているものの、これが刑法160条（注：犯罪的無政府主義の原理の唱導は重罪であると述べるだけの規定）と同義であることを意味するのか、同条に加えて犯罪的無政府主義の唱導について詳細に規定した同161条と同義であることも意味するのか、明らかでない。もしも、刑法161条まで公務員法105条に取り込まれるのであれば、「煽動的」言動の範囲は事実上無制限となる。つまり、刑法161条の下では、暴力等による政府の転覆を唱導する又はその記述を含む書籍を公然と陳列した場合には犯罪的無政府主義の唱導で重罪となるのであるが、そうすると、公道上で共産党宣言の印刷物を持っている教員が、それによって犯罪的無政府主義の唱導になるのかどうか、明らかでない。

　このように、この曖昧な文言の適用範囲が拡大される潜在的可能性は否定できないし、たとえ公務員法105条の言及が刑法160条に限定されるのだとしても、抽象的な原理を単に説明することと、その原理で教化又は煽動することとの境界線の線引きはできないのであるから、105条の適用範囲は不明瞭である。

　さらに、公務員法105条1項a及びbについても、同様の曖昧性が認められる。まず、同条1項aは、暴力による政府転覆の原理を「口頭又は文書によって意図的かつ計画的に唱道、助言、又は教示する」者の雇用を禁止するが、違法な目的を促進するために他者を教化・煽動するつもりはないまま単に抽象的な原理を唱道することも禁じられてしまうし、助言の意味も唱道の意味も曖昧であって、たとえば、教員が授業でマルクス主義やアメリカ独立宣言の理念を教示することも本規定違反になるのかどうか、不明である。一方、同条1項bは、暴力による政府転覆の「原理を含む、又は唱道、助言、若しくは教示する」文書の配布に関与した者、又は、自ら「そこに含まれる原理を採用する義務、必要性、若しくは適切性を唱導、助言、若しくは教示する」者を失格とすべきことを規定するところ、ここでも抽象的な原理の単なる唱道が明らかに含まれているし、さらに、その原理を「含む」文書の配布を禁止するということは、マルクス主義理論の変遷の歴史や仏・米・露の

革命の背景を説明した資料の配布も禁止されるおそれがある。

このように，NYプラン自体が非常に複雑であるうえに，NYプランの適用範囲に関して州裁判所による解釈が存在せず，禁止事項の範囲が不確かであることが，NYプランを高度に効果的な「恐怖の機構」(*in terrorem* mechanism) にしている。勇敢な教員でなければ，自己の人生を棒に振るような言動をできるかぎり避けるようにするであろうし，その結果，「すべての教員がとくに練磨して実践することができるべきところの精神の自由な活動」への委縮効果をもたらす。さらに，制度上，教員が毎年審査対象になるために，その可能性はさらに増大する。また，当局の覚書が，自己の論文の内容や他者の論文等の推奨といった行為も破壊活動に該当する行為であると警告するとともに，破壊活動で有罪な者を迅速に学校制度から排除することが各学校当局者の基本的な義務であるということを被雇用者に忠告していることも問題である。

破壊活動から教育制度を守るという州の利益の正当性に疑いはないが，たとえ政府の目的が合法で重要であったとしても，その目的をより制約の少ない方法で達成することが可能なのであれば，個人の基本的な自由を大幅に萎縮する手法が用いられてはならないし，この原則は教員に関しても適用される。我が国は，教員だけでなく我々すべての者にとっての卓越した価値であるところの学問の自由（academic freedom）を守ることに深く専心している。この自由は，修正1条の特別な関心事なのであって，正統派的慣行（orthodoxy）で教室を覆う法律を許容しない。憲法上の自由の用心深い保障は，特別な「思想の市場」であるアメリカの学校の教室においてとくに重要となるのであって，国家の将来は，権威的な選別によるのではなく，力強い思想の交換に幅広くさらされることによって訓練された指導者に依拠している。さらに，Sweezy v. New Hampshire連邦最高裁判決のウォーレン裁判官の法廷意見[56]は次のように述べた。

　アメリカの大学という共同体における自由の不可欠性はほぼ自明である。若者を指導して訓練する人々が民主主義において果たす重要な役割を

56　Sweezy v. New Hampshire, 354 U.S. 234, 250 (1957).

軽んじてはならない。大学における知的指導者を枠にはめることは，我が国の将来に危機をもたらす。新発見が起こりえないほどに人類によって完璧に理解されている教育分野は存在しない。このことは社会科学の分野ではとくに当てはまるのであり，この分野では，絶対的なものとして受け入れられている原理はほぼ存在しない。学問は，疑いと不信の環境のなかでは開花しない。教員と学生は，常に自由に調べ，学び，評価し，新たな成熟性と理解を獲得していく必要がある。そうでなければ，我々の文明は停滞して死ぬ。

改めて強調すると，我々の最も大切な自由を制約する際には，規制の緻密さが重要である。表現の自由が生き続けるためには，呼吸できる空間が必要なのであって，政府が規制しうるのはごく狭い領域にかぎられるのであり，許容されうる制定法の曖昧性の範囲は狭い。そうであるにもかかわらず，州の創造した「規制の迷路」（注：NYプランの意）は，客観的指標となりうる文言が決定的に欠けており，さらに，本件の制定法，規則，及び行政手続きが冗長かつ膨大であることに加えて，関連する立法及び規則への複雑な言及がなされていることも，この曖昧性を深刻化させている。したがって，教育法3022条に従って作られた制度によって施行された教育法3021条，公務員法105条1項a，同b，及び同3項は，違憲である。

法廷意見は，以上のように，破壊活動から教育制度を守るという規制目的の合法性は認めつつも，「学問の自由」は修正1条の特別な関心事であって，学校の教室は「特別な思想の市場」であると位置づけたうえで，そのような場面における表現活動の自由の規制には緻密さが必要であるにもかかわらず，本件の規制は曖昧かつ過度に広汎であるがゆえに違憲であると判断した。

（4） 共産党員であることが失格の「一応の証拠」となることの合憲性

法廷意見は，さらに，共産党員であるという事実が失格の「一応の証拠」となる旨を定める公務員法105条1項c及び教育法3022条2項の合憲性につ

いての審査を行ない，次のように述べて，違憲と判断した[57]。

　教育法3022条2項については，Adler判決で合憲とされたが，同判決以降の憲法理論は，Adler判決の主要な前提であったところの，公務員の雇用関係では憲法上の権利の放棄を条件とすることができるという考え方を否定している。Adler判決では，教員は州の適切な当局によって設定された合理的な条件の下で働くこともできるし，そのような条件の下で働きたくないのであれば，自己の信念と交流関係とを維持して他所で働く自由を有すると述べられたが，その後の連邦最高裁判例では，公務員の雇用関係については不合理な条件であろうとも許されるという理論は，明示的に何度も否定されている[58]。

　また，リストに掲載された組織の一員は雇用しないという規定の合憲性についても，Adler判決以降に憲法理論が進展しており，今日では，単に組織の一員であるというだけで，組織の違法な目的を促進する明確な意図が存在しない場合は，Keyishian等の占めていたような地位から排除することは許されない。1966年のElfbrandt v. Russell連邦最高裁判決[59]では，単に組織に入っているだけで，その組織の違法な目的を共有せず，かつ違法な活動に参加しないのであれば，市民であろうと公務員であろうと脅威にはならないのであると述べられた。そして，違法な目的を知りつつ共産党に加入することはないという宣誓を公務員に課したうえで，それに違反した場合は解雇及び偽証罪となるという条件を設けることは，違憲であると判断された。また，Aptheker v. Secretary of State連邦最高裁判決[60]では，憲法上の権利を剥奪することができるのは，組織の違法な目的を認識しており，かつ，その違法な目的を促進する意図を有している場合だけであることが示された。

　このような先例の理論は，若者を囚われの聴衆の立場に置くことになる教

57　Keyishian v. Bd. of Regents, 385 U.S. 589, 605-10 (1967).
58　See, e.g., Sherbert v. Verner, 374 U.S. 398 (1963).
59　Elfbrandt v. Russell, 384 U.S. 11 (1966).
60　Aptheker v. Secretary of State, 378 U.S. 500 (1964). 本件は，共産党員が旅券（パスポート）を保持することを禁止する連邦法（Subversive Activities Control Act）の規定の合憲性が争われた事件である。

員に関する規定に対しても，表現と結社の自由に配慮する形で適用される。本件制度のような手法で結社の自由を制約することが学究精神（academic mind）に与える委縮効果は明らかであり，そのことは近年の研究でも指摘されている。先例で示された基準によると，組織の違法な目的を促進する明確な意図をもたない構成員や活動的ではない構成員に制裁を加える立法は許されない。

　この基準に照らすと，公務員法105条1項cも教育法3022条2項も，規制されてはならない関係性（association）を過度に規制対象に取り込んでいると言える。単に構成員であるという証拠だけを理由とした解雇の推定については，反駁可能ではあるものの，その反駁は，(a) 構成員であることの否定，(b) 当該組織が実力による政府転覆を唱導しているという事実の否定，又は，(c) そのような唱道を知っていたということの否定，によってなされなければならないのであって，活動的でない構成員であることの証拠や，違法な目的を促進する意図を有さないことの証明では，解雇を覆すことはできない。このことは，正式な行政解釈でも強調されているし，ファインバーグ法1条の文言でも示されている。

　法廷意見は，以上のように述べて，公務員法105条1項cと教育法3022条2項については，雇用の禁止事由として，合法的に禁止されうる関係性だけでなく，修正1条の下では禁止され得ない関係性をも規定しており，共産党の違法な目的を促進する明確な意図の証拠がなくとも，単なる構成員であるということだけで規制する点において，許されざる過度の広汎性を有しており違憲であると判断した。こうして，法廷意見は，連邦地方裁判所の判断を覆し，差し戻した。

3　クラーク裁判官の反対意見（ハーラン，ステュワート，ホワイト裁判官参加）

　今述べたとおり，法廷意見は，Adler判決の射程を限定して本件への適用を否定したうえで，破壊活動から教育制度を守るというNYプランの規制目的は正当であると述べつつも，規制文言の曖昧性及び過度の広汎性ゆえに違

憲であると判断した。これに対し，クラーク裁判官の反対意見は，法廷意見の先例の取扱いを批判したうえで，本件が文面違憲の確認ではなく上訴人へのNYプランの適用の違憲性についての宣言的判決を求める事件である点を強調し，次のように述べて，本件においては憲法上の争点についての判断は避けるべきであるとした[61]。

　法廷意見は，すでに廃止されたファインバーグ証明書等の手続の存在を前提に審査を行なったうえで，1952年のAdler判決で違憲性を否定されたファインバーグ法を完全に否定してしまったが，連邦最高裁がこれほどに前のめりになって徹底的にこれほどの規模のものを否定したことは，これまでにない。法廷意見では，教育法3021条も違憲と判断されたが，これらは上訴人には適用されないものである。また，公務員法105条1項a，b，及びcも違憲と判断されたが，「唱道，助言，又は教示する」という文言は連邦のスミス法（Smith Act）に由来する文言であって，スミス法の文言は，Dennis v. United State連邦最高裁判決[62]で合憲と判断されているし，類似の州法規定も連邦最高裁で合憲と判断されている。さらに，法廷意見では，公務員法105条3項も違憲と判断されたが，これはファインバーグ法の一部ではないし，ＮＹ州が当該規定は上訴人には適用されないと明言しているにもかかわらず，法廷意見は本件規定の上訴人への適用が違憲であると判断している。

　連邦最高裁は，1951年以来，繰り返し，本件制度と同一又は類似する公務員忠誠制度を合憲と判断しており，Adler判決[63]では，本件と同一の制度を合憲と判断している。同判決のミントン裁判官の法廷意見は，感受性豊かな若者の心を形づくる教員が果たす役割は国家の重要な関心事であると述べたうえで，国家は「学校の健全性」（integrity）を維持しなければならず，学校当局には「秩序ある社会の一部を構成する学校の健全性を維持するために教職員の適性を審査する権利と義務」があることは疑いないと述べた。また，Beilan v. Board of Education連邦最高裁判決[64]のバートン（Harold Burton）

61　Keyishian v. Bd. of Regents, 385 U.S. at 620-29 (Clark, J., dissenting).
62　Dennis v. United States, 341 U.S. 494 (1951).
63　Adler v. Bd. of Educ., 342 U.S. 485 (1952).
64　Beilan v. Bd. of Educ., 357 U.S. 399 (1958).

裁判官の法廷意見も，公立学校の教員については，表現や結社の自由を放棄したわけではないものの，公立学校教員として公務に当たる適性の審査に正直に協力する義務は負っていると述べた。これらの判決は，以後の忠誠心調査制度をめぐる判例でも繰り返し引用されており，連邦最高裁の過去15年間の判例を見るかぎり，Adler判決の流れの有効性が否定されたことはないのであるから，法廷意見がAdler判決の前提が否定されていると述べたことには違和感があり，同意できない。

　法廷意見は，Adler判決では教育法3021条と公務員法105条3項の合憲性の判断をしなかったと述べているが，州司法長官の説明によると，そもそも教育法3021条は市又は州学校区の公立学校の教職員に適用されるものであるし，公務員法105条3項は教育組織の教職員に適用されたことは一度もないのであって，いずれも，州立大学教員である上訴人には適用されない。また，法廷意見は，Adler判決では公務員法105条1項a，b，及びcの曖昧性の判断をしなかったと述べているが，公務員法105条1項については，Adler判決で「破壊活動的」とは実力又は暴力によって政府を転覆することを教示又は唱道する組織という限定的な意味を持つと述べているし，Adler判決の末尾では「我々は（当該規定について）憲法上の欠点を見出さない」と述べたのである。

　仮に，法廷意見の言うとおり，Adler判決がこれらの問題点の判断を行っていなかったのだとしても，同じ結論になる。法廷意見によると，ファインバーグ法のうち，Adler判決では判断されなかったものの本件上訴人には適用されうる規定は，公務員法105条1項a，b，及びcであるが，これらの規定は，口頭又は文書によって実力又は暴力で政府を転覆する原理を唱導，助言，又は教示する教員に関する規定である。連邦のスミス法に関するDennis判決[65]では，まさにこの言い回しが違憲なほどに曖昧ではないと判断されたのであり，その判断は，その後の判決でも否定されていない。

　法廷意見は，我々の最も重要な権利である自己防衛の権利を掃き捨ててしまった。公教育制度は民主主義の神髄であり，若者の精神（minds）は公教育の中で発育され，その発育がわが国の将来を決定づける。本件の争点は，

65　Dennis v. United States, 341 U.S. 494 (1951).

表現の自由,思想の自由,出版の自由,集会の自由,又は結社の自由ではなく,非常に限定的なものなのである。本件の争点は,(a) 実力又は暴力によって政府を転覆させるべきであるということを意図的かつ計画的に唱道,助言,又は教示したということ,(b) そのような唱道を行う書籍又は文書を意図的かつ計画的に印刷又は出版し,かつ,その原理を自ら唱道したということ,又は,(c) そのような原理を唱道する組織に意図的かつ計画的に加入したということが,司法審査の機会も用意された聴聞を経たうえで判断された者について,反駁されないかぎり (*prima facie*) 大学教員の資格を失うことと規定しても良いか,という点なのである。私は,良いと考え,法廷意見に反対する。

V Keyishian判決をふまえて

1 連邦最高裁の先例とKeyishian判決

これまで見てきたとおり,Keyishian事件の法廷意見は,Adler判決の先例性及び本件のムートをともに否定したうえで,破壊活動から教育制度を守るという規制目的の重要性を認めつつも,学校における学問の自由及び思想の自由市場の重要性を強調し,教育法3021条及び公務員法105条1項a及びbは曖昧であり,教育法3022条及び公務員法105条1項は過度に広汎であるがゆえに違憲であると判断した。これに対し,反対意見は,本件が適用違憲の宣言的判決を求める事案であることを強調し,上訴人にこれらの規定が適用される可能性がない以上は憲法判断は避けるべきであると述べたうえで,仮に判断する必要があったとしても,これらの規定は連邦最高裁の先例に照らして合憲であると述べた。

連邦最高裁の上訴時にはファインバーグ証明書は廃止されていたにもかかわらず,法廷意見があえてNYプランの合憲性判断に踏み込んだことについては,法廷意見の指摘するとおり,証明書が廃止されても依然としてNYプランの中心的な萎縮効果は継続していたと考えることも可能であるし[66],修正1条の重要性を考慮した場合,NYプランの法制度全体の高度の複雑さに

---

66 *See, e.g.*, Keyishian v. Bd. of Regents, 385 U.S. at 596.

よって増幅される委縮効果を軽減するためには，制度全体を解体するしかなかったとする指摘にも説得力がある[67]。また，本件については，NYプランの法制度が極めて複雑であったにもかかわらず，州最高裁の有権解釈が存在しておらず，州の制度であるがゆえに連邦最高裁として各規定の限定解釈を行うこともできず，結果として曖昧性と過度の広汎性を治癒する術がなかったこと[68]，さらに，後に述べるとおり，Adler判決以降の判例のなかでAdler判決の前提法理が覆されていたと評価しうることも，指摘すべきであろう。

以下，Keyishian判決の論点のうち，大学教員の学問の自由についての論点を確認したうえで，大学教員の学外における表現及び結社の自由に関する論点を見ていく。

2　Keyishian判決と大学教員の表現の自由
（1）　Keyishian判決にみる大学教員の表現の自由

法廷意見は，Sweezy判決を引用する形で，大学における研究と教育の自由の重要性を説いたが，前述のとおり，Keyishian判決の法廷意見が「学問の自由」という文言を用いたのは一度だけであったし，その内容を定義したわけでもなかった。もっとも，法廷意見は，NYプランの文言の曖昧性と過度の広汎性を説明する際に，同プランの下で禁止されうる具体的な言動の例を多数挙げており，それらの例に着目すると，法廷意見が修正1条の射程内に位置づけた言動が浮かび上がる。たとえば，法廷意見によると，教員が公道上で共産党宣言の印刷物を所持すること[69]，自分の授業の履修学生に対してマルクス主義やアメリカ独立宣言の教訓を教示すること[70]，マルクス主義理論の変遷の歴史や仏・米・露の革命の背景を説明した資料を配布すること[71]，政府転覆の必要性を唱道する内容の文献の閲覧を推奨すること[72]，自ら論文を執筆したり他人の論文を推奨したりすること[73]は，修正1条の射程内

67　*The Supreme Court 1966 Term*, 81 Harv. L. Rev. 110, 168（1967）.
68　*Id. at* 169.
69　Keyishian v. Bd. of Regents, 385 U.S. at 599.
70　*Id.* at 600.
71　*Id.* at 601.
72　*Ibid.*
73　*Id.* at 602.

に位置づけられている。さらに，大学教員が「常に自由に調べ，学び，評価し，新たな成熟性と理解を獲得する」ことが極めて重要であることも強調されている[74]。これらの判示内容からは，学問の自由という固有の概念ではないにせよ，連邦最高裁が，大学教員の教授の自由，研究の自由，及び研究発表の自由を，修正１条に保障されるものと位置づけたと言うことができる[75]。

(２) 大学教員の大学の外における表現及び結社の自由

NYプランを大学教員に適用することは，今見たような大学教員の教授・研究・研究発表の自由との緊張関係を生み出すと同時に，大学教員の学外における政治的活動及び結社の自由との緊張関係も生み出す。Keyishian判決では，後者の論点にはとくに言及されなかったが，米国大学教授協会は，前述のとおり，1915年以来，大学教員の学外における言動の自由の保障を主張してきており，共産党等の破壊活動組織への所属を州立大学教員の失格事由とする州法についても異議を唱えてきていた[76]。そこで，以下，大学教員の学外における結社の自由に焦点を当てて，このような法制度の問題点を検討したい。

3 州立大学教員の学外における結社の自由

(１) 「関係性犯罪」(guilt by association) と結社の自由

冒頭で述べたとおり，1940年代以降のアメリカでは，政府の各部門から共産主義勢力を排除する目的で，NYプランのような，破壊活動組織への参加を公務員の失格事由とする法制度が，連邦と州の双方で設けられた。さらに，一般市民のあいだへの共産主義勢力の浸透も警戒され，政府転覆の唱導等を禁止する連邦のスミス法の規定が活用されるようになった[77]。スミス法

74　*Id.* at 603, *citing* Sweezy v. New Hampshire, 354 U.S. 234, 250 (1957).
75　*See, e.g.,* Joseph J. Martins, *"Tipping the Pickering Balance: A Proposal for Heightened First Amendment Protection for the Teaching and Scholarship of Public University Professors"*, 25 Cornell J. of L. & Pub. Pol'y 649, 660 (2016). なお，Keyishian判決以降，連邦最高裁では，大学教員の学問の自由の侵害が直接的に争われた例は見られていない。
76　Emerson & Haber, *supra* note 1, at 537-38.
77　18 U.S.C. § 2385.

は，1940年に制定された法律であるが，ここで活用されたのは，暴力によって合衆国又は州政府を転覆すべきであることを唱導，教唆，助言，又は教示することを禁止するとともに，そのような組織にそのような目的を知りながら所属することをも禁じる規定である。とくにメンバーシップ規定と呼ばれる後者の規定が，共産党関係者の訴追に用いられる事例が相次いだことから，このように単に何らかの組織に属しているという事実が処罰の対象となる「関係性犯罪」の規定の合憲性が議論されることとなった。

　なお，アメリカ憲法には，結社の自由の明文規定は存在しないが，1958年のNAACP v. Alabama連邦最高裁判決[78]は，「信念や理念を促進するために結社に従事する自由」が「表現の自由」の重要な一部を占めるということを明言している。同判決以後，結社の自由は，修正１条によって保障されるものとして理解されていることから，スミス法のように破壊活動組織への所属を処罰する規定は，修正１条に真っ向から反する可能性があるし，NYプランのように破壊活動組織への所属を公務員の欠格事由とするにとどまる規定についても，修正１条とのあいだで緊張関係を生み出すことになる。

　スミス法の関係性犯罪の合憲性の問題に一応の決着をつけたのが，1961年の連邦最高裁のScales判決である。同事件のハーラン裁判官の法廷意見は，当該メンバーシップ規定は重要な害悪を防止するために必要な規制であると述べたうえで，当該規定の下で処罰しうるのは，(a) 単なる共産主義組織への所属ではなく，暴力的な政府転覆を唱導する組織への所属であり，かつ，そのような組織の違法な目的を知りながらの所属であって，かつ，(b) そのような違法な目的を促進する意図をもっており，かつ，(c) 単に名目的，消極的，又は理論的なメンバーではなく，活動的なメンバーである場合に限定されるがゆえに合憲であるとする解釈を施し，当該規定を合憲と判断した[79]。換言すると，このような限定解釈の結果，スミス法のメンバーシップ規定の下で処罰することができるのは，上記の三つの要件（(a) 組織の違法

78　NAACP v. Alabama, 357 U.S. 449, 460 (1958).
79　Scales v. United States, 367 U.S. 203 (1961). 本判決では，被告人Scalesについては，その有罪性を示す十分な証拠が存在していたと判断されて，有罪判決が維持された。一方，同時に下されたNoto v. United States, 367 U.S. 290 (1961) 判決も，同じ規定違反に問われた被告人の事件であったが，同判決では，上記の3要件に照らし，有罪判決が覆された。

な目的の認識，(b) 違法な目的の促進の意図の存在，(c) 活動実態の存在）を満たす場合にかぎられることとなった。

ところで，Scales判決は，一般社会における一般人の破壊活動組織への参加に対する処罰規定の合憲性が争われた事例であって，公務員又は教育公務員という特殊な地位にある者の公務からの追放という問題については言及されていない。そこで，以下，公務員及び教育公務員の自由に着目して，もう少し詳しくみていきたい。

（2） 特定組織との「関係性」(association) に基づく公務員の雇用拒否

すでに述べたとおり，NYプランを合憲とした1952年のAdler判決は，公教育に携わる公務員の特殊な地位を強調し，公務員の自由の広汎な制約を正当化した[80]。同判決では，学校の「健全性」を維持するために教職員の適性の審査をすることは学校当局の権利であり義務でもあると述べられたうえで，破壊活動組織の一員であることを理由に公教育における雇用を拒否されたとしても，個人としての表現と結社の自由を否定されたものではないし，また，仮に破壊活動組織の一員という地位と公教育の被雇用者という地位との間の選択の自由が制約されたとしても，そのような自由よりも，州が学校を防御する権限のほうが優越すると述べられた。

一方，1960年代に入ると，前述のとおり，特定組織との関係性のみを理由とした刑罰賦課は憲法違反であるという理解が定着するとともに，公務員の自由に関しても，その特殊な地位を理由とした広汎な自由の制約を正当化する理論は勢いを失うこととなった[81]。1966年のElfbrandt v. Russell連邦最高裁判決[82]では，州政府の全職員に対して州政府の転覆を目的の一つとして掲げる共産党等の組織に所属していないことを宣誓させるアリゾナ州法の合憲性が争われたが，ダグラス裁判官の法廷意見は，合法目的と違法目的を併せもつ政治的組織に参加することを全面的に禁止することは，合法的な政治的表現又は結社に対する脅威となると述べたうえで，前述のScales判決に照ら

80　Adler v. Bd. of Ed., 342 U.S. 485 (1952).
81　Cramp v. Bd. of Pub. Instruction, 368 U.S. 278 (1961); Elfbrandt v. Russell, 384 U.S. 11 (1966).
　　公務員の大幅な権利制約を正当化する理論の展開については，本書Chapter 9の小林論文を参照。
82　Elfbrandt v. Russell, 384 U.S. at 15-19.

し，本件州法は組織の違法な目的を促進するという明確な意思を有さない者の結社の自由を不必要に制約するものであって，過度に広汎ゆえに違憲であると述べた。この判決では，さらに，「組織に加入してはいるが，その組織の違法な目的を共有せず，かつ違法な活動に参加しない者については，_･市_･民_･で_･あ_･ろ_･う_･と_･公_･務_･員_･で_･あ_･ろ_･う_･と，もちろん脅威にはならない[83]」（傍点は筆者）と述べられており[84]，公務員の地位を特別視していない点が注目される。

(3) Keyishian判決以降の結社の自由

今見たとおり，Elfbrandt判決の法廷意見は，Adler判決を明示的には否定しなかったものの，Adler判決の射程を事実上大幅に限定したと言える。そして，このような流れのなかで，1967年1月のKeyishian判決も，Adler判決を踏襲するのではなく，Elfbrandtを踏襲し，大学における表現及び結社の自由の重要性を指摘しつつ，たとえ教育職の公務員であろうとも，組織の違法な目的を促進する明確な意図を有さずに当該組織に所属することを禁止することは憲法違反であると明示したことになる。

その後，同年12月のUnited States v. Robel連邦最高裁判決[85]でも，Elfbrandt判決の判旨が踏襲され，共産主義組織の構成員が国防施設で働くことを禁止する連邦法規定[86]が違憲であると判断された。この事件のウォーレン長官の法廷意見は，本件規定が共産党とのあらゆる関係性を禁止する「関係性犯罪」の規定になっていると述べたうえで，本件規定は被告人の活動実態が考慮されない点において先例に照らして違憲であると述べた[87]。なお，本

---

83 *Id.* at 17.
84 もっとも，Elfbrandt判決のホワイト裁判官執筆の反対意見は，本件州法は特定組織への帰属のみを禁止するのではなく帰属しつつも公務に就くことを禁止するのであると述べたうえで，先例では政府が特定の政治的活動に従事する被雇用者を公職から排除した上で刑罰を科すことを認めてきたことを指摘し，本件において，政府の転覆のために暴力的な手段を採る準備をする共産党等の組織に属することを政府が被雇用者に禁じることが許されないと判断するのは妥当でないと述べた。このホワイト裁判官の反対意見に参加したのは，クラーク裁判官，ハーラン裁判官，及びステュワート裁判官であり，Keyishian判決の反対意見の裁判官構成と同一である。
85 United States v. Robel, 389 U.S. 258 (1967).
86 Subversive Activities Control Act, 50 U.S.C.S. § 784 (a)(1)(D).
87 Robel判決でも，ホワイト裁判官は反対意見を執筆し，仮に危険ではない党員が存在するとしても，多くの党員は疑いなく危険なのであって，連邦議会の権限で防止すべき事態が発生してしまう前にその危険分子を識別することは極めて困難であると述べた。

件規定について，政府側は，連邦議会の戦争権限に基づいた立法であると主張していたが，法廷意見は，たとえ国防のための立法であろうとも修正1条の侵害は許されないと述べ，強い修正1条の保障を踏襲したことにも留意すべきであろう[88]。

このように，関係性犯罪の理論については，1961年のScales判決以来，刑事罰規定にせよ，公務員の欠格事由規定にせよ，修正1条の下ではScales判決の三要件（(a) 組織の違法な目的の認識，(b) 違法な目的の促進の意図の存在，(c) 活動実態の存在）を満たさないかぎりは認められないという理解が定着していた。しかし，2010年のHolder v. Humanitarian Law Project連邦最高裁判決[89]（以下，HLP判決と記す）は，Scales判決の(b)の要件を満たさない場合の処罰を許容する内容の判断を下した。この事件は，外国テロ組織（Foreign Terrorist Organization，以下FTOと記す）の指定を受けた団体への実質的支援を禁止する連邦法[90]の合憲性が争われた事件であるが，ロバーツ（John Roberts）長官の法廷意見は，国家の安全保障を目的とした連邦議会の慎重な立法には相応の敬意を示す必要があると述べたうえで，外国テロ組織の違法な目的を認識しながらその組織に実質的支援を提供する行為であれば，違法な活動を促進する意図が存在しなくても処罰することは可能であると判示した[91]。HLP判決では，本件規定の目的が国家の安全保障であることを理由に，Scales判決以来の一連の判決で用いられた厳格審査基準よりも緩やかな「要求の多い基準」を適用することで，三要件の一つを満たさない場

---

88 もっとも，連邦最高裁は，公務員に課す宣誓をすべて違憲と判断しているわけではなく，たとえば，Cole v. Richardson, 405 U.S. 676 (1972) では，すべての公務員に対し，連邦と州憲法を支持し防御するという宣誓と，違法な手段による政府転覆に反対するという宣誓とを求めるマサチューセッツ州法の合憲性が争われたが，法廷意見は，いずれの宣誓も公務員に深刻な義務を課すものではないと述べてこれを合憲と判断している。

89 Holder v. Humanitarian Law Project, 561 U.S. 1 (2010).

90 18 U.S.C. § 2339B.

91 なお，連邦最高裁は，Scales判決やKeyishian判決が違法な目的を有する組織への所属（メンバーシップ）をめぐる事案であったのに対し，HLP判決の争点はそのような組織への支援に関する事案であるため，メンバーシップ規定に関する三要件は不要であると述べている。Holder v. Humanitarian Law Project, 561 U.S. at 17-18. *See also* Marjorie Heins, *The Supreme Court and Political Speech in the 21st Centry: The Implications of Holder v. Humanitarian Law Project*, 76 Alb. L. Rev. 561, 591 (2013).

合でも処罰しうると述べたことになる[92]。

（5）小括

　HLP判決は，テロ対策分野の判例であり，大学教員の学問の自由の問題との関連性は見えにくいかもしれない。しかし，HLP判決の争点となった連邦法規定は，禁止される「実質的支援」として，「有形又は無形の財産又はサービス」を挙げており，そこでは，「科学的，技術的，又は他の専門的知識に基づく助言」も明文上で禁止される[93]。つまり，たとえば，なんらかの宗教を信奉するFTO指定組織（注：オウム真理教もFTO指定組織）のメンバーに対して，宗教学の教員が組織の宗教教義に関する助言を行ったり，憲法学の教員がメンバーの信教の自由についての説明を行ったりした場合，たとえテロ等の違法行為の促進を意図せずに行ったのだとしても，FTO指定をうけた組織であることを認識していたのであれば，処罰対象になるのである。連邦最高裁の理論によると，FTO指定組織に対する支援はいかなる態様であろうともテロの促進につながるとされるのだが，その理論に対しては批判も多く[94]，仮に大学教員の上記のような言動に対して適用されることがあれば，学問の自由への脅威となる可能性もあることに留意すべきである。

おわりに

　Keyishian事件の争点であったNYプランは，共産主義思想への警戒心を背景に，共産主義の信奉者を排除することを通して，公立学校の教育制度の「健全性」を守り，ひいては国家の存続を守ることをめざした制度である。このような制度に対し，アメリカの連邦最高裁は，20世紀半ば以降，Scales判決やKeyishian判決などの判例を通して，強い修正1条の理論を打ち出し

92　小谷順子「外国テロ組織（Foreign Terrorist Organization）に対する実質的支援を禁じる連邦法の合憲性をめぐるアメリカ合衆国連邦最高裁判決」大沢秀介編『フラット化社会における自由と安全』213頁（2014年）。Scales判決以来の一連の判決も国家の安全保障を政府利益とする事案であったことをふまえると，このような審査基準の適用には疑問が残る。

93　18 U.S.C. § 2339B.

94　小谷・前掲注（92）213-14頁。

てきた。共産主義思想への恐怖心が沈静化し，強い修正1条の法理が定着した今日，大学の教員の表現や結社が，共産主義思想への対策という文脈で制約されるという場面は想定しにくい。

　一方，今日，テロ行為の拡大・浸透に対する警戒心を背景に，テロリストやテロ組織への言論による支援等を処罰することを通して，国家の安全を守ることをめざす法制度が設けられている。これらの制度は，大学教員を対象にしたものではないが，今日のアメリカにおいてテロ対策が喫緊の課題であることをふまえると，外国テロ組織への専門的助言を含む多様な形態な支援を禁止する連邦法の下で，大学の教員の専門分野に関する助言が，このような規制の対象となる可能性は否定しきれない。また，Adler判決で述べられたような，「感受性豊かな若者の心を形づくる教員」の適性を審査することで「学校の健全性」を維持することが国家の重要課題であるとする理論は[95]，今日，テロ対策の文脈において再び意味をもちうる可能性がある。

　共産主義思想への警戒心という背景のなかで登場したElfbrandt判決やKeyishian判決などの強い修正1条の理論は，今日の大学における学問の自由を維持するための理論を再確認する際に，さまざまな示唆を与えているように思われる。

95　Adler v. Bd. of Educ., 342 U.S. 485 (1952).

Chapter 9　公立学校教員の表現の自由
―― The Story of Pickering v. Board of Education, 391 U.S. 563 (1968)

小林　祐紀

ピカリング（右）と弁護士

　公務員は国や地方公共団体において，職種に応じた公務を達成する要員として採用されている。また，国または地方公共団体との間に，一般の国民とは異なった関係にあることから，公務員ではない一般の国民であるならば通常保障される憲法上の権利が，公務員の場合にはその一部あるいは全部が法律等によって制限されることになる。そこでは，「公務の中立性」，「国民からの信頼」，さらに「公務の能率」といった理由が語られる。本稿で扱う公立学校の教員も公務員であるため，その表現の自由も公務員であるとの理由から規制を受けることになる。しかし，公務員の表現活動それ自体は公衆への情報の提供という観点から意義も認められる。それは，公務員が単なる公務に携わる職員というだけではなく，様々な職種における専門職－公立学校の教員は教育のエキスパートである－という側面も併せ持つからである。こうした場合に，公務員，とりわけ公立学校の教員の表現活動を規制利益との関係でどのように調整していくかが問題となる。本章では，公立学校教員の表現活動が問題となったケースを中心に取り上げ，その憲法問題を考察する。

序

　公務員は，国や地方公共団体において，職種に応じた公務を達成する要員として採用されている。また，国または地方公共団体との間に，一般の国民とは異なった関係にあることから，公務員ではない一般国民であるならば通常保障される諸権利が，公務員の場合にはその一部あるいは全部が法律等によって制限されることになる。公立学校の教員も公務員であるため，当然に公務員としての人権制限を受けることになる。

　本稿の検討対象とするアメリカにおいても，この一般論自体は当てはまることになるが，教員の表現の自由という問題においては，教員を他の公務員と区別する形で判例が展開しているわけではなく，教員も含めた「公務員」全般の表現の自由に関する判例として展開されてきている。そこでは，「公務の中立性」，「国民からの信頼」，さらに「公務の能率」といった理由が語られる。本稿が検討を行う公立学校の教員も公務員であるため，その表現の自由も公務員であるとの理由から規制を受けることになる。他方で，公務員の表現活動それ自体は公衆への情報の提供という観点から大きな意義も認められる。それは，公務員は単なる公務に携わる職員というだけではなく，様々な職種における専門職－公立学校の教員の場合には教育のエキスパートである－という側面も併せ持つからである。こうした場合に，公務員，とりわけ公立学校の教員の表現活動を規制利益との関係でどのように調整していくかが問題となる。

　アメリカ連邦最高裁における公務員の表現の自由の問題は，本稿で扱うPickering事件以前の「権利・特権アプローチ」と，それ以後の「公的関心アプローチ」によって判断されてきた[1]。Pickering事件以前の「権利・特権アプローチ」の下では，公務員という地位は政府によって付与された特権であり，権利それ自体ではないため，公務員は在職中，市民であれば保障されている権利を主張することができない。したがって，公務員は，修正1条で保障される表現の自由に関しても，一般の市民と同程度の保障を受けること

---

[1] KATHLEEN M. SULLIVAN & GERALD GUNTHER, CONSTITUTIONAL LAW §12-2, at 1258-1259 (14th ed. 2001).

はできないというものであった。

しかし，こうしたアプローチは，公務員が被用者という立場だけではなく，市民という立場も有しているという事実を無視している点で表現の自由との関係で大きな問題を抱えていたことから，その後の1967年のKeyishian v. Board of Regents連邦最高裁判決[2]で否定され，公務員の表現の自由の問題は，「公的関心アプローチ」へと移っていくことになった[3]。

本稿では，Pickering事件以降のアメリカにおける公立学校の教員による表現活動が問題となった事件を中心に取り上げ，その憲法問題を考察する。

I Pickering事件までの公務員の表現規制，先例，社会状況

Pickering事件以前の公務員の表現の自由に関する問題は，後述の事件でホームズ裁判官が述べたように，「権利・特権アプローチ」[4]の下で長らく考えられてきた。この「権利・特権アプローチ」の下では，公務員という地位は政府によって付与された特権であり，権利ではないとされる。つまり，憲法上の権利（表現の自由）を行使するか，特権（公務員になること）をとるか，選択の自由が存在する中で後者を選択した以上，被用者としての公務員の地位は雇用者の意思に服することから権利それ自体ではなくなるということである。したがって，公務員は在職中，市民であれば当然に保障されている憲法上の権利を主張することができないことになるのである。

このことは，警察官が政治目的などで寄付を求めることを禁止した規則に違反し，禁止されていた政治団体に加入していたことを理由に懲戒免職処分となった事件で，「被告人（警察官）は政治に関して発言する憲法上の権利

---

[2] Keyishian v. Board of Regents, 385 U.S. 589 (1967). 本件は，ニュー・ヨーク州立大学の教職員が，州の忠誠法に基づき，共産党員でないことや政府転覆を支持する集団に属していないとの誓約を求められ，これを違憲として争った事件である。詳細については，本書Chapter 8を参照されたい。

[3] Joseph O. Oluwole, *On the Road to Garcetti: 'Unpick'erring Pickering and Its Progeny*, 36 CAP. U. L. REV. 967, 973 (2008).

[4] *See* William W. Van Alstyne, *The Demise of the Right-Privilege Distinction in Constitutional Law*, 81 HARV. L. REV. 1439 (1968).

を有するが，警察官になる憲法上の権利は有しない」[5]とホームズ（Oliver W. Holmes）裁判官が述べた有名なフレーズに表れている。さらに，ホームズ裁判官は，「雇用関係において，公衆に奉仕する者（servant）が契約の暗黙の条件として，怠ける権利と同様に，表現の自由という憲法上の権利を停止することに同意しないことなどほとんどあり得ない。公衆に奉仕する者は提示された条件で職を得ているのであるから，苦情を申し立てることはできない」[6]と述べている。このことは，公務員としての職に就く以上は，自らの憲法上の権利を放棄することを意味している。本件は，マサチューセッツ州最高裁の判決であるものの，その後の連邦最高裁の判決において引用されていることからもその影響力を窺い知ることができる[7]。

このような「権利・特権アプローチ」が最も高まりを見せたと指摘されるのが[8]，1952年のAdler v. Board of Education連邦最高裁判決[9]である。本件は，公立学校から破壊主義的人物を排除することを意図したニュー・ヨーク州のファインバーグ法のもとで，教育委員会が破壊活動団体のリストを作成して，その構成員であることを教員採用の際の一応の排除理由としていたことを修正1条や修正14条に違反するとして争われた事件である。ミントン裁判官執筆の法廷意見は，「彼ら〔教員〕がその意思に従って法の下に集会し，発言し，思考し，そして信じる権利を有するのは明らかである。……同様に，彼らはニュー・ヨーク州の適切な機関によって設けられた合理的な関係に基づき学校組織のために勤務するのである。もし彼らがそのような関係に基づいて勤務することを選択しないのであれば，彼らは彼らの信念とその連携を保持する自由があり，そして別の場所へ行く自由がある」[10]と判示した。

このような教員の表現の自由が問題となった社会的な背景には，第二次世

5　McAuliffe v. City of New Bedford, 155 Mass. 216, 29 N.E. 517, 517-518 (1892).

6　*Id.* at 220, 29 N.E. at 517-518.

7　Note, *The First Amendment and Public Employees: Times Marches on*, 57 GEO. L.J. 134, 136 (1968).

8　Note, *Connick v. Myers: New Restrictions on the Free Speech Rights of Government Employees*, 60 IND. L.J. 339, 340 (1985).

9　342 U.S. 485 (1952).

10　*Id.* at 492.

界大戦後，東西二大陣営の対立という国際情勢に対処するために，親ソ分子と目される共産主義者ないしは共産党員の摘発（反共産主義）が最も重要な政治主張の一つとなり，1950年代前半にはマッカーシズムと呼ばれる一種のヒステリー状況が社会を覆うまでになったことが挙げられる。世論への影響という点では，幾つもの民間団体が「共産主義の破壊活動」に注意を促すような大運動を繰り広げたほか，1938年創設の下院の反米活動委員会（Committee on Un-American Activities）の活動が重要なものとして考えられる。

　こうした社会的な背景の中で，アメリカにおける教員（教育公務員）の政治的中立性を取り巻く状況はどうだったのであろうか。国内における共産主義者の浸透に対する懸念があったことを背景に，1947年にトルーマン（Harry S. Truman）大統領が大統領令9835号で連邦職員忠誠審査計画の実施を発令した。大統領令は，行政官志願者の調査，職員の調査，連邦公職委員会の責任，判断基準などについて言及している。在職者の忠誠審査は各省庁が担当し，その目的のために各省庁内に忠誠委員会が設置された。合衆国への忠誠に疑いがあるとして任用拒否，もしくは罷免される根拠となる行為は，治安妨害，諜報活動，反逆，革命ないし暴力による憲法に基づく政体の変革の唱導，情報漏洩，司法長官が全体主義的，共産主義的ないしは破壊活動的と指定した団体の構成員となること，もしくはそうした団体と関係を持つことであった。これによって，暴力的な政府転覆を唱道する者や破壊活動組織に属する者を連邦や州の公務から締め出す制度が構築されるに至るのである。このようなトルーマンの忠誠審査計画は，1953年にアイゼンハワー（Dwight D. Eisenhower）大統領による国家安全保障の立場から破壊活動分子の排除に力点を移した大統領令10450号に基づいて策定された新たな計画に引き継がれるまで6年にわたって実施された。

　アメリカにおける教員の政治的中立性は，（共産主義活動を含む）破壊的な政治活動の規制と，それとは異なる非破壊的政治活動の規制の2つによって担保されてきた[11]。第一の破壊的政治活動の規制は，教員に対する忠誠強制とそれに関連して活動調査という形で行われてきた。1967年の時点で32州が

11　当時の教育公務員の政治活動の規制については，伊藤公一「アメリカにおける教育公務員の政治的中立性」『阪大法学』104号（1977年）47頁以下を参照。

公務員一般に適用される忠誠プログラムを有し、5州以上が教員にのみ適用されるプログラムを有していた。忠誠強制の内容としては、連邦及び州憲法を擁護すること、愛国心の基本的原理を教えること、アメリカの統治形態に反する理論に賛成したりそれを教えたりしないこと、暴力によって政府を転覆することの唱導をしないこと、暴力主義の破壊的団体の構成員にならないことなどから構成されている。これらに違反したり、その宣誓を拒否したりすると、偽誓として刑罰に処せられたり、教員としての資格の剥奪や、契約更新あるいは採用の申込みを拒否されることになる[12]。このような連邦および州の憲法に対する単なる忠誠という事柄を超えた過度な忠誠強制に関しては、教員の自由を極度に制限し、アメリカの社会生活における批評家としての教員の地位を剥奪してしまうものであるとの批判がなされていた[13]。その後、1967年のKeyishian v. Board of Regents連邦最高裁判決で従来からの「権利・特権アプローチ」が完全に否定され、公務員の表現の自由の問題は「公的関心アプローチ」へと移行することになる[14]。

次に、第二の非破壊的政治活動の規制とは、破壊的性格を持たない政治活動(非党派的活動と党派的活動)の規制である。この規制の特徴としては、いかなる形であれ、教室内での政治活動が一切禁止されてきた点が挙げられる。他方で、学校外における非党派的な政治活動は、学校教育に重大な害悪を及ぼさない限りは教員も一人の市民として自由であると考えられてきた。こうした潮流の中で、次章以降で扱う問題－教育行政当局に対する教員による批判的な言論－が頻繁に登場してくるのは、そのような教員の行為が教員の服務規範である「職務違反」、「不服従」、「不品行」などという規定に抵触することを理由に、当局が身内から公然となされる批判を封じ込めるために教員の行為と当該規定を結び付けて処分を行ってきたことにある。こうした中で連邦最高裁がどのように教育公務員の表現の自由を教育行政との関係で調整を図ってきたのかを次章以降で見ていくことにする。

12　Note, *Developments in the Law: Academic Freedom*, 81 HARV. L. REV. 1065 (1968).
13　*Id.* at 1068. 伊藤・前掲注11　50頁。
14　Joseph O. Oluwole, *On the Road to Garcetti: 'Unpick'erring Pickering and Its Progeny*, 36 CAP. U. L. REV. 967, 973 (2008).

II　Pickering事件——事実の概要と下級審の判断

1　事実の概要

　本件は，イリノイ州のWill CountyにあるTownship High School District 205の教員であったピカリング（Marvin L. Pickering）（原告）が，イリノイ州の地区教育委員会（被告）の提案した増税案に対して批判的な内容の投書（本稿末尾資料参照）を地元新聞にしたことを理由に罷免されたことを争った事件であるが，具体的な経緯は次の通りである。

　イリノイ州の地区教育委員会が 2 つの新校舎建築の資金を調達するため，有権者に公債の発行の承認を求め， 1 回目（1961年 2 月25日）の公債発行（$4,875,000）の提案は否決されたが， 2 回目（1961年12月 2 日）の公債発行（$5,500,000）の提案は可決された。その結果， 2 つの新校舎は建築された。さらに教育委員会は，1964年 5 月と1964年 9 月に教育目的のための増税案を提案したが，何れも有権者によって否決された。この 2 回目の増税案の評決の前に，地方新聞には増税ができない場合に教育の質が低下する旨の記事が幾つも掲載されており，また同趣旨の教育長自身の記事も評決の 2 日前に新聞に掲載され，有権者に配布された。

　そこで原告であるピカリング[15]は，教育委員会の公債発行政策，教育と体育の予算配分方法への批判，さらに教師がこれらに反対しようとしたのを教育長が抑えたことに対する批判の投書を地方新聞に行った。そのことを知った教育委員会はこの投書を理由に，イリノイ州法にのっとり，聴聞の手続を経て，上告人を罷免したのである。罷免の理由は，投書に書かれている多くの事項が虚偽であるということ，そして，虚偽の内容を公表することにより，教育委員会と学校運営側の誠実性，一体性などが不当に侵害されたこと，さらに虚偽の内容は，教育委員会の委員や学校運営を行う者の専門家と

15　原告であるピカリングは，理科の教員として1959年（当時23歳）にLockport Township Central高校に着任してからの 5 年間，教育委員会の会議に参加するなどして学校運営（たとえば，生徒人数の増加にどのように対応すべきか，新しい施設を建設するために増税が必要かという問題）に関わってきた。Paul M. Secunda, *The Story of Pickering v. Bd. of Education: Unconstitutional Conditions and Public Employment*, in FIRST AMENDMENT STORIES, 265, 268-269 (Richard W. Garnett & Andrew Koppelman eds., 2012).

308

しての評価を低下させ，教職員の規律を乱し，教員，学校運営側，教育委員会，住民の間に「論争，対立，紛争」を誘発したということであった。

しかし，投書の内容が真実か否かについては多くの立証がなされたが，問題となった投書が，社会に対して，特に学校運営上，具体的にいかなる影響を与えたのかを立証する資料はまったく提出されず，聴聞でもこの点についての認定は行われなかった。原告は，自らの投書が修正1条や14条で保障されるものであると主張して，1965年に州裁判所（Circuit Court of Will County）に訴訟を提起した[16]。

2 下級審の判断

州裁判所は，「学校の有する公益が教師の有する表現の自由の利益に優位する」[17]と述べ，教育委員会の主張を認める判決を下した。その後，州高裁を飛躍し，州最高裁に判断を仰いだ。州最高裁は3対2[18]で原審の判断を支持する判決を下した。

州最高裁は，教育委員会の罷免手続のみを審査の対象とし，同委員会の認定には実質的な証拠が存在するのか，また本件で問題となった投書が「学校の最善の利益（best interests）」を侵害したのか否かの2点について審査した。多数意見は，原告である教師を一般公衆の単なる一構成員ではないとし，公立学校の教員という職を選んだ以上，そのような地位を有しない場合には当然になし得る行為を控える義務を負うため，学校行政に対する批判は認められないとした[19]。

また，教育委員会を軽視し，政策に対する不信を示し，さらに教職員に対する根拠のない批判をした原告は，学校の最善の利益を促進したとはいえ

---

16 罷免された直後にピカリングは訴訟を起こしたわけではない。まず彼は，教育委員会に対して引き続き雇用してもらえるように1,260人分の署名を添えて嘆願した。次に，シカゴに本拠地を有するアメリカ教員連盟（American Federation of Teachers: AFT）とコンタクトを取り，AFTの顧問弁護士であったリグテンバーグ（John Ligtenberg）がピカリングの弁護を引き受けたのである。なお，弁護士のリグテンバーグは，Brown v. Board of Education連邦最高裁判決など著名な事件でamicus briefを提出した人物である。

17 *Court Upholds Board's Firing of Teacher*, CHICAGO TRIBUNE, March 4, 1966, at B11.

18 イリノイ州最高裁判所は通常7人の裁判官で構成されるが，本件当時は，2名の欠員が出ていたため，5人の裁判官によって審議がなされた。

19 Pickering v. Board of Education, 36 Ill. 2d 568, 577 (1967).

ず，教育委員会が原告を罷免するとしたことに裁量の逸脱はないとした[20]。

なお，反対意見（シェーファー裁判官執筆）は，多数意見と異なり，本件で問題となった教員の表現行為が保護されるという前提に立つ。つまり，「修正1条の保護を受けるためには，原告の書いた手紙が文語体であること，品位があること，良識的な判断であることは必要ではな」く，「教師は学校の実際の運営について他の誰よりも密接な関係を有しており，公衆は彼らの見解を奪われるべきではない」[21]との立場を明確に示した。そして，3つの理由（①School Codeの不明確性，②「現実の悪意」の必要性，③学校の最善の利益を侵害する証拠の不存在）から，教育委員会がピカリングを罷免した判断に裁量権の逸脱があると判断した。これに対し，連邦最高裁は裁量上訴を認め，6対3で次のような判決を下したのである。

III Pickering事件——連邦最高裁判決

1 法廷意見

法廷意見は，マーシャル裁判官が執筆し，ウォーレン，ハーラン，ブレナン，スチュワート，フォータス裁判官が同調した。

①問題の所在

法廷意見は，イリノイ州最高裁の判決について，公的な問題について意見を表明するという，市民であれば有する修正1条に基づく権利を公務員はその地位に基づき，放棄せざるを得ないと判断したものと読むことは，これまでの連邦最高裁の先例に反するとしつつ，他方で，一般に市民の言論規制の際に有する政府利益と，公務員の言論規制の際に有するそれとは大いに異なるものであると指摘する。そこで，本件における問題は，一市民として，公的関心事に対して意見する教師の利益と，教育委員会が使用者として教師を通して行われる行政の効率性（efficiency）を促進するという国家的利益の両者の均衡を図ることにあるとする[22]。

---

20 *Id.* at 578.
21 *Id.* at 584 (Schaefer, J., dissenting).
22 Pickering v. Board of Education, 391 U.S. 563, 568 (1968).

②比較衡量（教師の利益と教育委員会の利益の均衡）

　以上の基本的立場に立った上で，法廷意見は，教師やその他の公務員が上司に関して述べた批判的な言論が罷免事由になり得るとしても，実際の事実関係は極めて多様なものであることから，そのような言論を判断するための一般的な基準を定めることは不適切かつ不可能であるとする。しかし，法廷意見はこうした状況において，修正１条による保障と学校運営の必要性という２つの対立する主張を評価する際に，分析の拠り所となる一般的な方向性を提示した。

　まず，投書の内容は，(a) 学校予算を体育に配分したこと，(b) なぜ増税が学校のために必要なのかの本当の理由を納税者に知らせなかった（あるいは知らせることを妨げた）教育委員会や教育長のやり方を批判するものである。上告人が教師としての日々の仕事の上で接触する上司に向けられたものではなく，直属の上司（immediate superiors）による規律や同僚との調和を維持するという問題ではない。また，上告人と教育委員会，さらに上告人と教育長との関係は，個人的な忠誠や信頼というものが各自の適切な職務遂行上必要であると主張し得るような種類の労働関係に当たらない。したがって，公的関心事についての意見でさえ，虚偽ではなく，真実であったとしても罷免事由となるとする委員会の立場は認められるものではない[23]。

　次に，委員会のもともとの主張には，投書が教育委員会や教育長の専門家としての評価を低下させ，教育委員会，教師，学校運営者そして学区の住民の間に論争を誘発し，対立を生じさせたことが含まれていた。しかし，これらの事柄が聴聞に示されたことを支持する証拠がない。この点，教育委員会は名誉毀損とのアナロジーで，本件での投書の内容が学校運営に対する本質的な害悪であると判断したに違いないが，こうした批判的な言論は，むしろピカリングと教育委員会の間での学校制度の運営を巡る，より望ましい方法に関する意見の相違なのであり，そうした意見は公的関心事であることが明白である。さらに，このような投書があったということは，教育委員会を憤怒させる以上に，学校の実際の運営に必然的な影響を一般的には持たないものである。ピカリングの投書は，２度目の増税案の否決の後になされたもの

---
[23] *Id.* at 569-570.

であって，しかもその間に他の提案の存在も示されていなかったので，学校が必要な収益（revenue）を得るという点では何ら影響がない。より重要なことに，学校制度が追加的な資金を求めているか否かの問題は，正当な公的関心事なのであって，そうした問題を人民の投票に委ねるという社会にあっては，教育委員会を含む学校当局の判断を最終的なものとして受け入れることはできない。そのような問題に関する自由で広く開かれた議論というのは，選挙民が十分な情報を得た上での判断形成にとって不可欠なものなのである。こうした問題に関しては，批判すると報復として罷免されるというおそれなしに自由に発言できることが肝要なのである。また，教育委員会は，正確な数字をあげることで，投書の誤りを反論することが容易になし得るし，教育委員会も同じ新聞もしくは他の新聞に投書することを通して同様のことを行えるのである[24]。

以上の内容を総括すれば，今回のピカリングの投書の内容は，彼の使用者に対する批判を含むものであったが，彼の教壇における日々の義務の適切な遂行を妨げるものでも，学校の一般的な運営を妨げるような方法でもないことは明らかである。したがって，こうした状況においては，教師の公共討論に貢献するという機会を制限する学校当局の利益は，一般国民による同様の貢献を制限する利益よりも著しく大きいということはない[25]。

③名誉毀損の主張について

公の重要な問題に関して自由で，かつ妨げられずに議論することができることの公益は，修正1条の表現の自由の核心的価値なのであって，公務員に対する名誉毀損の主張は，その言論が真実でないことを知っていて，あるいは過失により真実か否かを無視して述べられたことが立証されない限り，国家は名誉毀損に対する損害賠償の請求を認めることはできない。教育委員会が上告人を投書の内容を理由に訴えるという法的権利は，当該投書がNew York Times事件で示された基準によって判断されるという要件によって制限を受けることになる。連邦最高裁は，一般的な言い方として，公的関心事についての公務員の言論について，それが名目上の上司に向けられたという

---

[24] Id. at 570-572.
[25] Id. at 572-573.

事実にかかわらず，修正1条による保障を受けなければならないと示してきた。名誉毀損に関するNew York Times事件判決は，公務員に対する刑事上の名誉毀損に関してであり，刑事罰と民事上の損害賠償が表現の自由に対して及ぼす影響は，公務員という職務からの罷免とは異なるものの，罷免のおそれというのは，言論を抑制する間接的な手段となるのである[26]。

④結論

以上のことから，当該言論が真実でないことを知っていて，あるいは過失により真実か否かを無視してなされたことの証拠がないことから，公的に重要な問題に対して意見するという上告人の権利行使は，公務員たる地位から罷免される事由には当たらない。したがって，イリノイ州最高裁の判断を是認することはできないため，イリノイ州最高裁の判断を破棄し，再審査するよう差戻す[27]。

2 同意意見（ダグラス裁判官執筆，ブラック裁判官が同調）

ダグラス裁判官の同意意見は，New York Times事件などにおける補足意見，すなわち，公務員に対しても自らの公務を行うやり方を批判することに対して絶対的な免責を保障すべきであるとの意見を再び述べている[28]。

3 一部同意・一部反対意見（ホワイト裁判官執筆）

ホワイト裁判官の意見のうち，まず法廷意見に同意する部分は，ピカリングの免責がNew York Times事件の基準に基づいて判断されなければならないとした点である。ホワイト裁判官は，虚偽の言論であっても悪意のない場合もしくは過失による場合は修正1条の範囲内であるとする。そして，このことを前提に，国家は，秘密保持の必要性や，特定の場合に教師が自らの上司との関係で特別の義務を負っているような特別の状況がある場合を除いては，罷免することはできないとする。本件においては，こうした特別の事情は存しないとする[29]。

26　*Id*. at 573-574.
27　*Id*. at 574-575.
28　*Id*. at 575 (Douglas, J., concurring).
29　*Id*. at 582-583 (White, J., concurring in part and dissenting in part).

次に，ホワイト裁判官が法廷意見に反対する部分は，連邦最高裁がNew York Times事件やGarrison v. Louisiana連邦最高裁判決で解決された問題を再び取り上げ，言論が故意または過失により虚偽であると判断された際に，それが害悪を生じさせると示されていない，あるいは推定されない限り，修正1条の保護を未だ受けるか否かは開かれた問題であると事実に基づかずに判示したことである。つまり，仮にピカリングの言論が故意または過失による虚偽である場合には，学校制度への害悪は重要ではなくなり，修正1条によって彼が責任に問われることを防ぐことはできないことになってしまう。そのため，ピカリングの言論が虚偽であることを知っていて述べたものであるか否かについて法廷意見が判断したところには加わることができない[30]。

以上のことから，州裁判所に差し戻して，本裁判所が本件に適用すると考える憲法上の基準に照らして再審査を命じるほうが適当であると考える。

4　本判決の意義と課題

本判決は，公務員が行った表現を理由とした罷免に関する初めての連邦最高裁による判断であった。本判決の意義としては，公務員の表現の自由に関する事件を裁判所が解決する際に，以下の2つの留意点を示したことであるといえる。まず，第1に，公務員の言論を規制する際の雇用者としての政府の利益は，一般に市民の言論の規制を正当化する際の政府利益とは大きく異なるとした点である。第2に，こうした事件における問題が，市民として公的関心事について意見する被用者の利益と，公共サービスの効率的遂行に関する雇用者としての政府の利益を衡量することにあるとした点である。

そして，双方の競合する利益を衡量する際に，本件の連邦最高裁は事実関係が極めて多様であることから，比較衡量の際に事実を重要なものと位置づけている。たとえば，ピカリングが批判の対象とした教育委員会や教育長について，「日々の教師としての仕事」では関わることもなく，また，雇用関係の「適切な機能」のために，「個人的な忠誠や信頼」が求められるような「密接な仕事上の関係」はないとした。こうした「職場における距離（working distance）」を前提にして，公的関心事たる事実を公にすることは，その

30　*Id.* at 583-584.

内容が「批判的な口調」であるという理由のみでは、当該教師の罷免を正当化することができないとしたのである。

また、本件では公務員の言論に修正1条の保障を認める場合には次の3つの条件があることが示された。第1に、自らの雇用者に対する批判的ではあるが公的関心事に係る公務員の言論は、雇用者と職務上の密接な関係性がないこと。第2に、当該言論が真実を含むこと、また誤った事実が含まれていたとしても、それが故意または誤っていたことに過失がある場合でないこと。第3に、当該言論が行政運営に悪影響を及ぼしたり、教員としての義務の適切な遂行を阻害したりするという証拠が存在しないことである。

以上のような意義が指摘できる一方で、本件は前述の条件の下で修正1条の保障を認めたため、以下のような課題が残されることになった[31]。まず、本件とは異なり、批判の対象が自らの学校の校長のように、「個人的な忠誠や信頼」が求められるほどの職務上密接な関係を有する場合である。つまり、本件で注意書きのような形で付された脚注[32]が示すように、上司と部下の「個人的かつ密接な (personal and intimate)」職務上の関係がある場合には、上司に対する批判的な言論は当該関係の実効性を著しく侵害するため、罷免を正当化するのかということである。次に、連邦最高裁は「公的に重要な事項に関する自由で妨げられない議論」は言論の自由の中核的価値であると強調したが、ただ公的に重要な事項に関係のない被用者の言論は、それが罷免の事由となった場合に、修正1条上の保護を一切受けないのかという問題である。そして、公務員の言論から生じた実際の悪影響やそれに関する合理的な予測が罷免を正当化すると指摘したが、どの程度の現実的あるいは予測的な悪影響の存在が必要なのかが不明で、曖昧であるという問題である。

こうした問題は、次章以降で検討するピカリング事件後の判例の蓄積によって明らかにされていくことになる。以後の判例においては、本件で判示された枠組みは言論保障的に機能するよりも、むしろ公務員の言論を制約する方向に解釈されていくことになる[33]。

31　Rodric B. Schoen, *Pickering Plus Thirty Years: Public Employee and Free Speech*, 30 TEX. TECH. L. REV. 5, 10-13 (1999).
32　Pickering, 391 U.S. at 572 n.4.
33　Secunda, *supra* note 15, at 266.

Ⅳ　Pickering事件後の判例の展開

1　Connick事件以前の2つの事件

　Pickering事件で示された比較衡量審査の枠組みを更に深化させた事件で知られる1983年のConnick事件以前の，公務員の表現の自由の問題を扱った2つの事件を取り上げる。Pickering事件の判例変更とまではいかないものの，当該事件で示された比較衡量審査を用いることの限界を認識し始めたことが垣間見られる点に特徴がある。

①Mt. Healthy City School District Board of Education v. Doyle連邦最高裁判決[34]（1977年）

　本件は，公立学校の教師が行った言論と非言論的事項を理由に，被告であるMt. Healthy教育委員会が契約を更新しなかったため，その処分を争った事件である。教師の服装や容姿（dress and appearance）に関する校長からのメモを受け取った後，原告である社会科教師のドイル（Fred Doyle）は地元のラジオ局にメモの実物を提供した。そして，ラジオ局はドレス・コードの内容を放送したため，メモの公衆への流布（public dissemination）と，その他に生徒に対する卑猥なジェスチャーをしたという非言論的理由に基づきドイルは契約更新されなかったのである。そこで，原告のドイルは契約更新の拒否は修正1条，14条に違反するとして，地方裁判所に復職と損害賠償請求の訴えを提起したのである。本件では全員一致で原審を破棄差戻す判断がなされ，法廷意見はレーンキスト裁判官が執筆している。

　まず，連邦最高裁は，原告であるドイルのように任期付教員で契約期間満了であったとしても，公的関心事に係る表現を行ったことを理由に契約更新の拒否をすることは，修正1条や修正14条から認められないことを先例[35]に基づいて強調した[36]。

34　429 U.S. 274 (1977).
35　Perry v. Sindermann, 408 U.S. 593 (1972). 本件はSan Antonio短期大学の任期付教員であったSindermannが，州大学委員会の方針に反対し，短大の4年制化を推進するグループに所属して活動をしていたところ雇用契約の更新が拒否されたため，表現の自由を侵害し，聴聞の機会を与えなかったのは手続的デュー・プロセス違反であると主張して，訴えを提起した事件である。
36　Mt. Healthy, 429 U.S. at 283-284.

Pickering事件を引用し，教育委員会は本件で問題となったメモの公衆への開示が「委員会の規定された方針を侵害する」こと，あるいは教育委員会の対応が公衆への開示に対する「アドホックな対応に過ぎない」ことを指摘していなかったとし[37]，結果として連邦最高裁は，ドイルの公衆へのメモの開示という行為が修正1条によって保護されるとした。また，本件において連邦最高裁は公務員の表現の自由に関する事件の当事者の立証責任の配分についても次のように判示している[38]。まず，①(a) 被用者である公務員は自らの行為が修正1条および修正14条によって保護されるものであること，(b) 当該行為が契約更新や再雇用の拒否の主たる動機となる要因（motivating factor）であることを示すことが求められ，もし失敗すれば雇用者に有利に判断される。次に，②被用者の立証が成功した場合には，雇用者は被用者の契約更新や再雇用の拒否について，被用者が保護された言論に従事していなかったとしても同様の判断に至っていたことを証拠の優越（preponderance of the evidence）によって示さなければならない，とされた。

　以上のように本件で連邦最高裁が修正1条によって教員の言論が保護されるとしたことは，公的関心事の程度に関係なく，公務員による言論が行政運営に「悪影響」を及ぼすか，あるいは「密接な職務上の関係性」を阻害するということがない限りは，公務員によってなされた如何なる言論も修正1条によって保障されることを示したとも理解することができよう。

②Givhan v. Western Line Consolidated School District連邦最高裁判決[39]（1979年）

　本件は，公立学校の教師が私的な会話における発言を理由に罷免されたため，その処分を争った事件である。原告であるギヴァン（Bessie Givhan）は，ミシシッピ州の新たに統合されたWestern Line School Districtの様々な雇用政策や実践が学校における人種差別を温存するようなものであると確信し，粘り強くこのことを校長との面談の際に直接批判したのである。これを受けて，校長は他の事項と同様に面談での会話を引用しギヴァンを再雇用し

---

[37] *Id.* at 283.
[38] *Id.* at 287.
[39] 439 U.S. 410 (1979).

ないよう教育委員会に提言したため,結果としてギヴァンは再雇用されないという不利益を被った。そこで,ギヴァンは教育委員会による不利益処分は校長に対する批判的言動が原因としてなされたもので,こうした行為は修正1条および14条を侵害すると主張して,訴えを提起した。本件でも全員一致で原審を覆す判断をし,法廷意見はレーンキスト裁判官が執筆している。

まず,連邦最高裁は,雇用者である学区側は,校長との個人的な面談の中で,ギヴァンは「些細で,無理な要求」をし,さらに彼女は「侮辱し」,「敵対的で」,「傲慢で」あると主張した。この点,第1審は,ギヴァンの学校や学区の実践に対する批判が,彼女の罷免の「主たる理由」となっており,したがって学区は教師の修正1条に基づく権利を侵害していると判示したのである。しかし,原審である第5巡回区連邦控訴裁判所は,ギヴァンの本件での言論が校長に対する単に個人的な不満を表明したに過ぎないことから,修正1条による保障を受けないと判断した。これに対して,連邦最高裁は,公務員の保護された表現の自由は,当該言論が公衆に対してではなく,雇用者に対して個人的になされたものであるという理由だけで保障を受けないことにならないとしたのである[40]。

本件における連邦最高裁の判断は,当該教師の雇用者である者に対して個人的に行った批判が修正1条の保護を受けないという下級審の判断を覆したに過ぎず,未だギヴァンの個人的に行った言論が,実際にPickering事件によって示された競合利益の比較衡量の枠組みによって保護されるのか否かは判断していないのである。

また,Givhan事件の法廷意見は脚注[41]において,公務員が「直接の上司と個人的に衝突する」ときに,雇用機関の運営の効率性は,被用者の言論の内容のみならず,その方法,時,場所によっても脅かされるとした。ただ,こうしたことを指摘したことは,被用者による直接の上司に公的あるいは私的になされた批判が礼儀正しく,丁重であれば保護され,不作法で反抗的な場合には保護されないということを連邦最高裁が示唆しているとも解釈することができる。したがって,Givhan事件の連邦最高裁は,公務員の個人的に

---

40 *Id.* at 415-416.
41 *Id.* at 414 n.3.

行った言論が，単に個人的になされたという理由のみで修正1条の保護を受けないことにはならないと判示したものの，公務員の個人的にした言論が，Pickering事件によって示された比較衡量の枠組みに服したときに常に保護されるものであるとは判示していないのである。

2 Connick v. Myers連邦最高裁判決[42]（1983年）

Pickering事件で示された比較衡量審査の一翼を担う「公的関心事」に実体を付与しようと試みられたのがConnick事件である。本件は，異なる職務への異動の内示を受けた地区検事補であるマイヤース（Sheila Myers）が，地方検事や自分の上司に対する不信任投票（vote of no confidence）を促進する意図を持って，職場の異動に関する方針やモラルのあり方などについて，同僚の検事補たちにアンケート調査したことを理由に罷免されたため，修正1条を侵害するとしてマイヤースが訴訟を提起した事件である。本件は，教員以外の公務員にPickering事件の比較衡量審査を適用した初めての事件として特徴的である。

本件の下級審では，①アンケート調査が当該罷免の理由であるが，②アンケートは公的関心事に係るものであり，③アンケートは地方検事局の運営を「実質的に阻害する（substantially interfered）」ものではないとし，本件罷免は修正1条を侵害すると結論付け，連邦地裁は復職を命じ，第5巡回区連邦控訴裁判所も肯定した[43]。

ホワイト裁判官が法廷意見を執筆し，バーガー，パウエル，レーンキスト，オコナー裁判官が同調している。法廷意見は本件には憲法違反は何ら生じていないとして原審の判断を破棄した。法廷意見はPickering事件で示された事実に着目した比較衡量の枠組みを維持したものの，被用者の利益よりも雇用者の利益に有利な形で両者の均衡を図ったのである。

法廷意見の主要な論旨としては，①公務員が罷免される原因となった言論が公的関心事に関連するものでない場合には修正1条の問題は生じないこ

42　461 U.S. 138 (1983).
43　Myers v. Connick, 507 F. Supp. 752 (E.D.La. 1981).

と[44]，②被用者の言論が公的関心事であるか否かの問題は事実の問題ではなく法の問題であること[45]，③言論が公的関心事に関連するものか否かはすべての記録に現れた言論の内容，形式，文脈（context）によって判断されること[46]，④被用者の言論が公的関心事に関連するものであったとしても，「保護された」言論が機関の運営（agency operations）に悪影響を及ぼすと雇用者が合理的に信じられる場合には，悪影響が実際に生じたという証拠なしに，罷免を正当化し得ること[47]，である。

反対意見は，ブレナン裁判官が執筆し，マーシャル，ブラックマン，スティーブンス裁判官が同調している。反対意見は次の2点について批判を加えている。第1に，本件のアンケート全体が，政府機関を選挙によって選ばれた公務員が運営する方法についての十分な情報を得ようとする人々の利益となる内容を議論するものであることから，公的関心事に関連するものであると指摘した[48]。第2に，本件のアンケートはPickering事件で示された競合利益の比較衡量を有効にするものであると主張して，反対意見は客観的な証拠が職場の混乱のおそれが本質的に事実無根であることを示している場合に，混乱が罷免を正当化するという雇用者の「単なる不安（mere apprehension）」を許容したことに多数意見の誤りがあるとした[49]。

本件における連邦最高裁の判断には以下の特徴がある。まず，公的関心事に関連しない言論は修正1条による保障を受けないか否かという点については，これまで公務員の表現の自由に関する事件を検討したうえで，問題となっていた言論が公的関心事に関連するものであるとし，連邦最高裁がかねてより沈黙していた内容を明らかにしたことである。つまり，修正1条は公務員が罷免される原因となった言論が公的関心事に関連するものであるときにのみ問題となるということを意味している。

次に，なぜ本件の法廷意見はこのような判断をしたのかといえば，それは

44　Connick, 461 U.S. at 146.
45　Id. at 148 n.7.
46　Id. at 147-148.
47　Id. at 152-154.
48　Id. at 163 (Brennan, J., dissenting).
49　Id.

当該言論が公的関心事に関連しないのであれば、「公務員は、修正1条の名の下に裁判所による介入的な監視を受けることなく、自らの職務を管理する際に広汎な裁量を有する」と考えたことにあると考えられる。それは、「一般的に公務の罷免は、その理由が誤りか不合理なものでない限りは、司法審査に服さないもの」で、さらに、「公務員が、公的関心事に関して市民として述べたのではなく、単なる個人的な利益に関する事項を公務員として述べた場合には、よほどの異常な状況が存しない限り、連邦裁判所は政府機関によってなされた人事判断（personnel decision）の賢明さを審査する適切なフォーラムではない」からである。この点、反対意見も多数意見の述べた、修正1条は公的関心事に関連しない公務員の言論を保護しないという部分には異議を述べなかったことが重要であると指摘できよう。以上の内容を踏まえると、Connick事件が特徴的に示したこととは、将来の公務員の表現の自由に関する事件における裁判所の審査の入口の問題が、罷免に至った言論が公的関心事に関連するか否かの問題であると考察できよう。

3　Rankin v. McPherson連邦最高裁判決[50]（1987年）

　Connick事件によって公務員の表現の自由への制限が強化される傾向が見られる中で、公的関心事に該当することから保護された事例も存在し、その一例がRankin事件である。本件は、Texas Countyの選挙で選ばれた役職者であるランキンが事務職員として勤務していたマクファーソンを罷免した事件である。本件における罷免事由は、レーガン大統領の暗殺未遂や負傷事件を聞いた後、彼女が同僚に対して、「彼らがもう一度彼（レーガン大統領）に襲い掛かるなら、彼らの達成を望む」と発言したことである。

　本件の下級審では、①アンケート調査が当該罷免の理由であるが、②アンケートは公的関心事に係るものであり、③アンケートは地方検事局の運営を「実質的に阻害する（substantially interfered）」ものではないとし、本件罷免は修正1条を侵害すると結論付け、連邦地裁は復職を命じ、第5巡回区連邦控訴裁判所も1審の判断を肯定した[51]。

50　483 U.S. 378 (1987).
51　Myers v. Connick, 507 F. Supp. 752 (E.D.La. 1981).

連邦最高裁は5対4で原審を支持し，法廷意見はマーシャル裁判官が執筆し，ブレナン，ブラックマン，パウエル，スティーブンス裁判官が同調している。まず，法廷意見は雇用者が被用者の言論が誇張（hyperbole）ではなく，むしろ彼女が本当に「大統領が暗殺されることを望んでいる」ということを信じていたとみなしたのである。また，雇用者がマクファーソンのこの本当の感情（true sentiment）の表明が，彼女が法執行官に不向きであることを明らかにしていることを信じているとみなした。連邦最高裁はこうした前提を踏まえて，政府の雇用者は罷免するための自らの権限を行使するのは，当該言論が行政機関の機能を侵害する場合に限られるとした。そして，雇用者は言論の内容に賛同的でないという理由のみで被用者を解雇すべきではないとし，当該言論が修正1条によって保護されるか否かの憲法問題を判断するためには，当該言論が表明した「言論（内容）と状況」を検討しなければならないことを確認した[52]。

次にConnick事件で示された2段階審査に移り，連邦最高裁は当該公務員の言論が公的関心事に関連するかどうかを審査した。連邦最高裁は，「大統領は暗殺される」という望みを表明する被用者の発言が公的関心事に関連すると判断したのである。法廷意見は，Connick事件で示された重要な要素（内容，形式，文脈）を引用しながら，「レーガン政権の政策に向けられた」短い会話に過ぎないものであると述べ，文脈を強調したのである[53]。さらに，連邦最高裁は，言論の「不適切で，論争的な」性質は公的関心事の問題にとって関係のないものであるとした。それは，公的な問題に関する保護された言論は，「激しく，辛辣で，時に政府や政府職員に対して不快な攻撃内容」を含むからである[54]。

以上のことから，法廷意見はPickering事件やその後のConnick事件で示された雇用者と被用者の競合利益の衡量を有効にする公的関心事に関連する文脈における言論であり，雇用者は正当な理由に基づく罷免であることを正当化するための立証する責任を負うと判示した[55]。この点，スカリア裁判官執

52　Rankin, 483 U.S. at 385-386.
53　Id.
54　Id. at 387.
55　Id. at 388.

筆による反対意見は，当該「暗殺」という言論が，他の修正1条によって保護されないカテゴリーのものに極めて類似しているという観点から，当該言論が公的関心事に関連するものではないとの結論を導いている[56]。また，たとえ公的関心事に関連するとしても，被用者の表現の自由の利益を上回る，行政機関側の利益が存在することを指摘していた[57]。

4 小括

以上までの判例の分析から分かるように，Pickering事件以降の諸判決は何れも同事件の基準を精緻化ないし具体化するものと位置づけられる。つまり，比較衡量審査の枠組みが，任期付教員（Mt. Healthy事件），個人の私的な会話（Givhan事件）でも適用されることが示された。他方で，ある言論が公的関心事に該当するかはその内容・文脈・形式などから判断され，公的関心事に関連するものであったとしても当該言論が機関の運営に悪影響を及ぼすなどを理由に解雇が正当化されることが示されたのである。とはいえ，以上の諸判例ではPickering / Connick事件の判断枠組みに従って，当該言論が公的関心事に該当するか検討したうえで，当事者双方の利益の比較衡量を行ってきた。こうしたPickering / Connick基準に転換をもたらすことになったのが，次章で検討を行うGarcetti事件である。

V　Pickering / Connick基準の転換——Garcetti事件

1　Garcetti v. Ceballos連邦最高裁判決[58]（2006年）

本件は，カリフォルニア州ロサンゼルス郡地区検察官事務所の検事補として勤務していたセバロス（Richard Ceballos）が，ある係属中の刑事事件の捜索令状が不十分な宣誓供述書に基づいて請求されていると当該事件を担当している弁護士から指摘され，セバロスは宣誓供述書に重大な不実記載が存在することを確信し，上司に当該事実を伝え，事件の訴えを取り下げるべきだ

56　*Id.* at 397-398 (Scalia, J., dissenting).
57　*Id.* at 401.
58　547 U.S. 410 (2006).

と訴えたが取り上げてもらえず，そこで自ら裁判で弁護側証人に立ったが，訴えは退けられ捜索令状が有効とされた後，一連の出来事が原因で，職場において報復的な取扱い（配置転換，転任，昇格の拒否）をされたため（解雇や契約不更新ではない），こうした報復が修正1条に違反するとして訴訟を提起した事件である。

被告である雇用者は，セバロスに対して報復的措置はなされていないし，また，セバロスが不服を申し立てた一連の措置は人事上必要にして適切な措置であると主張した。そのうえで，被告らは何れにせよセバロスの上申書は修正1条によって保護されないとして，連邦地裁に対してsummary judgmentを求めた。そこで，連邦地裁は被告の主張を認め，セバロスが上申書を自らの職務上の義務に従って書いたものであると指摘し，その上申書の内容に関して修正1条の保護は与えられないと結論付けた。しかし，この判決に対して第9巡回区連邦控訴裁判所は，先例であるPickering事件とConnick事件を参照したうえで，「セバロスが上申書において不正行為を主張したことは，修正1条によって保護される言論に該当する」として，連邦地裁のsummary judgmentを破棄した。

連邦最高裁は5対4で原審の判断を破棄した。法廷意見はケネディ裁判官が執筆し，ロバーツ，スカリア，トーマス，アリート裁判官が同調している。法廷意見は，これまでの先例から，公的関心事に関連する事項を，特定の状況下で一市民として発言することは，修正1条によって公務員であっても保障されてきたことを確認する[59]。そして，Pickering事件で示された判断枠組みを示す。それは，第1段階として，問題となった言論が，一市民として公的関心事についてなされたものであるか否かを判断し，それが認められれば第2段階として当該言論を行った被用者の利益と州の利益とを比較衡量するというものである。

他方で，法廷意見は一市民が公共サービスに従事する際に，当該市民は当然に自らの自由に対する一定の制限を受け容れなければならないとする[60]。そこで，公務員の修正1条に基づく表現の自由の保障を考える際の考慮事項

59　*Id.* at 417 (2006).
60　*Id.* at 418.

を提示する。それは，①雇用者としての政府が公共サービスを提供する際に有する，被用者である公務員の言動をコントロールする必要性，②公務員であっても一市民であることに変わりはないから，市民としての地位とそれに基づいて享受する憲法上の権利が雇用関係によって制限されるべきではないということ，③問題の事項に関して十分な知見を有する公務員による言論が公共の議論や公共の利益に対して果たすであろう意義の重要性，である。

以上のことを踏まえて，法廷意見は具体的な検討を行うが，まず本件において結論を左右する要素として，セバロスの作成した上申書が検事補としての職務上の義務に基づくものであったことを指摘する[61]。そして，法廷意見は，公務員が職務上の義務に従って言論を行った場合，「修正1条の目的」に照らして，「一市民」として発言したとはいえないと判断した。セバロスが検事補として日常の職務を遂行している際には，彼は「一市民として」行為しているわけではなく，そのことは係属中の刑事事件に関して意見を上申する書類を作成するときも同様であり，彼が職務上発言を要求されることがあったとしても，そのことから彼の職務について上司が評価することを禁じられているわけではなかったとした[62]。

また，雇用主としての政府がその活動を行う際に裁量を有することを許容してきたという連邦最高裁の先例に照らして，以上の判断は正当化されるとする[63]。すなわち，一般に雇用主は，被用者がその職責において行った言論を統制する高度の利益を有しており，上司は被用者が職務上行う言論の適切さを確保する必要があるという。したがって，セバロスの上司がセバロスの作成した上申書が不適切であると判断すれば，上司はそれを是正する権限を持つということである。最後に，法廷意見は，セバロスが主張し，本件の控訴審が採用した考え－公務員が職務上なした言論が公的関心事に関連することか否かを判断する－を採用することは，裁判所が自ら相応しくない役割を担うことになるだろうと指摘した。

これに対して，反対意見はスティーブンス裁判官，スーター裁判官，ブラ

---

61 *Id.* at 421.
62 *Id.* at 422.
63 *Id.*

イヤー裁判官がそれぞれ執筆しているが,スティーブンス裁判官が指摘するように[64],公務員が職務上の義務に従って行った言論であっても,しばしば保護されるのであって,まったく保護されないということはないという点で一致が見られる。しかし,どのような場合に保護されるのかという点について,反対意見でも2つの立場に分かれている。

スーター裁判官の反対意見(スティーブンス,ギンズバーグ裁判官同調)は,公務員が不正行為や市民の健康・安全に対する脅威について取り上げることは,政府が政策遂行の際に有する利益に優越するものであるとする。そして,こうした問題について,公務員がその職務上の義務を遂行する過程で発言するときには,修正1条による保護を主張することができるとする[65]。

ブライヤー裁判官の反対意見は,スーター裁判官の反対意見に部分的な同意を示しつつも,本件で問題とされる言論は専門家,つまり法律家としての言論であり,そのような言論は専門家の倫理規範による規律に服する。また,本件の場合,憲法が政府の専門家に対して発言する義務を課しているとも指摘する。そのうえで,このように専門家としての,そしてまた,特別の憲法上の義務とが存在する場合には,被用者の言論を特別に保護する必要があるとする。したがって,Pickering事件で示された判断枠組みの第2段階のテスト,つまり発言者の利益と州の利益を比較衡量することが求められるとした。そして,本件における表現は政府機関の管理に干渉する危険性は小さいため,憲法上の保障を受けると主張する[66]。

2 本件の分析と評価

Garcetti事件において,連邦最高裁は公務員の表現の自由を考える際の基準として用いられてきたPickering / Connick基準を転換し,公務員の表現がその職務上の義務に従って行った言論は,「一市民として(as a citizen)」行った言論とはいえないため,修正1条によって保護されないとする考えを新たに示したのである。とはいえ,修正1条が公務員にも一定の権利を保障し

64　*Id*. at 426-427 (Stevens, J., dissenting).
65　*Id*. at 427-444 (Souter, J., dissenting).
66　*Id*. at 444-450 (Breyer, J., dissenting).

ていることから,雇用関係において生じる公務員のあらゆる不平・不満までをも憲法上保護すべきとの結論が導かれないことは法廷意見も反対意見も認識としては共通している。本件における法廷意見と反対意見の対立点ないし分岐点が何かと言えば,公務員の言論の中でもどのような種類の言論が修正1条の保護の対象となるのか,また保護されるべき言論とそうではない言論とをどのように識別すべきなのかという点に集約される。法廷意見は「職務上なされた言論」であるか否かによって修正1条の保護の可否を決めるという立場からアプローチする。これに対して,スーター裁判官の反対意見は,公務員の職務上の義務に従って行われた言論であることを理由に一律に修正1条の保障が及ばないとする考えは採らずに,公務員が不正行為などについて発言することは政府利益よりも優越するとする。さらに,ブライヤー裁判官の反対意見は,本件で問題となった言論が専門家としての発言で,憲法が専門家に対して発言する義務を課すものであるため,特別の保護が及ぶ必要性があるとする。

　このような法廷意見の判断は,先例であるPickering事件やConnick事件を踏まえると,公務員が職務の中で知り得た不正行為を上司に報告するという場合には当該言論が保護されないにもかかわらず,メディアなどを通じて広く国民に知らせるという方式を採った場合には修正1条によって保障を受けることを述べたものとして理解する見解もある[67]。しかし,本件は公務員の修正1条に基づく表現の自由を著しく縮小するものとして批判する見解が圧倒的に多い[68]。運営上の権限[69],連邦主義,そして権力分立[70]を理由にして,雇用者としての政府の有する運営上の権限の名の下に,政府が自らの透明性を高めることや,説明責任を果たすことを回避することを認めた。それにより,公務員が雇用者としての政府による罷免をおそれることなく,政府の不

---

[67] *The Supreme Court, 2005 Term – Leading Cases*, 120 HARV. L. REV. 125, 281 (2006).

[68] David L. Hudson Jr., *Garcettized! '06 Ruling Still Zapping Speech*, First Amendment Center, Jan. 15, 2010, *available at* http://www.firstamendmentcenter.org/commentary.aspx?id=22501 (last visited June 30, 2016).

[69] *See* Laurence Rosenthal, *The Emerging First Amendment Law of Managerial Prerogative*, 77 Fordham L. REV. 33, 38 (2008).

[70] Hein v. Freedom From Religion Foundation, Inc., 551 U.S. 587, 617 (2007) (quoting *Garcetti*, 547 U.S. at 423 (2006)).

正行為，権限の濫用，無駄遣いを批判することができなくなったとされる。

こうしたことに関連して，職務に従事する際に市民としての良心を持ち続ける公務員を無視することにも繋がるとされ，「市民として」発言する個人と「公務員」として発言する個人を誤って区別した本件の二分法は，公務員＝「機械的に行動するロボット」というイメージを与えるとも指摘される[71]。市民／公務員の二分法は，公衆に注意を呼びかけ，あるいは公衆を公的機関（連邦，州，自治体）の問題ある行為から守るという「市民」としての表現と，公務員の職務上の表現とを明確に区別できないという問題を抱える。さらに，被用者たる公務員の表現が職務に関連するものであるか否かを決定する際に重要な「義務（duties）」の意味について十分な指針を提供していない点で不十分である。現に被用者は様々な問題について言及するとしても，それらは義務ではなく裁量的になされるものの方が多い。また，職務上の義務に関連する表現が誰に向けられたものかという問題も残されている。たとえば，同僚に話したことを同僚が上司に伝達した場合にも，上司に直接話した場合と同様に公的な職務上の義務の一部に該当することになるのかという問題である。このように，本判決は何が職務上の表現に該当するのかを明確に定義していない点で問題が多いといえる[72]。

以上の内容に鑑みると，Pickering事件において見られた責任ある政府の維持における公務員の重要性よりも，Garcetti事件では政府機能の適切な運営を損なう被用者たる公務員への悪意のある懸念に重きを置いているということが指摘できるのではないだろうか[73]。

Ⅵ　Garcetti事件後の裁判所や議会の動向――「公的関心事」の行方

前章までに，公務員の表現の自由について，権利性が意識されたPickering事件からその縮減へと歩みを進めたGarcetti事件までを通じて，Picker-

---

[71] Erwin Chemerinsky, *The Kennedy Court*, 9 GREEN BAG 2D 335, 340 (2006).
[72] Ramona L. Paetzold, *When are Public Employees not Really Public Employees? In the Aftermath of Garcetti v. Ceballos*, 7 FIRST AMEN. L. REV. 92, 96-101 (2008).
[73] Helen Norton, *Constraining Public Employee Speech: Government's Control of Its Workers' Speech to Protect Its Own Expression*, 59 DUKE L.J. 1, 4 (2009).

ing事件で示された基準がその後の判例の中でどのように具体化ないし精緻化されてきたのかを検討してきた。また，公務員の表現の自由が争われる場面では，問題となった言論が「公的関心事」に該当するか否かの問題を裁判所がいかに判断していくのかが極めて重要であり，それらが密接かつ複雑に関係していることが浮き彫りとなった。

本章では，これまでの公務員の表現の自由の保障範囲を狭めたとの批判の多いGarcetti事件が立法府との関係ではむしろ言論保障的に作用したことを指摘するとともに，Garcetti事件後の下級審の中で公務員の表現の自由がどのように判断され，さらには事件の鍵となる「公的関心事」にどのようにアプローチすべきかを考えることにしたい。

1 Garcetti事件の立法府への影響——公務員による公益通報の保護の強化

Garcetti事件は，これまで認められてきた公務員の表現の自由に対する保障を縮減する判断を示したと多くの批判がされてきたが，皮肉にも，連邦議会では上下院の双方において公務員の表現のうち，とりわけ「公益通報（whistleblower）」に関する議論がGarcetti事件を契機に活発化したのである[74]。

そもそもアメリカにおいて公務員を対象とした公益通報者を保護しようとする法律として，ウォーターゲート事件後に改革立法の1つとして1978年に成立した公務員制度改革法（Civil Service Reform Act）が存在した。その後，同法の基本的枠組みを継承しつつ，一層の公益通報者保護の充実を図ったものとして，公益通報者保護法（Whistleblower Protection Act）が1989年に制定された。同法の特徴は，通報者に対して現職への復帰と遡及的な賃金の支払いが認められたこと，さらには公費による地位保全訴訟や救済のために要求される立証責任の程度を緩和したことが挙げられる。公益通報者保護のために立法による拡充が図られてきたものの同法に問題がなかったわけではない。というのも，公益通報者保護法制にはそもそも保護の対象から除外されている職や情報が存在していたのである。

---

[74] Jessica Reed, *From Pickering to Ceballos: The Demise of the Public Employee Free Speech Doctrine*, 11 N.Y. CITY L. REV. 95, 123 (2007).

このような問題を抱えていた同法もGarcetti事件を受けて改正に向けて動き出したのである。Garcetti事件の判決日から1ヶ月も経たないうちに，下院の政府改革委員会（House Committee on Government Reform）は，本件が公益通報者の保護にいかなる影響を与えるのかの調査を開始したのである。この調査を行った後の2007年3月14日に下院は，前述の公益通報者保護法の内容を拡充した，「公益通報者保護強化法（Whistleblower Protection Enhancement Act)」を可決した。この法律は従来から問題点として指摘されてきた公益通報者の範囲の拡張（安全保障関係の職員や契約職員も含む）を図ったものである。また，上院でも2007年12月17日に内部通報者保護法が可決されることになった。裁判所では公務員の表現の自由の保障範囲の憲法解釈上の縮減が行われたが，連邦議会においては法律によって保障範囲の拡張という動きに繋がっていったのである。Garcetti事件以後に修正1条に基づく裁判的救済の可能性が低くなった公務員による公益通報を，法律レベルで救済していくことが期待されることになったと指摘することができよう[75]。

2　Garcetti事件後の下級審の展開

Garcetti事件以後も公務員による職務上の表現として問題となった事件が数多くあり，その約5分の1が公立学校におけるものであったとされる[76]。これらの事件の大半において，裁判所は職務上の義務に従ってなされた言論であることを理由に，公立学校の教員の表現の自由に関する主張を斥けている。ここでは，特に問題となった公益通報の問題について判例の動向を概観することにしたい[77]。

Garcetti事件以前は，学校区における違法行為や不正行為に対する懸念を表明する学校教員に対して憲法上の保護を与えてきた。例えば，特殊教育（special education）の教員が採択されていた体育のプログラムが連邦法に違

---

[75] Beth A. Roesler, *Garcetti v. Ceballos: Judicially Muzzling the Voices of Public Sector Employees*, 53 S.D. L. REV. 397, 406 (2007).
[76] Martha M. McCarthy & Suzanne E. Eckes, *Silence in the Hallways: The Impact of Garcetti v. Ceballos on Public School Educators*, 17 B.U. PUB. INT. L.J. 209, 219 (2008).
[77] 公益通報の問題以外には「教室における表現」という問題もあるが，この点については，福岡久美子「公立学校教職員の表現の自由―アメリカ合衆国における判例を中心に―」『総合文化研究所紀要』27巻（2010年）75-76頁を参照。

反していると指摘したこと[78]，フットボールのチームにおけるヘイジングに対して体育局長（athletic director）が批判的な見解を述べたこと[79]は保護された。これらの裁判所は，Garcetti事件のように単に職務上の責任に従ってなされた表現であることを理由にして当該発言への修正1条の保障を及ぼさないということはなかった。結果として，そのような公益通報は重要な公的関心事に関連することから，Pickering／Connick基準に基づいて憲法上の保障を受けていたのである。

しかし，Garcetti事件後はこの一般原則を支持するものはほとんど存在しなくなった。現実に問題となった幾つかの下級審の判例を見ていくことにする。まず，①運動指導員が自らの上司に運動活動に割り当てられる資金に関する懸念を表明したことを理由に解雇され，契約更新されなかったWilliams v. Dallas Independent School of District連邦高裁判決[80]がある。本件は，原告である運動指導員が何度も学校長に対して当該基金について質問をしたが，一度も情報を得ることはできなかった。そこで，原告は管理者と学校長に対してメモを書いたところ，学校側は原告を解雇し，契約更新をしなかったのである。第5巡回区連邦控訴裁判所は，運動指導員の発言が彼の職務上の義務に従ってなされたものであることを理由に，当該言論は憲法上保護されないと判断したのである。

次に，②教員がチアリーダーの入団試験の公平性に関する懸念を表明したために契約更新がなされなかったGilder-Lucas v. Elmore County Board of Education連邦高裁判決[81]がある。原告である教員は，個人的な不満ではなく，学校教育の質の問題を提起したのであるから修正1条の保障を受けると主張したものの，第11巡回区連邦控訴裁判所は原告の表現が一市民というよりも，むしろチアリーダーの後援者としての義務によるものであることを理由に修正1条に基づく主張を斥けたのである。

また，③教育指導主事が子供家族省（Department of Children and Family）に連絡を取らないよう指示したにもかかわらず連絡を取ったことを理由に学

78　Settlegoode v. Portland Pub. Sch., 371 F.3d 503, 516 (9th Cir. 2004).
79　Cioffi v. Averill Park Cent. Sch. Dist. Bd. of Educ., 444 F.3d 158 (2d Cir. 2006).
80　480 F.3d. 689 (5th Cir. 2007).
81　186 F. App'x 885 (11th Cir. 2006).

校から懲戒処分を受けたPagani v. Meriden Board of Education連邦地裁判決[82]がある。原告である任期付教員が中学校の生徒にほとんど裸の自分と2人の女性の写真を見せたことを知った後に，教育指導主事は原告に子供家族省に連絡を取らないように指示した。原告である教員はそれに背いて連絡を取ったことを理由に学校から懲戒処分を受けたと主張したが，連邦地裁は子供家族省への報告は一市民としてではなく，職務上の義務に従ってなされたものであるとの理由から原告の憲法上の主張を斥けたのである。

さらに，④学校臨床心理医が障害児の教育に適用される法的要求に不満を表明したことから不利益を受けたYatzus v. Appoquinimink School of District連邦高裁判決[83]がある。本件で原告は障害児教育法（Individuals with Disabilities Education Act）に対する不満ではなく，学校区について問題を提起したものであると主張したが，裁判所はGarcetti事件に基づいて，一市民としてではなく，公的義務に従って発言したものであることを理由に修正1条による保護は及ばないと判断したのである。

以上のように，Garcetti事件後の下級審において教員の表現の自由は否定されるものが圧倒的に多く，従来においては保護を受けていた公務員による公益通報がより一層困難なものとなったことが指摘できる。このことは，公務員が職務上の義務に従ってなされた言論はそれが公衆にどれほどの意義があろうとも，原則として修正1条や14条の保障を受けないということを意味している。しかし，こうした表現は前述したように，あくまでも憲法上保障を受けないだけであって，別途法律による保護ないし救済を受けることになる。こうした別ルートによる公益通報の保護はGarcetti事件の多数意見も指摘しているが，同事件のSouter裁判官による反対意見が指摘するように法制上の保護は不十分なものであり，州によって法制度のバラつきがあることも懸念されている。

3　「公的関心事」の判断基準

教員を含む公務員の表現の自由の問題では，「一市民」としての発言か否

82　2006 U.S. Dist. LEVIS 92267（D. Conn. Dec. 19, 2006）.
83　458 F. Supp. 2d 235（D. Del. 2006）.

かという点のみならず，問題となった言論が「公的関心事」に関連するものであるか否かも重要となる。この点，Garcetti事件以前の連邦最高裁は，Pickering／Connick基準に基づいて，（適切に）個々の事件を処理してきたように見える。

しかし，他方で，Garcetti事件の法廷意見が懸念を示したように，言論の内容に着目した「公的関心事」の判断に対する批判も存在する。裁判所が言論の内容に着目するという方法を極力回避しつつ，「公的関心事」を判断する基準をどのように考えるべきかについて，下級審の判断方法を軸に若干の検討を加えることにしたい。

第1に，Garcetti事件連邦高裁のアプローチである。Garcetti事件の第9巡回区連邦控訴裁判所は，Roth v. Veterans' Administration of the United States連邦最高裁判決に従って，Pickering／Connick基準よりもより厳格な基準を採用したのである。そこでは，公務員の言論が，一般に公的関心事に関連するものと考えられるため，「情報が政府機関の運営に関する公衆の評価に関係しないことが明らかである場合にのみ」修正1条の保障を受けないと考えるべきであるとされた[84]。ただし，このような考え方に対しては，雇用者としての政府が，運営上の利益の観点から被用者としての公務員の言論を制限する際に有する権限を侵害するとの批判がある[85]。

第2に，Garcetti事件連邦最高裁のアプローチである。Garcetti事件の連邦最高裁は，言論の内容に着目して，「公的関心事」に該当するか否かを裁判所が判断することは適切ではないとの見地から，第4巡回区連邦控訴裁判所が採用していたアプローチを踏襲したのである。つまり，そこでは「公務員は，その職務遂行の過程でなされた発言について，修正1条によって保護されない」[86]と考えるべきであるとの考え方が採られていたのである。しかし，このアプローチに対しては，そもそもこの考え方自体が控訴裁の中でも第4巡回区連邦控訴裁判所のみが与していたという批判[87]や，控訴裁の中で

84　Ceballos v. Garcetti, 361 F.3d 1168, 1174 (9th Cir. 2004).
85　Thomas E. Wheeler II, *Striking a Faustian Bargain: The Boundaries of Public Employee Free Speech Rights*, 50-SEP Res Gestae, Sept. 2006, at 13, 17-18.
86　*See* Urofsky v. Gilmore, 216 F.3d 401, 407-408 (4th Cir. 2000).
87　Ceballos, 361 F.3d at 1177 n.7.

も大勢を占めているわけではないとの批判[88]がなされており，実務上のコンセンサスを得られていないという見方が強いといえる。

　第3に，言論の受領者に着目するアプローチである。前述の第1や第2のアプローチとは異なり，問題となる言論の内容に言及することなく，「公的関心事」を定義しようとするアプローチである。このアプローチの下では，「公的関心事」とは，公的に重要な問題に関する言論としてではなく，「公衆に向けられた言論」として理解すべきであると考える[89]。こうした考え方によれば，何が「公的関心事」に該当するのかを内容を検討することなく判断することができ，それによって基準の曖昧性や，定義の過少・過大包摂といった問題も回避することが意義として指摘できる。ただし，公務員の表現の自由の保障を拡張することによる懸念[90]も無視することはできないため，このアプローチに立っても更なる検討が求められ，今後の判例の動向が注目されよう。

結

　公立学校教員の表現の自由という問題は，アメリカの判例学説において独立の領域が形成されてきたわけではなく，「公務員」全般の表現の自由の問題として扱われてきた。とはいえ，各時代におけるリーディング・ケースとなった事件の多くが学校教育に携わる教員の言論であり，アメリカにおける公務員の表現の自由の問題は，学校教員の言論を中心に語られてきたといっても過言ではないであろう。

　本章で見てきたように，多くの事件において，学校区は教育委員会や学校管理者による学校の方針，実践，運営に関して批判的な個人的意見を表明する教員を罰しようとする事例が多く見られた。学校区が教員に対して処分を行う際の言い分は，当該言論が学校内の職務上の関係に対する公衆の支持を

---

[88]　Marni M. Zack, *Public Employee Free Speech: The Policy Reasons for Rejecting a Per Se Rule Precluding Speech Rights*, 46 B.C.L. REV. 893, 908-909 (2005).

[89]　Karin B. Hoppmann, *Concern with Public Concern: Toward a Better Definition of the Pickering / Connick Threshold Test*, 50 VAND. L. REV. 993, 996 (1997).

[90]　Roesler, *supra* note 75, at 406.

失わせ，あるいは傷つけるおそれがあるというものである。これに対して，連邦最高裁は長年にわたって，教員やその他の公務員が学校区のそのような懲罰的行為が表現の自由を侵害すると主張する事件を扱ってきた。これらの事件を通じて，公立学校を含む公務員の雇用関係における主張を処理する際の6つの要素からなる判断枠組みが形成されることとなった。その内容は以下の通りである。①公的な雇用者の行為に表現の自由に基づいて批判的な発言を行った被用者が不利な雇用上の決定（解雇，降格，マイナスの勤務評価，賃金の未払いなど）を受けたことを示すこと，②被用者が自身の職務上の義務に基づく言論なのか，あるいは市民としての言論なのか（前者の場合には修正1条の保障を受けない），③問題となった言論が公的関心事であるか（該当しなければ修正1条の保障は受けない），④当該言論の内容の公益性が，当該言論によって生じ得る混乱を抑制する利益よりも上回ること，⑤当該言論が不利な雇用上の決定において重要な要素（substantial factor）であったことについて被用者が立証に成功した場合には，以下の事項を雇用者の側が立証しなければならない。それは，⑥当該言論が存在しなかったとしても雇用上の不利な決定がなされていたことである。雇用者側が立証に成功しなかった場合には，被用者に有利な判断が下されることになる[91]。

このような従来の判断枠組みには解釈としての難しさが常に伴っていた－特に，公的関心事の該当性をどのように判断するのかという問題－ことから，2006年のGarcetti事件は公務員の言論が修正1条によって保障される範囲を－個々の言論に関する様々な要素を考慮することを一切断念して－「職務上の義務に従ってなされた言論」かどうかを起点に線引きをして解決を図ったのである。このような判断は，公務員が職務を遂行する中で知り得た公的機関の不正行為などを発言したときに修正1条による保障を受けないことを意味するのである。もちろん，修正1条による保障が受けられないとしても，内部通報者保護強化法（WPEA）による保護がなされる点にも留意しなければならないが，制度が構築されればよいというものではなく，その内容の精査も当然に必要となってくる。

被用者としての公務員の職務に関連する真摯な意見表明は，特に公立学校

91　MICHEL IMBER et al. EDUCATION LAW 324-325 (5th ed. 2014).

教員という専門職に携わる者の見解として，民主主義の観点から公衆にとって極めて重要度の高いものであることは疑問の余地のないことであろう。そうであるならば，修正1条に基づく表現の自由の保障を担う裁判所の役割としては，表現の持つ様々な要素を一切捨象した基準に基づいて一律に判断するのではなく，言論の内容・形式・文脈という要素に職種や職務内容を加味しながら具体的に判断する役割が期待されているのではないだろうか。

|資料| Marvin L. Pickeringの投書

編集長 殿

　あなたに貸していただいた貴紙のバックナンバーですが，楽しく読ませて頂きました。恐らく他の方々も，2つの高校の新校舎建築が，教育委員会の本来の約束からどれだけ乖離したものになってしまったのかを理解するために，貴紙を興味深く読まれることでしょう。まず，確認して頂けるよう，私が言及しているのは貴紙の1961年2月号から11月号であることを述べさせて下さい。

　貴紙には，計画からプール，運動場，講堂（auditoriums）が除かれたという記述がありました。これらは除外されたかもしれませんが，すぐさま再び組み込まれました。というのも，Lockport Westには講堂も運動場もあるからです。実際，Lockport Westには，Lockport Centralよりも素晴らしい運動場があります。教育委員会が数千ドルを費やしたにもかかわらず，規定距離には遥かに足りないトラックがひとつある運動場があるのです。誰の責任でしょうか？ おや，忘れていましたが，そもそもこのトラックは作られるはずではなかったのです。空から落ちて来たに違いありません。こうした責任については他の投書で触れられているものの，気に留めずにはいられないことのように思えます。私は学校にはこうした施設を作るべきと考えておりますので，このような施設が必要ないと言っているのではありません。しかし，約束は約束でありませんか？

　2回とも失敗に終わった増税案に関して投票者にすべての事実を伝えるに

は問題があるようですので，貴紙に向けて多くの記事が執筆されましたし，さらに今後も執筆されることでしょうが，私はこうした投書とその書き手について何かを言わざるを得ないと感じています。こうした投書の多くには一部始終が記されていません。貴紙の理事会ならびに運営陣による投書には，教師の給与は1年で合計1,297,746ドルであることが記されていました。でもこの額は（全職員の）支払給料の総額に違いありません。さもなければ，教師は年に10,000ドル受け取っていることになるからです。私は高校教師ですので，そうでないことを知っています。しかし，これは彼らの「手段を選ばない（stop at nothing）」態度を示しています。さらに説明すれば，教育長は教師にこう言ったのです。引用させて頂くと，「住民投票に反対する教師は誰であれ，その結果を覚悟しておいた方がいいぞ。」と。これが増税案を可決できない理由をほのめかしていると思います。脅しで大切なものを奪ってしまうなんて，自由な社会の有権者に対する侮辱です。計画に利点があるならば，その利点で計画を受け入れさせるよう試みるべきです。

「205区の教師の談話」と題された投書を思い出して下さい。有権者は，こうした投書が高校教師の98%ではなく，わずか5～6名の教師により起草され，合意されたことを知るべきだと思います。実際，多くの教師は誰がこれらを書いていたのかさえ知らなかったのです。こうした投書は，新聞に掲載される前に教育長の承認が必要であることをご存知でしたか？これは高校で教師たちが置かれている一種の全体主義であり，こうした学校にあなたのお子さんたちが通っているのです。

先週の新聞では，無知な数名の教師の投書で，学校のカフェテリアを閉鎖してその職員を解雇するように脅していました。こんなことは馬鹿げていますし，有権者の知性に対する侮辱です。なぜなら，学校のカフェテリアはきちんと管理されていれば学区には一切費用がかからないからです。カフェテリアが赤字を抱えているならば，理事会は運動競技が行われる日に選手に無料の昼食を提供するべきではありません。何れにせよ，納税者の子供は，選手の無料の昼食に35セントを支払うのではなく，自分の昼食に30セントぐらい支払うだけで済むべきです。

この投書に対して，貴紙の理事会は恐らく，こうした昼食が試合の収益で

支払われていると述べるでしょう。しかし，20,000ドルの収益では，教師のニーズを無視しながら対抗戦スポーツ競技に費やされている年200,000ドルを支払えません。

　練習後に選手を家に送り届けたり，遠くの試合まで送り届けたりするために，有権者が年50,000ドルかそれ以上を支払い続けることを望まない限り，私たちには交通税の増税は必要ないことがお分かりいただけるでしょう。200,000ドルの残りはコーチの給与，選手の監督の給与，野球のピッチングマシーン，芝のサッカー場，その他のスポーツ設備向けの数千ドルで占められています。こうしたことは，私たちにそのための充分なお金があれば構わないのです。借金でサッカー場に芝を植えて教師の給与を支払えないのでは，本末転倒です。

　これらだけで足りないならば，イースト高校をごらんなさい。多くの教室にはドアがありませんし，植物室には一切日光が当たりませんし，救急処置室には水がありませんが，これらは多くの数例に過ぎません。納税者は本当に騙されたのです。校舎の前の歩道の一部は既に崩れています。おそらくヘス氏は，校舎の窓にはブラインドが必要であることにも大変興味を抱かれることでしょう。

　もう一度申し上げますが，ウエスト（高校）の校舎に3,200,000ドル，イースト（高校）の校舎に2,300,000ドルをかけることになっていることを理事会はお忘れになってしまったに違いありません。

　私が理解する限り，増税は，税金で支えられた運動競技を教育と一緒に私たちに押し付けようとする教育委員会と，こうした事柄の双方に入り交ざった感情を抱いている公衆との戦いです。なぜなら，公衆は既に充分な税金を支払っていると感じているのに，これ以上の税金を誰に託せばよいのかが，ただ分からないのです。学校運営側が教師から自由を奪ってしまったので，私はこの投書に，一教師としてではなく，一市民，納税者，有権者として署名しなければなりません。高校のあの石垣の向こうで何が起こっているか，本当にご存知でしょうか？

敬具　Marvin L. Pickering

Chapter 10　公立学校と「黒い腕章」
―― The Story of Tinker v. Des Moines Independent Community School District, 393 U.S. 503（1969）

紙谷　雅子

メリィ・ベス・ティンカーとジョン・ティンカー（1966年）

　ベトナムでの戦闘状態が世論を分断しているとき，騒ぎを恐れて「腕章」着用を禁止した学校区の決定にもかかわらず，13歳の少女がベトナムでの戦闘による死傷者を悼むための「喪章」を着けて学校に登校した。実際には教室の中でも，構内でも，混乱は生じなかったのだが，学校は規則違反を理由に，自宅待機を命じた。高校生，中学生（そして，小学生）にも，大人と同じように，さまざまな意見を表明する憲法上の権利があるのか，それは教室内，学校内，あるいは，学校の外では違うのか，そもそも「黒い腕章」は言葉によらない象徴的表現（symbolic expression）なのか，周りの生徒は「囚われの聴衆（captive audience）」になるのか，「黒い腕章」着用は修正第 1 条の保護を受けない挑発的言論（fighting words）なのか，それとも，「黒い腕章」着用に対する攻撃的な反応は「野次り倒し（heckler's veto）」であって保護されるべきなのは「黒い腕章」を着けた表現者なのか，そして，学校や教育委員会が決定した規則に対する裁判所の判断基準はどうあるべきかが，争われた。連邦最高裁は，格調高く学校における生徒の修正第 1 条に基づく権利を宣言したが，その言葉は学校現場に本当に届いているのだろうか。

はじめに

　Tinker v. Des Moines Independent Community School District連邦最高裁判決[1]は，「生徒や教員が校門で言論や表現の自由という憲法上の権利を脱ぎ捨てると主張するのは少々無理がある[2]」と述べたこと，つまり，学校にいる子どもにも修正第1条の適用があると判断し，教育を第1の目的とする学校という状況においても子どもの真摯な判断に基づく憲法上の権限行使の尊重を肯定した画期的な判決である。

　1943年のWest Virginia Board of Education v. Barnette連邦最高裁判決[3]は，学校において生徒に国旗敬礼を強制する州法を違憲であると判断したが，それは「学校における生徒の権利」との関係においてではなく，より一般的な知的個人主義と文化的多様性を尊重すること[4]として説明されている。Tinker判決以前，連邦最高裁の「学校と子どもの権利」に関する判決は，より正確に表現するならば「州の権利と子どもを『養育する親』の権利」との衝突を解決するものであり，連邦最高裁は，州の介入は，基本的には家族を形成し，子どもを養育する際の選択に対する，恣意的で合理性がなく，不当な負担となると，修正第14条のデュー・プロセス条項に基づき，否定してきた。言い換えると，子ども独自の権利と自由という観点から事案が判断されたことはなかった[5]。

　だが，Tinker判決後の連邦最高裁の生徒の表現の自由と権利に対する判例法理の展開は，Tinker判決を原則の宣言とするならば，学校行事である生徒総会において適切ではない言葉を用いた場合[6]，カリキュラムの一部とし

---

[1] Tinker v. Des Moines Indep. Cmmty. Sch. Dist., 393 U.S. 503 (1969).
[2] *Id.* at 506.
[3] West Virginia State Bd. of Ed. v. Barnette, 319 U.S. 624 (1943).
[4] *Id.* at 641-42.
[5] ケネディ裁判官は，2000年のTroxel v. Granville, 530 U.S. 57 (2000) の反対意見において，Meyer v. Nebraska, 262 U.S. 390 (1923) とPierce v. Society of Sisters, 268 U.S. 510 (1925) における親の権利は修正第14条に基づいて肯定されたが，仮に最近判断されたならば，言論，信教，宗教の自由を保障する修正第1条に基づくことになったのではないかと指摘している。*Id.* at 95 (2000).
[6] Bethel Sch. Dist. v. Fraser, 478 U.S. 675 (1986). 本書Chapter 12参照.

ての学校新聞の記事に対する事前の審査と削除の場合[7]，州の政策に反して違法なマリファナの使用を奨励するようにも理解できる校地外でのスローガン掲揚の場合[8]など，例外対象を次々と広げ，学校の管理権を承認している。そして，この判決に基づいて，学校にいる子どもにも表現の自由が認められるはずであるという主張は，学校当局の否定に直面することのほうが多く[9]，学校の教育活動に対する実質的な干渉や妨害となる，あるいは，他の生徒の権利を侵害すると信じるに足りる証拠に基づく合理的な判断であると評価されるかぎり，裁判所も学校当局の判断を尊重する[10]。Tinker判決の実際の判断とは異なり，物議を醸しそうな主張であれば問題が発生しそう……という立証で十分である。Tinker判決自体は1960年代から1970年代にかけての極めて例外的に表現の自由が認められたウォレンコート時代の産物と位置づけるのがより適切であるかのように見える。

I　1965年12月

1　ベトナムでの戦闘状況と「黒い腕章[11]」

1965年11月，新聞では連日，戦闘状況[12]について報道し，ベトナムでの戦死者は1000人を越え，戦争に反対する「ワシントンでの行進」に推定2万5000人の参加者が集まった。ジョン・ティンカー（John Tinker）とクリストファー・エクハード（Christopher Eckhardt）は親たちと「ワシントンでの行

7　Hazelwood Sch. Dist. v. Kuhlmeier, 484 U.S. 260 (1988).
8　Morse v. Frederick, 551 U.S. 393 (2007). 本書Chapter 11参照。
9　E.g. Couch v. Wayne Sch. Dist., 1:12cv265 (S.D. Ohio, May 21, 2012).
10　E.g. Kuhr v. Millard Pub. Sch. Dist., 8:09cv363 (D. Neb. Apr. 23, 2012).
11　Black armbandは，通常，「喪章」であるが，本件ではその意味が，メリィ・ベス・ティンカーの考えたようにベトナムの交戦状態のせいで亡くなった人々を悼む「喪章」であるのか，学校区が判断したように合衆国の東南アジアでの外交政策に対する抗議としての「腕章」であるのかが，まさに争われている。
12　アメリカ合衆国はベトナムにおける戦闘行為に関して正式な宣戦布告をしなかったので，この戦闘状況の開始時期を法的な意味で規定するのは難しい。1964年8月7日，連邦議会は「東南アジア決議」，通称，トンキン湾決議においてジョンソン大統領に宣戦布告なしに自由を防衛する目的で東南アジア集団防衛条約の当事国，加盟国が支援を求めたならば援助するために必要なあらゆる手段をとることを容認し，東南アジア地域における軍事活動に関する全権を与えた。なお，決議の前提とされたトンキン湾における北ベトナム海軍からの攻撃は存在せず，アメリカ海軍の挑発だけがあったことが後に検証されている。

進」にアイオワから参加したあと，12月11日の会合で大学生たちが「ベトナムの戦闘での死者や負傷者全員を悼み，ケネディ上院議員の提案する1965年クリスマス停戦の延長を支持する」意思表示として12月16日に「黒い腕章」を着用して授業に出席するという話を知り，デモインの公立学校に通う自分たちも個人の判断で「黒い腕章」をつけることにした。ロゥズヴェルト高校の２年生R・ピーターソン（R. Peterson）は「注目！　我々は（死者を）悼む」という「黒い腕章」に関する記事を学校新聞掲載のために準備し，顧問の教員に見せたところ，デモイン中等教育局長から，記事にしないよう指示された[13]。発行された学校新聞には「黒い腕章」への言及はなかったが，かなり多くの生徒たちは「黒い腕章」をつけて12月16日に登校するつもりになっていたらしい。12月14日，学校区の５つの高等学校長とD・ディヴィス（D. Davis）中等教育局長は緊急会議において「腕章」禁止を決定した。この決定は翌日の地元新聞の第１面に掲載され，「学校における混乱原因を禁止する一般原則」に基づき，「学校全体のために許されるべきではない」，「生徒たちは目立とうとしているだけ」という局長談話が引用された。学校では，何人かの教師がベトナム戦争への抗議などもってのほかだ。教室から蹴り出してやる！　共産主義同調者にはどういうことが起こっても不思議ではない，愛国心がないのだからといった発言をした。

　12月16日と17日に，メリィ・ベスは「ベトナムで亡くなった人々を悼む」ため，「黒い腕章」を着用した生徒がどのくらいいたのか，実際にはわからないという。処分されたのは５人。メリィ・ベス・ティンカー（Mary Elizabeth Tinker）は13歳でハーディング中学校の８年生，兄のジョンは15歳でノース高等学校の２年生，クリストファーは15歳でロゥズヴェルト高校の２年生，シンガー（Christine Singer）もロゥズヴェルト高校の２年生，ブルース・クラーク（Bruce Clark）はロゥズヴェルト高校の４年生であった。学校区の方針を争う訴訟の当事者となることに同意したのはクリストファー，ジョンとメリィ・ベスの３人とその親だけ[14]であった。

13　JOHN W. JOHNSON, THE STRUGGLE FOR STUDENT RIGHTS: *TINKER V. DES MOINES* AND THE 1960S 6 (1997). 本稿記述のうち，連邦地方裁判所，連邦控訴裁判所を含む判決に基づいた情報以外の事実に関する記述のかなりの部分は，上記 JOHNSON に依拠している。
14　事件名がエクハードではなく，ティンカー対デモイン独立学校区となったのは，原告のうち，

生徒たちの停学情報がニュースになると、デモインにあるドレイク・ロー・スクールのクレイグ・ソーヤー（Craig Sawyer）助教授が、学校区の委員会での処分聴聞会に代理人となると申し出て、「黒腕章」着用禁止方針への関心は中等学校関係者に留まらないことが明らかになった。

2　デモイン独立学校区委員会

デモイン独立学校区委員会は、1965年12月21日と、1966年1月5日に公開会合を開催した。このとき初めて、委員会は5人の生徒の処分根拠となった12月14日決定の妥当性を検討した。

12月21日、普段は20人ほどが出席する公開会合に200人ほどが会場であるデモイン技術高等学校に集まり、委員長いうところの「重要ではない」問題[15]を2時間かけて、議論した。最初に、先週（14日）、学校区の高等学校長が全員一致で「学校で妨害になるかもしれない」ので、「腕章」着用を禁止するという判断をしたと、学校区長D・ディヴィス（D. Davis）が説明したところ、ソーヤーが、それは合衆国憲法に違反している、直ちに撤回すべきだと反論し、緊張した雰囲気となった。生徒たちを含む傍聴席の発言から推測すると、生徒たちの振舞は学校区の方針に対する不服従であり、当局は即時に厳しく対処すべきであるという見解と、生徒たちが多様な見解を表明することの教育効果を重視し、当局は生徒を信用すべきという見解とにはっきりと分かれた。

「腕章」禁止の決定は14日に高等学校の校長たちと中等教育局長が学校区委員会に相談せず決定したので、正確には今回の会合が学校区委員会にとっ

　2人がティンカーであったからと代理人ジョンストンは説明するが、ティンカーがエクハートと比べてわかりやすい、書きやすい、使いやすいだけでなく、16歳の少年ひとりよりも家族（11歳で5年のホープと8歳で1年のポールも黒いリボンを着けてジェイムズ・マディソン小学校に行った。もっとも、小学校は学校区の禁止決定の対象ではなかっただけでなく、小学校の教員は表現の自由について児童たちに説明することで、学びの機会となったと、当時の子どもたちは記憶している。）の方が物語になったことやメリィ・ベスの写真が沢山残されていることなども、人々の記憶の中で、事件を「ティンカー家の事件」として記憶される理由だったかもしれない。
15　学校区委員会長であるニフェネガー（Niffeneggar）は、生徒と児童が停学処分を受けた1965年12月16日、臨時の委員会を開催してほしいという電話に対して、予定されていない委員会が必要なほど重要な問題ではなく、次の定例委員会で検討されると伝えたという。JOHNSON, *supra* note 13 at 21.

て初めての審議であり，7人の委員の意見も分かれていた[16]。議論が2時間を越えたところで，結論を1966年1月の委員会に持ち越し，その間，さらに検討するという提案に「腕章」禁止を支持する4人が賛成し，委員会としての結論は年を越すことになった。

　12月27日，学校区委員会委員長ニフェネガー（Nifffenegger）とメリィ・ベスの父で牧師でもあるレオナード・ティンカー（Leonard Tinker）が地元のテレビ番組に出演した。ベトナムについて中等教育段階で議論することは重要という点に関しては両者一致を見たが，それは管理された教室での議論に限られるべきというニフェネガーと，民主的な社会において意見表明が管理されるのはおかしい，子どもたちが正しい選択をしたときには親としてそれを支援するのが当然であるというティンカー牧師とが対立した。

　12月29日，ニフェネガーは地元新聞紙とのインタヴューにおいて，生徒たちが「黒い腕章」を着用したのはベトナムにおけるアメリカの外交政策に抗議するためであると思っていた。「ベトナムで亡くなった人々を悼」み，「戦場での停戦を支援」するのが動機であるならば，「腕章」禁止は間違いだったかもしれないが，間違った情報に基づく判断であっても，決定は決定であるので尊重されるべきであると，繰り返し述べた。

　1月2日の地元紙は，12月31日に，学校区委員会のメンバー全員，学校区局長，そして学校区委員会の法律顧問であるアラン・ヘリック（Allan Herrick）の9人だけがホテルの個室で3時間半もの昼食をとっていたとの記事と学校区委員会会合という個室の扉のサインの写真を1面に載せ，人事案件以外は公開するという委員会の10年来の方針はどうなったのかと疑問を投げかけた。委員会は，法律顧問から委員会には学校内での混乱を予防する法的な権利があるとの助言を受けたが，委員会の方針についての議決はなかったので公開にすべき会合ではなかった，次回の会合は1月3日であると説明し

16　委員長であるニフェネガー（法律家），コーディル（Caudill）（小児科医），A・ディヴィス（A. Davis）（法律家），グリーフ（Grefe）（主婦・元教師），ヘイドン（Haydon）（電気剃刀製造会社地区支配人），ケック（Keck）牧師，シュランプ（Schlampp）（引退した中学校校長）の7人の中で，12月21日段階で高等学校校長たちの立場を支持したのは，ニフェネガーの他にコーディル，ヘイドンとシュランプ；生徒の主張は保護されるべき政治的意見表明であると支持したのは，A・ディヴィスとケック；グリーフはこの時点では意思表示をしていない。

委員会は1月3日夜の公開会合において約束通り，大部分が方針撤回を支持する聴衆の意見に耳を傾け，エクハード[17]とティンカーたちにも発言の機会を認めた上で，12月14日の決定を5対2[18]で支持すると決定した。12月21日と1月3日の間で立場を変えたのはグレフ（Grefe）だけだったが，聴衆の多くは委員たちが最初から心を決めていて梃でも動かないつもりという印象を持った。

II　次の一歩――連邦地方裁判所

1　提訴

　学校区委員会が「腕章」禁止を正式に決定したことで，アイオワ自由人権協会（ICLU）の弁護士たちの助言に従い，生徒たちは「黒い腕章」を着用して登校することを諦めることにした。地元の新聞やテレビ，ラジオだけでなく，全国的なメディアもデモインでの「腕章」禁止に関する議論をかなり頻繁に徹底的に報道したことで，よい市民とは，権威におとなしく服従することではなく，重要な問題についてきちんと議論し，誰にも阿ることなく意見を表明することであるというメッセージが伝わったので目的はある程度達成されたと法律家たちは考えていた。メリィ・ベスは，その後しばらく，「黒い腕章」ではなく，黒い服を着て登校した記憶があり，生徒たちの大部分は，本当は「黒い腕章」を着用する権利があるという考えを支持してくれているという印象を持っている[19]。

　1966年3月14日，エクハードとティンカー兄妹，そして「もっとも近い

17　学校当局は，腕章が学校で混乱をもたらすことになるという理由で禁止を決定したけれども，「黒い腕章」は学校では心配されたような混乱を起こさなかった。しかし，禁止決定それ自体はこの地域に混乱をもたらしているとクリストファーは発言し，腕章着用を禁止しなければ，今みたいな騒ぎは起こらなかったと続けた。

18　賛成はコーディル，グリーフ，ヘイドン，ニフェネガーとシュランプ；反対はA・ディヴィスとケックであった。

19　ジョンもクリストファーも，メリィ・ベスほど楽観的な記憶はなく，「共産主義者」，「裏切り者」，「臆病者」といわれたり，理由もなく悪い成績をつけられたりしたと記憶している，脅迫まがいの「ヘイト・メール」をそれぞれの親宛に，その後何年も，引っ越ししても，送ってくる人もいたらしい。JOHNSON, *supra* note 13 at 56-57.

友」であるそれぞれの父親が原告となり，デモイン独立学校区，学校区委員会の7人の委員，学校区の何人かの役職者，校長，教頭，何人かの教員を被告として，合衆国法律集第42篇1983条42 U.S.C. §1983に基づく訴状が連邦地方裁判所アィオワ南部地区裁判所に提出された。1966年当時の1983条は，「誰であれ，あたかも州又は準州の制定法，条例，規則，慣習，慣行に基づいて行動しているかのように，合衆国の市民や合衆国の管轄権の及ぶところにいる人に対して，合衆国憲法と連邦法が保障する権利，特権，免責を剥奪したならば，被害を被った人に対して，コモン・ロー上，エクィティ上の訴え，その他，救済のための適切な手段を通じ，責任を負う……」と規定していた。

訴状によれば，クリストファー・エクハード，ジョンとメリィ・ベス・ティンカーは「通常『ベトナム戦争』と呼ばれている東南アジアにおける戦闘状態において，なくなった戦闘員全てを悼む」ため，さらには「連邦議会上院議員ロバート・ケネディが提案した1965年クリスマス停戦延長への支持を表明する」ため，黒い腕章を着用して登校することを決意し，合衆国憲法第1修正と第14修正が保障する自由な言論の権利を合法的かつ平穏に行使していた。ところが，被告は停学処分によって原告の権利を否定し，合衆国憲法上の権利を簒奪し，1983条に違反したので，原告は「腕章」禁止決定を撤回し，生徒たちをそれぞれの学校に不利益を与えることなく原状復帰させるようにという永続的差止命令と，1ドルの損害賠償を求めた。1ドルの名目的損害賠償を追加したのは，原告が卒業し，あるいは，もはや「黒い腕章」を着用する必要がなくなり，着用しないと決意した場合にも，訴えの利益がなくならないためであった。

この訴状を準備し，そして，原告の代理人を引き受けたのは1964年にドレイク・ロー・スクールを卒業したばかりのダン・ジョンストン（Dan Johnston）であり，資金的にはICLUが支援していた。

2 答弁書

被告たちは4月までに訴状送達を受け，4月29日に学校区委員会の法律顧問であるヘリックが主任弁護人として答弁書を裁判所に提出した。答弁は，

まず，訴状には救済の根拠となる請求原因が記載されていないことから始まり，訴状の主張をひとつずつ反論し，とくに，「黒い腕章」着用の動機については原告の主張を全面的に否定し，腕章着用は生徒に対する合理的な規制に正面から違反するもので，その違反をそのまま承認することは学校内の規律，学級内の秩序を崩壊させる危険があると指摘し，故に，裁判所は請求を退けるべきであると締めくくっている。学校区はその後も「腕章着用は生徒に対する合理的な規制に正面から違反するもので，その違反をそのまま承認することは学校内の規律，学級内の秩序を崩壊させる危険がある」というこの分野では従来，当たり前とされた主張を最後まで維持することになる[20]。

3　審理前手続

この事件を連邦地方裁において担当することになったスティーブンスン (Stephenson) 裁判官は，1966年5月31日に審理前会合を設定し，それまでに必要なディスカヴァリィ[21]を終了するよう命じ，代理人に争いのない事実に関する合意に達するよう，そして，審理では必要不可欠な論点に関する立証に限定するよう，指示した。

ヘリックとジョンストンは，(1) 1965年12月16日よりも前のある時点で，デモインの高等学校の校長と中等教育長が公式に会合を開き，学校での「腕章」着用を禁止することに合意したこと，(2) この禁止は生徒と教職員に公表されたこと，(3) 12月16日にクリストファー・エクハードとメリィ・ベス・ティンカーはそれぞれの学校の構内にて「黒い腕章」を着用し，学校から直ちに退去し，「黒い腕章」を外すまで戻らないようにと教職員から指示

20　学校区は，一貫して，「腕章」の着用は，戦闘的な方針でやがて知られることになる民主的社会をめざす学生 (SDS) の組織的な活動の一部であり，共産主義者に違いないと推測される過激な学生たちの指揮命令の下で，あるいは，親たちが共産主義的信念の持ち主で，過激な抗議運動に加担し，子どもたちにやらせているのであって，いずれにしても，生徒たちは何もわからずに言われるままに行動しており，3人の生徒たちが自分たちの判断に基づいてではなく，危険分子の影響を受けていると描写し続けた。

21　ディスカヴァリィ，情報の開示は，両当事者がお互いに所有・所持・管理下にある情報を共有することで，お互いの主張を裏付ける証拠の強弱について合理的客観的な判断を下し，不必要な対立を解消し，迅速に紛争を解決に導くことを可能にする手段であり，和解や訴えの取下を促す効果がある。もっとも，本件では両当事者ともに自分たちの立場の正しさを確信していたので，法廷での審理に持ち込まれる前に妥協することはどちらも想定していなかったであろう。

されたことの3点について合意に達したという文書を5月31日にスティーブンスン裁判官に提出し，ジョンストンはさらに，召喚予定の証人リストと予想される証言内容を記載した書類も提出した。裁判官は，ヘリックに7月1日までに証人リストの提出を求め，1966年7月25日に，陪審ではなく，裁判官による事実審理[22]を始め，証人訊問に2日かける予定であると告げ，審理準備書面を7月21日までに提出するよう，指示した。

審理準備書面は，当事者それぞれの観点から，重要な事実関係と法的争点を提出させることで，裁判官が適正な訴訟指揮を行い，判決のために証言や証拠を効率的かつ適切に評価できるようにするという目的がある。原告の側は，「黒腕章」の着用が表現の自由に該当するかどうか，生徒を停学処分にした教職員はそれぞれその公的職務として行ったのか，高等学校長と中等教育局長の会合で決定された「腕章」禁止は表現に対する事前の抑制に該当するか，学校における混乱回避という利益は，生徒の自由な表現に対する制約を正当化するのかが，争点であるという書面を提出し，被告の側は書面で，訴状には救済の根拠となる請求原因が記載されていないと繰り返し，被告は原告の自由な言論の権利を剥奪したのか，被告の全員又は一部に関し，（公務員として適法な業務上の行為であるので）責任は免除されるか，学校区は1983条の対象にはならないかが判断の決め手になるとの見解を示した。とくに教室にいる生徒は原告の言動に関し，「囚われの聴衆」として「黒い腕章」とベトナムに関する主張に耳を傾けさせられるが，これは税金で作られたフォーラムにおいて一方的に特定の見解が席巻する強要になる，学校当局には管理下にある生徒が遵守すべき合理的な規則等を制定する権限があるという前提を無視できないと指摘している。

4　事実審理――原告たちの証言

1966年7月25日9時半，スティーブンスン裁判官は，事件番号7-1810-C-1事件について，陪審によらない審理を開始した。

原告として，最初に証言台に立ったのはジョン。彼の目から見た1965年12

---

[22] 事実問題よりも法律問題に関する争点が多い場合，法律家は，予想がつきにくく時間のかかる陪審審理よりも，経験のある裁判官審理を選択することが多い。

月から1966年1月にかけてのできごと,「黒い腕章」を着用するに到った動機,実際にジョンが「黒い腕章」を着用した12月17日の詳細な経過と周囲の生徒の反応——賛成した人もいたし,好意的ではないコメントもあったが,誰も暴力に訴えようとした人はいなかったこと——を述べた。反対訊問では,「『黒い腕章』を着用するよう,説得したのは誰か?」を聞き出そうとするヘリックに対して,ジョンは「いろいろな人と話をしたけれども,決めたのは自分である」と繰り返し説明した。ヘリックは納得せず,「誰が,その『黒い腕章』を購入したのか?」「家にあったから,多分母が随分前に買ったものだと思う。」といったやり取りが続き,子どもたちが自分の意思ではなく,親の指示に従って行動したというシナリオを示そうとしたと,ジョンは受け取った。「何故,16日ではなく,17日なのか?」については,学校区が方針を転換するかもしれないと期待していたし,いろいろな意見を自由に発言できる状況を作り出すほうが大切だと思っていたのだが,学校区委員会委員長が「そんな些細なこと」といったと聞いて,「ベトナムの戦闘での死者や負傷者全員を悼み,1965年クリスマス停戦の延長を支持する」ことはそんな些細なことではないという立場をはっきりさせるため,学校区の方針に違反することはわかっていたが,17日に「黒い腕章」を着用することに決めた;生徒の反応はさまざまであったが,秩序を乱すきっかけになることはなかったと述べている。補充尋問で,ジョンは「人が殺されるのは,自分にとって些細なことではない」し,そのために「黒い腕章」を着用するかどうかは「自分で考え,判断した」と,繰り返した。

メリィ・ベスが次に証言台に立って,「黒い腕章」を着用した動機と,何故12月16日だったのかについて説明した。着用について親が指示したわけではなく,また,黒い切れを探し出して,セーターに腕章として付けたときも誰の助けも借りていないことを強調したメリィ・ベスに対して,周囲の生徒たちの反応を尋ねたジョンストンに対する返事は,「ちょっとからかわれた」けれど,教職員が気づいたとしてもわざわざ介入するほど深刻なことだと誰も思っていなかったのではないかというものであった。16日の経過については,午後になって,校長室に行くよう指示を受け,そこで副校長に腕章を外すように言われたので,外して教室に戻ったところ,もう一度,校長室に呼

び戻され,「黒い腕章」はもう外していたにもかかわらず,停学処分の書面を直接渡され,自宅に戻ったという。反対訊問で,メリィ・ベスは「黒腕章」を着用することについて両親と話をしたこと,12月16日か17日には兄弟姉妹の何人かが「黒い腕章」を着用して登校したことは認めた。また,16日に校長室に行くよう指示した教師が15日に「『黒い腕章』を付けてきたら自分の授業から放り出してやる」と発言したことについては,補充尋問で教師自身が「腕章」に関連する抗議についての15日の議論の口火を切ったのであって,「黒い腕章」を着用して登校したことそれ自体がきっかけではないと答えている。おそらくもっともメリィ・ベスらしい証言は,あのできごとから8ヶ月経っているが,「この時点で着けるかどうか,はっきりとはいえないけれど,問題なく着用できたならばいいと思う」と述べたことかもしれない。

クリストファーは3人目の証人であった。彼はジョンやメリィ・ベスよりも整然と市民的不服従について主張すると期待されていたし,学校内での不穏な状況にも晒されていたので,その発言はもっとも注目されていた。クリストファーは当時の国際情勢や国内での市民的権利に関して両親や友人とよく議論していて,12月11日に「黒い腕章」の話を聞いたときにはやってみたらいいかもと思ったという。16日当日に関しては,学校区の方針は知っており,自発的に校長室に行ったのは,違反行為であることを自覚していたからで,停学処分は覚悟していたと証言した。校長室前で待たされていた間に生徒たちから嫌味をいわれ,また,副校長の「鼻を潰されたいのか?」エピソードはこのときにおこった。他の教員からは,何か意見を持つには若すぎる,停学処分になったら転校しなければならない,学校の評判が傷つくといわれたという。反対訊問を担当したロヴリーン(Lovrien)は,校長室内でのやり取りにもかかわらず,クリストファーは秋学期の単位を全て取得し,クリスマス休暇後も滞りなく復学したことを確認し,「黒い腕章」を着用した動機について繰り返し質問した[23]だけでなく,デモンストレーションを組織した誰かがいたのではないかと外部の影響説を展開しようとしたが,クリ

---

23 3人の答えは一貫して「ベトナムでの戦闘の死者や負傷者全員を悼み,クリスマス停戦の延長を支持する」というものであった。

ストファーは「黒い腕章」を着用するかどうかは個人の判断である，また，これまでも数回，市民的自由と権利やベトナムでの戦闘に関するデモンストレーションに，ときには両親と一緒に，参加したことがあると答えた。補充訊問では，クリスマス休暇後の復学は学校が始まった1月3日ではなく，その夜に開催された公開の学校区委員会で「黒い腕章」禁止の方針指示決定後の4日であったこと，「黒い腕章」を着用したことで特段の不都合は感じなかったことが確認された。

5　事実審理──デモイン独立学校区の証言

午後に入ってから，学校区の関係者が「敵対的証人」として証言台に立った。最初はジョンの通っているノース高等学校の校長ウェッター（Wetter）で，12月15日に全ての教員に対して腕章を着用した生徒を校長室に来させるよう指示を出したこと，これは14日のデモインの高等学校長と中等教育局長の決定に基づいていたこと，そして，17日にジョンを自宅待機させた以外に，自分の知るかぎりでは腕章着用の例はないことを，証言した。反対訊問では，ジョンは正式には停学処分にはなっておらず，腕章を着用していないならば，いつでも登校できたこと，このできごとは成績に影響を及ぼさないはずであり，校長としてジョンの「権利を保護」するよう，全力を尽くすと答え，ベトナムでの戦闘の死者や負傷者全員を悼むために復員軍人記念日や戦没者記念日の行事に参加することができるとジョンに伝えたと述べた。補充訊問では，ジョンはそれまで全く問題を起こしたことがないことが確認された。

次はクリストファーの通っているロゥズヴェルト高校の副校長ブラックマン（Blackman）で，12月14日にデモインの高等学校長と中等教育局長が適正に決定した方針に基づいていてクリストファーを停学にしたと答え，反対訊問では，クリストファーとは停学処分を言い渡すときにじっくり話しをし，動機は問題ではなく，決定に違反していたから処分すると告げたと述べたが，補充訊問において，生徒が過去において一度も宗教上のシンボルや選挙運動ボタンを着用して教室にいたことはなかったのかと問われると，「これまで気にしたことはなかった」が，何らかのシンボルが禁止となったのは腕

章が最初だと回答した。

3番目は，メリィ・ベスの通っているウォレン・ハーディング中学校の副校長ウィラードセン（Willardsen）で，メリィ・ベスが16日午後，禁止に違反していると，校長室に来たこと，メリィ・ベスは求めに応じて「黒い腕章」を渡したこと，その後，主任のターマン（Tarmann）からメリィ・ベスが停学処分となったことを知ったと述べた。

次にターマンが証言台に立ち，12月16日のお昼時間に，メリィ・ベスが「黒い腕章」を着用していることを知り，校長室から教室に戻ったメリィ・ベスを再度校長室に呼び戻して話をしたこと，メリィ・ベスの「黒い腕章」をウィラードセンから後で受け取り，現在も保管していること，メリィ・ベスは「停学処分」を受けたのではなく，「自宅待機」となったのであり，17日午前中にメリィ・ベスの両親には腕章を着用しなければいつでも登校できると伝えたこと，そして，他には腕章を着用した生徒には気がつかなかったこと，中学校で政治的，宗教的シンボルを着用した例はわかっている限りないこと，そして，メリィ・ベスに関する取扱いに対して問題が指摘されたことはないと述べた。

デモインの中等教育長E・R・ピーターソン（E.R. Peterson）は，腕章禁止決定について説明するよう求められ，学校区の最高責任者であるD・ディヴィスからの指示に従って5人の高等学校校長を12月14日に招聘したこと，議題は生徒がデモンストレーションの一部として腕章を着用して登校した場合の対応であったこと，D・ディヴィスとの事前協議では禁止が望ましいとの合意があったこと，会合では禁止が提案され，承認を受け，E・R・ピーターソンからD・ディヴィスに校長たちの意向として勧告されたこと，その時点では文章化されていなかったが，腕章着用は，後に学校区の一般的な生徒行動規範の対象であるということになったと，証言した。言い換えると，14日，校長たちは学校区の路線を追認しただけであった。1965年12月以前に学校区において政治的，宗教的なシンボルの規制は存在したのかという問いに対しては，何でもかんでも文章化する必要はなく，校長には最善の判断ができるような裁量の余地が必要であると答え，14日の決定はベトナムの戦闘に関する見解を表明する生徒たちがいると聞いてその生徒たちだけを対象とし

ていたのかという質問には，具体的な生徒を対象としていたのではなく，「デモンストレーションに関する原則」を示すものであったと述べたが，「『黒い腕章』をとくに問題としていたのか」と重ねて尋ねられて，その会合のときはそうだったと認め，ヘリックの反対訊問では，12月15日の地元新聞の「腕章」禁止の記事は正確であったことを認めた。

　ヘリックはE・R・ピーターソンの反対訊問の際に12月23日付の「生徒の行動に対する中等教育校長に対する方針案」と12月29日付のE・R・ピーターソンからD・ディヴィスに宛てた「腕章禁止に到る経過」という文書を提出した。12月23日付の「生徒の行動に対する中等教育校長に対する方針案」には，具体的な腕章への言及はなく，「学校における日常の教育プログラムにおける秩序だった行動を混乱，中断させる教師や生徒の行動，もしくは，学校当局がその蓋然性があると判断する行動」についての一般的な記述であり，学校にとって最善の利益を損なう行動に対する停学その他の処分を承認したアィオワ州法に抵触しないとの指摘があった。29日付の「腕章禁止に到る経過」では，「黒い腕章」によるデモンストレーションは，当初，「ベトナムにおける合衆国の外交政策に対する抗議」であることを1965年12月のマス・メディアのニュースが伝えているにもかかわらず，「死者を悼み」，「停戦を支持する」という目的は後で変更されたとの記述[24]があり，学校区の「腕章」着用への関心のきっかけは，学校新聞に記載が認められなかったR・ピーターソンの記事[25]であり，それが14日，校長たちを招聘する会合を開催するきっかけにもなったという。腕章着用禁止決定は各学校から生徒たちに伝えられた。このことを知った地元新聞紙の記者が学校区に連絡をしてきたので，学校区は記事にしないよう求めたが，12月15日の新聞に報道されたこと，12月23日には高等学校長を再び招集し，腕章禁止決定維持を求めたこととその理由[26]も記載されていた。これらの文章が証拠として採用されると，

24　この認識は生徒たちの証言とだけでなく，当時の地元新聞記事の記載ともかなり食い違っていた。
25　JOHNSON, supra note 13. 12月13日に教員が見たR・ピーターソンの記事は，ベトナムの戦闘での犠牲者に心を痛め，またクリスマス停戦の延長を望む生徒に対して，12月16日から学校に「黒い腕章」を着用して行くことを促していた at 93-94.
26　1965年12月29日付のE・R・ピーターソンの覚書に述べられた理由は，1）戦争における死者を悼むには復員軍人記念日と戦没者記念日がふさわしいこと，2）他の徽章やシンボルの容認とな

ヘリックは，教室内でのデモンストレーションに関する一般的な原則について尋ね，E・R・ピーターソンは教育課程を乱すような行為を排除する権限がそれぞれの学校長にあると答え，訊問は終わった。

最後の証人は学校区委員会委員長ニッフェネガーであった。ジョンストンから，「黒い腕章」を着用する生徒に対して処分するかどうかが争われていると知ったタイミングについて尋ねられたニッフェネガーは，12月16日であり，委員会として禁止決定を承認したのは1966年1月3日であったと答えた。ヘリックの反対訊問に，16日の情報は，学校区委員会の緊急会合開催を求めるロウズヴェルト高校の生徒2人と女性2人からの電話に基づいており，それぞれに対して告知と議題の準備といった正式手続要件を満たすのは難しいので緊急会合は無理であるが，21日に定例の会合が開催されると告げたこと，ベトナムに関する政策は投票箱で決定されるべきであり，公立学校でのデモンストレーションは間違っている，1965年12月と1966年1月の会合は満員で外ではデモンストレーションもあったが，デモイン以外から来た部外者の仕業と考えていると述べた。

被告側が召喚した証人はたった一人，メリィ・ベスの数学を担当したモバーリィ（Moberly）で，12月15日の地元新聞の記事があったので，教室で何かいわなければならないと考え，授業時間のうち，30分ほどを費やし，デモンストレーションについて議論し，自分は決して教室内でのデモンストレーションは認めないことをはっきりさせたと述べたが，反対訊問において，メリィ・ベスが「黒い腕章」を着用することを考えていたことは全く知らなかったし，確かに30分というのは長過ぎたかもしれない，メリィ・ベスは大変よい生徒である，ハーディング中学校では政治的又は宗教的なシンボルはほとんどないが，バリィ・ゴールドウォーター（Barry Goldwater）上院議員やジョンソン（L.B. Johnson）大統領のボタンは授業の邪魔にはならないと思う，それが禁止の対象となり得るかどうかは学校の執行部の判断に従うと答えた。鉄十字章は，腕章禁止の対象ではなく，メリィ・ベスの停学後にハー

り得ること，3) 家族や知人に戦死者がいる生徒が憤慨し，手に余る事態が発生するかもしれないこと，4) 生徒たちが「囚われの聴衆」としてデモンストレーションを強制的に見せられるのは避けるべきであること，5) 腕章を禁止する最初の決定は教育環境において不適切な行動に対処するための標準的な手続であることであった。*Ibid.* at 94.

ディング中学校で鉄十字章を見かけたことはあるが，それが授業妨害となったとは考えない，誰も鉄十字章を着用したことで処分を受けてはいないというのが，最後の陳述であった．

6 最終弁論

原告代理人のジョンストンは，学校区が，合衆国憲法修正第1条と第14条が保障する生徒たちの表現の自由を否定したと主張し，ベトナムの戦闘状況に関するシンボルは処分の対象になっているが，選挙運動に関するボタンや「第3帝政の鉄十字章」は不問に付されるという学校区の姿勢は偽善的だと指摘した．

被告代理人のロヴリーンは，学校当局には合理的な規則を定めることができる，教室などでの「腕章」の着用を含むデモンストレーション禁止は合理的な方針である，学校は教育のために存在するのであって，抗議とデモンストレーションの場所ではない，さらに，公立学校において他の生徒の政治的意見をずーっと聞かされる状況は「囚われの聴衆」以外の何ものでもないと主張した．主たる代理人であるヘリックは，3人の生徒たちは禁止決定を知り，腕章を外す機会を何度も与えられていながら，あえて学校の秩序維持のために定められている合理的な規則にわざと違反する行為をしており，学校側の処罰は実に寛大であり，規則は合理的であるので，学校区の判断は維持されるべきであると主張した．

以上を聞き終えたスティーブンスン裁判官は，判決言渡しの予定について示唆することなく，審理記録や提出された証拠とともに，法廷から退出した．

7 判決[27]

スティーブンスン裁判官は，1966年9月1日，差止命令と名目的損害賠償を請求した原告の主張を退け，被告学校区の規則は，本件の状況に照らすならば，合理性があり，原告の言論の自由に関する憲法上の権利を奪ったものではないと判断した．

---

27 Tinker v. Des Moines Indep. Cmty. Sch. Dist., 258 F. Supp. 971 (S.D. Ia. 1966).

スティーブンスン裁判官によれば，争点は学校区の腕章着用禁止という決定が，原告の憲法上の権利を侵害するかどうかであり，修正第１条の言論の自由条項は，修正第14条項の適正手続条項を通じて，州の行為に対しても適用されることは1925年のGitlow v. New York連邦最高裁判決[28]において，一定の見解を表明するために腕章を着用することは象徴的行為であり，修正第１条の自由な言論条項の保護を受けることは1943年のWest Virginia State Board of Education v. Barnette連邦最高裁判決[29]と1931年のStromberg v. California連邦最高裁判決[30]において確立されているが，言論の自由の保障は絶対的ではなく，達成しようとしている規制目的と実際に生じる言論に対する制約とに照らし，「害悪」の発生する蓋然性を重大性から差し引いて，自由な言論の侵害が危険を回避するために必要であるかどうかを個別事件ごとに判断すると，1951年のDennis v. United States連邦最高裁判決[31]とその原審連邦高裁判決[32]を引用した[33]。

スティーブンスン裁判官は，学校区には教室において規律を保つ責任と妨害の発生を予防する義務があるが，その判断が不合理でないかぎり，裁判所は干渉すべきではないという立場から，学校区の判断を尊重するという結論に達した。すなわち，世論を分断するような問題だから排除するのではなく，教室での議論を規制することは合理的であり，学校当局が腕章着用の結果，本人たちではなく，その周囲の反応から混乱が生じる蓋然性があると判断したことに合理性がないとはいえない。また，原告の自由な言論に対する制約には限界があり，学校外での活動はもちろんのこと，教室内においても秩序を尊重してならば自由にその見解を表明することは認められる。しかしながら，法が保護すべきなのは，原告が学校において腕章を着用する権利で

---

28 Gitlow v. New York, 268 U.S. 652 (1925).
29 West Virginia State Board of Education v. Barnette, 319 U.S. 624 (1943).
30 Stromberg v. California, 283 U.S. 359 (1931).
31 Dennis v. United States, 341 U.S. 494 (1951).
32 United States v. Dennis, 183 F.2d 201, 212 (2d. Cir. 1950).
33 連邦最高裁はDennis判決，*supra* note 30を明示的に覆してはないが，問題とされたSmith Act, the Alien Registration Act of 1940, 54 Stat. 670, 18 U.S.C. §2385はYates v. United States, 354 U.S. 298 (1957) において抽象的な実力による政府転覆の理論唱道までも禁止しているわけではないと，制限的に解釈されているので，スティーブンスン裁判官が引用した意図は定かではない。

はなく，教室の秩序を維持することである。そして，原告が言及した学校当局の裁量権を限定的に理解する直近の連邦高裁判決[34]は異なる巡回区なのでこの連邦地裁に対する拘束力はなく，学校当局には広い裁量の余地があり，混乱を予想することに合理性が認められるならば，そのような混乱を防止するために合理的な計算の上で選択された学校当局の判断を，当裁判所は否定するものではない[35]と述べた。

8 判決への反応

スティーブンスン裁判官は，軍歴のある，アイゼンハワー大統領任命の保守的な共和党員であったので，学校区の秩序を維持するための努力に挑戦し，戦争に抗議する側に有利な判決を原告側，とくに代理人のジョンストンは最初からあまり期待していなかったという。むしろ，鉄十字章を含む政治的，宗教的なシンボルを着用しても処罰された記録がないことや実際にどの程度の混乱が起こったかについて被告がほとんど立証していないこと，そして，もはやリーディング・ケースとはいえないDennis判決[36]を引用したことから，この判決は上訴で覆される可能性が高いと判断[37]した。連邦高裁は，事実審理を行わず，地方裁判所における記録に基づいて，法律上の争点に関する判断を行うので，たとえ判決において言及がなかったにしても，記録に残された事実が上訴段階で重要となることがあり，ジョンストンの見方にはそれなりの説得力がある。しかも，この事件の場合，連邦高裁が原審判断を維持したならば，学校の運営に実質的な影響を及ぼすかどうかを基準に判断した第5巡回区と判断基準が異なるので，巡回区間の判例に抵触が生じることから，連邦最高裁判所が裁量上訴を認める可能性は高い。

それに対して，当時，被告の主任代理人ヘリックの事務所にいたエドガー・H・ビットルは，学校での混乱について（原告以外の）生徒の証言はなかったけれども，「黒い腕章」が学校の秩序を脅かしており，深刻な事態を

---

34 Burnside v. Byars, 363 F.2d 744 (5th Cir. 1966) ; Blackwell v. Issaquena County Board of Education, 363 F.2d 749 (5th Cir. 1966).
35 Tinker v. Des Moines Indep. Cmty. Sch. Dist., 258 F. Supp. 971, 973 (S.D. Ia. 1966).
36 See, *supra* notes 30 and 31.
37 JOHNSON, *supra* note 13 at 103.

招きかねないとの立証ができたと評価し，経験の乏しいジョンストンが相手方代理人でよかったと考えた[38]。

ICLUは，1966年9月の理事会で，原告たちが上訴するのであれば，これまでと同様に資金援助という形で支援を続けることに賛同[39]し，ジョンストンが引き続き，ティンカーとエクハードの代理人を務めることになった。

III 連邦高裁へ

1 上訴

1966年9月28日，原告たちは学校区などに対して上訴を告知した。1967年1月16日，連邦高裁は本件に関する記録一式を上訴人から受領し，2月3日には上訴人の記録が不完全であると被上訴人からも補足の資料を受け取った[40]。被上訴人の補足資料において初めて裁判所に提出されたのはレオナード，ジョンとメリィ・ベスの父親の宣誓供述書であった。宣誓供述書採録において主尋問を担当したヘリックは繰り返し，「黒い腕章」デモンストレーションはSDS主導であることの確認を求めた。レオナードは1965年12月11日の会合にSDSのメンバーと自称する学生がいたことは事実であるが，処分された生徒たちはSDSのメンバーではなく，SDSの指示を受けていたこともないし，SDSが組織してデモンストレーションを実施したわけでもなく，生徒たちがSDSの企画を実行に移したわけでもない，自分はSDSについて既に述べたこと以上のことは知らないと答えた。1965年12月21日，学校区委員会の公開会合の際にSDSの誰かがピケッティングをしていたかどうかについても知らない，WILPFがSDSと一緒になって「黒い腕章」の着用を奨励していたかどうか，WILPFがどのような方針をとっているのかも知らないと回答した。子どもたちが「黒い腕章」を着用したことについては，家族でその問題について話をしたことはあるが，自分としては権威を否定することには賛

---

38 *Ibid.*
39 JOHNSON, *id.* at 104.
40 反論がなければ，上訴人の提出した記録が正式な記録と見なされるため，たとえば事実審理における証人の証言の記録や要約などについて，被上訴人からすると正確ではない，不完全であると評価し，逐語反訳などを追加，補充することになる。

成できないと伝え，子どもたちの何人かが自分が行動するかどうかはそれぞれの良心の問題であると主張したので，良心に基づく判断について親として支援することにした。権威を否定することに賛成できないという言明を敷衍するよう求められたレオナードは，権威は従われるべきであるが，絶対ではなく，人が権威に対して疑問を持つ必要がある場面も存在する。また，生徒の間で「黒い腕章」をめぐり，暴力沙汰があったという話しは聞いていないと回答した。12月21日の公開会合でのソーヤーの挑発的な発言に同意するかというヘリックの度重なる質問に対しては，弁護士の助言と指示に基づいて，答えるのを差控えると記録されている。

2　上訴書面

　上訴書面のやり取りにおいて，上訴人側は，クリストファー，メリィ・ベス，ジョンが処分[41]を受けた時点で教育環境における混乱，暴力発生の虞れ，暴動の可能性は全くなく，上訴人たちは平穏で秩序を脅かすような行動をとっていなかったことを強調し，違法な行動をする意図がない場合には「明白かつ現在の危険」の蓋然性が乏しい，腕章禁止方針は人気のない考え方への偏見に基づいている，他の政治的表現などがこれまで処分の対象とされてこなかったという事実もそのような主流ではない見解に対する偏見の存在を示しているという議論と，Burnside判決[42]で示された，学校当局の権限行使に関しては学校の業務を実質的に干渉するような場合に限定されるという議論とを展開した。

　これに対して，被上訴人側は，12月11日，「黒い腕章」デモンストレーションの企画をしたのはSDSのメンバーであると断定し，原告が直面した嫌がらせを全て列挙し，「黒い腕章」が実際に混乱を引き起こしたと指摘し，学校区の禁止方針は合理的であり，裁量権の逸脱はなく，「全ての裁判所の任務は，個人的見解や個人の哲学とは無関係に，学校の規則が明らかに恣意的で不合理でないかぎり，それを支持することである。……当裁判所（アィオ

---

[41]　スティーヴンソン裁判官は生徒たちが学校当局により，自宅待機を命じられたと判断している．Tinker v. Des Moines Indep. Cmty. Sch. Dist., 258 F. Supp. 971, 972 (S.D. Ia. 1966).
[42]　Burnside v. Byars, 363 F.2d 744 (5th Cir. 1966).

ワ州最高裁判所）が，学校区委員会の立場に自らをおいて，問題となった規則を採用したかどうかではなく，その規則があまりにも合理性を欠き，恣意的なので，違法，無効となって執行できないかどうかを判断することである[43]」と州最高裁判所の最新の判決を引用して，「裁判所は，（生徒の規律に関連する規則を含む）そのような規則が学校当局の権限と裁量の合理的な行使であるかどうかだけを判断するのであり，賢明か，臨時的措置であるのかを考慮するものではない」と上訴人側が援用するBurnside判決[44]に言及し，裁判所のとるべき判断枠組みを強調した。そして，修正第1条に関する判断枠組みとして，1950年代の伝統的な「個別的比較考量」が連邦最高裁の見解であると強調した上で，第5巡回区の2つの最近の判例は間違っている，混乱を予防するために合理的な検討の上で採用された方針を裁判所は支持すべきである，そして，デモインの学校においてはベトナムにおける戦闘状態に関する意見の対立が存在しており，卒業生の中から戦死者が出たばかりで状況は流動的だったことから，「腕章」の着用禁止方針には合理性があったと主張した。被上訴人側は，上訴人が学校外で「黒い腕章」を着用するのは自由であるが，学校においては規律と秩序を維持するために必要かつ合理的な規則に従うことになっていると，強調した。そして，学校区の関係者として名前が挙げられている人々はそれそれ職責を誠実に果たしていたので，損害賠償請求に対して免責されること，学校区自体に対して§1983訴訟は及ばないことという最初の準備書面での主張[45]を繰り返した。

　上訴人側と被上訴人側のこの段階でのやり取りでとくに目立ったのは1943年のBarnette判決[46]の位置づけであった。上訴人側は国旗に敬礼しないという行為を退学処分により処罰しようとする州政府に対し，国旗への敬礼という外形によって個人の信念を強制的に表明させることに連邦最高裁は明らかに懐疑的であったと指摘した。これに対し，被上訴人側はバーネットが（エホバの証人の信者として）その宗教上の信念に基づいて国旗敬礼を拒絶することが認められたという信教の自由の事件であり，本件のように自ら見解を

43　Bd. of Dirs. v. Green, 259 Iowa 1260, 1267; 147 N.W. 2d, 854, 858 (1967).
44　Burnside v. Byars, *supra* note 41 at 748.
45　*Supra* p. 388.
46　West Virginia State Bd. of Ed. v. Barnette, 319 U.S. 624 (1943).

表明し，他の人々を説得する言論の自由の場合には適用されないと，本件との違いを強調した[47]。

3 連邦高裁は全員法廷で

連邦高裁は，1967年4月に3人合議法廷における口頭弁論の日程を設定し，代理人たちはセント・ルイスまで赴いたが，このときの公式・非公式な記録が全くないため，実際に何が起こったのかはわからない。理由はなんであれ，この3人法廷は1967年4月26日に，事件の重要性に鑑み，全員法廷における口頭弁論のやり直しを命じ，1967年10月に再度[48]，口頭弁論が開かれた。上訴人代理のジョンストンは，計画段階で，混乱が起きるかどうかもわからないのに腕章禁止を決定するのは「事前の抑圧」であり，政治的表現に対する抑圧に該当すると主張し，被上訴人代理のロヴリーンは，合理的な規則制定は学校当局の義務であり，それがときには言論や表現を制限することもあり得る。学校運営に対する妨害や混乱の可能性があるとき，実際に問題が発生するまで待たなければならないというのは不合理であると反論した。

裁判官たちは，教室の中で規則に従った議論という選択肢があればいいのではないか，シンボルに関する「二重の基準」をどう説明するのか，停学処分の代わりに合衆国憲法の保障する「抗議する権利」や「未成年者の権利」についての学校集会を学校が主催しなかったのは何故なのかといった質問をした。そこでロヴリーンが冷静さを失い始めたとき，主任代理人ヘリックがゆっくりと立ち上がり，そもそもクリストファーやメリィ・ベスの「黒い腕章」は生徒たちの見解なのか，それとも周囲の大人の意見を真似しているだけなのかと，生徒の言論の自由という主張に冷や水を浴びせた。

---

47 Barnette判決 *ibid.* 今日もっとも頻繁に引用されるのが，「我が憲法の星座において固定された星があるとしたら，それは，政治，ナショナリズム，宗教，その他，市民が言葉や行動を持ってそれに対する信念を表明する意見や趣旨に関して，何が正統かを，上級であれ，下級であれ，公務員が決めることはないということである．」319 U.S. at 642というジャクソン裁判官の文章であるので，被上訴人の読み方は狭きに失する．
48 3人合議法廷における口頭弁論の日付も，全員法廷における口頭弁論の日付も，判決には記されていない．

4 「裁判所による[49]」判決

11月3日，連邦高裁は134語の短い判決[50]において，生徒たちが，学校当局の公布した規則により禁止されていたにもかかわらずベトナム戦争への抗議のために「黒い腕章」を着用して停学処分を受けたと事案を描写したが，結論として意見が同数に分かれた[51]ので，原審判断を支持した。

上訴人代理のジョンストンはあまりにもあっけない結論ではあったが，結果として連邦高裁の中で第5巡回区と第8巡回区の判断が異なることから，連邦最高裁の判断を求める絶好の機会になると考え，それほどがっかりしなかった記憶があるという[52]。地元新聞は，この判決に対して，連邦最高裁への上訴は「当然」という論調であった。連邦高裁から，1967年11月17日に「連邦最高裁への裁量上訴の判断が明らかになるまでの間，当裁判所の判決執行を停止する」という命令を得たジョンストンは，裁判官9人のうち4人[53]の注意を引くような裁量上訴申立の書面を準備することになる。

Ⅳ 連邦最高裁へ

1 裁量上訴の申立

連邦高裁で主張が認められなかった上訴人は，1968年1月17日，連邦最高裁に裁量上訴申立の書面を提出し，この事件の申立人になった。そして，これまで一貫して申立人の代理人であったジョンストンがアイオワ州の司法長官民主党候補者に立候補したこともあり，全国組織であるアメリカ自由人権協会（ACLU）からエレンホーンとウルフが加わることになった。裁量上訴書面の中心は，連邦高裁の「巡回区間の判断の抵触」であり，連邦地方裁の

---

49 Per curium. 執筆者を明らかにせず，裁判所としての判断を示している。
50 Tinker v. Des Moines Indep. Cmty. Sch. Dist., 383 F. 2d 988 (8th Cir 1967).
51 1968年当時，第8巡回区裁判所の全員法廷を構成していたのは，ヴォーゲル（Vogel）長官，ヴァン・ウースターホウト（Van Oosterhout），マセズ（Matthes），ブラックマン（Blackmun），メハフィ（Mehaffy），ギブソン（Gibson），レイ（Lay），ヒーニィ（Heaney）の8人であった。
52 JOHNSON, *supra* note 11 at 120.
53 連邦最高裁においては，裁判官4人の同意があれば，裁量上訴は受理がされるという4人ルール（Rule of Four）が存在する。

スティーブンスン裁判官が言及したDennis判決[54]（害悪の重大性とその蓋然性との比較考量）を連邦最高裁はYates判決[55]（明白かつ現在の危険のテスト）において否定していることにも言及していた。

　学校区とその関係者たちは連邦最高裁においては被申立人であり，ヘリックとロヴリーンがその代理を務めるという点に関して変化はなく，その主張も学校区は妨害が発生するかもしれないときに実際に妨害が発生するまで何もできないのはおかしい，予防的に必要な手段をとる裁量権があるという点において変わりはなかった。「黒い腕章」デモンストレーションをしようとする生徒たちは騒ぎを起こすのが目的であって，そのまま放置したならば学校の平穏な運営に支障を来し，禁止があのとき決定されていなければもっと大騒ぎになったに違いない……と。そして，連邦最高裁はこれまでもさまざまな社会の利益を考慮して表現の自由の限界を画してきたことを，一連の判例[56]を引用しつつ力説し，18000人の生徒の中で5人しか処分されなかったことこそ争点となっている決定に合理性があったことの証明であると，2月12日に提出された書面は主張する。

　1968年3月4日，連邦最高裁は，Tinker v. Des Moines Independent Community School Districtについて裁量上訴の申立を認める決定[57]をした。これが事前の抑制の事案であるのか，この時点ではまだ判決にいたっていな

54　Dennis v. United States, 341 U.S. 494 (1951).
55　Yates v. United States, 354 U.S. 298 (1957).
56　Cox v. New Hampshire, 312 U.S. 569 (1941), American Communications Association v. Douds, 339 U.S. 382 (1950), Konigsberg v. State Bar of California, 366 U.S. 36 (1961), Adderley v. Florida, 385 U.S. 39 (1966).
57　Tinker v. Des Moines Indep. Cmty. Sch. Dist., 390 U.S. 942 (1968). 公表されている裁量上訴の申立て受理決定は，口頭弁論の後に公表される判決文と異なり，どの裁判官が受理に賛成したのかについて記載していない。裁判官の立場が明らかになるのは，裁判所の不受理決定に対する異議を反対意見として公表するという決断をした裁判官の意見が「不受理決定」に付属する形で判例集に搭載されるからである。
　この判決に関与した裁判官の個人文書や覚書などが研究対象として公開された現在では，ウォレン（Warren）長官，ダグラス（Douglas），ブレナン（Brennan），スチュアート（Stewart），T・マーシャル（Thurgood Marshall）の5人が受理に賛成し，ブラック（Black），ハーラン（Harlan），ホワイト（White），フォータス（Fortas）の4人が反対したことが確認されている。
　なお，裁量上訴受理における争点は，「修正第1条と第14条は，公立学校の官吏が，政治的見解のシンボルが学校の規律や作法の妨害とならないとき，学校内でそのようなシンボルの着用を生徒に対して禁止することを，許容するかどうか」であった。Tinker v. Des Moines Indep. Cmmty. Sch. Dist., 393 U.S. 503, 515 n. 1 (1969).

い徴兵カード焼却が修正第１条の保護する表現に該当するのかを争うUnited States v. O'Brien連邦最高裁判決[58]と同じ象徴的表現の事案なのか，あるいは，学校当局の裁量権行使に関するよくある事例に過ぎず，裁判所は後知恵でその是非を判断すべきではない（裁量上訴不受理を支持）のかという観点から見ると，裁量上訴受理の決定は申立人にとって希望の持てる前兆である。

申立人からの本案争点に関する書面は1968年６月１日に，被申立人からの書面は６月24日に提出された。そして，連邦最高裁は６月３日，大学生自治会の連合体である全国学生協会（NSA）からのアミーカス書面の申請を許可した[59]。

２　口頭弁論

口頭弁論の日程は1968年11月12日午後，全体で１時間と設定された。申立人側は連邦最高裁に提出した書面起草において中核であったACLUのベテランたちではなく，ジョンストンが代理人として４度目の口頭弁論に臨んだ。冒頭でその朝公表されたEpperson v. Arkansas判決[60]に言及したため，直ちに，国教樹立には関係がない？との質問があった。問題は学校区が何も起こっていないのに「腕章」禁止を決定し，学校での秩序や規律への妨害はなかったと強調したところ，原告が教室で突然立ち上がって，「黒い腕章」について説明したいと発言を求めたら？　など立て続けに質問され，ジョンストンは，原告たちは「黒い腕章」のメッセージを伝えるのに他の生徒の邪魔にならないように行動している，気が散ったとしても学校区が許容している選挙のボタンと同じ程度であり，「腕章」禁止は教室だけでなく，廊下や食堂にも及ぶので授業妨害に限定されず，過度に広汎である，喧嘩や暴力沙汰をもたらすと予測できるシンボルの教室内に限定した禁止ならば，正当性はあ

58　United States v. O'Brien, 391 U.S. 367 (1936).
59　Tinker v. Des Moines Indep. Cmty. Sch. Dist., 391 U.S. 963 (1968)．NSAは中等教育機関における学校当局の広汎な裁量権承認は大学生の表現活動，とくに反戦活動の規制について多大な影響を及ぼすだけでなく，複雑な社会情勢に関して情報を踏まえて自由に議論でき，独立して考える市民を養成するには学生も生徒も意思表示をする自由と権利が不可欠であるという立場からも，申立人の立場を支持した。JOHNSON, *supra* note 10 at 132.
60　Epperson v. Arkansas, 393 U.S. 97 (1968).

ったかもしれないが，Terminiello v. Chicago連邦最高裁判決[61]に従えば規律の対象となるのは喧嘩を仕掛けたほうである，喧嘩や暴力の虞れの証拠もない本件での処分は授業妨害が理由ではないと指摘し，ジョンストンは，生徒たちの服装や外見はベトナムでの交戦状態への意思表示とは異なるとしても，学校の内でも第１修正は存在すると締めくくった。

　被申立人側を代理するヘリックは，(1) 学校区の混乱回避のための予防的手段に関する権限，(2) 学校区の裁量権行使に対する裁判所の審査の射程，そして，(3) 混乱評価の基準における学校の特殊性が争点であると指摘し，第１点に関しては刑務所の敷地での大規模デモンストレーションに関するAdderley判決[62]を，第２点に関してはアーカンソゥ州最高裁判所1923年の，裁判所の審査対象を学校当局の裁量権濫用に限定したPugsley v. Sellmeyer判決[63]を引用したが，Adderley判決でのデモンストレーションとの規模の違い，混乱発生予想根拠として用いられた証拠，現実の混乱発生の証拠，Pugsley判決で問題となった透明なストッキングや化粧禁止と「黒い腕章」との違い等についての質問には適切に答えられなかったという印象であった。

　ジョンストンは，再反論のための最後の５分を用いて，腕章以外の他のシンボルは禁止されないという二重の基準，ベトナムにおける戦闘状態についての意見表明を許容すると暴発を招くという主張の根拠の乏しさ，修正第１条の保護する権利を制約するには学校区の方針が合理的であることではBarnette判決[64]に照らして正当化できないことを強調した。

3　執筆者はフォータス裁判官

　連邦最高裁では，口頭弁論の数日後に開かれる裁判官９人だけが出席する会合において，個別の事件について先任順に意見を述べ，その逆の順序で暫定的に票を投じる。暫定的な多数派に長官が含まれるときには長官が，そうでなければその中でもっとも先任順位の高い裁判官が，法廷意見の執筆者を

61　Terminiello v. Chicago, 337 U.S. 1 (1949).
62　Adderley v. Florida, 385 U.S. 39 (1966).
63　Pugsley v. Sellmeyer, 158 Ark. 247, 250 S.W. 538 (1923).
64　West Virginia State Bd. of Ed. v. Barnette, 319 U.S. 624 (1943).

指名する。執筆者の草稿は裁判官に回覧され，さまざまなコメント，同意意見や反対意見の草稿を参照し，修正を受け，繰り返し回覧される。同時代的な秘密保持はかなり徹底されているが，裁量上訴受理のところで指摘[65]したように，関与した裁判官の個人文書や覚書などが研究対象として公開されているので，会合が1968年11月15日に開催されたこと，原審破棄を支持する裁判官が7人であったことがわかっている。

　審議では，学校区が支持しない「黒い腕章」だけが他のシンボルと異なる取扱いを受けたという修正第14条平等保護条項，象徴的表現に対する典型的な事前の抑制であるという修正第1条，学校当局には混乱をもたらす生徒に対する規律権限があるが，本件では深刻な妨害が発生していないので学校当局に問題があったという限定的判断，学校当局は学校の運営に照らし生徒の自由な表現を制限するには非常に重要な正当根拠を示す必要があったという立証責任の指摘が多数派から指摘され，少数派は子どもたちにはとにかく規律が必要であると主張し，結論として，本件に限定した問題として原審を覆す判断になった。ウォレン（Warren）長官はフォータス（Fortas）裁判官を執筆者に指名した。最初に回覧された草稿には12月の日付があり，ブレナン（Brennan）裁判官とマーシャル（Marshall）裁判官は12月に，ウォレンは1月に，賛成の署名をし，1月9日にはホワイト（White）裁判官が同意意見の草稿を回覧している。スチュワード（Stewart）裁判官は1月7日に全体としては賛成だが「戦争」という表現があるので同意できないと述べ，1月24日には同意意見草稿を，ハーラン（Harlan）裁判官は1月7日に反対意見の草稿を回覧に提供した。ブラック（Black）裁判官の反対意見の草稿は複数存在しているが，どのような経過であったのかはわからない。

　4　連邦最高裁は，判決言渡しのスケジュールについて事前に公表することはなく，当事者が「その瞬間」，法廷で言渡しに立ち会うことは滅多にない。1969年2月14日，Tinker判決の法廷意見をフォータス裁判官が読み上げたとき，申立人のうち，クリストファーはミネソタ州マンカトゥの州立大学の，ジョンはアィオワ大学の，それぞれ1年に在籍し，メリィ・ベスは両親と一緒にミズゥリ州セント・ルイスに引っ越して地元の高校に通ってい

65　See, *supra* note 56.

た。全員，新聞記者から判決のことを知らされ，コメントを求められたという。クリストファーとジョンは，自分たちは暴力を肯定したわけではないと答えたが，メリィ・ベスは数ヶ月後に，もはや沈黙のうちに犠牲者を追悼する段階ではないという文章を高校生向けの教会冊子に出版している。

　フォータス裁判官の事実描写はとても短い。申立人の活動を評価し，「黒い腕章」は修正第１条が保護する「純粋な言論pure speech[66]」に極めて近く，妨害となるような行動とは全く別であると判断し，生徒や教員が校門で言論や表現の自由という憲法上の権利を脱ぎ捨てると主張するのは少々無理がある[67]と述べ，本件では申立人が学校の秩序を乱し，妨害していないだけでなく，他の生徒の権利や安全を侵害してはいないことを強調し，それでも腕章着用がもたらし得る妨害の脅威に基づく学校当局の判断は合理的と評価した第１審に対し，人々と異なる見解を表明できることがアメリカ社会の強さであり，禁止された行為が学校の運営に必要かつ適切な規律に対して実質的実体的に干渉するという認定も立証もないと判断した。そして，そのような事態回避が必要であるという証拠もなく，政治的シンボルすべてではなく，特定の意見を禁止することは憲法上，許されないと判断した。

　スチュアート裁判官は同意意見において，子どもの修正第１条に関する権利は大人と同じではない[68]ことを確認した。

　ホワイト裁判官は同意意見において，言葉によるコミュニケーションと，州の有益な利益を損なう行動によるコミュニケーションとは区別されること，連邦控訴裁判所のBurnside判決[69]に全面的に賛成するわけではない[70]ことを確認した。

　ブラック裁判官は法廷意見と全面的に対決することをはっきりさせるような即興の発言で法廷にいた人々を驚かしたという。反対意見では，公立学校の生徒をコントロールする権限は選挙で選ばれた人々から連邦の最高裁判所

66　Tinker v. Des Moines Indep. Cmty. Sch. Dist., 393 U.S. 503, 505 (1969). フォータス裁判官は「黒い腕章」着用のような「純粋な言論」を，スカートの丈や服装，髪型，立ち振る舞いだけでなく，攻撃的妨害的な行動や集団デモンストレーションとも区別をしている。Id. at 507-08.
67　Tinker, id. at 506.
68　Tinker, id. at 515, citing Ginsberg v. New York, 390 U.S. 629, 649-50 (1968).
69　Burnside v. Byars, 363 F. 2d 744 (5th Cir. 1966).
70　Tinker, supra note 65 at 515.

に移転する時代に突入したと指摘し、実体的デュー・プロセスの復活であると論難し、「腕章」を着用して政治的意見を表現することは修正第1条言論条項の保護するところであるが、生徒も先生も、学校では、象徴的であれ、純粋であれ、自由な言論は認められないというだけでなく、アメリカが直面している社会問題は、良き市民としての訓練を施そうとしない学校における規律の欠如のせいで酷くなっており、本件判決のせいで生徒たちは先生のいうことを聞かなくなり、学校は大口を叩く生徒たちの気まぐれと恣意に翻弄されることになると予言した。

ハーラン裁判官は、裁判所は、人気のない意見を抑圧するといった正当な関心とはいえない動機があるという事実が立証されないかぎり、学校当局に対して秩序と規律を維持するための判断を尊重すべきである、学校区の誠意を疑うべき記録はない、原審判断を尊重すべきであるとの反対意見を述べた。

5 その後

法廷意見は「与えられるべき救済の形態は下級裁判所の判断すべき問題である」と、原審に差し戻したので、連邦高裁は、1969年3月2日、学校区に対して、原告に、書記の経費150ドルと、記録印刷費176ドル65セントを支払うよう命じた[71]。それ以降の裁判記録はない。

当時の新聞記事には、この判決の射程が中等教育における秩序に対する妨害や他の人々の権利侵害を伴わない「黒い腕章」についてであり、服装規定や大学での状況とは異なることを指摘するものが多かったが、それでも、学校新聞、その他の生徒たちに表現に対する学校当局の関与を制約する可能性があるかもしれないと示唆するものもあった。言い換えると、当初からこの判決が学校新聞や学校集会における言論の自由を保障すると受け取られていなかったようである。そして、この判決が規律を失った寛容な社会の混乱をこれまで以上に深めることになるというブラック裁判官の意見を彷彿させる社説もあった。

---

71 JOHNSON, *supra* note 11 at 180.

V 判例法理として

1 Tinker判決それ自体

　法廷意見は,「生徒や教員が校門で言論や表現の自由という憲法上の権利を脱ぎ捨てると主張するのは少々無理がある[72]」,「生徒は学校の中でも,学校の外と同じように,合衆国憲法の下での『人』である。生徒には州に対して尊重すべき義務があるように,州が尊重しなければならない基本的な権利が生徒にはある[73]」,「彼らの言論を規制する憲法上有効な理由を具体的に立証しないかぎり,生徒たちはその見解を表現する自由がある[74]」と述べ,学校当局は「学校の運営において適切な規律の必要と実質的に干渉[75]」し,あるいは,「他の生徒の権利と衝突する[76]」のでないかぎり,「自ら主張する者ではない感情の表現」を抑圧してはならないと,本件類似の事案に関する連邦高裁の判決を引用し,生徒の表現の自由に関する先例のない事案であったことが示唆されている。

　その意味において,ブラック裁判官が反対意見の冒頭において,この判決は公立学校に関して公職にある人々にこれまであった,生徒たちを統制する権限を最終的には連邦最高裁に移転させるという新時代の幕開けである[77]と指摘したのは,それまでの学校と生徒（そして,教員）との関係からすれば,当然であった。むしろ,本件でブラック裁判官の立場が少数になったことこそ異例であって,当時の連邦最高裁が1970年前後のベトナム反戦抗議の表現を肯定するように修正第1条に関連する複数の判決[78]を下した先駆け的存在であるという位置づけになじみ,生徒の表現の自由に関するその後の判例法理の展開に照らすと,Tinker判決が生徒の権利と自由保護に関して突出し,むしろ,例外となっていることをよりよく説明できる。

72　Tinker, *supra* note 65 at 506.
73　*Id*. at 511.
74　*Ibid*.
75　Burnside v. Byars, 363 F.2d 744, 749 (5th Cir. 1966).
76　*Ibid*.
77　Tinker, *supra* note 65 at 515.
78　E.g. Gregory v. City of Chicago, 394 U.S. 111 (1969), Street v. New York, 394 U.S. 576 (1969), Cohen v. California, 403 U.S. 15 (1971), Smith v. Goguen, 415 U.S. 566 (1974), Spence v. Washington, 418 U.S. 405 (1974).

2 その後の判例法理の展開

その後の連邦最高裁の判断[79]を見るかぎり，Tinker判決が学校における生徒たちの表現の自由を保障するという命題は，それが学校の運営に対して実質的な妨害となると合理的に信じるに足りる情報があれば，平穏な表現活動であっても禁止するという学校当局の判断を尊重しており，もはや幻想のように見える。だが，ごく最近，連邦最高裁の裁判官が，裁量上訴を受理しないという判断に対し，政府が所有する場所における物議を醸す私人の言論活動というコンテクストにおいて本件を引用している[80]。別な読み方が可能という示唆のようにも見えるが，本当にそのような解釈の余地があるのか疑わしい。

学校当局の管理監督権限を肯定する姿勢は連邦最高裁が特別というわけではない。たとえば2010年代の連邦高裁において，「オッパイ大好き！」（乳癌撲滅キャンペーン）ブレースレット着用禁止決定の執行停止[81]，教会での催しのビラ配布禁止の暫定的差止[82]，侮辱的で物議を醸し得るが挑発的ではないTシャツ着用禁止[83]などにおいて表現の自由に関する生徒の主張は認められているが，5月5日（Cinco de Mayo）に星条旗が描かれたTシャツを着用[84]，学校襲撃を示唆するインスタント・メッセージに基づく停学と期限付き退学処分[85]，学校とは無関係なビラ配布に事前承認を要件とする規則[86]，南部連合旗の着用[87]，学校のコーチの行動を淫らな表現で告発するラップをフェイスブ

---

79 本書Chapter 11, Chapter 12参照。
80 Am. Freedom Def. Initiative v. King Cnty., 136 S. Ct. 1022, 1026 (2016), Thomas J. dissenting. フォーラム分析を用いて，課外活動に学校の施設を利用する公認のクラブ承認に関し，修正第1条宗教条項と平等アクセス法Equal Access Act, 20 U.S.C. §§4071-4074との関係を判断したBd. of Ed. v. Mergens, 496 U.S. 226 (1990) において，オコナー（O'Connor）裁判官の同意意見は学校当局の「学校内における教育活動の秩序だった実施に対する実質的な干渉」を禁止する権限は制限されていないことを強調している at 241.
81 B.H. v. Easton Area Sch. Dist., 725 F. 3d 293 (3d Cir. 2014), cert. denied 134 S. Ct. 1515 (2014).
82 K.A. v. Pocono Mountain Sch. Dist., 710 F. 3d 99 (3d Cir. 2012).
83 Zamecnik v. Indian Prairie Sch. Dist., 636 F. 7th. 2011).
84 Dariano, v. Morgan Hill Unified Sch. Dist., 767 F. 3d 764 (9th Cir. 2014).
85 Wynar v. Douglas Cnty. Sch. Dist., 728 F. 3d 1062 (9th Cir. 2013).
86 Taylor v. Roswell Indep. Scho. Dist., 713 F. 3d 25 (10th Cir. 2013).
87 Hardwick v. Heyward, 711 F. 3d 426 (4th Cir. 2013); Defoe v. Spiva, 625 F. 3d 324 (6th Cir. 2010), cert. denied (Oct. 11, 2011).

ックとユーチューブで公表した（キャンパス外での）表現を理由とする処分[88]，学校における宗教伝道活動，ビラ配布の禁止処分[89]，自宅のコンピュータ上のホームページにおける他の生徒に対する誹謗中傷による処分[90]においてはいずれもTinker判決を肯定的に引用しつつも，Tinker判決の実際の判断とは異なり，物議を醸しそうな主張，問題が発生しそう……という立証があれば，政治的な見解の表明と評価され得る内容であっても，学外のできごとで学校の運営や秩序と規律の維持に関係がなさそうでも，生徒の主張は認められていない。

最後に──メリィ・ベスは今……

　フォータス裁判官の格調高い判決文[91]は裁判官の判断にそれほど影響を与えていないが，メリィ・ベスは，今でもあの判決が若い人たちに対する重要なメッセージであると信じ，1969年に連邦最高裁が「生徒や教員が校門で言論や表現の自由という憲法上の権利を脱ぎ捨てると主張するのは少々無理がある[92]」と述べたこと，つまり，学校にいる子どもにも修正第1条の適用があるという重要な話を伝えるため，2012年から，若者の権利についての伝道師として，「ティンカー・ツアーTinker Tour」を行い，アメリカ中の小学校，中学校や高等学校を訪問し，生徒たちに正しいことは正しい，若者たちが話すことは大切，子どもには表現の自由があると伝えている。

88　Bell v. Itawamba Cnty Sch. Bd., 700 F. 3d 379 (5th Cir. 2015).
89　Morgan v. Swanson, 659 F. 3d 359 (5th Cir. 2011).
90　Kowalski v. Berkeley Cnty. Sch., 652 F. 4th Cir. 2011).
91　See, Tinker v. Des Moines Indep. Cmty. Sch. Dist., 393 U.S. 503, 506, 511 (1969).
92　Tinker, *id.* at 506.

Chapter 11　違法薬物使用の唱道と生徒の表現の自由
——The Story of Morse v. Frederick, 551 U.S. 393 (2007)

青野　篤

Morse判決で問題となった横断幕

　青年期に入った子どもは，自我に目覚める一方で，将来に対する不安や社会に対するいらだち，大人や権威への反抗など，精神的に動揺の激しい時期を迎えるといわれる。そのような中で，周囲の注目を集めるため，また時には許される行動の限界を確かめるため，教師や大人達が眉をひそめるような行動に走ることがよくある。そして，それが表現行為という形をとることも少なくない。こうした表現行為は，たとえ政治的な意味がなく，未熟なものであったとしても，自我に目覚めた子どもの自己実現としての側面があり，その意味で表現の自由保障の趣旨に適合しうる。その一方で，それが特に学校という教育機関において行われた場合には，学校が教育秩序の維持や生徒の保護，教育的使命の実現などを理由に，そのような表現をどこまで規制できるのかが問われることになる。長年，アメリカ社会は，若者による薬物濫用問題に頭を悩ませてきており，学校教育の現場でも様々な取り組みが行われてきた。本章では，教育委員会の方針に反して，違法薬物使用を唱道していると見なされた生徒の表現に対する規制が問題となった事例を取り上げ，そこに含まれる憲法問題を考察する。

はじめに

　「我々が自由な精神をその根源において窒息させ，若者に我々の政府の重要な諸原則を単なる決まり文句として価値を低めて教えるべきでないのなら，……若者を市民となるために教育しているということは，個人の憲法上の自由を丁重に保護する理由となる」[1]。第二次世界大戦中の1943年に公立学校の生徒に対する国旗敬礼の強制をアメリカ合衆国憲法修正1条違反と判断したWest Virginia Board of Education v. Barnette連邦最高裁判決において，法廷意見を執筆したジャクソン（Robert H. Jackson）裁判官は，このように述べて，学校という教育機関において憲法上の自由を保護する重要性を説いた。確かに，生徒達は，学校教育の現場で，実際に自分達の表現の自由がどの程度保障されるのか，その実体験を通して，表現の自由が保障されることの意味を深く学ぶことができるであろうし，また，実際に表現の自由を行使することによって，そのために必要な能力を身につけていくことができるであろう。さらに，生徒の表現の自由は，自我に目覚めた生徒の自己実現として，表現の自由保障の趣旨に適う側面も有している。その一方で，学校がその教育機能を果たすためには，一般社会と同じように生徒に表現の自由を保障することは難しい。それは，教育が行われる前提条件ともいえる適切な教育環境を維持するための規制や，同じ学校の構成員である他の生徒や教職員の権利を保護するための規制，そして学校の教育方針と対立するような生徒の表現の規制という形をとって現れてくる。1969年のTinker v. Des Moines Independent Community School Dist.連邦最高裁判決[2]は，生徒が修正1条の権利主体であり，学校において表現の自由を主張できることを明らかにしたが，果たして生徒の表現の自由は，教育機関である学校の機能や使命とどこまで両立可能か。教育現場を悩ませてきたこの問題について，Tinker判決以降の裁判例は，600件以上に及ぶといわれている[3]。

　本章では，薬物濫用問題に取り組む教育委員会の方針に反して，違法薬物

1　West Virginia Board of Education v. Barnette, 319 U.S. 624, 637 (1943).
2　Tinker v. Des Moines Independent Community School Dist., 393 U.S. 503 (1969).
3　*See* Aron J. Hersh, *Rehabilitating Tinker: A Modest Proposal to Protect Public-School Students' First Amendment Free Expression Rights in the Digital Age*, 98 IOWA L. REV. 1309, 1311 (2013).

使用を唱道していると見なされた横断幕を学校公認の行事で掲げた生徒への停学処分が争われた事例を素材に，この問題を考察する。

I 生徒の表現の自由に関する先例

(1) Tinker判決

　リーディングケースである1969年のTinker判決は，ベトナム戦争反対の意思表示のために黒腕章を着用して登校した生徒に対する停学処分を違憲と判断した[4]。フォータス（Abe Fortas）裁判官による法廷意見は，「学校環境の特別な性格に照らして適用される修正1条権利は，教師と生徒も行使できる。生徒や教師が校門で言論や表現の自由の憲法上の権利を脱ぎ捨てるとは到底主張しえない」[5]とし，論争的主題についても，学校職員が生徒による特定の意見の表明を禁止するためには，漠然とした恐れや混乱の不安または不人気な見解に常に伴う不快感や不愉快さを避けたいという単なる願望では不十分であり，学校の業務や規律を著しくかつ実質的に（materially and substantially）混乱させるか，他者の権利を侵害することが証明されなければならないとした（Tinkerテスト）。Tinker判決は，生徒を表現の自由の権利主体としてはじめて認めるとともに，学校の規律維持の裁量を限定的に捉えたが，その背景には，学校は生徒が公的に承認された見解だけを受け取るような「全体主義の飛び地」であってはならず，生徒は将来の民主主義を支える人間として，教室の内外を問わず，学校で様々な思想に触れ，自らの見解を表明できなければならないとする学校観・教育観がある[6]。

　このように，Tinker判決は，学校を「思想の市場」と位置づけ[7]，生徒の表現の自由を積極的に保護する方向性を打ち出した。しかし，その後の連邦最

4　本判決の詳細については，Chapter 10〔紙谷雅子〕参照。
5　*Tinker*, 393 U.S. at 506.
6　*See id* at. 511-512.
7　Tinker判決は，Keyishian v. Board of Regents, 385 U.S. 589 (1967) において「教室はとりわけ『思想の市場』である」（*id.* at 603）と述べたブレナン（William J. Brennan, Jr.）裁判官の法廷意見を引用しつつ，この原理は，教室での議論に限定されないとして，とりわけ生徒間の個人的な交流を教育プロセスの重要な一部分と位置づけている。*See Tinker*, 393 U.S. at 512. なお，Keyshian判決の詳細については，Chapter 8〔小谷順子〕参照。

高裁は，Tinkerテストの内容を具体化していく方向ではなく[8]，逆にTinker判決が妥当しない例外領域を創り出す方向に進むことになる。

（2） Fraser判決

1986年のBethel School Dist. No. 403 v. Fraser連邦最高裁判決[9]は，「自治」に関するカリキュラムの一環である生徒総会であからさまな性的隠喩を用いた応援演説をした生徒に対する停学処分を合憲と判断した。バーガー（Warren E. Burger）長官による法廷意見は，公教育の目的は「民主的な政治制度の維持に必要な基本的価値の教え込み」であり[10]，「教室または学校集会においていかなる方法の言論が不適切であるかについての決定は，教育委員会に適切に委ねられている」[11]とする。そして，政治的な見解表明が問題となったTinker判決と本件は異なるとし，他者に対する感受性の配慮を含む「礼儀正しい社会的秩序に関する共有された価値」を教え込まなければならない学校では「みだらで（lewd），下品な（indecent），または不快な（offensive）言論」を許容する必要はなく，本件生徒のような低俗で（vulgar）でみだらな言論は「学校の基本的教育使命」を損なうものであるとした。また，法廷意見は，聴衆の多くは14歳の未成熟な生徒であり，この発言は，彼らにとって深刻に有害なものであるとも指摘している。

（3） Kuhlmeier判決

1988年のHazelwood School Dist. v. Kuhlmeier連邦最高裁判決[12]は，教育委員会から資金援助を受け，カリキュラムの一環として発行されている学校新聞の内容を校長が事前に審査し，その一部を削除したことを合憲と判断し

---

[8] 例えば，Tinker判決では具体的にどのような混乱が「著しくかつ実質的な」混乱にあたるのかなど，このテストを実際に適用するうえで不明確な点が残されていた。

[9] Bethel School Dist. No. 403 v. Fraser, 478 U.S. 675 (1986). 本判決の詳細については，Chapter 12〔藤井樹也〕参照。

[10] See id. at 681 (quoting Ambach v. Norwick, 441 U.S. 68, 76-77 (1979)).

[11] Id. at 683.

[12] Hazelwood School Dist. v. Kuhlmeier, 484 U.S. 260 (1988). 本判決の詳細については，米沢広一『子ども・家族・憲法』（有斐閣，1992年）56-57頁等参照。

た[13]。ホワイト（Douglas E. White）裁判官による法廷意見は，本件学校新聞にパブリックフォーラム性は認められないとしたうえで，Tinker判決のような「生徒の個人的な表現」と本件のような「学校が後援する表現」を区分し[14]，後者については，生徒ではなく学校側が「出版人」または「制作者」であると位置づける。そして，この場合には，教育目標の達成，未成熟な生徒の保護，個人の見解が誤って学校のものと見なされないようにするために，「正当な教育的関心」と合理的関連性がある限り，学校側は生徒の言論の様式（style）と内容を規制できると判断した。

（4）小括

連邦最高裁は，下級審での多数の訴訟例にもかかわらず，生徒の表現の自由に関して，裁量上訴の受理に一貫して消極的であり，Tinker判決以降，Morse判決までに下されたのは，わずか2件にとどまり[15]，しかも，いずれもTinker判決の例外を創り出すものであった。下級審，学説，教育現場においては，この限られた連邦最高裁判決から生徒の表現の自由に関するルールを懸命に組み立てようとしてきた。こうした中で，新たな連邦最高裁判決に対して求められたのは，生徒の表現の自由に関する明確で整理されたルールであったが，Morse判決は，その要請に応えるものとなったのであろうか。

Ⅱ Morse判決

1 事実の概要

2002年1月24日，ソルトレイクシティでの冬季オリンピックに向かう聖火リレーがアラスカ州ジュノー（Juneau）にあるジュノーダグラス高校前の道路を通過することになっていた。その時間帯は授業時間中であったが，同校

---

13 削除の対象となったのは，当該高校の生徒の妊娠に関する記事と両親の離婚が同校生徒に与えた影響を論じた記事であった。
14 法廷意見は，「学校が後援する表現」といえるためには，教職員による監督が行われており，特定の知識や技能の伝達が目的とされていることが必要であるとする。*See id.* at 271.
15 なお，生徒の情報を受領する権利に関しては，Board of Education, Island Trees Union Free School Dist. No. 26 v. Pico, 457 U.S. 853（1982）がある。本判決の詳細については，Chapter 7〔大林啓吾〕参照。

のモース（Deborah Morse）校長は，学校公認の社会的行事またはクラス旅行として生徒が聖火リレーを見学することを許可した。生徒達は教室を離れ，道路の両側から聖火リレーを見学し，教職員は生徒達の行動を監視していた。同校生徒のフレデリック（Joseph Frederick）（18歳）は，遅刻したため教室には入室しなかったが，直ちに友人の生徒達と合流した。聖火ランナーとテレビカメラのクルーが高校の前を通り過ぎようとした際，フレデリックを含む複数の生徒が「BONG HiTS 4 JESUS」[16]と書かれた長さ14フィート（約4.3m）の横断幕を道路の向かい側から高校に向けて掲げた。この横断幕は道路の反対側にいた生徒に容易に判読できるものであった。モース校長は，直ちに道路を渡り，生徒達に横断幕を降ろすよう指示したが，フレデリックだけはこれを拒否した。その際，フレデリックは，「権利章典と言論の自由はどうなるのか？」と問いかけ，これに対し，モース校長は，当該横断幕が違法薬物使用の唱道を禁止する教育委員会の方針[17]に反していると説明した。そして，モース校長は，その場でフレデリックから横断幕を取り上げるとともに，校長室での面談後，彼に10日間の停学処分を課した。これに対して，フレデリックはジュノー学校区教育長に不服申立てを行ったが，教育長も停学日数を8日間に短縮したものの，停学処分を支持した。フレデリックはさらにジュノー教育委員会に上訴したが，同委員会も停学処分を支持した。そこで，フレデリックは，校長と教育委員会を相手取って，本件停学処分が修正1条で保障された言論の自由の権利を侵害するものであるとして，宣言判決，差止命令，損害賠償等を求めて，提訴した。

---

[16] "bong"には，「（マリファナ用の）水パイプ」または「（水パイプを使った）マリファナのひと吸い」という意味があり，"hit"には「（ヘロイン）注射」や「ヘロイン入りタバコ」，「（マリファナタバコの）一服」という意味がある（松田徳一朗ほか編『リーダーズ英和辞典（第3版）』（研究社，2012年）参照）。また，"4"は"for"のことを意味していると推測される。

[17] ジュノー教育委員会方針No.5520は，「当教育委員会は，……未成年者にとって違法なものの利用を唱道する（advocate）……あらゆる集会または公の場での表現を特に禁止する」と規定している。また，同方針No.5850は，「公認された社会的行事及びクラス旅行に参加している生徒」については，通常の学校プログラム中に適用される生徒の行為に関するルールが同様に適用されるとしている。

2　下級審の判断

　1審の連邦地裁は，校長らには「限定的免責」(qualified immunity)[18]が認められるとするとともに，本件横断幕が教育委員会の方針に直接違反して違法薬物の使用を助長するものであるとの校長の解釈は合理的であり，フレデリックの修正1条の権利は侵害されていないとして，学校側勝訴のサマリージャッジメントを下した[19]。この際，連邦地裁は，Tinker判決ではなく，Fraser判決が本件に妥当するとしている。すなわち，フレデリックのメッセージが薬物濫用を防止する教育委員会の方針と正面から衝突する点で，学校の使命とは無関係な個人的な意見の表明が問題となったTinker判決と区別できるとする一方，Fraser判決はフレデリックが主張するようにみだらでわいせつな言葉にだけ適用されるのではなく，学校公認の活動において学校の基本的教育使命を損なう不適切な生徒の表現を規制する権限を認めているとしたのである。

　これに対し，2審の連邦高裁は，フレデリックが学校公認の活動中に行動を起こしたことや本件横断幕がマリファナの使用に対して好意的な感情を示していることを認めながらも，Fraser判決やKuhlmeier判決ではなく，Tinker判決が妥当するとし，学校側はフレデリックの表現が「実質的混乱」(substantial disruption)を生じさせるおそれがあったと証明することなく彼を処分したとして，修正1条違反と判断した[20]。連邦高裁は，先例を整理して，低俗でみだらでわいせつな言論にはFraser判決が，学校が後援する言論にはKuhlmeier判決が，それ以外のすべての生徒の言論にはTinker判決が妥当するとし[21]，Tinker判決のもとでは，生徒が政府の方針に反する立場を唱道したというだけで，学校が生徒を処罰することはできないとした[22]。また，フレデリックがこの横断幕を掲げる権利は明確に確立されており，合理的な校長であれば，本件の行動が違憲であることを理解できたはずであるとし

18　損害賠償請求に対する限定的免責は，公務員の行為が「通常人であれば知っているであろう明確に確立された制定法上または憲法上の権利」を侵害していない限り，認められる。*See* Harlow v. Fitzgerald, 457 U.S. 800, 818 (1982).
19　Frederick v. Morse, 2003 U.S. Dist. LEXIS 27270 (D. Alaska 2003).
20　Frederick v. Morse, 439 F.3d 1114 (9th Cir. 2006).
21　*See id.* at 1121, 1124.
22　*See id.* at 1118.

て，校長に限定的免責を認めることはできないと判示した。

こうして1審と2審がFraser判決の適用かTinker判決の適用かで異なる判断を示す中で，裁量上訴を認めた連邦最高裁の判断が示されることになった。

3　連邦最高裁の判断

Morse v. Frederick連邦最高裁判決[23]は，5対4の僅差で，学校側の措置はフレデリックの修正1条の権利を侵害していないとして，原判決を破棄し，原審に差し戻した[24]。法廷意見は，ロバーツ長官が自ら執筆し，これに，スカリア（Antonin Scalia）裁判官，ケネディ（Anthony M. Kennedy）裁判官，トーマス（Clarence Thomas）裁判官，アリート（Samuel A. Alito, Jr.）裁判官が同調した。

（1）　法廷意見

先例上，生徒が校門で言論や表現の自由の権利を脱ぎ捨てるわけではないことは明らかであるが，同時に，公立学校における生徒の憲法上の権利はその他の場所における成人の権利と自動的に同一の広がりをもつわけではなく，また生徒の権利は学校環境の特別な性格に照らして適用されなければならないことも示されてきた。これらの原則に従い，生徒の保護を委ねられている学校は違法薬物の使用を奨励していると合理的に見なしうる言論から生徒を保護するための措置を取りうると判断する。

①「学校言論」（school speech）か

フレデリックは，授業時間中に行われた学校公認の活動において，教職員の監視中に，他の生徒とともに，多くの生徒にはっきり見えるように高校に

23　Morse v. Frederick, 551 U.S. 393（2007）.
24　Morse判決の研究として，中川律「判批」[2008-2]アメリカ法116頁，拙稿「判批」大分大学経済論集61巻5号79頁（2010年），田中佑佳「アメリカ公立学校における生徒の表現の自由(1)(2・完)」阪大法学62巻6号179頁（2013年），同63巻1号105頁（2013年）などがある。なお，差戻しを受けた連邦高裁は，Morse判決に照らして審理を尽くすよう，さらに連邦地裁に差戻しを行った。See Frederick v. Morse, 499 F.3d 926（9th Cir. 2007）.

向かって横断幕を広げている。それゆえ、本件は学校言論に関するケースではないとするフレデリックの主張は認められない。

②「BONG HiTS 4 JESUS」の解釈

横断幕に書かれたメッセージは謎めいており、フレデリック自身、それはテレビカメラの注意を引くための無意味なものにすぎないと主張している。しかし、校長は、横断幕を見た者がそれを違法薬物使用の助長と解釈するであろうと考えたのであり、その解釈は明らかに合理的である。この横断幕は、少なくとも次の2つ解釈が可能な点で、違法薬物使用の唱道と見なしうる。1つは、そのフレーズが命令的なものと解釈できることである。すなわち、「[Take] bong hits…」は、「マリファナを吸え」または「違法薬物を使え」というメッセージに等しい。もう1つは、そのフレーズが、「bong hits [are a good thing]」または「[we take] bong hits」のように、薬物の使用を賛美していると解釈できることである。生徒仲間の真ん中で違法薬物の使用を賛美することと、明白な唱道または助長との間に意味のある違いを見出すことはできない。上記2つの解釈は、この横断幕に他の解釈の余地が乏しいことを考えれば、一層妥当なものとなる。意味不明の言葉であるというのは確かにありうる解釈であるが、それは唯一の解釈ではなく、横断幕が違法薬物に紛れもなく言及していることを無視するものである。また、テレビに映りたいというのは、フレデリックが横断幕を掲げた「動機」に過ぎず、横断幕の解釈とはいえない。さらに、本件は、薬物使用や薬物所持の犯罪化に関する政治的議論に関わるものでもない。

③本件処分の合憲性

Tinker判決は、「学校環境の特別な性格に照らして適用される修正1条の権利を教師と生徒が主張できること」を明確にし、生徒の表現は「著しくかつ実質的に学校の業務及び規律を混乱させる」と学校側が合理的に結論づけない限り、抑圧されえないと表明した。この事件で最も重要な事実は、生徒達が腕章を使用してベトナム戦争に反対するという政治的言論に携わっていたということである。政治的言論は、当然、修正1条が保護しようとするも

のの核心部分にある。

続くFraser判決は，学校には生徒による「不快なほどにみだらで下品な」言論を規制する権限があるとし，学校集会であからさまな性的隠喩を用いた演説をした生徒に停学処分を課すことを支持した。Fraser判決の分析手法は完全には明らかではないが，同判決からは2つの基本原則を導き出すことができる。1つ目は，「公立学校の生徒の憲法上の権利は，他の状況にある成人の権利と自動的に同一の広がりをもつものではない」ということである。2つ目は，Tinker判決で示された分析手法は絶対的なものではないということである。Fraser判決は，Tinker判決の「実質的混乱」の分析を採用していない。

直近のKuhlmeier判決は，生徒・親・公衆によって学校の承認を得ていると合理的に受け取られるおそれのある表現活動に関わっているが，連邦最高裁は，「正当な教育的関心と合理的に関連する限り」，教師は「学校が後援する表現活動」において，生徒の言論の様式と内容をコントロールできるとした。フレデリックの横断幕が学校の承認を得ているとは合理的に見て誰も思わないであろうから，Kuhlmeier判決は，本件を指導するものではない。しかし，同判決は上記の2つの基本原則を確認している点で有益である。

その後，Vernonia School Dist. 47J v. Acton, 515 U.S. 646（1995）において，連邦最高裁は，修正14条の文脈において，生徒による薬物使用を抑制することは「重要な，さらにおそらくは，やむにやまれぬ」利益であると認めている。薬物濫用は，若者の健康に深刻で永続的なダメージを与えうる。2005年の薬物使用に関する全米調査によれば，12年生で約半数，10年生で3分の1以上，8年生で約5分の1が違法薬物を使用した経験があり，約4分の1の高校生が過去1年以内に学校内で違法薬物を販売・譲渡された経験があるなど，問題は深刻である。連邦議会は，学校の任務の一部は生徒に対して違法薬物使用の危険性について教育することであると宣言し，州及び地域の薬物防止プログラムに数十億ドルの援助を行うとともに，「安全で薬物のない学校とコミュニティーに関する1994年法」（Safe and Drug-Free Schools and Communities Act of 1994）に基づいて連邦政府の補助金を受ける学校に対して，その薬物防止プログラムが「違法薬物の使用が正しくないことであ

り，有害である……との明確で一貫性のあるメッセージを伝える」ことを要求している。そして，ジュノー教育委員会を含む多数の教育委員会がそれを実施するための方針を採用している。これらの教育委員会は，「仲間からの圧力」(peer pressure)が生徒を薬物使用に走らせる唯一最大の要因であり，学校の規範がそのような行動を許容するように見える場合に，生徒が薬物を使用する可能性がより高くなることを認識している。それゆえ，学校行事において学校管理者や教師の面前で違法薬物使用を賛美する生徒の言論は，薬物濫用の危険から生徒達を守るために働いている学校公務員に対するあからさまな挑戦である。

　学校環境の特別な性格及び生徒による薬物濫用を阻止する政府利益は，違法薬物の使用を助長すると合理的に見なしうる生徒の表現を学校が制限することを許容する。違法薬物使用の危険は，深刻で明白なものであり，それを防止しようとする特別な関心は，Tinker判決が言論禁止の理由にはならないと警告した論争を避けたいという抽象的な願望を遙かに超えるものである。ほとんどの政治的・宗教的言論は，誰かにとっては不快（offensive）と受け止められるおそれがあり，上訴人が主張するようにFraser判決を「不快」という言葉の何らかの定義にあてはまるあらゆる言論に及ぶものと理解するべきではない。ここで重要な点は，フレデリックの言論が不快であったということではなく，それが違法薬物の使用を奨励していると合理的に見なされたということである。修正1条は，違法薬物使用の危険の一因となるような学校行事での生徒の表現を許容することを学校側に要求するものではない。

（2）　トーマス裁判官の同意意見

　Tinker判決で示された基準は，憲法上根拠のないものである。公教育の歴史は，修正1条が公立学校における生徒の言論を保護していないことを示している。初期の公立学校は自由奔放な討論の場や競合する思想の探求の場ではなく，共通の価値観の核心を生徒に植え付け，自制を教える場であった。公教育の初期の段階において，裁判所は，「親代わり」(*in loco parentis*)の法理を適用して，規則を定め教室をコントロールする学校の権限をほとん

ど制限しなかった。生徒の言論規制についても同様である。Tinker判決の理由づけは,「親代わり」の法理によって制限された,公教育に関する司法府の役割についての伝統的理解と矛盾する。校長らは,憲法は公立学校にいる生徒には言論の自由の権利を与えていないというより簡潔な理由で,勝訴することができた。修正1条の名のもとに,Tinker判決は,公立学校において秩序を維持する教師の伝統的権威を弱体化させてきた。法廷意見が生徒の言論の領域においてTinker判決を減退させるものであるがゆえに,法廷意見に加わるが,より優れたアプローチは,Tinker判決を完全に覆すことである。

（3） アリート裁判官の同意意見（ケネディ裁判官が同調）

　第1に,法廷意見は,合理的な監視者であれば違法薬物の使用を唱道していると解釈するであろう言論を公立学校が制限できると判示したにとどまる,第2に,法廷意見は,麻薬撲滅キャンペーンまたはマリファナの医学的利用の合法化のような争点に関する言論を含め,何らかの政治的・社会的争点について論評を加えているともっともらしく解釈できる言論に関しては,いかなる制限も支持するものではない,との2点の理解を前提として,法廷意見に加わる。法廷意見は,学校の「教育的使命」を妨げるあらゆる生徒の言論の規制が修正1条上許されるとの上訴人と合衆国政府によって主張された広範な主張を是認するものではない。この主張は,政治的・社会的争点に関する言論をそこに表明された見解に対する不同意に基づいて抑圧することを公立学校に認めることになり,修正1条の核心に打撃を与える。公立学校において言論の自由に関する通常のルールを変更するためには,権限委譲の論理ではなく,学校環境に関する何らかの特別な性格に依拠する必要がある。本件では,それは生徒の身体的安全に対する脅威である。生徒は彼らに害悪を与えるかもしれない他の生徒とともに狭苦しい場所で日々時間を過ごすことを強いられている。学校環境の特別な性格ゆえに,学校職員は,言論が暴力に至る前に介入するためのより大きな権限を持たなければならない。違法薬物の使用を唱道する言論は,生徒の安全を——必ずしも即時的に明白なものではないが——まさに深刻な脅威にさらす。違法薬物の使用は,重大

で，しかも多くの点で比類のない脅威を生徒の身体的安全に及ぼす。それゆえ，公立学校は違法薬物の使用を唱道する言論を禁止できると判断するが，そのような規制は修正１条が許容する限界の規制である。従って，法廷意見がそれ以上のいかなる規制の拡大も是認するものではないとの理解のもと，法廷意見に加わる。

（４）　ブライヤー（Stephen Breyer）裁判官の一部同意・一部反対意見

学校関連のイベント中にテレビカメラの注意を引くために，あらゆる種類の無関係なまたは不適切なメッセージを伴う14フィートの横断幕を広げることを学校職員は合理的に禁止できるとしても，修正１条の基本原則が害されるとは思われない。しかし，本判決は，見解規制に依拠するものであり，非常に多くの深刻な問題を生み出す。１つの問題は，本判決は理論的には違法薬物の使用を助長する言論に限定されているが，事実上，見解に基づくさらなる規制を正当化しうることである。違法なものは違法薬物に限られない。さらに，薬物の唱道についての本判決のルールが，より明確に政治的なコメントを伴った薬物に関するメッセージなどに及ぶのかも明らかではない。一方，反対意見の立場を採用した場合，規律を維持しようとする学校側の合理的な行動を著しく害するおそれがある。学校職員は規律への挑戦に対処するためにある程度の柔軟な権限を必要としている。このような状況下では，最高裁判所の監督が細部にわたればわたるほど，その判断が教師と生徒間の紛争をさらに引き起こす可能性が高い。そのような紛争に内在する非常に困難な憲法問題の解決を避けるために，本件では限定的免責の成否についてのみ判断を下すべきである[25]。

（５）　スティーブンス（John P. Stevens）裁判官の反対意見（スーター（David Souter）裁判官，ギンズバーグ（Ruth B. Ginsburg）裁判官が同調）

法廷意見は，薬物被害から子ども達を守ることが非常に重要であることを

25　ブライヤー裁判官は，複数の連邦高裁判決で，Tinker判決，Fraser判決，Kuhlmeier判決が示した各テストが複雑で適用困難とされていることなどを指摘し，本件での限定的免責の成立を認めている。See Morse, 551 U.S. at 429-430 (Breyer, J., concurring in the judgement in part and dissenting in part).

根拠として，第1に，言論の内容，とりわけ話し手の見解に基づく言論の抑圧は，最も厳格な審査に服する，第2に，違法行為の唱道を理由とした処罰が許されるのは，その唱道が政府が避けようとする害悪を引き起こしそうな場合に限られる，との修正1条の2つの基本原則を矮小化している。法廷意見は，話し手の見解に対する聴き手の理解（それどころか誤解）による不同意ゆえに与えられた処分を支持するものであり，修正1条の核心を攻撃するものである。しかし，法廷意見のように薬物に肯定的な言論だけを厳しく取り扱うことは，判例上根拠のないことであり，修正1条によって保護されている諸価値にも反する。

　成人に対しては許されない程度の監督と統制を容認する学校と生徒の間の保護的・後見的関係を前提とすれば，一定の限られた見解差別を許容することが適切かもしれないし，違法行為の唱道の規制に通常求められる厳格な切迫性の要件も学校では緩和されうる。しかし，薬物使用を唱道する言論を制限することと，第三者が主観的に，そしてまったく不合理に，唱道と同じであると考えて，薬物に関する曖昧なメッセージを禁止することは，まったく別である。本件横断幕は無意味なメッセージであって，唱道ではない。また，フレデリックはテレビに映りたかっただけであると説得的に説明しており，このように聴衆を説得することを意図していない話し手が何かを唱道しているとはとてもいえない。このメッセージが平均的な生徒や最も出来の悪い生徒を実際に説得して，その行動を変化させるとは信じ難い。たとえ，マリファナへの不明瞭な言及の中に唱道の要素を強引に見出すことができたとしても，それはせいぜい希薄で，あいまいなものである。このような言論が抑圧されるのであれば，高校生は，麻薬撲滅キャンペーンの賢明さや医療目的でのマリファナ使用の合法化を含め，薬物に関する発言を行えなくなる。また，学校区の規則は，未成年者にとって違法なすべてのものに等しく適用されるため，マリファナの不正使用よりも多くの死亡事故を引き起こしている飲酒についても同様の問題が生じる。高校においても，ただ1つの観点しか表明することを許さないルールは，さまざまな見解が競い合う開かれた議論に比べ，正しい答えを生み出す可能性は低い。

Ⅲ 考察

1 「学校言論」(School Speech) か

　まず，フレデリックの横断幕の掲示がTinker判決をはじめとする生徒の表現に関する先例が適用されうる「学校言論」といえるかという問題がある。仮に「学校言論」ではないとすれば，歩道上で行われたフレデリックの横断幕の掲示は，パブリック・フォーラムにおける表現として憲法上保護され，そもそも学校側は規制できない可能性が高い。実際，フレデリック側は，校内には立ち入っていないことやイベントが学校の後援を受けたり，効果的な監視を伴ったりしていなかったことなどを指摘して，本件は「学校言論」ではないと主張した[26]。しかし，Morse判決は，「学校言論」に関する先例の適用について，連邦下級審の判例上，不明確性があることを認めたものの[27]，本件の場合，授業時間中であったこと，学校公認の活動において行われたこと，教職員が監視していたこと，他の生徒もいたこと，高校に向けて掲示がなされたことなどを指摘して，「学校言論」であると判断し，反対意見もこの点には異論を唱えていない。また，本件では，1審・2審も学校の規制権限が及ぶことを認めている。

　学校外で学校の後援を伴わずに行われた生徒の表現 (Off-Campus Speech) が「学校言論」として，生徒の表現に関する先例が適用されるか否かは，これまで下級審レベルでは，地下新聞の発行やインターネット上の表現をめぐって，多数争われてきている[28]。確かに，この点に関して，下級審の判断は必ずしも一致していないが，学校外で作成されたものであっても，その後，学校内に持ち込まれたり[29]，Tinkerテストを満たすような影響を学校内に与える場合[30]には，「学校言論」と判断される傾向にある[31]。

26　*See* Respondent's Brief at 33-36, *Morse*, 551 U.S. 393 (No. 06-278), 2006 U.S. Briefs 278.
27　*See Morse*, 551 U.S. at 401.
28　*See* MICHAEL IMBER ET AL., EDUCATION LAW 133-140 (5th ed. 2014).
29　*See, e.g.*, Boucher v. School Board of School Dist. of Greenfield, 134 F.3d 821 (7th Cir. 1998); LaVine v. Blaine School Dist., 257 F.3d 981 (9th Cir. 2002).
30　*See, e.g.*, Doninger v. Niehoff, 527 F.3d 41 (2d Cir. 2008); Kowalski v. Berkeley County Schools, 652 F.3d 565 (4th Cir. 2011), *cert. denied*, 565 U.S. 1173 (2012).
31　但し，Porter v. Ascension Parish School Board, 393 F.3d 608 (5th Cir. 2004) では，兄が2年

本件の場合，学校内に持ち込まれたわけでもなく，学校内に影響を与えたわけでもない。そのため，Morse判決は学校が公認権を使って学校外で行われる様々な活動における生徒の表現を規制することを可能にしてしまうとの批判もある[32]。しかし，法廷意見は，学校公認の活動中に行われたことを唯一の根拠としているわけではなく，学校外とはいえ，授業時間中に，学校の監督下で，他の生徒がいる中で行われたものであって，学校内で行われる表現との類似性が強いことを踏まえれば，本件を「学校言論」と見ることは不合理とはいえないであろう。

2　先例との関係

(1)　Tinker判決との関係

Morse判決は，生徒の修正1条の権利主体性を否定するものではなく，Tinker判決を覆してはいない。しかし，横断幕のメッセージが政治的ではないこと，違法薬物使用が生徒に与える危険の深刻性・明白性を強調し，Tinker判決と区別している。本件では，学校側も認めるように，フレデリックの行為によって，実質的混乱は生じていないため，仮にTinker判決を適用すれば，2審判決と同様，違憲判断は不可避となる。そのため，Tinker判決との区別は決定的に重要な意味を持つ。この点，横断幕のメッセージの政治性の判断に関しては，アラスカ州の特殊事情が関係してくる。アラスカ州憲法は，連邦憲法とは異なり，プライバシーの権利を明示的に保障する規定を持ち[33]，これに基づいて，州最高裁は，1975年のRavin v. State判決[34]において，成人が自宅で個人的利用のためにマリファナを所持する権利が州憲法上保障されていると判示した。そして，その後，この問題を巡って，レファレンダムが繰り返された。2審判決は，この点に触れて，「マリファナに

　　前に自宅で描いた暴力的なスケッチを弟が偶然に学校に持ち込み，兄が放校された事例で，学校言論とは認めず，処分を違憲と判断している。

32　*See* Sonja R. West, *Sanctionable Conduct: How the Supreme Court Stealthily Opened the Schoolhouse Gate*, 12 LEWIS & CLARK L. REV. 27 (2008).

33　ALASKA CONST. art. I, §1.22.「人民のプライバシーの権利は認められており，侵されてはならない」。

34　Ravin v. State, 537 P.2d 494 (Alaska 1975).

関するメッセージは，州民にとってある程度の政治的な重要性を持っており，政治的な唱道として理解される可能性がある」[35]と指摘する。Morse判決は，この点にはまったく触れていないが，このような状況を踏まえたとしても，そもそもフレデリックに公的議論を喚起する意図はまったくなかったことに加え，客観的にもメッセージの内容が意味の捉えにくいものであったことからすれば，本件を政治的言論と見ることは困難であろう[36]。一方，本件とTinkerケースの類似点としては，カリキュラムと関連しない個人的な表現であること，実質的混乱が生じていないことをあげることができるが，Morse判決はいずれの点にも言及していない。また，政治的表現か否かを重視してTinker判決と区別したことに関しては，今後，同判決が妥当する生徒の表現を政治的な表現に限定する効果を生じさせる可能性もある。この点，Fraser判決でも政治性の有無がTinker判決との区別で重視されているが，その後の下級審は，本件2審を含め，Fraser判決とKuhlmeier判決が妥当しない場合には，政治性の有無を問わずTinkerテストを適用するのが一般的傾向であったといえる[37]。Morse判決によって，この傾向に変化が生じるのかが注目される[38]。

(2) Fraser判決との関係

Morse判決は，Tinker判決の適用を否定したが，1審判決とは異なり，Fraser判決の適用も否定した。Fraser判決の射程を巡っては，本件1審・2審判決を含め，下級審において，見解の対立があり，この点も，新たな連

---

35 *Frederick*, 439 F.3d. at 1117 n. 4.
36 なお，2審判決も，Fraser判決とKuhlmeier判決が妥当しない生徒の表現にはすべてTinker判決が妥当するとの立場をとっているため，上記の点をTinker判決の適用にあたっての決定的根拠としているわけではない。
37 *See, e.g.*, Chandler v. McMinnville School. Dist., 978 F.2d 524, 529（9th Cir. 1992）; Saxe v. State Coll. Area School Dist., 240 F.3d 200, 214（3d Cir. 2001）.
38 Dariano v. Morgan Hill Unified School Dist., 767 F.3d 764（9th Cir. 2014）では，シンコ・デ・マヨ（Cinco de Mayo）のお祭り期間中に，人種に関連する暴力発生の危険を察知した学校職員があるグループの生徒にアメリカ国旗が描かれているシャツの着用等を禁止したことが修正1条等に違反するかが争われたが，連邦高裁は，表現の政治性は判断せずに，Tinkerテストを適用し，合憲と判断している。なお，連邦最高裁は，裁量上訴を認めなかった。*See* Dariano v. Morgan Hill Unified School Dist., 2015 U.S. LEXIS 2190（2015）.

邦最高裁判決に明確化が期待されていた点であった[39]。

　見解が対立した典型的事例として，アルコール，薬物，暴力等を描写する衣服の着用を禁止した学校の服装規程に基づいて，当時アメリカ大統領であったG・W・ブッシュ（George W. Bush）を批判する様々な言葉とともに，アルコールと薬物の小さな絵が描かれていたTシャツを着用していた生徒に対して，その部分に覆いをかけるよう命じたことが修正1条に違反するか争われたケースがある。1審の連邦地裁はTシャツが大統領の性格・政策を批判する政治的言論であることを認めながらも，「Fraser判決は，たとえ言論が政治的な内容を有しているとしても，みだらなまたは不適切な（inappropriate）な言論に対して適用できる」[40]（傍点引用者）と判断した。同判決は，学校側の措置はTシャツの反ブッシュ・メッセージに動機付けられたものではなく，政治的に中立であり，Fraser判決のもとで許容できるとしたのである。これに対して，2審の連邦高裁は，1審によるFraser判決の「明らかに不快」（plainly offensive）という言葉の解釈は広範に過ぎるとし，本件2審判決も引用しながら，それを性的な表現に限定した[41]。そして，「『明らかに不快』という言葉は，学校が生徒の表現を『教育的使命』と衝突すると決定したり，正当な教育的関心を主張したりする際に，いつでも引き合いに出せるほど広範なものではあり得ない」[42]と述べ，Tinkerテストを適用して，違憲判断を下した。このケースでは，連邦最高裁は，裁量上訴を受理しなかったが[43]，Morse判決では，学校側が主張した同様のFraser判決の拡大解釈を認めなかった。但し，Fraser判決の射程を必ずしも性的な表現に限定しているわけではなく，このような拡大解釈が政治的・宗教的な言論までも抑制しうることを理由としており[44]，この点で先のケースの2審判決や本件2審判決

39　See David L. Hudson, Jr. & John E. Ferguson, Jr., *The Court's Inconsistent Treatment of Bethel v. Fraser and the Curtailment of Student Rights*, 36 J. MARSHALL L. REV. 181 (2002).
40　See Guiles v. Marineau, 349 F. Supp. 2d 871, 879 (D. Vt. 2004).
41　See Guiles v. Marineau, 461 F.3d 320, 327-328 (2d Cir. 2006).
42　See *id*. at 330.
43　Marineau v. Guiles, 551 U.S. 1162 (2007).
44　最高裁が宗教的な言論に言及したのは，横断幕の「Jesus」という言葉に宗教的言論の可能性を認めたからではなく，フレデリック側の法廷助言者（amicus curiae）として意見書を提出したキリスト教徒法律協会（Christian Legal Society）が「公立学校への不適切な敬譲は，公立学校の生徒による正当な宗教的表現を害することに行き着くおそれがある」と主張したことによるも

Chapter11 違法薬物使用の唱道と生徒の表現の自由 391

とはやや異なっている点に注意する必要がある。

(3) Kuhlmeier判決との関係

Morse判決は，Kuhlmeier判決との関係については，横断幕のメッセージが学校の承認を得ているとは誰も思わないとして簡単に区別している。この点に加え，Kuhlmeier判決は，生徒の表現を教育の対象とする授業の中での生徒の表現規制の問題であり，学校公認の活動とはいえ，そのような要素のない本件と区別することは問題ないであろう。

3 Morse判決の特徴と問題点

(1) 学校における「保護されない言論」の新たなカテゴリーの創出

これまでの先例がいずれも適用されないとしたMorse判決が合憲判断の決め手としたのは，第1に，学校環境の特別な性格，第2に，生徒の薬物濫用を阻止する政府利益の重大性である。前者に関しては，仲間からの圧力，学校の姿勢が生徒に与える影響の大きさ，後者に関しては，薬物検査に関する連邦最高裁判決，薬物濫用に関する各種の統計データ，連邦議会・教育委員会の取組みに触れている。

学校環境の特別な性格については，アリート裁判官の同意意見も「生徒の身体的安全に対する脅威」を指摘するが，薬物濫用阻止という政府利益の重大性に関しては，フレデリック側も否定していない。問題は，違法薬物使用自体に伴う危険と違法薬物使用に関する言論に伴う危険との違いである[45]。違法行為の唱道に関しては，通常であれば，Brandenburg v. Ohio連邦最高裁判決[46]が示した，暴力行使や違法行為の唱道は「切迫した違法行為を煽動または生じさせることに向けられており，かつそのような行為を煽動しまたは生じさせる蓋然性のある場合」[47]のみ憲法上禁止できるとするブランデン

のと考えられる。See Brief for Christian Legal Society as *Amicus Curiae* Supporting Respondent at 2, *Morse*, 551 U.S. 393 (No. 06-278), 2006 U.S. Briefs 278.
45 フレデリック側の弁論趣意書には，「本件は薬物に関するものではない。本件は言論に関するものである」との一節がある。See Respondent's Brief, *supra* note 26, at 7.
46 Brandenburg v. Ohio, 395 U.S. 444 (1969).
47 *Id.* at 447.

バーグ基準に従う必要がある[48]。しかしながら，法廷意見は，同基準には何ら言及することなく，上記２点から，学校における違法薬物使用を唱道する言論の規制を認めている。Brandenburg判決では，単なる唱道と切迫した違法行為の煽動を区別することが求められたが，Morse判決は学校においてはそのような区別を不要としたことになる。このようにして，Morse判決は，学校において「保護されない言論」の新たなカテゴリーを創出したといえる[49]。一方，どの程度問題が深刻化すれば，このようなアプローチが正当化されるのかは，明らかではない。

（２）　横断幕の解釈手法

Morse判決は，横断幕のメッセージの解釈にあたり，宗教的な言論と見なす余地のある「4 JESUS」という部分には触れずに，マリファナに関係する「BONG HiTS」の部分のみに着目して，その使用を肯定するいくつかの言葉（「吸え」(Take)，「良いことだ」(are a good thing)，「我々は吸う」(we take)）を独自に補い，これに基づいて，違法薬物使用の唱道と見なした校長の判断を合理的としている。しかし，このように，メッセージが曖昧な場合に，表現の自由に不利な解釈手法が許されるのであれば，学校では違法薬物使用を明確に否定するメッセージでない限りは，違法薬物使用に関わる表現は保護されない結果となりかねない。このような解釈手法は，生徒が修正１条の権利主体であることを認めたTinker判決の基本的な考え方と矛盾するおそれがある。

（３）　法廷意見と反対意見の対立点

法廷意見は，憲法上通常許されない見解規制を認めるものであるとして，反対意見から強く批判されている。この点，法廷意見は，見解規制であることを認めたうえで，それを正当化するという判断手法ではなく，違法薬物使用を唱道する表現は，そもそも学校においては憲法上保護されないというア

48　なお，法廷意見を含め，各裁判官の意見も，この事件の文脈では，「奨励する」(encourage)，「唱道する」(advocate)，「助長する」(promote) 等の言葉を互換的に使用していると思われる。
49　See IMBER ET AL, *supra* note 28, at 103.

プローチをとっていると考えられる。しかし，違法行為を唱道する様々な表現の中から違法薬物使用を唱道する表現のみを取り出しており，その点で見解規制であるという側面は否定できないであろう。一方，スティーブンス裁判官の反対意見も，学校においては一定の見解規制が許される可能性を認め，ブランデンバーグ基準の切迫性の要件が緩和される可能性も認めている。従って，この両者の対立は，学校において見解規制が許されるか否かというよりも，横断幕のメッセージの解釈を言論保護的に行うか否かの違いに帰着することになろう。

(4) 政治的言論の重視

 Morse判決は，修正1条の中核は，政治的言論の保護であるとしている。ただ，このことが強調されると，本件がそうであるように，非政治的な生徒の表現が保護されにくくなる結果をもたらす。この点，チェメレンスキー (Erwin Chemerinsky) は，Morse判決を批判して，「生徒も自己を表現する自律の利益を有している。メッセージは，政治的であったり，娯楽的であったり，あるいは単にばかげたものであったりするが，そのことは，社会で保護されているすべての言論にも当てはまる」[50]とする。また，別の論者も，「非政治的な生徒の言論に対する抑圧が増加し，子どもが自己表現に有意義な関わりを持つことができないことになれば，自己同一性の発達に有害な影響を与えるかもしれない」[51]と指摘する。自我に目覚め，自己のアイデンティティーの形成にとって極めて重要な時期にある生徒にとって，たとえ政治性がなく，また未熟な表現であっても，それが教育活動に実質的な混乱をもたらしたり，他者を傷つけたりしない限り，憲法上保護されることは，生徒の自己実現や自律にとって，無視できない意味を持っていると考えられる。しかし，政治的言論を重視するMorse判決には，こうした観点が欠けているように思われる。

---

50 Erwin Chemerinsky, *How Will Morse v. Frederick Be Applied?*, 12 LEWIS & CLARK L. REV. 17, 23 (2008).
51 Piotr Banasiak, Comment: *Morse v. Frederick: Why Content-Based Exceptions, Deference, and Confusion Are Swallowing Tinker*, 39 SETON HALL L. REV. 1059, 1099-1100 (2009).

(5) Morse判決の教育観

　Tinker判決やFraser判決とは異なり，Morse判決は，公教育の目的や教育観を積極的に語るところはない。本件で学校側の訴訟代理人を務め，Fraser判決の適用を主張した前訟務長官のスター（Kenneth W. Starr）は，Morse判決は公立学校を「習慣と礼儀作法を教え込む場」として見るFraser判決の共同体主義的な見方を放棄して，公立学校を生徒の自由な言論のプラットフォームとして見るTinker判決の基底原理に回帰したと主張する[52]。しかし，Morse判決には「学校行事において学校管理者や教師の面前で違法薬物使用を賛美する生徒の言論は，薬物濫用の危険から生徒達を守るために働いている学校公務員に対するあからさまな挑戦である」[53]と述べる部分があり，ここには，学校の教育方針と異なる見解に対する不寛容で権威主義的な姿勢が垣間見られ，公的に承認された見解とは異なる見解を学校において保障することの重要性を説いたTinker判決とは異なる教育観が現れているように見える。一方で，Tinker判決の教育観とは矛盾しないと考えることも不可能ではない。すなわち，Tinker判決は生徒に修正1条の権利主体性を認めたものの，そのことを通じて，生徒に幅広く表現の自由を認めようとしたものではなく，民主主義を支える市民の育成という教育観に基づいて，政治的な見解の表明を保護しようとしたものに過ぎないと考えることもできるからである。当時の評釈においても，「Tinker判決は事例が極端であるため，その射程は狭い」[54]とする指摘があり，現在でも，Tinker判決を民主的な教育にとって必要な政治的言論の保護を超えて拡大的に解釈することに批判的な見解もある[55]。仮にこのようなTinker判決の理解が正しいとすれば，Tinker判決からMorse判決に至る一連の連邦最高裁判決の教育観は，民主主義を支える市民の育成であり，それに必要な範囲で生徒の表現の自由を保障するものとして，一貫していると見ることもできる。

52　Kenneth W. Starr, *From Fraser to Frederick: Bong Hits and the Decline of Civic Culture*, 42 U.C. DAVIS L. REV. 661, 663 (2009).
53　*Morse*, 551 U.S. at 408.
54　*The Supreme Court, 1968 Term*, 83 HARV. L. REV. 7, 157 (1969).
55　*See, e.g.*, Curtis G. Bentley, *Student Speech in Public Schools: A Comprehensive Analytical Framework Based on the Role of Public Schools in Democratic Education*, 2009 BYU EDUC. & L.J. 1 (2009).

4 Morse判決の意義と射程
(1) 意義

　Morse判決の意義は，Fraser判決を「『不快』(offensive)という言葉の何らかの定義にあてはまるあらゆる言論に及ぶものと理解するべきではない」[56]として，下級審に見られたFraser判決の射程をめぐる混乱の解決に一定の指針を示したことであろう。これによって，Fraser判決の「不快な」という言葉の拡大解釈を通して，学校の基本的教育使命を損なう生徒の表現を「不快な」表現として規制することに一定の歯止めがかけられたといえる[57]。本件でも学校側によって主張されていたこの見解が支持されていれば[58]，Tinker判決は政治的見解の抑圧を禁止するというその核心部分において否定されることになり，同判決は事実上覆されることになっていたといえる。この問題は，アリート裁判官の同意意見が的確に指摘している[59]。但し，Morse判決は，政治的・宗教的言論への影響を問題としているため，そうした影響が生じない場合について，なおFraser判決を規制の根拠として持ち出せるかは，不明確なところがある。

(2) 射程
①学校行事での表現に限定されるか

　違法薬物使用を唱道していると合理的に解釈できる生徒の表現の規制について，Morse判決が認めたのは，カリキュラム以外の場面では，本件のような学校行事で行われた場合に限られるのであろうか。Morse判決は，争点を

56　*Morse*, 551 U.S. at 409.
57　この点を「現在無視されているMorse判決の賞賛に値する側面である」として積極的に評価する見解として，Jordan B. Wood, *Morse v. Frederick's New Perspective on Schools' Basic Educational Missions and the Implications for Gay-Straight Alliance Frist Amendment Jurisprudence*, 18 COLUM. J. GENDER & L. 281 (2008) 参照。*See also* Douglas Laycock, *High-Value Speech and the Basic Educational Mission of a Public School: Some Preliminary Thoughts*, 12 LEWIS & CLARK L. REV. 111 (2008).
58　*See* Brief for Petitioner at 21, *Morse*, 551 U.S. 393 (No. 06-278), 2006 U.S. Briefs 278.
59　*See Morse*, 551 U.S. at 423 (Alito, J., concurring). なお，アリート裁判官は，連邦高裁裁判官時代に，Saxe v. State Coll. Area School Dist., 240 F.3d 200 (3d Cir. 2001) において，Tinker判決が一般的ルールであり，Fraser判決は「みだらな，低俗な，または俗悪な言葉」に対して適用されるとしている。*See id* at 214.

設定している箇所などでは,「学校行事において」と述べている一方[60],そのような限定をせずに,学校はこの種の言論から生徒を保護する措置を採ることができると述べている箇所もある[61]。仲間からの圧力などMorse判決が規制を支持する際に重視している点は,学校行事での表現に限らず,「学校言論」である限り,同様に妥当するため,Morse判決の射程は,学校行事での表現に限定されないと理解するのが妥当であろう。同意見や反対意見も,そのような理解のもとで,議論を展開していると考えられる。

②薬物に関する政治的言論への影響

次に薬物に関する生徒の表現に政治性が認められる場合でも,Morse判決のもとで規制が許容されるのではないかという問題がある。この点は,ブライヤー裁判官もスティーブンス裁判官もその可能性を指摘している。確かに,Morse判決は,政治性が伴っている場合にMorse判決が適用されないことを明言しているわけではなく,むしろ,「違法薬物使用の唱道」に該当するか否かの判断を規制する側の学校長の合理的判断に委ねているため,学校長の判断が不合理であるといえない限りは,政治性を伴う場合でも規制が許容される可能性がある。そのため,違法薬物使用に肯定的であると解釈可能な表現については,政治性を伴っていても「唱道」と捉えられる可能性は否定できないであろう。この点についての懸念は,学説においても,広く共有されており,「Morse判決は,違法薬物使用に関する政治的言論のための余地を残していない」[62]との批判もある[63]。その一方で,生徒の言論に対する更なる侵害への懸念は誇張であり,Morse判決は,政治的・宗教的言論に関しては,極めて言論保護的アプローチをとっているとする見方もある[64]。

60　*See Morse*, 551 U.S. at 403, 408, 410.
61　*See id.* at 397.
62　Jennifer W. Greenband, Note: *Morse v. Frederick: The United States Supreme Court Applied the Standard for School-Sponsored Speech to Independent Student Speech*, 41 CREIGHTON L. REV. 481, 513 (2008).
63　同趣旨の批判として,Joanna Nairn, Recent Development: *Free Speech 4 Students? Morse v. Frederick and the Inculcation of Values in Schools*, 43 HARV. C.R.-C.L. L. REV. 239, 252-254 (2008); Kellie Nelson, Case Note, 8 WYO. L. REV. 291, 314 (2008) 等参照。
64　*See* Mark W. Cordes, *Making Sense of High School Speech After Morse v. Frederick*, 17 WM. & MARY BILL OF RTS. J. 657, 700, 712 (2009).

一方，ケネディ裁判官も加わったアリート裁判官の同意意見は，Morse判決が「何らかの政治的または社会的争点について論評を加えているともっともらしく解釈できる言論」には及ばないことを同意の前提としている。彼ら2名の票が多数意見を形成するうえで不可欠であったことを考えれば，この同意意見がMorse判決の有力な解釈を示しているようにも思える。しかし，この同意意見についても，「政治的または社会的争点」という基準や「論評を加えているともっともらしく解釈できる」という基準が包括的ないし不明確であり，保護される表現と保護されない表現を区別するうえで実際には役に立たないのではないかという批判がある[65]。これらの点は，結局のところ，政治的表現と非政治的表現を明確に区別することが困難であることを示唆しているといえる。そして，そうであるがゆえに，学校の裁量を広く認めるMorse判決のもとでは，学校が薬物使用に関する学校の方針に反すると見なしさえすれば，政治性を伴う表現であっても規制が許容されるおそれがあるといえる。

③違法薬物使用以外のトピックスに関する言論への影響

　さらに問題となるのは，ブライヤー裁判官も指摘するように，Morse判決の論理は，違法薬物使用のみならず，生徒による飲酒，喫煙，無責任な性交などの未成年者にとって違法ないし有害な他のトピックスに関する表現についての規制も正当化することになるのではないかという点である。確かにMorse判決自体は違法薬物使用の唱道に関わるケースであり，アリート裁判官の同意意見も，Morse判決をそのように限定的に理解することを同意の前提としている。しかし，違法薬物使用を唱道していると合理的に見なしうる表現が仲間からの圧力や薬物濫用問題の深刻性などを理由に規制できるのであれば，同様の理由から，生徒にとって違法または有害な他の行為を唱道していると合理的に見なしうる表現の規制も正当化しうる。この点も，Morse判決の射程に関して，多くの論者が指摘する問題点であり[66]，「生徒の健康」

65　*See The Supreme Court, 2006 Term——Leading Cases*, 121 HARV. L. REV. 185, 301（2007）.
66　*See, e.g.*, Nairn, *supra* note 63, at 252-253; *The Supreme Court, 2006 Term——Leading Cases*, *supra* note 65, at 300; Joshua Azriel, *The Supreme Court's 2007 Decision in Morse v. Frederick: The Majority Opinion Revealed Sharp Ideological Differences on Student Speech Rights Among*

を保護するという生徒の表現規制における新たな根拠を示したものであるとする見方もある[67]。

5 Morse判決の下級審への影響

生徒の表現に対する保護をさらに減少させたとして，Morse判決を批判するチェメレンスキーは，法廷意見を「アリート裁判官の同意意見のプリズム」を通して限定的に読むことが自身の願いであり下級審にとっての解決策であるとした[68]。しかし，下級審の中には，Morse判決を違法薬物使用の唱道の規制という文脈を超えて適用する例が出てきている。

まず，教師を拳銃で撃つ夢を書いたノートを学校に持参し他の生徒に見せた生徒が停学処分等を課された事例で，Boim v. Fulton County School Dist.連邦高裁判決[69]は，「Morse判決の論拠は，校内暴力の脅しであると合理的に解釈できる言論にも，それ以上ではなくても，同様にあてはまる」[70]として，合憲判断を下した。また，ノートにコロンバイン事件のような銃撃を実行する計画を書いた生徒が停学処分等を課された事例で，Ponce v. Socorro Independent School Dist.連邦高裁判決[71]は，Morse判決のアリート裁判官の同意意見を引用しながら，同判決のもと，生徒の身体的安全に対する「特別の危険」を伴う重大な加害行為を唱道する言論は保護されないとして，合憲判断を下している[72]。さらに，「同性愛は恥ずべきことだ」などと書かれたTシャツを着用した生徒に対する処分を合憲としたHarper v. Poway Unified School Dist.連邦地裁判決[73]は，Morse判決は「生徒の身体的・感情的・心理的な健康への加害を助長する行為や表現」から生徒を保護する学校職員の義

---

the Court's Five Justice Majority, 12 UC DAVIS J. JUV. L. & POL'Y 427, 450-451 (2008).
67 *See* Francisco M. Negron, Jr., *The Unwitting Move Towards A "New" Student Welfare Standard In Student Speech After Moser v. Frederick*, 58 AM. U. L. REV. 1221 (2009).
68 *See* Chemerinski, *supra* note 50, at 18, 25.
69 Boim v. Fulton County School Dist., 494 F.3d 978, 984 (11th Cir. 2007).
70 *Id at.* 984.
71 Ponce v. Socorro Independent School Dist., 508 F.3d 765 (5th Cir. 2007).
72 *Id at.* 770. なお，その後，Bell v. Itawamba County School Board, 774 F.3d 280 (5th Cir. 2014) は，Ponce判決は「大量殺人を含め学校の人々全体を重大かつ比類のないほど暴力の脅威にさらす言論にはTinker判決の分析が適用されないことを示し，Morse判決を限定的に拡大するものである」(*id.* at 299) としている。
73 Harper v. Poway Unified School Dist., 545 F. Supp. 2d 1072 (S.D. Cal. 2008).

務を認めていると述べている[74]。

　このように，これらの判決は，Morse判決を違法薬物使用の唱道の規制という文脈を超えて，学校において他者を暴力の脅威にさらす表現や他者の感情を傷つける表現の規制に適用している。但し，こうした表現の規制について，Tinkerテストを適用して判断している例も少なくなく[75]，このようなMorse判決の拡大適用の流れが下級審において確立しているとまではいえない。例えば，J.S. v. Blue Mt. School Dist.連邦高裁判決[76]は，校長を侮辱するサイトの作成にTinkerテストを適用し，処分を違憲と判断しているが，Morse判決の射程の限定性をアリート裁判官の同意意見にも触れながら指摘している[77]。また，SNS（Myspace）を使用して自宅から友人宅へ武器を自慢するメッセージと特定の同級生を拳銃で撃つメッセージを送信した生徒に対する停学処分等を合憲としたWynar v. Douglas County School Dist.連邦高裁判決[78]は，これまでの最高裁判例を整理して，第1に，「低俗な，みだらな，わいせつな，明らかに不快な言論」にはFraser判決が適用され，第2に，学校が後援する言論にはKuhlmeier判決が適用され，第3に，どちらのカテゴリーにも当てはまらないものは，Tinker判決が適用されるとしたうえで，第4の「幾分特異なカテゴリー」として，Morse判決は違法薬物使用を奨励する言論を扱うものであるとしている[79]。

おわりに

　フレデリックは，連邦最高裁での敗訴後も，同判決では判断されていなかったアラスカ州憲法上の表現の自由[80]の侵害を主張して，教育委員会と訴訟

74　*See id.* at 1101. 但し，この判決は，Tinker判決にも依拠している。
75　*See, e.g.,* Zamecnik v. Indian Prairie School Dist., (7th Cir. 2011); Kowalski v. Berkeley County Schools, 652 F.3d 565 (4th Cir. 2011), *cert. denied*, 565 U.S. 1173 (2012).
76　J.S. v. Blue Mt. School Dist., 650 F.3d 915 (3d Cir. 2011), *cert. denied*, 565 U.S. 1156 (2012).
77　*See id.* at 927.
78　Wynar v. Douglas County School Dist., 728 F.3d 1062 (9th Cir. 2013).
79　*Id at.* 1067.
80　ALASKA CONST. art. I, §1.5.「すべての人は，あらゆる事柄について自由に話し，書き，出版することができる。但し，その権利の濫用については責任を負う」。

を継続していた。この点について，2008年9月には連邦高裁で口頭弁論が開かれたが，同年11月に両者は和解することになった[81]。その内容は，フレデリックが訴えを取り下げることと引き換えに，教育委員会がフレデリックに4万5千ドルを支払うこと，そして舞台となったジュノーダグラス高校で生徒の言論に関するフォーラムを開催し，そこで議長を務める中立的な憲法の専門家の雇用のために5千ドルを支出することであった[82]。このフォーラムは，2009年3月に開催され，この間フレデリックの代理人を務めてきたメルツ（Douglas K. Mertz）弁護士は，集まった生徒達に，人々の感情を害するかもしれないことを何か唱道するのであれば，明確なメッセージを持つようにアドバイスし，学校区の弁護士であるギフォード（Ann Gifford）は，学校区はあなた方の政治的・宗教的言論を制限しようとしているのではなく，関心があるのは，私たちや他人に潜在的に害を与える言論であると述べた[83]。そして，このフォーラムには当時中国で英語を教えていたフレデリックも参加し，こう述べたという。「もし事件が起きてチャンスがあれば引き続き生徒の権利を支援する。でも，自分の人生をそのことに捧げるつもりはない。しかし，私はいつでもそれを擁護する」[84]。

Morse判決は，下級審レベルで見解が対立していたFraser判決の射程，すなわち同判決が，学校の基本的教育使命を損なうがゆえに「不快」と見なされる生徒の表現の規制を可能にする先例となりうるかという点に関して，政治的・宗教的表現への影響を理由に，否定的な立場をとり，Tinker判決を政治的見解の保護という核心部分において維持した。その一方で，仲間からの圧力などの学校環境の特別な性格と生徒による薬物濫用問題の深刻さを根拠として，学校において違法薬物使用を唱道していると学校長が合理的に解釈できる生徒の表現の規制を新たに容認し，Tinker判決が適用されない3

---

[81] この間の経緯について，詳しくは，JAMES C. FOSTER, BONG HITS 4 JESUS: A PERFECT CONSTITUTIONAL STORM IN ALASKA'S CAPITAL ch.9 (2010) 参照。

[82] See Eric Morrison, School Board, Frederick Reach Settlement in "Bong Hits" Case, JUNEAU EMPIRE, Nov. 5, 2008 〈http://juneauempire.com/stories/110508/loc_352352563.shtml#.V26gJuTr1aQ〉.

[83] See Eric Morrison, School hosts free speech forum, JUNEAU EMPIRE, March 22, 2009 〈http://juneauempire.com/stories/032209/loc_413173972.shtml#1〉.

[84] Ibid.

つ目の例外領域を創出した。しかも，この例外は，理論上，生徒にとって違法または有害な他の行為にも拡大される可能性を残した。その後の下級審では，学校において他者を暴力の脅威にさらす表現や他者の感情を傷つける表現の規制にMorse判決が拡大適用される事例が生じている。このような流れは，未だ一般的なものとはなっていないが，表面上は違法薬物使用の唱道の規制に限定されたMorse判決の持つ潜在的インパクトの大きさを物語っているといえる。

Chapter 12　公立学校での生徒の言論
——The Story of Bethel School District No. 403 v. Fraser, 478 U.S. 675 (1986)

藤井　樹也

ベセル高校（2014年撮影）

　日本では，近年の法改正により選挙権年齢が20歳から18歳に引き下げられた。それにともない，一方では中高生に対する主権者教育の重要性が再認識され，他方では中高生による政治活動の自由や言論の自由の意義が論じられるようになった。生徒の言論の自由を考える場合，その有無だけでなく，その具体的な範囲と限界が争点となるが，とりわけ問題となるのが，一般成人の言論の自由と比較した場合の相違である。さらに，生徒の言論が学校内で行われる場合と学校外で行われる場合の相違，生徒の言論に政治的意義や性的含意が含まれる場合の取扱い，学校における教育裁量や他の生徒の権利・利益との関係，具体的な懲戒内容や懲戒手続の許容性など，そこには多くの論点が含まれている。以上に加え，近年では，オンラインでの生徒の言論の規制可能性，サイバー空間でのいじめ対策，差別的言論規制の許容性，テロ対策の許容性など，さまざまな新たな問題が生じている。ここでは，ポスト・ウォーレンコート期，ポスト「性革命」期のアメリカにおける，生徒の学校での性的含意を有する言論活動について，その憲法問題を考察する。

I 背景

1 1980年代半ばという時代

　本章で紹介するアメリカ連邦最高裁による公教育物語の主題となるBethel School District No. 403 v. Fraser連邦最高裁判決[1]は、1980年代半ばに公立学校での生徒の言論が問題となった事例について、学校内の集会で不適切な発言があったことを理由に生徒に3日間停学等の処分を科した措置が修正1条に反しないとの判断を下したものである。ウォーレンコート（1954年～1969年）、バーガーコート（1969年～1986年）、レーンキストコート（1986年～2005年）と続いた連邦最高裁の時期区分に照らし合わせると、この判決が下された1986年7月7日は、バーガーコートの最終期にあたることがわかる。

　アメリカ社会に目を向けると、Fraser事件が発生した1983年当時は、ロナルド・レーガン大統領の在任期（1981-1989）にあたり、日本では中曽根康弘首相、イギリスではマーガレット・サッチャー首相が在任した時期であった。また、音楽界ではマイケル・ジャクソンが次々とヒット・ソングを飛ばし、映画界では『スター・ウォーズ』シリーズ、『E. T.』、『フラッシュ・ダンス』などの作品が人気を博していた時代であった。

　アメリカ連邦最高裁に目を向けると、Fraser判決が下された1986年当時は、一方で、言論の自由や生徒の権利の保護が拡大されたウォーレンコート期を受け、さまざまな具体的事例にその一般理論の当てはめが試みられ、その具体的射程の画定が一歩ずつ図られていった時期であった。ウォーレンコートによる一般理論を寛大に適用することを期待する自由最大化論者からは、リベラリズムの「後退」ないし「限定」として悲観的に位置づけられる傾向を帯びた時代であったともいえた。他方でこの時期は、1950年代～70年代アメリカにおける性の解放または「性革命」[2]の時期に性的自由に対する伝統的観念が希薄化したあと、生活環境保護や青少年保護などの対抗価値との

1　Bethel School District No. 403 v. Fraser, 478 U.S. 675 (1986).
2　亀井俊介『性革命のアメリカ―ユートピアはどこに―』3頁（1989年）（「アメリカのいわゆる性革命」が「1960年代にはじまり、70年代にかけて進展した」という）、立花隆『アメリカ性革命報告』22頁（文春文庫、1984年、単行本の初刊は1979年）（「アメリカの性解放は70年代に入ってからごく短期間の間に加速度的に進んだ」と概括する）。

衡量のあり方が改めて意識され，従来の道徳観を前提とした大雑把な規制とは異なる観点からのより精緻な性表現規制が模索されていた時期でもあった。性自由化論者からは，新手の規制の「台頭」ないし「復活」として悲観的に位置づけられる傾向を帯びた時代であったともいえた。

2　ポスト・ウォーレンコート期の生徒の言論の自由

　Fraser判決にとって最も重要な先例といえるのが，ウォーレンコートの最終期にあたる1969年2月24日に下されたTinker v. Des Moines Independent Community School District連邦最高裁判決[3]である。ベトナム戦争に対する抗議を意図して黒い腕章を着用のうえ授業に参加した公立学校の生徒に対して，当該行為を理由として停学処分を科すことが修正1条違反にあたると判断したフォータス法廷意見は，学校での生徒の言論の自由に対する保護を確立した記念碑的判決とされてきた。後続事例との関係でとりわけ重要といえる部分は，以下の2点である。

　第一に，同判決は，学校の特質に応じて修正1条の保障する権利が教師と生徒にも保障されること，「生徒や教師が学校の入口で言論・表現の自由に対する憲法上の権利を脱ぎ捨てるとはいい難い」こと，これが50年以上にわたる連邦最高裁判例であることを指摘した。この部分では，学校内での生徒が学校外での一般市民と同様の言論の自由を享受するようにも読みうる表現が使用されており，生徒の言論の自由の最大化論者にとっては，スローガンとして広く利用可能な言い回しであったともいえた。

　第二に，同判決はまた，当該行為が静穏かつ消極的な意見表明であり，学校活動の実質的な混乱（substantial disruption）または物理的な妨害（material interference）が合理的に予見され，学校施設における紊乱・秩序破壊（disturbances or disorders）が現実に発生した証拠はなく，他の生徒の権利侵害にもあたらないことを指摘した。この部分もまた，学校内での生徒の言論が混乱または権利侵害を引き起こすような例外的な場合でない限り，原則として生徒の言論の自由を保護する立場であると理解すれば，生徒の言論の自由

3　Tinker v. Des Moines Independent Community School District, 393 U.S. 503 (1969). この判決に関する詳細は，紙谷雅子「公立学校と『黒い腕章』」本書Chapter 10を参照のこと。

の最大化論者にとって好ましい判断基準を示すものといえた。

　すなわち，ポスト・ウォーレンコート期の生徒の言論の自由をめぐる各事例は，Tinker判決が示した以上の一般的判断枠組が，自由最大化論者が期待するとおり他の諸事例に対しても寛大に適用されるのか，それとも，他の諸事例においては事案が区別され，または混乱や権利侵害が容易に認められるなどして，自由最大化論者が期待したほどの射程をもたないのかを確認する試験紙であったのであり，Fraser判決もまた，その重要な構成要素となったのである。

3　ポスト「性革命」期の性表現の自由

　アメリカにおける性の解放または「性革命」は，とりわけ1950年代〜70年代にかけて伝統的な性道徳観念がその力を弱め，性的自由が拡大してゆく時期に進展したといえる。広義における性的自由は，性表現の自由にとどまらず，性差・性分担を前提とする従来の諸制度からの自由，結婚・離婚の自由，避妊・妊娠中絶の自由，人工生殖の自由，同性愛の自由など，伝統的な家族のあり方や男女の役割分担のあり方にも根本的な変革を迫るものを包含するといえ，連邦最高裁判決[4]によって同姓婚が承認されるに至った近年まで，時代の推移とともに人々の性観念は大きな変貌を遂げてきた。

　Fraser事件にとくに関係していた性表現の自由も，1950年代以降急速に拡大された。1950年代における象徴的な出来事とされているのが，1953年12月にマリリン・モンローを表紙に飾った雑誌『プレイボーイ』の創刊であった[5]。また，1957年のRoth v. United States連邦最高裁判決[6]は，修正１条によって保護されない猥褻文書とは，埋め合わせとなる社会的重要性を全くもたず，コミュニティの基準に照らして全体としてみた支配的テーマが好色的興味に訴える文書であるとして，保護されない猥褻表現の範囲を限定した画期的判決とされた。

4　United States v. Windsor, 133 S.Ct. 2675（2013）, Obergefell v. Hodges, 135 S.Ct. 2584（2015）.
5　亀井・前掲注（2）15頁。
6　Roth v. United States, 354 U.S. 476（1957）.（保護されない猥褻文書の範囲を限定しつつ，本件文書は猥褻文書に該当するとして，猥褻文書の郵送を禁止する連邦法に基づく処罰を合憲と判断した。）

1960年代における象徴的な出来事とされるのは，文学史上著名な3作品の猥褻性が争点となった裁判であり，そのすべてが猥褻文書にあたらないという判断が最終的に示されたことである[7]。すなわち，1960年の連邦高裁判決は，D・H・ロレンス原作の『チャタレイ夫人の恋人』が，ニュー・ヨーク州法によって郵送が禁止される猥褻文書に該当しないと判断した[8]。また，1964年の連邦最高裁判決は，ヘンリー・ミラー原作の『北回帰線』を猥褻文書としたフロリダ州裁判所判決を破棄した[9]。さらに，1966年の連邦最高裁判決は，ジョン・クレランド原作の『ファニー・ヒル』として知られる売春婦の回想小説が猥褻文書にあたらないと判断した[10]。

1970年代になると，1973年のMiller v. California連邦最高裁判決[11]が，Roth判決の基準を修正し，①全国基準でなくカリフォルニア州のコミュニティ基準に照らして全体として好色的興味に訴える作品か，②明白に不快な方法で州法が特定的に定義する性行為を描写する作品か，③真剣な文学的，芸術的，政治的，科学的価値を欠く作品かという3基準に照らして，修正1条の保護を受けないハードコア・ポルノグラフィどうかを判断することとした。なお，この年は妊娠中絶の自由を認めその後の果てしない論争の引き金となったRoe v. Wade連邦最高裁判決[12]が下された年でもあった。また，1976年のYoung v. American Mini Theaters連邦最高裁判決[13]は，アダルト映画上映館の立地規制を，生活の質を維持する利益を根拠に容認した。ここ

---

[7] 亀井・前掲注（2）16～18頁。
[8] Grove Press, Inc. v. Christenberry, 276 F.2d 433 (2nd Cir. 1960). また，映画『チャタレイ夫人の恋人』が反道徳的だとしてニュー・ヨーク州法に基づき上映不許可とした措置が，配給会社の憲法上の権利侵害にあたると判断した別事件の連邦最高裁判決がある。Kingsley International Pictures Corp. v. Regents of University of State of New York, 360 U.S. 684 (1959).
[9] Grove Press, Inc., v. Gerstein, 378 U.S. 577 (1964). 連邦最高裁は，コンパニオン・ケイスであるオハイオ州の別事件 Jacobellis v. State of Ohio, 378 U.S. 184 (1964) と同じ理由によると説明した。また，『北回帰線』はが憲法上カリフォルニア州法による禁止が許容されるハードコア・ポルノグラフィに該当しないとした別事件のカリフォルニア州最高裁判決に対して，連邦最高裁は上告不受理とした。Zeitlin v. Arnebergh, 383 P.2d 152 (Cal. 1963), *cert denied* by Arnebergh v. Zeitlin, 375 U.S. 957 (1963).
[10] A Book Named "John Cleland's Memoirs of a Woman of Pleasure" v. Attorney General of Commonwealth of Massachusetts, 383 U.S. 413 (1966).
[11] Miller v. California, 413 U.S. 15 (1973).
[12] Roe v. Wade, 410 U.S. 113 (1973).
[13] Young v. American Mini Theatres, Inc., 427 U.S. 50 (1976).

では，生活環境保護という対抗価値との衡量を経た個別的ゾーニング規制が容認された。さらに，1978年のFederal Communications Commission v. Pacifica Foundation連邦最高裁判決[14]は，FCCによる猥褻には至らないが品位を欠くラジオ放送の規制を，家庭に直接侵入し子どもの目に触れるという放送の特質を根拠に容認した。ここでは，青少年保護という対抗価値との衡量を経た個別的規制が容認された。

すなわち，1970年代以降のポスト「性革命」期の性表現の自由をめぐる各事例は，従来の道徳観を前提とした大雑把な規制とは異なる観点から，生活環境保護や青少年保護などの対抗価値との衡量による精緻な性表現規制の模索に対して，個別的回答を示したものといえる。Fraser判決もまた，学校という場における個別的な性表現規制の試みに関する一回答といえた[15]。

II Fraser判決

1 事実の概要

本件原告マシュー・N・フレイザー（Matthew N. Fraser，当時17歳，以下フレイザー）は，本件当時，ワシントン州ピアース郡スパナウェイ（Spanaway）地域内の山村部に所在する公立ベセル高校（Bethel High School）の最上級生であった。スパナウェイは同州タコマ（Tacoma）市の南方地域に所在する市制化されていない統計上の区画であり，前記高校を管轄する本件被告ベセル学校区（Bethel School District）のウェブ・ページ[16]によると，同学校区は，面積200平方エイカーを超え，州内16番目の規模を有する公立学校区だとされている。問題となった行為は以下のとおりである。1983年4月26日に，フレイザーは同窓生を生徒会副会長に選出させるため，高校の集会で応援演説を行った。この集会は，生徒の自治活動に関する学校公認の教育プログラムの一部であるとされ，生徒たちは原則としてこの集会に出席することを義務づけられており，出席しないことを選択した生徒もその間自習室に出

---

14 Federal Communications Commission v. Pacifica Foundation, 438 U.S. 726 (1978).
15 猥褻表現規制に関わる諸事例のRoth判決からFraser判決に至る流れについては，松井茂記『アメリカ憲法入門（第7版）』261〜263頁（2012年）を参照。
16 http://www.bethelsd.org/（2016年6月26日参照）。

頭することを要求されていた。この集会には約600人の生徒が参加し，その大半が14歳であった。本件で問題になったのは，Burger法廷意見の認定によれば，フレイザーがこの集会で行ったスピーチに，「詳細で生々しくあからさまな性的ほのめかし（elaborate, graphic, and explicit sexual metaphor）」が含まれていたことである。

　すなわち，Fraserによるスピーチ[17]には，いわば真面目な意味と不真面目な意味の二重の意味に理解可能な表現（double entendre）が多用されており，そのうち不真面目な意味のほうは，下品な内容，性的な内容として理解できる表現であった。その微妙なニュアンスを日本語で再現するのは難しいが，その大意は以下のような文章にすることができるだろうか。「私は確固とした男を一人知っています。ズボンの内側も固い，シャツの内側も固い，人柄も固い，そんな奴です。でも何と言っても，彼の皆さんに対する思い，ベセル高校の生徒に対する思いが一番しっかりしています。ジェフ・クールマン君は，急所をつかんで一気にたたき込む男なのです。必要とあらば，彼は噴出する問題を手に取り，釘のように壁に打ち込むことだって厭わないでしょう。物事に対する彼の攻めは一瞬で萎むようなものではありません。彼は強くあたり，何度も押しては押し，その果てに……成し遂げるのです。」「ジェフは最後の最後にまで到達する男です。……そう，皆さん一人一人のため，すべての皆さんのために，極限のクライマックスにまで達する奴なのです。」「だから，生徒会（A. S. B.—Associated Student Body）副会長の選挙では，ジェフに投票しましょう。彼は皆さんにとってベストな高校を築いてくれるという期待を決して裏切らないでしょう。」

　このスピーチの内容を事前に確認した教師たちは，それが「不適切」（inappropriate）であること，「おそらくすべきではない」（probably should not

---

[17] フレイザーによるスピーチの再現文が，原判決とBrennan結論同意意見に記載されている。—I know a man who is firm -- he's firm in his pants, he's firm in his shirt, his character is firm -- but most of all, his belief in you, the students of Bethel is firm. Jeff Kuhlman is a man who takes his point and pounds it in. If necessary, he'll take an issue and nail it to the wall. He doesn't attack things in spurts -- he drives hard, pushing and pushing until finally -- he succeeds. / Jeff is a man who will go to the very end -- even the climax, for each and every one of you. / So vote for Jeff for A. S. B. vice-president -- he'll never come between you and the best our high school can be.

deliver it) こと，そして，スピーチをすれば「重大な結果」(severe consequences) が生じるおそれがあることを，フレイザーに伝えていた。もっとも，スピーチをすることが学則違反であるとして，それを禁止する意図を伝えたわけではなかった。当日のスピーチの際に，学校カウンセラーが確認したところによると，聴衆の生徒の何人かがそれに反応して囃し立てたり叫んだりし，スピーチがほのめかした内容に対応する卑猥な動作をしたりした。また，当惑した様子の生徒がいることも確認された。さらに，後日，授業内に時間を取ってこのスピーチに関する議論が必要になったことを報告した教師もいた。

生徒手帳に記載されたベセル高校の懲戒規則[18]は，学校内で猥褻な言葉を使用する行為を禁止していた。すなわち同規則は，規則所定の犯罪行為以外で懲戒の対象となる行為として，「教育プロセスを混乱させる行為および妨害する行為」を一般的に掲げ，そのうちの「混乱を生じさせる行為」(disruptive conduct) に関しては，教育プロセスに実質的に妨害する行為を禁止するとして，その例として，「猥褻な，淫らな言葉の使用または動作」(use of obscene, profane language or gestures) を挙げていた。集会の翌朝，教頭室に呼び出されたフレイザーは，証拠を確認したうえで説明の機会を与えられ，スピーチをしたこと，意図的に性的暗示 (sexual innuendo) をしたことを認めた。そこで高校側は前記規則に従い，フレイザーを停学3日とし，卒業スピーチの候補者から除外する処分を下した。ただし，実際には停学は2日で解除され，フレイザーは同年6月8日の卒業式でもクラスメイトから選出されてスピーチを行った[19]。

ベセル学校区の不服申立手続では，本件スピーチが集会に出席した多くの生徒・教師にとって下品で淫らで不快な (indecent, lewd, and offensive) もの

---

18 ベセル高校懲戒規則のうち，本件に関連する部分は，以下のとおり原判決およびスティーブンス反対意見に記載されている。—In addition to the criminal acts defined above, the commission of, or participation in certain noncriminal activities or acts may lead to disciplinary action. Generally, these are acts which disrupt and interfere with the educational process. . . ./ *Disruptive Conduct.* Conduct which materially and substantially interferes with the educational process is prohibited, including the use of obscene, profane language or gestures.
19 フレイザーは，成績優秀者の学生団体 (Honor Society) に所属するとともに，州規模の弁論大会でも2年連続でトップ・スピーカー賞を受賞するなどの実績をあげていた。

であったことが認定され，このスピーチが規則によって禁止された通常の意味における「猥褻な」ものに該当するとして，本件懲戒処分が認容された。これに対して，フレイザーが，訴訟後見人としてのその父親を通じて§1983訴訟を提起し，修正1条が保障する表現の自由侵害を主張して，金銭的賠償と差止命令を請求したのが本件である。

2 下級審の判断

（1） 連邦地裁判決

連邦地裁は，以下のとおり原告フレイザーの請求を認容した。すなわち，本件制裁は修正1条が保障する言論の自由の侵害であるとし，本件規則は漠然不明確かつ過度に広汎ゆえに修正1条違反であると認定した。また，卒業スピーチの候補者からフレイザーを除外した措置は，本件規則に規定されていない制裁を科すものであり修正14条のデュー・プロセス条項に違反すると判断した。そして，損害賠償請求を認容するとともに，フレイザーを卒業スピーチから除外する措置に対する差止命令を下した。

（2） 連邦高裁判決

連邦高裁もまた，以下のとおり修正1条違反を認定して連邦地裁の判断を支持した[20]。まず，フレイザーの本件言論は，Tinker事件で問題となった抗議の腕章と区別できないという。すなわち，本件行為からは教育プロセスの混乱が生じているので黒腕章の着用という消極的な行為とは異なるという学校区の主張は斥けられた。また，囚われの聴衆である未成年者を卑猥な言動から保護する利益があるという学校区の主張も斥けられた。学校区は，家庭に直接侵入し子どもの目に触れるという放送の特質を指摘して，猥褻には至らないが品位を欠くラジオ放送の規制を認めたPacifica判決に依拠したが，高校は公的な場所であり高校生は子どもではないので，この理論は高校，とくに生徒の政治集会には拡張できないとされた。そして，何が「品位のある」（decent）スピーチ内容であるかを決める学校区の無制限の裁量を認めると，公立学校における適切な言動とは何かを判断する白人中産階級の価値

---
20 Fraser v. Bethel School District, 755 F.2d 1356 (9th Cir. Wash. 1985).

412

基準が固定化される危険が増大することが指摘された。さらに，学校カリキュラムに対する責任に付随して，学校の公認行事で使用する言葉を学校区が統制する権限を有するという主張も斥けられた。

3 連邦最高裁判決
（1） 概要
連邦最高裁は，7対2で本件処分を合憲と判断し，原判決を破棄した。バーガー長官の法廷意見に，ホワイト，パウエル，レーンキスト，オコナー各裁判官が同調したほか，ブラックマン裁判官が個別意見を執筆せずに判決結果に同意し，さらにブレナン裁判官が結論同意意見を執筆して，7名の多数派が形成された。これに対し，マーシャル裁判官とスティーブンス裁判官がそれぞれ反対意見を執筆した。各意見の要旨は以下のとおりである。

（2） バーガー法廷意見
まず，生徒が学校の入口で言論の自由を脱ぎ捨てないとしたTinker判決との関係について，原判決は，Tinker事件の腕章がもつ政治的メッセージと，フレイザーによる本件スピーチのもつ性的内容との明らかな違いを看過した。混乱を伴わない消極的な政治的表現を行う生徒の権利を認めたTinker判決は，当該事例が学校業務の阻害や他の生徒の権利侵害を伴う言論に関する事例でないことを注意深く指摘していた。

つぎに，歴史家[21]や連邦最高裁先例[22]によれば，アメリカの公教育の目的は民主制に必要な基本的価値の教化であるといわれる。しかしこの基本的価値は，たとえそれが不人気な見解であったとしても，多様な政治的・宗教的見解に対する寛容を包含するものでなければならない。不人気で論争的な見解を学校で表明する自由があることは疑いようもなく，この自由と，生徒に行動の限度を教える社会的利益とを衡量する必要がある。最も活発な政治的討論がなされる連邦議会にも，他の議員にとって不快な表現行為を禁じる規

---

21 Citing CHARLES A. BEARD & MARY R. BEARD, THE BEARDS' NEW BASIC HISTORY OF THE UNITED STATES (1968).
22 Citing Ambach v. Norwick, 441 U.S. 68 (1979).

則がある（トーマス・ジェファソンが起草した下院先例集および同様のルールを記載する上院先例集の対応部分を引用）。

修正1条は，成年者による公的発言に関しては広い自由を保障している。Cohen v. California連邦最高裁判決[23]は，ほとんどの市民にとって極めて不快な言葉を用いて徴兵反対の意見を公共の場で表明する権利でさえ承認した。しかし，だからといって公立学校で子どもにも同様の自由が認められるべきだということにはならない。New Jersey v. T. L. O.連邦最高裁判決[24]は，公立学校での生徒の憲法上の権利が，他の状況下での成年者の権利と当然に同じ広がりをもつことにはならないことを再確認した。民主制維持に必要な基本的価値は，他者にとって著しく不快または著しく脅威的な言葉の使用に否定的であり，憲法はある種の不適切な表現に対する制裁を州が行うことを禁止していないのであって，このような価値を教えるのは「学校の仕事」（Tinker判決）である。市民としての教育は，書物や授業によるのみならず，教室内外での模範的行動を示すことによっても行われる。フレイザーによる本件性的ほのめかしは，すべての成熟した人にとって明らかに不快なものであった。男性的セクシュアリティを称える本件スピーチは，10代の女子生徒を著しく侮辱する内容であり，人間の性について知りはじめたばかりの若干14歳の未成熟な聴衆に対して重大な害を加える内容だといえた。

連邦最高裁の先例は，露骨な性的言論が子どもを含む相手になされる場合には，原則として絶対的とされる話し手の利益に対する制約を承認してきた。Ginsberg v. New York連邦最高裁判決[25]は，成年者への販売が修正1条によって保護される性的文書であっても，州法により未成年者への販売を禁止することができると判断した。Board of Education v. Pico連邦最高裁判決[26]は，公立学校が学校図書館から野卑な書籍を除去することができるという点に関しては全員一致の判断を示した。これらの先例は，子どもを露骨な

23　Cohen v. California, 403 U.S. 15 (1971).（「徴兵なんかクソくらえ」（Fuck the Draft）という文字が書かれたジャケットを郡庁舎内で着用した者が，不快な言動により平穏を破壊する行為を禁止するキャリフォーニア州法違反に問われた事例で，処罰を修正1条違反と判断した。）
24　New Jersey v. T. L. O., 469 U.S. 325 (1985).
25　Ginsberg v. New York, 390 U.S. 629 (1968).
26　Board of Education v. Pico, 457 U.S. 853 (1982). この判決に関する詳細は，大林啓吾「学校図書館の本の除籍と表現の自由」本書Chapter 7を参照のこと。

性表現から保護しなければならないという親や学校の懸念を正当なものと認めている。また先例は，下品で不快な話し言葉から未成年者を保護する利益も承認してきた。Pacifica判決は，「猥褻には至らないが品位を欠く」とされるラジオ放送について，性行為や排泄行為を不快なやり方で描写する言葉を，子どもが明らかに視聴する時間帯に放送したことは連邦法に反するとして規制したFCCの措置が，修正1条に反しないと判断した。

　フレイザーによる不快なまでに淫らで品位を欠く本件言論に対する制裁は，学校区に許容される権限の範囲内である。Tinker事件で問題となった腕章の着用に対する処分と異なり，本件処分は政治的観点と関わりなく科されたのであり，学校職員が本件のような野卑で淫らな言論を認めると学校の基本的な教育的任務が損なわれると認定することは修正1条に反しない。高校の集会や教室は，疑問を感じない10代の聞き手にあからさまに性的な話を聞かせる場所ではない。したがって，野卑な言論や淫らな行動が公教育の基本的価値と全く相容れないことを示すため，学校がその表現から距離を置くことは全くもって適切であった。

　さらに，デュー・プロセス侵害の主張は成立しない。学校の安全・秩序を維持するため処分手続にある程度の柔軟性が必要であり，教育プロセスを混乱させる予測できない多様な行為に対処する必要があるため刑罰法規ほどの詳細な規定は不要である（T. L. O.判決）。2日間の停学は十全な手続的デュー・プロセス保障を必要とする刑事制裁の域には達していない。本件規則はフレイザーに対する制裁の適切な警告であったといえる。

　原判決を破棄する。

（3）　ブレナン結論同意意見

　法廷意見は，フレイザーのスピーチを「猥褻な」(obscene)，「野卑な」(vulgar)，「淫らな」(lewd)，「不快なまでに淫らな」(offensively lewd) と形容したが，スピーチ全文を読むと，本当にこのスピーチのことだとは信じがたい。せいぜい，生徒に市民としての公的意見交換の方法を教え，学校の教育活動の混乱を防止する学校職員の裁量を考慮すると，本件言論が許容限度を超えたという判断が違憲ではなかったといえるにすぎない。

かりに同じ言論が学校外で行われたとしたら，政府職員がこれを不適切だとみなしただけで制裁を加えることはできない。本件言論は判例上修正1条によって保護されないとされる狭い範疇の「猥褻」な言論からはかけ離れたものである。本件言論が，学校内であっても，生徒に市民としての公的意見交換の方法を教え，学校の教育活動の混乱を防止する学校側の正当な利益が弱いような本件と異なる文脈で行われた場合は，修正1条により保護される可能性がある。

本件処分は集会の秩序維持のためであり，見解への不同意を理由とする規制の試み（Tinker判決）でも，高校生にとって「不適切」だとみなした書籍を除去する試み（Pico判決）でも，生徒が聞き，読み，学ぶべきものを制限する試みでもなかった。本件の射程は，高校での集会で混乱を生じさせる言論にしか及ばない。学校職員の規制権限は無制限ではないが，本件状況の下での懲戒処分は修正1条に反しない。

（4）マーシャル反対意見

ブレナン結論同意意見の述べる諸原則に同意するが，生じた混乱が立証されていないので法廷意見に反対する。連邦地裁・連邦高裁は，Tinker判決を適用して教育プロセスに生じた混乱が立証されていないと結論づけた。学校には広い裁量が認められるが，言論に関わる事案では，言論そのものによって教育が妨害されたという学校側の主張を無条件に認めてはならない。原判決を支持する。

（5）スティーブンス反対意見

『風と共に去りぬ』のレット・バトラーの台詞「ダーリン，こっちの知ったことじゃないからさ」(Frankly, my dear, I don't give a damn.)[27]は，（スティ

---

27 マーガレット・ミッチェル（鴻巣友季子訳）『風と共に去りぬ 第5巻』508頁（新潮文庫，2015年）。この台詞は，同書の最後の部分でスカーレット・オハラに「ああ，レット，あなたに出ていかれたら，わたしはどうしたらいいの？」と聞かれたレット・バトラーが，去り際に吐く言葉である。マーガレット・ミッチェル（荒このみ訳）『風と共に去りぬ 6』355頁（岩波文庫，2016年）では，「マイ・ディア，まったくどうだっていい」，映画『風と共に去りぬ』（ワーナー・ホーム・ビデオ，2010年）の字幕（木原たけし＝森みさ訳）では，「俺には関係ない」となっている。

ーブンス裁判官自身の）の高校生当時全米に衝撃を与えたが，クラーク・ゲイブルが使用した4文字言葉は，今日では当時ほど不快ではなくなっている。しかし，教育の遂行に際し教員は生徒の言論の内容・方法を規律しなければならないので，授業内での議論や学校公認の課外活動でこの種の言葉を使用することを禁止するのは許されるであろう。他方で，修正1条が言論の自由を保障しデュー・プロセス条項が公正な手続を保障しているので，不快な言論を行った生徒に制裁を加える場合，生徒には禁止内容と制裁に関する公正な告知を受ける権利が保障される。

　フレイザーは成績優秀で同級生からも一目置かれていたので，3日の停学は十分に重い制裁であったし，2世代の差があり3000マイル離れた場所にいるわれわれ裁判官たちよりも，フレイザーのほうが同世代の聴衆600人が感じた不快さを判断する者としてふさわしかったかもしれない。本件言論が不快なものでなかったかもしれないという事実は，その言論を行う憲法上の権利があったということを意味しないが，制裁が予見できなかった場合には懲戒が許されないということを意味している。制裁が予見できたといえる場合として，①懲戒規則の禁じる混乱を生じさせる行為に該当した場合，②教師から特別な警告を受けた場合，または，③不適切であることが明白で特別な予告が不要だった場合が考えられる。

　①懲戒規則の禁止行為にあたるか　連邦地裁の事実認定に基づき，連邦高裁は実質的な混乱の発生が立証されていないと判断した。つまり，フレイザーの言論は禁止行為ではなかった。混乱を生じさせない程度の猥褻な言葉の使用も禁止行為であったという拡張解釈が可能であったとしても，本件言論に含まれていたのは性的ほのめかしにとどまり，規則の禁止対象に該当したとはいえない。

　②教師による特別な警告があったか　教師3名が事前にスピーチ内容を確認し，それが「不適切でありおそらくすべきではない」こと，「あきれた内容であり問題がおきそう」であることをフレイザーに伝えたが，規則違反にあたる可能性にはだれも言及しなかった。つまり，教師はハンドブックに記載された規則以上の告知をしたわけではなかった。

　③明白に不適切な言論だったか　サザランド裁判官は，「ニューサンスと

は正しいものが間違った場所にあるだけのことかもしれない。農家の庭でなく客間にブタがいるようなものだ」と述べた[28]。野卑な言葉も状況によっては許容され,不快でない言論も状況によっては許されなくなるかもしれない[29]。フレイザーの言論も,ロッカー・ルームや学校の廊下であれば許容された。日頃会話をしていた若者たちが本件聴衆だったとしたら,フレイザーは制裁を受けることを予測できただろうか。

以上の理由から,フレイザーが制裁を予見できたとはいえない。すなわち,懲戒を受けることが分かっていれば,フレイザーが本件スピーチをした可能性は非常に低い。また,本件のように異論の余地がある問題については,表現の自由に有利な強い推定を働かせるべきである。さらに,性的含意のある表現ついては現代のコミュニティ基準によるというのが判例であるので,連邦地裁・連邦高裁裁判官の見解を尊重しなければならない。原判決を支持する。

Ⅲ 検討

1 先例との関係

(1) Tinker判決との関係

学校内でベトナム反戦を意図した黒い腕章を着用した生徒に対する懲戒処分を違憲と判断したTinker判決は,一方で,生徒が学校の入口で表現の自由を脱ぎ捨てるとはいえないとして,修正1条の権利が生徒にも保障されることを指摘しつつ,他方で,学校活動に対する混乱・妨害が生じていないこと,他の生徒の権利侵害が生じていないことを指摘し,これらの事態が生じた場合に規制が正当化される可能性を示唆していた。7対2で多数を制したフォータス法廷意見に同調した裁判官のうち,3名がFraser判決にも関与したが,極めて興味深いことに,Fraser判決ではホワイト裁判官がバーガー法廷意見に同調,ブレナン裁判官が結論同意意見を執筆,マーシャル裁判官が反対意見を執筆するという,三者三様の道を歩むこととなった。つまり,

---

28 Quoting Village of Euclid v. Ambler Realty Co., 272 U.S. 365, 388 (1926).
29 Citing Schenck v. United States, 249 U.S. 47 (1919), *Pacifica, supra*, 438 U.S. 726.

Tinker判決の多数派を形成した裁判官たち自身が，その射程について合意していなかったことが，約17年後のFraser判決において判明したことになる。

　ホワイト裁判官が同調したバーガー法廷意見は，Tinker事件では政治的メッセージが問題になったのに対して，Fraser事件では性的内容のスピーチが問題とされ政治的観点と無関係に本件処分が科されたこと（言論内容の違い）と，Tinker事件では学校活動の阻害や他の生徒の権利侵害が生じていなかったのに対して，Fraser事件では当該言論を放任すると学校の教育任務が損なわれ未成熟な聴衆に重大な害が及ぶこと（言論から生じる効果の違い）を指摘して，両事件を異なる事例だと位置づけた。また，ブレナン結論同意意見は，Tinker事件が見解への不同意を理由とする規制に関する事例であったのに対して，Fraser事件は学校活動の混乱防止と集会の秩序維持のための規制であったとして，見解統制ないし見解差別の有無という点で両事件を異なる事例だと位置づけた。これに対して，マーシャル反対意見は，Tinker事件と同様，Fraser事件でも教育プロセスに生じた混乱が立証されていないとして，混乱の不存在いう点で両事件は同種の事例であると判定したのである。さらに，Tinker判決に参加していなかったスティーブンス裁判官の反対意見は，両事件の関係を明確には論じていないが，手続的デュー・プロセス侵害を認定する前段階で学校活動に伴う不快な言論を規制する教員の裁量を認めていることから，Fraser事件は少なくとも不快であるかもしれない言論に関わる事例として，Tinker事件と区別して捉えられていたと考えることができる。以上から，マーシャル裁判官を除く多数の裁判官がFraser事件をTinker事件と異なる類型の事例だと捉えていたといえ，その限りで，Tinker判決の射程が限定され，Fraser型事例には及ばないこととされたといえよう。

（2）　Pacifica判決との関係

　家庭内で子どもの目に触れるという放送の特質を根拠に猥褻には至らないが品位を欠くラジオ放送の規制を認めたPacifica判決の多数派を形成した裁判官たちも，Fraser判決では二手に分かれた。すなわち，Pacifica判決の法

廷意見（一部相対多数意見）を執筆したスティーブンス裁判官がFraser判決では反対意見を，スティーブンス意見に同調していたバーガー長官がFraser判決では法廷意見を執筆し，レーンキスト裁判官，パウエル裁判官がこちらに与したのである。このことから，Pacifica判決にも不確定要因が内在していたことがうかがえる。

両事件の関係については，原判決とバーガー法廷意見とが好対照を示している。すなわち，連邦高裁判決は，Pacifica事件は家庭内の子どもに到達する放送に関する事例，Fraser事件は公的な場所（高校）における子どもではない人々（高校生）による政治集会に関する事例であるとして，両事例が異なると考えた。これに対して，バーガー法廷意見は，下品・不快な言論から未成年者を保護するための規制であるという点で，両事件が同種の事例であると判定した。他方で，Fraser事件を手続的デュー・プロセス事例と捉えたスティーブンス反対意見は両事件の関係を明確に論じていないが，時代の推移に伴う社会意識の変化と世代交代の結果，フレイザーのスピーチが不快なものでなくなっていた可能性を指摘している点は，両事件を異なる事例と理解する考えになじむといえる。

（3） Pico判決との関係

学校図書館の蔵書に関する学校区の広汎な裁量を認めつつ，図書の思想内容に対する嫌悪を理由とする除籍は生徒の修正1条上の権利を害するとしたPico判決で多数派を形成した5名の裁判官が，相対多数意見を執筆したブレナン裁判官がFraser判決では結論同意意見，ブレナン意見に同調したマーシャル裁判官，スティーブンス裁判官がFraser判決では反対意見，結論同意意見を執筆したホワイト裁判官がFraser判決では法廷意見に同調し，ここでも三つの立場に分裂した。他方で，Fraser判決で法廷意見を執筆したバーガー長官は，Pico判決ではレーンキスト裁判官，パウエル裁判官，オコナー裁判官とともに反対意見に回っていた。

Fraser判決では，ホワイトが同調したバーガー法廷意見とブレナン結論同意意見との間で両判決の関係に関する見方の相違が生じている。バーガー法廷意見は，Pico判決では学校図書館から野卑な書籍を除去できるという一般

論の部分で全裁判官が一致していたと説明することによって，未成年者を性表現から保護するための規制に関わるという点で両事件を同種の事例とみなし，同時にPico判決で反対意見に回っていたバーガー長官自身の意見の一貫性も確保した。これに対して，ブレナン結論同意意見は，Pico事件は不適切な内容を理由とする表現規制に関する事例，Fraser事件は言論の効果として生じる混乱の防止・秩序維持のための規制に関する事例として，両事例を異種の事例と捉え，そのうえで混乱防止・秩序維持を理由とする規制を容認したのであった。

2 Fraser判決の意味
（1） バーガー法廷意見の構成要素

Fraser判決のバーガー法廷意見は，本件のさまざまな属性を指摘している。①本件集会は学校公認の教育プログラムに含まれ，生徒には原則として出席する義務があった。②本件スピーチは政治的言論ではなく，本件処分は政治的観点に関わりなくなされた（Tinker事件と異なる）。③本件スピーチは学校活動を混乱させ他の生徒に害を加えるものであった（Tinker事件と異なる）。④本件スピーチの性的ほのめかしは不快なまでに淫らで品位を欠く言論にあたる。⑤明らかに不快な言論は公教育の場で教えるべき民主的価値に反する。⑥市民教育は教室外の活動にも及ぶ。⑦本件スピーチは10代の女子生徒を著しく侮辱し，未成熟な聴衆に重大な害を加えるものであり，未成年者を保護するための規制が許容される。⑧公教育の基本的価値と相容れない本件スピーチから学校が距離を置いたのは適切である。⑨2日間の停学は刑事制裁に匹敵する重い制裁ではない。

Fraser判決の意味は，このような複数の構成要素のどの部分に比重をかけて理解するかに応じて左右されることになる。例えば，Fraser判決を，囚われの聴衆に対して，淫らなまたは品位を欠く性的表現がなされ，その言論が学校公認でないことを示す必要があった場合に規制が容認された事例だと位置づける見解[30]は，以上のうち，要素①④⑧を重視する見解だといえる。

---

30 Joseph A. Tomain, *Cyberspace Is Outside the Schoolhouse Gate: Offensive, Online Student Speech Receives First Amendment Protection*, 59 DUKE L. REV. 97, 104 (2010).

(2) 囚われの聴衆

　Fraser判決を囚われの聴衆に関する事例だとみる理解は，本件集会への事実上の出席義務があったという認定（要素①）を重視する見解だといえる。そしてこの理解は，同判決を聞き手となる未成年者を保護するための規制が許容された事例とみる理解（要素⑦）の前提となる。バーガー法廷意見は，未成熟な聴衆の保護の必要性に言及し，その大半が14歳であったというが，例えば全員が17歳であった場合や，大半が17歳で数名が14歳であった場合など，聞き手の年齢構成が異なる場合にも未成年者保護を目的とする同様の規制が可能であるのかどうかは明らかではない。また，学校側が本件スピーチを放任した場合に，逆に聞き手が権利侵害を主張できるのかも不明である。バーガー法廷意見はまた，本件スピーチ内容が女子生徒に対する著しい侮辱にあたることを指摘している。現在であれば，学校側がセクシュアル・ハラスメントの防止義務を主張することも考えられよう。

　バーガー法廷意見は他方で，本件スピーチが学校の支持を受けたものではないことを示す必要性に言及している（要素⑧）。この点を強調すると，生徒が囚われの聴衆でない場合にも規制が正当化されることに注意が必要である。例えば，一般の生徒に出席義務がない一部生徒の自主的活動のために教室等の学校施設の使用を許可する場合には，聞き手が囚われの聴衆であるとはいえないが，そこでの言論が学校公認でないことを示す必要性を重視すると，規制が正当化される可能性がでてくる。すなわち，要素①と要素⑧のいずれをより重視するかによって，Fraser判決の意味が変わってくるのである。

(3) 不快なほど品位を欠く性的表現

　本件スピーチは「猥褻な，淫らな言葉の使用」を禁止する規則違反に問われたが，バーガー法廷意見はこれを「不快なまでに淫らで品位を欠く言論」と位置づけ（要素④），修正１条の保護範囲外の猥褻表現には及ばないと考えた。これに対して，ブレナン結論同意意見はバーガー法廷意見がいうほど猥褻度の強い言論ではなかったと考え，学校外では許容される言論にあたるとも述べた。また，スティーブンス反対意見は時代や世代により感じ方が異

なることを指摘しており，Fraser判決から30年が経過した現在の社会観念の下では，さらに猥褻度・不快度が弱い言論に関する事例だと考えられる可能性があろう。

この点で興味深いのが，Fraser判決は猥褻度の強い言論に関する事例であったとしてその射程を限定した，2013年のB. H. ex rel. Hawk v. Easton Area School District連邦高裁判決[31]である。高校生の乳がん啓発ブレスレットに乳房を意味する俗語を含む言葉（"I [heat] Boobies（KEEP A BREAST）"）が記載されていた事例で，連邦高裁は，Fraser判決は明白に卑猥な言論に関する事例だが，本件は曖昧に卑猥な言論に関わるとして両事件を区別し，乳がん啓発は社会的・政治的関心事に関する正当な話題だとして，学校側には本件言論を禁止する裁量はないと判断した。つまり，ここではFraser判決の意味が限定的に理解され，猥褻度が低い場合には規制が許容されないとされている。

（4） 混乱の発生

バーガー法廷意見は，本件スピーチによって学校活動の混乱が生じたと認定した（要素③）。ブレナン結論同意意見はこの要素をとくに重視し，本件スピーチは猥褻度の強い言論ではなかったとしながらも，集会で混乱を生じさせる言論を規制する学校側の裁量を承認した。表現内容そのものでなく，混乱を生じさせるという効果を根拠に言論を規制しようというこの考え方は，日本の判例理論における間接的・付随的規制を想起させるもので，これを内容規制としてではなく，内容中立規制として正当化できるかどうかが問題となる。この点で，Fraser事件は時・所・方法の規制によってのみ制限可能であったとし，本件スピーチも内容ではなく場所が不適切なニューサンスに類するものであったとして，Fraser判決を実質的に最小限度の時・所・方

---

31 B. H. ex rel. Hawk v. Easton Area School District, 725 F.3d 293 (3rd Cir. 2013), *cert. denied*, Easton Area Sch. Dist. v. B. H ex rel. Hawk., 134 S.Ct. 1515 (2014). *See Recent Case: First Amendment – Student Speech – Third Circuit Limits Censorship of "Ambiguously Lewd" Speech – B. H. ex rel. Hawk v. Easton Area School District, 725 F.3d 293 (3d Cir. 2013) (en banc)*, 127 HARV. L. REV. 1049 (2014).

法の規制として正当化できるという見解もある[32]。混乱の要素を重視してこれを根拠に規制を正当化する見解は，内容統制・見解統制のリスクを低下させる一方で，猥褻度が強い言論のみを規制可能とする射程限定論をも放棄することになるので，言論の自由の保護の量的増大に直結するわけではないと考えられる。

(5) 民主制との関係

バーガー法廷意見は，Fraser事件と民主制との関わりについて，本件スピーチが政治的言論でないこと（要素②），公教育の任務は民主的価値の教育であり明らかに不快な言論はこれに反すること（要素⑤），市民教育は教室外の活動にも及ぶこと（要素⑥）を指摘した。原判決は，本件集会が「自治のプロセス」，「民主的プロセス」にあたることを指摘していたが[33]，この点を強調することによって，本件言論が厳密な意味での政治的言論にあたらない場合（要素②）であっても，政治参加の場における言論として政治的言論に類する保護を及ぼす論拠となりえよう。他方で，バーガー法廷意見の要素⑤⑥を強調すると，政治参加の場における市民としての作法を教育することもまた公教育の任務であるとして，本件集会が自治や民主制に関わる場であることが，逆に不適切な言論に対する規制を正当化する論拠に転じることに注意が必要である[34]。また，学校教育の使命について，それが知育を中心と

---

[32] John C. Polifka, Bethel School District v. Fraser: *A Legitimate Time, Place, and Manner Restriction on Speech in the Public Schools*, 32 S. D. L. REV. 156, 165 (1987).これに対して，学校という場の特殊性を根拠に観点差別に至らない内容規制が許容された例としてFraser判決を理解するものとして，Carol M. Schwetschenau, Case Note, *Constitutional Protection for Student Speech in Public High Schools*: Bethel School District No. 403 v. Fraser, 106 S.Ct. 3159 (1986), 55 U. CHI. L. REV. 1349, 1365-1366 (1987) を参照。

[33] 755 F.2d at 1365.

[34] この点に関連して，生徒の表現の自由を強調するTinker判決でフォータス法廷意見の教育観から市民の育成の場としての学校を強調するブラック反対意見の教育観へと連邦最高裁の立場が変遷してきたという見解を紹介するものとして，田中佑佳「アメリカ公立学校における生徒の表現の自由(1)」阪大法学62巻6号179頁，189頁（2013年）を参照。両教育観の対比については，松倉聡史「アメリカにおける生徒の表現の自由(2)―ティンカー判決以後の判例の分析を中心にして―」北海学園法学研究37巻2号455頁，475〜477頁（2001年）を参照。また，公教育における価値の教え込みの許容性という観点からこの問題を考察するものとして，青野篤「アメリカ公教育における価値の教え込みと生徒の修正１条の権利(1)，(2・完)」法学雑誌51巻1号22頁，2号135頁（2004年）を参照。

するのか市民教育・主権者教育に及ぶのかという立場の違いがあり，後者の強調は政治的言論の保護を要請する要因として作用するであろうが，同時に教室外活動・課外活動の場で市民としての作法を教育するための規律を肯定する論拠を提供する意味をもつことにもなろう[35]。

3 後続事例との関係

(1) Kuhlmeier判決

1988年のHazelwood School District v. Kuhlmeier連邦最高裁判決[36]は，授業内で作成された新聞から生徒の妊娠体験と親の離婚に関する記事が削除された事例で，新聞は伝統的・指定的パブリック・フォーラムではないなどとして，削除を合理的と判断したものである。同判決は，Fraser判決を，出版者である学校が問題のある表現から距離を置くことができるとする先例だと指摘した。Tinker判決・Fraser判決・Kuhlmeier判決の関係については，生徒の表現の自由を広く保障したTinker判決の例外をFraser判決が形成し，これが転換点となってTinker判決の例外がKuhlmeier判決によって継承・拡大されたという理解がある[37]。確かに，言論が学校公認でないことを示す必要性という要素を重視すると，規制が正当化される可能性が高まる場合があることは前述のとおりである。もっとも，3事件の事例内容は同じではなく，Tinker事件で問題になった言論自体が比較的許容しやすい形態のものであったといえるので，3判決の結論を単純比較して言論の自由の保障度が

---

35 この点に関連して，学校のアカデミックな機能と社会的機能とを区別し，アカデミックな機能との関連性が強い場合ほど生徒の言論の自由の制約が認められやすいという見解を紹介するものとして，中川律「アメリカの公立学校における生徒の憲法上の権利─公立学校での生徒の言論の自由に関する連邦最高裁判例の分析を中心に─」法学研究論集22号1頁，11～14頁（2005年）を参照。

36 Hazelwood School District v. Kuhlmeier, 484 U.S. 260 (1988).

37 中川・前掲注（35）10～11頁（Erwin Chemerinsky, *Students Do Leave Their First Amendment Rights at the Schoolhouse Gates: What's Left of Tinker?*, 48 DRAKE L. REV. 527 (2000) の見解を紹介する）、井上徹也「学校における子どもの表現の自由(1)─アメリカ合衆国最高裁判所の判例をめぐって─」同志社法学52巻5号31頁，80頁（2001年）を参照。また、ウォーレンコートからバーガーコート、レーンキストコートへと推移する連邦最高裁の保守主義化の流れに照らして3判決の位置づけを試みるものとして、青木宏治「アメリカ連邦最高裁判所の公教育への関与と生徒言論の自由─Tinker判決（1969年）とその後の展開─」甲南法学50巻4号197頁，210～213頁（2010年）を参照。

低下・後退したと即断することも難しい。

（2） Frederick判決

2007年のMorse v. Frederick連邦最高裁判決[38]は，聖火リレーに伴う学校公認の課外活動に際し，薬物使用を肯定するものと理解可能な言葉（"BONG HiTS 4 JESUS"）を記載した横断幕を校外の路上で掲げた公立高校の生徒が処分を受けた事例で，当該言論は政治的言論でなく違法薬物使用を助長する言論であるとして，学校という環境の特別な性格と薬物濫用防止の絶対的な利益（compelling interest）を根拠に，生徒による表現行為の制限を許容したものである。同判決は，Fraser判決は「明確ではない」と述べつつ，学校での生徒の権利が成年者の権利ほど広くないこと，Tinker判決の実質的混乱分析が常に適用されないことの2点を同判決から導くことができると指摘した[39]。Frederick判決に関しても，Tinker判決による生徒の言論の自由保障を後退させるものとして，これをFraser判決・Kuhlmeier判決とともに消極的評価の対象とする見解がある[40]。ここでも事案の相違をどう評価するかという問題がある。また，学校による違法薬物問題への対処という特質を重視してFrederick判決の射程を限定することにより，Fraser判決に対する評価を分離する理解もありえよう。

4 現代的課題

（1） オンライン化時代の新たな問題

オンライン化が進展した現在，スマート・フォンの普及とSNSサービスを通じた個人による情報発信の増大を背景に，ヴァーチャル空間では性的な言論，他者加害的な言論，犯罪に関わる言論など，以前にも増して不快度の強

---

[38] Morse v. Frederick, 551 U.S. 393（2007）. この判決に関する詳細は，青野篤「違法薬物使用の唱道と生徒の言論の自由―アメリカ合衆国連邦最高裁判決：Morse v. Frederick, 551 U.S. 393（2007）―」大分大学経済論集61巻5号79頁（2010年），青野篤「違法薬物使用の唱道と生徒の表現の自由」本書Chapter 11を参照のこと。

[39] 551 U.S. at 404.

[40] Erwin Chemerinsky, How Will Morse v. Frederick Be Applied?, 12 LEWIS & CLARK L. REV. 17（2008）の見解を紹介するものとして，田中祐佳「アメリカ公立学校における生徒の表現の自由（2・完）」阪大法学63巻1号105頁，113～114頁（2013年）を参照。

い言論が蔓延るようになったといわれ，生徒による差別的言論やネットいじめ（cyber-bullying）[41]が社会問題化するに至っている。このような近年の状況に鑑みると，Fraser事件で問題となった現実世界でのスピーチは，古き良き時代の牧歌的な光景であるとさえ感じられる。このような背景のもと，Fraser判決を根拠にオンライン上の生徒の言論を学校が規制できるかという新たな問題が生じ，下級審の段階でいくつかの注目すべき判断が現れている[42]。

例えば，Doninger v. Niehoff連邦高裁判決[43]は，学外で投稿したブログで学校関係者を誹謗した事例で，当該言論による秩序破壊の危険を肯定して処分は修正1条に反しないと判断した。他方で，J. S. ex rel. Snyder v. Blue Mountain School District連邦高裁判決[44]およびLayshock ex rel. Layshock v. Hermitage School District連邦高裁判決[45]は，生徒が学校外のパソコンを使用して学校職員の偽物のオンライン・プロフィールを作成した事例で，Fraser判決を前提に，学校運営を実質的に混乱させない校外の表現行為を理由とする処分は修正1条に反すると判断した。このほか，学内からアクセスしてオンライン上で卑猥な表現をした行為は，囚われの聴衆に対するものでないのでFraser判決の射程外であり，不適切な行為を禁止する校則は過度に広汎かつ漠然不明確ゆえに無効であるとしたCoy ex rel. Coy v. Board of Education of North Canton City Schools連邦地裁判決[46]がある。

41　各州によるネットいじめ対策の現状については，宮本浩紀「アメリカにおける『ネットいじめ』（cyber-bullying）の現状と対策―各州による『いじめ法施策』策定の特質と課題に焦点を当てて―」アメリカ教育学会紀要23号27頁（2012年）を参照。

42　宮原均「生徒の学校内・外における表現規制―アメリカにおける判例法理の展開―」東洋法学57巻1号1頁，23～34頁（2013年），福岡久美子「サイバースペースにおける生徒の表現の自由」同志社女子大学総合文化研究所紀要31巻16頁，21～26頁（2014年），田中祐佳「公立学校における生徒による他人を傷つける表現の規制をめぐる憲法問題」阪大法学64巻1号157頁，169～171頁（2014年）を参照。

43　Doninger v. Niehoff, 514 F. Supp. 2d 199 (2d Cir. 2008).

44　J. S. ex rel. Snyder v. Blue Mountain School District, 650 F.3d 915 (3d Cir. 2011), *cert. denied*, Blue Mountain School District v. J. S ex rel. Snyder, 132 S. Ct. 1097 (2012).

45　Layshock ex rel. Layshock v. Hermitage School District, 650 F.3d 205 (3d Cir. 2011), *cert. denied*, 132 S.Ct. 1097, *supra*. *See* KATHLEEN M. SULLIVAN & NOAH FELDMAN, CONSTITUTIONAL LAW 1241 (18th ed. 2013).

46　Coy ex rel. Coy v. Board of Education of North Canton City Schools, 205 F.Supp.2d 791 (N. D. Ohio 2002).

これら諸事例を，学内・オフラインの言論，学外・オフラインの言論，学内・オンラインの言論，学外・オンラインの言論に分類し，オンラインの表現行為にはFraser判決の射程が及ばないという形式ルールにより規制範囲を限定しようという見解もみられる[47]。オンラインの言論はその性質上現実空間とは異次元の世界に遍在しているため，学内・学外の区別に馴染まない部分があり，場合によってはオフラインの言論よりも効果的に現実世界の学校内に働きかけることもあろう。Fraser判決が下された1980年代半ばにはパソコンやインターネットが一般人にとってほとんど無縁であり，現在のようなオンライン化時代に生じている具体的諸問題は想像すらできなかったことを考慮するならば，前記諸事例はFraser判決にとって想定外の事態だといわざるをえず，あらたな判例による指針の提供がのぞまれる。

（2）　テロの時代における言論の自由
　テロリズムや乱射事件が発生する可能性が決して無視できなくなり，また，アメリカ社会の内部における人種的・宗教的な分断・亀裂が意識されるようになった近年の状況に鑑みると，言論の自由に関しても従来とは異なる考慮が必要になってきているといわざるをえない。ベトナム戦争の時代に黒い腕章を着用して教室でおとなしく座っていた行為は，学校活動に実質的・物理的混乱を生じさせない言論であるといえたため，Tinker事件は表現の自由保護を正当化しやすい，いわば容易な事例であったといえる。これに対して，例えば，コーランやイスラム指導者を揶揄するイラストや，人種差別を連想させる言葉や図柄（南部連合の旗など）を印刷したTシャツを，とりわけイスラム系組織が関与したテロ事件や白人警官による黒人に対する殺傷事件の直後の緊張した時期に着用して登校する例などを考えてみると，実質的・物理的混乱が生じる蓋然性について，学校側が非常に困難な判断を迫られる事態が想像され，混乱発生・秩序破壊の要素をどの程度重視するべきかというFraser判決が内包していた問題点があらためて表面化することとなろう。また近年では，腕章やTシャツを着用してただ黙って座っているだけであっても，その姿を第三者が撮影し，SNS等を経由して驚くほどのスピー

47　Tomain, *supra* note 30, at 122, 177-179.

ドで情報が拡散される事態も生じうるようになっている。ここでも，Fraser判決の時代には予想できなかった事態が生じているといえそうである。これらの現代的課題に連邦最高裁が今後どのように応答してゆくのかという点もまた，注目される。

第4部　学校と子供の権利

Chapter 13　公立学校における身体検査等
——The Story of Vernonia School District 47J v. Acton, 515 U.S. 646（1995）

津村　政孝

標識（© Marcus Quigmire）

　裁判官が事前に発する場所と対象を明示した令状を要求したり，犯罪が行われたと疑う「相当な理由」の存在を要求するかたちで，不合理な身柄拘束，捜索・押収を受けない権利が第4修正によって市民に保障されている。しかし，公共の安全の確保などとそうした権利は鋭い対立関係にあるために，きわめて複雑な判例理論が発展してきた。1980年代以降，薬物使用の増加などを理由にして「薬物に対する戦い」，「犯罪に対してタフであること」などをスローガンにして，アメリカ社会は展開していく。学校も無縁でなく，とくに学校における銃乱射事件を経験して，薬物や銃器の持ち込みを許さない「ゼロ・トレランス」方針をほとんどの学校が採用する。その方針を実現するためには，生徒の所持品検査や身体検査を行う必要があるが，アメリカでは公立学校における捜索等について，捜索等の対象となる生徒たちに第4修正の保護が及ぶとするのが判例の立場である。一般社会とは異なる学校という場で，どのような要件で所持品検査や身体検査などの捜索を実施しうるかを本章でみていくことにする。

はじめに

　学校の規律維持のための持ち物検査などは昔から行われてきたし，その必要性も容易に理解できる。学校も社会の一部である以上，社会の動きに学校は強い影響を受ける。たとえば，学校における銃乱射事件の発生もあり，「終わりに」で説明するように，金属探知機を設置したり，学校内に警察官を配置する学校が存在する。また，Ⅰ.2.(1) で簡単に説明するように，1980年代半ば以降，薬物使用の増加に対して社会が懸念を示し，「薬物に対する戦い」を始める。

　学校でも生徒の薬物の所持や使用を規制しようとした。薬物の使用を知るには尿などの検査が必要になる。そこで，学校においても薬物をめぐる持ち物検査だけでなく，尿による薬物検査が行われるようになった。

　私立学校であれば憲法問題がかかわることはないが，州の公立学校も統治機構の一部である以上，連邦憲法第14修正の適用があるというのが確立した判例であり[1]，一般社会における捜索等に対する規制が学校における捜索等にも及ぶことになる。市民に対して所持品検査，身体検査，薬物検査が行われる場合には，連邦憲法第4修正の不合理な捜索・押収・身柄拘束を受けない権利の保護が及ぶが，社会の安全確保の要請もあり，捜索等のあり方の違い等によって合憲性の判断基準が変更されるなど，きわめて複雑な判例理論が形成されている。これは，Ⅰ.1.(2) で簡単に説明する。

　しかし，学校は一般社会と異なる。まず，高校以下であれば，生徒は未成年者であり，そもそも社会においてでさえ成人とは異なる扱いを受ける。とくに青年期であることなどへの配慮を必要とするが，他方で成人と同等の権利を享受できないこともある。さらに，学校という教育の場では，一般社会のように，他人に害を及ぼすおそれがなければ介入しないという不干渉主義を採ることはできない。校則の内容を考えれば，明らかだろう。

1　West Virginia State Board of Education v. Barnette, 319 U.S. 624, 637 (1943). 第14修正によって捜索等を規制する第4修正が州の公立学校における捜索に適用されるようになった経緯はⅠ.1.(1) で説明する。

I　前提問題とVernonia 判決の背景

1　前提問題

　日本の法制度からすると，州の公立学校における身体検査等について，刑事手続で問題となることが多い不合理な捜索・押収・身柄拘束を受けない権利を規定する連邦憲法第4修正がなぜ問題とされるのかは自明なことではないので，この点をまず確認しておこう。

（1）　適正手続

　アメリカ合衆国の建国の歴史を振り返ると，州が先に存在し，その後に連邦の制度が設けられた。したがって，統治の主要な権限を州は有しており，連邦は州の問題には介入できないのが連邦制の基本であると一般的には言える[2]。そうすると，州の公立学校の問題はもともと州で決着をつける問題である。また，1791年に制定された連邦憲法第5修正はいわゆるデュー・プロセスを保障するが，この規定は連邦にのみ適用されるものである[3]。

　南北戦争後の1868年に，「いかなる州も，何人からも，法のデュー・プロセスによらずに生命，自由または財産を奪ってはならない」とする第14修正が追加された[4]。Twining v. New Jersey連邦最高裁判決は，第5修正が保障する自己負罪拒否特権に関連して，「最初の8つの修正条項によって保護された人権のいくつかについて，その否定がデュー・プロセスの否定になりうるとしても，それは最初の8つの修正条項に列挙され権利だからではなく，それらがデュー・プロセスという観念に含まれるという性質があるから」だとしながら，自己負罪拒否特権はこれに該当しないとした[5]。実際にも連邦最高裁は，権利章典が要求する刑事手続を州に適用することをつねに拒否してきた[6]。

2　誇張があることは否定できない。建国の歴史を含め，樋口範雄『アメリカ憲法』1-18, 28頁（弘文堂 2011年）参照。
3　Barron v. City of Baltimore, 32 U.S. (7 Pet.) 243, 247 (1833).
4　訳は樋口・前掲注（2）234-35頁。
5　211 U.S. 78, 99 (1908).
6　DAVID J. BODENHAMER, FAIR TRIAL 94 (1992). 詳しい紹介がある。小早川義則『デュープロセスと合衆国最高裁 Ⅶ（完）』247頁以下（成文堂 2016年）。

刑事手続上の権利に関してそうした図式が崩れ始めたのが，1932年のPowell v. Alabama連邦最高裁判決[7]である。死刑事件である当該事案での州裁判所における弁護人依頼権の否定が第14修正に違反するとした。もっとも，弁護人依頼権を保障する第6修正が第14修正を経由して州に適用されるとしたのではなく，「われわれの市民的，政治的な全制度の基礎にある自由と正義の基本的原理」を侵害することを理由とした。しかし，第14修正で保護される権利はなかなか拡大せず，ようやく1960年代に入って第14修正を経由して州を拘束する刑事被告人の人権が増加し，第4，5，6修正に規定された権利のほとんどがこれに該当することとなった[8]。本件で問題になる第4修正は，Mapp v. Ohio連邦最高裁判決[9]によってそのことが明らかにされた。

(2) 第4修正

第4修正は，「不合理な捜索および逮捕または押収に対し，身体，家屋，書類および所有物の安全を保障されるという人民の権利は，破られてはならない：令状は，宣誓または確約によって証拠づけられた・相当な理由（probable cause）に基づいてのみ発せられるべきであり，かつ，捜索さるべき場所および逮捕さるべき人または押収さるべき物件を特定して示しているものでなければならない」と規定し，その適用は刑事事件に限られない[10]。

① 令状条項，相当な理由の要求の例外とその審査基準

判例のあり方を簡略化して説明すると[11]，逮捕や捜索・押収の典型的なものについて，多数の令状条項の例外が認められ，令状なしの実施が認められている。たとえば，逮捕については，わが国の憲法も認める現行犯だけでな

---

7 287 U.S. 45, 67 (1932).
8 BODENHAMER, *supra* note 6, at 113.
9 367 U.S. 643, 655 (1961).
10 訳は田中英夫『アメリカ法の歴史 上』付録46頁（東大出版会 1968年）による。日本国憲法についても，刑事責任追及のための資料の取得収集に直接結びつく作用を一般的に有する手続には憲法38条の保障が及び，また当該手続が刑事責任追及を目的とするものでないという理由のみでその手続における一切の強制が当然に憲法35条の保障の枠外にあるとするのは相当でないとされる。川崎民商事件（最大判昭和47年11月22日刑集26巻9号554頁）参照。
11 詳細は，ドレスラー／ミカエル（指宿信［監訳］）『アメリカ捜査法』（レクシスネクシス・ジャパン 2014年）参照。

く，基本的に，相当な理由があれば公共の場所で被疑者を逮捕することができ，緊急状況であれば，それ以外の場所でも逮捕が可能となる[12]。捜索・押収についても，わが国の憲法も認める逮捕に伴う捜索・差押え以外に，たとえば，相当な理由があり緊急状況のゆえに令状請求が困難な場合や，警察官が適法に居合わせた場所から「一見して確認できる」範囲内で犯罪の証拠となりうる物が存在すれば，令状なしで押収することができるいわゆる「プレイン・ビュー」の法理などがある[13]。行政上の捜索に関し，Camara v. Municipal Court連邦最高裁判決[14]は，住宅規則遵守の確認のための公衆衛生局職員による建物の立ち入りにつき，令状要求を維持しながら，犯罪または規則違反の嫌疑という意味での「相当な理由」を要求しなかった。

さらに，Terry v. Ohio連邦最高裁判決[15]は，不審な行動から武器を用いた強盗を行おうとしているのではないかとの「合理的な嫌疑」(reasonable suspicion) を抱いた警察官が不審者に対して職務質問を行ない，対象者の服を外側から軽く叩いたところ，オーバー・コートの胸ポケットに拳銃があるのに気づき，これを取り出して武器所持の隠匿の罪で逮捕したことについて，逮捕や本格的な捜索に至らない行為には「相当な理由」も令状も要求されず，政府の権利侵害が合理的であるか否かが審理の中心であるとして，警察官の職務質問のための停止と所持品検査を容認した。したがって，犯罪捜査目的であっても，無令状で「相当な理由」を欠いていても，捜索等が可能となった。この合理性の審査は，政府利益の重大性，手段の有効性，自由の侵害の重大性を利益衡量することで判断される[16]。手段の有効性の有無につい

---

12 ドレスラー／ミカエル・前掲注 (11) 211-12頁。そのため，ほとんどの逮捕は，予め裁判官の令状を得ずに行われるのが実情だとされる。ローク・M・リード・井上正仁・山室惠『アメリカの刑事手続』60頁（有斐閣 1987年）。
13 ドレスラー／ミカエル・前掲注 (11) 第11章以下参照。
14 387 U.S. 523 (1967). 令状要求が免除される状況もあることも含め，詳細はドレスラー／ミカエル・前掲注 (11) 437頁以下参照。
15 392 U.S. 1 (1968). したがって，逮捕や本格的な捜索に至っているか否かや，この判決をどこまで拡張できるか等が争われることになる。詳細はドレスラー／ミカエル・前掲注 (11) 第17章参照。
16 Brown v. Texas, 443 U.S. 47, 50-51 (1979). なお，自由の侵害の重大性は，客観的な侵害と対象者に与える心理的な影響という意味での主観的侵害の両面から判断される。United States v. Martinez-Fuerte, 428 U.S. 543, 558 (1976).

ては，より侵害的でない手段の存否だけでは決まらないとされている[17]。

② 「特別の必要」の法理

このように，第4修正が適用される逮捕や捜索・押収に該当する場合であっても，その実施に令状も「相当な理由」の存在も要求されない状況が出現した。当初は「合理的な嫌疑」の存在する事案で用いられることもあったが[18]，現在では嫌疑なき捜索等を正当化するために援用されるのが，令状や「相当な理由」を要求することが実際的でない「法執行の通常の必要を超える特別の必要」の法理である[19]。したがって，犯罪捜査目的では「相当な理由」に至らない「合理的な嫌疑」が必要となる。本判決以前に「特別の必要」の法理に基づき嫌疑なき薬物検査が許されたのは，職場における薬物検査の事案だった。

2 Vernonia判決の背景
(1) アメリカの薬物問題

アメリカは薬物規制に深い関心を長年有していたが[20]，薬物規制は組織犯

---

17 Skinner v. Railway Labor Executives' Ass'n. 489 U.S. 602, 629 n. 9 (1989).
18 「特別の必要」法理は，New Jersey v. T.L.O.連邦最高裁判決のブラックマン補足意見が初めて主張し (465 U.S. 325, 351, 351 (1985) (Blackmun J., concurring))，O'Connor v. Ortega 連邦最高裁判決の相対多数意見が採用し (480 U.S. 709 (1987))，Griffin v. Wisconsin連邦最高裁判決 (483 U.S. 868 (1987)) で法廷意見が採用した。いずれの判決も「合理的な嫌疑」が存在するか存在する可能性のあった事案だった。
19 本件の判決後の判例であるが，City of Indianapolis v. Edmond, 531 U.S. 32 (2000) 連邦最高裁判決が，犯罪証拠の探知を第1次的目的とする無嫌疑の捜査を認めたことはないと明言した。Chandler v. Miller, 520 U.S. 305 (1997) 連邦最高裁判決は，知事，州議会議員，最高裁判事，地方検事等の一定の役職に指名されまたは選挙に立候補した者に対して薬物検査を受け，結果が無検出であることの確証を要求する州法は「特別の必要」でなく「象徴的な」必要に止まるとした。Ferguson v. City of Charleston, 532 U.S. 67 (2001) 連邦最高裁判決は，公立病院を訪れたコカインの使用が疑われる妊婦に対する尿検査の実施について，陽性反応であれば捜査機関に通知されるために，検査目的が法執行のための証拠収集にあるとして，「特別の必要」の例外に該当しないとした。犯罪捜査目的以外の捜査等について，ドレスラー／ミカエル・前掲注（11）第18章，とくに453頁以下参照。「特別の必要」法理について，他に洲見光男「薬物検査の合憲性」法律論叢76巻2・3号33頁（2004年），山本未来「行政調査と合衆国憲法修正4条における『特別の必要性』の法理」明治学院大学法科大学院ローレビュー5号59頁（2006年）参照。
20 アメリカにおける薬物政策の歴史について，丸山泰弘『刑事司法における薬物依存治療プログラムの意義』第2章（日本評論社 2015年），石塚伸一編著『日本版ドラッグ・コート』第2章（日本評論社 2007年）参照。

罪対策という側面もあり，1984年の包括的犯罪規制法（Comprehensive Crime Control Act）によりとくに薬物犯罪の法定刑の上限の引き上げ等がなされていた[21]。本件薬物検査に直接つながる動きは1986年のレーガン政権にあった。1986年の春に薬物，とくにクラック・コカインに関するニュース報道の爆発的増加が始まり，8月前半にはレーガン大統領が「薬物に対する戦い」（War on Drugs）を宣明し，マスコミがクラック・コカインを主要な対象とする薬物報道のお祭騒ぎを始めると，世論が劇的に変化し，世論調査によれば，8月18日の週までに薬物がアメリカが直面するもっとも重要な問題となった。もっとも，同年の前半には薬物が公立学校が直面するもっとも重要な問題と考えられていた[22]。違法薬物の使用のかなりの増加が薬物に対する宣明を招いたという指摘が多くなされており，実際にも薬物使用の自己報告調査によれば，ほとんどの薬物，ほとんどの年齢グループで1970年代後半に使用が増加した[23]。1986年は連邦議会選挙の年でもあり，保守，リベラルを問わず，薬物を取り上げることで政治家は当選の可能性を高めることができたこともあり[24]，同年中に薬物濫用取締法（Anti-Drug Abuse Act）が制定された。

この法律は多彩な内容を有し，①予防と治療活動を支援促進するために大規模な薬物統制関連の連邦予算をつけること，②違法なマネーロンダリングに対する規制強化，③大規模なマリファナ密売に対する刑務所収容の復活，④規制物質と類似の構造と効能を有する物質（controlled substance analogue）の規制対象化，⑤州政府および地方自治体による薬物濫用に関する教育及び予防プログラムに対する助成金制度の創設，⑥国際的な薬物取締り努力を強

---

21 岡部泰昌「アメリカ連邦刑事法改正の概要」判例タイムズ541号12頁（1985年）参照。
22 Eric L. Jensen and Jurg Gerber, The Social Construction of Drug Problems: An Historical Overview in THE NEW WAR ON DRUGS: SYMBOLIC POLITICS AND CRIMINAL JUSTICE POLICY 16-17 (Eric L. Jensen & Jurg Gerber Eds., 1998).
23 Id. at 14 & Table 1.1.ほとんどの薬物，ほとんどの年齢グループで1970年代後半がピークをなし，1980年代前半を通じて率は減少するか安定していたと本書は指摘する。クラック・コカインが登場するのは1980年代後半以降である。ただし，1990年代半ばから増加傾向にあることをTable 1.1から読み取れるが，その後について，那須修「米国における組織犯罪・薬物対策7」捜査研究588号43頁（2000年）参照。
24 Id. at 18.

化するための各種の規定を骨子とすると要約されている[25]。⑤にはDrug-Free Schools and Communities Actと呼ばれるものがあり，学校における措置も対象になっていた[26]。

（2） 先例
① 学校における所持品検査[27]

学校における身体検査等に関する判例として，T.L.O.判決[28]がある。校則違反であるトイレでの喫煙が教師に見つかった公立高校1年生の女子生徒に対して，学校側が財布をみせるように要求すると，たばこの包みがあった。そこで財布に手を伸ばしてこれを取り出したときに，さらに経験上高校生のマリファナの使用と密接に結びついている巻き紙の束に気づいたために，徹底的に財布を捜索してマリファナ等を発見したが，この証拠を少年裁判所の手続において証拠排除するかが争われた事案だった。同判決は，学校当局の権限の根拠としての親代わり理論（*in loco parentice*）を否定し，公立学校の義務教育であるがゆえに政府の活動に関する規制が及ぶとしながら，令状条項の適用は学校において必要な迅速かつ非公式な規律手続の維持を阻害するので，学校という環境に適切でないとした。捜索の合理性によって捜索の適法性は決まり，そのためには①開始時点で捜索が正当であったか否か，②実際になされた捜索が捜索開始を正当化する状況に対してその範囲が合理的に関連しているか否かを審理しなければならないとした。そして，通常の状況

---

25 清水新二「アメリカの薬物戦争政策の現状と問題点」犯罪と非行123号49頁（2000年）。多少の修正を加えた。学校の内外での薬物の配布等の罪の法定刑の引き上げもなされた。現行規定は，21 U.S.C. 860。また，連邦政府職員の薬物・アルコールの濫用の予防，治療，リハビリのプログラムやサービスの策定を人事管理局（Office of Personnel Management）に義務づけた。P.L. 99-570, 100 Stat. 3207-157.
26 P.L. 99-570, 100 Stat. 3207-125.
27 学校における所持品検査等に関するアメリカの判例を広く紹介するものとして，高井裕之「非刑事手続における修正4条の射程と適用」榎原猛ほか編『国法学の諸問題』349頁（嵯峨野書院1996年），大島佳代子「合衆国の公立学校における所持品・身体検査の合憲性」法政理論33巻4号16頁（2001年），田村泰俊「公立学校での行政調査としての薬物検査と合衆国憲法第4修正」明治学院大学法律科学研究所年報20号73頁（2004年），山本未来「行政調査としての公立学校における校内検査」明治学院大学法科大学院ローレビュー2巻4号39頁（2006年）等がある。個別の邦語による判例評釈等はこれらの文献を参照されたい。
28 T.L.O., 469 U.S. 325.

では校則または法に違反している証拠が捜索によって発見されるだろうと疑う合理的な理由があれば①を満たし，用いられた手段が捜索目的と合理的に関連し，生徒の年齢や性別，違反の性質からみて過度に侵害的でなければ②を満たすとした。そして，たばこの捜索とマリファナの捜索のいずれについても合理的な理由が存在し，合理的であるとした。

② 職場における薬物検査

　連邦運輸大臣の権限に基づく規則による，死者が出る等一定の事故が発生した後の事故に直接関係する鉄道会社従業員に対する血液および尿の薬物検査に関するSkinner判決[29]と，小火器の携行，薬物摘発や関連法規の執行への直接の従事等の職務に従事することを希望する税関職員に対する薬物検査（被検査者と接触して確定した日時・場所で実施）に関する National Treasury Employees Union v. Von Raab連邦最高裁判決[30]がある。前者は，第4修正が適用されるとし，争われている政府利益が「特別の必要」の法理に該当するかを検討してバランシングを行った。すなわち，検査対象や範囲が明確に限定され，検査も標準化され，プログラム実施に伴う裁量が最小限のものであるので司法審査の必要に乏しく，令状請求に伴う証拠の消滅のおそれがあるので令状を不要とし，広範な規制の及ぶ鉄道会社の従業員のプライバシーの期待は減少していることを指摘し，薬物使用の外部的な兆候を使用者が示すことが滅多になく，嫌疑なしの実施に抑止効果が期待できること，事故直後の現場が混乱状態にあれば個別の嫌疑を見出すことが困難となること等から嫌疑なしに検査を実施する政府利益が止むにやまれぬものであるとして，検査を合憲とした。コンパニオン・ケースである後者は，限られた状況においてのみ嫌疑なき捜索が許されるとした上で，検査目的が薬物使用の抑止にあり，職員の同意なしに検査結果を刑事訴追の証拠とすることができないことから検査の目的が通常の法執行の必要に止まらないことを確認し，検査実施の要件や検査の範囲は明確に限定され，検査実施の職員に裁量はないので

29　Skinner, 489 U.S. 602.
30　489 U.S. 656（1989）。限られた状況でしか嫌疑なき捜索は許されないことは，その後の判例も繰り返し指摘する。Chandler, 520 U.S. 308; Edmond, 531 U.S. 37.

司法審査の必要に乏しいから令状は不要であり，暴力も辞さない密輸犯人からの職員の身体の安全の確保，犯人からの誘惑，大量の価値ある禁制品に接する機会があることからすれば適性のある職員を摘発の第一線に配置する政府利益は止むにやまれぬものであり，武器使用の機会のある職員についても同様であり，違法薬物を直接摘発したり武器を携行する職員はその適性や廉潔性に対する有効な調査を受けることを覚悟すべきであるのでプライバシーの期待が減少しており，抑止をも目的とするので実際の検査での陽性反応の少なさは検査の不合理さを示すものでないとして，検査を合理的とした。

　第4修正との関係では，レーガン大統領の薬物に対する戦いが全開になるとともに，1986年に連邦最高裁長官に昇格したレーンキストは，犯罪と戦うあらゆる手段を警察に提供する方向に連邦最高裁を推し進める立場に立ち，レーンキスト・コートは薬物に対する戦いと同一歩調をとったと評されている[31]。

Ⅱ　Vernonia判決

1　事実の概要[32]

　本件薬物検査が行なわれたVernoniaはオレゴン州にあり，本件当時は市内および市境付近に住む住民を含めても約3000人という小さな運材業の町だった。町の小ささなどのために同市の関心の中心は一般的には学校区活動，具体的には運動にあった。同市におけるエンターテインメントが限られていたために，学校間の運動競技が大きな役割を果たしており，運動選手は良く知られていて，また称賛されていた。中・高校（high school）生の約60〜65％，小学生の約75％が学校区が資金提供する運動競技に参加していた。本学校区はコミュニティと深く結びついた少数だが継続する固く団結した教員を雇用していた。1980年代前半まで学校の規律に問題は生じなかったが，80年代中頃から後半にかけて，教師と学校管理者は薬物とアルコールの使用の急激な増加を見出すことになった。生徒が薬物文化に惹かれることを語るよう

31　Michael C. Gizzi & R. Craig Curtis, The Fourth Amendment In Flux 61, 63 (2016).
32　連邦最高裁による事実認定に1審の事実認定を加味した。

Chapter 13 公立学校における身体検査等 441

になり，また薬物文化について学校がなしうることは何もないと自慢するようになった。薬物が増加するにつれて，規律が問題となることが増加した。1988, 1989年の両年に規律が問題となった件数が1980年代前半の2倍以上になり，不敬な言葉の噴出もありふれたものになった。

　生徒である運動選手の中にも薬物使用者が存在し，運動選手は薬物文化のリーダーだった。このために学校区管理者は特別の関心を抱くようになった。なぜなら，薬物使用によりスポーツ関連の怪我のリスクが高まるからである。公判における専門家証言によって，動機づけ，記憶，判断，反応，調整，パフォーマンスに及ぼす薬物の有害な影響も確認されている。中・高校のサッカーとレスリングのコーチは，レスリング選手の負った重い怪我や目撃したサッカー選手の安全のための手続の懈怠や間違った動作がみな薬物使用の影響によるものと考えている。

　当初学校区は，薬物問題に対して，教育を通じて，すなわち薬物使用を抑止するための特別のクラス，スピーカー，プレゼンテーションによって対処しようとし，さらに麻薬を探知する特別の訓練を受けた犬を投入したが，薬物問題は解消しなかった。そのために，生徒の大部分，とくに学校間競技会に参加する者は反乱状態（a state of rebellion）にあった。規律維持のための措置は「流行段階」（epidemic proportion）に達した。そのために，直ちに行動を起こさなければ，薬物問題はひどく悪化し，さらに広がってしまうことが学校スタッフには明らかになった。この時点で学校区職員は薬物検査プログラムの検討を開始した。親たちのための「インプット・ナイト」（input night）を開催して，運動選手である生徒の薬物検査方針案を議論し，出席した親たちは全員一致でこの案を是認した。1989年秋実施のために学校区委員会はこの方針を承認したが，その目的は生徒である運動選手の薬物使用の抑止，運動選手の健康と安全の確保，薬物使用者に対する援助プログラムの提供にあった。

　この方針は学校間競技会に参加するすべての生徒に適用され，参加を希望する生徒は薬物またはアルコールの使用に限定される検査への同意書に署名し，両親の文書による同意も得なければならない。スポーツのシーズン開始時点で検査を受け，シーズン中は毎週選手の約10％がブラインドで選ばれ，

ランダムに検査を受ける。選ばれた者は，可能であれば，その日のうちに告知と検査を受けた。服用している処方箋の必要な薬等を書式に記入して，生徒は同性の学校職員である監視者とともに空室の更衣室に入り，男子生徒は職員からカップを渡されて服を着たまま職員に背を向けてカップに排尿する。その間職員は生徒の約12～15フィート後ろにいて，不正がなされていないことを確認する。女子生徒の場合には閉じられたトイレの1区画でサンプルを採取するが，監視者は区画の外にいて，不正の兆候を聞く。職員は生徒からカップを受け取り，カップの温度や不正の兆候をチェックする。職員はサンプルをガラス瓶に移しかえ，生徒が蓋をし，生徒のサインと日付の入った防護テープで瓶は封印される。

　日常的に覚せい剤，コカイン，マリファナの検査を行い，検査手続の正確さが99.94％である独立の研究所にサンプルは送られて生徒の身許を知ることなく検査が行われる。学校区では管理の連続性について厳密な手続が採用され，検査結果のアクセスについても同様であり，学校区の教育長（superintendent）にのみ文書による検査報告が郵送され，権限を確認するコードを示すことのできた学校区職員に対してのみ電話で検査結果が知らされるだけである。教育長，校長，副校長，運動の指導者のみが検査結果にアクセスでき，検査結果は1年を越えて保存されることはない。

　検査で陽性反応を示した場合には，結果を確認するためにできるだけ早く2度目の検査が実施される。2度目の検査が陰性であれば，さらなる措置は執られない。2度目の検査も陽性である場合には，選手の親に告知され，校長は当該生徒と親との間で会合をもち，会合では生徒に（1）毎週の尿検査を含む6週間の援助プログラムへの参加，（2）当該シーズンの残りの期間と次のシーズン全体について運動への参加の停止のいずれかを選択するオプションが与えられる。その後，次の参加可能な運動シーズン開始前に再検査が行われる。本方針によれば，再検査で陽性となると，自動的に（2）の扱いとなり，再々度の検査でも陽性になると，当該シーズンの残りの期間と続く2シーズンは参加の停止となる。

　1991年秋に原告夫婦の息子のJames Actonは12歳で，Washington Grade Schoolの7年生であり，サッカーに参加しようとしたが，Jamesと彼の親が

検査の同意書に署名せず，校長に対しても薬物，アルコール使用の何の証拠もなしに尿検査を受けなければならないために本方針に反対する旨の説明をした。そのために参加を拒否され，Acton親子は訴訟を提起し，連邦憲法第4修正，第14修正，オレゴン州憲法に本方針が違反するとして，本方針実施に対する宣言的仮処分的救済を求めた。

2　下級審の判断と連邦最高裁における口頭弁論
（1）　第1審[33]

1審であるオレゴン州地区連邦地裁のMarsh裁判官は，尿検査が第4修正の捜索に該当することを確認したが，先例から連邦最高裁は相当な理由や具体の嫌疑がなくとも，個人のプライバシーの利益を凌駕するほどの利益侵害の「止むにやまれぬ必要」を政府が証明すれば利益侵害が容認されるバランシング・テストを採用しているようにみえるとして，令状や個別の嫌疑が存在しない捜索が直ちに違憲になるわけではないとした。先例と本件では問題となる安全のタイプや規模が異なるが，T.L.O.判決等により，公立学校というユニークな状況のゆえに第4修正の制約は緩和されるとし，秩序維持，運動プログラムに関する規制の実施，運動選手である生徒の安全確保を目的とするプログラムの一部として学校内で本件捜索が行われるという事実はバランシングにおいて重視しなければならない重要要素であるとした。そこで，本方針の基礎にある正当化理由とその運用をめぐる状況すべてを考慮して本方針が「合理的であるか」否かを判断しなければならないとした。具体的な嫌疑なき捜索であるので，本方針に「止むにやまれぬ必要」が存在しなければならないとした。薬物の影響が見られる選手の振る舞いをコーチが目撃していること，当地では運動選手がコミュニティ全体のロール・モデルを果たしており，彼らの薬物使用が抑止されれば他の生徒にも抑止効果が期待できること，本方針によって影響を受ける活動の範囲が目的を達するために必要な範囲に厳しく限定されていること，本方針の目的，裁判所は規律や秩序維持に関する事項について学校当局に敬意を払うべきことからすれば，中学・高校という場自体が本方針に有利に作用すること，薬物やアルコールに関連

33　Acton v. Vernonia School District 47J, 796 F. Supp. 1354 (D.Or. 1992).

444

する規律問題の増加に対処するより侵害的でないいくつかの方法を検討し実際に実行しており，また外見から薬物やアルコール使用を判断しても信用性がなく，合理的で具体的な嫌疑を要求しても事故の防止に役立たないことからすれば，ランダムな尿検査は次の論理的な対策とみられること，違法薬物・アルコールへの検査の限定，検査結果の秘匿など侵害の範囲を限定する措置を執っていること，学校側の裁量の程度が制限されていることから，本方針を採用する「止むにやまれぬ必要」に対して本方針が役立つことを明らかにする十分な証拠が存在し，したがって本方針は正当であるとした。また，オレゴン州憲法違反の主張も斥けた。

(2) 控訴審[34]

2審の連邦第9巡回区控訴裁判所は，生徒のプライバシーの利益は一般の人々のそれほどには強固でないとはいえず，運動選手のプライバシーの利益が生徒一般と比べて実質的に劣るとはいえないこと，学校の更衣室の状況のゆえに運動選手のプライバシーの期待は低いといえないこと，運動に参加する権利を確保するために生徒はプライバシーの権利を放棄する必要のないことからすれば，運動選手のプライバシーの権利はなお強固であるとした。政府利益はランダムで嫌疑のない検査を容認した先例ほどには極端な危険が本件では問題になっておらず，止むにやまれぬ利益に当たらないとし，本方針は第4修正に反し，オレゴン州憲法にも違反するとして，原判決を破棄した。学校区は連邦最高裁に上告受理の申立てを行ない，受理された。

(3) 連邦最高裁における口頭弁論[35]

1995年3月28日の口頭弁論では，両当事者だけでなく，amicus curiaeとして連邦政府も加わった。薬物使用の確固たる証拠があるのかどうか，どのような薬物問題が存在すれば薬物検査が可能となるのか，薬物問題が深刻であれば，合理的嫌疑に基づく薬物検査も可能であるのに，なぜ合理的嫌疑に基づく薬物検査を実施しなかったのか，本件検査によって陽性反応が出たこ

---

34 Acton v. Vernonia School District 47J, 23 F. 3d 1514 (9th Cir. 1994).
35 1995 WL 3534128 (U.S.) (Oral Argument).

とがどれくらいあったのか，検査項目が限定されていることなどの本件検査の有効性，存在する薬物問題からすれば課外の運動選手だけでなく生徒全体を検査することにならないか，課外活動の重要さからすれば正規の課程と区別され，参加は任意だといえるのかなどの質問が裁判官から出された。個別の嫌疑に基づく薬物検査を実施するについての具体的困難などの問題が学校区側から提起され，また個別の嫌疑に基づく薬物検査を主張する原告側にもその点について裁判官から質問が投げかけられていた。また，薬物検査と通常の身体検査との異同など，本件薬物検査で侵害されるプライバシーの利益の具体的内容，生徒であることが及ぼすプライバシーの利益への影響なども原告側に問われ，学校内では親の権限の一部を学校が保有するとする裁判官の発言もあった。これらの点は実際に本件およびその後の連邦最高裁の各裁判官の意見に反映された。

3 連邦最高裁の判断

(1) 法廷意見－スカリア裁判官執筆，レーンキスト長官，ケネディ，トーマス，ギンズバーグ，ブライヤー裁判官同調

州の公立学校職員による強制的な尿の収集と検査が第4修正の規制に服する「捜索」に該当すると当裁判所は判断している。政府の捜索の合憲性の最終的な判断基準は「合理性」にある。憲法の規定が制定された時点で本件タイプの捜索を是認しまたは否定する明確な実務は存在しなかったので，具体の捜索が合理性の基準を満たすか否かは，個人の第4修正の利益の侵害と正統な政府利益の促進とをバランシングすることで判断される。刑事上の非行の証拠を発見するために法執行機関職員によって捜索が実施される場合には，当裁判所は合理性が一般に裁判所の令状の取得を要求するとしてきた。しかし，令状が政府によるすべての捜索の合理性を示すのに要求されるわけではなく，令状が要求されない（したがって令状条項の適用がない）場合でも，相当な理由がつねに要求されるわけではない。相当な理由に欠ける捜索も合憲となりうる。すなわち，法執行の通常の必要を超える特別の必要のために，令状および相当な理由を要求することが実際的でない場合があると当裁判所は判断してきた。

公立学校という状況でも「特別の必要」が存在すると当裁判所は判断してきた。公立学校では，必要な迅速で非公式な規律手続の維持を令状の要求が不当に阻害し，相当な理由に基づく捜索の要求が学校秩序を維持する自由を有する教師と管理者の実質的必要を阻害することになる。T.L.O.判決が是認した学校における捜索は非行に関する個別の嫌疑に基づくものだった。しかし，第4修正は個別の嫌疑を不可欠の要件としていない。

　検討すべき最初の要素は本件捜索によって侵害されるプライバシーの利益の性質である。第4修正は社会が正統と認めた主観的なプライバシーの期待のみを保護する。いかなる期待が正統であるかは場面によってさまざまである。さらに，州に対する一定のプライバシーの期待の正統性は，州と当該個人との法的関係によっても左右される。当裁判所の立場からすれば，本件の中心にあるのは，本方針の対象者が（1）未成年者であり，（2）学校管理者として州の一時的な監護に服しているという事実にある。

　コモンローでも今でも，もっとも基本的な自己決定の権利のいくつかを親や後見人の統制から解放されていない未成年者は有しない。T.L.O.判決は，私立学校と同様に公立学校も生徒に対して親権を行使するにすぎないとする考えを斥けた。しかし，同判決は州が学童に対して有する権限の性質が監護であり，保護的であることから，自由な成人に対しては行うことができないある程度の監督や統制を行うことができることを強調した。さまざまな目的のために学校当局は親代わりとして行動し，そのために礼儀に関する習慣やあり方を教え込む権限，実際には義務を有することを当裁判所は認めている。

　第4修正の権利は公立学校と他の場所とでは異なる。合理性の審理において，学校の児童に対する監護・保護責任を無視できない。公立学校の児童は日常的にさまざまな身体検査や予防接種を受けなければならない。それゆえ，医学的な診察や手続について学校内にいる児童には公衆一般ほどのプライバシーの期待は存在しない。

　正統なプライバシーの期待は生徒である運動選手ではさらに少ない。練習等の前に着替え，練習等の後にシャワーを浴びて，着替える必要があり，ロッカー・ルームが通常使われるが，プライバシーに値しない。本件学校区の

ロッカー・ルームは，個別に着替える部屋はなく，シャワー・ヘッドが並んで壁に設置され，カーテン，パーティションで区切られていない。すべてのトイレの区画にドアが付いているわけでもないからである。

　生徒である運動選手のプライバシーの期待が減少するもう1つの点がある。チームに加わることを選択することで，彼らは生徒一般に課されるよりも多くの規制に任意に服している。任意に学校の運動競技に加わる生徒には，プライバシーを含む通常の権利や特権に対する侵害を予測すべき理由がある。

　Skinner判決は侵害の程度が尿サンプルの採取の監視のされ方で決まるとした。本方針下の監視のされ方からすれば，採取過程で害されるプライバシーの利益は無視しうる。尿検査のプライバシー侵害の別の側面は検査が明らかにする情報である。本件検査は薬物のみを検査し，検査する薬物は標準的なものであり，生徒ごとに検査する薬物が異なることはない。また，検査結果は知る必要のある限られた学校関係者にしか開示されず，検査結果は法執行機関に通報されたり，学校内の規律維持のために用いられることはない。服用している処方薬の事前開示の要求が一律に不合理であると判断されたことはなく，生徒を直接知る教師等への開示はよりプライバシーの侵害が大きいとしても本件で差異を生じさせない。本方針からは秘密を保持するかたちで要求された情報を被申立人が提供することを学校区は容認してもよいから，プライバシーの侵害は重大でない。

　最後に，本件の政府の関心の性質と直接性，政府の関心を満たすことについての手段の有効性を検討する。Skinner, Von Raab判決は捜索の動機となった政府利益を止むにやまれぬものとした。第4修正の関係で「止むにやまれぬ州の利益」とは，純粋なプライバシーの期待に対して当該捜索が相対的に侵害的であることを示す他の要素からみて，当該捜索を正当化しうるほど重要であるようにみえる利益を言う。本件はそれを満たしている。

　政府の関心の性質が重要であることは疑いない。わが国の学童による薬物使用の抑止は，少なくともVon Raab判決やSkinner判決の場合と同程度に重要である。学齢期は薬物の身体的，精神的，依存的影響がもっとも深刻な時期である。成熟した神経システムよりも成熟過程にある神経システムの方

が依存によって受ける損傷が深刻である。児童期の学習におけるロスは生涯続き，深刻である。成人よりも児童の方がより早く化学的な依存に陥り，彼らがそこから回復した記録は絶望的なほど乏しい。そして，薬物がはびこる学校の影響は薬物使用者だけでなく，生徒や教職員全体に及び，教育課程も混乱する。さらに，本件では，州が何らかの措置を執る必要性は，こうした害悪の影響が個人全体に及ぶだけでなく，州がケアと指導の特別の責任を有する子どもたちにも及んでいるという事実によって大きくなっている。最後に，本件プログラムが生徒である運動選手による薬物使用に限定されていることを見落とすべきでない。そうした選手については，薬物使用者や薬物使用者の対戦相手に直接の身体的な害が及ぶおそれがとくに高い。判断に関する障害，反応時間の遅さ，苦痛の知覚の減少などの心理的影響を別にしても，本方針が選別する具体の薬物は，運動選手に実質的な身体的リスクを負わせることが明らかになっている。

　学校区の関心の直接性については，生徒の大部分，とくに学校間運動会に参加する生徒が反乱状態にあり，規律維持措置が流行段階にまで達しており，薬物文化に関する生徒の誤った認識だけでなくアルコールや薬物の濫用が反乱のエネルギーを供給しているとする地裁の結論に当裁判所は疑問をもたないし，実際に明らかな誤りであると認定することはできない。この状態は，Skinner判決の事案より大きな部分で直接的な危機が存在している。また，Von Raab判決の事案よりも本件は薬物使用の範囲が広い。同判決では検査対象者に薬物使用の歴史の記録は存在しなかったからである。

　この問題に対処するためのこの手段の有効性に関しては，運動選手の薬物使用の「ロール・モデル」としての影響によって主にエネルギーが供給される薬物問題や運動選手に特別の危険を与える薬物問題は，実際に運動選手が薬物を使用しないようにすることで有効に対処していることは自明であるようにみえる。第4修正について，実行可能なもっとも制限的でない捜索でなければ合理的でありえないとすることを当裁判所は繰り返し斥けてきた。合理的嫌疑に基づく薬物検査が実際に実行可能であるとしても，実質的な困難がある。運動選手に対するランダムな薬物検査を受け入れる親は，すべての生徒に対する非難的な薬物検査を歓迎しないからである。非難的な薬物検査

はその過程を恥のバッジへと変容させるからである。また，教師が厄介だが薬物を使用していない可能性が高い生徒に対して恣意的に検査を課すおそれを生じさせる。そうした恣意的な薬物検査の実施を非難したり，非難的な薬物検査の実施前により丁寧な手続を単純に要求する訴訟に応訴する費用を生じさせる。また，つねに拡大し変化する教師の義務に，うまく準備できず，本来の職務と容易に両立しない，薬物中毒を見抜き，薬物中毒を認めさせるという新しい役割を付け加えることになる。多くの点で，嫌疑に基づく検査はより良いものでなく，より悪いものであると当裁判所は考える。

当裁判所がこれまで検討してきたこれらすべての要素，すなわちプライバシーの期待の減少，本件捜索が相対的に控えめであること，捜索で満たされる必要性が重大であることを考慮して，当裁判所は本件方針が合理的であり，したがって合憲であると結論する。

嫌疑なき薬物検査が他の状況でも容易に合憲性の検閲をパスするだろうとする想定に対して当裁判所は警告をする。本件のもっとも重要な要素は，公立学校システムの下で政府にそのケアを委ねられた児童の後見人，保護者としての政府の責任を果たすために実施されたという事実にある。政府が後見人，保護者として振る舞う場合に重要な問題は，当該捜索を合理的な後見人，保護者が行いうるかどうかである。地裁のなした必要性に関する認定からすれば，本件は合理的後見人，保護者がこれを行いうると当裁判所は結論する。

Vernoniaの学童の主な後見人は本方針に同意しているようにみえることを指摘することもできる。親の立場を知るために公開のミーティングが開かれた。本件状況の下で合理的に子どもたちのためになるものについて，同学校区の親，学校委員会，本件地裁の判断に反対する十分な根拠を当裁判所は見出せない。

原審は本方針が第4修正に違反するだけでなく，第4修正違反のゆえにオレゴン州憲法にも違反するとした。原審の最初の判断は誤りであるとする当裁判所の結論は，後の判断が誤った前提に立っていたことを意味する。それゆえ，原判決を破棄し，当裁判所の結論に従ってさらに手続を進めさせるために事件を原審に差し戻す。

(2) ギンズバーグ裁判官の同意意見

通学義務があるすべての生徒に日常的に薬物検査を要求することができるかという問題について法廷意見は判断を留保したと理解する。

(3) オコナー裁判官の反対意見ースティーブンス，スーター裁判官同調

わが国の憲法史のほとんどで，大量かつ嫌疑なき捜索は，第4修正の意味で一般に一律不合理と考えられてきた。最近は嫌疑に基づく仕組みに効果がないことが明らかな場合にのみ例外を容認している。本件は例外に該当しないので，法廷意見に反対する。

Carroll v. U.S. 267 U.S. 132 (1925) 連邦最高裁判決は，公平な取扱いが個別の嫌疑の要求の代替にならないと明言し，同判決の立場は歴史的にも十分な根拠がある。第4修正の制定者がもっとも強力に反対したものが一般的な捜索だったからである。一般令状による濫用を抑制するために制定者が採用した具体的なやり方は，新奇な「公平性」の要求でなく，個別の嫌疑要件のレベルを客観的に相当な理由にまで引き上げて，この要件を意味あるものとし，また執行可能にすることだった。Carroll判決は同じ立場に到達した。

第4修正が制定された当時の頃のすべての捜索に個別の嫌疑が要求されたわけではないが，ほとんどの捜索で要求された。逮捕に伴う捜索は個別の嫌疑が要求されない明らかな例外の1つであるが，そうした捜索は嫌疑に基づく捜索を恣意的で一般的な捜索から区別する不可欠の特徴を有していた。すなわち，そうした捜索は1度に1人にしか影響が及ばないのであり，非行を行わないことによって一般的に回避可能である。公平さではなく，プライバシーの保護が当時も今も第4修正の要である。したがって，犯罪の証拠を発見するために，薬物に駆られた地域を出入りするすべての人に警察が薬物検査をすることはできないというのが現在の法である。なぜなら，公平であることが，自由なバランシング・テストによる捜索の仕組みの合憲性判断を正当化するのに十分であるとすれば，個別の嫌疑が欠くことのできない捜索のカテゴリーが存在することを前提にする令状条項が死文化してしまうからである。

しかし，刑事事件以外では，現代生活の急迫した事情に対応するために，

先例はいくつかの公平で包括的な捜索を合憲としてきたが，その中にはプライバシーに対する侵害と政府の強力な必要とを衡量した後に，最小限の侵害に止まらない捜索が含まれていた。もちろん，こうした先例のほとんどは，詳細な規制のある産業の捜索など，個人に対する侵害の性質を有しないものか，刑務所などのユニークな状況で行われたものである点で，区別可能である。より重要なことには，そうした理由では区別不可能な先例のすべてにおいても第4修正が長い間嫌疑に基づく捜索の仕組みを要求してきたことをまず認めた上で，尋常でない現に存在する状況においてそうした仕組みでは効果がない可能性が高いもっともな理由を指摘してはじめて，嫌疑なき捜索を当裁判所は是認してきた。したがって，個別の嫌疑の要求が政府の目的を危うくするのでなければ，個別の嫌疑の要求は放棄すべきでないということになる。さらに，個別の嫌疑の要求が実際的でないとされたのは，非常に多くの人びとに害が及びうる未探知の非行が存在するという状況があったためである。

　個別の嫌疑に基づく検査プログラムの当事者対立的な性格や濫用に関する本学校区の判断が合理的だったかには疑問がある。濫用に対する重要なセーフガードは存在し，たとえば「厄介だが薬物を使用していない可能性が高い」生徒に薬物検査を受けさせるおそれは，個別の嫌疑のレベルが客観的に合理的な嫌疑でなければならないことを無視するものである。手続全体を秘密裏に行えば，誤った非難から生じる苦しみを最小限にすることができる。当事者対立的性格については，他の多くの分野で教師等が生徒の非行の有無を調査，判断し，罰を与える必要がある当事者対立的，規律的な枠組みが学校に存在することを無視しており，嫌疑に基づく薬物検査はほんのわずかな付加でしかない。

　本学校区は嫌疑に基づく仕組みがより侵害的でないことを過小評価している。プライバシーを侵害される生徒は少なく，個別の嫌疑を生じさせないように振る舞えば生徒は検査を回避できるからである。そもそも，個別の嫌疑の要求は第4修正と同程度に法的歴史があり，政策関心の名の下に容易に放棄することはできず，確立した判例からは，放棄できるのはそうした仕組みでは効果がない可能性が高い場合に限られる。しかし，法廷意見では学校に

おける個別の嫌疑の要求には効果がないことが明らかになっていない。ほとんどの学校で生徒はつねに教師，管理者，コーチの監督下にある。本学校区の学校も例外でない。学校区が提出した証拠のほとんどは，学校内での薬物使用の合理的嫌疑を明らかに生じさせる。したがって，嫌疑に基づく検査は本学校区の薬物問題を解決するだろう。嫌疑に基づく仕組みは大量の無嫌疑の捜索ほどには有効でないかもしれないが，権利保護には犠牲を伴うということにすぎない。

　法廷意見の主要な反論は，第4修正が学校における捜索にはより寛容だというものであるが，その依拠する先例と本件の事案は大きく異なる。また，身体検査や予防接種に法廷意見が依拠するのも説得的でない。予防接種への嫌疑の要求は実際的でなく，何かを捜索するものではないからそうした要求は無意味である。身体検査で通常探知する状態は観察可能な行動では明らかにならないから嫌疑の要求は実際的でなく，生徒の側の非行を反映した状態の探知でないので当事者対立的でなく，処罰とみうる帰結も伴わない。対照的に，重大な非行を反映する状態を探知するすべての検査プログラムが完全に非難的でなくなることはありえず，陽性反応の結果から生じうる実質的な帰結はつねに罰と理解される。本検査プログラムもある程度は非難的である。

　これらの事実によって嫌疑なき薬物検査が正当化されるとは思われない。本プログラムには第4修正との関係で欠陥が他に2つ存在する。第1に，もっとも重大であるが，Washington Grade Schoolにおける薬物問題の証拠が記録にないことである。第2に，嫌疑なき検査対象として運動選手を選んだことは不合理である。本学校区の真の動機は，教室や学校周辺の薬物に関連する無秩序や崩壊の増加と闘う必要があったことにあることは明白なようにみえる。そして，「流行段階」にまで至っている薬物に関連する規律上の問題が本学校区に存在した。対照的に，薬物に関連するスポーツでの怪我の問題についての証拠はかなり弱い。

　教室や学校周辺での重大な秩序崩壊を阻止するための公表された校則に違反したと認定された生徒に焦点をあてた方がはるかに合理的な選択のようにみえる。そうした選択は，嫌疑に基づく仕組みの2つの長所，すなわち，検

査対象となる生徒の数が劇的に減少することと，生徒は自身の行動を通して具体的に検査を受ける蓋然性をコントロールできることを共有する。さらに，捜索の非難的性質に対する関心も減少する。なぜなら，「恥のバッジ」は，先行する非難と重大な秩序崩壊の認定によってすでに存在しているからである。

Ⅲ 考察

1 学校における薬物検査や捜索に関するその後の判例

(1) 薬物検査に関するその後の判例

本判決によって，課外活動で運動競技に参加する生徒について嫌疑なしに薬物検査を学校が実施することが憲法上容認されることになった。本判決において生徒のプライバシーの権利が制限される根拠，政府利益の内容が複数挙げられているが，たとえば，学校の生徒に対する監護・保護責任などは運動選手に限られないので，運動競技に参加する生徒以外にも拡張される可能性があった。

実際にも，Board of Education of Independent School District No. 92 of Pattawatomie County v. Earls連邦最高裁判決[36]は，運動競技だけでなく，競争的な課外活動に参加する生徒に対する嫌疑なしの薬物検査を容認した。参加前の検査，参加中はランダムな検査を受け，監視員がドアの閉まったトイレの塀越しに待機しており，検査結果は知る必要のある学校関係者にのみ知らされ，陽性反応に対しては課外活動参加の制限という結果しか生じないという事案だった。同判決は，本判決と同様に，公立学校に本来的な「特別

---

[36] 536 U.S. 822 (2002). ブライヤー裁判官の同意意見は，「親代わり」という表現で法が安全で学習を促進する学校環境を提供する責任を認めていること，放校ほどは重くない課外活動不参加という犠牲を払えば検査を回避できること等を指摘した。ギンズバーグ裁判官の反対意見は，課外活動は学校生活の主要部分であり大学進学を希望する者にとって不可欠なものであること等を指摘し，法廷意見と同じバランシングを行って，運動選手であることに伴うプライバシーの期待の減少はないこと，薬物使用に深く関わり，そのために身体的損傷を被るおそれのある運動選手を対象としたVernonia判決の事案と異なり，本事案はいずれの要因も存在しないはるかに広範囲の生徒を対象とし，しかも生徒の情報の秘密保持がずさんであったこと等を理由に，検査は合理的でないとした。

の必要」の存在，生徒のプライバシーの期待が制限されていること，サンプル採取や検査結果の利用のあり方からしてプライバシー侵害は深刻でないこと，個別の嫌疑に基づく検査がより侵害的でないか疑わしいことを認定した。本判決が主に学校の監護責任と権限に依拠したがゆえに，運動の課外活動に生徒が参加しているかどうかの区別は本判決にとって本質的でないと同判決は明言した。また，生徒間の薬物使用の阻止に関する政府の関心の重要性は本判決の認めるところであり，嫌疑なき薬物検査を実施する前に具体の薬物問題の存在または薬物問題が広がっていることは要求されないとした。

（2） 所持品検査と脱衣検査（strip searches）

Safford Unified School District # 1 v. Redding 連邦最高裁判決[37]では，処方箋薬・市販薬を問わず，事前の使用許可なしに，すべての薬の治療目的以外の使用，所持，販売を禁止する校則のある学校において，男子生徒が副校長たちに「クラスメートからもらった錠剤を飲んだら，気分が悪くなった」と告げて白い錠剤を渡し，錠剤をもらった女子生徒の名を告げた。この錠剤が処方箋を必要とすることを知った副校長は女子生徒を教室外に呼び出し，そこで担当教師がその生徒のそばで発見したスケジュール帳を副校長に渡したところ，さまざまな禁止された物が入っていた。副校長はその生徒をオフィスに連れて行き，ポケットの中の物を出し，財布を開くように求めると，白の錠剤のほかに青い錠剤（市販の抗炎症薬）が出てきたので，その入手先を尋ねたところ，別の女子生徒の名を告げた。副校長はその女子生徒を呼び出し，スケジュール帳を見せて自分のものかと尋ねると，その生徒は「そうだが，数日前に友人に貸したもので，手帳以外は自分のものでない」と答えた。その生徒が錠剤を渡したとの報告を受けていると副校長が告げると，生徒は否定し，所持品検査に同意した。リュックを調べたが何もなかった。そ

---

[37] 557 U.S. 364 (2009). スティーブンス，ギンズバーグ裁判官は職員の免責に反対する，一部同意，一部反対意見を執筆し，トーマス裁判官はコモンローの親代わり理論に復帰すべきことを主張しつつ，T.L.O.判決の基準に従っても本事案はこれを満たすとする一部結論同意，一部反対意見を執筆した。すなわち，下着に錠剤を隠す例が現に存在し，リュック等に錠剤等がないからといって合理的な嫌疑は解消せず，脱衣検査に関する法廷意見の要求は校則の相対的重要性を判断すべきでないとしたT.L.O.判決に反する等適切でないとした。

の時点で副校長は事務員に生徒を保健室に連れて行き，着衣を捜索して錠剤を探すように命じた。事務員と看護師は上着，靴下，靴を脱ぎ，ストレッチ・パンツとTシャツも脱いでそれらの物から離れるように生徒に命じ，さらにブラジャーを外し，ブラジャーを裏返して振り，下着のゴムを引っ張るように命じたが，錠剤は発見されなかったという事案だった。最高裁は，すでに得ている情報から，副校長がこれらの女子生徒と禁止物品を結びつけるのはもっともであり，そのために最後の生徒から錠剤をもらったとする別の女子生徒の供述は，最後の生徒が錠剤の配布に関与していると疑うに足りるものだとした。そして，そうした合理的疑いは生徒のリュックと上着を捜索するに足りるものであるとした。しかし，その後に下着を脱がせたこと等について，個人のプライバシーの主観的期待および合理的な社会の期待からしてカテゴリーとして上着や所持品の捜索と異なるものとして扱うべきであるので，異なる正当化の要素が必要あるとした。T.L.O.判決の捜索が過度に侵害的でないことの要求からして，性質や脅威が限定された少量の薬物の捜索であるために，「青年の身体に対する捜索のカテゴリーとしての極端な侵害性のゆえに，被疑事実について何らかの正当化が必要であり，一般的な背景的可能性では足りず」，合理的な捜索であるためには侵害に見合う嫌疑が必要となるが，薬物の効力や量から生徒に対する脅威は窺われず，錠剤を下着の中に隠していると考えるべき理由は存在しないので，不合理な捜索であるとした。

2 判例の検討

(1) 薬物検査

2005年春に実施された中・高校（high school）に該当する学年を抱える公立学校区に関する調査によれば，その14％でランダムな薬物検査が実施され，そのうちのほとんどは運動選手を対象とするが，課外活動参加者にまで広げるものは65％，全生徒を対象とするものも28％に及ぶ[38]。

---

[38] Chris Ringwalt, Amy A. Vincus, Susan T. Ennett, Sean Hanley, Michael Bowling, George S. Yacoubian Jr, and Louise A. Rohrbach, *Random Drug Testing in US Public School Districts*, 98 AM. J. PUB. HEALTH no. 5, 2008, pp. 826-828.アブストラクトを閲覧した。*See*, http://ajph.apha-publications.org/doi/abs/10.2105/AJPH.2007.123430（last visited Aug.10, 2016）.

対象を学校の駐車場を利用する生徒とする薬物検査を合憲とした州判例があり[39]，検査対象となる課外活動の範囲を広げた学校区もあり，全生徒を対象とせず，サンクションが放校でないかぎり，薬物検査は合憲とされる可能性が高いとされる[40]。

Earls判決によって，運動選手への限定がなくなり，検査対象者に薬物使用の直接の弊害が存在するとは限らず，そもそも現に薬物問題が存在していなくとも薬物検査が実施可能とされたことで，生徒全員に対する薬物検査を是認する方向に進んだことは否定できない。もっとも，5人からなる法廷意見に加わったブライヤー裁判官が課外活動に参加しなければ検査を受ける必要はないことを指摘したので，彼は生徒全員に対する薬物検査を認めないだろう[41]。ところが，2011年秋学期からすべての入学者に対して薬物検査プログラムを義務づける理工系公立大学が登場した。検査を拒否すれば退学になり，陽性反応が出ると45日の猶予期間を与えた後に再検査となり，それでも陽性反応になると退学になる。大学生であるから高校生以下ほどにはプライバシーの期待は減少せず，また検査結果から生じる事態も深刻である[42]。

（2） 所持品検査と脱衣検査

脱衣検査はプライバシーへの高度の侵害とみなされ，T.L.O.判決以前の裁判例においても慎重に審査され，禁止された物を所有していると信じる合理的理由を証明する明確な事実が必要とされ，同判決以降の裁判例の多くは，脱衣検査の着手が許されるためには合理的な疑いの存在を要求していたとされる[43]。Redding判決が挙げた脱衣検査の2要件，すなわち流通する量や性質からする薬物の危険性の存在と下着に錠剤を隠していることに関する合理的

---

39 Joye v. Hunterdon Central Regional High School Board of Education, 826 A. 2d 624 (N.J. 2003).
40 Mathew D. Sitton, Comment, *Justice Ginsburg's Board of Education v. Earls Dissent: Constitutional Teaching Principles for Kids*, 81 MISSISSIPPI L. J. 589, 614 (2012).
41 Earls, 536 U.S. 841 (Breyer, J., concurring).
42 Jeremy L. Kahn, Note, *Shedding Rights at the College Gate: How Suspicionless Mandatory Drug Testing of College Students Violates the Fourth Amendment*, 67 U. MIAMI L. REV. 217, 217-18 (2012). 実際に訴訟が提起されている。全員出席法廷による再審理がなされることになったが，その直前のものとして，Kittle-Aikeley v. Claycomb, 807 F. 3d 913 (8th Cir. 2015).
43 大島・前掲注（27）30頁。

な疑いは，両方が必要であるのかそれとも一方で足りるのか，両方が必要であるとしても一方が強力であれば他方はそれほどでなくとも合理的とされるのか等，あいまいさを残している。また，危険をどのように考えるかも明確でなく，そのために薬物以外の禁止された物について脱衣検査を正当化する危険をどのように考えれば良いのかも不明確となる[44]。

プログラムを事前に告知した上で，教室をランダムに選び，生徒にポケットの中身と所持品をすべて机の上において教室から離れるように命じて，所持品検査を行うプログラムを日常的に実施していた学校も存在する。控訴審で破棄されたが，Vernonia, Earls判決に大きく依拠して，地裁はこれを合憲とした。他の多くの学校区が全国的に同様の措置を執っていることは容易に想像できる[45]。

(3) 「特別の必要」法理

Vernonia, Earls両判決は，公立学校の監護責任の行使に「特別の必要」の法理が適用されることを確立させ，審査のあり方として，①侵害されるプライバシーの利益の性格，②捜索行為の侵害性（薬物検査では，実施態様，検査が明らかにする情報内容，検査結果の使途等），③政府利益の性格・直接性（immediacy），④手段の有効性をバランシングして，捜索の合理性を判断した。それまでの判例と異なり，Earls判決は当該学校で薬物問題が現に存在することを必要としないとしたため，④の要件はより容易に充足されることになり，また運動選手への限定がないので，政府利益の内容も変化した[46]。

こうした合理性のアプローチについて，オコナー反対意見が指摘したように，個別の嫌疑を受けないように振る舞えば政府の干渉を受けないですむとはいえなくなることや「合理性」の判断が政策的なものとなり，最高裁が政府にかなりの敬意を払うアプローチを採用し，現場職員の基準のない，制約のない裁量からの保護に焦点をあて，捜索の必要に関する政策判断を精査し

---

44 Martin R. Gardner, *Strip Searching Students: The Supreme Court's Latest Failure to Articulate a "Sufficiently Clear"; Statement of Fourth Amendment Law*, 80 MISSISSIPPI L. J. 956 (2011).
45 Sitton, *supra* note 40, at 615.判例は，Doe v. Little Rock School District, 380 F. 3d 349 (8th Cir. 2004).
46 洲見・前掲注 (19) 58-59頁。

ないので，結果として意味ある司法審査なしに実施される捜索の一般令状的害悪のおそれを生じさせる弊害がある[47]。

（4）親代わり理論

スカリア裁判官が執筆した Vernonia判決の法廷意見は，T.L.O.判決が否定した親代わり理論にも依拠していた。Earls判決でのブライヤー裁判官の同意意見[48]もこの理論に好意的であり，Redding判決ではトーマス裁判官[49]がこの理論の採用を主張している。また，この理論がなお有効である可能性について，何らかのレベルで支持を与える巡回区が6つあると指摘する判決も存在する[50]。

（5）手段の有効性

Vernonia判決の口頭弁論での学校側の説明によれば，1989年秋から1994年5月まで実施された薬物検査で陽性反応が出たのは2，3回だったが[51]，薬物検査による抑止効果を考えると，陽性反応が少ないことが手段の有効性を否定する理由にならないことはVon Raab判決が認めるところだった[52]。薬物検査を受けた生徒とそうでない生徒の間に薬物使用について何の差異も見出せなかった研究もあれば，薬物検査の実施により薬物使用が抑制されたとする研究もあり，それぞれの研究には制約もあるので，生徒の違法薬物使用を抑制するための薬物検査の有効性に関するデータは一般に不足している[53]。

---

47 Scott E. Sundby, *Protecting the Citizen "Whilst He is Quiet": Suspicionless Searches, "Special Needs" and General Warrants*, 74 MISSISSIPPI L.J. 501, 511-15 (2004).
48 Earls, 536 U.S. 840 (Breyer, J., concurring).
49 Redding, 557 U.S. 383 (Thomas, J., concurring in the judgment in part and dissenting in part).
50 Lopera v. Town of Coventry, 652 F. Supp. 2d 203, 214 (D.R.I. 2009).
51 1995 WL 3534128, at *18.
52 Von Raab, 489 U.S. 674-75. 3600人を検査して陽性反応だったのは5人未満だった。*Id.* at 673. もっとも，薬物検査導入前のデータがなければ，実際に薬物検査に抑止効果があるのか，あるとしてどの程度かは明らかにならない。Donald W. Crowley, Drug Testing in the Rehnquist Era, in Jensen & Gerber Eds., *supra* note 22, at 138.
53 Ronald T. Hyman, ESQ., *Constitutional Issues When Testing Students for Drug Use, A Special Exception, and Telltale Metaphors*, 35 J. LAW & EDU.1, 22 (2006). 有効性に関する研究については，同所に引用されている文献を参照されたい。その後も検査実施校の方が不実施校よりも薬物使用を認める生徒が少ないという研究がある。SUSANNE JAMES-BURDUMY, BRIAN GOESLING, JOHN

終わりに――学校の安全をめぐる状況

　本判決の事案は1991年の出来事だった。Drug-Free Schools and Communities Actは1994年に改正されて，Safe and Drug-Free Schools and Communities Actと改称され，学校内および学校周辺の暴力の抑止も目的に追加され，また助成対象も拡大された[54]。同時に，Gun-Free Schools Actが制定され，学校内に小火器（firearm）を持ち込んだ学生には１年以上の放校処分にする（expel）州法を有する州にある教育機関への助成を認めた[55]。この法律によって学校の安全確保と迅速な規律処分へ向けた動きが始まった。その後の同法の改正と州法は小火器から他のタイプの武器にまでその対象を広げ，武器の所持だけでなく，アルコール・薬物・たばこの使用，けんか，学校規則の違反も含めるようになった。1996年以来，ゼロ・トレランス方針をその後採用した学校区の割合が75％を下回ることはなく，この方針は暴力的行為，けんか，暴行，嫌がらせ，露出行為，ヴァンダリズム，学校財産の破壊など広範な行為に対して停学や放校を義務づけている。さらにこの方針は非暴力的な行為，たとえば，言葉による嫌がらせ，規則違反，わいせつな言葉，無断欠席もその対象としている。多くの学校でこうした方針が支持され，警備員，金属探知機，学校内での警察官の活動，監視カメラによって補強されている。安全確保のプラクティスでは財産犯罪や窃盗から被害者になることにその関心の焦点がシフトし，今日の広範な安全確保活動に向かって

DEKE, ERIC EINSPRUCH, AND MARSHA SILVERBERG, THE EFFECTIVENESS OF MANDATORY-RANDOM STUDENT DRUG TESTING（2010），https://ies.ed.gov/ncee/pubs/20104025/.
54　P.L. 103-382, 108 Stat. 3672.2001年にNo Child Left Behind Actに統合された。P.L. 107-110, 115 Stat. 1734.その後，さらに改正がなされ，現行規定は20 U.S.C. §7118（5）（A）である。P.L. 114-95, 129 Stat. 1966, 1978-81.
55　P.L. 103-382, 108 Stat. 3907.各学校は，放校処分にした生徒の数，持ち込まれた武器のタイプを毎年州の教育当局に報告し，教育当局は教育省に報告する義務を負う。現行法規は20 U.S.C. §7961. 現行規定では，武器の持ち込みだけでなく，学校内における武器の所持も放校処分とすることが要求されている。少年裁判所における処罰重視の高まり，学校での暴力がエスカレートしているとする認識，多くの貧しいコミュニティに破壊的なインパクトを与えたクラック・コカインの流行，青年ギャングに対する不安がこの法律を議会が制定した要因であるという。CHRISTOPHER A. MALLETT, THE SCHOOL-TO-PRISON PIPELINE 19（2016）．同書142頁は，Safe and Drug-Free Schools and Communities Actによって，無断欠席率，暴力および薬物に関連する犯罪を毎年報告することが義務づけられることから，州の方針として問題のある生徒の学外への排除が生じるとする。

いる。ゼロ・トレランス方針の採用の増加に伴い，警備員，警察，監視カメラの使用がかなり増加した。こうした方針は，出来事が起こった理由，生徒の動機，減軽事由となる経緯を学校管理者が考慮する余地を認めないため，警察官の関与と生徒の学校からの排除を招来し，初犯でもしばしば停学 (suspended) や放校となっている[56]。

1998年のPublic Safety and Policing Act of 1994の改正によって，「学校関連犯罪・無規律問題，ギャング，薬物活動と戦うために，小，中学校およびその周辺で活動するschool resource officerを利用することによって，地域の法執行機関と地域の学校システム間の学校を基礎とする協力関係を形成すること」に連邦の助成金が付与されることが明示された[57]。このような法律の制定・改正と警察活動の進展によって，多くの学校区で学校内における警察官の存在は通常のものとなり，Safe and Drug-Free Schools and Communities ActとGun-Free Schools Actの両方を含むNo Children Left Behind Act (2002) による助成金も含めると，毎年ほぼ10億ドルが支出され，毎年17000人がschool resource officerとして雇用され，彼らは通常地域の警察から派遣された警察官である。しかし，警察官の存在は学校と安全に必ずしも貢献していないようである。問題のある生徒を停学や放校にした率が増加した学校について，学力は低下し，学校と生徒の集団の結束は弱まり，学校と学校の統治構造に関する満足度は低下しているからである。つまり，軽微な問題の犯罪化を高めても，生徒にとってプラスとなることよりも害悪をなすことが多い[58]。

ゼロ・トレランス方針で処分を受ける生徒はしばしば非暴力的な出来事の初犯者であり，停学理由の大半は不服従または規則の軽微な違反であるが，school resource officerの存在が貢献している[59]。停学になった生徒が少年司

---

56 MALLETT, *supra* note 55, at 19-21. 2011-12 学校年度にアメリカの学校に在籍した生徒4900万人のうち，1日以上の停学処分を受けた者は190万人，160万人が2度以上の停学処分を受け，13万人が放校処分を受けたと推定されている。毎年の停学率は1970年代中頃からの数の2倍以上であるという。*Id.* at 3-4.
57 P.L. 105-302, 112 Stat. 2841. 現行規定は，42 U.S.C. §3796dd(b)(12).
58 MALLETT, *supra* note 55, at 23-26.
59 *Id.* at 41-2. しかも，学校の規律システムは収入の低い生徒，有色人種の生徒等のグループに均衡を失したインパクトを与えている。*Id.* at 133.

法システムに巻き込まれる可能性が有意に高いために[60] "School-to-Prison pipeline" と呼ばれる現象が生じている[61]。すでにこうした過酷な方針は非難されており，問題をめぐる減軽事情に注目して発達上適切な介入と意思決定を用いて，事案ごとに生徒の規律処分を判断することが勧告されている[62]。

---

60 *Id.* at 42.
61 もっともありふれたものは不服従であるが，軽微な非行によって処分を受け，1つの停学・放校処分が留年のリスクを2倍にし，留年それ自体が高校からのドロップ・アウトの強力なリスク要因であり，そうした結果は少年裁判所に巻き込まれる重大なリスク要因であり，一旦少年裁判所に巻き込まれると，同裁判所に巻き込まれ続け，再犯に至る可能性がかなり高くなり，抑留・拘禁されることもある。*Id.* at 26. パイプラインはほとんどの学校で確立しているという。*Id.* at 73.
62 *Id.* at 120.同頁以下で教育の犯罪化を終焉させ，パイプラインを解体するための提言がなされている。とくに，school resource officer の利用については139, 144頁参照。

Chapter 14　親の子どもの教育方法と子どもの保護 ——The Story of Prince v. Massachusetts, 321 U.S. 158 (1944)

君塚　正臣

稚児行列《http://www.shonai-nippo.co.jp/cgi/ad/day.cgi?p=2012:06:10:4739より》

　異端の信教の自由を守ることこそが政教分離原則の核心であり，国家の家庭不介入と共に全体主義を標榜する国家に抗する砦，自由主義の証しであろう。本章の事例でも当時の新興宗教一家の自由が問題となっているが，子の福祉に明確に反すれば，その「自由」は反面，無垢な子どもを染める親の自由＝子の不自由であろう。だが，それを繰り返して数多くの伝統的宗教宗派は「イエの宗教」や「民族の宗教」として脈々と続いている（写真はある地方の稚児行列。盆踊りのオバQ音頭も準ずるか）。子どもに対して行うことは，国家も教団も親も，「人格的自律」などの美辞麗句も吹っ飛ぶ，大なり小なり「洗脳」である。戦後日本の国家対「国民」を冠した教育権論争は，そのまま教育内容に関する主導権争いであり，それはまた，集団主義の一派である民主主義と自由主義乃至個人主義の相克という，立憲主義が抱える永遠の課題の一断面でもあった。だからこそ，本章の問題は当時のアメリカばかりでなく，神社に初詣・挙式はキリスト教・葬儀は仏式が平気ながら，教育の名の下にマインドを匿名の何かにコントロールされがちで，個性的生き方を認めない，多くの日本人自らの精神の問題である。

はじめに

　教育など親が行うことで，国がこれに指示を出すなどお節介だ，というのが一方の極端な教育観である。だが，親が子どもを泥棒に育てる自由はないであろうし，また，親もしくはその配偶者の不当な暴力を黙認できるわけもなく，児童相談所や警察が介入するのは当然である。逆に，教育内容は国家（議会）が全て決定するというのでは，多様な次世代の国民を育成することもできないばかりか，近代立憲主義的な自由がないものと考えざるを得ない。両者の中間に解決を見出すべきことが当然のことながら，具体的な事案を前にすると，どこを均衡点とすべきかはしばしば難問となる。

　本章は，第二次世界大戦中の連邦最高裁によるこの問題解決の一例を軸とする物語である。言うまでもないが，日本とは異なるアメリカ社会とそこでの教育についての考え方や制度の違い[1]が，そこには影を落としていよう。本章で取り上げるPrince v. Massachusetts連邦最高裁判決は，親の考える子育て方法の自由が宗教的自由，それも当時の新興宗教の考えに基づくそれであった点が特徴的である。このことは事案の特殊性も示すが，特徴的事例であるが故に現代日本に住む我々にも多くの示唆を与えよう。

Ⅰ　Prince v. Massachusettsに至る事情

　宗教的自由と世俗の法秩序との摩擦は，言うまでもなく最近始まった話ではない。アメリカでも，モルモン教徒に対しても重婚禁止を守らせることが憲法の政教分離原則に反するものではないとすることは，19世紀のReynolds

---

1　メアリー・ホワイト（坂本真理子訳）「中等教育の比較考察」喜多村和之編『アメリカの教育』92頁，113頁（弘文堂，1992年）によると，日本との違いは，(1) 生徒集団の構成の多様性，(2) 学校の多様性，(3) 特に変化の激しい生徒集団を抱えた状況にあるのに，カリキュラムの調整が行われないことと成績の標準が決められていないこと，(4) 将来の人生への準備にあまり重点がおかれていないこと，(5) 知的成長よりも，社会的な発達の方が重視されていること，(6) 特に恵まれていない地区において，学校が社会奉仕という面で重要な役割を果たしていること，であるという。

v. United States連邦最高裁判決[2]，Davis v. Beason連邦最高裁判決[3]で示されていた。Jacobson v. Massachusetts連邦最高裁判決[4]でも，子どもに対する天然痘の予防接種強制は，子どもの福祉を保護するための州のポリスパワーの正当な行使に当たり，拒否することは宗教上の理由からであっても許されないとされた。しかし，連邦最高裁も，世俗の法秩序と特定宗派の宗教的自由とが対峙する際に常に前者を優先してきたわけではない。1923年には，Meyer v. Nebraska連邦最高裁判決[5]は，シオン教区学校において英語以外の授業を禁止する州法を違憲とした。1925年のPierce v. Society of Sisters連邦最高裁判決[6]はカトリック系私立学校法人が訴訟を提起したものであるが，連邦最高裁はこの事件でも，実体的デュープロセス理論に基づき，公立学校への通学を例外なく義務付け，これを怠る両親や保護者を軽犯罪としていたオレゴン州法について，親の教育に関する選択権の侵害だとして違憲の判断を下したのであった[7]。

本章の事件で信者が信仰の自由を争うことになるエホバの証人（Jehovah's Witnesses）は，洋服店経営者であったラッセル（Charles Russel）が聖書研究会を開いた[8]後，1879年に定期刊行物第1号を刊行し，1884年に法人化してその教祖となり，1886年に『世々にわたる神の計画』を刊行した[9]あたりに始まる。現在でこそ全世界で伝道者数822万0105人（2015年公表値）の宗教組織となっているが，このように歴史は新しく，セブンスデーアドベンティスト，チャーチ・オブ・クライストと並び，19世紀末に有名になったアメリ

2　98 U.S. 145 (1878).
3　133 U.S. 333 (1890).
4　197 U.S. 11 (1905). ただ，市民には望まない治療を拒否する自由があることも，実体的デュープロセス理論から認めている。
5　262 U.S. 390 (1923).
6　268 U.S. 510 (1925). 本件訴訟では親は第三者であるが，その憲法上の権利を違憲判断の根拠としている点は興味深い。樋口範雄『アメリカ憲法』150頁（弘文堂，2011年）。
7　こういった判決は実体的デュープロセス理論によっていたが，その崩壊後も，道徳的に卑しい重罪常習者に対する強制断種を定めた州法を平等保護違反としたSkinner v. Oklahoma, 316 U.S. 535 (1942) でも「支持される余地がある」。松井茂記『アメリカ憲法入門（第7版）』370頁（有斐閣，2012年）。
8　千代崎秀雄『「エホバの証人」はキリスト教か』23-24頁（いのちのことば社，1986年）。
9　同上25-26頁。

カ起源の3教派の一つとされている[10]。これらは，神との契約（Covenant）を結び，神の前では平等な人間の間で契約（Contract）が成立するというアメリカ的素地に，既存教会（Church）的性格を有する組織に対抗して，特殊な教祖をもつ民間派生の新興教派，即ちセクト（Sect）的存在として現れたのである[11]。

南北戦争から1890年代までのアメリカは，「金ぴか時代」（Gilded Age）と呼ばれ，「資本主義の急速な成長の下で，あくどい利潤追求，けばけばしい物質主義，政治的腐敗，富の誇示，俗悪な趣味が横行し，アメリカ史上最も露骨な金権政治の時代だった」[12]。貧富の差の擁護者として，社会ダーウィニズムが跋扈していた。1890年の国勢調査報告書は，フロンティア・ラインの消滅を語った[13]。ニューヨークやシカゴなどの主なメトロポリスの誕生もこの時期である[14]。そんな時代にこれらの新興宗教は勃興してきたのである。

1916年，ラッセルの没後，法律顧問であったラザフォード（Joseph Rutherford）がエホバの証人の中心となると，1917年から徴兵拒否運動を率いた後，1920年には訪問伝道活動を毎週報告せよとの命令を発し，神権政治的になっていった[15]と言われている。1942年に指導者がノア（Nathan Knorr）に

10　野村文子「アメリカ宗教の原風景」井門富二夫編『アメリカの宗教』32頁，40頁（弘文堂，1992年）。

11　井門富二夫「アメリカの宗教通観の試み」同上1頁，21頁。19世紀中頃から後半は，それまでの，回心による個人の魂の救済を至上と考える保守主義的な正統主義かリバイバリズムのプロテスタント主流派が，回心（神に背いた自らの罪を認め，神に立ち返る個人的な信仰体験）の経験なきは永遠の呪いを受けてもやむなしという非情さを含んでおり，これに耐えられなくなっていた人が多くなっていた。ここに少数ながら，劇的な回心が得られなくても幼児洗礼を受けて適切に養育されれば漸進的に立派なキリスト教徒になるという「社会的福音（ソーシャル・ゴスペル）」の考えを説く影響力の強い牧師が登場してきていた。児玉佳與子「ワスプの宗教思想」同書124頁，163頁。また，南北戦争後は，プロテスタント主流派諸教会が教派的特徴を薄め，中流階層以上の生活様式を反映して，同質化していった。野村達朗編『アメリカ合衆国の歴史』28-29頁（ミネルヴァ書房，1998年）［森孝一］。このように，教会主流派にも変化があった時期である。この時期には，教会の活動を貧困地区に広げ，教育的・文化的活動を行う施設教会（インスティチューション・チャーチ）の動きも生じた。有賀貞＝大下尚一編『新版概説アメリカ史』113頁（有斐閣，1990年）［志邨晃佑］。

12　野村達朗『フロンティアと摩天楼』12頁（講談社，1989年）。

13　フロンティアが消滅し，空間を埋めるように第3期の大量の貧しい移民が，南欧・東欧からカトリックやギリシャ正教などの背景を持って押し寄せ，社会階層的に低い層に入り込んできた時期である。井門・前掲注（11）24頁。

14　野村編・前掲注（11）136-137頁［竹田有］。

15　千代崎・前掲注（8）29頁。

代替わりすると，刊行する書物を匿名とし始め，1961年には『新世界訳聖書』，1967年には『神の自由の子となって受ける永遠の生命』を刊行した。

　エホバの証人については，日本でも輸血拒否[16]，格闘技拒否[17]が有名であるが[18]，ほかにも例えば国旗敬礼も偶像崇拝の一つとして禁じられており，連邦最高裁でこれを争った事例もある[19]。そして1943年には，West Virginia State Board of Education v. Barnette連邦最高裁判決において，遂に国旗敬礼強制を違憲とする判決を勝ち取っている[20]。この判決は，当事者の宗教的信念に拘りなく，国旗敬礼の強制は市民の表現の自由の破壊であると判示し

16　最 3 小判平成12年 2 月29日民集54巻 2 号582頁など参照。本件評釈としては，野澤正充「判批」法学セミナー546号115頁（2000年），岩坪朗彦「判批」法律のひろば53巻 7 号64頁（2000年），岡田信弘「判批」法学教室246号別冊附録『判例セレクト00』 3 頁（2001年），植木哲「判批」法律時報別冊『私法判例リマークス』23号58頁（2001年），大沼洋一「判批」判例タイムズ1065号『平成12年度主要民事判例解説』110頁（2001年），吉田克己「判批」同22頁，山田卓生「判批」年報医事法学16号291頁（2001年），吉田邦彦「判批」判例時報1782号181頁（2002年），飯塚和之「判批」NBL736号66頁（2002年），沢登文治「判批」南山法学25巻 4 号153頁（2002年），佐久間邦夫「判批」法曹会編『最高裁判所判例解説民事篇平成12年度』115頁（法曹会，2003年），石崎泰雄「判批」駿河台法学18巻 1 号45頁（2004年），良永和隆「判批」民事研修584号13頁（2005年），潮見佳男「判批」宇津木伸ほか編『医事法判例百選』96頁（有斐閣，2006年），松本哲治「判批」佐藤幸治＝土井真一編『判例講義憲法 I 』25頁（悠々社，2010年），淺野博宣「判批」長谷部恭男ほか編『憲法判例百選 I （第 6 版）』56頁（有斐閣，2013年），岩志和一郎「判批」甲斐克則＝手嶋豊編『医事法判例百選（第 2 版）』80頁（有斐閣，2014年）などがある。
17　最 2 小判平成 8 年 3 月 8 日民集50巻 3 号469頁など参照。本件評釈としては，棟居快行「判批」法学教室192号94頁（1996年），矢島基美「判批」ジュリスト臨時増刊1113号『平成 8 年度重要判例解説』15頁（1997年），孝忠延夫「判批」法学教室198号別冊附録『判例セレクト'96』13頁（1997年），小林武「判批」民商法雑誌115巻 6 号981頁（1997年），太田幸夫「判批」判例タイムズ945号『平成 8 年度主要民事判例解説』348頁（1997年），内田光紀「判批」立教大学大学院法学研究18号77頁（1997年），木下智史「判批」法学セミナー521号55頁（1998年），川神裕「判批」法曹会編『最高裁判所判例解説民事篇平成 8 年度』174頁（法曹会，1999年），土屋英昭「判批」高橋和之ほか編『憲法判例百選 I （第 5 版）』94頁（有斐閣，2007年），駒村圭吾「判批」佐藤幸治＝土井真一編『判例講義憲法 I 』61頁（悠々社，2010年），榊原秀訓「判批」宇賀克也ほか編『行政判例百選 I （第 6 版）』170頁（有斐閣，2012年），栗田佳泰「判批」長谷部恭男ほか編『憲法判例百選 I （第 6 版）』96頁（有斐閣，2013年）などがある。
18　日本では，1926年，ものみの塔聖書冊子協会の日本支部として灯台社が設立された。だがやはり，1939年に130人が検挙されるなど，弾圧された。主幹であった明石順三は終戦直後に釈放されたが，教団に出した公開質問状の内容を問題にされ，ノア会長から除名され，明石は信仰を捨てた。これにより灯台社は事実上消滅した。現在のエホバの証人日本支部は1949年以降，宣教師が布教活動して創設したものであり，戦前の灯台社とは系譜的に断絶したものである。
19　Minersville School District v. Gobitis, 310 U.S. 586 (1941). 本判決は，あくまでも信教の自由の問題とされ，これを侵害しないと判示された。
20　319 U.S. 624 (1943). 関連して，広田照幸ほか『学問の自由と大学の危機』（岩波書店，2016年）なども参照。

た点で，重要である。それ以外にも投票や立候補をしない，誕生日を祝わない，キリストの降臨日も祝わない，日本においても年賀状，歳暮中元等を送らない，七夕や節分などの民間信仰的行事を行わないなどが戒律的なものとして存在している[21]。既成教会を一切否定し[22]，基本的にはプロテスタントとも無関係であり[23]，キリストの神性を否定し[24]，三位一体説を否定する[25]という特徴を有している。また，1914年終末説[26]や1975年終末説[27]を唱えるなど，たびたび終末説を唱えてもいる。「研究生」から「会長」に至る階層性を有し[28]，思考の乱れ，恐怖心（マインド・コントロール），心の傷と怒りを利用し[29]，「聖なる競争」をしている[30]などの批判[31]もある。他方，ナチスドイツ期に，多くのエホバの証人の信者が，徹底して兵役を拒否し，多くの信者が強制収容所に送られ，相当数が処刑されたことも記すべきであろう。戦後ドイツでも非軍事代替役務への徴用を拒否し，それがその後の良心的兵役拒否を認める立法を生むきっかけとなった[32]。

20世紀の前半，エホバの証人は組織発展期にあり，アメリカにおいて，たびたびその宗教的信念は州や他の宗派と摩擦を引き起こした。その多くは，本章の事案のような，路上や訪問による布教活動に関わるものであり，連邦最高裁判決を引き出したものも多い[33]。Lovell v. City of Griffin連邦最高裁判

21　千代崎・前掲注（8）22頁。
22　同上62頁。
23　同上10頁。
24　同上74頁。
25　同上84頁。
26　同上52-55頁など参照。
27　同上57-58頁など参照。
28　同上41-43頁など参照。
29　ウイリアム・ウッド『「エホバの証人」への伝道とフォローアップ』18-20頁（いのちのことば社，1986年）。
30　同上25-26頁。
31　例えば，「セクトと金銭に関するフランス議会報告」（1999年）"enquête sur la situation financière, patrimoniale et fiscale des sectes, ainsi que sur leurs activités économiques et leurs relations avec les milieux économiques et financiers"により，Témoins de Jéhovah（エホバの証人）は，30余のセクトの一つに認定された。
32　石井五郎「ドイツ非軍事役務法（Zivildienstgesetz−ZDG）」外国の立法217号75頁（2003年）。初宿正典「良心的兵役拒否の自由と平等原則」佐藤幸治＝初宿正典編『人権の現代的諸相』112頁（有斐閣，1990年）も参照。
33　See, Jones v. Opelika, 316 U.S. 584 (1942), 319 U.S. 103 (1943); Jamison v. Texas, 318 U.S. 413 (1943); Largent v. Texas, 318 U.S. 418 (1943).

決[34]では，市条例による文書配布事前許可制について，あらゆる時・場所・態様の表現を禁じる包括的な規制であって文面違憲であり，拒否した家を訪ねた場合以外は処罰できないとする判断がなされた。1943年にも，エホバの証人による戸別訪問を受け入れるか否かは個人の問題であるとして，戸別訪問全面禁止をやはり違憲とする判断が，Martin v. City of Struthers連邦最高裁判決[35]でも下された。Cantwell v. Connecticut連邦最高裁判決[36]では，カトリック信者の多い町の公道上でカトリック教会を攻撃する録音を通行人に聞かせる辻説法を明白かつ現在の危険なしに処罰する州法は，違憲だとする判断が下された[37]。このことは，「信仰・行為二分論」から脱却して，信教の自由領域でも厳格審査への途を開いたものとも評価できる[38]。信者が路上で既成宗教を「詐欺」呼ばわりしながらパンフレットを配布し，群衆に囲まれた状況に現れた警察署長に「お前は恐喝者だ」「ファシストだ」という暴言を直接浴びせて逮捕された事案であるChaplinsky v. New Hampshire連邦最高裁判決[39]では，いわゆる「喧嘩的言葉（fighting words）」は思想表明に不可欠でもなく，猥褻的言論などと共に憲法の保障外とされていた。布教活動は刺激的であった。エホバの証人信者が子どもを連れての路上や戸別訪問によって冊子を販売すること（と言っても，金額は5セント程度であり，配布に近い）は，もはや当時のほかのアメリカ人からは異常な児童労働に見えていたのであった。

　そうと化したのには歴史的事情がある。中世において，子どもは「小さな大人」であり[40]，19世紀英国では炭鉱労働者として働いてもいた[41]。ところが，

34　303 U.S. 444 (1938).
35　319 U.S. 141 (1943).
36　310 U.S. 296 (1940). 熊本信夫『アメリカにおける政教分離の原則（増補版）』214頁以下（北海道大学図書刊行会，1989年）参照。この事件以降，合衆国憲法修正1条の州への適用があると解されるようになった。樋口・前掲注（6）525頁。
37　また，宗教的戸別訪問等についても事前許可制が敷かれていたが，これも違憲とされた。この前に，Hague v. Committee for Industrial Organization, 307 U.S. 496 (1939) において，労働組合が公道における印刷物の配布全面禁止を争い，これを違憲とする判決を勝ち取った例がある。
38　斉藤小百合「アメリカ社会における宗教的多元主義（上）」法律時報65巻8号74頁，77頁（1993年）。
39　315 U.S. 568 (1942).
40　浅子和美ほか『高等学校新現代社会』31頁（帝国書院，2012年）など参照。
41　同上57頁の挿絵など参照。

子どもはまず学校において学習をすべき存在として認識されるようになり，1830年代にはコモン・スクールと呼ばれる近代的な初等教育制度が，アメリカ北東部を中心に浸透し始める[42]。1852年には，まさに本章で取り上げる事件の生じたマサチューセッツ州[43]で義務就学法が制定され[44]，これが次第に全米に広がった。19世紀後半のアメリカは，集団学習への委任を一段と進め，公立学校を作り出し，それによって市民と労働者を作り出し始めた時代である[45]。1918年には全ての州が就学を義務とする州法を制定するに至った[46]。文盲率は1870年の20％から1910年には7％へと減少した[47]。

そして，20世紀初期は，児童労働に関する考え方が，アメリカで大きく転換する時期にも当たっていた。1880年代までは児童労働は経済的，倫理的に価値あるものとされ，子どもは長時間に及ぶ危険で有害な作業環境に置かれていた[48]。だが，この頃，一般に1日8時間労働が目標となり，レジャー活動への欲求も強くなってきていた[49]。1874年には，やはりマサチューセッツ州で女性と児童の労働時間を制限する州法が制定されたのに始まり[50]，過酷

---

[42] 野村編・前掲注（11）80頁［藤本茂生］。

[43] 本事件がこの州で生じたことには意味がある。「1620年にピルグリム・ファーザーズがプリマスに最初の恒久的植民集落をつくったところであり，この州を合衆国，とくに北部の精神的祖国と感じる人々が少なくない」。斎藤眞ほか編『アメリカを知る事典』487頁（平凡社，1986年）［正井泰夫］。また，1691年まで，「最も強力に教会と政治活動との結合を押し進めたのはマサチューセッツ植民地である」。熊本・前掲注（36）90頁。1779年のこの邦の憲法草案3条が，組合教会を教会税によって邦が支持できることになっており，1833年に州憲法修正11条により同条は変更されて信教の自由の確立をみた経緯がある。同書101-102頁参照。それまで，会衆派教会が税金によって維持される公立教会として存続してきたのである。滝澤信彦「アメリカにおける『分離』主義と『寛容』主義」北九州大学法政論集3巻4号1頁，4頁（1976年）。

[44] 6歳から16歳が義務教育である。今村令子「教育制度と教育の動向」喜多村編・前掲注（39）70頁，74頁表1参照。外務省webページ（http://www.mofa.go.jp/mofaj/toko/world_school/03n_america/info30118.html）でも確認できる。

[45] バーバラ・フィンケルステイン（米澤彰純訳）「教育の歴史と伝統」喜多村和之編『アメリカの教育』14頁，21頁（弘文堂，1992年）。

[46] 清水一彦「アメリカにおける"就学義務規定"をめぐる教育判例の動向」清泉女学院短期大学研究紀要3号13頁，14頁（1985年）。

[47] 野村・前掲注（12）97頁。

[48] 井垣章二「児童労働とアメリカ社会変革－連邦自動曲の創設をめぐって」（同志社大）評論・社会科学44号1頁，3頁（1992年）。

[49] 野村・前掲注（12）95頁。

[50] この間，Sturges & Burn Mfg. Co. v. Beauchamp, 231 U.S. 320 (1913) では，様々な危険な職業での16歳未満の者の雇用を禁じた，1903年制定のイリノイ州児童労働法が修正14条に反しないとされている。

な児童労働を制限すべきだという意見が強まって[51]、1909年には「児童に関するホワイトハウス会議」が開かれ、州の権限侵害だとする議会の反対意見により法制定は足掛け4年かかったものの[52]、1912年には連邦児童局が設立されるなど、世紀転換期の革新時代（Progressive Era）には児童の健全な育成は社会の最大課題となっていった[53]。そして、行き着く先は全国一律の連邦法しかないということとなり、1916年には最初の連邦児童労働法が誕生し、児童局がその任に当たることとなったのである[54]。この法令はロックナー時代[55]真っ只中の1918年に、連邦最高裁によって州際通商条項違反を理由とする違憲判決が下された[56]。そこで、連邦議会は1919年に、児童労働で利益を上げる企業の収益に10％の課税をする連邦児童労働課税法を制定したが、1922年に連邦最高裁はこれをも違憲とした[57]。だが、以上の判決群は、大恐慌や1935年連邦社会保障法制定と1937年以降の憲法革命[58]の下、1938年公正労働基準法を違憲とする1941年判決[59]などで悉（ことごと）く覆されていった。

　その意味では、子どもも含む路上での布教、配布、販売を宗教上の義務とするエホバの証人の発展期と、児童労働が社会問題になってきた時期が重なったため、本章で取り上げる事件が偶発したとも言える。これまで邦語による判例研究も殆どないPrince判決は、親の宗教的自由と公による未成年者保護との相克が主たるテーマだと読むのが今日的視座であろうが、時代の子で

51　アメリカ労働総同盟（AFL）のゴンパース（Samuel Gompers）議長も、1881年の第1回会議で、成人男子の職と賃金を脅かす点から、「ヒューマンな立場から」婦人・児童労働に反対を表明した。井垣・前掲注（48）12頁。また、消費者連盟は1889年に全国組織を確立するが、1899年にケリー（Florence Kelley）書記長が女性・児童労働者の条件の改善を訴えるのである。同論文13-14頁。

52　同上23-27頁参照。

53　同上2頁。1880～1914年を「児童救済時代」と読む見解もあるという。同論文6頁。

54　同上29頁。

55　社会・経済立法を連邦最高裁が実体的デュープロセス理論を用いて違憲とし始めるのは、Allgeyer v. Louisiana, 165 U.S. 578（1897）以来であり、代表的判例がLochner v. New York, 198 U.S. 45（1905）である。Lochner判決の評釈としては、宮川成雄「米判批」藤倉皓一郎ほか編『英米判例百選（第3版）』74頁（有斐閣、1996年）、川岸令和「米判批」樋口範雄ほか編『アメリカ法判例百選』90頁（有斐閣、2012年）などがある。

56　Hammer v. Dagenhart, 247 U.S. 251（1918）.

57　Bailey v. Drexel Furniture Co., 259 U.S. 20（1922）.

58　See, NLRB v. Jones & Laughlin Steel Corp., 301 U.S. 1（1937）.

59　United States v. Darby Lumber Co., 312 U.S. 100（1941）. 以上、樋口・前掲注（6）43頁以下など参照。

あったとの観点も見落とすべきではない。ニューディール全盛期で政府の役割が大きくなり，これを憲法革命が支えた時期であることのほか，事件から判決の全編が第二次世界大戦中ではあるが，De Jonge v. Oregon連邦最高裁判決[60]に見られるように，「明白かつ現在の危険」の法理による無罪判決が下され始めたような時代でもあった点などは，黙殺できないであろう。

II　Prince v. Massachusetts, 321 U.S. 158（1944）

1　事案

　被告サラ・プリンス（Sarah Prince）は，2人の若い息子の母であり，ベティM.シモンズ（Betty M. Simmons）という9歳の女の子の叔母であり後見人であった。皆，エホバの証人の信者であり，布教活動は宗教上の義務であった。被告は，「ものみの塔」と「慰め」を5セントで販売するなどのために毎週，マサチューセッツ州ブロックトン（Brockton）[61]の繁華街へ行っているが，子どもたちをこの活動に引き込むことについて就学官のパーキンス（Perkins）に警告されていたので，夜には子どもを連れていかなかった。ところが，1941年12月18日（木曜日）の夜，子どもたちの涙の懇願を受けて連れて行くことにし，彼らが「歩道において彼女と共に伝道活動に従事すること」を容認した。誰も「ものみの塔」や「慰め」を受け取る者がないまま20時45分までその場に滞在していたところ，その2，3分前に，パーキンスが被告に接近し，論争が生じた。パーキンスは被告を問い質したが，被告はベティの名前を言うのを拒んだ。パーキンスは自らの以前の警告に言及し，彼らが通りから出て行くのに5分だけ猶予すると言ったが，被告は「あらゆる創造物には神の命令に干渉する権利がない」などと反駁もした。

60　299 U.S. 353（1937）.
61　http://en.wikipedia.org/wiki/Brockton,_Massachusettsによると，同市は55.6平方キロで，2010年国勢調査での人口は93810人（白人が46.7％，黒人が31.2％など）であり，平均年収は2万1942ドルである。1940年国勢調査で6万2343人，1950年国勢調査で6万2860人であるので，当時は6万人強の町であったと推察できる。2008年10月15日有権者登録・党員登録では民主党の26316人が，共和党の4612人を圧倒している。そして，http://www.bestplaces.net/religion/city/massachusetts/brocktonによると，同市の宗派構成は，カトリックが33.76％と全米平均（19.43％）より際立って高い。エホバの証人を含む「その他キリスト教」は0.62％である。

Chapter 14 親の子どもの教育方法と子どもの保護 473

　このため，繁華街の歩道で (1) 法令を執行する義務を有する公務員に対して，ベティの身元と年齢を明らかにすることを拒絶したこと，(2) 彼女に雑誌を与え，彼女が違法にそれらを売るために公道にいたのを承知していたこと，そして，(3) ベティの後見人として，彼女が法律に背いて働くことを許諾したことにより起訴された。州地裁は被告を罰金刑とし，プリマス郡上位裁判所も控訴を棄却した。州最高裁は，1943年2月15日，(1) に基づく有罪判決を覆した[62]が，残る (2) と (3) の有罪を維持した[63]。マサチューセッツ州児童労働法[64]69条では，「いかなる公道及び公的な場所においても，12歳未満の男子及び18歳未満の女子は，新聞，雑誌，定期刊行物または他のいかなる種類の製品でも販売，陳列，販売のために提供してはならず，また，業としての靴磨きまたは屑拾いその他のいかなる売買をしてはならない」ものとされており[65]，80条は，「未成年者が包括的に69〜73条のいかなる規定に違反して売るつもりであることを知りながら，或いは，その施行の責任を負う公務員からその旨の書面による通知を受けた後に，あるいは，故意に，何れかの節のいかなる条項でも犯すことを，未成年に対して何かを調達もしくは助成することを知りながら，いかなる種類のいかなる物品でも未成年者に提供しあるいは売る者は，2カ月以下の拘禁，または，10ドル以上200ドル以下の罰金，またはその併科に処す」とあり，81条は，「包括的に60〜74条のいかなる規定に違反して働くことを，その支配にある未成年者に強要又は許可した親，保護者もしくは後見人は，……初犯においては，2ドル以上10ドル以下の禁固，または，5日以下の拘禁，またはその併科に処す」と規定されていたのである。問題は，これらの規定が合衆国憲法に反しないかであったが，州最高裁は，「我々は，出版及び宗教の自由は，12歳未満の男子と18歳未満の女子による公道や公的な場所で宗教的な印刷物の販売の禁止や，その禁止令を施行する手段に採用されてきたここに考慮される更なる法律の

62　313 Mass. at 230.
63　313 Mass. 223, 46 N. E. 2d 755 (1943).
64　Chapter 149, Gen. Laws of Mass. (Ter. Ed.)
65　この法文は明らかに性差別であり，現在は改正されている。現在，男女共12歳未満について販売一般を禁じつつ，9歳以上で，なおかつ書面による親の承認があれば，一定の時刻の中で新聞配達・販売はできるようになっている。

条項を含む軽微な程度で付随的な法規の影響を受ける，と考える」[66]としつつも，子どもによる販売制限が「出版物が宗教的な性質を有するところでは存在しない，と言うことができない」として，宗教活動でも差がないと判示したのである[67]。

被告は，出版の自由ではなく，合衆国憲法修正14条を介して州に対しても保障される信教の自由と，「自らが行うべき方法で子どもを育てるという親の自由」を根拠として上告した。連邦最高裁[68]は，結論においては8対1で原審判断認容の判決を下した。

2 ラトリッジ裁判官法廷意見[69]

子どもたちが虐待から保護され，自由で独立したよく発達した人間と市民に成長する機会を与えられることは，青年自身の，そして，全コミュニティの関心事である。州の権力に反して，自らの宗教的な信念の実施の中で，自らの宗教活動を行う子どもたちの権利，そして，彼らに宗教的なトレーニングをして彼らを励ます両親の権利は，Barnette判決において最近示されている。これ以前に，連邦最高裁は，Pierce判決において，公立学校への登校義務に抗して宗教的教育を受けさせる親の権限と子どもの権利を支持した。Meyer判決では，連邦の共通言語以外の言語で教育を受ける子どもの権利が，州の侵略から守られた。これらの決定は，州が入ることができない家庭生活の私的な領域を尊重したものである。しかし，若者の健全な発育という一般的な利益を守るため，後見人たる地位（parens patriae）にある州は，子どもの労働を規制するか禁ずることなどによって，親の支配を制限するかもしれない。宗教的な理由で，子どもに強制予防接種を受けさせない自由を申

---

66 313 Mass. at 229.

67 313 Mass. at 227-28.

68 フランクリン・D・ルーズベルト民主党政権が長期となっていたため，本判決時において陪席裁判官として任命された際の大統領が共和党であった裁判官は，9名中，ストーン長官（1941年に長官に昇格するが，そのときの大統領はルーズベルト）とロバーツ裁判官だけである。だが，その党派色が本判決に濃い影を落としているという感はあまりない。

69 ストーン長官，ブラック，リード，ダグラスの各裁判官が同調した。ラトリッジ裁判官は，1943年に任命された，当時の連邦最高裁では最も新任の裁判官であった。

し立てることはできない[70]。

但し，信教の自由を侵害する場面であるので，若干の明白かつ現在の危険からの子どもの保護のために必要であるとの立証がなされない限り，規制は許されない[71]。そのような外観は本件にはなかった。その保護者と，勧められている雑誌を配布するか，配布しようとして公道にいる子どもの存在は，およそ有害でなかった。従って，修正１条の自由が占める位置からみれば，争点となっている規定は無効とされなければならない[72]。しかも，当該法規は，子どもたちに関して，非難された活動の単なる合理的な規則だけでなく絶対の禁止令だったのである。

しかし，州がこのような大人の活動を全く禁ずることができないことが，子どもに対して規制できないということを意味しない。そのような結論では，州が大人の労働より児童労働により大きな制限を課すことができなくなってしまう[73]。子どもがダンスホール，酒場やその他いかがわしい場所に始終出入りすることを注意する州の命令なども無効になろう。子どもたちの活動に対する州の権限は，大人の行為に対するより広い。児童労働[74]の中で最も絵に描いたような害悪をもたらすものは，公の場所，特に大通りにおける労働である[75]。これらの規制が州のポリスパワーの範囲内であることは当然

---

70 Jacobson v. Massachusetts, 197 U.S. 11 (1905) を引用している。
71 Schenck v. United States, 249 U.S. 47 (1919). 徴兵に反対し，拒否するよう徴兵候補者を説得するパンフレットを配布し，防諜法違反で逮捕された被告人がその煽動表現規制の合憲性を争った事件で，連邦最高裁は，「明白かつ現在の危険」のある言論を規制することは合憲であると判示した。本件評釈としては，大沢秀介「米判批」藤倉皓一郎ほか編『英米判例百選（第３版）』44頁（有斐閣，1996年），駒村圭吾「米判批」樋口範雄ほか編『アメリカ法判例百選』62頁（有斐閣，2012年）などがある。などが，翻訳として，伊藤博文「翻訳」豊橋創造大学短期大学部研究紀要19号119頁（2002）がある。
72 Schneider v. State, 308 U.S. 147 (1939).
73 許可を含む関連判例がある。Lovell v. City of Griffin, 303 U.S. 444 (1938); Schneider v. State; Hague v. Committee for Industrial Organization, 307 U.S. 496 (1939).
74 *See*, e. g., VOLUMES 1-4, 6-8, 14, 18, REPORT ON CONDITION OF WOMEN AND CHILD WAGE EARNERS IN THE UNITED STATES, SEN. DOC. NO. 645, 61 ST CONG., 2D SESS.; THE WORKING CHILDREN OF BOSTON, U.S. DEPT. OF LABOR, CHILDREN'S BUREAU PUBLICATION NO. 89 (1922); FULLER, THE MEANING OF CHILD LABOR (1922); FULLER & STRONG, CHILD LABOR IN MASSACHUSETTS (1926).
75 *See*, e. g., CLOPPER, CHILD LABOR IN CITY STREETS (1912); CHILDREN IN STREET WORK, U.S. DEPT. OF LABOR, CHILDREN'S BUREAU PUBLICATION NO. 183 (1928); CHILDREN ENGAGED IN NEWSPAPER AND MAGAZINE SELLING AND DELIVERING, U.S. DEPT. OF LABOR, CHILDREN'S BUREAU PUBLICATION NO. 227 (1935).

476

である。

　公道の主たる利用において，大人と同様，子どもにも権利があるというのは本当である。だが，公道は大人とは異なり子どもには危険である。両親といるときもそうである。口頭か，印刷物を渡すかに拘らず，大人にとっても説教は公道の主たる使用方法ではない。両親は，殉教者になる自由があるかもしれない。しかし，彼らがその子どもたちを，自身でその選択ができる完全な法的判断能力を有する年齢に達する前に，殉教者にする自由があることにはならない。マサチューセッツ州は，公道と公の場所での付随的な使用を制限したが，絶対的な禁止令がその合法的な目的を達成するのに必要だと決定したのである。エホバの証人にとって，公道は彼らの教会である。そして，信教の目的のために彼らにそれへのアクセスを与えないことは，信教の信条と崇拝を行う侍者，若々しい聖歌隊員そして，建築物にやってくる他の子どもを排除するのと同じである。だが，公道は彼らの宗教的財産ではない。他の子ども同様，彼らの子どもを排除するのだから，平等保護の否定というわけではない。

　原判決は認容される。

3　ジャクソン裁判官結果同意意見[76]

　「宗教的な信条を口頭あるいは印刷により広める憲法上の権利は，本の小売業者や卸売業者を規制する基準によって測定されるべきではない。[77]」信仰のメンバーの宗教活動は，自由——何でもできるくらい殆ど全くの自由——であるべきである。法廷意見は，宗教の本当の礼拝とその補助的な世俗の活動とを横切って，年齢に基づく線を引いた。これは，宗教を理由に規制を免れる活動を定めるための正しい方法でない。マサチューセッツ州最高裁によって，正しい基準に基づき正しく決定されたと言うべきである。

76　ロバーツ，フランクファーター両裁判官が同調した。
77　Murdock v. Pennsylvania, 319 U.S. 105, 109, 111 (1943). 路上での宣伝に免許を必要とする法令を違憲とした。

4 マーフィ裁判官反対意見

　自らの宗教を公道で実践するために自らの憲法上の権利を行使するのを子どもに禁ずるマサチューセッツ州によるこの試みを，支持できない。9歳の子どもであるベティ・シモンズが，商業的というより，むしろ本物の宗教的な活動に従事していたという基本的な事実を記録は明白にする。彼女はエホバの証人のメンバーであり，上告人である保護者によってそのセクトの信条を教えられた。そのような教義は，公道において，あるいは一軒一軒，宗教的な小冊子を配布する義務を含んでいた。この宗教的義務に従い，上告人の同伴で，1941年12月18日の夜に，ベティ・シモンズは公道の街角に立って，エホバの証人の印刷物を通行人に配布しようとしていたのである。金銭上の利益を得るという期待は，彼女自身にも上告人にもなかった。神に対する愛情によって動機付けされており，そして，神が自分にこの印刷物を配布せよと命じたのだと彼女は証言した。これが神を崇拝する自身のやり方であったと，彼女は明言した。

　実行者が大人か子どもかに拘らず，宗教的訓練及び活動は，彼らが公序良俗，モラルと福祉の保護のために採用される合理的な規則に違反しない限り，州の行為による干渉から合衆国憲法修正14条によって保護されている。本件では無断欠席や夜間外出禁止の規制が問題となっているわけでもない。問題の法規は，自らの宗教的な信条を有する未成年者による自由な礼拝に対し，両親と保護者を通して間接的な制限を課した。この間接的な制限は，直接的なそれと同様，効果覿面(てき)である。法廷意見が述べるように，子どもの宗教的その他の活動を合法的に規制する州の権限は，大人の同様の活動に対する権限に比して大きい。だが，家族自体が公の利益による合理的な規制の対象だというのが明らかに事実でないのと同様，その事実は本件訴訟で争われる問題を決定しない[78]。合衆国憲法修正1条に列挙され，同修正14条で州に編入される自由はびくともせず，それらの自由を一掃するいかなる試みも一見して無効である。この事件に含まれるタイプの宗教活動に子どもを引き込むことを禁ずる合理性と必要性を証明する責任は，マサチューセッツ州側に

78　United States v. Carolene Products Co., 304 U.S. 144, 152, note 4 (1938). 本件評釈としては，松井茂記「米判批」樋口範雄ほか編『アメリカ法判例百選』46頁（有斐閣，2012年）などがある。

あった。大方の場合に児童労働法を合憲とする，合理性への漠然とした言及だけでは十分にならない。未成年者を保護するという州の大きな利益は，彼らの宗教的訓練と活動に対する制限を全て正当化するものではない。

　州は，保護を合憲とする，重大かつ差し迫った危険の存在を証明することに完全に失敗した。ベティ・シモンズの宗教活動が公衆に深刻な危険をもたらしたという証明はない。それは，公道の片隅で規則正しく合法的な方法で続けられた。「州が公衆にオープンにしている公道に合法的にいる人は，規則正しい方法で意見を表明する憲法上の権利を，別の場所と同様，ここでも行使できる。この権利は，話し言葉のみならず，ちらしや印刷物による伝達にも及ぶ。[79]」公道は，通行のために利用されるのと同様，必要に応じて，エホバの証人，救世軍など，起点となる場所なし[80]に宗教を実践する人々のためのものである。両親または保護者は，彼らの宗教的な教えが子どもを傷付けるかもしれないという漠然とした可能性だけでは刑事責任を問われない。害悪が重大で，差し迫り，実在しなければならない[81]。ギャンブル，無断欠席，不規則飲食，悪い就眠習慣というより重大な悪癖は，通常，宗教的な義務を果たしている子どもたちによって示される高い道徳的な性格と一致していない。さらに言えば，エホバの証人の子どもたちは，この事案のように，配布を，常にグループで，常に大人か親による支配の下で行っている。

　人間の歴史は，信教の自由と関係しているものぐらい，大いに迫害と不寛容で書かれるものはなかった。そして，エホバの証人は，自由の理想の中にあると考えられるこの国においてさえ，因習に縛られぬ方法で宗教を実践する権利がまだ決して保障されていないということの生き証人である[82]。信教の自由は，非常に重要な州利益が重大な危険にあるという証明もなくいく

79　Jamison v. Texas, 318 U.S. 413, 416 (1943).
80　エホバの証人は，現在では，444 Plain St BrocktonにKingdom Hall of Jehovah's Witnessを有している。また，本部はニューヨークのブルックリンにあり，2017年にはウォーウィックに移設される予定である。
81　Bridges v. California, 314 U.S. 252, 262 (1941). 労働争議に関与して逮捕された者の保釈を求める地方紙の記事が，裁判所侮辱に問われたが，連邦最高裁は，この記事が「明白かつ現在の危険」を有さないとして，制裁を違憲と判判した。
82　See, Mulder & Comisky, *Jehovah's Witnesses Mold Constitutional Law*, 2 BILL OF RIGHTS REV. No. 4, 262.

らでも制限されるには，あまりにも神聖な権利だと言うべきである。

Ⅲ　Prince v. Massachusettsの影響

1　Prince v. Massachusetts判決以降の連邦最高裁の動向

　Prince判決の後の判例への影響という点で言えば，まずは政教分離事案を真っ先に取り上げるべきであろう。但し，本判決を信教の自由の中で読み込み，やむにやまれぬ政府利益の前に宗教的自由を斥けた[83]と読むか，絶対ではないものの親に子の宗教を抑制する権限があることを強調したもの[84]として読むかは判断が分かれよう。

　本判決の翌年，Follett v. Town of McCormick連邦最高裁判決[85]では，再び，エホバの証人に対する課税が違憲とされた。Fowler v. Rhode Island連邦最高裁判決[86]では，市条例の下，公園でのキリスト教の布教活動を認めながら，エホバの証人に対してだけは禁止する運用に違憲判断が下されている。こういった事件を皮切りに，連邦最高裁は「宗教の自由な活動」の保障領域を拡大していったと評せる[87]。また，Thomas v. Review Board of the Indiana Employment Security Division連邦最高裁判決[88]では，エホバの証人信者が戦車の旋回砲塔製作労働を拒否して辞職し，失業手当給付を請求したが拒否された事案で，その訴えが認められている。

　エホバの証人関係の目立つ判決はこれらに留まり，1960年代に，Thomas判決の先例となるべく他の宗派によってよく争われたのは，日曜休業法の合憲性であった。McGowan v. Maryland連邦最高裁判決[89]では日曜日に日用品を販売した大型ディスカウントストア，Braunfeld v. Brown連邦最高裁判

83　Karolyn Ann Hicks, *comment: "reparative" therapy: whether parental attempts to change a child's sexual orientation can legally constitute child abuse*, 49 AM. U.L. REV. 505, 541（1999）.
84　Brittany Nilson, *Note:Yearning for Zion Ranch Raid:Lowering the Standard of Proof for the Termination of Parental Rights*, 5 BROOKLYN L. REV. 305, 315（2009）.
85　321 U.S. 573（1944）.
86　345 U.S. 67（1953）.
87　藤田尚則「合衆国憲法修正第１条にいう『宗教の自由な活動』条項の解釈原理の新展開について」創価法学22巻１号149頁（1992年）.
88　450 U.S. 707（1981）.
89　366 U.S. 420（1961）.

決[90]では土曜日が安息日である古典派ユダヤ教徒が争ったが，共に合憲判決に屈することとなった。しかし，その後，土曜日が安息日を守って解雇され，失業補償もなかったセブンスデーアドベンティスト信者がこれを争うと，Sherbert v. Verner連邦最高裁判決[91]では，信教の自由の制限に当たるとしてこれは違憲とされた。このほか，Wisconsin v. Yodar連邦最高裁判決[92]では，農耕を通じた教育を重視するアーミッシュが，16歳の子について公教育ではない独自の教育を行う自由を求めると，連邦最高裁はこれも認めた。この点で，子育ての権利は，宗教と交錯すると更に保護が手厚くなる[93]，特に伝統的宗教の場合はそうだ[94]とする指摘もある。

このような，世俗ルールの一般的適用と少数宗教者への配慮が対立する，換言すれば，政教分離原則と信教の自由が衝突する場面で，少数宗教者の自由を優先する判例はこの後，影を潜める。やはりアーミッシュが宗教上の理由で社会保険税の支払いを教義に反するとして拒否して争ったUnited States v. Lee連邦最高裁判決[95]で，課税は合憲とされたし，Bob Jones Univ. v. United States連邦最高裁判決[96]では，異人種間の交際や結婚を禁止する大学に対する課税免許資格の否定が合憲とされたほか，Tony and Susan Alamo Foundation v. Secretary of Labor連邦最高裁判決[97]では，労働基準を宗教団体の営業活動に課しても合憲だとする判断が下されている。その後も，連邦最高裁は，Goldman v. Weinberger連邦最高裁判決[98]で，頭の上の装飾

90　366 U.S. 599 (1961).

91　374 U.S. 398 (1963).

92　406 U.S. 205 (1972). 本書第2章第5節［松尾陽］参照。本件評釈としては，金原恭子「米判批」藤倉皓一郎ほか編『英米判例百選（第3版）』42頁（有斐閣，1996年）などがある。加えて，滝澤信彦「アメリカ合衆国における義務教育拒否事件」北九州大学法政論集21巻3号111頁（1993年）も参照。

93　Patrick Henigan, *Note:Is Parental Authority Absolute? Public High Schools Which Provide Gay And Lesbian Youth Services Do Not Violate The Constitutional Childrearing Right Of Parent,* 62 BROOKLYN L. REV. 1261, 1271 (2010).

94　下村一彦「米国連邦憲法上のホームスクールを行う親の権利」日本教育行政学会年報29号94頁，95-96頁（2003年）。

95　455 U.S. 252 (1982).

96　461 U.S. 574 (1983). 本件評釈としては，樋口範雄「米判批」ジュリスト816号83頁（1984年）などがある。

97　471 U.S. 290 (1985).

98　475 U.S. 503 (1986). 本件評釈としては，土居靖美「米判批」愛媛法学会雑誌14巻1＝2号289

Chapter 14　親の子どもの教育方法と子どもの保護　481

品であるヤムルカを付けることは空軍服装規則違反であり，懲戒処分としたことは憲法に違反しないと判断したし，Bowen v. Roy連邦最高裁判決[99]でも，ネイティブアメリカンが宗教的信念から社会保障番号を拒んだことから生じた不利益について，宗教的信念を尊重して保護することをしなかった。診療所に勤めるネイティブアメリカンである原告が，幻覚効果を有するが自らの宗教では宗教的意義をもつペヨーテを摂取したことで解雇され，失業給付も受けられなかった事案であるEmployment Division v. Smith連邦最高裁判決[100]でも，そもそも法は宗教的行為をターゲットにしておらず，信教の自由の問題にもならないとして，州の決定が合憲とされたのであった。

　連邦最高裁は，宗教的少数者の特別な思いよりも，宗教間及び宗教と無宗教との差別を行わないことを重視する方向に傾いていったと言えよう。振り返れば，Yodar判決で認めた宗教的自由への寛容があるなら，本章で取り上げたPrince判決の事案などでも少数宗教者の自由ぐらいは是認してもよかったようにも思われるが，厳密に言えば，これが特定宗教の優遇であることは否めない。Yodar判決は明示的に修正されてはいないが，これらは例外であり，今では本線を逸れた判断だと読めようか。また，児童虐待を犯罪として取り締まることや労働法などに基づく取締りがカルト[101]の暴走を止めるのに不可欠であること[102]から，宗教の自律を広く認めることは危険だという視点もあろう。

　　頁（1987年），大沢秀介「米判批」アメリカ法［1988-1］143頁などがある。
99　476 U.S. 693（1986）．
100　494 U.S. 872（1990）．本件評釈としては，稲本志保「米判批」学習院大学大学院法学研究科法学論集2号97頁（1994年），野中俊彦「米判批」憲法訴訟研究会＝芦部信喜編『アメリカ憲法判例』156頁（有斐閣，1998年）などがある。
101　アメリカは，広大な空間に様々な人間が済み，生活や社会に安定が乏しいため，オーソドクスな信仰で心が満たされない一方，文化的なフロンティアとして理想を求める様々な集団が活動する余地も大いにある。アメリカには約3000以上のカルトがあり，信者は300万人に上るとされる。斎藤ほか編・前掲注（46）116頁［亀井俊介］。
102　紀藤正樹＝山口貴士『カルト宗教─性的虐待と児童虐待はなぜ起きるのか』69頁（アスコム，2007年）。これに対して，内野正幸『表現・教育・宗教と人権』224頁（弘文堂，2010年）は，「信教の自由には，それなりの判断能力を身につけた若者が，カルト」「に入る自由も含まれる」と述べている。

2 親の教育の自由

　Prince判決は，政教分離だけではなく，Roe v. Wade連邦最高裁判決[103]がプライバシー権の根拠として引用したなど，家族的自由や自律を巡る後の事案でも多くの影響を与えた。これにより，家族構成員だけではなく，家族それ自体も憲法上の保護を受けることが認められたと評されてよい[104]。家族の崩壊は，子と親の双方の多大な不利益であるばかりか，社会の多元性の崩壊にも繋がりかねない[105]。加えて，「子どもの権利」という言い方は1960年代以降のもので，親もしくは州による「子どもの保護」が中心課題であった[106]ことも見逃せない。この観点から，後の判決等への影響を考察したい。

　手続的権利が強調される場面が多く指摘される。In re Gault連邦最高裁判決[107]では，15歳の少年が淫らな電話をかけて拘留され，親が釈放を求めた事案であるが，少年裁判所においても，被疑事実の適切な告知，弁護人選任権とその告知，反対尋問（対審）権，自己負罪拒否特（黙秘）権が保障されるとされた。この判決は，parens patriaeを否定したわけではなく，少年事件に通常の刑事裁判と全く同等の手続的保障が必要としたわけではないようである[108]。Smith v. Organization of Foster Families連邦最高裁判決[109]では，里親の廃止手続が家族のプライバシーの自由を侵すかが争われた。Quilloin v. Walcott連邦最高裁判決[110]では，非嫡出子の縁組に母の同意のみ必要であることが問題となった。Parham v. J. R. 連邦最高裁判決[111]では，親に遺棄されて州の後見の下にあった12歳の子の州立精神病院への入院について，親

103　410 U.S. 113 (1973). 本件評釈としては，U.S.Leading Cases「米判批」ジュリスト530号107頁（1973年），佐藤幸治「米判批」アメリカ法［1975-1］111頁，香城敏麿「米判批」別冊ジュリスト『英米判例百選Ⅰ公法』58頁（有斐閣，1978年），高橋一修「米判批」藤倉皓一郎ほか編『英米判例百選（第3版）』82頁（有斐閣，1996年），小竹聡「米判批」樋口範雄ほか編『アメリカ法判例百選』96頁（有斐閣，2012年）などが，翻訳として，小竹聡「翻訳」拓殖大学政治経済研究所政治・経済・法律研究17巻1号113頁（2014年）などがある。
104　米沢広一『子ども・家族・憲法』111頁（有斐閣，1992年）。
105　同上111-112頁。
106　同上115頁。
107　387 U.S. 1 (1967).
108　米沢・前掲注（104）37頁。
109　431 U.S. 816 (1977).
110　434 U.S. 246 (1978).
111　442 U.S. 584 (1979). 本件評釈としては，堀雄「米判批」アメリカ法［1980-2］315頁などがある。

の意思と簡易な手続だけで十分とし，親の判断の尊重を強調しながら，患者には不必要な治療を受けない自由があることも判示された。Lassiter v. Department of Social Services連邦最高裁判決[112]では，親権喪失宣告手続に際し，貧乏な親に公費で弁護人を付与しなかったのは適正手続条項違反でないという判断が下された。放任や虐待の事実を示唆する近隣者や病院の報告に基づき，親の権利の永久的終了の手続がとられた事案であるSantosky v. Kramer連邦最高裁判決[113]では，当該夫婦が「証拠の相当の優越」をもって永続的放任を証明するとする家庭裁判所法規定が適正手続を満たしていないと争ったが，連邦最高裁は，親の権利を終了させるには少なくとも「明白かつ説得力ある証明」が必要であるとして，認定手続を適正手続違反だと認定した。また，医師による自殺幇助を受ける権利はデュープロセス条項の保護する基本的権利に含まれないとして，合理性の基準の下，医師の自殺幇助禁止を犯罪とするワシントン州法は合憲という判断が下されたWashington v. Glucksburg連邦最高裁判決[114]においても，Prince判決の影響は示されている。

　Prince判決は，広く婚姻の自由や家族生活の自由の文脈で引用された。Cleveland Board of Education v. LaFleur連邦最高裁判決[115]では，妊娠中の公立学校教師の産休が問題となり，その中で，修正14条は結婚と家庭生活の自由を保障する根拠に挙げられた。Moore v. East Cleveland連邦最高裁判決[116]は，オハイオ州にある市のゾーニング条例において，同居できる「家族」の定義規定により従兄弟同士の同居が排除され，孫の１人が上告人である63歳の女性と同居できなくなった事案である。連邦最高裁は，厳格審査の上，家族を保護すべきだとして，このような規制は実体的デュープロセス違反だとする判決を下したのである。

112　452 U.S. 18（1981）.
113　455 U.S. 745（1982）. 本件評釈としては，伊藤茂幸「米判批」アメリカ法［1985-1］161頁などがある。
114　521 U.S. 702（1997）. 本件評釈としては，佐藤雄一郎「米判批」樋口範雄ほか編『アメリカ法判例百選』100頁（有斐閣，2012年）などがある。
115　414 U.S. 632（1974）.
116　431 U.S. 494（1977）. 女性と息子とその子は一緒に住めるが，問題となった孫はその息子の子ではなく，孫２人は従兄弟であった。ブレナン裁判官による補足意見は，このような大家族制が，黒人など社会的弱者の互助として広く行われていることを強調した。本件評釈としては，後藤昭「米判批」アメリカ法［1980-1］159頁などがある。

そして，親の監護権を重視したものとしては，以下のようなものが挙がろう。Ginsberg v. New York連邦最高裁判決[117]では，女性の尻や胸を掲載した「未成年には有害な」雑誌を17歳以下の者に販売禁止とすることは，家庭において子の教育内容を決定するする親の利益と，子どもの福祉を保護する州の利益の観点から合憲であるとされた。これをPrince判決の要点であるとの指摘[118]もある。なお，これと同日に判決の下されたInterstate Circuit, Inc. v. City of Dallas連邦最高裁判決[119]では，16歳未満に「適さない」と市の映画分類委員会が判断した映画について，親に伴われない16歳未満の少年の入場を許容した者を処罰する市条例の文言が漠然としているとして，違憲と判断されている。何れの事案でも，青少年の情報受領権の制限ではありながら，親が与えたり同伴したりすることは許容している点は興味深い[120]。Troxel v. Granville連邦最高裁判決[121]では，監護権を持たない祖父母にも，子の最善の利益に適う場合に訪問権を認めるとしていたワシントン州法が問題となった。事件では，母が，離婚して監護権を持たない亡父の両親の訪問を月1回，泊まりはなしと制限したのを亡父両親が争ったものである。州裁判所は，祖父母の誕生日にそれぞれ4時間，夏休み1週間の訪問を認めたが，連邦最高裁は，これは子の生活を決める親の権利への不当な侵害に当たり，実体的デュープロセス違反であるとして原審の判断を覆した。また，移民の子が国外退去のために移民帰化局（INS）に拘束され，異性の大人との雑居やレクリエーションも殆どない状況下に置かれた事案であるReno v. Flores連邦最高裁判決[122]では，子どもが両親，保護者，親戚以外の大人の保護下に釈放されることは憲法上の基本的権利ではなく，合理性の基準の下，

117　390 U.S. 629 (1968). 本件評釈としては，時國康夫「米判批」アメリカ法［1969-1］68頁などがある。

118　L. Steven Grasz, Patrick J. Pfaltzgraf, *Child Pornography and Child Nudity: Why and How States May Constitutionally Regulate The Production, Possession, and Distribution of Nude Visual Depictions of Children*, 71 TEMP. L. REV. 609, 633 (1998).

119　390 U.S. 676 (1968). 本件評釈としては，時國・前掲注（118）などがある。

120　米沢・前掲注（104）49頁。

121　530 U.S. 57 (2000). スティーブンズ裁判官は反対意見を執筆し，Prince判決とYoder判決の利益衡量テストが標準のままの筈であると反論した。本件評釈としては，山口亮子「米判批」ジュリスト1184号149頁（2000）などがある。

122　507 U.S. 292 (1993). 本件評釈としては，萩原重夫「米判批」憲法訴訟研究会=芦部信喜編『アメリカ憲法判例』303頁（有斐閣，1998年）などがある。

INSは行政目的達成のための手段を選ぶ裁量があることが判示されたが，これは，ただの大人ではない「親」の権利を重視した判断だと言えた。

結局，Prince判決は，親が州の義務的な学校教育と異なる教育に邁進しようと争ったような，親の教育の自由そのものが争われた事案で専ら引用されているわけではない。そこで，Prince判決の主たる読まれ方は，今や，夜間外出の自由の問題になっているようであるが，これに直截的結び付く最高裁判決も特にない模様である[123]。Prince判決は州が介入できない親の領域を認めた[124]，親権の重要性を強調した[125]，子育てをする親の権利をはっきり認めたとする[126]など，親の権限を広く認めたなどの読み方がなされている。家族の自律を強調する読み方もあり，家族の私的な領域を初めて認めたとするもの[127]や，家族のプライバシーや私的自治を自由主義と互換的に読み込んだり[128]，家族は道徳的価値を教え込ます義務を委任される民主的機関であり，プライバシーは個人の自由と政治的自治と互換的なものと考えられるとしたり[129]する見解も見られた。子どもにとっての家族は強制加入団体で，かつ結社の創設者が圧倒的優位だが，消滅は一般的に子どもにとって重大不利益をもたらす点で特殊な結社であると言えよう。様々な考えを持つ家族があることは，マクロに見れば多元主義を実現すると言えるであろう。

他方，Prince判決は，子どもに対する州の権限を広く認めたものとして読

---

[123] 米沢・前掲注（104）65-67頁参照。代わって，連邦下級審や州裁判所の判決がここで紹介されている。

[124] Joan Catherine Bohl, *Grandparent Visitation Law Grows Up: The Trend Toward Awarding Visitation Only When The Child Would Otherwise Suffer Harm*, 8 DRAKE L. REV. 279, 288 (2000).

[125] Katharine A. Higgins-Shea, *Note: On the Clock: Should State Law Require Child Welfare Workers to Consider Whether There is Sufficient Time to Obtain Judicial Authorization When Effecting Emergency Removals of Children From Their Parents?*, 38 SUFFOLK U. L. REV. 147, 150 n26 (2004).

[126] Joan C. Bohl, *Family Autonomy vs. Grandparent Visitation: How Precedent Fell Prey to Sentiment in Herndon v. Tuhey*, 62 MO. L. REV. 755, 794-795 (1997).

[127] Anthony Miller, *The Case For The Genetic Parent: Stanley, Quilloin, Caban, Lehr, And Michael H. Revisited*, 53 LOY. L. REV. 395, 405 (2007).

[128] Anne C. Dailey, *Constitutional Privacy And The Just Family*, 67 TUL. L. REV. 955, 984 (1993).

[129] Anne C. Dailey, *Developing Citizens*, 91 IOWA L. REV. 431, 483 (2006).

むこともできる[130]。例えば，子の利益を守るために州は規制強化ができる[131]とか，青年期に生じる危険から裁判所が保護なさねばならない[132]とか，子の健康のため，州は親を制限できる[133]とか，子の利益のため，親の権利を超えて州はparens patriaeを行使できる[134]，未成年者に対するコンドーム強制もできる[135]などの指摘である。ミクロに見れば，家族は子どもに特定の価値や思想を強制する装置と化すのだから，子どもは学校等で多くの価値に触れさせるべきで，通学する権利がある[136]という反論がありそうである。

　Prince判決は，両者に偏らず，州対親の権限争いの線引きをしたとの評価もある[137]が，その線引きの基準が明確になったとは思えない。未成年者の中にも成熟した判断能力を有する者はある[138]し，一定の事項については自己決定権を認めるべきである[139]。加えて，裁判にまで至るようなケースは，通常の親子関係や「正常」な政策とは言えないことも多いことには留意すべきであろう。連邦最高裁は家族に関する選択の自由を憲法上の基本的権利であるプライバシーの権利，結合の自由として認めるに至っている[140]が，具

130　清水・前掲注（45）14頁。特に就学義務についてはそうだと述べる。同論文15頁。
131　Brooke A. Emery, *It's Herstory Too: The Upbringing Of A Creature: The Scope Of A Parent's Right To Teach Children To Hate*, 4 AM U. MODERN AM. 60, 63 (2008).
132　Kendra Huard Fershee, *A Parent Is A Parent, No Matter How Small*, 18 WM. & MARY J. OF WOMEN & L. 425, 460 (2012).
133　William J. Haun, *Comment: A Standard For Salvation: Evaluating "Hybrid-Rights" Free-Exercise Claims*, 61 CATH. U.L. REV. 265, 289 (2011).
134　Jessica Archer, *Leandro's Limit: Do North Carolina's Homeschoolers Have a Right to a Sound Basic Education Protected by the State?*, 36 CAMPBELL L. REV. 253, 274 (2014).
135　Joseph W. Ozmer II, *Note: Who's Raising The Kids: The Exclusion Of Parental Authority In Condom Distribution At Public Schools*, 30 GA. L. REV. 887, 919 (1996).
136　アメリカ自由人権協会（THE RIGHTS OF STUDENTS和訳会訳，青木宏治＝川口彰義監訳）『生徒の権利』17頁以下（教育史料出版会，1990年）［伊藤靖幸訳］など参照。
137　Jennifer Stanfield, *Current Public Law And Policy Issues: Faith Healing And Religious Treatment Exemptions To Child-Endangerment Laws: Should Parents Be Allowed To Refuse Necessary Medical Treatment For Their Children Based On Their Religious Beliefs?*, 22 HAMLINE J. PUB. L. & POL'Y 45, 54 (2000).
138　日本の教科書検定でも，小学校用教材と高等学校3年生用日本史教材とでは，検定方針が異なって然るべきであろう。君塚正臣「事前抑制と教科書検定」東海大学文明研究所紀要15号95頁，104頁（1995年）。まして今日，18歳に政治的判断能力を認めて選挙権を付与したとなれば，なおさらである。横田光平『子ども法の基本構造』8頁（信山社，2010年）は，憲法学界の「時間」概念の希薄さを批判する。
139　米沢・前掲注（104）108頁。
140　同上212頁。

体的事例に明快な結論を下す緻密な理論が構築されているわけでもなく、またそれを求めることは、かぐや姫の婿選びに近いものを感じるのである。

おわりに

　本章は、親の教育の自由について、アメリカの古い連邦最高裁判例を端緒として検討してきたものである。判決は親の教育の自由と州のポリスパワーとの鬩ぎ合いに明快な理論を提示したようには思えず、子どもを巡る親と国・共同体との緊張関係はやはり難問だということなのであろう。

　日本では、現在、学校以外のところで義務教育課程を修了することは、極めて稀であり、制度的には皆無と言ってよい。しかし、振り返れば、明治初期の1872年に学制が布かれた際、教育年限を下等小学校4年、上等小学校4年の計8年としたのだが、強制力は弱かったのである[141]。それでも学制は強権的だとして各地で強い抵抗を受け、小学校の就学率は低迷した。このため、田中不二麿文部次官らを中心として制定に至った1879年の教育令では、地方分権的制度に移行するとともに、民衆の自発的な判断や選択の下に、教育の自然な発展を待つという、アメリカの諸制度に倣った方向に転換したのである[142]。しかし、この教育令は、中央集権をよしとする明治政府の大勢と合わず、1880年には早々に改正されてしまった[143]。1886年の小学校令で「義務教育」の文言が初めて登場したが、1890年の第2次小学校令では、市町村長の許可を必要とするものの、同時に、学校に通学しなくとも、家庭学習により就学義務が果たされるとの規定が登場している。そして、この種の規定が消えるのは漸く1941年の国民学校令においてのことであり、これが戦後、1947年の教育基本法と学校教育法においても引き継がれたのである。

　このように、学校制度と通学を絶対とすることは、明治期には、「宗教」ではないが「家業の手伝い」等の前に貫徹できず、実は「東京都」や大政翼

141　文科省webページ（http://www.mext.go.jp/b_menu/shingi/chukyo/chukyo0/toushin/05082301/017.htm）もこの点を認めている。以下、この文科省webページによる。
142　天野郁夫「教育における日米関係」喜多村編・前掲注（39）207頁、209-210頁。
143　同上210頁。

賛会などと同様，戦時体制の産物なのである[144]。一般に国家主義的であると評価される近代日本で，Prince判決事案の課題であった義務的学校教育と児童労働の規制がなかなか達成できなかったことは，興味深い。現行の学校教育法は，17条で「保護者は，子の満6歳に達した日の翌日以後における最初の学年の初めから，満12歳に達した日の属する学年の終わりまで，これを小学校又は特別支援学校の小学部に就学させる義務を負う」などと定め，これを免ぜられるのは，18条の定める「病弱，発育不完全その他やむを得ない事由のため，就学困難と認められる者」について「市町村の教育委員会」が17条の「義務を猶予又は免除することができる」場合にほぼ限定されており，「学校」で義務教育がなされることは至極当然となっている。義務教育の絶対化は，人的及び物的資源の総動員を目的とする制度の一つとして戦時中に誕生し，戦後改革でも解体されぬまま，むしろ戦後の高度経済成長期に活用された点は見逃せまい。1980年頃から，新自由主義の側から「教育の自由化」が主張されたが，そこで主張されたことは教育の規制緩和と民営化なのであり[145]，決して学校以外での教育の可能性なのではなかった。また，このような社会では，学校制度からドロップアウトすることは重大なことであり，麹町内申書裁判[146]が真剣に争われたことと表裏一体であろう。

このようなほぼ例外を認めぬ窮屈な制度は，今や，さすがに特殊事例に対応できず，理論的にも，究極的には日本国憲法の個人主義と相容れないよう

---

144 竹内洋『日本の近代12―学歴貴族の栄光と挫折』26頁（中央公論新社，1999年）において，「昭和二十年代に地方で子ども時代を過ごした」著者は，大人の「ほとんどの人々は義務教育の尋常小学校卒かせいぜい高等小学校卒で，家業を手伝ったり奉公に出たり，都会の工具などになっていた。明治生まれの年配の大人には義務教育も十分に受けた気配がないような人々もみられた」と証言している。3代目三遊亭円歌が，戦後すぐに入門したときの話として，東京の落語家で「学校をまともに出てたのはあたしと（桂）米丸さんだけだった。米丸さんは中野だっていうから，この人ぁスパイかと思った」とよく語っている。

145 内野・前掲注（102）116頁。

146 最2小判昭和63年7月15日判時1287号65頁。本件評釈としては，成嶋隆「判批」ジュリスト919号63頁（1988年），芹沢斉「判批」法学教室101号別冊附録『判例セレクト'88』14頁（1989年），小林武「判批」民商法雑誌100巻3号512頁（1989年），中村睦男「判批」判例時報1303号186頁（1989年），横田守弘「判批」西南学院大学法学論集22巻4号247頁（1990年），森田明「判批」兼子仁編『教育判例百選（第3版）』28頁（有斐閣，1992年），蟻川恒正「判批」高橋和之ほか編『憲法判例百選Ⅰ（第5版）』78頁（有斐閣，2007年），小泉良幸「判批」佐藤幸治＝土井真一編『判例講義憲法Ⅰ』52頁（悠々社，2010年），小島慎司「判批」長谷部恭男ほか編『憲法判例百選Ⅰ（第6版）』79頁（有斐閣，2013年）などがある。

に思われる。長年の，国家教育権説と「国民の教育権」説論争[147]において，長期保守政権の下で集団主義的（別名，「世界で唯一成功した社会主義」）であった日本が，高等教育において，経済的には後者によったかのような状況にありながら，精神的には前者に過度に傾斜してきたことは，文科省による2015年の国立大学文系学部縮小の大号令にも辟易しつつ[148]，そろそろ修正されてしかるべきであると思われる。進歩派を誇ってきた筈の教育法学界もまた，学校制度を大前提とし，他法領域を巻き込んで学習権説を構築してきており[149]，教師も学校もないところでの子どもの教育や「発達」はおよそ眼中になかったと言って過言ではあるまい。対して，不登校の子どもや保護者などが希望すれば，学校以外で学ぶことを認める，「多様な教育機会確保法」（仮称）を2017年4月施行に向けて制定する動きが漸く生まれつつある[150]。

「個人の自由を志向することは，革新的で創造的な思考を鼓舞する能力と，表現や信条や観点における目も眩むばかりの多様性という点においては極めて強力であると言える。しかし，このことは同時に，知性の分裂や多様な意識，自己同一性と信条の混乱の根源ともな」る[151]。この種の教育の「自由化」は，近時俄かに表出している児童虐待[152]の温床になりはしないか，心配である。監視は必要だ。教育の問題は，多分に「メリット」（「生まれ」による制約を受けない能力主義），「生活機会の平等」，「家族の自律性」はトリレンマの関係にあるのである[153]。登場する複数の当事者を考えると，これは

---

147 詳細は，君塚正臣「社会権としての『教育を受ける権利』の再検討—その過拡大再考の提言」横浜国際社会科学研究15巻5号1頁（2011年）など参照。関連して，藤井俊夫『学校と法』（成文堂，2007年）も参照。

148 室井尚『文系学部解体』（角川書店，2015年），吉見俊哉『「文系学部廃止」の衝撃』（集英社，2016年）など参照。

149 横田・前掲注（138）2頁参照。

150 朝日新聞2015年5月28日朝刊。

151 フィンケルスティン・前掲注（45）37頁。同様のことを，苅谷剛彦『教育と平等』6頁（中央公論新社，2009年）は，「所属する場の輪を第一に考える日本人の傾向は，先進国のなかでは貧富の差が少なく，比較的安全性の高い国を生み出すという利点を持った。しかし，個人の能力や想像力を存分に発揮させる場としてはむしろ足かせとなってきた」と述べている。

152 横田・前掲注（138）13-14頁は，尊属殺人罪違憲判決（最大判昭和48年4月4日刑集27巻3号265頁）の事案を10年以上の性虐待から保護されなかった氷山の一角の事例ではないか，そして，親権の壁もあり，児童福祉法28条1項が機能せず，オウム事件の発覚まで児童虐待は長く「発見」されなかったのだ，と鋭く指摘する。

153 苅谷剛彦『大衆教育社会のゆくえ』213頁（中央公論新社，1995年）は，アメリカの社会哲学

そのまま,「子どもの自律の最大化」,「国家による子どもの保護」,「親の養教育権の保護」[154]の均衡関係と読み替え得る。多くの子どもが成果を挙げる教育制度とは何かは,永遠の課題である。延いては,統治制度における自由(個人主義),実質的平等(福祉国家),自治(民主主義)は鼎立関係にあり,現代立憲主義の難問がその正体であることを思わせられるものである[155]。

〔付記〕 本稿は,平成25年度-29年度日本学術振興会科学研究費基盤研究(C)一般「司法権・憲法訴訟論の総合構築」(課題番号25380029)による研究成果の一部である。

者,フィッシュキンの言葉を引用ししつつ,そう述べる。
154 米沢・前掲注(104)249頁。
155 総論的解答の提示は難しいが,少なくとも,選挙で多数の議席を得たことを強調して自己の思い入れを実行する政治手法は全く非立憲的である。自由主義的教育が,文部科学「省」で実現できるかは微妙だ。また,特定の思想や哲学を真に受け,特定の国の事情や「歴史」を偏重し,憲法の構造や論理,問題解決のための実践性を軽視する「人文主義的」な解釈手法は適切ではないとも述べておく。

Chapter 15 正式な入国書類を持たない子どもと無償公教育
―――The Story of Plyler v. Doe, 457 U.S. 202 (1982)

大沢　秀介

テキサス州のメキシコ人学校。中央の教師は後の合衆国大統領リンドン・ジョンソン

> 「公立学校のみが，いかなる人種，いかなる宗教，いかなる教育達成度，いかなる社会階層，家族収入，特別支援の必要性，又は個人的性格にもかかわらず，法的にすべての生徒を受け入れることが要請されている。公立学校のみが，法的に執行可能な範囲内において，それぞれの生徒に費やされるものが，生徒の居住するコミュニティ内においてそして州を越えて，学校が代わっても，平等であることを保障しなければならない。」
> http://www.centerforpubliceducation.org/Main-Menu/Public-education/An-American-imperative-Public-education-

はじめに

　現在アメリカにおけるいわゆる不法移民（illegal immigrants）の数は，1100万人程度といわれている。不法移民が何をさすのかは議論の多いところであるが，歴史的な事情や経済的背景などから，「正式な入国書類を有しない外国人」(undocumented aliens) の中で，永住の意思を有する者という意味で，以下用いられる。

　ところで，それら不法移民のうち6歳から18歳までのいわゆるK12[1]の人口は，160万から180万人であるとされる[2]。これらの人々は，アメリカにおける公教育の対象となる年齢層である。これら正式な入国書類を有しない外国人の子どもは，合衆国憲法上公教育を受ける権利を有するのか，有するとすれば，その憲法上の根拠はどこに存在するのか，公教育を施すにあたって，市民や外国人の永住者の子どもとの間で授業料の徴収で区別を設けることは憲法違反となるのか。これらの点をめぐって争われたのが，プライラー対ドー事件（以下，「プライラー事件」という）である。

　プライラー事件では，いま述べたように，正式な入国書類を有しない子どもの無償公教育に対する権利の有無が争われた。その背景として，アメリカでは，1970年代までに公立学校では授業料を徴収しない無償公教育（free public schools）が行われることが当然視されていたことがあげられる。ただ，当時州の中には正式な入国書類を有しない子どもから授業料を徴収しようとする動きも見られ，そのような中で，この訴訟が提起され注目されることになったのである。注目された理由をより深く知るために，まずアメリカにおける公教育，とくに無償公教育の成立した事情を瞥見しておくことが有用である。

1　K12は，幼稚園（kindergarten）から第12学年（twelfth grade）までの初等，中等教育の期間を指している。
2　Ragini Shah, *Sharing the American Dream: Towards Formalizing the Status of Long-Term Resident Undocumented Children in the United States*, 39 COLUM. HUM. RTS. L. REV. 637, 639 (2008).

I　アメリカにおける公教育の展開

1　公教育の展開

　アメリカにおける公教育の歴史は古い[3]。すでに1647年には，マサチューセッツ湾植民地の一般裁判所（General Court of the Massachusetts Bay Colony）が，ピューリタンの子弟が聖書を読むことを学べるようにという目的から，50家族以上のタウンすべてに初等学校を設けるように命じていた。もっとも，初期植民地における教育は，宗教的理由でアメリカに移住してきた移民が，その子弟に宗教教育を施すことを目的としていた[4]。

　これに対して，18世紀末には無償公教育について憲法上明記する州が見られるようになった[5]。たとえば，1790年のペンシルヴァニア州憲法（Constitution of the Commonwealth of Pennsylvania）7条2項は「立法府は，可能とされる限りできるだけ早期に，法律によって州全体に学校を設立し，貧困者には無料で教育が行われるようにしなければならない」と定めていた[6]。ただし，この憲法で無償公教育の対象とされていたのは，貧困な児童のみであった。富裕層は，自ら子弟の教育費を支払うべきとされていた。その後，徐々に公教育の考えが次第に広がるようになった。たとえば，1827年にマサチューセッツ州で，500家族以上が居住するタウンに対して，すべての児童のために公立学校を設けることを求める法律が通過した[7]。ただ，いま述べたような公教育の対象となるのは，白人の子弟であった。この当時は，南部諸州では，黒人奴隷の子弟に教育を施すことを禁じる州法が存在していたのである。

---

[3]　https://www.raceforward.org/research/reports/historical-timeline-public-education-us.
[4]　SCHOOL: THE STORY OF AMERICAN PUBLIC EDUCATION 21（Sara Mondale and Sarah B. Patton ed., 2001）.
[5]　この時期以前は，学校といってもひと部屋に生徒を集め，統一したカリキュラムもなく訓練の不十分な教師がいたにすぎなかった。そんな中で1783年にノア・ウェブスター（Noah Webster）が教科書（A Grammatical Institute of the English Language）を出版した。その教科書は，好評を博し，100年間の間に1億冊以上が印刷された。ただ，その内容は生徒に読み書きを教えるに止まるものであった。詳細は以下のホームページ参照のこと。http://study.com/academy/lesson/noah-websters-impact-on-education.html.
[6]　1790年ペンシルヴァニア州憲法については，以下のホームページ参照のこと。http://www.duq.edu/academics/gumberg-library/pa-constitution/texts-of-the-constitution/1790.
[7]　http://www.eds-resources.com/educationhistorytimeline.html.

マサチューセッツ州では，その後1830年代から40年代にかけて，州の教育長官（secretary of education）であったホレース・マン（Horace Mann）によって教育改革が実施され，州の公立学校制度が整備された。ホレース・マンは，それまで州による指導もなく地域によって大きな相違が見られた公立学校について，「コモンスクール（common schools）」と名付けた新たな公立学校制度を作り上げた。コモンスクールでは，すべての男女児童に対して，それぞれが人生において平等な機会を持ちうるために必要な共通の知識を授けるものとされた。このような状況に大きな変化をもたらしたのが，1840年代後半から1850年代半ばすぎまで続く移民の増大であった。1846年から1856年の10年間に，アイルランドを中心に310万人の移民がアメリカに入国してきた。その数は，当時のアメリカの全人口の8分の1に及んでいた。このような大量の移民は，新たな産業の発展によって都市化が進展したことやアイルランドのポテト飢饉（potato famine）からのアイルランド人の逃避という理由によるものであった。このような中で，産業資本家は従順で率直な労働者を欲し，そのような人々を提供するような公教育を望んだのである。そして，マサチューセッツ州では，1852年に義務教育法（Massachusetts Compulsory Attendance Statute）が成立し，同法1条は以下のように述べていた。「8歳から14歳までの子どもの親権を有する者は，その子どもを自己の居住する町又は市にある公立学校へ通学させなければならない。」[8]

　さらに，南北戦争が終了した後のいわゆる南部再建期（1865年から1877年）において，南部諸州でも州憲法の中に無償公教育の保障を掲げるものが見られるようになった。そして，1878年には無償の公教育を受ける生徒数は950万人に上ったが，さらに20年後には公教育は急速に拡大し，その生徒数は1500万人に上った[9]。もっとも，南部ではプレッシー対ファーガソン連邦最高裁判決[10]の影響で，20世紀に入っても公教育の概念は維持されたものの，公立学校では人種別学制がとられていた。

8　http://www.mhla.org/information/massdocuments/mglhistory.htm.
9　紀平英作・亀井俊介『アメリカ合衆国の膨張』（中公文庫，2008年）432頁。
10　Plessy v. Ferguson, 163 U. S. 537 (1896).

2 NAACPと公立学校における人種差別

このように公立学校制度が整備されながら，南部の17州では依然として法律による学校における黒人児童に対する人種差別が見られた[11]。これに対して，黒人に対する人種差別に反対する有色人種地位向上全国協会（National Association for Advancement of Colored People，以下「NAACP」という）が，1930年代から40年代にかけて活動を本格化させた。NAACPは，とくに南部諸州において，公立学校における人種別学制をめぐって数多くの違憲訴訟を提起する訴訟戦略を中心に置いた。たとえば，NAACPは，1930年代後半から40年代前半にかけて，南部の公立学校における黒人教員の給与が白人教員の給与に比べ低額であったことに対して，訴訟で集中的に争うという行動をとった。実際，あるデータによれば，1910年から1930年代前半までの南部諸州における公立学校における黒人教員の給与は，白人の給与に比べ，3割から5割程度に止まっていた[12]。そこで，NAACPは，そのような給与差別が合衆国憲法修正14条のデュープロセス条項及び平等保護条項に反するとして，教育委員会を相手取って1936年から1950年までに30件を超える訴訟を提起した。そして，ほとんどの訴訟で勝訴し，給与面での人種差別は違法とされることになったのである[13]。

このようなNAACPの活動を端的に示すものとして最もよく知られているのは，1954年のブラウン対教育委員会連邦最高裁判決[14]である。ブラウン判決は，一般に人種差別に反対するNAACPの訴訟戦略の大きな成果として見られてきた[15]。このようなNAACPの訴訟戦略とそれに応えた連邦最高裁の判決は，アメリカの人種差別政策に対して大きな影響を与えてきたとされてきたからである。このような理解については，1991年に刊行されたジェラルド・ローゼンバーグ（Gerald N. Rosenberg）の著書[16]に代表されるような批

11　SCHOOL, *supra* note 4, at 133.
12　ROBERT A. MARGO, RACE AND SCHOOLING IN THE SOUTH, 1880-1950: AN ECONOMIC HISTORY 54-55（1990）.
13　*Id*. at 64-65.
14　Brown v. Board of Education, 347 U. S. 483（1954）.
15　Mark V. Tushnet, *Some Legacies of* Brown v. Board of Education, 90 VA. L. REV. 1693（2004）.
16　GERALD N. ROSENBERG, THE HOLLOW HOPE: CAN COURTS BRING ABOUT SOCIAL CHANGE? 42-71（1991）. ローゼンバーグは，さまざまな統計をもとに連邦最高裁の社会的変化に対する影響力は

判的見解も存在する。ただ，本章のテーマであるプライラー事件との関係でいえば，ローゼンバーグの著書が公刊されたのは，プライラー判決後の1991年であることから，プライラー判決の下された時点では，連邦最高裁の好意的な判決を求めて訴訟戦略を展開する団体の有効性が高いものと考えられていたといえる。また，ブラウン判決が，「教育は多分最も重要な州および地方自治体の機能である」[17]と判示したことも，後の部分で叙述するように重要なものであったといえる。

3 MALDEFの活動

いま述べたように，ブラウン判決では教育の重要性が指摘された。そして，基本的権利としての教育ということが憲法上認められるのか否かが，つぎに争われることになった。それが，サンアントニオ独立学校区対ロドリゲス連邦最高裁判決[18]である。この事件についても，メキシコ系アメリカ人法的防御及び教育基金（Mexican American Legal Defense and Educational Fund, 以下，「MALDEF」という）という，訴訟を重要な手段としてメキシコ系アメリカ人（ラティーノ系の人々）の人権保障を求める全国的な団体がかかわっていた。そして，メキシコ系アメリカ人の教育の権利の保障を求めたのである。この当時，メキシコ系アメリカ人の在学期間は，平均5.6年の短さに止まっていた[19]。そのような中で，MALDEFが1968年に統一ラテン系アメリカ人市民連盟（League of United Latin American Citizens）とNAACP法的防御基金（Legal Defense Fund）の助力を得て提起した初期の事件が，ロドリゲス事件である。

4 ロドリゲス連邦最高裁判決

ロドリゲス事件の事実は，以下のようなものである。テキサス州では，初等中等学校の財源については，ほぼ半分が州から基本的な最低限の教育を行

低いとする批判を展開した。この書物を契機に，連邦最高裁の判決の有する決定性の程度をめぐる論争が現在まで引き続き行われている。
17　347 U. S. at 493.
18　San Antonio Independent School District v. Rodriguez, 411 U. S. 1 (1973).
19　SCHOOL, *supra* note 4, at 133.

うことを意図した補助金によって支出され，賄われていた。そして，残りの半分については，それぞれの学校区がその管轄区域内にある財産に従価税（ad valorem tax）を課すことによって得ていた。このことに対して，課税対象の少ないエッジウッド独立学校区（Edgewood Independent School District）に通学するメキシコ系の子どもたちの親らが，クラス・アクションを提起したのである[20]。原告らは，1968年に他の貧困な学校区に通学する貧しいマイノリティの児童に代わって，7つの独立学校区，州教育委員会などを相手取り訴えを起こしたが，その後サンアントニオ独立学校区が原告に加わることになった[21]。原告の主張は，地域の財産課税に基づくテキサス州の制度は，学校区ごとの課税対象となる財産の価値の相違から生じる生徒一人当たりの支出について，学校区間の不均等を生み出しているから，富裕な学校区に有利なものであり，平等保護条項に違反するというものであった。

　この訴えに対して，連邦地裁は，疑わしい分類であること及び教育は「基本的権利」であるとした上で，テキサス州の制度が合憲となるためにはやむにやまれぬ州の利益が存在しなければならないが，州の制度は緩やかな合理的基礎の基準も満たさないとして，違憲判断を下した。そこで，被告である州側が上訴した。

　この上訴に対して，連邦最高裁はそれを認めた上で判断を示した。まず，違憲審査基準について厳格審査基準を適用するべきではないとした。すなわち，パウエル裁判官の執筆する法廷意見によれば，テキサス州の制度がいわゆる貧困の階層に対する差別であることも，またすべての学校区ごとに見て家族の富の相違に起因する差別が生じていることなども立証されていないから，「疑わしい分類」にはあたらないとされた。また，教育は，たしかに州によって行われる最も重要なサービスの1つであるが，本法廷によって憲法上保障された「基本的権利」という限られた範疇には含まれないとした。さらに，テキサス州の制度は，他の憲法上の権利の行使を意味あるものとするために，憲法上必要な基本的といえる最低限の権利をうまく行使する能力を

20　Rodriguez v. San Antonio Independent School District, 337 F.Supp. 280（W.D. Tex. 1972）.
21　サンアントニオ独立学校区は，当初被告の立場にあったが，プレトライアルコンフェレンスで連邦地裁が被告としての適格を認めなった。そのような経緯を経て，その後サンアントニオ独立学校区は原告として加わり，テキサス州の制度の違憲性を主張した。411 U. S. at 5 n.2.

身につけさせていないという証明はなされていないとした。その上で、法廷意見は、テキサス州の制度の合憲性を緩やかな審査基準を適用して判断し、当該制度は州におけるすべての児童に基礎的な教育を確保しつ，地域段階での各学校区の判断を認めるという立法目的を有するものであって、その目的は正当なものであり、またその州の目的から見て、本件制度はその目的を達成する手段として合理的な関係を有するものであるとして、合憲判断を下した。

ロドリゲス判決ではいま見たように，原告の敗訴であった。MALDEFにとって，それは手痛い敗北であった。ただ，ロドリゲス事件では生徒が教育へのアクセスを完全に絶たれていたわけではなかった。ロドリゲス事件の生徒の中には、エッジウッド独立学校区の環境を嫌って，私立学校へ通学している者も存在していたのである。そこで，MALDEFは，その訴訟戦略をさらに推し進めることになった。本章で対象とするプライラー事件で，親と同様に自身も不法移民である子どもが公教育に対するアクセスを否定され，市民である子どもや正式な入国書類を有する永住者の子どもと異なる差別的取扱を受けていることを違憲であると主張して訴訟を提起したのである。この訴訟が，連邦最高裁のプライラー判決へとつながっていくことになった。その点で，プライラー事件も，ロドリゲス事件と同様に，MALDEFを中心にテキサス州で起こされた事件ということがいえる。ただ，プライラー判決には，これから見るように他の人権団体もかかわっていたことに注意が必要である。

II Plyler事件に至る経緯

1 テキサス州教育法21.031条の制定と訴訟

プライラー事件は，テキサス州が1975年に制定した[22]州教育法21.031条 (Section 21.031 of the Texas Education Code，以下本件州法という)[23]にかかわる

---

22 改正の趣旨については，公式な記録は存在しなかった。Michael A. Olivas, *Plyler v. Doe, the Education of Undocumented Children and the Polity, in* IMMIGRATION STORIES 197, 198 (Daid A Martin and Peter H. Schuck eds., 2005).
23 628 F.2d at 450 n. 1, 2.

ものである。

本件州法は、以下のように規定していた。

(a) 合衆国市民又は合法的に入国が認められた外国人であって、学年暦の9月の初日において5歳以上21歳未満のすべての児童は、当該年度の利用可能な学校助成の利益を受ける資格を有する。

(b) 合衆国市民又は合法的に入国が認められた外国人であって、入学許可を求めた学年暦の9月の初日において5歳以上21歳未満のすべての児童は、自己の居住する又は親、後見人若しくは入学許可を求めたときにその児童に対する適法な監護を行う者の居住する地域の公立の授業料を徴収しない学校に出席が認められるべきである。

(c) 当州の公立無償化学校の運営委員会は、授業料を徴収することなく、地域の公立無償化学校に、合衆国の市民又は合法的に入国を認められた外国人であって5歳以上21歳未満のすべての者について、その者又は親、後見人若しくは適法な監護を行う者が学校区内に居住するなら、入学を認めなければならない。

本件州法が成立した背景には、まず合衆国への不法移民の流入によって引き起こされる複雑で多面的な政治的、経済的な問題が存在するにもかかわらず、連邦政府が移民法を執行しないことに対する不満が存在した。また、合衆国にいる不法移民が、州や地域の労働市場を弱体化させるのではないかという危惧や州の社会保障プログラムの財源を枯渇させるのではないかというおそれも存在したとされる[24]。

ところで、テキサス州では、本件州法により授業料を徴収しない形での公教育が子どもたちに行われていたが、そのような公教育はテキサス州内に合法的に居住する子どもたちに限られていた[25]。また、本件州法は、学校からの援助を市民または合法的に居住する5歳以上、21歳以下の子どもたちに与えることに限定していた[26]。その他の子ども、すなわち本件の原告らのような不法移民の子どもである生徒に対しては、授業料の支払を求める形で教育

---

24 628 F.2d at 450.
25 §21.031 (b)(c).
26 §21.031 (a).

が行われていた。そのため，不法移民である子どもたちは，無償公教育を受けられなかった。もっとも，本件州法の下で，各独立学校区[27]は不法移民である生徒から授業料を必ず徴収しなければならないわけではなく，徴収するか否かについては裁量が認められていた[28]。このような状況の下で，私立学校に行く子どもも存在したものの，多くの不法移民である生徒は，公立学校での無償公教育を受けることができない状況にあった[29]ため，彼らのために設けられた不十分な施設の代用学校（alternative schools）へ通学せざるを得なかった[30]。

　このような状況の下で，本件州法の合憲性を争う訴訟が1977年春から本件を含めていくつか見られた。まず，1977年春にヒューストン在住の弁護士ピーター・ウィリアムソン（Peter Williamson）が中心となって訴えたヘルナンデス対ヒューストン独立学校区事件[31]があげられる。この事件で，ウィリアムソンは，正式な入国書類を有しない子どもたちを原告として，ヒューストン独立学校区，テキサス教育庁（Texas Education Agency）及びテキサス州を相手取って，裁判所による授業料を徴収しない無償公教育の実施命令を求めて，州裁判所に訴訟を提起した。その訴えの内容は，正式な入国書類を有しない子どもたちに対して本件州法を執行することは，外国人であることを理由に無償公教育を否定するもので，合衆国憲法修正14条のデュープロセス条項及び平等保護条項に違反するというものであった。この訴えに対して，トラビス郡州地方裁判所はそれを斥け，州の民事控訴裁判所（court of civil appeals）も公教育の無償化の財源を，正式な入国をした者に限定する決定は，国家と外国人との関係を考慮したものであって合理的なものであるとして，訴えを斥けたのである[32]。

27　テキサス州には1000を超える学校区が存在した。Olivas, *supra* note 22, at 206.
28　467 U. S. 202, 206 at 2. Olivas, *supra* note 22, at 199. そして，1980年の調査では，生徒数1万人以上の学校区のうち，7学校区が無償であり，5つの学校区は授業料を徴収し，3つの学校区は入学をそもそも認めず，そして16の学校区は不明であった。最大の学校区であるヒューストン学校区（生徒数20万人以上），そして本件タイラー学校区では，入学登録は認めるが生徒の親または後見人が生徒一人あたり年間1000ドルを納めるように求めていた。
29　In re Alien Children Education Litigation, 501 F.Supp. 544, 557 (1980).
30　501 F. Supp. at 561.
31　Hernandez v. Houston Ind. School Dist, 558 S.W. 2d 121 (1977).
32　558 S. W. 2d at 125.

2 MALDEFの対応

このような状況の中で，MALDEFは，ブラウン判決のような象徴的な事件として教育における差別事件を探し出そうとした。そして，ブラウン判決における原告であったリンダ・ブラウン（Linda Brown）にあたる者をテキサス州テイラー郡で見つけ出したのである。原告として見つけ出された人々は，メキシコで生まれた子とアメリカで生まれ市民権を持つ子という移民としての地位が異なる子どもたちをもつ家族であった。そこで，MALDEFは訴訟を提起したのである。また，担当裁判官は，リベラル派で進歩的な判決を下す裁判官として知られるウィリアム・ウェイン・ジャスティス（William Wayne Justice）であった[33]。ただ，違憲訴訟が同時期にもう1件計2件起こされていた。それら2つの事件とは，MALDEFの提起したドー対プライラー事件[34]と，もう一つ別の団体が起こした外国人子弟教育訴訟事件[35]であった。その後，この2つの訴訟は併合して審理されることになった。そして，連邦最高裁によって判断が示されることになったのである。そこで，連邦最高裁の判決を見る都合上，2つの違憲訴訟それぞれについてまず紹介をすることにしたい。

2つの事件の内容[36]について，まずMALDEFがかかわるドー対プライラー事件から見ておくことにしたい。ドー対プライラー事件は，1977年9月にテキサス州東部地区連邦地方裁判所に提起されたクラスアクションである。このクラスアクションは，テキサス州スミス郡[37]に居住するメキシコ出身者の子どもで一定の入学年齢に達した者たちのために，訴訟後見人である親たちによって提起されたものである。これらの子どもたちは，合衆国に合法的に入国したと主張できない立場にあった。原告の主張は，本件州法及びタイラー独立学校区（Tyler Independent School District）の方針，すなわち正式な入国書類を有しない子どもたち1人当たり1000ドルの授業料[38]を1977年度か

33　Olivas, *supra* note 22, at 203.
34　Doe v. Plyler, 458 F. Supp. 569（E.D. Tex. 1978）.
35　In re Alien Children Education Litigation, 501 F. Supp. 544（S.D. Tex 1980）.
36　2つの事件の内容および相互関係については，本判決の法廷意見のⅠによった。
37　テキサス州東部の郡。人口21万人強（2014年国勢調査）。テキサス全体と比べて，ヒスパニックの人口は少ない。
38　1000ドルという授業料は，TISDの生徒数16000名を年間予算1850万ドルで割った値として算出

ら徴収するという方針は，修正14条等[39]に反し違憲であるとするものであり，救済として差止命令と宣言的判決を求めていた[40]。

この事件が起こされたタイラー独立学校区[41]が所在するテキサス州スミス郡は，テキサス州東部に位置するテキサス州254郡（counties）の1つであった。アメリカの国勢調査によれば，テキサス州全体の平均と比較すると65歳以上の人が多く，所得は若干低い地域であった。もっとも，本件でより重要となるのは，スミス郡の人種の構成である。国勢調査の人種別の調査では，この地域で異なる人種間の結婚も多くなった結果，きれいに人種別には分けられていないが，テキサス州全体の傾向と比べた場合には，ヒスパニックまたはラティーノがかなりの高い比率で存在するという特色を有していた。

連邦地裁は，この事件で，公立学校への入学を拒否することを被告（州）に予備的に禁止する差止命令（preliminary injunction）を出した上で，本案的差止命令（permanent injunction）を認めるか否かについて審理を行った。そして，連邦地裁は，本件州法及びタイラー独立学校区の本件州法を履行するという方針を学校区の児童に適用することは，合理的な理由なしに原告らを差別するものであり，修正14条の平等保護条項に違反するとし，また連邦による専占領域を侵すものであると判示した[42]。

そして，控訴審の第5巡回区連邦控訴裁判所も，本件州法を正式な入国書類を有しない子どもたちに適用することは，平等保護条項に違反するという下級審の判断について是認した。連邦高裁によれば，連邦最高裁による明確な判断はないものの，修正14条の文言，連邦最高裁の判例[43]による示唆などから見て，合衆国内にいる外国人は不法に入国している者を含めて法の平等

されたものである。

39　さらに，州法は連邦法による専占に抵触しているという主張も行っていた。専占の問題については，本稿ではとくに触れない。なお専占に関する連邦最高裁の判断が示されたアリゾナ州対合衆国連邦最高裁判決については，大沢秀介「アメリカの移民をめぐる最近の状況：アリゾナ州対合衆国事件判決を中心に」大沢秀介編『フラット化社会における自由と安全』（尚学社，2014年）177頁以下参照。

40　628 F.2d 448, 450 (1980).

41　なお，ここで独立という文言が用いられているが，テキサス州では学校区については独立学校区と呼ばれるのが一般的であった。Olivas, *supra* note 22, at 198.

42　458 F. Supp. at 585, 592.

43　Wong Wing v. United States, 163 U. S. 228 (1896).

保護を受けるべきであるとした。その上で，本件州法の合憲性に対する違憲審査基準については，教育は基本的権利ではなく，また本件での差別は学齢期の市民及び適法に入国した外国人の子どもとそのほかの子どもとの間のものであって，正式な入国書類を有しない外国人の子どもたちにのみ焦点を当てた差別ではないとした。したがって，外国人であることに基づく疑わしい分類にあたるとはいえず，厳格審査は適用されないとした。しかし，合理的な基礎の審査という緩やかな審査基準に基づいて判断しても，州側の主張である州の限りある教育予算を市民と永住者の子どもたちの権利を保護するために振り向ける必要性など[44]は，差別の正当化理由とならないとして違憲とした[45]。ただし，連邦高裁は，本件州法及びタイラー独立学校区の本件州法を履行するという方針が，連邦法により専占されている領域を侵害しているという地裁の判断については同意しなかった。

3　外国人子弟教育訴訟事件

一方，外国人子弟教育訴訟事件は，ドー対プライラー連邦地裁判決が下された後で，テキサス州南部地区，西部地区，北部地区において，さまざまな学校区に対してドー対プライラー事件と同様な理由で，州および各学校区に対して提起された12の事件を併合審理したものである[46]。本件で原告は，ドー対プライラー判決と同様に，本件州法が法の平等保護を原告に否定するものであるなどと主張した。

この訴えに対し，テキサス州南部地区連邦地方裁判所は，1980年7月にドー対プライラー判決と同様に，本件州法は修正14条の平等保護条項に違反すると判示した。連邦地裁は，その理由を以下のように述べた。本件はロドリゲス判決と異なり，正式な入国書類を有しない子どもたちが一切の教育を受けることができない場合である。本件においては，州内にいる子どもたちか

44　連邦高裁は，そのほかの州のあげる正当化理由である教育予算のコスト低減，不法外国人への教育費の支出が将来的な利益につながらないこと，不法外国人からの市民及び適法に入国した外国人子弟への感染症の伝播の可能性，さらなる不法外国人の入国の抑止などを検討し，いずれも不十分として斥けている。

45　628 F. 2d at 460.

46　Olivas, *supra* note 22, at 205.

ら教育の機会を州法が剥奪するときに，どのような違憲審査基準を適用するべきかという点が争われているとした。その上で，連邦地裁は教育が憲法上明記されている基礎的な政治的権利に関連しているとはいえないから，「基本的権利」とはしないが，本件州法が原告らの教育に対するアクセスを絶対的に剥奪していること，そのために原告らに深刻な損害を引き起こしていること，憲法上明示的に保障された思想及び意見交換の権利と教育との間には直接的かつ実質的な関係が存在すること，教育を行うことは社会的または経済的な政策ではなく州の行うべき機能であることを理由に，本件州法の合憲性を判断するために厳格審査が適用されるべきであるとした。

そして，連邦地裁は，厳格審査基準を適用した結果として，州の財政的健全さへの関心はやむにやまれぬ政府の利益ではなく，また子どもたちを無償公教育から排除することが，州内における教育を改善するために必要であることは示されなかったとした。さらに，本件州法で公立学校から排除された子どもたちの教育の必要性は，他の子どもたちと同様であるとした。さらに，本件州法が，市民及び永住者の子どもたちと正式な入国書類を有しない子どもたちを区別していることは，州の利益を促進するものとして注意深く仕立て上げられたものではないとして，本件州法は合衆国憲法修正14条の平等保護条項に違反すると判示したのである[47]。

この判決に対しては控訴がなされたが，その判決前にドー対プライラー事件の控訴審判決が下されたために，連邦最高裁がその控訴審判決に対する上告を認めて判断することになっていた。ただ，数ヶ月後に外国人子弟教育訴訟事件でも控訴審が第1審の判断を認めたため，連邦最高裁が2つの事件を併合して判断することになったのである[48]。

Ⅲ　Plyler判決

連邦最高裁は，1982年6月15日の判決で，正式な入国書類を有しない子ど

---

[47] 501 F. Supp. at 120. もっとも，連邦地裁は連邦法の初等中等教育法第1編（Title1 of the Elementary and Secondary Education Act）は，本件州法を専占していないと判断した。501 F. Supp. at 137.

[48] Olivas, *supra* note 22, at 207.

もたちの主張を全面的に認める判決を下した。ブレナン裁判官の執筆する法廷意見[49]は，本件での争点は，合衆国憲法修正14条の平等保護条項と矛盾せずに，テキサス州が合衆国市民及び適法に入国した外国人の子どもたちに提供されている無償公教育を，正式な入国書類を有しない子どもたちに否定することができるか否かであるとした[50]。法廷意見は，この論点について，以下のような判断を下した。

1　平等保護条項とデュープロセス条項の保障の範囲

まず，法廷意見は，合衆国が19世紀以来移民の入国を規制してきたが，にもかかわらず正式な入国書類を持たずに入国した人々が，アメリカ国内諸州に多数存在していると指摘し[51]，その上で法廷意見は，上告人の主張を否定した。上告人である州は，「正式な入国書類を有しない外国人は，その移民としての地位ゆえに，修正14条にいう『管轄権に服する人』(person within the jurisdiction) にはあたらない」から，テキサス州法に関して平等な保護の権利を何ら有しないと主張した。これに対し，法廷意見は「移民法の下での地位がどのようなものであれ，外国人は，たとえ不法に滞在する場合であっても，その文言によって通常意味されるように『人』」であり，先例が修正5条及び修正14条によってデュープロセスが保障されるとしたのと同様に，先例は平等保護についても「修正5条がわが国に不法に滞在する外国人を連邦政府による不快な差別から保護する」と判示してきたとした[52]。

また，法廷意見は，不法に入国した者は平等保護条項にいう「州の管轄権に服する者」とはいえないから，平等保護条項による保護は及ばないというような限定解釈は，先例からも修正14条の論理からも導き出すことができないとした。そして，法廷意見は「むしろ，逆に，われわれは，平等保護条項とデュープロセス条項の2つの条項は，同一のクラスの人々を保護するように形成され，そして州権限のすべての行使にかかわるものとして形成されて

49　法廷意見には，マーシャル，ブラックマン，パウエル，スティーブンス各裁判官が同調した。
50　457 U. S. 202, 205 (1982).
51　457 U. S. at 205.
52　457 U. S. at 210.

きた」[53]と判示した。法廷意見によれば，先例から見て，「デュープロセス」が「平等保護」よりも何かより大きなものであり，多くの人々を保護するということはいえないとした。むしろ，修正14条のそれぞれの側面は，州の権力に対する単純な制限を反映しており，「平等保護条項は，すべてのカースト制に基づく不快な階級的立法を廃するように働くよう意図されていた」ものであるとした[54]。さらに，法廷意見は，修正14条の採択までの連邦議会の議事録を参照した上で，結論として「修正14条の保護は，市民であろうとよそもの（stranger）であろうとかかわりなく，現に州法に服する人に及び，そして州内のすべての地域に及ぶ」から，「本件の原告らのような不法移民も修正14条の下で平等保護の保障を主張できる」とした[55]。

2 平等保護と審査基準

　法廷意見は，上記の1で触れた結論は審理の入口にすぎないとして，つぎに各学校区が正式な入国書類を持たない子どもたちに行った教育の費用を，テキサス州が支払わないこと，または各学校区が授業料を支払うようにこれらの子どもたちに求めることによって，平等保護条項が侵害されているかについて判断するとした。そして，この判断のためには，州など被告の行為が平等保護条項に反しているか否かを判断する違憲審査基準が必要になるとし，法廷意見はこの点について，つぎのような判断を示した。まず，法廷意見は平等保護に反する差別か否かについて，州の立法府が問題の性質，公私の利害調整のあり方，州の救済能力の範囲などについて判断する実質的裁量を有するとし，通常州の行為が平等保護違反に問われる場合には，争われている差別が「正当な公の目的に対してある程度の公正な関係を有するか」という緩やかな審査基準によって判断されるが，本件の場合にはそうではないとした[56]。

　平等保護の分野で厳格な審査基準が採られる場合として，疑わしい分類に基づく差別や基本的権利の行使に関する差別があげられてきたことは知られ

53　457 U. S. at 211-12.
54　457 U. S. at 213.
55　457 U. S. at 215.
56　457 U. S. at 216.

ているが，法廷意見は，それに加えて「立法府による一定の範囲の分類が，文面上不快なものではないが，にもかかわらず憲法上の困難が繰り返し発生するという場合」においては，「その分類が州の実質的利益を促進するものとしてふさわしい（fairly）と見ることができるかを審査する」ことが求められるとした。

3 教育の重要性

法廷意見は，いま述べたように平等保護条項に反するかに否かについての一連の審査基準について触れた上で，本件で用いられるべき審査基準について，つぎのような判断を展開した。まず，法廷意見は，不法移民に対して州が利益を給付することを差し控えることができるかという点については，十分説得的な議論を行うことも可能であるが，その議論は不法移民の未成年の子どもたちに不利益を課すような分類には適用できないものであるとした。すなわち，法廷意見は，正式な入国書類を有しない地位は適切な立法目的と関連しうるし，また絶対的に変えることのできないものでもないとしつつ，「（本件州法）は，子どもに向けられたものであり，しかも子どもたちがコントロールすることのできない法的特性を基礎にして，子どもたちに差別的負担を課そうとするものである。それゆえ，合衆国内に存在するそれらの子どもたちを罰する合理的な正当化を案出することは困難である」と判断した[57]。

つぎに，法廷意見は「公教育は，憲法によって個人に付与された権利ではない」としつつ，それはまた単なる社会保障立法によるものと区別しえない政府による給付でもないとした。その理由として，法廷意見は，「公立学校が民主的政治システムを維持するために必要とされる基本的な価値を教え込む」という教育の重要性，そして子どもの人生において教育が剥奪されることがもたらすインパクトの永続性が，その理由としてあげられるとした。したがって，ある特定のグループの子どもたちに教育を否定することは，修正14条の目標である，個人がその資質に基づいて自己実現を図ることに対して不合理な障害をもたらしている政府による障壁の廃止することに，反するも

---

[57] 457 U. S. at 220.

のであるとした。法廷意見によれば，このことはすでにブラウン判決の中で，教育の機会について「州がそれを提供することを引き受けているところでは，すべての人に平等な条件で利用可能なものとされなければならない権利」[58]であると述べたところから明らかであるとした[59]。

4 適切な違憲審査基準

いま述べたような原則に基づいて，法廷意見はつぎに本件州法に与えられる敬譲のレベルについて判断を下した。まず，法廷意見は，正式な入国書類を持たない外国人は連邦法に違反してアメリカに在住していることから，憲法上「疑わしいクラス（suspect class）」として取り扱うこともできず，またロドリゲス判決により，教育は基本的な権利でもないと判示されたとする。したがって，これまでの判例に従えば，「疑わしいクラス」にも「基本的な権利」にもかかわらない本件事件では，厳格審査は適用されないことになるはずであるとした[60]。

ところが，それにもかかわらず法廷意見は，本件の特殊性をつぎのように強調した。「本件州法は，現在の法的地位に自らは責任を有しない『分離された』クラスの子どもたちに，生涯にわたる困難を課しているのである。……これらの子どもたちに基本的な教育を否定することによって，彼らがわれわれの市民的な諸制度からなる枠内で生活する能力を否定し，そしてわが国の進歩にささやかながらでも貢献する現実的な可能性を奪おうとしているのである。」[61]その上で，法廷意見は，本件州法の合理性を決定するに当たって，本件州法の国家に求めるコストと本件州法の犠牲者である無実の子どもに要求するコストという対抗するコストを考慮して適切に判断することができるとした。そのために用いられる違憲審査基準として，「本件州法に含まれている差別は，それが政府のある実質的目標を促進するものでない限り，合理的とはいえない。」とする中間審査の基準を示したのである。もっと

---

58 347 U. S. at 493.
59 457 U. S. at 221-22.
60 修正14条の平等保護規定に関する審査基準については，樋口範雄『アメリカ憲法』（弘文堂，2011年）440頁以下参照。
61 457 U. S. at 223.

も，中間的審査という場合には，その厳格度の強弱によって，厳格審査基準あるいは緩やかな審査基準のいずれにも接近することになるが，法廷意見はこの点について以下のような判断を示した。

5 州の権限と違憲審査基準

　法廷意見は，まず州及び反対意見の示す緩やかな合理性の審査基準を適用するべきだとする議論は，以下のようなものだとした。合衆国内にいる正式な入国書類を有しない子どもの地位を根拠として，州が他の住民に給付するように選択しうる便益を与えないことは，充分な合理的な基礎を有するものである。なぜなら，正式な入国書類を持たない地位は，連邦議会の明らかに認めないところであり，また正式な入国書類を持たないことによって連邦の移民規制プログラムを逸脱しているから，それを根拠に州は正式な入国書類を持たない子どもたちに，特別な不利益を課する権限を有するというものであるとした。

　このような主張に対して，法廷意見は，まず「外国人の処遇について平等保護に反するとの争いがある場合には，裁判所は連邦議会の政策に注目しなければならない」ことは認めた。そして，「連邦議会の権限の行使は，外国人の中の特定のクラスについて異なる取扱を行う州の権限に多分影響を及ぼすものである」とした。しかし，「われわれは，連邦議会による移民規制の枠組みの中に，これらの子どもから教育を奪う州の権限に対して，平等保護の観点からどのようにバランスをとるかについての政策的言明は見いだしえない。」として，州の規制に対する裁判所の判断の余地を示唆した。このような観点を採った場合に，つぎに問題となるのは，憲法上連邦議会による全能的権限とされてきた連邦の移民規制権限[62]の行使に対して，裁判所が介入するのは差し控えられるべきであるとされてきたことをどう解するかである。これに対して，法廷意見は，「この伝統的な警告によって，本件州法に具体化されている分類に非常な敬譲が払わなければならないというように説

62　法廷意見は，連邦議会の移民規制権限が認められる理由として，合衆国憲法1条8節4項の帰化規則制定権及び判例上認められた外交関係と国際通商権限に関する連邦議会の全能的権限，そして主権の固有的権限をあげている。457 U. S. at 225.

得されるわけではない」とした。その理由として，法廷意見は，本件が州法にかかわるものであることを指摘した上で，移民など外国人の分類に関する権限は，連邦の政治部門に委ねられたものであり州は有しないことをあげた。したがって，外国人とわが国との関係の性格を考慮に入れて判断をすることは，連邦議会にとっては日常的で正当な事柄であるが，州立法の場合には，そのような事柄はほとんど関係ないとしたのである[63]。

もっとも，この点に関連してディ・カナース対ビカ連邦最高裁判決[64]において，連邦最高裁が示した判断が問題となる。ディ・カナース判決では，カリフォルニア州労働法2805条（a）が，雇用主に対して，適法な永住権を有する労働者に与える悪影響を知りながら，適法な永住権を有しない者を雇用することを禁じていることについて，その合憲性が争われた。そして，連邦最高裁は，この事件でカリフォルニア州法は移民の規制であるとしながら，違憲とは判断しなかったからである。この点について，本件法廷意見は，ディ・カーナス判決の判旨を，州は少なくとも連邦の目的を反映しかつ正当な州の目的を促進するような場合には，不法滞在者に関して行動する権利を有すると述べたものであるとした。その上で，ディ・カーナス判決で争われた州法は，アメリカでの労働許可証を持っている場合を除いて，外国人を雇用することを禁じるという連邦議会の意図を反映したものであったとした。これに対して，本件州法の目指す州の教育予算の維持のためによる不利益は，これまで連邦の移民規制の関心となったことはないから，本件州法に見られる分類は，連邦のプログラムと調和するものとはいえないとしたのである[65]。

ただし，不法滞在者は退去強制の対象になるという意味では，連邦の移民規制とかかわることになるから，不法滞在者の権利主張を制限する本件州法も連邦のプログラムに関係するとの主張を，どのように考えるかが重要となる。これに対して，法廷意見は，退去強制処分に対する連邦政府の裁量的救済の存在をあげ，州は特定の正式な入国書類を有しない子どもが退去強制

63　457 U. S. at 225.
64　424 U. S. 351 (1976).
65　457 U. S. at 225-26.

されるか否かを実際には判断できないとした。そうであるとすれば，本件の有する特別な憲法的重要性と連邦議会の反対の意思が明らかでない以上，州がこれらの子どもたちに初等教育を否定することを支持する連邦の政策は存在しないとした。

そして，法廷意見は，つぎに以下のように述べて，本件での審査のあり方について，その考えを明らかにした。「州は連邦においてとられている分類を借用することはできる。しかし，州がその分類を差別を生じさせる政策の基準として用いることを正当化するためには，州がそれを用いることを強く望む目的に合理的に適合していることを示さなければならない」[66]としたのである。

6 州のありうべき立法目的

法廷意見は，いま述べたような基準の下で，州の立法目的について，つぎに検討を加えた。まず，州の主張する立法目的は，合法的な州の居住者の教育のために州の限られた財源を維持するという利益を促進するものであったとした。このような立法目的について，法廷意見は，財源の維持だけでは差別の正当化事由としては不十分であるとして，本件州法を合憲とする可能性のある3つの州の利益をあげて検討を加えた[67]。

第1の利益は，州は不法移民の流入によって生じる突然の人口増加による経済への著しい影響を減少させるという利益を有することが考えられるとした。しかし，法廷意見によれば，本件州法は人口あるいは経済的な緊急の問題に対処するという目的を有するものではないとされた。テキサス州への不法入国の多くは，雇用を目的としているのであって，無償公教育を求めてくるわけではないとした。したがって，正式な入国書類を有しない子どもたちから授業料を徴収することは，この目的とは関連しないとした。

第2の利益として，州が高度な公教育を提供したいというときに，正式な入国書類を有しない子どもたちがいることによって，州の公教育に賦課される特別な負担を避けるという利益があげられるとした。この利益のために，

---

66 457 U. S. at 226.
67 457 U. S. at 227-30.

州は正式な入国書類を持たない子どもたちを学校から排除する対象として適切に選択したということが考えられるとした。しかし，法廷意見は，原審判決の記録からは，いかなる意味においても，正式な入国書類を有しない子どもたちの排除が，州における教育の全体的な質を改善する可能性があるという主張を支持するものは存在しないとした[68]。

最後に第3の利益として，州は正式な入国書類を有しない子どもたちが，州内に将来とどまりにくいと考えられるところから，彼らへの教育を行うことが，州内での生産物の利用と結びつかないとして，教育への投資を避けるという利益をあげることができるとした。しかし，この目的について，法廷意見は正式な入国書類を有しない子どもたちに州が教育を拒否することによって得られる州の利益は，その拒否によってこれらの子どもたち，州そしてアメリカ全体が今後負担するものに比べれば，まったく実質的なものとはいえないとした[69]。

以上の理由から，法廷意見は，州が正式な入国書類を有しない子どもたちに対して，他の子どもたちには与えている教育を否定することを正当化するための実質的な州の利益を考えることはできないとしたのである。

7 その他の意見

プライラー判決には，マーシャル裁判官の同意意見，ブラックマン裁判官の同意意見，パウエル裁判官の同意意見，バーガー首席裁判官の反対意見が付されていた。このうち，マーシャル裁判官の同意意見は，これまでの自己の立場の再確認であるので[70]，ここでは残りの3人の裁判官の意見について見ていくことにしたい。

（1） ブラックマン裁判官同意意見

ブラックマン裁判官の同意意見は，判例上とられてきた平等保護条項の下

68　457 U. S. at 229.
69　457 U. S. at 230.
70　マーシャル裁判官の同意意見は，ロドリゲス判決での自らの反対意見を再度確認したものである。教育に対する利益は基本的なものであり，公教育を階層を基礎に一定の人々に否定することは平等保護条項違反であるとするものである。457 U. S. at 230-31.

での「基本的権利」の意味を説明し，それに基づいて判断したものである。ブラックマン裁判官は，ロドリゲス判決で述べられた基本的権利に関する違憲審査基準の定式[71]を認めた上で，以下のように述べた[72]。

　ロドリゲス判決での定式は，憲法上保障されていない場合についても一定の諸利益，たとえば選挙権については，平等保護にかかわる際に特別なものとして取り扱われてきており，本件においても同様に解される。そして，ある範疇の子どもたちに教育を完全に否定することになるような分類は，州が永続的なクラスの差別を生じさせることにかかわることによって，平等保護の価値の核心を破壊しようとするものである点で特別なものである。その意味で，教育の否定は投票権の否定に類似する。教育の否定は個人を第二級の市民へとおとしめるものである。たしかに，州は教育を施す方法について，すべての場合に厳格な正当化が求められるわけでもない。ただ，教育は，基本的な権利ではないにしても，本件で州は，ロドリゲス判決における状況とは異なって，無償公教育を完全に一部の子どもたちに否定しており，その否定の効果については疑いようのないところであるから，州は本件分類について合理的な基礎以上のことを示さなければならない。しかし，現在の移民法の構造の下では，かなり多くの不法滞在者が永住を認められるなど，どの外国人が居住の権利があり，どの外国人が退去強制されるのかは明確ではない。そうである以上，本件州法における分類は致命的に不正確である。また，テキサス州は本件州法を支える実質的な利益を示していない。

（２）　パウエル裁判官同意意見

　パウエル裁判官の同意意見は，正式な入国書類を有しない子どもたちが，連邦の移民法の執行の不十分さ，雇用の機会の存在などを誘因としてアメリカに来ており，そのような中で教育を受けないままいることの問題性を指摘したものである。それは，以下のようなものであった。

　パウエル裁判官によれば，本件のような状況は非嫡出子の場合に類似する

---

[71] ブラックマン裁判官によれば，ロドリゲス判決で示された定式とは，基本的権利を憲法によって明示的または黙示的に保障された権利であって，そのような「実体的憲法上の権利を侵害する分類は，無効とする」ものであるとされる。

[72] 457 U. S. at 234-36.

とされる。本件の子どもたちは，親たちが移民法に反してアメリカに入国した際に連れてこられた結果生じた不法入国者及び不法滞在者の地位のゆえに，学齢期にあるにもかかわらず，テキサス州が州内の子どもたちすべてに施す公教育を否定されている。このような状況では，将来の州の市民または永住者となるかもしれない者の中に，社会の底辺層を作り出すことになる。したがって，そのような差別を行う州法の合憲性を判断する違憲審査基準は高められることになるとし，具体的には州の実質的な利益の有無とそれら利益と公正かつ実質的な関連性を有する目的達成手段の有無を検討する中間審査基準が用いられるべきであるとする[73]。

このように，パウエル裁判官は，本件の子どもたちのように将来テキサス州の永住者や市民になる可能性のあるものたちに教育を否定するという手段は，州の主張する規制利益に実質的関連性を有しないとした。そして，合理性の基準さえみたさないことを示唆した。州の主張する不法移民の流入の阻止は，合衆国憲法上連邦政府が行うものであり，また不法移民の入国が今後も続くとすれば，教育を施さずに底辺層を作り出すことは，将来の雇用，福祉，犯罪問題の発生に伴う州と連邦の負担を増大させることになるとした[74]。

(3) バーガー首席裁判官反対意見（ホワイト，レーンキスト，オコナー各裁判官同調）

バーガー首席裁判官の反対意見は，法廷意見は政策形成的判断を示すものであり，それは憲法の定める限定的で分立した諸権限という統治構造の下で，政治部門に割り当てられた司法府の範囲を超えるものであるから，政治部門の権限を侵すものであると批判したものである。その内容は，以下のようなものである。

バーガー反対意見によれば，平等保護条項の保障が，不法入国後実際に州の管轄権に物理的に服している外国人にも適用されることは認められる。しかしながら，平等保護条項は，連邦や州に対して異なる範疇の人々に対する

73　457 U. S. at 238-39.
74　457 U. S. at 240-41.

同一の取扱を命じているわけではない。本件で処理すべき争点は，単純に言えば，限りある資源をどう分配するかという目的のために，州は州内に合法的に居住する人々と不法に滞在する人々の間で区別を設ける正当な理由を有しているのか否かということである。本件でテキサス州が明らかにした区別は，州ばかりではなく，連邦政府が移民法及び移民政策に関して打ち立てた分類に基づくものであるから，違憲とはいえないとした。

　バーガー反対意見によれば，そのように考えられるとするなら，違憲審査基準は緩やかな審査基準が適用されるべきである。にもかかわらず，法廷意見によって本件の事実が特別であるとして，準疑わしい分類とか準基本的権利に関する分析のようなことがなされ，そして本件州法を違憲とするためだけに違憲審査基準が適用されているとした。その意味で，本件法廷意見は，裁判所があからさまな結果志向のアプローチを取った典型的な例であるとしたのである[75]。

Ⅳ　Plyler判決の位置付けとその後

1　先例との関係

　本判決には，大きく3つの論点が含まれている。第1に，州法の下での正式な入国書類を持たない外国人に対する差別的取扱に，合衆国憲法の平等保護条項が及ぶのか，第2に，教育は基本的権利にあたるのか，また正式な入国書類を持たない移民は疑わしい分類にあたるのか，第3に，本件の違憲審査基準は，準基本的権利または準疑わしい分類として中間審査基準が適用されるのか，それとも合理性の基準が適用されるのか，その場合の目的と手段は，どのように考えられるのかということである。

（1）　平等保護条項と外国人

　まず，法の下の平等保護が外国人に及ぶのかについて，判例は基本的に肯定している。ただ，その詳細な内容は，以下のように複雑なものとなっている。まず連邦の場合に関して，連邦最高裁は，シュナイダー対ラスク連邦最

75　457 U. S. at 244.

高裁判決で修正5条の中に「平等」という文言はないものの，修正5条は適正手続を侵害するような正当化しえない差別を禁じているとして，平等保護が及ぶと判示した[76]。一方州に関しては，修正14条の平等保護条項に「いかなる州も……その管轄内にある何人に対しても法の平等な保護を拒んではならない」と定めていることから，平等保護が及ぶことには争いはないが，その条項にいう「管轄内にある何人」の中に外国人が含まれるかという点については，争いがあった。この点について，連邦最高裁はイックウォ対ホプキンス連邦最高裁判決で，修正14条はその領域内にいる外国人にも及ぶと判示した[77]。そして，連邦最高裁は「修正5条の下での平等保護の主張に対する判断は，修正14条の下における平等保護の主張とつねに正確に一致したものとされてきた」とした[78]。このような先例の下では，あたかも平等保護の要請は，連邦と州に対して同様な形及び範囲に及ぶかのように見える。しかし，より詳細に見てみると，以下のような相違が存在した。

　まず，連邦政府は憲法上帰化及び移民に関する広範な権限を有していることから，市民と異なる取扱を外国人に対してなすこと，また外国人の中でも差別的取扱をなすことについて，幅広い裁量を有しているとされてきた。この点について，連邦最高裁は，マシューズ対ディアズ連邦最高裁判決[79]で，つぎのように述べていた。ディアズ事件は，連邦メディケアの補充的医療保険プログラムへの登録を，市民，永住外国人，5年以上居住する外国人に限定する合衆国法典42巻13950条2項の違憲性について，要件を充足しないとされた原告がクラスアクションとして提起したものである。この事件に対して，連邦最高裁は，合衆国憲法修正5条及び修正14条がすべての個人に対して，生命，自由または財産を剥奪されないことを保障することは，先例により明らかであるとしつつ，すべての外国人が市民と同じ優遇を受けるわけではなく，すべての外国人を同じ単一の法的分類に分けることはできないと判示した。その理由として，法廷意見は，合衆国と外国人との関係について規制する権限は，外交権限や政治的，経済的状況に関する判断を含むから，連

76　Schneider v. Rusk, 377 U. S. 163, 168 (1964).
77　Yick Wo v. Hopkins, 118 U. S. 356, 369 (1886).
78　Weinberger v. Wiesenfeld, 420 U. S. 636, 638 n.2 (1975).
79　Mathews v. Diaz, 426 U. S. 67 (1976).

邦政府の政治部門に委ねられており，移民及び帰化の領域に関する連邦議会または大統領の判断に対する司法審査の範囲は狭いとした。その上で，合理的基礎の審査基準を適用して，合憲の判断を下したのである[80]。

このディアズ判決に従えば，連邦議会は市民への福祉給付について，すべての外国人にも行うべき責任を負うものではないことになる[81]。これに対して，州政府が外国人に対して州の市民と異なる取扱をした場合，その裁量の範囲は狭いと解されてきた。とくに，州は合法的永住者に対して，多くの場合に市民と同じ給付を行わなければならないとされてきた。たとえば，グラハム対リチャードソン連邦最高裁判決では，州の福祉給付を州の市民及び15年以上居住する永住外国人に限るとしたアリゾナ州法と類似のペンシルバニア州法の合憲性が争われたが，連邦最高裁は，アリゾナ州やペンシルバニア州の州法は修正14条の平等保護条項に違反すると判示した[82]。そのほか，連邦最高裁は，合法的に州に居住する外国人に商業的漁業許可を与えないこと[83]，民間の人材開発団体を市の部局としたときに，その団体の外国人職員に公務員としての職務を与えないこと[84]，合衆国市民と婚姻した外国人が所定の要件を充足したにもかかわらず州の司法試験を受験させないこと[85]，合衆国市民と婚姻している外国人が所定の要件を充足しているにもかかわらず，州の大学学費補助を認めないこと[86]，などが修正14条の平等保護条項に反すると判示した。もっとも，連邦最高裁は，例外として経済的なものではなく政治的な機能という点に着目し，選挙によって選ばれた，または公選ではないが重要な執行府，立法府，司法府の地位から外国人を排除することができるとしている[87]。

いま述べたように，外国人に対する差別的取扱について，連邦法による場

---

80 本件法廷意見は，修正14条によって本件を処理できるとして，連邦法や連邦政策による専占の問題には立ち入らないとした。457 U. S. at 210 n.8.
81 Mathews v. Diaz, 426 U. S. at 80-82. この事件では，外国人に対するメディケアの適用が問題となった。
82 Graham v. Richardson, 403 U. S. 365（1971）.
83 Takahashi v. Fish & Game Comm'n, 334 U. S. 410（1948）.
84 Sugarman v. Dougall, 413 U. S. 634（1973）.
85 In re Griffiths, 413 U. S. 717（1973）.
86 Nyquist v. Mauclet, 432 U. S. 1（1977）.
87 Cabell v. Chavez-Salido, 454 U. S. 432（1982）.

合には幅広く認められているが，州法による場合にはかなり限定的に認められてきた。さらに，外国人に対する区別について問題となるのは，州法の場合に外国人の種類による相違も関係してくることである。すなわち，外国人を合衆国の市民以外の非市民（noncitizens）ととらえた場合に，判例の考え方は，実は非市民を3つに範疇に分類するものと見ることができる。具体的には，永住者（permanent residents），非移民（nonimmigrants），不法移民（illegal immigrants）である。永住者は，最も市民に近いものであり，合衆国に永住して生活する資格を有するものである。非移民は，いろいろな理由や条件付きで合衆国に入国したものであり，一時的な滞在に止まるものである。不法移民は，許可なく違法に合衆国に入国または滞在し，永住を希望するものである[88]。このような区別が重要となるのは，実はすでに述べた外国人差別であるとして修正14条の平等保護条項違反と判断されてきた事件は，すべて永住者が提起した訴訟であったからである[89]。そこでは，非市民といっても永住者以外の2つのカテゴリーの外国人が，州法による市民との取扱の相違について平等保護条項違反を主張した場合に，どのような最高裁の判断が下されるのかは，本件以前は明確ではなかった。もっとも，非移民は一時的な滞在の外国人であるから，市民との異なる取扱をなすことは憲法上それほど問題とはならない。これに対して，不法移民は，永住を希望するものであり，不法に滞在して合衆国内で労働者として生活しているものが多いことから，不法移民に対する市民と異なる取扱を定める州法が，修正14条の平等保護条項に違反するか否かは，重要な憲法判断となることが予想された。

　本件は，いま述べたように，外国人の中でも不法移民に対する差別的取扱が，修正14条の平等保護条項に反するかについての最高裁の初めての判決であるという重要な意義を有するものであった[90]。そして，この事件において法廷意見は，すでに見たように不法移民にも修正14条の平等保護条項による保障が及ぶという判断を示したのである。ただ，このプライラー判決は，教育委員会が公教育から正式な入国書類を有しない子どもを排除することを認

88　Justin Hess, *Nonimmigrants, Equal Protection, and the Supremacy Clause*, 2010 BYU L. REV. 2277, 2278. *Available at* http://digitalcommons.law.byu.edu/lawreview/vol2010/iss6/9.
89　*Id.* at 2282.
90　*The Supreme Court, 1981 Term—Leading Cases*, 96 HARV. L. REV. 62, 131 (1982).

める州法が，修正14条の平等保護条項に反するとしたにとどまる狭い射程の判決と見ることもできる。その意味で，平等保護条項による保障が不法移民に一般的に及ぶとした場合に，差別的州法の合憲性をいかなる審査基準を適用して判断するのかについて，なお判断の余地が残っているといえる。

本件で法廷意見は，中間審査基準を適用したと一般に解されている。それは，この判決の中で教育が非常に重要であること，子どものときに不法移民の親につれられて不法入国した本件原告について，本人に責任はないという点を強調しているためである。さらに，それらの要素の存在から，厳格審査基準を適用する基本的権利及び疑わしい分類との類似性も指摘されている。そこで，このような法廷意見の見解をさらに理解するためには，従来の基本的権利及び疑わしい分類に関する判例と本件判決との関係を理解する必要が生じる。

（2） 基本的権利と疑わしい分類

本件では，教育が基本的権利にあたるか否かが，1つの大きな論点であった。教育が基本的権利であるとすれば，それに基づく区別を行う州法には厳格審査基準が適用され，州法が違憲となる可能性が非常に高いからである。アメリカにおける公教育，とくに初等公教育については，すでに述べたように，19世紀末には広く普及していた。ただ，その当時南部では依然として公教育における人種別学制がとられ，批判も強かった。このような状況を一変させたのは，連邦最高裁がブラウン対教育委員会事件で下した違憲判決である。

ブラウン判決は，公教育と人種の関係について述べた上で[91]，教育の重要性について，つぎのように述べていた。「今日，教育は多分最も重要な州及び地方自治体の機能である。義務教育法と教育のための多大な支出は，民主

---

[91] ブラウン判決は，修正14条が批准されたことによってアメリカの公教育は北部及び南部で進展したが，南北戦争の結果停滞を来たし，義務教育制を定める法律がすべての州で施行されるようになったのは1918年であったことを指摘する。347 U. S. at 489 n.4. その後も南部ではプレッシー対ファーガソン連邦最高裁判決（Plessy v. Ferguson, 163 U. S. 537 (1896).）の「分離すれども平等」の法理の下で，人種別学制が長く維持されてきたとする。そのため，判決は，学校施設や教師の資格や給与などの触知できる（tangible）要素ではなく，公教育における人種分離の効果を重視して判断するとした。347 U. S. at 492.

主義社会における教育の重要性の認識を明らかにしている。」そして，判決は，教育は最も基礎的な公共的責任を遂行するために求められるよき市民となるための基礎であり，子どもを文化的な価値に目覚めさせ，後の職業教育の準備となり，さらに身の回りの環境に正常に適応させる手助けをするものであるとした。その上で，判決は「そのような教育の機会は，州が教育を提供するように試みるところでは，すべてのものに平等な条件で利用可能なものとされなければならない権利である。」と判示したのである[92]。

このような教育のとらえ方は，州による教育制度を前提にしており，立法政策の問題として解される余地があり，いわゆる憲法上の権利として基本的権利を認めたわけではない。ただ，教育に対する権利が立法による教育制度の枠内に止まるものとしても，教育が市場経済の弊害を補填するための福祉給付であるとはいえず，むしろ民主的秩序の形成にとって中心的な統治のプログラムに関するものであると考えれば[93]，それはすでに触れた本件ブラックマン同意意見の示唆するように，選挙権や政治過程との関係が生じることになり，政治的重要性は大きなものということができる[94]。

その後，連邦最高裁は，教育が基本的権利であるかについて，サン・アントニオ独立学校区対ロドリゲス事件で正面から判断する機会に直面することになった。ロドリゲス事件についてはすでに述べたが，この事件で連邦最高裁は，基本的権利としての教育という考え方が先例によっても憲法によっても保障された基本的権利とはいえないとして否定した。ただし，公教育において基本的な最低限の知識も教えない場合には，他の憲法上の権利との関係で憲法上の議論となり得ることを示唆した。もっとも，ロドリゲス事件では

92　347 U. S. at 493.

93　*The Supreme Court, 1981 Term, supra* note 90, at 134. その場合には，前述の判例との関係でいえば，例外として州法による規制が合憲と解される余地も生じるように思われる。

94　In re Alien Children Education Litigationの連邦地裁は，厳格審査基準を適用する理由として，本件州法が正式な入国書類を有しない子どもから教育へのアクセスを完全に奪い，その結果彼らに大きな害悪を与えていること，教育と意見や情報を交換する憲法上明示的に保障された権利との間には直接的及び実質的な関係があること，そして教育を提供することは社会的または経済的政策ではなく，テキサス州憲法7条1項で州の機能としていると考えられることをあげた。ちなみにテキサス州憲法7条1項は，「人民の自由と権利の維持のために必須の知識を一般的に普及させることについて，効率的な公立の無償学校制度を支援及び維持するために適切な条項を制定し成立させることは州立法府の責務である。」と定めていた。

公教育制度が設けられ，そこでの教育が子どもたちに行われていた。それに対して，本件では多くの不法移民の子どもたちが，公立学校での教育を受けることができない状況にあった[95]。本件におけるこのような状況は，テキサス州の公教育制度内での事件ではなく制度の欠陥にかかわるものであり，そのような場合についてまで州が完全に自由裁量を有するといえるのか，むしろそこでは，州がその教育のあり方に関して，法廷意見の示唆するように，修正14条の平等保護条項との関係において高度な公益を理由として正当化する議論を行うことが求められていたということができよう。

（3）疑わしい分類との関係

また，本件で連邦最高裁は，差別的取扱が不法移民であることに基づいて行われ，それは疑わしい分類にあたる可能性を示唆する判断を下している。そもそも，本件で原告は，正式な入国書類を有しない子どもたちに対する差別は，本来的に「疑わしい」ものであると主張した。先例によれば，その区別が「疑わしい分類」に基づくものであると判断されたとき，厳格な違憲審査の基準が適用されてきた。そのことを初めて明らかにした判決が，前述のグラハム判決である。グラハム判決で連邦最高裁は，外国人であることに基づく分類は国籍や人種に基づく分類と同様に，本質的に「疑わしい」ものであり，厳格な違憲審査に服すると判断した。永住外国人は，長年居住している外国人ではなくても，連邦の移民規制権限の下で，税金を支払い兵役に服するかもしれない存在である。したがって，州が外国人であることに基づき差別的取扱をすることは，疑わしい分類に基づくものであるとしたのである。ただ，このグラハム判決は，州法が福祉給付の要件として市民又は15年間州に居住する永住外国人にのみ与えるとしていたことに対して，15年に満たない永住外国人が訴えたものであった。この訴えに対して連邦最高裁は，原告らが市民らと同様な税金を負担しており，州が立法目的としてあげる財源の維持は，非常に高度な政府利益とはいえないと判断したのである。したがって，グラハム判決では，正式な入国書類を有しない外国人が疑わし

---

[95] In re Alien Children Education Litigation, 501 F.Supp. at 547. もっとも，中には授業料を払って教育を受けていた不法外国人の子どもも存在していた。また私立学校に行く子どももいた。

い分類にあたるのか否かについては，明確にはされていなかったといえる。

その意味で，疑わしい分類の根拠として指摘される，疑わしい分類を基礎づける偏見，政治的無力な地位へ貶められたか，地位の変更不可能性に基づくカースト的取扱が存在したといえるのか否かが，本件でも重要といえた[96]。この点に関して，本件法廷意見は，一時的な滞在者も含む不法外国人が疑わしい分類にあたらないとした。その理由として，不法外国人となるか否かは自発的な行為によるものであること，不法外国人となることは犯罪であること，連邦政府の外国人の地位に関する分類は，外交政策や市民としての忠誠を誓うものを決定する全能的な連邦の権限と関係していることをあげた。もっとも，不法外国人が疑わしい分類にあたらないとする判断については，本件の各裁判官の中では意見の相違が見られた。まず，法廷意見を執筆したブレナン裁判官は，傍論ではあるが，永住の意思を持つ不法移民に対する差別的取扱が，厳格な審査基準適用の対象となる可能性を排除しないことを示唆していた[97]。さらに，この点に関連して，法廷意見に2つの異なる方向の同意意見が付されていることが注目される。すなわち，パウエル裁判官は不法移民に厳格な審査基準の適用は考えられないという判断を示した[98]のに対し，ブラックマン裁判官は，本件ではそもそも不法移民に対する厳格な違憲審査基準の適用を判断する段階にはないとしていたのである[99]。

これら2つの同意意見のうちでは，パウエル裁判官の同意意見が重要である。それは，パウエル裁判官が本判決でキャスティングボートを握っていたと考えられるからである。法廷意見の内容は，本件で基本的権利や疑わしい分類を不法移民との関係で読み込むことに対して好意的ないしその可能性を認めるものとなっているが[100]，そこから厳格審査基準の適用に踏み込むと，パウエル裁判官を失い多数意見を構成できなくなるという認識を強く伺わせるものとなっていたからである。また，パウエル裁判官の見解は，本件の事

96　457 U. S. at 217 n.14.
97　*The Supreme Court, 1981 Term, supra* note 90, at.135 n.39.
98　457 U. S. at 238 n.2.（Powell, J., concurring).
99　457 U. S. at 235 n.3.（Blackman, J., concurring).
100　ただし，法廷意見は基本的な権利として憲法上明示的または黙示的に保障されているものに加えて，選挙権について他の権利を守る守護者としての重要性から基本的な権利とされているとした。457 U. S. at 217 n.15.

実関係に着目して，判決の射程範囲を狭くとらえるものであった。ただし，違憲審査基準との関係でいえば，パウエル裁判官も中間的審査基準をとる点で法廷意見に同意している。その点で，本件でとられた違憲審査基準の内容が問題となる。つぎに，その点について検討することにしたい。

2　違憲審査基準との関係

　法廷意見は，本件での区別が疑わしい分類によるものでも[101]，基本的権利を侵害するものでもないことを認めていた。そのような場合には，通常は合理的基礎の審査が適用される。本件の場合には，どのように考えられるのであろうか。それが，本件での最も重要な論点であるといえる。この点に関して，法廷意見は厳格審査基準の適用を否定しているため，一見合理的基礎の基準の適用をも認めるかのようであるが，実質的には中間審査を適用したと考えられる[102]。法廷意見は，教育の重要性を指摘し，連邦議会の移民・帰化，外交などの分野における権限の大きさを指摘しながら，本件においては連邦の政策が明確ではないことを理由に緩やかな審査を行うことを否定し，「州の実質的な利益を促進する」か否かに着目しているからである。それに対して，バーガー反対意見は，法廷意見のとる審査基準は準「疑わしい」分類ないし準「基本的権利」による審査基準を作り上げたものであり，一般性を有しない審査基準であると批判した。そして，そのようなあり方は，本件での解決を超えた一般性を欠く特殊な審査基準であり，結果志向のアプローチとして批判されるべきであるとしたのである。

　このように，法廷意見とバーガー反対意見は，本件に適用されるべき違憲審査基準に関して対立している。もっとも，前述したように，ブラックマン同意意見は厳格審査基準の適用に好意的であり，また法廷意見も厳格審査基準の適用に対してオープンな姿勢を示している。実際，法廷意見は，中間審査の基準の適用であるとしつつ，州の主張として考えられる利益を4つあげて，それをいずれも否定している。そこでは，州の利益を認めない厳格な姿

---

[101]　そして，州は独自にそのような権限を行使できないが，連邦による外国人のサブクラスの扱いについて統一的規則がある場合には，州はそれに従うことになるとする。457 U. S. at 219 n.19.

[102]　法廷意見は，中間審査基準は，議会の判断の合理性を十分に根拠づけられた憲法上の原理がある場合には，その原理によって判断することを許すものであるとした。457 U. S. 218 n.16.

勢が見てとれるのである。このような姿勢は，それまでの州法による外国人に対する差別的取扱に関する事件で，厳格審査基準の適用という形で明らかにされていたものと共通するのである。州法にかかわるそのような例としては，すでに述べたように，グラハム判決での福祉給付を州の市民及び15年以上居住する永住外国人に限るとした州法が，厳格審査基準を適用された上で，違憲と判示されたことをあげることができる。

　いま述べた先例の存在にもかかわらず，本件で厳格審査基準が適用されなかった理由としては，2つ考えうる。第1に，原告が正式な入国書類を有しない外国人であったということであり，第2に，パウエル裁判官が本件で多数意見を形成するためには取り込まなければならないキャスティングボートを握っており，そのパウエル裁判官がロドリゲス事件で教育は基本的権利ではないと判断していたことである。パウエル裁判官によれば，本件における子どもたちのおかれた状況は，中間審査基準が適用される非嫡出子の場合に類似するとされた。本件の子どもたちは，親たちが移民法に反して，アメリカに入国した際に連れてこられた結果生じた不法入国者及び不法滞在者の地位のゆえに，すなわち自らの責任によることなく，学齢期にあるにもかかわらず，テキサス州が施す無償公教育を完全に否定している状況に置かれているとされた。パウエル裁判官によれば，このような状況では，現在不法移民の子どもであるとしても，将来成長して州の市民または永住者となる可能性を有するものたちに，社会の底辺層を形成させることになるとされたのである。

　本判決は，以上のような意見の存在する中で中間審査基準を採ることになったが，いずれにせよその基準を適用した結果は州法を違憲とするものであった。このような違憲判決にもかかわらず，なお非市民の住民としてのコミュニティへの参加が，多くの社会的側面において制限されつつある状況にあるという指摘もなされてきた。具体的には，運転免許の制限，労働条件の保護，医療へのアクセス，福祉給付面などで不法移民に対する差別的取扱が依然として見られるとされてきた。このような中で，プライラー判決が，州の無償公教育を正式な入国書類を有しない子どもたちに認めたことは，例外的

なことと受け止められることになった[103]。それは，厳密にいえば，この判決の結果「プライラー判決以後，連邦最高裁は中間審査基準を，州法が公教育の分野において正式な入国書類を有しない子どもたちに影響を与えるときにのみ適用するにすぎない」ということを意味していた[104]。さらに，その場合にも，州立法が連邦議会による是認を黙示的にも明示的にも得ていない場合に限られると考えられた[105]。本判決の射程は短いという認識が，そこでは示されていたのである。ただ，プライラー判決の違憲判決の法的影響と政治的意味は大きなものがあるといえる。以下，それらの点について述べていくことにしたい。

V Plyler判決の影響と政治的意味

1 学校区内の居住要件

いま述べたように，プライラー判決の射程は短いもののようにも見られる。そのことは，1983年のプライラー判決で争われたのと同じテキサス州教育法§21.031の異なる規定の合憲性が争われたマルチネス対バイナム連邦最高裁判決[106]事件で，連邦最高裁が下した判決から伺われるところである。マルチネス事件は，親または後見人（guardian），その他の子どもに対するコントロールを有するものが，子どもとは離れた場所に住む中で，子どもが無償の公立学校に通学することを主たる目的として子どもたちがテキサス州の学校区内にいるときには，学校区は子どもの入学を拒否することができると

---

103 María Pabón López, *Reflections on Education Latino and Latina Undocumented Children: Beyond* Plyler v. Doe, 35 SETON HALL L. REV. 1373 (2004-2005).
104 Laura S. Yates, Note, *Plyler v. Doe and the Rights of Undocumented Immigrants to Higher Education: Should Undocumented Students Be Eligible For In-State College Tuition Rates*, 82 WASH. U. L. Q. 592 (2004).
105 Elizabeth Hull, *Undocumeted Alien Children and Free Public Education: An Analysis of* Plyler v. Doe, 44 U. PITT. L. REV. 409, 429 (1983).
106 Martinez v. Bynum, 461 U. S. 321, 322-25 (1983). 原告はテキサス州に住み，アメリカで生まれた兄弟はメキシコ国内に住んでいたが，その弟がアメリカの公立学校へ入学することを主たる理由に，メキシコを出てテキサス州に住む原告と同居した。ただし，原告は§21.031 (d) の定める後見人ではなかった。学校区は，この規定に従い原告の弟の無償の公立学校への入学を拒否したので，原告は訴訟後見人（next friend）として，同規定が文面上違憲であるとして訴訟を提起した。

定めるテキサス州教育法§21.031（d）の規定が文面上違憲ではないかとして争われたものである。

マルチネス判決で，パウエル裁判官の執筆する法廷意見は，プライラー判決でのパウエル裁判官補足意見の脚注[107]を引用しつつ，§21.031（d）の定める善意の居住要件（bona fide residence requirement）の合憲性判断に関して，中間審査基準を適用した。その上で，公教育を善意の居住者のみに提供することは，重要な州の利益であり，またこの居住要件は現に住んでいること及びそこに住み続ける意思を明らかにすることを求めるにすぎないから，§21.031（d）は合憲であると判示したのである[108]。

2 カリフォルニア州提案187

このようにプライラー判決の射程が短いものとすれば，プライラー判決は憲法判断としては例外的な判決であることを意味する。事実，プライラー判決に対しては，その後も例外的なものであることを踏まえた上で，プライラー判決を覆そうという動きも見られるからである。プライラー判決は，先ほど述べたように不法移民に対する差別的取扱について，州法によって州の無償公教育から正式な入国書類を有しない子どもたちを排除することを違憲とするものであった。しかし，この連邦最高裁の判断には批判も強い。それは，この判決が不法移民に対して好意的すぎるという批判である。とくに，1990年代に入ってその批判は強まることになった。たとえば，1994年にカリフォルニア州で発案された提案187（Proposition 187）が，その一例としてあげられる。

提案187の内容は，公教育を含めて州のおよそいかなる公共サービスも，正式な入国書類を持たない移民に対してすべて禁止することと，サービスを申請した場合には本人確認のための州機関を創設するというものであった[109]。この提案187は，1960年代以後増加していたヒスパニックやアジア系の外国人の定住人口が，1990年代に急増したことを受けて，カリフォルニア

---

107 457 U. S. at 240, n.4（Powell, J., concurring）「事実上の居住要件は，一般的に適用されており，平等保護に関するあらゆる原理に反するものではない」。
108 Olivas, *supra* note22, at 212.
109 *Id.* at 6.

州で反移民感情が高まっているのを見たピート・ウィルソン（Pete Wilson）知事が，人気回復の手段として行ったものであった[110]。ウィルソン知事は，正式な入国書類を持たない移民のための公教育の費用が，毎年15億ドルの支出にまで増えており，重い財政的負担になっていると主張したのである[111]。提案187は，ラテンアメリカ人系の団体やACLUらの反対運動にもかかわらず，59％の賛成票を得て通過した[112]。ただ，賛成票を投じた者の中には，提案187の合憲性に問題があることを知りつつあえて支持した者がいた。そして，多くの人が予想したとおり，連邦地方裁判所は1995年11月に，プライラー判決また連邦法による専占を理由に提案187を違憲と判断した上で[113]，暫定的差止命令（preliminary injunction）を発給し，提案187に盛られた手段の執行を差し止めたのである[114]。

3 連邦議会への働きかけ

このようなカリフォルニア州での経験を踏まえて，プライラー判決を覆そうとする人々は，さらに連邦議会の立法によってプライラー判決を覆すことをねらいとして活動を強めた。そのため法案として提出されたのが，後に連邦議会で1996年に成立した不法移民及び移民責任法（Illegal Immigration and Immigrant Responsibility Act of 1996）の法案である。この法案は，移民法の執行を非常に厳格化するとともに，不法入国に対する処罰を強化しようとするものであった。それに対し，プライラー判決は，正式な入国書類を有しない子どもに無償公教育を認めるべきか否かにかかわるものであり，その意味では移民法の事件でしばしば争われる不法入国や不法滞在に伴う退去強制な

---

110 当時カリフォルニアは，州内の軍需産業の縮小と人種暴動に悩まされて，有効な対処をできなかった。そのためウィルソン知事の支持率は，歴代知事の中で最低であった。ARISTIDE R. ZOLBERG, A NATION BY DESIGN—IMMIGRATION POLICY IN THE FASHONING OF AMERICA, 403-04 (2006).

111 Marshall Fitz, Phillip E. Wolgin, and Ann Garcia, *Triumphs and Challenges on the 30th Anniversary of* Plyler v. Doe, 5 (June, 2012), *available at* https://cdn.americanprogress.org/wp-content/uploads/issues/2012/06/pdf/plyler.pdf.

112 Olivas, *supra* note 22, at 212.

113 ZOLBERG, *supra* note 110, at 408.

114 League of United Latin American Citizens v. Wilson, 997 F. Supp. 1244, 1250 (C.D. Cal. 1997).

どとはまったく関係を有しないものであった。実際，プライラー判決では移民法の規定が争われることはなかった。

ところが，不法移民及び移民責任法案の審議の過程で，カリフォルニア選出の共和党エルトン・ギャレギー（Elton Gallegy）連邦下院議員は，プライラー判決を覆すために，正式な入国書類をもたない生徒に授業料を課すかまたは公立学校から排除することを決定する権限を，この法律で州に付与することをめざす修正案を提出したのである。この修正案は，プライラー判決によって，州法で州の無償公教育から正式な入国書類を持たない子どもたちを排除することが妨げられているとの理解の下に，それならば連邦法によって規制しようとするものであった[115]。ただ，この修正案に対しては，法執行機関の職員からなる多くの友愛組織や労働組合及び多くの教育関係団体からの反対が浴びせられた。これに対して，修正案の内容を州の権限を認めるものであるとして支持する見解も見られた。結局，修正案は，下院を通過したものの上院では支持が得られず，またビル・クリントン（Bill Clinton）大統領が拒否権の行使を明らかにしたために，成立しなかった[116]。

4 最近の反プライラー判決の動き

最近，プライラー判決を覆そうとする動きは，再度州の立法の中に見られるようになってきた。その代表的な州法が，2011年にアラバマ州で成立したビーソン・ハモン・アラバマ州納税者及び市民保護法（Beason-Hammon Alabama Taxpayer and Citizen Protection Act），いわゆるH.B.56である。この州法は，同時期にアリゾナ州で成立した強硬な不法移民排斥法であり，一般にS.B.1070知られたアリゾナ州法[117]にならったものであった。そこでは，S.B.1070の場合と同内容の多くの条項が定められていた。ただ，本章との関係で注目されるのは，それらの条項に加えて設けられた同法28条である。28条は，合法的にアメリカに居住していない，合衆国外で誕生した，又は出生証明書を提出できない子どもの親または後見人に対し，公立学校にその子ど

---

115 Fitz, Wolgin and Garcia, *supra* note 111, at 6.
116 *Id.* at 8.
117 この州法については，大沢・前掲論文注（39）参照のこと。

もの国籍又は連邦法上の移民としての地位を知らせるように求めていた。この条項それ自体は，プライラー判決を直接覆すことを目的としたものではないが，正式な入国書類を有しない生徒や親にとっては，自らの地位を明らかにする情報を提供すること自体が，退去強制に結びつきかねないものであった。その効果は，公立学校の教育から排除されるという点で，プライラー事件での州法と同じものであったのである。

このH.B.56に対しては，成立した直後にアラバマ州のヒスパニック系人権擁護団体やACLUなどによって，修正4条及び平等保護条項違反など[118]を理由に違憲訴訟が提起された[119]。第一審の連邦地裁は，同法の一部について違憲判決を下したが上訴がなされ，2012年に第11巡回区連邦控訴裁判所によって同法全体が違憲と判断された。その判決の中で，H.B.56の28条に関する説示部分は，以下のようなものであった。

28条によって学校への入学が退去強制手続に付されるおそれを生じさせる可能性があり，正式な入国書類を有しない子どもたちは，プライラー判決によって認められた権利を制約される。プライラー判決で適用した中間違憲審査基準を適用すると，制約することによって得られる実質的な州の利益は何ら存在しない。したがって，28条は平等保護条項に反し違憲である[120]。

この判決によって，現状では学校側が，公立学校における生徒の移民としての地位について情報を収集するということは不可能となった状態にある。

結びに代えて

本章では，正式な入国書類を有しない子どもが，公立学校で無償教育を受ける権利を認めたプライラー判決について，その背景，事件の経緯，判決の内容そして判決のインパクトについて述べてきた。それらのことから，プラ

---

118 なお，この事件で原告は，連邦法による専占がなされている以上，州法による規制は認められないという主張も行った。
119 ACLUの関わりについては，以下のホームページを参照のこと。Hispanic Interest Coalition of Alabama v. Bentley, *available at* https://www.aclu.org/cases/hispanic-interest-coalition-alabama-v-bentley.
120 Hispanic Interest Coalition of Alabama v. Alabama, 691 F.3d 1236, 1246-49 (11th Cir. 2012).

イラー判決が依然として判例上重要な地位を占めていることが明らかになった。そこで、最後にプライラー判決に関連して今後さらなる検討を要すると思われる3点について触れておきたい。

　第1点は、正式な入国書類を持たない生徒の高等教育を受ける機会との関係である。プライラー判決が保障したのは、無償の公教育を受ける権利であった。したがって、高等教育については考えられていなかった。そこで、これらの生徒の高等教育を受ける機会をどのように考えるのかが、つぎに議論の対象として予想される。これまで、サウスカロライナ州などアメリカのいくつかの州においては、正式な入国書類を有しない生徒が、公立のカレッジやユニバーシティに入学登録することを法律で禁じていた[121]。たとえば、前述したアラバマ州法H.B.56の8条は、1項で入学登録を合法的に滞在していない外国人に禁じられるとし、2項で「合法的な滞在」の意味を外国人を合法的な永住者または適切な連邦法上の非移民ビザを所持するものに限定していた。ところが、この2項が外国人の類型に基づく違憲な差別であるとして、法律の執行差止を求める訴訟が提起され、連邦地裁は違憲と判断し執行が差し止められた。もっとも、その後州議会が条文を改正し違憲とされた2項の部分を廃止したため、控訴審では事件はムートとされ、差止命令は取り消された[122]。この判決によって、外国人の中における違憲な差別は排除されたが、なお正式な入国書類を持たない生徒が、公立のカレッジやユニバーシティに入学する可能性は閉ざされたままである。

　いま述べた点は、第2の検討すべき点と関係する。第2点は、高等教育を受けやすくするために、正式な入国書類を有しない生徒に対して、州内居住者用の授業料を適用することができないのかということである。現在、州内居住者と州外居住者との間の州立大学の授業料には大きな差が存在し[123]、正

---

[121] アレーネ・ラッセル（Alene Russell）によれば、毎年6万5千人の正式な入国書類を有しない生徒が高校を卒業しているが、大学（多くはコミュニティ・カレッジ）への進学率は、5％から10％にとどまっているとされる。Alene Russell, *State Policies Regarding Undocumented College Students: A Narrative of Unresolved Issues, Ongoing Debate and Missed Opportunities*, available at http://www.nacacnet.org/research/KnowledgeCenter/Documents/Undocumented-CollegeStudents.pdf.

[122] 691 F.3d 1236, 1242 (11th Cir. 2012).

[123] たとえば、テキサス州立大学オースティン校の授業料は、州内居住者は4,813ドルなのに対し

式な入国資格を有しない生徒には，州民向けと同じ授業料の扱いが州の法律によって認められていない。その根拠の一つとなるのが，以下のような不法移民改革及び移民責任法505条（a）である。505条（a）は，正式な入国書類を有しない生徒に対する州内居住者としての授業料の適用について規定したものと解されている。その内容は，正式な入国書類を有しない外国人は，「合衆国における市民又は国籍所有者がそのような便益に対する資格を有しない限り，高等教育（post-secondary education）の便益に対する資格を有しない」と定めるものである[124]。この規定の意味については，州に対して正式な入国書類を有しない生徒に，州内居住者向け授業料の適用を禁止しているものと受け止められているが，「市民」を全米すべての州の市民と解するのか，高等教育の意味をどのように解するのかなどが不明確であるということから，州間で異なる対応を生じさせてきた[125]。現在，アメリカの授業料は高騰しており，政府奨学金やローンの資格，労働機会で多くの困難に直面している正式な入国書類を有しない生徒にとっては，いずれ州内居住者向けの授業料が適用されるか否かは重要となっており，今後憲法上も平等保護や連邦法による専占の観点から問題となることが予想される[126]。

　第3に検討されるべき点は，移民法との関係である。プライラー判決では，外国人の中で正式な入国書類を有しない子どもと市民または永住者の子どもとの間の差別が問題とされ，連邦最高裁はその差別にかかわるテキサス州法の合憲性について，中間審査基準を適用して，正式な入国書類を有しない子どもの無償公教育を受ける権利を保障する判断を下した。したがって，そこでは平等保護の問題が中心であり，移民法の関係は論じられなかった。しかし，本件では正式な入国書類を有しない，すなわち不法移民の子どもの

　　て，州外居住者は17,131ドルと3.5倍の差が存在する。詳細は以下のホームページ参照。http://tuition.utexas.edu/．
124　Russell, *supra* note 121.
125　すべての州の市民と解した場合には，州が過剰な財政的負担を負うとして，正式な入国書類を有しない生徒に，州内居住者向け授業料の適用を認めないフロリダ州のような例も存在した。他方，現在かなり多くの州では，合法的な移民の地位を取得するための申請をすみやかに行うことを条件に，州内居住者向けの授業料を適用しているとされる。
126　たとえば，前述したフロリダ州の授業料の取扱について，親の不法入国を理由に子どもに負担を負わせるものであるとして，平等保護条項に反するとした連邦地裁の判決が存在する。Ruiz v. Robinson, 892 F. Supp.2d 1321 (S.D. Fla. 2012).

公教育を受ける権利が認められた。たしかに，本件は例外的に不法移民の子どもの権利を認めたものであるが，移民に関する事件であることも事実である。そこで，移民法学者として知られるヒロシ・モトムラ（Hiroshi Motomura）教授が，プライラー判決を1つの手がかりとして，不法移民を含めた移民をどのようにアメリカ社会に取り込むかという観点から検討を加えようとしている[127]。このような分析視角は，現在連邦議会や大統領によって進められている移民法制の包括的な改革を見る上でも重要なものとなっており，今後検討するべき課題といえよう[128]。

　以上，プライラー事件から見て，今後検討が必要とされるべき3つの課題を指摘して，とりあえず本章を閉じることにしたい。

---

127 HIROSHI MOTOMURA, IMMIGRATION OUTSIDE THE LAW (2014). *See also* Stephen Lee, *Growing Up Outside the Law,* 128 HARV. L. REV. 1405 (2015) (book review).
128 大沢秀介「移民と憲法問題」大沢秀介・大林啓吾編『アメリカの憲法問題』（成文堂，近刊）参照。

Chapter 16　公教育の助成と教育を受ける権利
　　──The Story of San Antonio Independent School
　　　District v. Rodriguez, 411 U.S. 1 (1973)

尾形　健

アメリカ郊外の公立小学校（イリノイ州シカゴ・オークパークにて筆者撮影）

　教育は当初，親が子に施す私的教育として現れたが，その後，経済的・技術的・文化的発展等に伴う教育要求の質的拡大・量的増大への対応を迫られた近代社会においては，公教育制度の発展を見るに至った。それは，「子どもの教育が社会における重要な共通の関心事となり，子どもの教育をいわば社会の公共的課題として公共の施設を通じて組織的かつ計画的に行う」ものであり，「現代国家においては，子どもの教育は，主としてこのような公共施設としての国公立の学校を中心として営まれるという状態になつている」（旭川学力テスト事件〔最大判昭和51・5・21刑集30巻5号615頁〕）。アメリカにあっては，特に初等教育に関して，公教育のあり方が様々な形で問題とされてきた。本書は，アメリカにおける公教育の諸相を様々な角度から概観してきたが，本章では，教育に対する公的助成のあり方が憲法問題として争われた事件を素材に，教育に対する国家支援の意義について考えてみたい。

I　In the beginning... ——物語の始まり

1　アメリカ公教育の展開

　アメリカにあって，公教育に対する国家的支援の歴史は，教育目的についての理念や人々の見方に応じて展開されてきた[1]。すなわち，19世紀半ばにおいて，アメリカ社会では，教会が支配してきた私的教育を離れ，公教育制度が整備されていくが，そこでは，若年者に国家的価値観を身につけさせることが強調された（学校教育の主たる目的は，党派に左右されない共通の価値観を醸成し，国家の存続を図ることにあるとされた）。財政支援等もこの目的に下になされ，ここで国家は，こうした価値観の共通化をはかるのに必要な最低限の教育の機会のみを提供するものとされた。しかしその後，教育の目的は変化し，19世紀末から20世紀初頭にかけて，教育の目的は，経済的に自立し知識ある市民となるべく，個人の知的潜在性の発達に寄与することへと変容していく。デューイ（John Dewey）の思想等も影響し，教育における個人の成長の最大化こそが，民主政におけるコンセンサス形成にとって理想的な途であるとされた。

2　テキサス州での展開

　Rodriguez判決の舞台となったテキサス州も，こうした教育をめぐる理念の変容に応じつつ，様々な施策を講じてきた。1845年テキサス州憲法は全州に渡る無償の公教育を整備することを立法府の責務としていたが，テキサス州の公教育が整備されるようになったのは20世紀初頭に至ってからといわれ，学校区が編成されていくにつれ，各地（学校区）での課税・支出力に差があることが立法府に認識されるようになった。20世紀初頭から前半にかけて，州立法府によって，財政支援等の諸施策が様々に講じられてきたが，そ

---

[1]　以下の記述につき，*See* Mark G. Yudof & Daniel C. Morgan, *Texas:* Rodriguez v. San Antonio Independent School District: *Gathering the Ayes of Texas-The Politics of School Finance Reform*, 38 L. & COMTEMP. PROBS. 383, 383-391（1974）; William P. Hobby, Jr. & Billy D. Walker, *Legislative Reform of the Texas Public School Finance System, 1973-1991*, 28 HARV. J. ON LEGIS. 379, 379-384（1991）; Richard Schragger, San Antonio v. Rodriguez *and the Legal Geography of School Finance Reform*, in CIVIL RIGHTS STORIES 85, 88-90（Myriam E. Giles & Risa L. Goluboff, eds., 2008）.

こで一貫して問題とされてきたのは、小規模で非効率な学校区が多数存在することであり、大規模な学校区編成などが試みられたが、実現には至らなかったようである。

　そうした中、第二次世界大戦後、入学者数の増加等による教育ニーズの高まりに伴い、各地の富裕の程度に格差があるシステムにあって、学校区による徴税力向上の必要性が意識されるようになった。テキサス州議会は、1947年に委員会を設け、同委員会は、公立学校への財政支援のあり方を抜本的に改めるプランを提言し、学校区の徴税力を同等なものとなるようにし、それでも生じる地域間格差を州の支援によって補う、「最低限の教育の機会均等 (equal minimum educational opportunity)」が提供されるべきことなどが目指された。この委員会案は若干の修正を経て立法化されたが、プラスの効果が顕著であったものの、各学校区の課税資産を均等化するものとして用いられた経済指数などについて、難点も指摘されるようになった。1965年には、当時の州知事コノリー（John Connally）の下で委員会が設置され、学校区の大規模な統合や平等化推進のための財政支援の大幅な拡充、そして経済指数に代わって学校区による課税の対象となる資産価額の均等化措置を講ずるなど、大幅な改革案が1968年に示された（しかし当時すでにコノリーから後継の知事に交代しており、同知事は関心を示さなかったことなどから、この改革案が実現することはなかったようである）。

3　エッジウッドのロドリゲス

　テキサス州サンアントニオ市は、18世紀にスペイン領の首都なって以降、インディアンやスペイン移民等、様々な人種で構成されてきた。しかしテキサスが合衆国に編入された19世紀半ば以降、白人系アメリカ人（Anglo）が多数移住するようになり、20世紀初頭になると、サンアントニオ市は、白人系アメリカ人が支配的であるテキサス中心都市となった。銀行家等の富裕層はサンアントニオ市から北の地域に住み、アラモハイツ（Alamo Heights.のちに市となる）はその一帯にあった。アフリカ系アメリカ人等のコミュニティは東部に集中し、西部と南部には貧しいワーキング・クラスのヒスパニック系市民が居住するようになった。エッジウッド（Edgewood）は、サンア

ントニオ市西部に位置し，1940年代には，市のヒスパニック人口の4分の3が居住していたといわれる。学校区の区割もこうした人種的地勢を反映した。学校財政のための課税権が付与される独立学校区（independent school district）が設けられ，アラモハイツは1923年に，エッジウッドは1950年に独立学校区となったが，20世紀半ば以降になると，サンアントニオ市のヒスパニック人口が増加し，中位所得4686ドルのエッジウッドでは毎年20000人の児童の教育にあたる一方，中位所得8001ドルのアラモハイツは5000人と，富裕格差と人口構造の関連が大きくなっていた。後述のように，両地区に所在する課税対象資産に大きな格差があるため，各学校区としての徴税力にも大きな差が生じることとなった。

　メキシコ人を母に持ち，テキサス人である祖父・父と同様に「生まれながらのテキサス人」であったロドリゲス（Demetrio Rodriguez）は，6歳からサンアントニオに住み，第二次世界大戦の従軍を経て，再び同市に戻り，エッジウッドに居住していた。彼の息子のうち3人がエッジウッド小学校に通学していたが，同学校区では財政難により22000人の児童について半日開校の学期とせざるを得ない可能性が生じるなど，エッジウッド学校区の教育状況は厳しさを増していた。

　同学校区親の会（Concerned Parental Association）に参加していたロドリゲスは，こうした苦境を世論に訴える活動をしていたが，その過程で，テキサス大ロースクール出身で市民権活動も行っていた弁護士，ゴフマン（Arthur Gochman）と出会う。ゴフマンはエッジウッドの親たちに，次のように語った。——みなさんの抱える問題の原因は，エッジウッド学校区の長にあるわけではありません。そもそもの問題は，みなさんの学校を支援している，州のやり方なのです。テキサス州は，各学校区にその区域内で資産税を課す仕組みを採用していますが，これでは，エッジウッドのような資産に乏しく，児童数の多い学校区では十分な学校教育を賄うことはできないのです。

　そしてゴフマンは，サンアントニオ市などを相手取り，学校区による資産税課税を通じたテキサス州の公立学校財政支援制度は，憲法違反であること

の宣言を求め，クラスアクション訴訟を提起することを勧めた[2]。

II　Rodriguez 判決——事案の概要と判旨

1　事案

　本件は，ロドリゲスら（原告・被上訴人。以下便宜上Xらと表記する）が，エッジウッド独立学校区に居住するメキシコ系アメリカ人の児童およびその親，ならびにテキサス州全域の児童で課税資産額が低い学校区に居住するものを代表し，公立の初等・中等教育にかかる州の財政支援制度が，Xらのクラスに対し，平等保護（合衆国憲法修正第14条第1節）を奪うものであるとして，サンアントニオ独立学校区等に対し，訴えを起こしたものである[3]。

　エッジウッドその他6つの学校区は，テキサス州サンアントニオ市に所在し，そのほか5つの学校区がベア郡（Bexar County）にあるが，これらの学校区は，その運営を，連邦・州・地方の財源により行っている。連邦政府による補助は公立学校支出の10％程度にとどまるため，大半は州および地方の財源によっている。

　州の財源には，①経常学校基金（Available School Fund）と，②基礎的保障プログラム（Minimum Foundation Program）がある。テキサス州憲法の定めるところにより[4]，①の経常学校基金には，1970-1971学年歴で2億9,600万ドルがあったが，これは，前年の当該学校区における平均出席日数に応じ，一人当たりの額で配分されるものである。②の基礎的保障プログラムは，学校教職員の給与，施設の維持，児童の送迎等に充当されるものであり，1970-1971学年歴では10億ドル強となっている。基礎的保障プログラムの80％は州の一般財源からの拠出によっており，その余20％は，③地方基金割

---

[2]　弁護士ゴフマンは，本件訴訟の主たる原告としてロドリゲスを選んだが，それは，ヒスパニック系の姓がこの事件の人種的側面を際立たせると考えたからのようである。*See* Schragger, *supra* note 1, at 92.

[3]　その他の被告として，州教育委員会，教育委員長，州司法長官，ベア郡（Bexar county）（サン・アントニオ）理事会が挙げられている。以下，テキサス州の教育財政制度に関する説明は，判決が認定するところによる。*See* San Antonio Independent School District v. Rodriguez, 411 U. S. 1, 6-17 (1973).

[4]　*See* TX. CONST. Art. 7, §§1-2.

当（Local Fund Assignment）によって賄われる。各学校区が分担する割当は，基本的にはその担税力によるが，テキサス州は，経済指標（Economic Index）を用いて割当を決定していた[5]。各学校区は，この割当に充当するため，憲法および法律の範囲内で，従価資産税（ad valorem property taxes. 以下単に「資産税」ということがある。）を課すことができる[6]。

Xらは，この③地方基金割当に欠陥があると主張している。すなわち，このしくみは，各学校区にある資産の価額は，それぞれの学校区での支出に充当するに足る程度に均等にあるものと想定しているところ，各学校区の教育が，そこにある資産税の課税ベースの多寡に左右されてしまうものである，というのであった。原審での証言等によれば，テキサス州全域で調査を行ったうちの110の学校区で，児童一人当たりの資産額が10万ドルを超える富裕な10の学校区にあっては，課税資産100ドルのうち税額が31セントですんでいるが，児童一人当たり1万ドルに満たない貧窮した4つの学校区では，課税資産100ドルのうち税額が70セントを強いられている。それにもかかわらず，富裕学校区と貧窮学校区で児童数に差があるため，富裕学校区の中で最低に位置するものでも，児童一人当たり585ドル充当できているのに対し，貧窮学校区の中で最高に位置するものでは，児童一人当たり60ドルしか充当できていない。また，富裕学校区では，高額の所得世帯が多く，マイノリティに属する児童の割合が少ないのに対し，貧窮学校区では貧困世帯が多く，かつマイノリティが多くを占めていた[7]。州による支出もこうした学校区間の

5 　地方基金割当の額は，まず，①テキサス州の全郡数（本件当時254）で按分される。この按分は，本文で示したように，経済指標を用いてなされるが，製造業・採鉱業・農業からの所得，給与所得および資産所得にかかるそれぞれの州総額に対する当該郡での各所得の割合を考慮するものとされている。次に，②各郡に按分された割当額は，郡内の課税対象資産の割合に応じて，各学校区にさらに按分される。そして，③各学校区は，その按分額を，資産税の課税によって充当する。

6 　Id. at §3 (e). 州立法府は全学校区にかかる課税等につき法律を定めることができ，公教育施設等維持のため，各学校区に従価資産税を課すことを授権することができるが，当該学校区の選挙権者の過半数の承認を必要とするものとされている。

7 　1967-1698年の間のデータによれば，サン・アントニオの学校区は州全域とほぼ同じ傾向にあり，エッジウッドでは児童一人当たりの資産額が5,429ドルであるところ，アラモ・ハイツ学校区では45,095ドルとなっており，税率はエッジウッドが最高でアラモ・ハイツは最低となっているが，エッジウッドでの従価資産税からの支出は児童一人当たり21ドルに止まるのに対し，アラモ・ハイツでは307ドルとなっている。また，エッジウッドは，その区域内に商業・産業資産等もなく，児童の90％はメキシコ系アメリカ人であり，約6％はアフリカ系アメリカ人であった。

格差を是正するに至っていなかった[8]。原審の専門家による証言では，このしくみは，貧窮学校区を犠牲にして富裕学校区を補助するものとなっている，と指摘されていた。

2 テキサス州教育財政の経緯

このようなテキサス州教育財政のしくみには，先にも簡単に言及したが，次のような経緯があった。1845年に合衆国に編入された際に制定されたテキサス州憲法では，無償の教育制度の設置を定めていたが，テキサス州は，学校区と州とによる二元的アプローチで教育財政制度を構築し，1883年には，州憲法により，学校区に学校施設等のための資産税の課税権が与えられた。これら学校区による歳入は，州による財源による補助をうけるものとされていた。そのため，恒常的学校基金（Permanent School Fund）と，先述の①経常学校基金（Available School Fund）が設けられ，前者は，学校運営のための恒常的収入を確保すべく，数百万エーカーの土地が託されているものであり，経常学校基金は，この恒常的学校基金からの収益と，州の従価税等による歳入によって充当されていた。

一方，テキサス州は，現代に至るまでは，その人口と資産が全州域で均等に分布していたが，州が産業化し，郊外と都市部の人口比の差が大きくなると，商業・産業資産の有無などが税源として重要な位置を占めるようになった。課税対象となる資産の評価額について，各学校区間の格差が次第に著しくなり，こうした人口と資産の学校区間の格差が，各地の教育支出に大きな差を生じさせていた。州立法府は，州による財政援助が重要であるとの認識から改革に着手し，1947年に設置された委員会で，児童に最低限度ないし基礎的な教育提供を確保しつつ，学校区間の格差解消をはかるしくみの提案がなされた。この提案を受け，先述の②基礎的保障プログラム（テキサス州基礎的保障学校プログラム〔Texas Minimum Foundation School Program〕）が設けられた。このしくみは，最も負担能力のある学校区に重い割当を課すこと

　一方，アラモ・ハイツは，児童の大半はアングロ系アメリカ人であり，メキシコ系アメリカ人は18％，アフリカ系アメリカ人は1％であった。
8　1967-1968年における，地方と州を合わせた財政支出では，エッジウッドでは児童一人当たり231ドルとなっているのに対し，アラモ・ハイツでは543ドルになっている。

により，学校区間の格差を標準化すること，地方基金割当により，各学校区がその児童の教育に拠出することを義務付けつつ，各学校区の税源を汲み尽くさないようにすることを確保しようとするもの（各学校区は割当額を超えて課税することができる）とされた。このプログラムが導入されて以降，教育にかかる州・地方の支出は大幅に伸び（1949年から1967年の間で500%増），公立学校予算も増加することとなった。しかし，これらの措置にもかかわらず，先述のように，最貧窮学校区であるエッジウッドと，最富裕学校区であるアラモハイツを比較すると，相当の格差が生じていた。これらの格差は，つまるところ，各学校区の資産課税による税収の差に起因するものではないか，という点が問題となった。

3 原審の判断

原審は，以上のしくみを前提に，テキサス州の教育財政制度は，貧窮学校区にとって，課税多く支出の少ないしくみとなっており，州憲法および州法上，児童を，その居住する学校区の富裕の程度に応じて区別するものであるとして，本件では，教育という基本的利益（fundamental interest）と富（wealth）に基づく区別にかかわることから，合理性審査以上の審査基準が要請される，とした。原審は，教育の重要性を指摘し，被告は，本件教育財政制度で生じた区別を促進する極めて重要な政府利益（compelling state interest）を立証しなければならない，などとして厳格な審査によることとし，公教育の内容が富の多寡によって左右されているとするXらの主張をふまえ，富に基づく区別について，被告（学校区側）は極めて重要な政府利益も，合理的な根拠さえも立証できていない，などとして，本件制度を，富による差別として違憲とした[9]。このため，学校区側が上訴した。上告審では，①テキサス州の教育財政制度が，疑わしい類型（suspect class）に不利益を与えるか，または，憲法上明示的・黙示的に保障される基本的権利（funda-

---

9 Rodriguez v. San Antonio Independent School District, 337 F. Supp. 280 (W.D. Tx., 1971). 原審は，本文のように教育の重要性を指摘しつつ，テキサス州の教育財政制度は，富裕学校区の市民には，低い税負担にもかかわらず高い質の教育を提供することを可能とする点で，富に基づいて差別を設けている，として，テキサス州憲法第7条第3節およびテキサス州教育法典のうち教育財政に関する規定（基礎的保障プログラムを含む）の運用を違憲とした。

mental right) を侵害するものであって,厳格審査（strict judicial scrutiny）が妥当するか,②もし厳格審査が妥当しないとして,本件制度は,正当な州の目的を合理的に促進するものであるかどうか,が争点となった。

4 連邦最高裁の判断

（１）法廷意見（パウエル裁判官執筆。バーガー長官,ステュワート,ブラックマン,レーンキスト各裁判官同調）[10]

①「疑わしい類型」妥当性

原審は,本件教育財政制度の各学校区による資産課税のしくみが富に基づく区別であり,かつ,教育の重要性を述べた連邦最高裁の先例をふまえつつ,教育への基本的権利があるとして,極めて重要な正当化がなければ合憲とすることはできない,としたが,「当裁判所は,疑わしい区別または基本的権利の論旨いずれも,説得的でないと考える」(18)。

原判決はじめ,いくつかの裁判所で,他州の教育財政法制を違憲とした裁判例は,当裁判所が判示した富に基づく区別にかかる先例とはまったく異なるものであり,教育財政制度によって一部の困窮層が富裕層より少ない教育支出を被っているがゆえに,これらの制度は富に基づく区別と判断するという,単純な分析過程によっている。しかしこれらは,平等保護の文脈において,不利益を被っている「困窮層」という類型を同定しうるか,いうところの（絶対的ではなく）相対的な剥奪が,重大な帰結をもたらすものか,といった,そもそもの困難な問題を無視している。厳格審査が適用されるとする前に,これら入り口の問題を慎重に検討しなければならない。原判決およびＸらの主張等によれば,本件では,所論の差別を三つの仕方でとらえることが考えられる。つまり,本件教育財政制度は,①一定の貧困水準を下回る所得しかないか,実際上「困窮者（indigent）」と位置付けられる「貧困（poor）」者に対する差別となっている,②他の者と比較して相対的に貧困である者に対する差別となっている,③その各自の所得にかかわらず,相対的に困窮する学校区にたまたま居住する者に対する差別となっている,ということである。当裁判所としては,本件制度が以上いずれかの差別を構成するものとし

---

10 以下,本判決の引用は,本文中に頁数を示すことで行う。

て立証されているかどうか，そしてそうだとした場合，当該区別は疑わしいもの（suspect）といいうるか，を確定しなければならない。先例にてらすと，個人または個人の集団が差別される類型とされてきたのは，(1) その困窮ゆえに，給付を求める際の負担の支払いがまったく困難であり，(2) その結果，その給付を享受する機会を絶対的に剥奪されている，という二つの特徴がみられる。上記①～③でいえば，①としての差別が考えられるが，最貧困層の者が特定の学校区に集中しているということはできず，また，原判決・Xらともに，各自の不十分な所得により給付が絶対的に剥奪されている状況にあることを立証していない（低い資産価額に居住する児童は教育を一切受けていないわけではなく，質の低い教育を受けているにすぎない）。平等保護条項は絶対的な平等を要請するものではなく，テキサス州立法府はすべての州民が適切な教育プログラムを享受しうるよう努めてきたのであり，基礎的保障プログラムはまさにそれを意図したものである。以上とおり，本件教育財政制度は特定しうる「貧困」者類型に対する差別をもたらしているとか，教育の絶対的剥奪が生じているといったことの証拠に欠けるため，不利益を受けているとされる本件集団は従来の意味での被差別的類型とはいえない (18-25)。

　一方，上で示された②・③としての差別について，②は世帯所得に基づく相対的差別として考えることができ，Xらは各学校区の世帯の富裕度と教育支出には相関関係がある，と主張しているが，それを裏付けるとされる専門家の宣誓供述書は，その主張を支えるものとなっていない（同供述書は，テキサス州全学校区の10%を対象とした調査であり，世帯の富裕度と教育支出との間に相関があるとするが，法廷意見は，調査対象の90%の学校区では逆の相関が見られる，と指摘する）。③としての差別については，学校区間での富の差別と考えられるとしても，その主張は，他の学校区に比べ課税資産が低い学校区に居住するという共通項のみでくくられている，大規模で，多様かつ不定形な集団に対する差別について，当裁判所に厳格審査を拡張することを求めるものであり，不利益を被り，意図的な不平等取扱いの経緯があり，政治的に無力な地位に置かれるために，多数決による政治過程から特別な保護が求められるような，従来からいわれる疑わしさ（suspectness）の指標を示すもの

ではない。以上の次第で，当裁判所は，テキサス州の制度は，「疑わしい類型」に相当する固有の不利益をもたらしているということはできない（25-28）。

② 「基本的権利」妥当性

ブラウン判決において，当裁判所は全員一致で，「今日，教育は，州および地方の政府にとって，おそらく最も重要な機能となっている」，とした[11]。この，自由な社会における教育の決定的な役割への不変の尊重は，ブラウン判決以前・以降も，多くの裁判官の意見中に見出される。当裁判所は，原審の，「個人および社会にとって，教育が極めて重要であること」は疑い得ないものとする結論に，すべて同意する。しかし，州が実施する役務の重要性は，平等保護条項の審査の上で，その利益が基本的と考えられるべきか否かを決するものではない。この問題について当裁判所の先例から示されることは，明らかである。「法の平等な保護の名の下に，実体的な憲法上の権利を創設するのは，当裁判所の領域ではない。したがって，教育が『基本的』といえるか否かを判断する上で鍵となるのは，生存や住居と対比して，教育が相対的に社会的重要性を有しているかを判断することではない。教育が，移動の権利と同じように重要であるかを考量することにあるのでもない。むしろ，答えは，合衆国憲法上，明示的または黙示的に保障された，教育への権利が存在するか否かを判断することにある」（29-34）。

教育が合衆国憲法上明示的な保障を与えられた権利のうちの一つであるとはいえず，黙示的に保障されているという根拠もない。異論の余地のないほどの教育の重要性のみでは，当裁判所が州の社会・経済立法を審査する通常の基準から離れることを導くものではない。Xらは，教育は，修正第1条が保障する権利の有意義な行使や，選挙権の賢明な行使にとって不可欠であると主張するが，「当裁判所は，市民に対し，最も実効的な言論や，最も熟慮された選挙での選択を保障する能力ないし権限を有しているとされてきたことは決してないのである。これらが表現の自由の体系や代表統治制にとって望ましい目標であることは，疑いがない。これらはまさに，政府の干渉から解放された思想や信念を有する人々が追求する目標である。しかしこれら

---

11 Brown v. Board of Education of Topeka, 347 U. S. 483, 493 (1954).

は，他の面で正当な州の活動に司法が介入することで実現されるべき価値ということはできない」。仮にこれらの権利行使の前提として一定量の教育が憲法上保障されるとしても，テキサス州で提供される教育支出の水準がそれを満たさないものであるという立証はない。また，Xらの主張する教育と憲法上の権利との関係性の論理は，限界を認識するのが困難である（適切な食糧・住居と教育とはどのように区別するのだろうか）(35-37)。

これまでの先例で厳格審査が用いられてきた事案は，基本的権利・自由を「剥奪し (deprived)」,「侵害し (infringed)」，これに「干渉した (interfered)」立法に関わるものであったが，これらと本件の決定的な相違は，テキサス州が教育に関して取り組んできたことにある。つまり，「テキサス州が現在用いている制度の創設へと導いた各段階――地方自治体に課税権を認め当該地域での支出を承認し，州の補助を創設し拡張し続けてきたこと――は，公教育を拡張し，その質を高めるべく取り組まれてきたことなのである。もちろん，一部を他より利するどんな改革も，達成し得なかったことを根拠にして批判にさらされうる。しかし，実際のところ，テキサス州の制度の要点は，積極的かつ是正的なものなのであり，したがって，それは，州による措置の性格と，合衆国憲法上州に留保される権限とに慎重であるような，司法上の原則によって審査されなければならない」(37-39)。

③合理性審査による判断
　(i)　審査基準の妥当性

以上の次第で，本件では，疑わしい区別や基本的権利を侵害する立法に適用される，厳格な審査が妥当しないことが明らかである。しかし当裁判所は，厳格審査が不適切であるということのみに依拠するものではない。「合衆国最高裁の1世紀にわたる平等保護条項の判例は，従来からの審査基準の適用を強く支持する。つまり，州の制度は，正当な州の目的にとって，一定の合理的関連性があることが立証されなければならない，ということを要求するにとどまる，というものである」。本件では，テキサス州が採用した州・地方の税収・支出のあり方が直接攻撃されているのであり，課税権の分配にかかる州の判断が指弾されている。このため，Xらは，当裁判所を，州立法府に対し従来から敬譲してきた領域に干渉するようしむけるのである。

当裁判所は，平等保護条項において，州の財政政策にかように干渉することに対し，しばしば警告を発してきたのである。「したがって，当裁判所の裁判官が，公の税収の徴収および処置にかかる賢明な決定をなし得るのに必要な，専門性および地方問題への精通を欠いていることを認めるときは，当裁判所は従来からの論拠に依拠するのである」。租税政策のように，完璧な代替策が存在しない複雑な領域にあっては，当裁判所が，地方の財政制度が平等保護条項のもとでの批判にさらされることのないよう，過度に厳格な審査基準を用いることは相当ではない」。また，本件では，教育政策という困難な問題に関わるものであり，当裁判所は，同じく専門知識・経験を欠くため，州・地方レベルでの充分な判断に早計に干渉すべきではない。「教育は，おそらく福祉的扶助より以上に，経済的・社会的，そして哲学的にも分かち難く絡み合う，複合的問題を呈するものなのである。……州全域にわたる公立学校制度の財政および運用にかかる問題の，まさにその複雑さゆえに，『その解決には憲法上許容された手段がさらに別にあると考えられ』，そして，合理性の範囲内で，『立法府が問題に対処しようとした取組み』は，尊重に値するものといわなければならない」(40-42)。教育支出と教育の質との相関について様々な議論があるといった状況にあっては，「司法府は，硬直的な憲法的制約を州に課し，教育問題への部分的解決をなんとか見出し，不断に変容する状況に対応し続けようとする上で極めて重要な，継続的な調査や実験に制限をはめ，妨げるようなことを，控えることが求められるといえるのである」[12]。「以上の検討は，テキサス州の公教育財政制度は，厳格な司法審査の候補としては不適切である，との当裁判所の結論を支持するものである。これと同一の考慮が，この制度が，いうところの不完全さにもかかわらず，正当な州の目的に一定の合理的な関連性が存在するか否かを判断する上で重要となる」(42-44)。

　(ⅱ) 本件制度の合理性

　本件制度では，基礎的保障プログラムにより全学校に最低限の教育支援がなされる一方，地方基金割当に充てるため，各学校区が従価資産税を課すこ

---

[12] 法廷意見はさらに，平等保護条項は，連邦制下における中央政府と州の権限との関係にもかかわると指摘して，連邦制による観点からも厳格な審査が妥当しないとする (44)。

とを求めている。学校区間の格差は，当該学校区に存する課税対象資産の量の格差に起因しており，より資産があるか，または価値の高い資産のある学校区は，州からの補助を補う上でより大きな手段を持つこととなる。地方による歳入の（割当充当分を超えた）額は，より多くの教師を採用しうるよう，より高い給与の支払いに充てられる。したがって，資産が豊かな学校区の学校において顕著な属性となるのは，教師—児童の比率が低く，かつ給与が高いこと，である。原判決は，児童一人当たりの教育費支出で差が生じていることについて，州は合理的基礎を立証していない，としたが，当裁判所はこれを是認することができない。テキサス州の制度は，州全域のすべての児童に基礎的教育を保障する一方で，各地域で，各学校区の学校への関与とコントロールを広く促進することを可能にするものである。Xらは，テキサス州の制度が地方教育へのコントロールに貢献する点には異論がないが，すべての学校区で同じレベルの地方へのコントロールと財政上の柔軟性をもたらすものではないと批判する。たしかに，資産税に依拠することは，一部学校区で支出にかかる選択の自由が制限されることにはなるが，「一定の不平等」の存在のみでは，制度全体を違憲とするには足りない。Xらは，学校区の課税財源の入手可能性が偶然によるものとなる点で，本件制度は恣意的（arbitrary）であるというが，地方税のいかなる制度も，その管轄範囲を画することが求められるのであって，それは不可避的に恣意的となるものであり，ある地方が他にくらべて課税対象資産にめぐまれていることも避けがたいのである。「以上要するに，テキサス州教育財政制度によって，たまたま異なる学校区に居住する児童の間で支出に不平等が生じている程度にあっては，当該格差が極めて不合理であって不快に差別的である制度の結果であるということはできない」。テキサス州の制度は，拙速な立法でも，特定の集団に対する意図的な差別の結果でもなく，その反対に，州の長年にわたる経験に根ざしたものであり，有能な人々によってしっかり研究されたものの成果である。テキサス州の制度は，正当な州の目的を合理的に促進するかという基準を十分満たすものである（44-55）[13]。

---

13 法廷意見は，最後に，原判決が高い関心を集めていたことなどから，補足を述べることとし，本件を取り巻く問題の複雑さなどを指摘し，州の課税・教育制度は州の立法府に留保されるべき

（2） 個別意見

①ステュワート裁判官補足意見（59-62）

テキサス州の公教育財政制度は，他の多くの州同様，混乱し不当というべき公教育制度となっているが，だからといってそれが合衆国憲法に反するということはできない。「私は，〔法廷意見以外の〕他の進み方は，修正第14条の平等保護条項での一貫した判断から大きく逸脱するものと確信するがゆえに，法廷意見の理由と結論に同調する」。先例によれば，当該区別が完全に専断的または恣意的な場合にのみ平等保護条項は侵害されるのであり，この法理には，適切に制定された州・連邦法の憲法上の妥当性を推定するという，憲法判断にかかる基礎的原則の一つを適用したものに他ならない。しかしこの推定も，当該区別が憲法上本質的に疑わしいか，憲法上保障された権利・自由を侵害する州法は，違憲と推定される。法廷意見がテキサス州の制度を合憲とするにあたり，以上の基本原則を慎重かつ十分理解して適用したのである。すなわち，①テキサス州の制度は平等保護条項上客観的に同定しうる集団を生じさせていない，②そのような集団が措定されるとしても，当該区別は憲法上「疑わしい」ものということはできない，③テキサス州の制度は州の目的達成との関係で全く無関係とはいえない，④テキサス州制度は憲法上の実体的権利・自由をなんら侵害するものではない，ということである。

②ブレナン裁判官反対意見（62-63）

テキサス州法の制度はなんら合理的基礎がないとするホワイト裁判官の反対意見に同調するが，法廷意見が，平等保護条項上「基本的」権利とするものを「合衆国憲法上明示的または黙示的に保障されたもの」に限定する点に賛成することができない。マーシャル裁判官が述べるように，「基本性（fundamentality）」は，憲法上保障される権利の実効性の点で認められる，当該権利の有する重要性との相関で判断されてきたものである。本件で，教育は，選挙過程に参画する権利，自由な言論・結社をする修正第１条の権利と分かち難く結びついている。したがって，教育に影響を与えるいかなる区別

であるとする。ただし，本判決が現状を維持する司法的承認を与えたものではないことも強調している（56-59）。

も，厳格な審査に服するべきである。州でさえ本件制度は厳格審査をパスしないと認めているので，私は本件制度が違憲であると結論する。
③ホワイト裁判官反対意見（ダグラス裁判官・ブレナン裁判官同調）(63-70)

　法廷意見は，本件制度が，すべての児童に基礎的教育を保障する一方で，各地域で，各学校区の学校への関与とコントロールを広く促進することを可能にするものであるという。私は，地方におけるコントロールと意思決定が，わが国の民主制にとって重要な要素であることを否定しない。しかし，テキサス州の制度で問題なのは，アラモ・ハイツのような（富裕な）学校区には，児童一人当たりの教育支出を増加させる有効な手段を与える一方で，エッジウッドのような学校区には，ほぼ何も与えていない，ということである。後者の学校区では，資産税が学校区に認められた唯一の税収手段となっており，これが実際上も法的にも有効でないので，そこに居住する親にとって現実的な選択肢が与えられていないことにある。エッジウッド等の貧窮学校区は，各学校区の支出を平準化しようとすると，資産税課税額を州法上の上限を超えて設定しなければならず，エッジウッド等の学校区は，実際上のみならず法律上も，他の学校区に近い水準の支出をすることができないのである。平等保護条項は，用いられている区別が許容される目的との関係で一定の合理的な関連性を有するものであることを要請するが，テキサス州の制度が地方のイニシアティヴを最大化するという妥当かつ合理的な目的を達成しようとしている，ということだけでは足りず，用いられている手段が，当該目的と合理的に関連していなければならない。テキサス州も法廷意見も，この基準に留意していない。たとえ州が地方のイニシアティヴと選択を最大化することを目的としていたとしても，資産税の課税ベースが極めて低い学校区では，当該学校区の税収を増加させようと親が考えても，ほとんどその機会が与えられておらず，州のいう目的を達成できないのである。私の考えでは，エッジウッド等の貧窮学校区の親・児童は，不快な差別を受けているのであって，平等保護条項に反するのである。本件では，差別を被っている集団を特定することは困難ではなく，エッジウッドの児童と親は，学校区の支出を増加させるために取りうる手段をアラモ・ハイツと同程度に得る資格があるのに，州法によってそれが認められていない，ということで足りるの

であって，この集団は，合衆国憲法の保護を要請するのに十分明確なものである。

④マーシャル裁判官反対意見（ダグラス裁判官同調）(70-133)

　法廷意見は，州は，その学校区にある課税対象財産の多寡で児童に提供する教育の質に差が生じても，憲法上許容されると判断したが，それは，州の教育財政制度を課税対象資産に基づかせることを違憲とする，近時の州裁判所・連邦裁判所裁判例の大勢から大きく逸脱する。さらに，法廷意見は，教育における機会の平等に対し，わが国が歴史的に示してきたコミットメントから後退し，成長初期の児童から，市民としての十全な能力を開花させる機会を奪う制度を，容認し難く黙認したものと評しうるものである。私の考えでは，教育のような重要な州のサービス提供に関する限り，すべてのアメリカ市民が人生において平等なスタートに立つ権利というのは，極めて重要なものであって，本件記録によって示されたような薄弱な根拠によっては，州による差別を許容することはできない。また，Xらを政治過程の気まぐれに委ねさせることもできない。法廷意見がいうのに反し，政治過程は，この差別を是正する責務を果たすのにふさわしくないことが露呈しているからである[14]。私は，将来いずれかの時点で最終的な「政治的」解決がもたらされるという期待を持ち合わせることはできないが，他方で，非常に多くの児童が，「かつてなかったほどに，その精神に影響を与えうる」ような，劣悪な教育を不当にうけてしまっているのである。したがって，私は謹んで反対意見を執筆する。

　(i)　本件における差別の態様

　法廷意見は，テキサス州が取り組んできた取組みを精査しているが，テキサス州の取組みがいかに賞賛に値しようとも，本件での争点は，差別的制度の最悪な側面を改良するべく最善を尽くしたか，ということではなく，この

14　マーシャル裁判官の指摘するところによれば，原審は，テキサス州立法府が，本件制度による格差を是正することを期待し，判決言渡しを2年先延ばしし，判決を言い渡たしたのは，州立法府の1971年常会後であり，それは，立法府による主導的な改革の望みがないことを認識してのことであったとされる。富裕学校区が立法府による改革を阻んだとも伝えられている（71, n. 2.)。*See also* Linda Greenhouse, *Property Tax Reform Enthusiasm Lags*, NY TIMES, Dec. 19, 1972, at 1.

制度自体が，合衆国憲法修正第14条の平等保護条項に反して差別的であるのか，ということである。テキサス州の制度全体をみたとき，私は，同州の児童のかなりの者に対し，差別的効果を生じさせていることに，疑問の余地を挟むことはできないと考える。本件制度のもとでは，公教育に対し当該学校区の有権者がどれほど熱心であったとしても，当該学校区にある課税対象資産によって，公教育を支えるための財政を引き上げることが制限されている。したがって，二つの学校区の有権者が，同じように税収増に取り組んだとしても，一方の学校区が資産豊かで，他方の学校区の資産が貧窮している場合，その結果は大きく異なる。要するに，テキサス州の地方資産税制度による取組みというのは，資産が豊かな学区は優遇するが，貧困な学校区は不利に扱われる，という，不可避的な効果を生じさせているのである。法廷意見は，州による補助がいかに貧窮学校区になされているかを強調するが，法廷意見が見落としているのは，資産が豊かな学校区に対し，そのすでにある豊かな課税対象資産からの税収に加え，州の補助がさらになされている，という残酷な逆説である。テキサス州制度下で各学校区・児童の間で顕著な差が生じているのはこの点についてであり，学校区になされる州の補助額の絶対的水準ではないのである。さらに，地方の資産税は，学校区内の課税対象資産に左右され，テキサス州教育財政制度にとって重要な特徴となっている，という結論が不可避的に導かれるのである（72-82）。

　上訴人（学校区側）は学校区間の教育財政上の格差を否定しないがた，問題となっているのは公教育の質であり，教育の質が金銭の支出の程度で決せられるとすることを認めない。しかし私の考えからすれば，この主張をそのまま再現することだけでも，その不可解さが露呈するものと考える。教育の質と児童一人当たり支出との関係については諸説あるが，ある学校区が他の学校区に比べ児童一人当たりの支出を多くなしうるのであれば，前者が教育においてより幅広い選択肢を有するのである。この点で，教育の質に関する差別問題は，州が児童に対し何を提供しているのかという，客観的な問題として捉えるべきであると考える。児童に提供された学ぶ機会における差別こそが，ここでの基準とならなければならない。学校区における財政の格差が

もたらす結果は，原審で提出された証拠上明らかである[15]。学校区が使用しうる財政上の格差が児童の教育上利用しうる手段の格差を生じさせており，憲法論としては，この状況は，テキサス州財政制度に直接起因するものであって，公教育提供において州によって生じた差別という，深刻な問題を提起するのである。この格差が教育の質に影響を与えないことを立証する責任は上訴人（学校区）側にあるが，上訴人は原審でその趣旨の立証を果たしておらず，当審では教育の質と支出の関係は不明確であるというのみである。これは，Xらが主張する，州によって生じた差別の立証を覆すに足るものとは到底いえない。上訴人（学校区側）は，基礎的保障プログラムにより差別的効果を解消した旨述べるが，本件制度にかかる憲法上の問題が解消されたと考えることはできない。また，上訴人（学校区側）および法廷意見は，州が一定内容の教育を提供し，それは十分なものであるから，同様の立場にある者の州による取扱いが実質的に不平等になったとしても，平等保護条項に反しない，と考えているかもしれない。しかし，これまで当裁判所は，一定の適切な水準の給付が全ての者になされているからといって，当該区別が合憲であると判断したことはなく，平等保護条項は，最低限の充足ではなく，州の行為による正当化し得ない不平等に向けられているのである。本件では，教育の適切さではなく，教育の機会における不平等こそが，平等保護の否定という問題を生じさせているのである。Xらは，平等保護条項に反する州の差別的行為という深刻な問題が生じていることを十分に立証している（82-90）。

(ⅱ) 被差別集団の同定可能性

原審で提出された資料によれば，貧窮学校区の児童が本件における集団（class）を構成すると結論することは，異論の余地がないように思われる。上訴人（学校区）側は，本件で問題となっているのは個人ではなく学校区に対する差別であり，州は，統治組織の区画を合理的に行う広範な裁量権を有する，と主張するが，当裁判所は，個人の利益に対し事実上の差別があると

---

[15] 例えば，1968-1969年で，アラモ・ハイツの教員の100%は大卒であるが，エッジウッドでは80%程度にとどまる。また，エッジウッドでは臨時教員資格（emergency teaching permits）を有している教師は約47%であるが，アラモ・ハイツでは11%である（85）。

きは，その差別が地理的区分といった集団の特性に基づくからといって，平等保護の保障が適用されないわけではない，ということを認めてきた。テキサスの制度は，表面上はもっぱら学校区間で差別をするかのようであるが，当該差別の影響は児童に直接及び，教育の機会がどこに住んでいるかによって左右されているのである。したがって，原判決が，テキサス財政制度は，憲法上，その学校区にある課税対象資産の額に基づき，児童を差別している，と結論するのは至当なことである (91-92)[16]。

(iii) 本件における違憲審査基準

法廷意見は，厳格審査基準を適用せず，本件財政制度は，経済・商業立法における差別に適用されてきた，合理性の基準によって判断されるとしたが，私は，本件において平等保護条項をかように骨抜きにすることを受け入れることはできない (98)。

まず最初に，私は，当裁判所の，平等保護条項についての硬直的なアプローチに対し，いま一度異議を唱えなければならない。法廷意見は，厳格審査か単なる合理性の基準か，という，二つのカテゴリーのいずれかに平等保護条項の事案は収まる，ということを確立しようとしているかにみえるが，当裁判所の平等保護条項の判例は，かように安易な類型化を拒否するものである。当裁判所の判断を一貫したものと解釈するならば，平等保護条項に反すると主張された差別を審査するにあたり，幅のある基準（spectrum of standards）を適用してきたことがわかるのである。この幅は，当裁判所が差別を審査するにあたり，慎重さを示してきた程度によって変わりうることを含意しており，それは，侵害を受ける利益の憲法的・社会的重要性や，当該区別が用いられた基礎にみられる不快さ（invidiousness）の程度に左右される。私が思うに，実のところ，当裁判所の近時の判例の多くは，平等保護条項についてまさにこうした理由づけられたアプローチを体現しているのである。すなわち，問題となる区別の性質，政府給付について差別されている個人にとって，当該給付の持つ重要性，そして当該区別を支持する州の利益，に注

---

[16] マーシャル裁判官は，平等保護条項の下では客観的に同定しうる集団であることが求められるとするステュワート裁判官補足意見に対し，そのような要件が求められる根拠は見出せず，差別の基礎が明確に特定されたなら，それを州の目的に照らして判断することは可能である旨反論する（92-93）。

Chapter 16　公教育の助成と教育を受ける権利　553

目するアプローチである。したがって私は, 厳格審査が妥当する基本的権利とは, 合衆国憲法の文言から認めることのできる確立された権利のみを含むとする法廷意見を受け入れることはできない。たしかに, 当裁判所の先例で基本的権利とされたものは, 憲法上保障された権利であるが, 平等保護条項の観点からみて, ある利益が基本的か否かは, その権利が憲法上明示的または黙示的に保障されてきたか否かで常に決せられるものではない (98-100)。

　たしかに, 何が基本的な権利であるかを決するのは容易ではないが, しかしそれは克服し難いほどの問題ということはできず, その判断が一貫しない主観的選択となるわけでもない。すべての基本的利益が憲法上保障されていないとしても, どの利益が基本的であるかは, 憲法の文言に確たる根拠のあるものでなければならない。その判断は, 憲法上保障された権利が, 合衆国憲法上言及されていない利益にどれほど左右されるのか, によって決せられる。特的の憲法的保障と, 憲法で保障されていない利益との関連性が密接となればなるほど, その保障されていない利益はより基本的となり, 適用されるべき審査基準もそれに応じて調整されるのである。憲法上の権利と結びついている利益を, 州による差別から厳格に保護することによってのみ, 憲法上の権利保障の統合性が保持されるのである。これこそが, 基本的と考えられた権利に関する当裁判所の先例から導出されなければならない, 真の教訓である (102-103)。

　「不快さ (invidiousness)」に基づく差別についても同様の手法が当裁判所に影響を与えているが, 当裁判所は, 一貫して, 問題となる利益の憲法上の重要性と, 当該区別の不快さの観点から, 州による差別を審査し, 慎重さを持って審査のあり方を調整してきたのである。経済的利益にかかる差別については, 当裁判所はほぼこれを合憲としてきたが, 憲法上の含意を持つ重要な個人的利益に対する差別や, 特に不利益を被るか無力とされる集団に対するものについては異なる姿勢を示している。法廷意見は, 審査基準が可変であるということは, 当裁判所が「超立法者 (super-legislature)」の様相を呈してしまうというが, 私はそれに同意できない。このようなアプローチは, 合衆国憲法の保障の一部となっており, かつ, この憲法の基本にある, 分離され無力な少数派に対する抑圧と差別の歴史的経験の一部となっているよう

に思われる。テキサス州の制度がもたらす差別を，本件で問題となる利益と区別が要請する慎重さを持って審査したならば，その違憲性は疑いようもないのである（104, 109-110）。

(iv) 教育の重要性

法廷意見は，平等保護条項の観点からは合衆国憲法で保障された利益のみが基本的なものであるとして，公教育は基本的権利であるとの主張を斥けたため，公教育は憲法上保障されないと結論づけた。たしかに，当裁判所は無償の公教育が憲法上要請されると考えたことはないが，教育の根本的重要性というのは，当裁判所の先例によって適切にも示唆されてきたのであり，それは，わが国社会が教育に対し認めてきた格別な地位と，教育と最も基本的な憲法価値の一部との間の密接な関連性ゆえに，なのである。教育は，児童が修正第1条の権利を行使しうる能力に直接的影響を与えるものであり，それは，情報および思想の発信および受領の双方において，そうなのである。特に重要なのは，教育と政治過程との関係であり，教育は，わが国統治過程に関する原理と運用を理解し評価する力を若年者に身につけさせるという，本質的役割に資するのである。最も密接で直接的な点では，教育には有権者による選挙権行使に与える影響が明白である，ということである[17]。法廷意見はこれに異論を示さないものの，「当裁判所は，市民に対し，最も実効的な言論や，最も熟慮された選挙での選択を保障する能力ないし権限を有しているとされてきたことは決してないのである」，として，上記の点を肯定するのを回避している。問題となっているのは最も実効的な言論や最も熟慮された投票の提供ではなく，Xらが問題としているのは，テキサス州が採用した，教育の質に影響を与える差別なのであり，真の問いは，こうした差別に対して，平等保護の観点から，教育にいかなる重要性を認めるべきなのか，ということである。教育と，憲法で保障された社会的・政治的利益との関連性といった要素をふまえるなら，教育の基本的権利性は肯定されなければならず，テキサス州の学校区における教育の機会均等に影響を与える差別の根

---

17 マーシャル裁判官によれば，教育と，表現の自由や政治過程への参加といった憲法的価値との密接な関連性が，社会福祉や住宅供給等での差別にかかる先例と区別する点であるという（115 n. 74）。

(v) 富による区別（wealth discrimination）

　法廷意見は，富による差別と考えられる共通の特徴（(1) 困窮ゆえに給付を求める際の負担の支払いが困難であり，(2) その結果，その利益を享受する機会を絶対的に剥奪されている）を本件では欠いているとするが，私はこれに同意できない。法廷意見の判示は，一部の先例の趣旨に沿わないものである。先例で問題となった差別は，個人の富（personal wealth）に基づくものであったが，本件では，児童ないしその家族自身の富というより，自身が居住する学校区の課税対象資産によるものである。したがって，適切な問いは，富に基づく差別について先例で示されてきたものと同じ程度の厳格な司法審査が，本件でも妥当するか，ということである。当裁判所は，富に基づく差別の不快さを測るにあたり，侵害を受ける当該利益の重要性と，当該利益と個人の富との間の関連性に留意して判断してきた。本件での集団的な富に基づく差別は，慎重な司法審査が求められるものと思われる。集団的な富に基づく差別が，個人がまったく影響力を及ぼし得ない不利益にかかる富である場合には，個人的な富による場合よりも，差別の基礎にはより重大な論拠がなければならない。というのも，こうした差別は，個人の特性やその能力を反映するものでは全くないからである。そして，不利益を被っている集団が力を及ぼし得ないというのは，通常であれば一切の利益について適切な保護と促進が図られるものとして依拠しうる，民主政過程にも及んでいる（政治過程で改革しようとすれば，富裕な地区からの反発を克服しなければならない）。さらに，先例と異なり，本件では，富による差別について州に責任がある，ということである。学校区を設け，教育財政と地方の資産税とを結びつけ，ひいては学校区の富裕度と関連付けたのは，州なのである（117-123）。

(iv) 本件制度の合憲性

　当裁判所による，州による差別の正当性の審査は，全ての平等保護条項事例においてほぼ同一である。すなわち，達成しようとする州の利益の相当性（substantiality）を検討し，州がその利益を促進しようとするための手段の合理性を審査する，というものである。この基準が適用において相違があるのは，私の考えでは，問題となる利益の憲法上の重要性と，当該区別の不快さ

との相関による (124)。

　上訴人（学校区側）が主張する唯一の正当化は，地方による教育にかかるコントロールというものである。原判決は，これについて，極めて重要な政府利益（compelling state interests）を論証することもできず，区別の合理的根拠すら論証していない，と判断したが，私もこれに同意する。公教育における地方のコントロールというのが，相当な（substantial）政府利益となることには異論がないが，本件記録によれば，州のいうところの地方のコントロールへの配慮というのは，学校区間の不平等を正当化するというより，むしろ口実（excuse）となっているのが明らかである（テキサス州では公教育について州法が詳細に規定しており，財政問題について地方へのコントロールを支援したとの証拠もない）。私の考えでは，テキサス州の財政制度の運用は，いかなる程度の審査基準によっても，地方のコントロールを確保するという利益に全くそぐわない手段を州が採用していることが明らかである。私は，テキサス州財政制度のうち，地方資産税の部分に由来する，各学校区で課税対象資産について大幅な格差が生じていることによる，本件制度が平等保護条項に反するものと考える（126-129, 133）[18]。

III　教育への公的助成と平等保護

　以上見たように，本判決では，公教育財政制度のうち，学校区による資産課税について，これが当該学校区内にある課税対象資産に差があることから，各学校区間で教育支出に格差が生じることが平等保護条項に反しないかが問題とされた。本判決は，①本件制度は疑わしい区別を生じさせていないこと，②教育は基本的権利と解することはできないことを理由に，厳格審査基準の適用をせず，③合理性審査によって本件制度を合憲とした。以下，若干の検討をしておきたい。

18　マーシャル裁判官は以上のように述べた上で，最後に，仮に本件制度を違憲としたとしても，多数意見が懸念する不当な結果は招来しないとして，裁判所による違憲判断への懸念を払拭しようとする（130-133）。

1 教育財政制度と憲法

そもそも，アメリカ公教育制度は，学校区による資産課税を通じた財政運営を長きにわたって採用してきたとされる[19]。しかしながら，1960年代から本判決が言い渡された1970年代にかけて，これらの教育財政制度の合憲性を争う訴訟が各地で提起されていった。その多くは，本判決と同様，課税対象資産の児童一人当たり価額に学校区間で格差があり，これが平等保護の要請に反する，というものであった。1971年にカリフォルニア州最高裁が違憲と判断して以降[20]，州裁判所等で同趣旨の判決が相次いでなされたが，その一方で，問題の所在についてはコンセンサスがあるものの，資産税課税に代わりうる具体的な地域間格差の是正法については見解が区々であり，連邦最高裁の判断が注目されていた[21]。連邦最高裁は，本判決に先立ち，2件の教育財政にかかる連邦裁判所からの上訴について，理由を付さず原判決を維持する判断を示していたが[22]，本判決によって，教育財政制度の合憲性について判断が示された。

2 教育の基本的権利性

本判決は，平等保護条項解釈にとって，二つの点を示している。一つは，富に基づく区別（wealth discrimination）は「疑わしい区別」に該当しないこと，もう一つは，教育は「基本的権利（fundamental rights）」とは解されな

---

19 *See The Supreme Court, 1972 Term-Leading Cases*, 87 HARV. L. REV. 105, 105-106 (1973).
20 *See* Serrano v. Priest, 5 Cal. 3d 584 (1971). 本判決は，学校区内にあるの資産への課税に大きく依拠するカリフォルニア州の公教育財政制度が，児童への教育の質を富（wealth）にかからせている点で貧困者に対する不快な差別を生じさせており，公教育への権利は基本的権利（fundamental interest）であって，当該制度に極めて重要な政府利益は見出せない，などとして，厳格審査で違憲とした（*Id.* at 589, 597-610, 614）。その論理は，後続の州裁判例ほか，Rodriguez判決での当事者の主張にも大きな影響を与えた。
21 Greenhouse, *supra* note 14, at 36.
22 *See* McInnis v. Shapiro, 293 F. Supp. 327 (N.D. Ill., 1968), *aff'd per curiam, sub nom.* McInnis v. Ogilvie, 394 U.S. 322 (1969); Burruss v. Wilkerson, 310 F. Supp. 572 (W.D. Va., 1969), *aff'd per curiam*, Burruss v. Wilkerson, 397 U. S. 44 (1970). McInnis判決では，各学校区での児童一人当たりの支出に大幅な格差が生じていることが，Burruss判決では，各学校区の教育のニーズに対応していななどの点が，それぞれ平等保護条項（前者は適正手続条項，後者はヴァージニア州憲法の教育条項も援用している）に反するとして争われたが，連邦裁判所は，いずれの主張も排斥している。

いこと，である[23]。ここでは，後者の点について簡単に検討しておきたい。

(1) 基本的権利と平等保護条項

周知のように，平等保護条項解釈において，「疑わしい区別」または「基本的権利」の侵害にかかる場合には，厳格審査（strict scrutiny）が妥当するものと解されているが[24]，ウォーレンコート期に，「疑わしい区別」または「基本的権利」にかかる区別に相当する立法については，厳格審査が妥当するが，それ以外は緩やかな合理性審査によるとされた，やや硬直的な審査基準のあり方が確立されたものの，バーガーコート期にさしかかり，平等保護にかかる厳格審査の射程をさらに拡張することに対しては抑制的であるものの，硬直的な審査基準のあり方とは異にする姿勢が見られ，厳格審査を用いずに裁判所による積極的判断がなされる例が現れるようになった[25]。

本判決については，硬直的な審査基準のあり方（「二層型（two-tier method）」）の難点に陥ったとも指摘されている。つまり，様々な権利・利益を「疑わしい」か否か，「基本的権利」か否かの二極化したカテゴリーに当てはめようとすることで，司法判断に必要な，当該利益の微妙な相違等を考慮することが困難となる，というのであった[26]。この点をかねてより疑問視していたのは，本判決でもその観点から反対意見を執筆していた，マーシャル裁判官である。彼は，先に触れたように，「幅のある基準（spectrum of standards）」，すなわち，問題となる区別の性質，政府給付について差別されている個人にとって当該給付の持つ重要性，そして当該区別を支持する州の利益，に注目するアプローチが平等保護条項において有効であることを折に触

---

23 *See* ERWIN CHEMERINSKY, CONSTITUTIONAL LAW: PRINCIPLES AND POLICIES 820, 960 (5th ed. 2015); 4 RONALD D. ROTUNDA & JOHN E. NOWAK, TREATISE ON CONSTITUTIONAL LAW 427-428 (5th ed. 2013).

24 人種に基づく区別が「疑わしい区別」とされた例として，*See E. g.*, Korematsu v. United States, 323 U. S. 214 (1944); Brown v. Board of Education of Topeka, 347 U. S. 483 (1954). 基本的権利侵害の例として，*See E.g.*, Skinner v. Oklahoma, 316 U. S. 535 (1942); Shapiro v. Thomson, 394 U. S. 618 (1969).

25 *See generally*, Gerald Gunther, *The Supreme Court, 1971 Term-Foreword: In Search of Evolving Doctrine on Changing Court: A Model for a Newer Equal Protection*, 86 HARV. L. REV. 1, 8, 12 (1972).

26 *The Supreme Court, 1972 Term-Leading Cases, supra* note 19, at 113-114.

れて説いてきた[27]。マーシャル裁判官は，本判決で，こうした平等保護条項解釈を前提に，教育が憲法上保障された権利，特に修正第1条が保障する表現の自由や，選挙権行使にとって密接に関連するがゆえに，より慎重な司法審査が求められるとして，合理性審査から踏み込んだ審査基準によるべきことを説いた。ただし，本件のように，仮に教育に関する利益が本件制度によって一定の影響を被ることがありうるとしても，憲法上の権利に直接的な制約を課すわけではない点で，厳格審査が妥当する事例とは異なる面があることには留保が必要となるかもしれない[28]。

(2) 教育の重要性

本判決の法廷意見も，教育が基本的権利であることは否定するものの，その重要性については肯定している (30)。そこでも指摘されていたように，連邦最高裁判例は，しばしば教育の社会的重要性を強調してきた。「アメリカ市民は，教育および知識の獲得を，精力的に推進すべき，至高の重要性をもつことがらであると常に考えてきた」，というのであった[29]。

教育の重要性を強調した顕著な例は，本判決も引用し，マーシャル裁判官反対意見も言及する，Brown v. Board of Education連邦最高裁判決（1954年）である。「今日，教育とは，州および地方政府にとって，おそらく最も重要な責務である。義務教育法や教育への多額の支出は，いずれも，教育がわが国民主的社会にとって重要であることの，我々の承認を示すものである。……それは，善き市民としての，まさに基盤となるものである。今日，教育は，児童に対し，文化的価値に開眼させ，将来の職業訓練に備えさせ，その周囲の環境に順当に適応させるようにする，主たる手段となっている。現

---

27 *See E.g.*, Dandridge v. Williams, 397 U. S. 471, 521 (Marshall. J., dissenting.) (1970); Martinez v. Bynum, 461 U. S. 321, 345 (Marshall. J., dissenting) ; Cleburne v. Cleburne Living Center, Inc., 473 U. S. 432, 460 (Marshall. J., concurring in the judgment in part and dissenting in part).
28 *See* PAUL BREST ET. AL., PROCESSES OF CONSTITUTIONAL DECISIONMAKING 1829 (6th ed. 2015).
ただし，本判決では，本件制度の下では基礎的な最低限の教育がなされていないとはいえないとされたことから (36-37)，本判決では，最低限の教育に対する権利についてはどのような判断がなされるべきか（もっぱら合理性審査よるか否か）については，連邦最高裁は判断していないとの指摘がある。*See* ROTUNDA & NOWAK, *supra* note 23, at 428-429 n. 8; Papasan v. Allain, 478 U. S. 265, 285 (1986).
29 Meyer v. Nebraska, 262 U. S. 390, 400 (1923).

在，教育の機会を否定されたならば、いかなる児童も人生を首尾よく過ごすとは、合理的にみて考えられなくなっている。かような機会は、州が提供することを引き受けるならば、すべての者に、等しい条件で適用されなければならない権利なのである」[30]。アメリカ社会における教育の重要性は、多くの州憲法で、公教育の提供を州の責務と定めている点からも看守することができよう[31]。ただし、理論的には、教育の重要性について、(b) 政治秩序における市民たり得るのに不可欠なものととらえるか、(b) 市場社会において職を獲得し、自立するうえで必要な知識・技能を習得するうえで不可欠なものとみるか、といったやや異なる論拠がありうることが指摘されている[32]。

(3) 本判決の射程

教育が基本的権利とはされなかったものの、本判決も確認したように、教育がアメリカ社会にとって重要であるという認識は、その後の教育関係の判例において、様々な形で影響を与えている。

Plyer v. Doe連邦最高裁判決（1982年）は、合衆国市民か適法に滞在する外国人たる児童にのみ無償教育の資格を認め、不法滞在の児童には認めないこととしたテキサス州法の規定の合憲性が争われた。連邦最高裁（ブレナン裁判官執筆の法廷意見）は、厳格審査の対象とはならない区別であっても、憲法上問題が頻出するような場合には、当該区別が平等保護の理念に合致するとの熟慮された判断に裏付けられているかについて、「州の実質的利益を促進すると考えられるか否か」との観点から審査することがありうるとして、本件では不法滞在外国人である児童が問題となっていることのほか、「教育は、わが社会の構造を維持する上で根本的な役割を果たしているのである」、という教育の重要性を確認した上で、本件区別が州の実質的利益を促進するか否かという、通常の合理性審査よりは踏み込んだ審査を行ってい

30　Brown v. Board of Education of Topeka, 347 U. S. 483, 493 (1954); *See also* Wisconsin v. Yoder, 406 U. S. 205, 213 (1972).
31　CHEMERINSKY, *supra* note 23, at 963. 州裁判所判例では、これらの州憲法上の規定によって、教育について「基本的権利」性を肯定しているとされる。*Ibid.*
32　BREST ET. AL., *supra* note 28, at 1836-1837.

る³³。また，公立学校公用地（public school lands）として連邦から譲与された土地を州が売却したことにより，公用地から生じる収益を学校区に分配する対象から除外された地域の学校区が，他の学校区に比べ当該収益を得られない点で平等保護に反するなどとして争った，Papasan v. Allain 連邦最高裁判決（1986年）では，州の教育財政制度全体の合憲性が問題とされたRodriguez判決と区別し，その射程を限定する姿勢をみせている³⁴。

一方，同じくテキサス州において，当該学校区に居住する主たる目的が公立学校に通学することにある児童で，親と同居しないものについて，無償教育の提供を認めないこととした点の合憲性が争われた事件で，連邦最高裁は，当該要件は真正の居住要件（bona fide residence requirement）を定めるものであって，違憲とはいえないとした。ただしその際，真正居住要件は，「居住者に提供されるサービスは居住者のみに享受されることを確保するという，州の実質的利益を促進するものである」，とされている³⁵。公立学校へのバス通学について，学校区の再編に参画した学校区は無償で自宅まで送迎を行うが，再編に参画しなかった学校区については送迎にかかる料金を徴収することとした州法の規定が平等保護条項に反するとされた事例では，従来通りの合理性審査を適用し，合憲と判断している³⁶。

Ⅳ　Afterwards...──物語のあと

1960年代から1970年代はじめにかけて，連邦最高裁は，社会・経済的権利の憲法的保護に好意的な姿勢をみせていたが，Rodriguez判決は，「憲法が社会的・経済的権利を保障するという考え方に，死を宣告した」，ともいわれる³⁷。しかし，テキサス州についていえば，ロドリゲスらの敗北は，教育

33　Plyer v. Doe, 457 U. S. 202, 217-218, 221, 223-224（1982）．なお詳細は，本書 Chapter 15（大沢秀介執筆）参照。

34　Papasan v. Allain, 478 U. S. 265, 285-289（1986）．この判決は，合理性審査によることを前提としつつ，Rodriguez判決とは事案を異にする点をふまえ，平等保護条項違反の有無について，原審に差し戻している。

35　Martinez v. Bynum, 461 U. S. 321, 328（1983）．

36　Kadrmas v. Dickinson Public Schools, 487 U. S. 450, 457-462（1988）．

37　See CASS R. SUSTEIN, THE SECOND BILL OF RIGHTS: FDR'S UNFINISHED REVOLUTION AND WHY

への権利にむけた営みの「死」を意味しなかった。むしろ，この問題についてのテキサス州世論が喚起され，これ以降，教育財政格差は州憲法の下で争われ，州裁判所による数次の違憲判断と，これに対する立法府の応答のやり取りを経て，州教育財政制度改革が進められ，現在では，学校区間の教育水準の格差は縮小したといわれている（2003-2004学年歴で，エッジウッドとアラモハイツは，いずれも児童1人当りの全州平均約7,800ドルを超えている）[38]。こうした一連の動きは，教育を受ける権利実現にむけた，裁判所と政治部門との「対話」ないし「協働」の一過程を示すものともいいうる[39]。

しかし，教育の「質」でいえば，なお格差は残っているともいわれ，エッジウッドの学業成績はアラモハイツを大きく下回り，大学進学にも大きな差が生じているといわれる。こうした背景には，エッジウッドがなお貧困層のヒスパニック系市民を多く抱えるなど，人口構造上の問題もある[40]。こうして，教育を受ける権利の実質的保障は，教育財政改革にとどまらない，現代社会が直面する諸問題とも密接に関わる国家的課題ということができるであろう[41]。アメリカの経験とこの物語は，こうしたことを私たちに伝えてくれるように思われる。

WE NEED IT MORE THAN EVER 165 (2004). 福祉権をめぐる判例展開につき，葛西まゆこ『生存権の規範的意義』（成文堂，2011年）第4章—第7章，尾形健『福祉国家と憲法構造』（有斐閣，2011年）第1章など参照。

38 See Hobby, Jr. & Walker, *supra* note 1, at 384-394; Schragger, *supra* note 1, at 102-109; Mark Yudof, *School Finance Reform in Texas: The Edgewood Saga*, 28 HARV. J. ON LEGIS. 499 (1991); Jeffrey S. Sutton, *San Antonio Independent School District v. Rodriguez and Its Aftermath*, 94 VA. L. REV. 1963, 1971-1977 (2008). 1980年代にエッジウッド独立学校区を舞台に争われた州裁判所での訴訟にはロドリゲスも参加した。Schragger, *supra* note 1, at 104.

39 See Judith Areen & Leonard Ross, *The Rodriguez Case: Judicial Oversight of School Finance*, 1973 SUP. CT. REV. 33. 関連して参照，佐々木雅寿『対話的違憲審査の理論』（三省堂，2013年），尾形健「権利保障と憲法の協働」公法研究78号（2016年）201頁。

40 Schragger, *supra* note 11, at 107, 109.

41 See also Martha Minow, *School Finance: Does Money Matter?*, 28 HARV. J. ON LEGIS. 395 (1991).

執筆者紹介

【編著者紹介】

大沢秀介（おおさわ　ひでゆき）　　慶應義塾大学法学部教授（専攻：憲法）
大林啓吾（おおばやし　けいご）　　千葉大学大学院専門法務研究科准教授（専攻：憲法）

【著者紹介】

勝田卓也（かつた　たくや）　　大阪市立大学大学院法学研究科教授（専攻：英米法）
福井康佐（ふくい　こうすけ）　　桐蔭大学法科大学院教授（専攻：憲法）
大林文敏（おおばやし　ふみとし）　　愛知大学法科大学院非常勤講師（専攻：憲法）
築山欣央（つきやま　よしお）　　愛知大学国際問題研究所客員研究員（専攻：憲法）
松尾　陽（まつお　よう）　　名古屋大学大学院法学研究科准教授（専攻：法哲学）
溜箭将之（たまるや　まさゆき）　　立教大学法学部教授（専攻：英米法）
小谷順子（こたに　じゅんこ）　　静岡大学人文社会学部教授（専攻：憲法）
小林祐紀（こばやし　ゆうき）　　朝日大学法学部講師（専攻：憲法）
紙谷雅子（かみや　まさこ）　　学習院大学法学部教授（専攻：英米法）
青野　篤（あおの　あつし）　　大分大学経済学部准教授（専攻：憲法）
藤井樹也（ふじい　たつや）　　成蹊大学法学部教授（専攻：憲法）
津村政孝（つむら　まさたか）　　学習院大学法学部教授（専攻：刑事訴訟法）
君塚正臣（きみづか　まさおみ）　　横浜国立大学大学院国際社会科学研究院教授
　　　　　　　　　　　　　　　　（専攻：憲法）
尾形　健（おがた　たけし）　　同志社大学法学部・大学院法学研究科教授
　　　　　　　　　　　　　　　　（専攻：憲法）

（執筆順）

【アメリカ憲法叢書2】
アメリカ憲法と公教育
The U.S. Constitution and Public Education

2017年3月20日　初版　第1刷発行

編著者	大　沢　秀　介
	大　林　啓　吾
発行者	阿　部　成　一

〒162-0041　東京都新宿区早稲田鶴巻町514
発行所　株式会社　成文堂
電話 03(3203)9201(代)　Fax 03(3203)9206
http://www.seibundoh.co.jp

印刷　藤原印刷　　　　　　　製本　弘伸製本
☆乱丁・落丁はおとりかえいたします☆
© 2017 Ohsawa・Obayashi
ISBN978-4-7923-0603-8　C3032
定価（本体7500円＋税）　　　検印省略